小學校長的心情故事

林文律　主編

主編小檔案

　　林文律（阿律），國立臺北教育大學教育經營與管理學系副教授。1951年出生於台中市郊區的農村，從小務農，嫻熟農事，並養成吃苦耐勞、堅忍不屈的精神。

　　自 1963 年就讀初中開始，即偏愛英文。大學及碩士班（語言學及英語教學雙碩士）均主修英文，並以在大學從事英語教學為職志。1977 年開始在大學執教英文，1979 年初次在大專校院接觸學校行政工作。1982 年底首度留美回來，開始對領導發生濃厚興趣，心中產生的好奇與疑問是：領導是什麼？領導有何作用？1987 年決定再度赴美。這次轉換領域，到美國賓州州立大學就讀教育行政博士班，並且開始關注校長學；心中的好奇與疑問更加聚焦於校長：校長是什麼？校長如何能為學校與學生帶來正向的作用？1990 年獲得教育行政博士學位，回到臺灣之後，在國立臺北教育大學及另一所大學同時任教教育行政與英語教學相關學科。

　　由於鍾情於校長學，因此持續對校長學保持高度關注。2001 年在國立臺北教育大學創設台灣第一個「中小學校長培育與專業發展中心」，並舉辦一系列大型的校長學與校長專業發展國際學術研討會。2005 年邀請了台灣本土 95 位中小學校長撰稿，完成了《中小學校長談校務經營》（上、下冊）之艱鉅主編工作，交由台灣的知名出版社——心理出版社，於 2006 年 1 月正式出版。2009 年 9 月至 2010 年 8 月，將近一年期間，歷經各種辛苦，多方一再嘗試邀稿，終於成功邀請到 83 位校長（包括 12 位高中職校長、18 位國中校長，以及 53 位國小校長）撰寫校長的心情故事，分別編成《中學校長的心情故事》與《小學校長的心情故事》兩本書，並再次商得心理出版社之同意，慨允出版。這第二套校長學專書，一方面對台灣本土校長學的發展與推廣做出不可忽略的貢獻；另外，也為有志於從事台灣本土校長學實務研究的人，再次增添了一批珍貴的校長學參考材料。

序

　　《中學校長的心情故事》與《小學校長的心情故事》這套由心理出版社所出版的第二輯校長學系列專書（第一輯為《中小學校長談校務經營》上、下冊，於 2006 年 1 月出版），所呈現的是中小學校長在擔任校長的歷程之中，所經歷過的學校領導歷程的酸甜苦辣之心情點滴。要了解這套校長學專書編輯與出版的緣起，容我簡單介紹一下我對校長學產生興趣的開端，以及對於校長學關切的重點所在。

　　自從 1979 年我在高雄市立海事專科學校（後來改制為國立高雄海洋科技大學）擔任英語教學，並兼任出版組主任及校長英文秘書這兩項行政工作以來，我首度接觸到學校行政工作。1982 年的年底從美國留學回國後，我就很喜歡觀察學校領導者的作為與不作為。1987 年，我到美國賓州州立大學就讀教育行政博士班，修習教育領導相關課程。在所修習的課程中，我對「校長學」最感興趣。在這門課以及相關的課程中，我初步接觸到美國中小學校長的工作內容、所面臨的法律責任，以及所被期望的績效責任（或稱「問責」）（accountability），同時也接觸到美國各州有關中小學校長證照的相關規定，包括校長養成的內容，以及從培育、遴選、入職（導入）到專業發展等校長職涯不同階段所需經歷的各種試煉。

　　在逐步認識「校長學」這個領域的過程中，我開始產生一些根本的疑問：校長是什麼？學校要校長做什麼？校長從何而來？他（她）們的教育思想、教育領導思想、學校行政與管理思想從何而來？如何逐步形成？這些思想如何成為造就一個校長的基礎？校長能為學校帶來什麼不同？為什麼校長的表現，人人有所不同？為何有的校長能帶給學校正向的改變，但有的校長在帶動學校進步上，似乎看不出來有什麼太大的作用？如果校長不能帶給學校進步，尤其是在全體學生的有效學習上帶來進步，我們為什麼需要校長？先不論校長任用的相關法規上有何規範，但是否人人都可以當校長？校長的發揮空間有多大？為何有些校長可以堅持一些該做、值得做的事，而且堅持得了？為什麼校長看問題的角度有很大的不同？在大約同樣的法律、政治、經濟、社會與文化等相關

因素的背景之下，為什麼有些校長看到的盡是機會，盡是學校發展的契機，也盡是可供他揮灑的空間？而有些校長看到的卻是荊棘滿布，處處充滿限制與掣肘？在經費不足、法規限制，與校園內外各種政治力互相角力的險惡情況之下，為什麼有些校長仍然能夠擋得住各種挫敗，乘風破浪、堅忍不拔，繼續帶領著學校前進？而有些校長卻在心靈上飽經風霜，在內心中早已打定主意，一動不如一靜，不想有任何積極作為？

簡而言之，每個不同的人擔任校長，卻可以為學校帶出不同的風貌來。身為學校經營與教育領導的觀察者，我最感興趣也最在乎的就是：校長要有怎樣的特質、資質、知識、能力、決心、方法與判斷力，以及要有怎樣的一番作為，才能帶給學校進步？校長要如何能為學校帶來正向的改變？校長所能為他所領導的學校帶來的正向改變，是否有最大的極限？這些問題約略構成了我想進一步認識中小學校長內心世界與外部表現的最大動力。

自 1990 年代中期以來，台灣的中小學教育環境產生了重大的變化，四一〇教育改革聯盟的出現、《教師法》與《教育基本法》相繼誕生，而《國民教育法》經歷多年的重大修正，使得中小學校長的產生從派任制改為遴選制。由於教育的各種利害關係人對於教育（學生學習）的內涵、提供方式均極為關切，而且對教育提供者（教師）以及教育經營者（比如校長）的權利與義務，均局部修正或重新界定，教師對於教學專業自主的呼聲也日益高漲。各類教育利害關係人組成的團體有如雨後春筍，不只創造了相當多元的教育議題，其所提出的訴求與主張紛至沓來，力道也愈來愈強。隨著各種教育改革的浪潮接踵而至，中小學的教育生態也產生了急遽變化。在此教改浪潮與民意洪流高漲，以及各種教育利害關係人多元議題持續加溫的巨大壓力之下，中小學辦學突然變得非常辛苦，處處充滿了艱鉅的挑戰，校長經營學校也充滿了太多的無奈與辛酸。因應此種教育生態的巨大變化，有的校長選擇急流勇退，尋找生涯第二春；但也有的校長選擇繼續留在教育領導的崗位上，堅持原來的辦學理想，堅苦卓絕，乘風破浪而前進。

有鑑於在當今教育改革的洶湧浪潮之下，每一位中小學校長在教育經營與領導的歷程中，深刻體會了各種酸甜苦辣的心情轉折，也基於我個人對校長在經營學校時的內心世界充滿好奇，2009 年 9 月我決定向臺灣的中小學校長邀

稿，請其講述經營學校酸甜苦辣的深刻感受（邀稿函請參見本書附錄）。邀稿其實一開始是針對榮獲教育部「校長領導卓越獎」的得主，但後來因為稿源不足，因此邀稿對象才擴大為所有的校長。這樣其實也很符合我一貫的信念：只要是校長，其經營學校必有可觀之處。不過，邀稿的歷程其實並不是非常順利，有許多校長考慮得比較多，不方便把經營學校的心事提供出來。經過我努力再三，到了 2010 年暑假，總算邀集到了足夠數量的稿件，可供出版。這種結果令我非常雀躍，也非常感謝願意撰稿的校長。

這套「中小學校長的心情故事」專書，分為中學部分與小學部分：中學部分收錄高中職校長的作品共計 12 篇，國中校長的作品共計 18 篇；小學部分收錄小學校長的作品共計 53 篇。所有的文章均依照作者的校長服務年資排序。這套書是繼 2006 年 1 月心理出版社所出版的《中小學校長談校務經營》（上、下冊）之後，再次由心理出版社推出的校長學重要巨作。

感謝心理出版社董事長洪有義教授慨允出版，也感謝總編輯林敬堯先生大力協助，使得「中小學校長的心情故事」這套探討臺灣本土校長學實務的編輯巨作得以問世。本套書出版之後，預料對於華人教育界有志於探討臺灣本土校長學實務的人士，以及對於所有關心臺灣中小學教育發展與學校經營的人士而言，這套書無疑將提供非常珍貴的研究與參考材料。

林文律

2010 年 10 月 16 日於

國立臺北教育大學教育經營與管理學系

目次

Contents

1. 校務經營的困境與解決問題的策略

臺北縣蘆洲國小校長　柯份

（榮獲 2005 年教育部「校長領導卓越獎」）

前言

　　服務教育界 45 個寒暑，其中扮演校長角色長達 23 年，在這漫長的行政生涯中，曾處理諸多學校最棘手的問題，而這些問題並非一時所造成，曾在歷任校長辛苦努力之下依然無法解決。由此可見，這些校務問題是如何的棘手及艱難，為了解決校務陳痾問題，唯有更積極、努力才能有所進展。此種明知不可為而為的個性，讓我的校長生涯激盪出不少燦爛的火花，但其中也發生許多充滿辛酸的情節。

　　我是一個理想主義者，喜歡從教育的核心價值去看問題，常自我期許「應然」的工作就要去做。即使自己知道那是很艱苦的工作，或是會遭遇百般的挫折，我仍然堅持勇往直前，因此有人評論我是個「固執的校長」、「熱情的校長」、「工程的校長」、「課程的校長」，甚至有人說我是「不會做校長的校長」，我都虛心接受批評。基本上，我認為既然願意接受校長這職務，在校長工作生涯中，會碰到很多困境是很正常的事情，校長是學校的領航者，應具有無比堅強的挫折容忍力才對。

　　接獲恩師林文律教授要我撰寫校長的心情故事，我非常樂意，本文的目的在分享校務經營的經驗，而不是在抱怨校長工作生涯之辛苦。我知道自己能力很有限，仍希望這些解決校務問題的策略和經驗，可以對未來想擔任校長者的校務經營有所幫助。

堅持做對的事情

最令我擔心的事情 ◎◎◎

　　1964 年冬天傍晚，一陣子天搖地動，好像世界末日一樣，原來是白河發生規模 6.5 級的大地震，震央白河發生嚴重傷亡。此時，在嘉義念書的我，幸運地從瓦礫堆中逃出，這件事情雖然事隔 47 年（當年才 17 歲），但到如今仍聞震色變。因為曾經歷這樣恐怖的事件，在日後走上校長這條行政之路時，面對老舊校舍的不夠安全，總會特別小心留意，深怕強震會使老舊校舍倒塌，使師生深陷於瓦礫堆中；為預防這樣的情況發生，唯一可行的作法就是將老舊校舍改建，這樣才能讓我心安。幸好這種未雨綢繆的想法，得到長官的支持，也因這樣的理念，讓我 23 年的校長生涯，幾乎將個人大部分的青春時間，多投入學校建築的監督工作，也以追求工程品質完美的標準，來要求自己。然而在監督工程中卻充滿危險，有一次我在巡視地下室粉刷工程時，因為燈光太暗，不小心掉進筏式基礎之水箱中，大腿被四分鋼筋刺中，血流如注，非常幸運有人及時送我就醫撿回一命，如果刺中胸部可能性命不保，當時內心之驚嚇惶恐畢生難忘。校長生涯中雖然充滿了多采多姿，但也有很多心酸和痛苦的歷練和經驗。

最讓我氣憤的事情 ◎◎◎

　　其中，有幾件事情讓我印象非常深刻，例如：校地採購的一波三折，歷經數任校長，也無法解決，經過抽絲剝繭之後，才得以解決，還因此鬧上法院，且上了頭版新聞。因為新學校的新建，而必須與上海皇帝杜月笙先生的後代進行溝通，在這個過程中，幸好有貴人王先生的幫忙（杜月笙先生的結拜弟弟），得以順利拆除其墓園；也曾經為了要拆除校地內的違建房屋，與神壇乩童夫妻發生爭執，只因補償金額一直無法令他們滿意，幸好菩薩也看不慣他們的作為，在縣府規定要拆除的前幾天，神壇自動起火燃燒，佛像被燒了，但是卻沒有波及相鄰的房間，令人嘖嘖稱奇；因為校地未過戶問題，還牽扯出官商勾結的情況，讓我十分生氣，因為正在高興所有程序皆很順利時，竟然扯出某地政事務所主任，惡意杯葛學校，要求所有地主需繳交土地增值稅 360 多萬給

政府，比學校徵收要發給地主的土地價款 78 萬約多了 4.6 倍，地主還要倒貼金錢給政府，非常不合理（當時學校持有稅捐稽徵機關免稅的公文，證明 1967 年學校與地主簽訂土地買賣合約，已付三分之二土地款，適用「契稅條例」第 14 條第一款規定免徵契稅，三分之一未付清的部分要課土地增值稅。但地政事務所主任、股長不理會，要全部要課土地增值稅），因此我邀請縣府長官介入調查，要將違法亂紀的地政事務所主任移送調查局法辦，這時主任、股長在驚嚇之下，三天內即將校地移轉登記，之後沒多久就發生某鎮土地開發弊案，這些人後來身陷牢獄之中。在面對校地徵收和土地過戶的過程中，竟然受到地主的恐嚇威脅，後來我才知道其中一位地主，自稱是土地代書，表示願意要義務幫忙學校辦理土地過戶，我不疑這地主心中有詐，此地主（代書）竟然心裡充滿權謀，但我依然堅持要戳穿其陰謀，將土地過戶給學校。也因為這樣的堅持和不怕恐嚇，才能解決 44 年校地未能過戶的問題，也因為處理校地過戶有功，獲縣府記兩大功獎勵，偏遠學校的老舊危險教室，也才能獲得改建。

　　除了校地問題外，改建又是另一個大工程，從規劃設計、發包、監工……，直到整個工程完工，我都是親自監督，不敢有鬆懈怠慢；然而並不是我的認真及嚴謹，老天就會保佑建校工程一切順利。在改建過程中，有太多惟利是圖的營造廠，當他們發現無法偷工減料會造成虧本時，態度就變得不一樣，而使用兩手策略，一般先使用欺騙的手段，二是使用武力威脅的手段。曾有一名工地主任恐嚇我，要我領取殘障手冊，我非常理性地告訴他這樣嚇不倒我，從那時候起我就更變本加厲查察工程。我發現他們最惡劣的偷工減料手法，是要減少筏式基礎及教室樓板混凝土的厚度，很多學校的學生在教室地板上奔跑，樓板會上下振動就是厚度減少的原因；更令人氣憤的事情，是要將垃圾放入大樓筏式基礎的水箱中（原設計是要填混凝土增加載重），最後這廠商想要偷工減料的詭計，當然也無法如願以償。

最感無奈的事情 ◎◉◉

　　遇到惟利是圖的廠商，可能是學校主辦工程人員最傷腦筋的問題，廠商會認為多數教育人員對工程不懂，必須仰賴建築師的監工，因此常藉著最低價格搶標承攬，等和學校簽約之後，即開始為所欲為。一開始如對建築師所設計的材料提出要使用同等品的認定時，若是不答應他們的要求，凡是列舉品牌的項

目,均被質疑是綁標行為,並恐嚇學校若一定要依合約執行,即是觸犯《政府採購法》的行為。有一家水電廠商從公共工程委員開始控告學校,指控學校縱容建築師及水電技師綁標,要求公共工程委員會懲處建築師及學校相關人員。而學校認為列舉三項品牌以上,再加上同等品的認定,是為保障工程品質。而且工程在招標前,已依法公告閱覽,廠商未在公告期間提出異議,或招標前提出修正意見,在得標簽約之後,已變成是履約管理的問題。此部分公共工程委員會的解釋函提到:「這是履約管理問題,廠商應履行合約義務。」這樣的回覆,廠商仍然到處放話表達不滿意,繼續到處控訴學校。廠商的控訴最後轉到縣府採購處,採購處以設計時列舉廠牌及同等品,在公告閱覽期間廠商若未提出異議,學校要求依合約內容執行並無不當。之後,這位廠商又再度寫信給縣長,要求縣長主持公道,由於這家廠商在北部地區已惡名昭彰,專門吃定公家機關之標案。因此這家廠商並沒有得到長官的支持,而且縣政府長官要求學校工程人員,要依合約規範嚴格執行。

最掛心的事情 ◎◎◎

當初考量這廠商會以停工威脅學校,當時也做好心理準備絕不妥協。學校在工程諮詢會議時,曾邀請懂得工程的律師及專家共同與會,共同研商因應策略,隨時做最壞打算,「若停工造成工程延誤 10% 以上時,得辦理解約,在結算之後再重新發包」,要訴訟也是解約之後的事情,而且等到工程完成之後,恐怕訴訟還沒有開始,實在不能因為工程延誤,而影響學生的權利。之後我發現廠商在建築結構體完成之後,其「文攻武嚇」策略已漸趨緩和,廠商荒唐的行徑和黑道流氓有何不同?我常常感嘆自己為何要如此堅持品質,而惹來一身麻煩,但是堅持做合法的事情,本是校長應盡的職責。雖然受盡廠商的侮辱和威脅,可是我堅持「不受威脅勇敢走下去」,並以「緊迫盯人要求施工品質」的策略,既使個人有生命危險也在所不惜。最後廠商只好乖乖的履約,否則就不給錢。由此可見,社會仍然有公理正義存在,「只要不向邪惡貪婪的人低頭,公共工程的品質才能提升」。

雖然大地震不常出現,但若真的發生大型災難時,學校是救災中心,學校建築應該要比民間建築更為堅固才對,但事實上九二一大地震發生後,卻證明是相反的,因為學校工程大部分是以最低價者得標,因此得標者可能在不符成

本之下，發生偷工減料的情形，這可能是造成學校工程品質不佳的主要原因。因此，校長若常常在一旁監工，可大幅改善偷工減料的情形，但是很多校長及主任都認為，監工是建築師的職責，我們何必那麼辛苦。但我認為並不是所有建築師都會負起責任，而是有少數建築師以敷衍了事的態度監工，且兩者間「魚幫水、水幫魚」，互相取對自己有利的部分。若是有學校校長、主任的加入監督，甚至於學校的教師或家長也是監工人員，多些熟悉工程的人參與監工，就可以有效杜絕廠商偷工減料的情形發生，因此，全民共同監督公共工程，公共工程的品質才會提升。

最有成就感的事情 ◉◎◦

因為我對學校工程品質的堅持，各縣市有校長、主任儲訓時，總是邀請我去指導學校建築工程，要我將工程監督經驗傳授給這些校長、主任，這對我來說，是一件極有成就感的事情。分享我的監工經驗，可以讓許多校長少走許多冤枉路，也可以透過校長、主任對結構圖、建築圖及水電圖圖說的認識，讓他們也可以看得懂圖說來監督工程，不致於被廠商牽著鼻子走。這一切的經驗是我用自己23年的青春歲月及被人恐嚇等經歷，所換取來的經驗。雖然被恐嚇，但是有一群支持我的同事、家長及學生，我們一路上同心協力，而正義也終究獲得彰顯，除建校目標的一一達成外，更重要的是我沒有違背自己良心，對得起學校師生。

最感傷心的事情 ◉◎◦

然而在魚與熊掌無法兼顧之下，我卻對不起我的母親，老人家在家鄉一生務農勞碌，盼望的就是子孫能回到家鄉與她團聚，而由於我將心力都放在學校工程改建上，所以無法達成母親的願望，甚至於在她老人家病危急救時，我依然還在學校監督工程，當我趕到醫院時，母親沒有意識住入加護病房，從此再也沒有醒來過。這件事情對我而言，是永遠的傷痛，也深深體會到「樹欲靜而風不止，子欲養而親不待」的心情，對母親有著永恆的歉疚及不孝的痛苦。我想學校工作和家人照顧的平衡點，是我當校長時應該要省思的地方，造成家人親情的疏離，才是一件遺憾的事情。

最感驕傲的事情 ◎◎◎

　　美麗、堅固及安全的校舍帶來讚美，李前總統登輝先生曾經在假日回到故鄉三芝鄉橫山國小參觀遊覽，當時稱讚橫山國小比臺灣大學還要美，隔日新聞媒體大幅刊載此一新聞。其實那是學校建在山坡地上，在學校教室三樓走廊上，可以看到三芝鄉美麗的梯田、碧藍色的臺灣海峽及頻繁來往的海上船隻，眼前就是一幅人間美景，難怪李前總統不禁要稱讚故鄉學校的美麗。

處理不適任教師的經驗

最感無奈的事情 ◎◎◎

　　除了監督工程、杜絕偷工減料外，不適任教師對校長生涯也是一大挑戰，有問題（如偷竊、精神官能症、性騷擾等）的教師防衛心特別強，處理這種問題教師特別棘手，如果未依不適任教師程序處理，很難獲得解決。所謂江山易改本性難移，有時候其改變是為了要讓校長改變心意，等到風頭一過，就又故態復萌。遇到好訴訟教師會隨便濫告，說什麼他權力受損要告學校，學校只好聘請具有教育背景的律師與之訴訟，訴訟費則向教育局申請，若年度預算經費已經用罄，則校長要自認倒霉自付律師費。面對處理這種好訴訟教師是項艱苦的任務，若他不爽就會不斷的告您，他說校長是機關首長（法定代理人），不告您要告誰？所以當校長運氣不好就要換來訟事纏身，碰到這種問題教師，您能說奈何？

　　有一位老師因一群學生掃地逾時未返教室，老師生氣打了三位學生三個巴掌，其中一位學生因對老師非常不滿，寫不雅字條罵老師，而字條藏在書包中不敢拿出來，但被同學舉發。這位老師就持這張紙條告學生誹謗罪，要家長負連帶民事賠償之法律責任。而這位老師也向督學承認（打學生三個耳光）並大方簽字承認他體罰學生，學校則依據督學的調查報告，移送教師考核委員會記過乙次，因為記過的關係，連帶也影響該教師的考績變成三等，考績獎金及年終獎金不能領，也不能晉級。因此這位老師又向地方法院提出訴訟，要求學校賠償其精神損失一佰多萬（包含兩項獎金、利息、精神賠償及訴訟費等），法官以該案應由教師向申訴評議委員會申訴，而非向法院控告學校，程序不對因

此將該訟案駁回。這位老師轉向要以民事訴訟方式進行，同時也將該案件送至教師申訴評議委員會。結果兩項判決出爐，法院判決該名老師敗訴，申訴評議委員會也駁回申訴，雖過程繁雜但這個判決結果，可讓學校有解聘這位老師的依據，也平息了一場老師告學生的風波。除此之外，當然也陸續處理了幾個不適任教師問題，例如：有偷竊習慣的老師，要求其調校，但該師江山易改本性難移，到了他校又故態復萌；因此，這位老師就像爛蘋果一樣，被丟來丟去（先丟回南部他的家鄉學校，他的家鄉學校又將他丟回北部學校），最後他的下場還是被解聘。

由於我處理不適任教師的態度明確果斷，學校教師們說我是「非常可怕的校長」，因此當我調任另一所學校時，這所學校的同事對我心存恐懼，也有同事問我，怎麼跟別人說的不一樣？看起來校長也沒那麼兇狠。這讓我啼笑皆非，對老師嚴格並非我的本意，要記老師的過也並非我想要，將老師調職也不是我想看到的結果，而是之前的校長累積下來，沒有處理的問題，前任的校長要做好人不敢處理，導致接任的校長不得不以這樣的方式處理。

謹慎處理家長會事務

最感棘手的事情 ◎◎◎

除了不適任教師處理之外，家長會會長選舉也讓我吃了悶虧；所謂選到好會長，能引領學生家長邁入康莊大道，遇到爛會長，則會讓學校雞飛狗跳。所謂「知人知面不知心」，有些人平常善於偽裝，在未達目的之前，偽裝成大善人，在達到目的之後，就露出猙獰真面目。我觀察某家長委員很有企圖心，想要超越別人當下屆會長，因此很快就加入了家長會，且自告奮勇要當副會長。一開始為取悅家長會所有成員，辦理家長聯誼活動時特別的「出錢出力」，一副大善人模樣，沒有人懷疑他的「掩飾功夫」，直到當選會長的當天晚上，態度就一百八十度大轉變，好像在當皇帝一樣，所有的家長會成員、學校的老師、組長及主任都變成他的屬下，對待校長的態度也不像之前的謙虛及客氣，儼然他是監督學校的狠角色。這樣的態度大轉變，引起大多數家長委員的不滿，紛紛向我表達他們的感受，我請他們忍耐一段時間，因為他畢竟是被大家選出來的，我們只能自認倒楣、識人不清。後來有人想要提罷免的事情，讓他

感受到危機重重，因此他召集了一批與他利益相投的人，一起攻擊學校並為他鞏固領導中心，於是家長會慢慢變成兩大派系在鬥爭，學校變成了戰場，危機重重籠罩校園。此時，我當然要支持正向的大多數家長委員，及提醒學校教職員工防範小人的入侵。因為古有一句俗諺：「寧願得罪壞人，也不要得罪小人。」

之後，這位利慾薰心的會長，開始向學校要工程做，而且希望不要經過招標方式，即使要經過招標，他也可以用圍標方式得標（我到現在都還不懂要如何圍標）。我不敢觸犯法律，當然嚴屬拒絕，不可能答應他無理的要求，且絕不讓他留任何想像空間。除此之外，對方也想要介入教科書選書，藉此與書商掛勾，並想利用中央餐廚的招標，向廠商索取費用（廠商向學校投訴受其恐嚇），也在家長會中大搞男女關係，肆無忌憚，並破壞別人家庭。最後，會長與學校所有的人都決裂了，我交代同仁勿與之起衝突，以避免發生任何危險事情，家長會的會費，學校也不再申請使用，避免被其侮辱或被污衊。

痛苦的一年終於過去，又到了家長代表選舉，由於他先前的所作所為，這一次他連最基本的班級家長代表都沒有選上，更不用談進入家長會。但他內心卻忿忿不平，認為學校從中作梗，完全沒有察覺是因為自己之前的所作所為，才導致這樣的結果。而他並不因此死心，欲利用「家長會設置要點」條款達到目的，也就是家長會長有權力召開家長代表大會，若不召開家長代表大會，則家長會就不用改選，他得以繼續續任會長。後來學校將這件事情向縣政府報告，上級長官亦覺得會長太過分，於是以行政命令行文至各校，公文告知若前任家長會長故意不召集，校長可逕行召集開會，開會時，由家長代表中推選出一人為主席，校長即可卸下召集人職務，這一道公文終於瓦解他的不良企圖。當時有這樣情況的學校不在少數，這些都和當事人心術不正有關。然而，古有明訓「多行不義必自斃」的道理，也應驗在這位會長身上，看到他經營的餐廳倒閉了，太太也和他離婚，他離婚後也不知去向。

最感氣憤的事情 ◉◉◦

在學校當校長遇到這種會長，內心當然會非常生氣，且常有不如歸去的想法，但在大多數家長、學校同仁的大力支持下，我選擇容忍了下來。但內心的煎熬、痛苦及氣憤，實在讓我難以忍受。事後，我也自省認為校長應該慎選會

長，雖然不能介入家長選舉，「但您不介入，換別人介入」，若讓心懷不軌的人當選，會替學校帶來一場浩劫。由此可見，為了學校的未來發展，校長有責任引導正向的家長來當家長會長，這樣對學校發展才是有幫助的。然而，也不能因為一竿子而打翻一船人，因為有 99%的會長都是「好會長」，他們對學校都是有貢獻的。

 課程研究發展的經驗

最有成就感的事情 ◎◎◎

　　除了對監督工程品質特別關心外，我對課程發展也一樣關心，在 89 學年度教育部推動九年一貫課程試辦之初，我認為課程試辦工作是一種行動研究，有助於教師提早接觸新課程的概念和方法。雖然試辦工作可能會碰到困難或挫折，但在摸索、探究及創新的過程中，可能找到一條創新可行的「課程發展之路」，而課程試辦是一般學校比較不喜歡參與的，有些學校教師甚至抱著船到橋頭自然直的心態，認為何必先去自我冒險呢？但我認為，課程研究發展是教師教學的核心工作，先讓教師熟悉課程發展的步驟，對教師專業能力的提升也是一件好事。

　　在大型的學校（一百多班）服務，要全部試辦其實有一定的困難度。當時先試辦一、二年級的生活課程呢？兩個年級全部參與的教師就有 40 位。當時為什麼決定先做生活課程呢？因為生活課程只有一、二年級才有，到了三年級它的領域名稱叫「社會領域」，可晚一點再讓三年級教師接觸，這樣的衝擊面是最少的；其實我也發現教師們最喜歡擔任一、二年級導師，來個試辦工作，也能平衡其他教師內心的不平衡心態。

　　在組織教師團隊時，為方便小組教師們合作學習、協同教學及研究課程與教材，每年級有 20 名教師，可組成四或五個團隊，以自由意願組成為原則，但成員人數掌握在四至五人。如此一個年級至少有四到五個團隊，一、二年級合併加起來，至少有八到十個團隊。這個組織團隊的工作，我交給學年主任去自由組成，但學年主任提到有些教師常不想做事情，且都依賴他人幫他做，因此大家都不願和他們同一組，而造成沒有教師願意接納這些教師。後來我有二個策略來因應這種狀況：第一個策略是在教師朝會時「放話」，讓一些不想參

與生活課程試辦的一、二年級教師，請他們去教五、六年級級任，並提出我是校長當然有權力安排教師級務和職務；第二個策略是：「請學年主任去接納這些教師參與學年主任自己的團隊」，經過這些放話及策略運用，發現效果非常好。好不容易這些教師團隊建立起來，後來也發揮很大的績效，在課程研究發展工作中，扮演著關鍵性角色，我們學校在當時享譽臺灣學術界，甚至各教科書出版商也紛紛要拉攏我們的教師，進行討論編輯教科書的事情。從那時候開始起，「組織教師團隊」這個名稱，在九年一貫課程推動之初，變成各校最熱門的工作，我做夢都沒有想到「教師們合作的力量有那麼大」。

最初的課程試辦是做課程統整的工作，由於生活課程是統整原來的自然科、社會科、美術科、音樂科等四個科目。因此我們就把這四科的教材統整在一起，因為那時候尚未頒布能力指標，因此我們是在做統整「沒有能力指標的生活課程」，雖然我們沒有能力指標，但是我們定出一、二年級學生要學習的生活能力。之後沒多久生活課程的能力指標正式頒布了，它統整了 11 條社會領域，19 條藝術與人文的能力指標，31 條自然與生活科技的能力指標，一共61 條。這 61 條能力指標生活課程並沒有包含健康與體育、語文、數學等所有其他領域，引起很多人討論，直到如今有關生活課程，仍然具有它的爭議性。

我們雖然質疑一、二年級生活課程的邏輯性不夠周延，但社會領域、藝術與人文、自然與生活科技三大領域，其實已包括了低年級學生生活範疇的絕大部分，既然經過教育部頒布，我們就一定要遵守綱要的規定。我們從分析能力指標的工作開始，從能力指標中找出它的「能力概念」和「核心概念」，然後再依據學生的學習階段，以及蒐集與本地有關的教材，然後統整為生活課程教材。61 條能力指標我們分配給十個教學團隊，大約每個團隊約分到 6 到 7 條。我們共同研發了一個分析能力指標的模式，稱為「概念分析模式」。茲提出一例，說明如下。

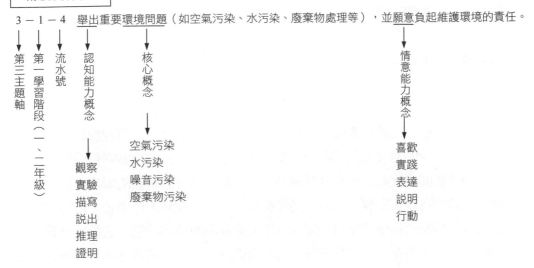

　　最重要的是在能力指標中，找出能力的概念和核心概念（也有人稱為內容概念），有了能力概念，就可以訂出一些適合一、二年級學生能做得到的能力，以及和兒童生活環境有關的事實資料，包括在學校、社區及家庭周遭有關的空氣污染、水污染、噪音污染及廢棄物污染的情形，經過本地的實際踏查，就可以統整出在地化的課程。我們以分析能力指標為主的學校本位課程，就是用這種模式來建構課程和教材。當初生活課程 61 條能力指標分析完成之後，將相同的能力及相同的核心概念，刪減一部分，剩下的這些能力及核心概念，加以分析、統整及做系統性的排列，形成一、二年級（四個學期）要教的「課程綱要」。接下來就是編寫教科書教材及撰寫教師指導手冊和學生習作的工作，為了讓家長放心，我們編輯的教科書仍然印製彩色的，而且每學期有兩本教科書（怕書本太重學生不好拿）及一本習作，一、二年級總共有八本教科書、四本習作、四本教師指導手冊，這一套生活課程到如今仍然在此學校繼續推展中，並獲得師生及家長喜歡。

　　這些教材、習作內容以及教師指導手冊，教師每教完一學期，就要修訂一次，將內容修訂得更貼近現在的社會生活現實，這套生活課程行動研究能夠成功，要感謝國家教育研究院籌備處秦葆琦研究員的指導。後來學校也陸續分析綜合領域的本位課程，讓當時我們學校得到二項殊榮：「九年一貫課程領域課

程標竿學校」以及「九年一貫課程標竿學校」，這是我們一、二年級教師及全
體教師們努力獲得的榮譽。

最感驕傲的事情 ◎◎◎

　　後來我受邀擔任教育部九年一貫課程推動委員會委員、國立編譯館社會領
域教科書審查委員、社會領域課程指導委員會委員、生活課程指導委員會委
員、行政院教育改革推動委員會推動委員等職務，對九年一貫課程研究發展工
作，奉獻不少心力。尤其是在分析轉化能力指標，在當時是非常重視的工作，
也帶動各民間出版社一起來分析能力指標，藉以提升教科書的編輯水準。在當
時，我常到各縣市學校說明能力指標轉化的工作，雖然工作辛苦，但是指導老
師們會分析能力指標，即已掌握課程研究發展關鍵性的鑰匙。之後獲選教育部
「校長領導卓越獎」，但我覺得感到最有成就的工作，是我從事課程研究發展
工作，發現能力指標之「概念分析模式」，而不是獲得教育部「校長領導卓越
獎」。

 ## 推動「2010 臺北縣邁向卓越學校」認證工作

最有價值的事情 ◎◎◎

　　除了課程能力指標分析的研發外，推動「2010 臺北縣邁向卓越學校」更
不遺餘力。事情緣起於教育局之期末檢討會時，局長提出教育局的四大政策方
向，要當天的與會校長提供未來教育政策的建言。當時我向教育局提出建言，
學校對教育行政機關的主要期望在「教育行政機關的政策，應該將重點放在協
助學校，成為一所優質卓越的學校」（即理想中的好學校），而不只是為了配
合上級教育行政機關的政策。當時我的意見獲得局長及副縣長的贊同，並要求
臺北縣校長協會協助此計畫。局長為了與臺北市優質學校在名稱上有所區別，
於是在淡江大學吳明清教授指導之下，定名為「2010 臺北縣邁向卓越學校」
（2010 Toward Excellent School for Taipei County），當時我會提出這樣的構
想，是為了符應世界各國教育政策的潮流，並沒有想到會獲得如此熱烈的迴
響，心裡非常的高興。

　　推動卓越學校認證工作，從第一階段的確定「面向、指標」，到第二階段

訂定「發展策略及行動方案」，再到第三階段訂出「認證的標準」，之所以可以順利完成，要感謝周錫瑋縣長和劉和然局長的支持以及校長協會同儕們的努力，並且要謝謝吳明清教授、吳清山校長、鄭崇趁所長、湯志民校長等多位教授的指導，才能統整成功，如今臺北縣已經在 2010 年完成第一屆卓越學校的認證工作。

最有成就感的事情 ◉◎◦

　　推動卓越學校的目的，當然在於追求學校教育品質的提升。然而最終目標是希望全縣學校都能參與認證，提升學校經營的品質，減少不同學校學生彼此之間的落差，以及各學校之間經營品質的落差。且局長也說今年沒有通過認證的學校，並不代表輸了，因為卓越學校的認證並非學校間之比賽，而是與已經訂好的標準比，若每校都能參與認證，那整體的教育品質就可以全面獲得提升。第一屆臺北縣卓越學校認證名單已經產生，共有 16 個學校、24 個面向獲得卓越學校的認證，目前我所服務的學校獲得了「行政經營」、「文化形塑」兩個面向的認證，除了期勉獲獎的學校同仁外，也希望有更多的學校勇敢參與認證，以提升各學校校務經營的品質。

📖 結語

　　在校務經營過程中，將校長定位為高倡導、高關懷、高服務的領導者，在引導全校師生邁向優質卓越的過程中，難免遇到經營的困境，當然也有很多成功的喜悅。我認為作為一個卓越的領導者，應該要有高度的挫折容忍力，有校務經營的策略和智慧，能帶領教師研究課程與教學走向專業，不管是「透過團隊合作」、「尋求上級協助」、「善用社會資源」、「利用溝通協調」等方式，都可將學校存在的問題解決，導引校務正向發展。

　　校長的角色除了解決學校校務問題之外，最重要的工作是帶領親、師、生共塑願景，引導校務工作蓬勃發展。因此校長的角色是在扮演道德領導者——帶領師生正向發展；課程領導者——帶領教師研究課程教學；專業領導者——帶領教師走向專業之發展；變革領導者——帶領師生變革與創新；趨勢領導者——因應世界各國教育的潮流；整合領導者——整合資源有利於校務發展。校

長要在「身體健康」與「工作負荷」取得平衡之下，盡力為學校、國家服務。

　　校長的「熱情、專業及愛心」是克服酸、甜、苦、辣心情的萬靈丹，而一棵棵小樹苗的成長，在教師們辛苦教導之下逐漸成長茁壯，這是所有教師們辛苦努力的成果。有人說教師的工作是「春風化雨」的工作，那麼校長的任務應該就是「引導春風」的角色。

柯份校長小檔案

　　柯份校長 45 年的教育生涯中，擔任教師 16 年、主任 6 年及校長 23 年，在教師與主任生涯中，1984 年得到省特殊優良教師，2005、2008 年分別獲得教育部「校長領導卓越獎」及「臺北縣校長師鐸獎」，目前服務於臺北縣蘆洲國小。為提升自我專業素養，已從臺北市立教育大學教育行政與評鑑研究所完成碩士學位，現為國立臺北教育大學教育政策與管理研究所博士班之博士候選人。

2. 這一條路

桃園縣文化國小退休校長　范姜春枝
（榮獲 2004 年教育部「校長領導卓越獎」）

行政路初行

由原工作的城市一路開車過來，進入桃園縣復興鄉的角板山，開始山迴水繞，蜿蜒曲折，來到羅浮已近一個小時了。車在北橫公路入口前往右轉，駛進羅馬公路，大夥兒眼睛一亮，滿山茂密青翠的桂竹林迎面而來，片片竹葉在陽光下閃著迷人的亮光，實在太美了。

「以後我們兩個人就輪流在兩校交換上班，半個學期輪一次。」陪同到校就任的長官——范校長心動了。雖是不可能的笑話，卻也顯露出他對山林的嚮往。

在一路為美景的驚呼聲中，抵達了這所讓我的生命展開全新一頁的山中小學——「奎輝國小」。這是 24 年前的往事，卻歷歷如昨，永不褪色。

開學第一天的兒童朝會，也是開學典禮，只見小小的節奏樂隊吹吹打打，帶領著全校六個班級的 67 個小朋友（多為泰雅族）進場，井然有序的隊伍後面跟著一隻小黃狗（老師介紹牠是校狗）。強忍著想笑的衝動，從都市裡擠著二千多個學生的小學來到這兒，從未看過如此有趣又可愛的隊伍。

全校九位老師加一位校長和一位工友，承攬了一個正常小學，不論學校大小，都要擔負著教導、管理、行政、社會教育、社區活動等鉅細靡遺的工作。老師們出奇的熱誠友善，工友先生更有如慈父般的照料著全校師生，讓內心潛藏著微懼不安，為初掌一校有點心虛的自己，定下了心。

一個月後，老師說話了：「校長，我們發現您有點膽小，我們決定要保護您。」哇！相由心生，果然瞞不了，自己的弱點曝露無遺，乾脆就明講自己的缺點，行動上同時努力發揚優點，盡心負責（如果捨此而不求，又如何能贏得尊重，而願受領導呢？）就此展開了行政工作的新階段，享受行政初行之路的喜悅與成長。

　　到任未久即逢中秋節，一週前，教導主任來到校長室，提出想為小朋友及家長們辦一個月光晚會。城市來的人很俗氣，首先想到的是哪來的活動經費，哪來的時間排練。「校長，不用花錢，也不用太多演練，您只要說『可』就好了，其他一切我們來處理。」主任講完，這個校長只有呆楞楞的點頭，然後什麼都不用管。

　　節日當晚，在皎潔的月光下，第一次目睹泰雅族的美與歌舞才華，大大小小的眼睛在月光下閃閃發光，清亮的歌聲迴盪在周邊的青山綠水間。慈藹的老爺爺老奶奶，漂亮又帶點青澀的年青爸爸媽媽們，天真愛笑的小孩兒們，大夥兒又歌又舞，所有的生澀瞬間化為熱情，人間愁苦暫且悄然遠去，不知今夕是何夕。歌唱吧！跳舞吧！原來歌舞是他們基因裡的強項，渾然天成。艱困的山中生活淡化了物慾，不必太豐足的物質一樣可以放開心，與山相擁、與水共舞，快樂過生活。從未上過山的自己，這晚結結實實的上了一堂值得回憶的人生哲學課。

 ## 「騎」著汽車來

　　某日，首次開車到校，一群小朋友圍過來，叫嚷著：「校長，妳今天騎汽車來喔！」「騎」汽車？這是什麼修辭。與同事們談起，原來處於文化不利地區的山地小孩，除了學校，很難再有汲取養分的機會。於是一份提升山地小朋友語文能力實施計畫成型，讀、寫、說、作同時並進。首先是閱讀活動，二週一書，簡單導引式的閱讀心得寫作指導開始，老師帶領小朋友進入圖書室「認識」書，校長負責批閱全校小朋友的心得寫作。我們希望他們自小就能習慣熟悉書香的味道，而能與書為伴，打開心靈的視野。

　　另外有每週一詩活動——以唐詩五言絕句為主，由老師依年級程度選詩，用白板書寫，懸掛於各教室前門外，利於各班互相觀摩。兒童朝會則安排一小段時間鼓勵上台背誦。語文養分的餵食期，希望他們養出好「氣色」。

　　同時也推出小校刊，目的在分享欣賞優良佳作，提供觀摩機會。教師群中有好「筆」，也有好「畫」，人才濟濟，沒錢也能辦出事來。一位畢業於師範大學美術系的老師當起總編輯，親手一字一字書寫稿件（當年尚未有電腦）及畫插圖，就這樣掀起了小朋友當小作家的夢。

一份份「百分百手工校刊」，由影印機刷～刷～刷～的「跑」出來，「跑」到小朋友手上，「跑」到家長手上。如此偶然播下的種子，竟傳承至今，歷經了 24 年，六、七位校長的輪替，仍出版至今，且均以資訊化處理，賞心悅目，質感頗佳。當年主編的老師至今仍堅守崗位，未曾離棄，令人敬佩。播種不算什麼，而扶持長大結果，綿延不絕，方是功德。學校也一直保持著語文成果佳績。

當年校刊上兒童詩作品不少，此緣於有一次，老師忽然提及：「校長您常發表兒童詩，何不教小朋友也寫詩呢？」、「哦～文都還寫不順，如何寫詩呢？！」、「那是創意與心靈的啟發，就算試試吧，失敗了也有益無害。」好有說服力的「有益無害」，於是一頭就埋下去，開始規劃老師進修，然後分工：好詩欣賞、引導創作、批閱修改、佳作賞析、插畫等，就這樣動了起來。自己在擔任賞析與批改的工作時，每每驚喜連連，佳作不斷。原來山中小孩的思維如此清純可愛，開闊而無礙，山山水水更孕育了他們豐富的感情，十分動人。

開始寫詩那年冬天，一個週六上午，一大早傳來高於本校海拔四百公尺的分校，下了一場十年來未見的大雪。校園起了騷動，老師們建議是否可全校上山去看雪。當年教育綁得緊，一切照規矩來，沒有任何彈性。不知為何自己突然間立即答應，只想著這是珍貴的學習機會，原有的課程以後再補吧！師生歡欣鼓舞，立刻動身上山「遠足」去。自己卻驀然楞住了，這是那來的勇氣啊，當時只想著如果這是過錯，就承擔吧！膽小的校長不知何時已被薰陶得堅強又勇敢了起來，掙脫無謂的束縛，帶領著師生走上活潑又彈性的學習路。

看雪歸來後的團體活動——童詩寫作課，指導老師帶領全體小朋友們在校園楓樹下，引導著以雪為主題的創作，但見小朋友有的趴在草地上、有的倚在大石邊，聚精會神揮筆創作。作品出來，精彩佳作一篇又一篇，讓我們萬分喜悅。是玉啊！琢磨之後泛著晶瑩的光彩。我們開始投稿在國語日報、新生報、民生報兒童版等，幾乎篇篇投中，給小朋友們帶來莫大的鼓勵與肯定，繼而也激勵了他們學習其它課程的動力，而日有進步，真是意外的收穫。在這樣喜悅的氛圍下，老師們的教導更為投入，看他們下班後，自動的為小朋友當免費家教（老師們大多住校），強化他們的另一弱項——數學課程的學習。至今思及，仍感佩在心。

　　2010 年 10 月，偶然的機緣回到奎輝，入眼看到的是親職活動成果展——一起來欣賞「爸爸媽媽的作品」。原來是當年的小作家，如今已升為父母、家長。聽校長、老師敘述著家長在孩子面前看到自己當年的作品，意外又喜不自勝的動人情景，眼眶不禁濕熱了起來。

群力解困境

　　二、三十年前，山地偏遠學校最困難的是學生午餐的食材採購，路途遙遠，交通不便，又尚未有妥善的採購制度，加上數量不多，奎輝又處於另一支線上，送菜廠商興趣缺缺，因此長年以來均委由一位資深老師每週下山訂購，再委託客運車按日送來，品質尚差強人意。到任後，約過了半年，有一天工友先生報告最近常有肉類或其他食材不足的現象，我們請負責採購的老師向廠商反映。奇怪的是，不但未見改善，反而變本加厲，讓我們苦惱不已。午餐品質每下愈況，終至有一天，事情爆發了。有一位老師臉色凝重的要我去廚房看看，說完就去上課。

　　到廚房一看，一簍當天的水果——蕃石榴，幾乎爛了一大半，無法食用，工友說肉類的斤兩還是不足。忍不住一陣心酸，紅了眼眶。默默回到校長室，心想何其殘忍，山上的孩子本就生活弱勢，缺乏營養，少少的一點餐食還被剝削。

　　下午，那位心生不忍的老師來找我，他說：「校長，您不生氣嗎？」我說很難過。他說這是多年來的老問題，會得罪人，難以處理。他希望放學後召開教師會議，討論解決方法，老師們都願意想辦法。那天的會議讓我終身難忘，紮紮實實的上了一堂行政領導課。

　　會議中大家踴躍發言，並提出具體方法——更換廠商（動人情商請復興鄉菜商繞道來協助採購送貨），最後以表決方式高票通過新案，解決困境。自此，午餐品質改觀，我們也心安了。

　　只是自開完會的第二天，那位每日一早高聲打招呼的資深老師，從此冷顏以待，形同陌路。在心中，我自我勉勵：無論如何，他是長者，一定要以禮相待。足足有半年時間，我的一聲：「○○老師早！」換來的是視而不見、聽而不聞。當下難免難堪心傷，但是轉念一想，受此辱值得，也就坦然。承擔與忍耐，就這樣練出了功力，在後來的行政之路上，異常管用。

　　意外的，後來在我離開奎輝一年後，他送來一棵他培育的蒜香籐，直到二十多年後的今天，仍在我家庭園茂密的按時綻放。每到花開時節，看到盛開的花朵，就好似看到那一群充滿義氣，熱情愛著學生的老師們，相信最後他也終能體會吧！

山水沐恩情

　　早早聽說在山上，最難以克服的是喝酒文化，上任前常有教育界同仁開玩笑說：「把酒量練好再上山吧！」聽得心生畏懼。還好，開學第二天放學後，家長會長提了一大袋飲料來請老師共飲，男老師喝啤酒，女老師喝果汁，喝得皆大歡喜。後來漸漸的了解酒在原住民生活中所扮演的角色。他們大多以種植桂竹與香菇為生，常年在溼氣極重的山林中討生活，導致關節嚴重發炎，唯有靠酒去濕寒，久之易成癮，聽來令人不忍。常利用母姊會的機會與他們談酒，少喝一點，避免喝到酩酊大醉，適量有益，過量傷身。

　　某日，路過學校前的小店舖，有三位媽媽在喝酒，她們一看到我就叫著：「校長，我們有聽妳的話，只喝一點哦，妳要不要也來喝一點。」看她們天真有趣，忍不住喜歡她們。

　　在任三年中，不論是老師各項創作、教學研究及社會教育等，各項成果幾乎囊括全縣前三名。學生在各項競賽中，也有令人讚賞的佳績。聲名大噪，校譽日隆，家長們對學校的向心力更強，每有活動必人潮湧現。我們共同合作，共享孩子們進步所帶來的喜悅與安慰。

　　雖然走這條崎嶇山路上班，一趟就得花上七、八十分鐘，然而只要一接觸山山水水，連呼吸的節奏都轉為輕盈，人世的種種形役與憂愁，也唯有面對大自然時才能解心中鬱結，抒心中塊壘，真正的達到心曠神怡、寵辱皆忘的境界。

　　雨後的山嵐，像仙女的曼妙輕盈，飄曳在群山間。有時一縷白雲突然造訪校園，引得我們忘情想追逐而去。近在咫尺的石門水庫上游阿姆坪落日美景，誘得我們分秒不差，如時候駕。春日，蝴蝶為校園裡繽紛的花朵翩翩而來，牠們自在的在教室、校長室裡穿梭而過。夏日，課後餘暇同仁們結伴悠遊山水，有的負責釣苦花魚，有的負責升火燒烤食物，愛畫者則在一旁揮筆寫生。有

時，學生放學後，暮色中，在校園涼亭圍坐，輕彈吉他，各展歌喉，或喁喁細談生活點滴。環繞在周邊的青山綠水，看著這一群忙於教育也善於生活的「奎輝人」，應該也會心生羨慕之情吧。

一任三年，自己像個行政實習生，努力專注的學習著，在此所有的同仁、家長、小朋友都是我生命中的老師，在這兒所獲得的支持與恩情，滋養著往後的「校長生涯」，深深的感受到自己是個「幸福者」。

頓挫生力量

如果說奎輝是天堂，我就不知道要用什麼來形容我的第二站——一個在田中間的鄉村小學。當年臺灣省教育廳有均衡城鄉差距專案補助，對山地學校的軟硬體投入不少經費，因此設備完善。而平地鄉村小學，既欠缺社會資源，又無特殊補助，設備相對不足，斑駁老舊的校舍，令人不忍。沒有優美的環境又如何能陶冶小朋友的心性呢？幸好小小的校園環境綠化很是不錯。

每天 20 分鐘車程的上班路線，會經過一個在當地赫赫有名的大營區，心想也許可以試試看，是否可以請「阿兵哥」來幫忙粉刷校舍，以節省經費。因為當時政府強調「軍愛民，民教軍」，每至秋收常有軍人助割活動。於是大膽一試，拜訪營區首長，意外獲得熱情支援，學校只負責買漆料，連午餐都由營區派車送來，不增加學校任何負擔。校舍煥然一新，家長、師生都歡喜。

到任未久，一天校長室來了一位老農客人，樸實中布滿勞苦風霜的面容，泛著慈藹的寧靜。他緩緩的說：「我的子孫都長大了，目前沒有人在這個小學念書，但是我聽說妳姓范姜，是我的同宗，所以我就特地來拜訪，請妳好好的帶領這個學校的老師認真教書，好讓鄉下孩子將來能出頭天。我每天都在附近的田裡工作，學校的動靜很清楚，忍不住會為小學生擔憂。」說完鞠了一個躬就離開了，還來不及多認識他，他就這樣消失了。當時我心中感動萬分，默默向他許諾，會的！我會努力帶著這兒一百多個小朋友認真的向上「游」。

六個班，教師數一樣的 1.5 編制，然而人各一心，不但看不到助力，反而隱隱然波盪著一股阻力暗流。首次目睹頂著一張不怎麼樣文憑的同仁，睥睨同仁，嘲諷奚落。安慰著淚眼潸潸來訴說受辱受創的老師，這樣的機會反而讓正向力量增強，讓負面的聲音穿耳過、隨風去。心，用在學生身上吧！人少事多

就帶頭一起做，研發新創的活動就與有志有心者共同付出推動。

　　此外，小小的村莊，同一姓氏占了約九成，理應和諧共處，意外的卻是互鬥不斷。幾乎每隔三、兩日，就會有地方不同組織的人士，到校有意無意的攻擊對方的不是，一有活動就相互明裡暗裡杯葛。自己小心的保持中立，只傾聽，不添加言語，誠意的面對任何一方，並立定無欲則剛不勞煩他們的原則，努力辦學，不牽涉任何政治活動或派系鬥爭。當三年任滿要遷調時，一位地方長者，也是派系大老之一，面對即將離開的我，掉下了眼淚。原來人的內心深處，仍有著最單純的人性。

　　有一個突來的機緣，引得這個小小鄉村小學聲名遠播。原來當時有一位任教附近的國立大學教授偶然來訪，相談甚歡，相當認同本校的辦學理念，於是呼朋引伴，調度接送車輛將他們的孩子由都市學校轉來本校就讀，一時蔚為佳話。老師們的努力獲得肯定，原本那股阻礙的力道，揚不起波瀾，此時學校終於有良好而正常的氣氛。

　　當時也坦白的向教授們表明，這兒是較封閉的鄉村學校，家長相對弱勢，孩子們之間沒什麼競爭力。此外，我們也無法給他們的子弟特殊待遇，一律平等視之，才不傷鄉村孩子的心靈。教授們一聽，驚喜的表示，這就是他們想要的。他們不要孩子在小學階段，就為分數而有競爭壓力，只希望他們能在快樂的學習中進步，更不要有特權，希望孩子能與所有同伴友愛相處，而不生優越感。教授們也為鄉村學童盡了許多協助之力。

　　三年任期屆滿離開時，望著四周田野，尋不著當年來訪的老農身影，只有默默的向他致謝，他的愛心也成就了我們的努力。

天堂樂工作

　　初一踏進這個位居中壢市郊，12 個班級，占有三公頃大校地的小學，眼前一大遍奢侈的綠草地庭園，歷經一個暑假，已是叢叢芒草入侵。「校長，我們這個學校有另一個校名，叫做『墳墓學校』。」幹練中有著樸實味的里長介紹著。再幾天就要開學了，如何是好？我們估算著要花多少錢請人來整理，里長說他想辦法去籌工資。

　　當天返家後，突然靈光一現，何不再去求助當年相援的「愛民」之營區將

軍首長呢？第二天立即行動，獲得的是兩大軍用卡車滿載的「阿兵哥」，以二天的時間讓校園面目一新，且仍然是卡車送餐來，不讓學校有任何負擔。

工作的第二天，將軍突然由參謀長陪同來訪。「校長，我來看看為什麼妳總是要到開疆闢土的學校。」他巡視一遍校區，交代官兵，學校如果還有什麼需求，要全力幫忙。事後，聽參謀長私下提及他的長官從未親臨一個小學，這個特例，也是自己終生難忘的人間溫暖，內心為五、六百個小朋友們感激著。

這件事意外傳開了，傳言是：「新的校長來頭不小，背景很硬，可以帶來如此大的支援。」說穿了真相，也沒人相信，卻自此一路順遂。校內同仁向心力強，很快速的建立了共識，校務蒸蒸日上，校譽日隆。學校位於大工業區旁，部分廠商大力支援，軟硬體皆獲得改善。

當時省教育廳推出「班級視聽化」的實驗專案，本校幸運獲得實驗機會，使教室設備走向資訊化，教學品質大幅提升。第二年立即增加一班，在地方上傳為佳話。

1990 年代，校園志工尚未形成風氣，學校的志工數是「零」。為維護廣闊的校園，我們公開徵求當時算很新鮮的庭園志工，未料反應熱烈，一舉成功，我們有了七十餘位的人力支援，學校環境整理大獲改善。我們分園劃地，讓他們認養，常見在放學後或假日，一家大小在校園裡工作，呈現動人的親子活動圖。

後來，在離開這個小學二十多年後，有一天遇見了一位當年的交通兼庭園志工家長吳先生，他感性的說：「謝謝校長讓我有機會體悟到付出的喜樂。我站交通導護直到我的孩子上了大學，我還站。後來遷居臺中，只要一回到中壢，我一定到學校幫忙交通指揮或整理校園，重享當年的喜悅。」

服務三年半，天時、地利、人和皆俱，這是一個溫馨又認真的團隊，自己彷彿又回到天堂工作了。

改變迎挑戰

1995 年 2 月奉命籌備興建平鎮市的新設學校——文化國小，這是個人從事教育工作的一個轉捩點。一直喜愛文學、藝術，生活步調偏向靜緩的自己，在上級長官的信任與鼓勵下，嘗試著改變，迎向挑戰。

　　接獲派令的第一件事，是到國家圖書館坐讀竟日，重溫教育先哲的真知卓見，釐清將如何打造引領一個都市裡的小學，讓學童的各種能力可以獲得最大的開發及全面性的陶冶，而成為有豐厚人性的有教養之人。期待讓建築物也分擔起「無言的老師」之重任，使「建築塑造人格」成為事實。

　　當時心中想望的校舍是：擁有開闊明朗的前庭，養胸襟；現代化的線條中融入古典風格，育美感；寬敞蔽日的半戶外活動場地，保健康；擴張的廊道空間，展社交。「人性化的空間，精緻化的質地，現代化的設施，藝術化的造形」成為規劃的主軸理念；我們以藝術化功能性、功能性藝術化的精神，打造每一個環節。

　　此外，都市小學最重要的是綠意盎然的自然景觀，庭園設計的重要性不下於建築主體。我們有幸遇到極為優質又能充分溝通的好建築師，當時我開玩笑的說了一句：「再好的校舍建築硬體，沒有美好的庭園景觀襯托，就好像一個沒有靈魂的美人。」沒想到竟換得了引進專業景觀建築設計師同步規劃設計的待遇，也讓縣政府首度破例同意景觀工程脫離原規定土木工程的統標，而改為獨立招標，我們擁有了一座充滿功能性與美學的學校庭園景觀。

　　所有的理想，竟然化為事實，規劃是如此的順暢無阻，接著而來的招標卻意外的驚險連連。有力人士「關心」的電話不斷，明示暗示的「提示」也不斷。當時社會彌漫著一片腐敗之氣，政府適時展開「掃黑掃白」政策，使我們得以無懼的依法行事，順利的完成招標工作。

　　這座後來榮列教育部優質學校建築的小學，在工程完成要招生時，正逢政府對教育採取鬆綁的教改政策，教師由派任制改為聘任制，本校也因此成為全縣第一所辦理公開甄選教師的學校。甄選簡章一修再修，除了要真正達到選才的功能之外，最重要的是要杜絕關說。有力人士關心的電話又來了，誠懇的送上一份簡章給對方，讓他知道校長毫無幫忙的空間，只有請參試者加油。就此，一路走來，年年甄選，我們未曾引起非議，公正成為我們的招牌，因此菁英群聚，人才濟濟，成為新校的強項之一。

歡喜承負擔

　　當時教育部正開始進行小校小班計畫，文化國小依現況及未來發展，縣政

府校定60班的規劃，教育部同意依規劃限量招生，以維護教改政策的新品質。麻煩來了，年年跨區蜂擁而來的新生超額達四、五個班級之多，只好訂下公平合理的四個排序，依序審核入學資格，未能錄取者，則轉介至鄰近各校就讀，此案報經縣政府核准後實施。未錄取的家長反彈帶給我的痛苦，遠比二年半在工地奔波的勞苦有過之而無不及。

有的是眼淚攻勢，奶奶、媽媽們哭訴她們失望的痛苦，我只能安撫道歉；有的爸爸則拍桌怒斥，摔杯洩憤，自己只能忍辱而不能發作。有一天，同仁匆匆來相告：「大門警衛室旁有一位阿公在發飆痛罵，這個學校的校長要收紅包，不然要靠人事背景才可以進入這個學校就讀，罵完就跑了。」第二天早上同仁又來通報，昨天那個阿公由里長伯帶著來了。請他們進入校長室，老人家不敢叫囂，只憤憤地要給個交代，為何他家的孫子不能就讀本校。我說明入學審核方式之後，也請陪同前來的媳婦（欲入學小孩的媽媽）到教務處看公開透明化的網上資料，只要有任何不公，一定立刻還他公道。政壇老將里長伯說話了：「那我們就到教育局去，由他們來解決。」、「這是好辦法，而且最好能登上報紙，好讓教育局知道我們的困難處，看有什麼更好的方式來解決。」看到我含笑的回答，看完資料的媳婦也回來了，未發現任何不公平處，三個人忽然平靜下來，道歉離去。

另外，被從中央級到地方的民代關說不成後的怒罵，摔電話，更是家常便飯：「當什麼校長，連安插一個新生都做不到。」是的，民主開放的時代，一切都要經得起考驗的公開透明及公平原則，是享受過威權時代特權滋味的權貴們，很難了解與接受的。何況我心中這樣想著：假使我們要收350位新生，來了關說者要讓第351號學生進來，我難道要把第350號拉下來讓出位置？第350號由誰來保護他的權益？唯一有能力保護他的只有校長，我怎能屈服於壓力之下而做出違背良知的事呢？這藏在心底的堅持，後來在參加第一屆教育部「校長領導卓越獎」的面詢時，坦白的訴說出來。

事隔多年，一直到退休後的今日，教師甄選及新生入學的公平性，還是受到肯定、認同，也成為他校取樣的對象。

藝術釀溫馨

　　我們以「藝術與人文」作為學校本位課程，發展出學校特色，並與社區結合，將藝文氣息推廣成社區文化。透過「藝術季、古典樂導賞、街頭音樂會、月光音樂會、創意舞蹈大賽」等活動，涵濡浸潤形塑學生良好的品格。老師們更精心設計「四季」、「八方」兒童藝廊，讓校園處處散放著視覺美感。透過藝術推動道德教育，就是我們隱藏著的目的，也深獲家長認同。

　　在課程改革的浪潮下，課程規劃與設計更是老師的強項，教師組成班群，為教學努力研究創新，彼此互相打氣，互相合作鼓勵，互相分享成功的喜悅。老師們展現的良師氣質，營造的校園溫馨氣氛，一直是絡繹不絕前來參訪包含國內外的教育團體，及本縣、外縣市校長主任儲訓班成員觀摩後所讚賞的。也因此，文化國小贏得了全縣最多師鐸獎及特殊優良教師的表揚。師生團隊參加各項比賽，更是拔得頭籌的常勝軍。

　　記得發生九二一大地震的那年，正是南側庭園二期工程正要申請經費發包時，這一震，震掉了想要的經費，政府財力大量投入災區重建。因此我們改走自力救濟的策略，向家長發出了感性的呼喚──「給孩子一份綠色的愛」的說帖，由各班與家長共同規劃設計班級攤位的園遊會，並結合相關領域課程，由小朋友當老闆、店員做買賣，當日所得全數做為新庭園工程之用。

　　意外的熱烈迴響，把校園擠得人山人海，水泄不通，班班生意興隆，加上自動樂捐源源而來，一日所得竟然超過預算需求的倍數！自此，文化國小除了一年一度的藝術季是家長的最愛之外，再添一項園遊會成為最夯的活動，一直延續至今，而成了傳統。也因為這樣，我們的資訊設備、教學資源，及各項設施，憑家長之力，就走在最完善的前端。

　　經常會被校長同仁問道，用什麼方法讓老師願意如此熱誠付出？回以是「玩」出來的，沒有人相信這個答案，但它卻是真的。從招生的第一年起，我們總在歲末為老師們辦望年會，一則慰勞平日的辛苦，再則增進彼此的感情。我們在學校裡辦理火鍋圍爐之後是聯誼晚會，第一年，各年級及行政組分別設計節目，遊戲、歌唱、舞蹈……玩得很開心。第二年，同樣的活動內容尚好。到了第三年，規劃的主任認真去請各年級提供節目時，遇到其中一個年級的學

年主任回以：「不要給我們壓力。」主任頓覺委曲與不解，這是輕鬆娛樂，怎會是壓力？停辦嗎？不！就各年級自由決定是否提供節目。行政組暗地進行節目大革新，校長、主任、組長及工友先生小姐全員粉墨登場，大跳滑稽康康舞，男士扮女裝，頭頂金髮，光是造型就轟動全場，引來口哨聲不斷。

第二年推出歌舞搞笑劇，我們以當年熱門的社會話題自編自導自演，校長被安排扮演偷拍案的璩美鳳，不顧形象的豁出去了。這一劇造成的轟動可想而知。自此，望年會成了搞笑競技場，各年級奇招盡出，再安靜的老師也紛紛下海飆演技，造成驚天動地的歡笑。

學校的氣氛改變了，像家人般的感覺出現了。用心傳輸的教育理念快速形成共識，鼓勵協同合作，建立起優質的組織文化。此外也建立了良好的制度，充裕的教學支援，開放的發展空間，因而帶動了同仁們的內在動力與生命價值之發揮，這才是成就文化國小最為珍貴的資產。

2000 年受教育局推薦，榮獲教育部頒發校長部分的師鐸獎。2004 年再度受教育局的推薦，獲得頒發第一屆教育部「校長領導卓越獎」。我告訴同仁們，這不是我的獎，是我代表大家去領回來的獎。這才是最真心的感受。

籌建文化國小是我生命中的意外，而在退休之際，又遇到另一個更大的意外。建校中的兩年半年資不算，招生後任滿二任八年，正是臨屆齡退休年限的前一年，我提出退休申請，核准令下來了，教育局長官仍不放棄慰留再任一年，學校同仁也要求再「陪伴」一年，他們的理由是想再享受如此愉快工作的氣氛。

終於提出了切結書，放棄當年已核准的退休機會，延任一年。我向同仁們說：「這一年，我只管欣賞你們。」這一年，我愉快的享受了這個大大的意外。

整整走了 46 年的教育路程，在 2006 年正式退休而劃上了句點。這一條路，有時坎坷難行，風雨交加；有時風光明媚，鳥語花香。細思之下，還有什麼事業可以如此單純的不必思名，不必計利，讓人專注往前行的呢？只要你願意，終可走進夢中的桃花仙境。

教育這一條路，果真是最值得投注的人生志業路。

范姜春枝校長小檔案

幸運來敲門

　　小時候，隔壁鄰居一位雙眼失明的老奶奶，經常到家裡來，要我朗讀國語課文給她聽，小三的我對她有求必應，而一句國語都聽不懂的她，每聽完就大大的讚美一番：「真好聽，唸得不會打結，好厲害。」不論她的評語是對是錯，對小小年紀的自己，卻是莫大的鼓勵，因而也超級愛國語課，及長更走上兒童文學創作之路。

　　每當我拿起毛筆寫書法作業時，只要被左鄰右舍的婆婆媽媽們看到，必定得到她們的好評：「這麼軟的筆可以寫出這麼大的字，好棒。」她們沒讀過書，一個大字也不認識，面對只得到乙上的字慷慨讚賞，我還是開心得不得了，寫得更起勁，也為成長後愛上水墨畫預先埋下了種子。

　　如果還在世，年近百歲的母親，幸運的在日治時代受完整的小學教育，在當時是頗為稀有的，她對老師的教誨，一直感恩不盡，從小她就把老師所教的點點滴滴全施作在我的身上，不論是生活規範或讀書態度均有所要求，也許是對恩師的崇拜，讓她期待自己的孩子也能成為一個讓人敬佩的老師吧！

　　臺北女師畢業，執教鞭的第一天，她勉勵我：「要認真教每一個小孩。」這句話一輩子激勵著我，一步一步努力向前行。

　　服務 46 年期間，曾獲臺灣省特殊優良教師獎、教育部師鐸獎、2004年第一屆教育部「校長領導卓越獎」，餘暇從事寫作與繪畫，曾獲教育部少年小說創作獎、青年研究著作獎、金鼎獎、月光光童詩獎等，繪畫方面亦曾獲桃園縣寫生比賽社會組第一名、北區六縣市寫生賽佳作獎，及受邀參加各種聯展。

　　總覺得從小周邊長輩們、師長們扮演我的貴人，帶著幸運之神來敲我的門，心中永懷感激，也期望自己向他們看齊，做個有價值的人。

3. 教育，我的最愛！

高雄市永清國小退休校長　林福建

（榮獲 2004 年教育部「校長領導卓越獎」）

　　1964 年，我畢業於臺南師範最後一屆的普師科，分發到高雄市服務，並於 2010 年 8 月 1 日退休，一生熱愛的教育工作就此劃上句點。教育生涯前後共服務 46 年，擔任校長職務長達 21 年，包括援中國小 7 年、加昌國小 8 年，以及永清國小 6 年，分別是小型、大型、中型學校及完全不同特性的社區形態，但我都非常喜歡。我覺得三所學校的共同特色是：校園景觀漂亮，花團錦簇，賞心悅目；全面推展閱讀，鼓勵學生寫作、投稿，成績斐然；同仁服務態度認真，對學校均有強烈的向心力與認同感。如果還要做一些區分，我認為：

◎援中像一家人一般，有家庭的溫馨，團結和諧，無論校內、校外均水乳
　交融，一團和氣。

◎加昌同仁積極自信，鬥志昂揚，勇於面對挑戰；學校與社區互動良好，
　是全國最佳典範。

◎永清則是含蓄內斂，深蘊內涵，不斷的追求成長精進，對外比賽常有
　「出人意表」的突出表現。

　　從事教育工作是我小學三年級即立下的志願，感謝老天爺，求學過程一路順遂，終能如願以償。1964 年臺南師範畢業後，即兢兢業業，立誓要當個受小朋友喜愛、家長肯定的好老師，也一直努力扮演著這樣的角色。16 年後擔任主任，25 年後當上校長，是無心插柳柳成蔭，均非當初預期的目標。然而，當了主任、校長之後，深感責任重大，特別是校長，一言一行，動見觀瞻，影響師生及學校形象很深，故下定決心，對學校經營要全心投入、全力以赴，期許自己做好每一件應該做好的事情，不負長官所託。辛勤耕耘，必有豐碩收穫，幾年下來竟然不負眾望，建立不錯的口碑，團體跟個人獲獎無數，並曾四次榮蒙總統接見嘉勉殊榮，卻是始料未及之榮耀。我喜歡學生，熱愛教育，對教育工作始終樂此不疲，一晃四十餘年，竟不知老之將至。現特地將四十餘年來教育工作的一些心得經驗，特別是在校長階段，自認為較有創意、感到自豪及感受較深刻的行政作為與大家分享，並就教各位教育先進。

於援中國小任內，承辦「鄉土情懷」大型戶外親子休閒活動，學校、社區辛勞得力，盛況空前

1991 年 12 月 15 日，高雄市政府委由援中於學校西邊約七公頃的休耕農田上，舉辦了盛況空前的大型鄉野親子休閒活動。約有一萬多人在一大片田野中興致勃勃的燌土窯、烤番薯，及兩千餘人同時在三分地的池塘中赤腳彎腰、興高采烈的捉泥鰍，來自全市各地的社會大眾，不論男女老幼，全家到或攜伴來，只要參與活動，無不欣喜滿載而歸。

這個大型的郊外「鄉土情懷」活動，由援中國小承辦，社區及家長會協辦，活動內容包括：燌土窯、抓泥鰍、牛車之旅、農漁特產品嚐、鄉土民俗技藝表演、高雄大學籌設資料展等。場面之大，參與人數之多，都是前所未見，當然所投入的心力也無法估計。援中國小是個偏遠的迷你小學，只有三十位教職員工和四百多名小朋友，幸而有社區發展協會、家長會及鄰近學校的人力支援，經過無數次的溝通協調、摹擬演練，才能把活動辦得順利圓滿，人人稱道，有口皆碑。

活動之前的準備工作非常龐雜，都必須集思廣益、共獻智慧，才能安排就緒，例如：約七公頃的稻田要僱請農夫以牛隻慢慢的耕田翻土，準備 1,100 個窯位的土塊（不能用耕耘機打碎土塊）；引水施作水深及膝的三分地臨時泥鰍池，放養四百台斤的泥鰍；租用牛車十輛，外加三十位安全維護人員，協助繞行鄉間小道；農漁特產點心品嚐的安排更是大費周章。從場地規劃整理、牛車租用、地瓜和玉米的洽購、柴火的取得、磚頭的搬運等，每一個環節都不能出任何差錯。準備時間長達兩個多月，每天神經緊繃，密集開會討論。由於無前例可循，只有腦力激盪，步步為營，避免疏漏。真的要感謝援中同仁通力合作，家長會鼎力協助，三位里長大人的全力配合，才能不負所託。

值得一提的是農漁特產點心品嚐，中和、中興及藍田等三里的居民，為盡地主之誼招待參與的民眾，家家不惜大把花費，刻意精心準備精緻可口的「山珍海味」，親自以竹簍、扁擔挑到現場，免費讓參與的市民大快朵頤。原先預估參與民眾為六千人，想不到因媒體的推波助瀾，竟一下子湧進了一萬多滾滾人潮。雖然人數劇增，供不應求，甚至有點失序，但援中港、藍田社區民眾配

合活動的熱情，以及傳統農村好客的真心誠意，依舊受到極高的肯定。因而聲名遠播，在高雄市各地一時傳為美談。

這個前所未有的大型鄉野親子休閒活動，凝聚了學校與社區的向心力與認同感，發揮超高的品質與效率，讓共同主持的吳敦義市長和當時的救國團總團部李鍾桂主任讚不絕口。前教育局主辦科長、現任高雄衛武營國立傳統藝術中心籌備主任的林朝號先生曾說：「鄉土情懷親子休閒活動場地寬廣，從無到有，參與的民眾都是自由報名參加，行動不容易受掌握，『難度比承辦臺灣區運動會還高』，援中國小僅是一所小型學校，竟然可以辦得近乎完美，實在是一件了不起的大事，令人敬佩，也令人感動。」這是給學校師生、家長會、社區民眾最大的讚美。也因為如此，吳敦義市長事後論功行賞，特別設宴犒賞，據說這是市政府極為罕見的「殊榮」呢！

時光飛逝，雖然已過了近二十個年頭，但每一想起此一盛大活動，腦海裡總會浮現援中師生認真負責、刻苦耐勞的身影：在七公頃的農地上，1,100 個窯位，每個窯位三塊磚頭、三塊磚頭的搬，地瓜、玉米、礦泉水一袋、一袋的送，老師及中高年級的小朋友來回於寬闊的活動場地，經常是揮汗如雨、灰頭土臉，但他們不叫苦、不喊累、不怠慢，圓滿達成高難度任務，至今仍令我自豪與感動。

📚 加昌國小與高雄市立美術館建立館、校良好的合作模式，推動校園藝術化，處處充滿人文藝術氣息

加昌國小 1999 年即規劃全國國民中、小學第一座「校園美術館」（整個校園內外布置得如同一座美術館），包括：名家大壁畫、主題展示區、樓梯畫作展示區（前西畫、後國畫）、彩繪鐵捲門、藝術教育牆等，並開放校園，將藝術推展至社區。

2000 年 4 月起，更得天獨厚，與高雄市立美術館及國立科學工藝博物館，建立館、校良好的合作互動關係，善用其卸展資源，豐富學校藝術教育內涵，也提升了師生及社區民眾藝術人文素養，因而享有「藝術校園」的美譽。回顧過去，整個合作接洽的過程，可說是意外的順利。學校打定主意後，身為校長的我就率領藝術人文教學團隊，移樽就教，拜訪了美術館館長及活動、推廣組

長，館長、組長很驚訝我們的構想與創意，贊同資源永續利用的環保概念，願意將展後的東西盡量完整的卸下，供學校加以整理再利用，得來全不費功夫。這也印證了我常說的一句話：「只要有心、用心，創意無所不在，資源亦無所不在。」

從 2000 年 4 月至 2004 年 6 月，校內展過的主題展計有：「再現風華——法國橘園美術珍藏展」、「達文西特展」、「林風眠百年紀念展」、「李可染藝術展」、「林布蘭特蝕刻藝術展」、「版印年畫展」、「拿破崙特展」、「天可汗的世界——唐朝文物展」、「江兆申水墨畫展」、「慕夏裝飾藝術展——布拉格的春天」、「用藝術行腳校園——臺灣本土畫家藝術展」、「故宮珍藏文物藝術特展」（約 250 萬複製品）等，不僅有靜態展覽、動態的表演，更融入「藝術與人文」領域裡實施教學，頗受社會各界及媒體記者的肯定與讚賞而廣為宣傳。教育局局長、副局長、高雄美術館館長，家長會長都開心參與，還粉墨登場，與師生同樂，擴大了藝術推廣的效果。當時的高美館蕭宗煌館長曾佩服的說：「加昌每一次藝術展覽開幕的動態戲劇演出盛況以及媒體報導陣仗之大，比高美館的正式展出『有過之，而無不及』！」

為推動永續利用、資源共享的環保理念與作法，加昌更首創「高雄市校園藝術捷運系統」計畫，將學校整理、展出後的藝術教育資源，再直接、快速、便捷的分享高雄縣、市的其他學校，讓更多的師生受惠，贏得好評，亦贏得友誼，令人激賞。學校也因此獲得 2004 年 InnoSchool 全國學校經營創新獎「社會與環境資源應用組」、「學生活動展能組」的特優獎。

喜歡庭園景觀布置及拈花惹草，綠化美化做得好，賞心悅目像公園，讓師生開心的上班、上學

我對校園景觀布置很有興趣，又喜歡拈花惹草，所以校長任內服務過的三所學校綠美化成果都頗受讚譽。援中國小最有名的是曾榮獲全國校園「特優廁所」的如廁環境布置，清爽、溫馨、有質感，讓上廁所成為「賞心樂事」；以及美得看不出是垃圾場的「垃圾場」，被五彩繽紛的九重葛花瓣覆蓋著，不僅美麗，還整潔、通風、透氣，一點點臭味都沒有。援中的廁所和垃圾場名聞全國，非但媒體大幅報導，也常令蒞校參觀的賓客讚不絕口。

　　加昌國小的綠化美化遠近馳名，全市考評獨占鰲頭，年年得第一，2001年起，曾連續三年榮獲教育局指定承辦高中職、國中、小綠美化觀摩研習會，讓各級學校分享加昌綠美化的心得經驗——草花種植要考量季節、土質、氣候；花要開得大、開得多、開得久、好照顧，符合教育性與經濟效益。加昌校園花木種類多，綠意盎然，色彩繽紛，終年花團錦簇，具美感又富教育意義。我們相信：優美的校園，必能孕育學生良好氣質，讓師生每天一進校門就滿心歡喜，覺得是美好一天的開始，且能開開心心的上班、上學。

　　加昌國小善用校園斜坡特殊地形，注重「高低層次」與「色彩搭配」原則，以盆栽克服水泥地及地磚的不利因素，並營造「動態的布置」（盆栽可隨時搬移，改變景觀配置），每個角落均自成一個漂亮的小景觀。最特別的是，從衛浴設備工廠找來了 42 個規格不同的「浴缸」，讓小朋友彩繪後和從臺北縣樹林酒廠買來的 60 個古老酒甕，一起融入校園景觀布置，美觀、環保又創意；前庭景觀生態池旁邊規劃戶外休閒區，擺放彩色遮陽傘及休閒桌椅，搭配漂亮的生態景觀池及以風力發電供應電力的五彩旋轉投射燈，夜晚更有著高雄五福路「城市光廊」的炫麗、美感與溫馨，自然、科技結合人文、藝術，就在生活中自然的體現了。加昌校園優美，處處姹紫嫣紅，賞心悅目，2003 年榮獲第一屆 InnoSchool 全國學校經營創新獎「校園環境美化組」的特優獎，一點都不僥倖。

📚 加昌 24 小時開放學校場所，學校社區化，學校與社區互動良好，被譽為全國最佳典範

　　家長的支持是學校辦學成功的一大助力，因此我非常重視家長會，希望能發揮積極正面的功能。接任加昌國小後，我即建議家長會以全面小額捐款、自發性的樂捐方式來幫助學校，取代過去傳統委員制強行攤派的陳舊作法，強調「任何一位家長出錢、出力或花時間當志工，都能表達對學校的關心與支持」，普遍獲得學生家長的認同，均樂於參與學校校務的發展而盡心盡力。此一募款方式效果佳，無負面後遺症，且受到長官讚許，後來被許多學校參考引用。加昌家長會運作模式做了很大的調整，體質也改變了，家長、家長會更為支持學校、配合學校，與學校的互動更為密切。

　　家長會配合學校組成的「家長志工團」，包括：交通導護、課業輔導、圖書室管理、資源回收、環保園藝志工及班級晨光愛心媽媽等，1996年我剛到加昌時，志工才僅12位，後來經過不斷的努力，到我八年任滿離開加昌時，已多達130人。這群富愛心、熱誠的學校志工，解決了學校人力不足的難題，讓學校及學生實質受惠，學童上、放學安全受到更周全的保護，校園更為溫馨、漂亮，我內心一直充滿感恩。他們對學校有很強的凝聚力與認同感，我每個禮拜總會盡量撥出半天的時間看看她們，表示我最誠摯的感謝。和園藝志工一起拔草、修剪花木，跟她們閒話家常，也聽聽她們對學校的建言。

　　此外，學校還成立「父母成長團」，提供家長聯誼室，作為家長、志工進修、成長的場所。並爭取高雄市新興社區大學於加昌國小設立分班，不僅有實質優惠，更方便學生家長及社區民眾就近學習、進修。成長團尚自行開設英文班、日語班、繪畫班、環保藝術班，自組讀書會……等，學校協助延聘老師指導。媽媽們求知慾高，表現良好，不僅曾在校內禮堂、高雄都會公園展覽室、高雄市文化中心、客家文物館等地舉辦多次畫展，更參與國立科學工藝博物館「永續校園特展」，展出廢棄物手工藝作品，巧手慧心，受到各界高度肯定。我非常訝異，成長團成員個個多才多藝、才華橫溢，與學校互動、互信、互惠，在學校奉獻、付出，也在學校學習、成長，覺得人生特別有意義。媽媽們常笑說：因為學校給了她們表現的機會，她們才發現自己原來是潛力無窮，每個人都很能幹！因為才華沒有被埋沒，所以成就感十足！

　　學校強調資源要與社區民眾共享，所以一年365天，每天24小時開放校園，供社區民眾休憩、運動、散心，民眾幫忙守護學校，不僅不會破壞，更能主動愛護學校，維護環境整潔，形成良性、正面的互動關係，亦具「命運共同體」之「社區總體營造」意識。加昌國小部分畫作一直展示在走道、門堂的展示區，五年多來，從沒有遭到偷竊、沒被污損，令到校參訪的長官、貴賓們都認為「不可思議」，視為另類的「臺灣奇蹟」，這是全國任何學校都不容易做到的，也是加昌國小及社區最引以自豪的。一直到現在，學校與家長、社區間良好的互動，被譽為全國最佳的典範（曾榮獲全國社教有功績優學校殊榮）。

重視語文教育推展，全面推展學生閱讀、寫作、投稿，成績比預期的好，成果深受肯定

　　語文是所有學科學習的基礎，語文根基紮實深厚，任何學習都會事半功倍。因此，從當老師開始，我就非常重視語文教學；當了校長之後，更致力於語文教育的推展，希望能提升學生的語文能力，累積日後各項競爭優勢。之前服務的援中國小、加昌國小，學生在閱讀、寫作、投稿方面，成績斐然，成果備受肯定，曾將投稿上報的作品彙集出版了四本「小作家文集」，分享全市國小學童；加昌國小參加全市語文競賽，團體成績更是獨占鰲頭。

　　到了永清國小，小朋友表現更為優異。投稿總統府「兒童天地」每月徵文，自 2005 年 11 月至 2008 年 2 月止（2008 年 3 月該專欄已劃下休止符），在二年四個月當中，永清小朋友上榜的作品多達 1,214 篇，成績全國數一數二。再者，投稿國語日報「週末作文教室」主題徵文，2005 年至 2009 年共上榜 83 篇學生作品，其中有五個學期是全國第一名，以學生數不到九百人的中型學校，實在難能可貴。如此輝煌的成果，是全校師生共同努力的結果。

　　為推展語文教育，永清除大量充實學校圖書，鼓勵小朋友大量閱讀，培養學生良好的閱讀習慣之外，尚配合規劃一系列相關措施，以期多管齊下，增進學生語文學習的效果。

　　永清國小訂每週三為全校「閱讀日」，鼓勵小朋友大量閱讀。每班申請市立圖書館「班級借書證」，以「班級讀書會」模式、以學年為單位，每學期向市圖集體借閱書籍至少五種，每種 30 冊，五個班級輪流、交換閱讀，再由老師指導、討論、分享，同學互相切磋，讀書效果很大。同時還推出小學士、小碩士、小博士「閱讀認證」措施，達一定閱讀數量者，頒予證書，並與校長合影留念。此外還每月出版「永清小作家」文集（已印行 65 集），在學校網頁上開闢「文學部落格」專區，刊登小朋友上報作品，以收觀摩學習之效。

　　推展語文教育、提升學生語文能力、充實圖書設備、營造校園良好的閱讀環境及寫作投稿的風氣，與訂定鼓勵措施及獎賞辦法，都是相當重要的策略和方法。學校除了舉辦校內每月徵文、鼓勵投稿報刊外，還提供校外各種徵文訊息，鼓舞小朋友勇於嘗試，並學會電腦打字及 e-mail 上網投稿能力。對投稿

上報及參加徵文獲獎者，都予以鄭重的公開讚美和獎勵，頒發特別設計的精美獎狀，並享有校長的「牛排餐」特殊禮遇。

由於目前提供小學生作品發表的園地少之又少，除國語日報與人間福報之外，就屬總統府「兒童天地」每月徵文最受小朋友歡迎。因為，分年級評選錄取，只要達到一定水平，都有機會上榜，錄取率相當高。本校曾經一個月上榜128篇文章，有個班級全班32人，竟然有20位小朋友上榜，令人喜出望外，興奮不已。小朋友很在乎作品掛在總統府的網站上，因為全世界都看得到，連在國外的親友也都能看到自己的作品，所以小朋友特別開心，興趣愈來愈濃厚，投稿的數量自然愈來愈多。

配合政府推動「全民閱讀，提升素質」政策，學校鼓勵家庭訂閱國語日報，小朋友上學帶到學校分享班上同學，如此一來，每個班級就有好幾份報紙，同學閱讀的機會就增加了；晚上帶回家裡，則全家可以親子共讀，營造「書香家庭」氣氛，閱讀便成了家人彼此共同的喜好。部分用心的家長，以身作則，也和孩子一起嘗試投稿呢！

📚 給予老師成長進步的機會，激勵老師與時俱進，老師願意接受挑戰，表現都很出色

加昌國小重視同仁的研究進修，以增進教育專業知能，提升教學品質，所以提供老師許多成長、歷練的機會，例如：同一學年老師每年至少要共同提出一件「行動研究」、每一領域團隊老師每年至少提出一件「創意教學方案」，於校內同仁分享後，再遴優參加對外比賽。起初，同仁很排斥，反彈聲浪相當大，但經過一年的溝通、協調、鼓勵、醞釀，以及行政人員提供相關資料、範例，並由主任帶頭做起，終於贏得老師的信服，願意積極配合，勇於接受挑戰。果然教學團隊功力大增，在2003年的 GreaTeach 全國創意教學獎 與 In-noSchool 全國學校經營創新獎之競賽中大放異彩。加昌共榮獲「特優獎」一件、「優等獎」二件、「甲等獎」一件，全市最佳；2004年榮獲「特優獎」三件、「優等獎」四件、「甲等獎」四件，勇奪全國第一名，最為風光。

其他如網頁製作、學藝競賽等全國性、全市性比賽，成績都極為出色。學生表現好，老師亦不惶多讓，例如：教育部2004年性別平等教育及生命教育

教學活動設計及多媒體教具製作比賽，均榮獲全國第一名。

　　到永清國小後，感覺寒、暑假太長，學生有作業，老師也應該要有作業才對。所以要求老師寒、暑假也要寫一篇文章，當作研習進修的「作業」，繳交一千字以上有關班級經營、教學心得、教育研究或旅遊見聞、生活雜感等，內容不拘的作品，因校長要親自批閱，帶給同仁莫大的壓力。剛開始，老師很不以為然，相當排斥，提了一些「似是而非」不寫的「理由」。後來「曉以大義」，經過一再溝通、說服後，都能如期交卷，算是我一項「大膽」的嘗試。校長夥伴都「佩服」我能讓老師繳交「寒暑假作業」，「很有辦法」。連續四個寒暑假之後，「見好就收」，就不再堅持了。在老師繳交的作品中，不乏佳作，經校長代為投稿報章雜誌及網頁論壇而獲得刊登者不少。2005 年於高雄市教育局「思摩特網」上傳分享的老師有五十來位，無心插柳柳成蔭，竟贏得全市學校上網團體總成績第一名，是意外的驚喜，也算是給同仁最好的回饋。

在加昌獲得教育部「校長領導卓越獎」；在永清與教學團隊發展蕨類特色課程，又榮獲「教學卓越獎」之「金質獎」

　　加昌讓我留下甜美的回憶，我對加昌那份濃濃的情感始終無法忘懷；加昌八年，是我此生最忙碌、也是最有成就感的階段，有著我生命中最美麗的記憶。2004 年 9 月，我因在加昌國小服務期間師生的卓越表現，而榮獲全國第一屆「校長領導卓越獎」，真心感謝同仁對我辦學理念的相挺、支持，全力以赴，才有機會得到這份殊榮。領獎時我已轉任永清國小，卻突發奇想，希望在新的學校與老師共同努力，再拼一座「教學卓越獎」之「金質獎」，那教育生涯就沒有任何遺憾了！

　　永清國小位於左營舊城古南門附近，擁有長達 180 公尺長的「一級古蹟城牆」的圍牆，並在牆上發現的蕨類植物多達 19 種，宛如一座自然生態的大教室，師生喜出望外，都視為寶貝。2006 年起，全校師生共同選定「蕨類」為學校之特色課程，開始組織「蕨對神奇」教學團隊，從事課程、教學的規劃與推展，決定以三至五年的時間，全面發展蕨類課程，創新教材教法，並準備參加全國獎金最高、最受重視的教育部「教學卓越獎」競賽，以贏得「金質獎」為目標，希望能為永清、為高雄市爭取最大的榮譽。

　　教學團隊成員以「古蹟生態牆」蕨類為主題，設計「戀戀古城遺跡，再造蕨代風華」的學校本位課程，融入「自然與生活科技」及相關領域實施，一至六年級的內容新鮮有趣，單元名稱分別是：古城蕨響、蕨處逢生、蕨子蕨孫、蕨地任務、蕨類木乃伊、蕨佳代言人。全校上下歡天喜地，一致投入蕨類研究與學習的樂趣當中，形成一股莫之能禦的風潮，也因此帶來豐碩的成果，果然不負重望，勇奪全國教育部「教學卓越獎」之「金質獎」榮譽，這也證實了我服膺的一句話：只要努力，必有收穫；堅持理想，理想就會實現。

　　永清教學團隊既富創意又優質，善用得天獨厚的自然生態環境，將一處原本不起眼的角落，創造出名聞遐邇的「蕨世天堂」。看見老師們犧牲午休時間指導學生，長期投入蕨類探索、培育、研究的精神；看到師生展現旺盛的企圖心與強烈的求知慾，內心實在感動。因此，校長以「要錢有錢，要人有人」的「豪語」力挺，全力支持。要經費，校長想辦法支應；團隊要研習、討論、分享，一律「公假派代」，請家長會支援代課費，給老師最大的禮遇與方便。

　　其實，在近四年的努力過程中，不諱言我們經常碰到瓶頸，有挫折、有低潮、有嚴重的爭論僵持，甚至遭到無以為繼的困境，但都在校長的精神鼓舞、行政的支援配合，以及夥伴們的彼此加油打氣下，沉澱心情，虛心檢討，重新出發，才克服一個又一個的難關。其中尤以古蹟生態牆遭受天災（因颱風豪雨侵襲而崩塌）、人禍（文化局委外不當噴灑除草劑）最為嚴重，整片蕨類幾乎在一夕之間全毀，令人傷心欲絕，不知所措。然而窮則變、變則通，在一陣痛心疾首之後，師生腦力激盪，發揮集體智慧，將危機變為轉機。師生展開「救蕨大作戰」，在校園內大量種植、復育蕨類植物，研發蕨類生命教育課程，加入新的教育元素，開展校本課程原先未曾預期的新風貌，讓學習內涵更為寬廣，真有意外收穫的欣喜。

　　永清師生發展蕨類特色課程，創新電子白板資訊科技融入教學模式；以數位顯微鏡即拍即放方式觀察孢子的排列及葉脈的分布；研發大富翁、蕨妙跳跳豆等教具及蕨類米達尺、鑰匙圈、書籤等創意學用品、生活用品達二十餘種，都很受學生的喜愛。此一校園「蕨美饗宴」全國唯一，教師獲得專業成長，學生學業明顯進步，以蕨類主題參加全市創造力教育、科展、科學園遊會、課程教學設計等競賽，都有非常優異的表現，深獲各界的肯定。平面及電子媒體廣為報導，其中三立電視台「搶救蕨類大作戰」及聯合報「好讀週報」都以專

輯、專題的方式做深入、廣泛的報導，獲得社會廣大的迴響，是給全校師生最大的鼓勵，一致認為永清榮獲教育部「教學卓越獎」之「金質獎」，真的是實至名歸。

 審慎規劃，向教育部、市政府、教育局爭取經費，推動永續校園局部改造計畫，校園美麗變裝

推動永續校園——綠色學校，係教育部配合行政院「挑戰 2008——國家發展重點計畫」的重要項目之一。我於 2002 年即參與教育部第一期「永續校園推展研習說明會」。在加昌國小任內，積極推動，頗受好評，曾獲選為全國永續校園「都會型」示範學校。到永清國小服務期間，多次以「規劃案」爭取教育部、高雄市政府及教育局的經費補助；可以說每一筆經費補助，都是與同仁絞盡腦汁、用心擘劃，經「專案評比」脫穎而出的。其中二度以四個學校「策略聯盟」整合案分工合作、資源共享的方式，獲教育部肯定，雀屏中選的，是高雄市三級學校唯一；另外獲市政府、教育局、工務局「個別案」經費補助達四次之多，最受重視，金額約 950 萬，全市最高。

永續校園項目包含生態、環保、教育、景觀、安全、科技、節能減碳等方面。永清施作改造的部分計有：打除不透水鋪面，鋪設草地，增加綠地面積，可降低校園炎夏高溫，並有利植物生長；將廢棄多年原髒亂危險之「社區地圖區」蛻變為賞心悅目、綠意盎然、資源豐富的「自然生態教學園區」；改善有安全顧慮之遊戲區及前庭花園景觀；打除綠色隧道北面長達 180 公尺之圍牆，增益校園美感及視野之開闊性；改善校門口內外景觀、增設木製平臺及休閒等候區座椅等人性化設施；「讓校園亮起來」則在校園裝置 35 座不同造型之夜間照明設備，以及高雄市中、小學校園第一座「追日式」太陽能發電系統……等。凡此種種，均由校長、總務主任主導，經同仁就理想面與實質面充分討論，再參酌家長會意見後，才做最後確定。

經過全校師生四年的努力，校園景觀變美了，學習的內涵增多了，師生都以學校的美麗變裝，感到欣喜、榮耀，更加的愛護學校。其中以「綠色隧道」改變最多，最受讚賞。以彩色地磚區分為車道、人行道，樹穴美化，加上通道兩旁綠意盎然的玉龍草，著實令人眼睛為之一亮。南邊牆面上有「鄉土語言學

習步道」、「四季的星座——星象與星座」學習看板；北面有木質長條座椅及教學平臺，兩排榕樹上長串的五彩風車，隨風舞動，高雅、創意的規劃，是親師生集體智慧的結晶，也因此大家特別喜愛。難怪「五月天樂團」曾到此錄製專輯，新人也雙雙對對前來拍攝婚紗照呢！

其實，永續校園在計畫爭取補助與實際施工的過程中，因僧多粥少、競爭激烈、意見紛歧，並不十分順利，都要經過許多的討論、修正，甚至是唇槍舌戰才能過關。要說服專家學者認同學校的想法、作法並不容易。專家往往有他們的理想性看法，但學校師生最了解學校的環境及需要什麼的實務面，更要展現創意，因此常是各持己見、僵持不下。但由於我們上下的努力與用心，經常感動專家學者，最後總是學校贏得尊重，獲得採納。

📚 掌握趨勢、創造優勢；推展資訊教育，成效佳；爭取互動式電子白板教學設備，拔頭籌

2004 年 8 月，我接任永清國小校長，才發現資訊設備與過去服務的學校，明顯落後許多，不僅教室尚未配置電腦，資訊教室的教學電腦也才搭上全市更新的末班車。個人認為資訊教育既然是趨勢，就不能等、不能拖，遂請原服務的加昌國小將暑假剛汰換的 80 部堪用電腦，挑選 45 部贈送永清。結果一下子變成「班班有電腦」，雖說是舊品，但總比沒有來得好。當時，兩校同仁都戲稱是校長的「陪嫁品」。之後，永清急起直追，除加強電腦教學，鼓勵師生參加對外比賽，更積極爭取財源（跟教育局訴苦、向家長會求援），充實資訊設備。事在人為，果然以不到三年時間，永清設備不僅趕上一般的水準，更有後來居上之勢。師生參加全市、甚至全國資訊競賽，都有非常優異的表現。教學團隊連續兩年榮獲高雄市教學網頁「金質獎」及全國資訊教學活動設計比賽的冠亞軍；中、高年級學生連續三年參加教育局寒、暑假上網飆作業競賽，上網率及通過率均高達 98%以上，勇奪全市團體成績第一、二名，成績之優異，跌破不少高雄市教育人士的眼鏡。

掌握趨勢，可以創造優勢；資訊科技融入教學既然是教育必然的趨勢，就要搶頭香、拔頭籌。除要求、鼓勵同仁參加研習進修，與時俱進，熟悉軟硬體之操作，練就資訊教學的功力外，2008 年 3 月更率先向教育局提出「互動式

電子白板教學」實驗、推展計畫,表達全校一致的需求及強烈的企圖心,爭取經費補助。在「亦步亦趨」、「志在必得」的策略運用下,終於贏得長官的信任,成為全市獲得經費補助的第一所小學。

時代在進步,老師既然是在培養現代的國民,要適應未來的社會,自己就不能故步自封、原地踏步。其實,老師面對任何改變都會排斥、有疑慮的,尤其是要花時間去學習的新東西。校長、主任苦口婆心,耐心鼓勵老師要調整觀念和作法,以「積極自信」的健康心態,提升自己,迎接考驗,既能增進自身教學知能,又能提高教學品質,讓學生受惠,何樂不為?經過半年不斷的溝通協調、氣氛營造,終於獲得同仁允諾參加試辦。現在試辦已逾一年,老師由於不斷的研習進修,同仁之間心得交換、相互激勵,行政上給予充分支援、服務,老師們都已欣然接受,都在成長進步中。學生因上課師生互動性高,有別於傳統僵化的教學方式,上課興致高,學習效果好,成績明顯進步。學校還特別舉辦「家長參觀教學日」,邀請家長實地參觀教學情形,家長對學校創新教學方法,深感興趣,對教學成效亦予以肯定。

領導是一種藝術,也是一門高深的學問。二十餘年來,我一直在虛心學習、在修正調整,也因此心領神會,對校務才會愈來愈得心應手。經驗的累積才是智慧,經過不斷的淬礪才會成長精進。感謝曾經共同打拚的好夥伴,我們的努力都為學校、為教育留下輝煌的紀錄,真切的見證。一般說來,在 21 年的校長任內,一切尚稱平順,喜怒哀樂都有,但印象中並沒有任何事情棘手、嚴重到讓我心力交瘁、血淚交織,無法處理。雖然,曾經也有過低潮、挫折、傷透腦筋的困境,但都在工作夥伴彼此堅定的意志與相互激勵打氣之下,迎刃而解,如今都已成為生命中美好的記憶。辦學一定要依法行政,也要以理服人,以情帶心。重要的是要時時心向學校、心繫學生,讚美、鼓勵老師。待人要真心誠懇、推心置腹、相互扶持,團體才會溫馨和樂,充滿喜悅;處事須堅持理想與原則,但要懂得彈性與變通,唯有上下同心、互助相挺,校務才能順利推展。

教育的成敗在於「人」,不忘鼓舞同仁士氣,更希望每位夥伴都要有「只要有我在,這個團體會更好」的自我期許(前教育部長林清江博士之語),建立「榮辱與共,休戚相關」的團體與個人之密切關係。教育工作者要不斷的成

長精進，抱持「為國育才」的使命感，拒絕原地踏步，追求精緻、追求卓越、日新又新、止於至善。全校齊心努力，發揮無限的創意與集體的智慧，必能營造出師生生活與學習最優質的永續校園。

林福建校長小檔案

1964 年，我畢業於臺南師範普師科，分發到高雄市最偏遠的援中國小服務，那時才滿 18 歲的年輕小伙子，出生之犢不怕虎，充滿著熱情與理想。我與援中非常有緣，在援中結婚，在援中當了 16 年老師，出去當完 9 年主任後，又回來當了 7 年的校長，前後長達 23 年，寶貴的人生歲月，幾乎都是在援中度過的。有趣的是：過去的學生，後來都成了學生的家長，對校務的推展有很大的幫助。

教育生涯共計 46 年。在 21 年的校長任內，只秉持「正面思維，積極自信，做好每一件應該做好的事情」之銘言，不刻意要爭取什麼獎項，卻意外的、幸運的、獲得意想不到的殊榮，包括：推行環境保護、社會教育有功，獲全國十大績優學校，四次榮蒙總統接見嘉勉；獲選高雄市政府端正政風績優人員；榮膺國立臺南師範學院「傑出校友」榮譽；2004 年獲第一屆教育部「校長領導卓越獎」；2008 年獲環保署「全國環境保護實踐類二等獎章」；2009 年榮獲教育部「教學卓越獎」之「金質獎」。在主任任內就已榮獲「師鐸獎」及「教育芬芳錄」等多項榮譽。我覺得這輩子老天待我不薄，我一直很努力，但運氣也很好。

真心感謝校長任內共同打拚的好夥伴，以及一路鼓勵、相挺的長官、家長和好朋友，我永遠不會忘記大家過去的好。我熱愛教育，教育讓我的生命豐富又充滿光彩，讓我的人生擁有許多美好的記憶。如果有來生，我的第一選擇——仍然是教育工作。

4. 曾經走過　彌足珍貴

臺北市私立中山小學校長　秦慧嫻

有人說：「人生有許多想不到的事」，也有人說：「計畫永遠趕不上變化」……。

我，一個平凡浪漫的小女子，既無大志向，也無大理想！小腦袋瓜裡常出現一些稀奇古怪的想法，但是卻頗有自知之明。學生時代曾在「我的志願」一文中很務實的寫下：「我願『吃得苦上苦，做個人中人』，因為我只是一粒渺小的沙子！」沒想到在 33 歲那年，懷著六個月的身孕，第一次參加校長甄試就考上了，從此過著「自以為幸福又快樂」的專業校長生涯。

「校長，笑長？」照相站中間、行進帶頭走、吃飯搶付帳、開會先致詞，風光的名號下，確實藏著許多不為人知的辛苦和壓力……。

生動又有趣、汗水與淚水交織的故事，365 天，天天在校園裡上演，每一個校長都有說不完的心情故事，只要一打開歲月裡的記憶盒子，開懷的笑聲、低落的嘆息、嚴肅的眼神和憤怒的斥責都會一一的湧現。不過，這一段歷程，因為我走過，所以彌足珍貴。

一言難盡

校長，是一校之長，猶如家庭中的大家長！「待（帶）人處事」真的是一門大學問，俗語說：「人一上百，形形色色。」還真是至理名言，什麼人、什麼事都有可能發生，孩子的事、老師的事、家長的事，還有師生之間、親師之間、同事之間……，想得到的、想不到的，可以預防的、不可能防範的，簡單的、複雜的，林林總總，一切都要校長負最大的責任；但是現在的校長「權力愈來愈小、責任卻愈來愈大」，難怪校長們一致感慨：「我們現在只剩下三大『ㄑㄩㄢˊ』力──那就是『有責無權』、『赤手空拳』和『委屈求全』」。唉！真是一言難盡！最重要的是：不論遇到任何挑戰，校長一定要有「不怕困難、努力以赴，身經百戰、勇敢面對」的心理準備！對了，校長們的心臟一定

要更強壯有力才行。

　　一路走過二十餘年，我嚐遍酸甜苦辣、人情冷暖，曾因球賽冠軍被熱情的家長、同仁抬起來拋上拋下，興奮的揮舞雙手，笑聲、鼓聲和鞭炮聲響遍大地；也曾因競賽失敗，陪著教練、球員淚灑球場。曾代表國家率隊出國比賽，長官、媒體、家長親友，大陣仗爭相追逐採訪報導，風光一時；二、三週後，因兩場球賽落敗，未取得亞太地區代表權，落寞回國，兩相對照，感慨萬千；幸好還有同仁、家長前來接機，給予孩子們擁抱和安慰。曾因老師、學生受傷生病，危及生命，焦慮不已、寢食難安；也曾慶幸教師、學生大病痊癒，返校上課，大家牽手祝福、喜極而泣。曾代表臺北市參加教育部生活教育、品德教育比賽，榮獲最高榮譽時，全校師生、家長歡欣鼓舞、熱烈慶祝；也曾因學校教師挪用合作社經費、虧空帳目，我氣得大聲斥責他：「沒有資格當老師！」……。校長的心情故事整整一大籮筐，唉！真是一言難盡。

🖤 二方對立

　　未上任，即聽說學校教師分成兩派、各擁山頭，我覺得不可思議，心想：「怎麼可能會有這種事？這是教育場所，不是武俠片廠！」沒想到還真確有此事，兩派不僅各有眾多支持者，而且事事針鋒相對、為反對而反對。

　　我一上任，兩派派主即釋出善意，常常到校長室，亟盡拉攏之能事。我覺得有機會聽聽他們到底在想什麼？他們要做什麼？有何恩怨？若能化解，大家共同為教育、為學生而努力，也是挺好的。深入了解後，才知二位派主本來是好朋友，因彼此利益衝突而結怨，常要求老師們表明立場、畫清界線，讓老師們左右為難，而前任校長卻加入其中一派，另一派即經常在校園內舉白布條抗議；多年來校園不安定，校務更難推展。

　　我知道兩派均非正義之方，於是就嚴肅且誠實的告訴他們：我非常不喜歡他們把校園當戰場，如果他們不喜歡這個學校，大可以選擇離開或退休！如果喜歡這個學校，就應該拋棄成見，大家攜手合作、一起成長，讓學校一天比一天更好！否則誤人子弟、破壞校譽，可不是教育人員應該做的事。

　　當然，事情是困難重重，並非一蹴可幾的，先讓他們知道我的立場，絕不偏頗一方，反而希望大家拋開私人恩怨，一切以教育為重。雖然兩派相爭、互

找對方的缺失，並加以放大，而造成人心惶惶，但也有一個優點：讓大家做任何事都會盡全力做到最好，免得被對方抓到把柄、公諸於世。

有時我自己也覺得挺有趣，二位派主都是資深、人生經驗豐富的長者，卻經常被我──一個年輕的小女子──找來長談「人生的無常和生命的意義」，他們說：「好無奈。」我說：「那又何必呢？生命不應該浪費在無謂的爭奪上，尤其二位閱歷豐富、又聰明絕頂，應該是做大事的人，何必算計這些芝麻綠豆的小事？你們說，是不是？」

「很難！」卻也逐漸卸下心防；「很衝！」卻也開始給人台階；於公，雖然沒有握手言和，卻已完全忘記對立；於私，雖然沒有深切交談，卻開始「君子之交」。老師、校長也是人、平凡的人，也有喜怒好惡，如何拋棄成見、與人為善？如何引導同仁正向思考？正考驗著大家的智慧。

三顧茅廬

每到一個學校一年以後，常會發現校園裡隱藏著一些優秀的人才，他們通常謙虛的站在自己的崗位上或是校園角落裡，默默地為教育服務、奉獻心力；而我憑藉著「慧眼」和「識人之明」，找到了他們。

如何發掘一個有能力的人？我常常在學校的活動或學習中，細心觀察而得知，例如：學校正舉行大型活動，如校慶、畢業典禮，突然麥克風沒有聲音，糟糕！音響壞了，怎麼辦？這時，一個人機警的跑了上來，很快的修好了，再匆匆坐回位子。又如：一個老師字正腔圓、主持活動談笑風生，表達能力強，編寫的教材特別有創意；在她的教室裡，孩子們如沐春風。對於特殊孩子的輔導，她總是特別有愛心和耐心，她常告訴孩子：「你很棒！你進步了！沒關係，你慢慢來，老師陪你！」……。

我喜歡在校園內發現人才、栽培人才，讓每一個人才能「適才適所」、充分發揮才華，獲得「自我實現」；在人生的旅程上，這是多麼難能可貴的經驗。因此，那個在重大活動中，主動搶修麥克風的老師，我真的是「三顧茅廬」請他出任總務主任──他有主任資格，卻一再謙辭，說自己知識太差、能力不夠、絕對無法勝任。我一次又一次、何只是「三顧」而已，每天去他的教室，直到他答應為止。後來才知道他精於校舍建築規劃、擁有水電技師證照等

許多技藝，才華洋溢、又熱誠服務，非常適合擔任總務工作，全校同仁都非常喜歡他，一致公認他是創校以來最棒的總務主任，大家更佩服我識人的功力，我「哈哈一笑」帶過。現在他已退休，我們依然是「相知」的朋友，他比我年長許多，我都稱他「前輩」，也常相聚聊聊，他常說：「我被校長害了這麼多年，但也不可否認，這些年是我擔任教職四十多年來最充實、最快樂的日子！因為我在工作中獲得了自信與成就！」

有愛心又能說善道，頗有大將之風的女老師，我「二顧」茅廬請她出任訓育組長，當年她非常年輕、積極進取，我知道她是個可造之材，是個明日之星，我告訴自己：「一定要好好的栽培她！」簡樸個性的她，一再推辭，怕辜負校長的美意。我告訴她：「拒絕校長才真的是辜負了我！」學校裡找到了能文能武的大將之才，真的是學校之福！短短不到十年，她從碩士到博士，從組長、主任到校長，她對每個認識的人說，我是她的恩師，她有今天全是我的功勞。但我真的不敢居功，她是個不可多得的人才，我只是發現她、栽培她而已。她又說，走行政這條路，她都是向我學的；但我說，她是青出於藍更勝於藍！每次見面她一定給我個 90 度敬禮和熱情的擁抱！其實她就像是我的孩子一般，我只是看到她的優點，給予她發揮的機會而已，一切都是她自己努力得來的！

四兩撥千斤

初來乍到一所老學校，一位資深教師「必恭必敬」對我說：「校長！張曉美、王大明和林文華都是我的學生，我 1951 年就來到這個學校了，那時校長，您還沒出生吧？」我一聽，好熟的名字？哦！是我師專、師範大學的同班同學，原來他已經把我的「生辰八字」，都調查得清清楚楚了。他伸出大手掌，我立刻伸出小手、擺出笑臉，與他熱情的握手：「原來您是前輩！請多多指教！」

這位熱情的前輩果然常常「倚老賣老」，喜歡「帶頭做大事」，也會出一些「題目」來考驗我。「初生之犢」的我，依然做我該做的、公平公正的待人處事，並經常「裝傻」請教他。有幾次，我的作為嚴重影響到他「既得的權益」，他生氣了！每次和我遠遠的「迎面走來」，就立刻「調轉方向」轉身就

走，我一看，馬上一邊揮手一邊招呼：「董老師早！董老師好！」有時他故意「沒聽見」，我會再叫他一次，他只好虛應一下，點點頭或搖搖手；漸漸的，他知道逃不了我的「法眼」，遠遠的就先點頭招呼：「校長好！校長早！」

有了交集之後，我會利用各種機會找他談談，我告訴他：我知道他年高德劭、才華洋溢，年輕時為學校衝鋒陷陣、犧牲奉獻，我很佩服他！鼓勵他在退休前的這幾年，仍為學校、學生做出最大的貢獻：「留下楷模在學校！讓年輕的老師和學生有最好的學習榜樣！」、「讓老師們學習您的認真和負責的態度！」、「把您最棒的『才藝』教給孩子們！讓孩子和家長們知道您的厲害！」……。沒想到這一招還真管用！他會帶領老師們主動積極「為校爭光」！我和他也變成無話不談的「忘年之交」，常常在中午時間，他會找我和主任們一起為「學校的發展」與「老師的進修」促膝長談，貢獻智慧和心力！最後我為他辦了一個很榮耀的「感謝與祝福」退休餐會，讓他非常感動。

「帶人以誠、感人以德」，如何借力使力、以柔克剛，給予老師發揮專長、貢獻智慧的空間，鼓勵他們留下楷模，給年輕的老師有學習的機會；對資深老師而言，他也留下甜蜜的回憶。這是以「四兩撥動千斤」的最佳寫照。

五內如焚

下課時，一個瘦弱的小一男孩，從溜滑梯溜下來，不小心撞到了滑梯的邊緣，很痛！他哭了！護士阿姨幫他檢查，肚子紅紅的、沒有外傷，不過孩子實在太瘦了，怕有內傷，為安全起見，請父母帶去檢查。第一天、第二天家長表示：「醫生說 OK 啦！請學校放心！」沒想到幾天後消息傳來，小孩胰臟破裂，緊急在加護病房治療。我一得知訊息，立即趕赴醫院探望，神情緊張焦急，到底每一個孩子都是父母和我們的心肝寶貝，父母把他們交付給我們，照顧好、教育好是我們的職責啊！尤其還是在校園中發生，我更是不安，頻頻向家長致歉，沒想到家長卻緊緊握住我的手，表示他們知道學校很努力、很用心，也知道學校裡的每一個老師都很有愛心，他們很感謝！將來不論孩子怎麼了，他們都不會怪罪學校！孩子還在加護病房內，家長居然如此鎮定，我一再表示：「孩子一定要平平安安！」

我每天下班後都到醫院探望孩子，老師也每天和家長連絡，孩子數度危

急，進出加護病房多次，最後總算平安住進普通病房。之後，老師每天到醫院進行病房教學、同學們輪流去陪他，我也常帶些營養品去看他（他實在太瘦了，一定要多補一補身體）。有一天媽媽請求我同意她到學校拜拜，她說，問過神明，學校溜滑梯下面有東西，一定要去拜拜，孩子的病才會痊癒。為了孩子的健康和平安，我同意了，希望她利用週六、日不上學的日子去處理；媽媽感動的握住我的手，直說謝謝。不知是神明的保祐，還是大家的誠心祝福，孩子終於健康出院，我和同仁們也才放下心中的大石頭……。

　　我沒有特別的信仰，只是每次巡視校園時，都會專程走到溜滑梯旁，仰望上蒼，祈求眾神「保佑師生健康平安！校運昌隆！」我想我對信仰有些動搖了，開始相信「人在做，天在看」這句話了。

　　「有很多事不是事先想得到的、或盡力防範之後仍發生的『偶發事件』、『校園事件』，若危及師生安全時……」，這真是一校之長最難以承受之重，也是校長最大的壓力所在。緊張時要保持鎮靜、指揮若定，要能自我排除焦慮、迅速決定可行的方案，「定靜安慮得」，最後再勇敢地承擔一切的責任。

📚 六藝精通

　　尊重與要求，是帶領老師向上與向善的動力！不是每一個教育工作者都有高度的熱誠和使命感，「好逸惡勞」、「能省則省」是一般人的想法，教師也是如此。為了讓孩子們能獲得更好的成長和發展，也希望老師們在平日教學時能有所突破和提升，我鼓勵並要求老師們作教學行動研究，老師們卻一致反對，也反映大家的心聲：「為什麼要做研究？」、「每天已經忙得不得了了，哪有時間做？」、「會不會浪費時間？這樣會讓教學和研究都做不好，影響教學品質。」、「我們不會做，也不知道怎麼做？」……。

　　我有所要求時，一定會先做溝通和規劃，讓老師們知道孩子們需要不斷的學習才能成長和進步！而老師們自己更需要不斷的學習、求取新知，才能教育新世紀的優質公民。教育局辦理的「行動研究研習」，有報名人數的限制，每校一至二名，時間又分散，我和老師們研究：如果將指導教授團隊禮聘到校，大家利用週六上午一起來進修，全校五、六十人可以一起來學習，我告訴老師：「學校畢業多年後，我們還能坐在一起當同學，多好啊！」

「人生因有學習而能豐盈光彩，學習因有良師而能成長精進！」最好的教授、最好的學習夥伴，讓站在講台上太久的我們，有機會坐在台下，享受重當學生的樂趣和充電的喜悅。經過九個週末的學習和研討，跟隨教授一步一腳印的帶領，每個同仁都依據自己改進教學的需求，提出行動研究的主題和策略，經過教授的指導和修正，再一步步完成一篇篇的作品。當老師們抱著自己耕耘後「熱騰騰」的成果時，那種自信和快樂的眼神告訴我：「我們有能力！我們做到了！」當年學校將所有同仁的作品都送出去，參加臺北市國小教師行動研究比賽，有多件作品榮獲優選、佳作和入選，第一年學校就榮獲國小團體組第五名的佳績！

　　事後，同仁覺得這種「實務性」、「產出式」的研習真好：「校內同仁彼此都有一定的革命情感，能坐在一起學習新知、團結合作，真開心！就算有些能力不足的地方，能力強的同仁就會教我們，大家比較不會害怕出糗！」、「對啊！假日研習，沒有學生干擾，大家能專心上課，加上環境熟悉、好友聚在一起，真是『天時地利人和』，校長也和我們一起學、一起做，難怪效果出奇得好！」連續多年，同仁們年年主動報名參加比賽，不論得獎與否，每個人都因學習成長，而讓教學生活充滿驚喜！

　　學會了「行動研究法」之後，我和同仁們又一起學習了「如何製作教學檔案？」、「如何完整的把語文課程教得生動、精彩？」、「國民中小學數學課程的架構與教學」等，老師們都覺得利用假日在「教學現場」研習「教學與輔導的實務課程」實在太棒了！我也常常告訴老師：在專業的領域，我們一定要「六藝精通」，也一定要一起努力做到最好！

七竅生煙

　　新世紀優質學校，校長、教師們都需要不斷的學習新知。在帶領同仁一起努力的過程中，最怕遇到「不清楚又不想學習」、「自我感覺良好、不屑學習」的人。在教學生涯中，老師們也需要不斷的進修與成長，才能避免有識之士常說的：「我們的教育是老師們用過去的教材，教現在的學生，適應未來的生活。」老師們教久了也會產生「職業倦怠」，若不時時吸收新知、與時俱進，真的會「誤人子弟」。於是我們規劃了一系列的教學成長活動，安排在假

期中，希望老師們能踴躍參加進修，大部分的同仁都能用心聽講、努力實作，但是極少數、真正急需要再進修的某位同仁卻總是「自以為是、不願學習」，他常說：「這個我早在 30 年前就知道了，還要來研習，真是浪費時間啊！」聽了，真的會讓人「七竅生煙」。

為人師表，總是要比一般人有更高的道德標準，否則何以帶領學生學習？某天上午，一位老師正好沒課，在教室批閱簿本，看到我巡視校園，於是請我進教室看他的教學成果和學生的創作，談著談著，他突然說：「隔壁班的陳老師最近怪怪的，到處跟人借錢，昨天聽說地下錢莊的人在校門口等他。」我想：「怎麼會這樣？」……。巡堂後，回到校長室，我一坐下來，想到「陳老師」，還有「地下錢莊的人在校門口」，想到學生上下學的安全，立刻到警衛室了解狀況，知道最近放學後，校門口確實有很多人等他……。我想還是找個時間和陳老師談談吧！霎那間一個念頭閃過，陳老師今年暑假剛當選「合作社經理」，現在 9 月底，學生剛繳完簿本、教材費，腦中閃過「他到處借錢」，心一驚：「他會不會挪用……？」又一個念頭：「怎麼可能，堂堂一位教師，怎麼可能做這種事？」

當天，我請合作社理事主席送「合作社帳冊」到校長室，因為我想了解一下目前經營的情形……。過了半天，理事主席驚慌失措跑來說：「經理陳老師騙了我，他……他把存摺裡的錢通通領光了。」我說：「可是他領不到啊，領錢需要你和出納、會計的印章。」理事主席說：「我就是太相信他了！大家都是多年的老同事了，上個禮拜，他說簿本廠商來收費，我們比較忙，印章交給他，他幫我們到銀行去領錢，後來我們也忘了要查看存摺……。」理事主席又問：「校長，你怎麼知道『出事』了？」我說：「我也不知道啊！我只是想了解一下合作社的狀況啊！……。」

比理事主席想到的更嚴重，除了存摺內的活期存款外，陳老師還把合作社的定存也解約了，幾乎掏空了所有的錢。理事主席、出納、會計、所有理事們、監事主席和監事們「氣憤填膺」的緊急召開會議，質問陳老師：「你把錢拿到哪裡去了？」原來他投資股票失利，想先借用一下，等賺了錢再偷偷放回去，沒想到一下子就被發現了……。我聽了，除了痛心疾首、搖頭嘆息外，真的是「七竅生煙」，我第一次這麼憤怒的斥責一個人：「根本沒資格當老師！」

之後，理事會上法院控告經理，學校通報教育局，陳老師受到嚴厲的處分，並借錢補足所有虧空的金額。

八竿子打不著

接掌一個新學校，我一定「單槍匹馬」上任，不帶任何人！這樣我可以很快的認識所有的夥伴，並融入新的大家庭中。我曾接掌一個學校，一上任就缺了三個主任，我寫了一封信給所有的老師，希望大家幫我推薦，我是這樣寫的：

親愛的同仁：

　　您好！最資淺的校長有一件事請大家幫忙，您認為哪位同仁最適合擔任本校的主任，請把他的名字寫在（　　）裡，不須具名，請在三天內投入校長信箱即可。謝謝您的協助！

最資淺的校長　秦慧嫻　敬上

教務主任：（　　　　）　訓導主任：（　　　　）　總務主任：（　　　　）

我一直相信自己有「識人之明」。俗話說：「一木難支」，校長一人不可能樣樣精通，需要堅強的行政團隊和教師陣容，大家團結和諧，共同來打拚！一個精緻、優質學校的誕生，一定是親師生一起努力的成果。

經過全體同仁不具名的推薦後，我展開約談行動。老師們心目中最適當的前三名人選，我一一邀請他們「喝茶談天」，從當年的養成教育到今天的學校教育，從他進入這個學校的第一天談到學校的進步、發展與未來。不著痕跡的了解他的教育理念、教學生活、待人處事、休閒運動與家庭狀況；當然也談談我對教育、對學校的想法和期許，對同仁的尊重與要求；期待他能全力支持與協助等。

大約一、二天內，我會選定適當的人選，通常最讓校長頭疼的狀況是：最佳的人選不願意擔任行政工作，想擔任者又不是最佳人選，如何達成溝通的任務，就要看校長的智慧和功力了。在我擔任過四個學校校長的經驗，我會運用「三顧茅廬」、「四兩撥千斤」等各種策略，到目前為止，只要我認定他是最

適當的人選，我一定能達成任務，這是我最自豪的事。這些行政同仁，原本我一個也不認識，與我是「八竿子打不著」，他們都是經老師們的推薦、通過我的面談，最後獲得我的聘任。

有一年，學校有三位老師退休，我立即公開招考教師，三個缺額卻來了六百多位教師報考，單單整理履歷資料等，就耗費了許多時間。我有一個非常好的作為──不收報名費。我的理由是：報名者就是沒有工作才來找工作的，又何必增加他們的負擔呢！第二個值得提出來的是：我絕對要求公正公開，找到最好的、最適合的老師，絕不用自己的人。經過公平的甄試，果然非常優秀的三位老師獲得錄取。他們分別來自南、中、北部，與我真的是「八竿子打不著」──毫無關係，完全憑藉著「真本事」進入學校。

我喜歡錄用與我毫無關係的人，這樣才能公正的帶領同仁向上、向善、向前走。在我多年的領導經驗裡，少了「校長親信」、「校長人馬」，可以避免許多不必要的紛擾，更可以認識、栽培更多、更棒的「大將之才」，何樂而不為呢！

九霄雲外

緊繃的神經需要鬆弛、兩難的決策需要放下，繁忙的校長更需要休閒，週休假日，我一定把所有事物暫拋「九霄雲外」，輕輕鬆鬆的到山間鄉野度假，讓「蟲鳴鳥叫」喚我晨起，草笠赤腳奔向自然，無憂無慮躺在溪邊看山嵐雲海，每次遇上朋友向登山客介紹我：「她是臺北來的校長。」總聽到他們回答：「怎麼一點都不像！」喔～原來校長還有一定的長相啊！有時我會故意問他們：「我到底哪裡不像？大膽誠實說，有賞！」他們說：「校長不都是西裝筆挺、不苟言笑，哪像你──風趣幽默、童心玩樂、淘氣頑皮，一點兒都不像校長，到是挺像『村姑』……。」

除了與家人朋友「放空」外出度假外，煩惱多、壓力大的校長一定要有一些知心、談心的「同儕」好友，尤其是校長姐妹、兄弟們，一起聚餐、爬山、談天說地，也可以組成讀書會、討論會，更可以喝杯咖啡、聊聊「是非」、說說心事。有任何煩惱與心情，一定要提出來，不論校務、家務、私務，都要有「好友」可以與你分擔、商議。有開心、得意的事，也要有人可以分享。

九霄雲外的天空是藍天白雲、還是絢麗燦爛？就像每一個校長對教育的展望一樣，各有千秋。有時也可以找時間和教師們談談教育、學校的改變，我常利用寒暑假，分級、科任或年級班別，與老師們喝杯咖啡，閒談九霄雲外的天空和放空、放下與放心。多年的校長經歷，其實我對教育有一些自己的想法，我想改變，改變一些潛在的東西，我想讓老師們知道，我是一個「不一樣」的校長，一個願意和老師們打成一片、有民主氣度和寬宏胸襟的校長，我沒有架子、可以談心、也可以談情，更是大家的好朋友。校園氣氛可以改變，校園內潛在的文化也可以改變，尤其在一個頗有歷史的學校中，更需要注入活潑的氣息和蓬勃的朝氣。於是我把學校當成了大家庭，我把老師當成兄弟姐妹，我把學生當成我最珍愛的孩子，我不「高談」教育理想，也不「空談」教育信條；只是常常把一些校園內發生的「真人真事」、「感人好事」、「溫馨善事」，透過口述或文章描述出來，目的是讓老師和孩子們有所感觸和感動。就像我對教育的展望——有晴空萬里的藍天、也有絢麗繽紛的夜景。

十字路口

　　站在十字路口，紅綠燈要看清楚。站在十字路口，是非對錯要分辨清楚。

　　孩子們的優異表現、學校的創新活動或是校園裡感動的故事，常常是媒體捕捉的焦點！好事、美事上報，大家開心的爭相傳閱，全校歡欣鼓舞。但是，如果不是呢？話說當年，事前沒有任何徵兆，一天上午，我在校園巡視，警衛先生說：「校門口來了一群記者要訪問校長。」原來當天媒體大大的刊出：「○○國小李姓男教師晚上收費補習　月考洩題」，爆料者為「該校張姓家長」。我告訴來訪的記者：「不好意思！我剛得知此事，需要一點時間來了解。」記者們拿著我的電話就走了。

　　經過整日的調查，李姓男老師承認接受張姓家長懇託，每天晚上至其府上為三個子女補習功課。家長表示：「請老師擔任家教，孩子進步很多，唉！怎麼會這樣？我感謝都來不及了，怎麼可能告他呢？」老師也說：「大孩子反應慢，需要一對一教，順便照顧二個小的孩子寫功課，我以為這是家教，不是違法補習；我沒有洩題，因小學課程簡單、重點明顯，我給孩子的複習題目或許與考題有雷同的地方，但沒有洩題。」調查結果並無「老師為錢洩漏考題」的

情形，我通報教育局，以為事件會就此落幕。

出乎意料，第二天一早，報紙又以醒目的標題刊出：「校長包庇　老師補習洩題」，原來爆料者又投書各大報社，把當天校長緊急召開調查會議，請來當事教師和家長聯手「密商」脫罪之詞等報導出來。教育局緊急指派督學到校了解，督學先聽我報告處理情形，再找來老師和家長仔仔細細的詢問，離開前他說：「是沒什麼事啊？怎麼會變成這樣？沒事啦！我回去報告一下就好了。」

第三天，報紙以更大的字體刊出：「督學包庇老師補習洩題……」，更不堪的內容詳述督學辦案不明，包庇老師和學校。督學反覆思索不得其解：「為什麼會這樣？老師沒有胡作非為？學校也沒有無法無天？」可是爆料者天天投書，她神通廣大，每天校內的情形，都瞭如指掌，為什麼？事後發現投書者不是家長，而是校內老師！二位教師原是好朋友，因嫌隙結怨，爆料老師想給男老師一點教訓，不斷投書，因她握有男老師洩題的證據，最後她提出證據，男老師低頭認錯……。事件情節比連續劇還精彩！媒體最喜歡這種「問題背後爆出更大的問題」。

男老師站在十字路口，「洩題行為應不應該」在一念之間，「承不承認錯誤」也在一念之間。教育人員的每一項作為都應該謹慎，一步走錯，讓校長與督學蒙受「調查不明」之冤，讓自己的名譽與校譽毀於一旦，值得所有教育工作者深思。

常有人說：「有怎樣的校長，就有怎樣的學校。」校長是學校的領導者，對於學校的文化、氣氛、教學品質和教育成效，都有決定性的影響。而我呢？擔任過四個學校的校長，帶領著數百個教育夥伴和數千個活潑可愛的孩子們，我常捫心自問：我的領導方向是否正確？我的領導行為是否妥適？我對學校文化、組織氣氛的影響力有多大？我想改變什麼？我有能力改變什麼？我想做什麼？我又能做到什麼？「我是個好校長嗎？」我不敢自許，只能說「在教育專業的領域裡，我會盡力做到最好！」、「站在教育的十字路口，我一定會做最正確的判斷！」、「我會盡我最大的努力，讓學校更美麗！」，走過二十餘年校長生涯，有歡笑、有汗水，有感傷、有甜蜜，有憤怒、有苦惱，還有感動和佩服。至今，我依然堅強的站在教育崗位上發光發熱！因為我走過，留下許多

豐富的經驗和珍貴的足跡！我一定會繼續的努力，朝向「好校長」的路途前進！在今天……在未來……。

秦慧嫻校長小檔案

　　我生長於甜蜜溫馨的公教家庭，父親是林務局的公務員，母親是小學老師，我排行第三，有二個哥哥和一個弟弟，是家中最受寵愛的女孩。我活潑開朗，喜愛團體生活、樂於求取新知，從小就立志當老師——可以和很多小朋友快樂的生活在一起。

　　市立女中畢業後，毅然決定就讀臺北女師專，接受師範教育的薰陶，畢業後，如願以償的投入小學教育的行列。為了充實自己的專業知能，我繼續至國立臺灣師範大學國文系、國立臺灣師範大學教研所四十學分班、國立臺北教育大學國民教育研究所就讀，獲教育碩士學位。我以國小教師為終生職志，希望能帶給孩子們歡樂的笑聲和豐碩的童年。

　　1986 年通過甄試，於 1987 年起開始擔任校長，從濱江國小、文林國小到東園國小，2003 年在東園任滿八年、又正好年滿 50 歲，經過一番思考，決定退休；選擇在臺北市立教育大學、私立淡江大學兼任講師，培育未來師資；復於 2006 年 2 月接受聘請擔任私立中山小學校長迄今。長達二十餘年的校長生涯，我一直秉持著「讓孩子在快樂中學習，在學習中獲得快樂和自信」的教育理念，希望每一個人都能充滿自信與快樂的生活與學習。而我也深信：用愛心去教育孩子們，愛的種子會生生不息，散發在世界的各個角落。

5. 校長生涯原是夢　覺醒已是花甲身
──校長生涯二十年的回顧與省思

臺北市中山國小校長　李柏佳

（榮獲 2007 年教育部「校長領導卓越獎」）

看到很多校長經驗歷練的分享，常常讓我驚嘆不已。人生的命運因人而異、因地有別、因時更替。有人當校長如當官，我沒那麼有福份，永遠是「一路走來、始終含辛茹苦」。我的是甘苦談，不是什麼經典之論，只是道出我在公立學校情境變化急遽的趨勢中，怎樣「堅守教育的使命感、發揮社會的責任心、貫徹自我的意志力」，在學校經營上，開創出自己的一片天，讓莘莘學子能有幸獲得最佳的教育服務。如此這般的回顧與省思而已。

前言

有人說我是個「堅持原則、堅定不移、很難妥協」的強勢校長，我不否認但也不完全是。有這樣的領導風格與經營策略，應是經歷家庭變化、學歷經驗、多元磨練，以及順應情境變化所致。

家庭背景，讓我在堅苦卓絕之下，能有強韌的意志力 ◎◎◎

我出身清寒家庭，小時鄉居生活，鍛鍊出刻苦耐勞的意志與硬朗的身體，雖然清苦但生活尚稱如意。我個性堅毅隨遇而安，常守「知足常樂」、「心靈充實則豐富，物質簡約則清高」的信念，崇尚「自然、簡樸、節約、刻苦、自律」的人生觀，有一貫的人生哲理與核心價值。

行政歷練，造就我溝通協調之時，保有周延的統觀力 ◎◎◎

從事國民教育工作迄今將近 44 年，兼任行政有 38 年之久。其中教師兼組長 7 年、教師兼處室主任共 11 年，任職校長也將近 20 年。長久的行政歷練加上跟隨的長官都能嚴加要求，造就我在「洞察統整、開創新局、規劃設計、有

效執行、回饋反思、溝通協調、隨機應變」等七項能力增長不少,尤其有助於校長任務之執行。

法學背景,使我在事務繁雜之際,能有清晰的判斷力 ◉◎◦

師範出身的我,服務期滿後原本想脫離教師生涯,半工半讀到中興大學臺北夜間部法律系進修,但終究還是獻身於國民教育。不過,五年法律系的學習鍛鍊,是我一生中最認真讀書的階段,也形塑了我「剖析事理、邏輯推論、條列批判、洞察統整」的思維能力;無可否認的,使我在經營學校中面臨各種重大或緊急事件時,能冷靜思考、臨危不亂。

熱愛讀書,養成我飽覽群書嗜好,增強鮮活的生命力 ◉◎◦

有人說我的生活相當沒趣;的確,我是刻板了些。工作與讀書占了我絕大部分的時間,讀書、談書、買書、藏書、送書、寫書等,天天在我的生活中繞來繞去,舉凡哲學、政治、教育、經濟、法律、社會、自然生態、藝術人文、休閒旅遊等,都在我喜愛之列。飽覽群書也使我閱歷豐富,隨時有可用的知識、案例、故事、經歷、哲理、嘉言等出現在我腦海,讓生活更有活力。

樂於助人,慶幸在進退維谷之際,總有及時的好貴人 ◉◎◦

或許是少年時期家中窮厄困頓,多次接受愛心人士的救助,長大後有機會就會主動幫助別人。尤其是初中階段、師範時期、當兵過程、大學與研究所時,好幾次受惠於善心人士,使我更發願,要好好的作他人「生命中的貴人」。當了校長更有機會幫忙他人,特別是弱勢的學生。

經營學校,原不在生涯規劃之列,樂天知命的苦行人 ◉◎◦

人生如蜉蝣,凡事豈能盡在意料,我作夢也不曾想到會擔任校長,但是,一旦擔任了就要好好的自我勵志當個好校長。「竭盡所能、力求完美」是我做人做事的一貫風格,也是我在歷經艱辛也要完成使命的堅毅個性。特別是在校長遴選制度之後,學校經營愈來愈艱困,如何愈挫愈勇、不畏險阻的把學校帶到「正常運作、發展特色、嘉惠學子、持盈保泰」的境界,真是一件相當高難度的挑戰!

我的學校經營圖像

　　我很重視決定學校經營的「方向、策略、目標、願景」等上位概念與理論思考，依循下列幾項原則，形成了我經營學校所經常自我檢視的規準或指標。簡述如下[1]：

◎全人格的教育：學業、品德、紀律、健康與群育應均衡發展，使學童接受完整人的教育。

◎全方位的發展：校園營造、教師教學、學生學習、學校文化、品質績效等，全方位發展。

◎全面性的品管：經營績效應重視，全面品管要先行。行政率先、教師應隨，品質有保證。

◎全民化的學校：公立學校零拒絕，全民教育要普及。重視實質正義，達成人人機會均等。

◎全意志的投入：專注力強、執行力強、思維快速、反應及時，關鍵在於我全意志的投入。

◎全時間的付出：時時念及學校、處處考慮學生、不忘關照教師、績效管理與全時間付出。

指南，我的第一次

　　我初任校長是在臺北市郊區的指南國小，當時面臨被廢校的危機，但因推動田園課程為主軸的經營策略，我把指南國小保存下來，也締造了國內校本課程與開放教育的初基[2]。

---

1 這些重要的邏輯思考，大概在第一任校長時就慢慢建立，我的習慣是把經營理念公開提出，和全校同仁共同討論、接受意見並稍加修正。「愛心的教導、創思的學習、寬裕的課程、歡欣的教室、快樂的學校、豐盛的童年」此六大經營方針在指南時就已經形成全校的共識，歷經萬芳、景興、以迄中山，仍然可以依循作為標竿。

2 田園小學、田園課程、田園教學是我所提出的創意，當初只是要和森林小學有所區隔，走出公立學校教改的自我風格。這種學校改革，在八○年代是體制內教改的先驅，曾經風靡國內，媲美體制外的森林小學；延伸所及，啟發了開放教育的先聲；也是我所無心插柳竟成林蔭滿庭的意外結果。

築夢踏實的田園課程 ◎◎◎

1990 至 1992 年服務指南國小期間，為了「救亡圖存、再造指南」，推動田園教學，以指南山區自然叢林為全景，調整學校經營方針，使指南國小倖免被廢校之厄運。同時建立自由學區、教師聘任、學校本位課程、教師田野鳥蝶植物調查研究、幼兒戲劇教育等創新的理念與經營策略，指南國小如天蠶蛻變，從一所幾乎被遺忘的學校，成為臺灣地區體制內開放教育之先驅。「田園教學」至今仍然成為全臺各地膾炙人口的教改與學校本位課程的典範。

我在指南的苦心經營 ◎◎◎

初到指南，我的第一任校長生涯，竟然面臨人生最艱困的挑戰

1990 年 8 月我奉命接掌指南國小。學校面臨的是「學區人口大量的流失，學生人數急遽的減少」，市議會某議員強烈要求教育局，將「學生人數過少、經營顯然不善」的郊區迷你學校廢校；指南國小尤其是被指名在應優先考慮廢校之列。指南地處郊區資源嚴重缺乏，人力更是不足；如何在困境中脫穎而出力求發展，的確是大費心思。經過一段時間的觀察與思索，嘗試找出很少人想得到的「藍海策略」。

首先，率領同仁從校園整修做起，並且重新規劃「以自然生態為背景」的校園環境。其次，尋找課程與教學新方向，實施「田園課程實驗」，以廣泛招攬自由學區的學生。接著，以教育改革之觀點，田園課程就是「學校本位的課程」，也是學校改造的典範。再者，指南先天不良，後天又失調，必須激勵教師奮發意志，為課程創新盡心盡力。

天佑指南，所有同仁都感同身受，體認危機與轉機的關鍵所在

由於指南上上下下都有求進步、求發展的共識，激發智慧力量，所以三年內，很多創意不斷的湧現，也獲得同仁響應與支持。

首先，指南每年都向教育部申請科學教育研究專案，讓教師教學相長。這是延續著我在華江國小所作的「華江橋野鳥生態研究」的光與熱，帶領指南的老師繼續申請了三年，並出版「指南山區鳥類與蝶類資源調查研究」、「指南山區田野植物在小學自然科教學應用之研究」以及「指南山區田野植物、生態

與教學資源經營研究」等研究專輯。其次，配合田園課程，相繼推出幼兒戲劇、田園體育、開放教育、選修英文、課後活動等。接著，激勵教師奉獻精神，強力爭取師鐸獎與教育愛，讓郊區教師的默默耕耘也受到重視。再者，爭取各地教學資源，包括動物園、木柵農會、臺灣大學植物系等夥伴學校的人力物力支援。

行銷指南，在地的樸實注入外來的開放創新，使指南天壤蛻變

指南經驗最難得的就是「把努力的成果行銷出去，把外界的鼓勵化為動力」。當年數位化尚未發達，這些是相當有創意的。首先，發行「指南園地」大張摺頁，讓外界充分認識指南，媲美企業界的 DM。其次，舉辦田園教學時，把觸角向外延伸，定時上報，讓外界漸漸認識指南，進而有所關切。再者，自由學區家長和在地家長的漸進融合，使指南注入新血，校園充滿活力。第四，活動略有成就，媒體多方披露，關懷接踵而來，迷你小學開始受到重視。

進步指南，關鍵的時刻不分你我，無怨無悔的為莘莘學子奉獻

田園課程能在艱難中成為眾所矚目的新視野，也成為指南學校再造的基礎，當然有很多因素，但是最關鍵的卻是「人和」，這是我很欣慰的。為提升士氣讓業務正常發展，我也使出殺手鐧，到任的第三個月，「申誡」了一位天天早上 9 點之後才上班的新到任教師，頓時所有同仁眼睛一亮。

指南的同仁犧牲奉獻在所不惜，充滿了鄉土情、教育愛與責任心。再者，面對田園課程與開放教育的改革，家長的思想開放，行動跟著領先。接著，指南樸實的文化造就學生堅毅的個性，實施田園課程相得益彰。終於，自助人助得道多助，指南能夠傳揚光大在於自信心。

我對自己辦學有信心，在職期間二個兒子也跟著我到指南就讀，也有許多同仁把自己的子女安排在指南就學，這就是對指南的自我肯定。當年慕名而來的自由學區學生初期約有三十餘位，約占 20%，這不包括原學區而不再下山去的「留在本校」之在地學生。因為田園課程的改革，讓家長對學校有信心，也讓各界對郊區學校必須「另眼相看」。

田園課程推動後約三年，也是我剛離開指南不久，開放教育在國內有如春風般吹襲大地。各地都紛紛仿效，甚至於親臨指南及其他各田園小學觀摩，對偏僻郊區迷你學校的關懷也接踵而來。

教育局這才驚覺到，原來「不必花很多錢，就可以讓一所幾乎被遺棄的學校重生」。雖然這是對田園小學的重視，但是「遲來的關愛」總是讓人一陣鼻酸，因為指南同仁已經花了非常多心血，才能有此成就。對於郊區迷你小學而言，這些付出是無法以金錢估算的，上級事後的重視也只能算是小小的補償[3]。

我在指南的親身體驗與心情感受 ◎◎◎

激發同仁的危機感

校長親自參與現場溝通協調，建立共同願景，校內一片「臥薪嘗膽、勵精圖治、救亡圖存」的團結意識，讓田園課程及其他校內改革措施能快速而順利推展，獲得全市甚至於全國的矚目與肯定。

不同家長的共同理想

擴大自由學區及田園課程實施之初，本地家長和外來自由學區家長有一段期間的歷經衝突與調諧，很意外的，在校長為他們澄清共同理念之後，居然合作無間。

田園課程展現的價值

指南所艱辛度過的歲月，就是以學校為本位的課程改革。再者，開放教育的理念與家長參與教育事務的實務，指南也早已經歷過，而且是「朝著正向發展」的親師生密切合作。這就是今日指南能夠繼續發展、領先各校、地位屹立不搖的原因。

指南成為轉型的典範

指南在改造之時，並未搭上九年一貫教改這班順風車。田園課程推動之初，原不被大家所看好，但終究還是獲得無數的肯定，這代表對教育改革渴望的心相當熱切。之所以能順利的推動，主要還是歸功於全校同仁上下一心、精誠團結，加上不同學區家長的合作無間與校外人士熱誠的相助，才能夠漸進的發展出自我的成長模式。

---

3 吳英璋局長時代推動開放教育，對田園課程相當讚美，強化了郊區八所學校改革課程的信心，接著在各校推動開放教育，也成立開放教育學會。隨後臺北縣也大力推展開放教育，甚多郊區學校仿傚田園課程，推出更多的特色課程。

萬芳，開創更美好

　　我的校長生涯第二站是萬芳國小。在這裡我延續田園課程的特色、推動開放教育、嘗試教學評鑑、參與法治教育等，讓我經營學校的眼界更寬廣。

心靈自由的開放教育 ◉◉◎

　　1993 至 1996 年服務萬芳國小期間，教育局開始重視課程與教學改革，嘗試在體制內推動開放教育，各學年成立「改進教學與評量實驗班」，倡導教學改進、評量多元活潑、家長參與教學等改革。此外，並積極推動教師資訊能力研習訓練，和光寶文教基金會合作，推動戲劇教學、栽種大樹增進校園風格、規劃「以大自然為本」的生態校園等。萬芳國小校園整體環境、教學活動及師生互動，均充滿生機朝氣。

教學與評量實驗班

　　本試驗強調「正常教學與適性教育」，每一行政區一所，共 12 所學校先試辦，其課程設計「遵照部頒課程標準，酌情彈性調整，並兼採幼小銜接精神，採大單元課程設計」。教學評量實驗班強調：減少總結性評量的紙筆測驗，加強形成性評量；綜合運用各種評量方式，並訂定不同評量標準；適性的運用評量方式；更歡迎家長直接參與。這在當時是一項評量的大改革。

試辦開放式班級經營

　　本計畫配合前述實驗班，編班採取遴選制，可「依家長意願申請入班」，人數以 25～35 人為原則，並落實班級家長與教師合作。班級經營採取開放式、民主式管理，在當年甚至到現在仍是一項創舉。

推廣多元活潑的教學

　　倡導多元活潑教學，推展兒童戲劇活動一直是我的心願。從華江到指南，以至於萬芳、景興和中山，是理念一致的重要經營項目。

　　在指南推動兒童戲劇教育，鼓勵教師讓兒童「勇於發表、敢於操作、善於創造」。到了萬芳更積極協助光寶及研華文教基金會，推動「藝術欣賞」與多元活潑教學，使臺北市的教師能活潑教學；此外，並承辦多元活潑教學高階班

教師研習，順利完成。九年一貫課程改革後，表演藝術成為正式課程內容，顯見我在學校經營時，是有先見之明的。

教師專業的成長規劃 ◉◉◦

試辦校內的教學評鑑

萬芳國小教學相當正常，家長對教師也有高度的期待。我到任第二年即嘗試推動「教師教學評鑑」。實施評鑑之規準及文獻，係參考張德銳教授在國科會資助下之研究專案報告，亦即現行「臺北市國小發展性教學輔導系統」之前身。

可惜因苦無教育局經費補助所限，僅嘗試一年之後，就無法繼續推動。但因此獲得家長及老師的支持，咸認是教師專業成長與家長檢核教師教學品質之客觀準據。在當前「教師專業成長評鑑」呼聲日益高漲之際，萬芳國小其實已洞燭機先了。

法治教育的初始推動

從 1992 年底開始參與行政院青輔會的法治教育教材「小執法說故事」及其教師手冊編輯工作，長達 12 年，個人負責第七、八冊之編修。近五年來從事法治教育及教育法學論文撰寫共二十餘篇，發表於師範大學公訓學報、學校行政雙月刊及歷次法治教育研討會專輯，提供理論與實務參考。

1999 至 2003 年承辦臺北市法治教育研討會四梯次，擔任並協助屏東縣、基隆市、新竹縣、桃園縣、臺北縣、新竹市等十餘次研習講座。1995 至 1998 年「國小版法律大會考」負責命題並協助教育部編審補充資料。1999 年負責民主法治教育指標之建立及檢核計畫，提供法治教育訪視。

萬芳國小參與教材實驗與教學推廣，是全國性法治教育之完整教學學校之一，參與推廣之教師均接受相關研習，以獲得完整之教學歷練與能力成長。

我在萬芳的歷練所得 ◉◉◦

新校素質紮根於新境界、新視野

萬芳社區是臺北市低密度高水準的住宅區，家長對學校的高度期待，使學

校保持優質狀態。家長對學校的基本訴求是：讓學生快快樂樂的學習。

山巒疊翠中欣見新校園、新活力

由於對整體環境的妥善規劃，環境優美、學校氣氛良好，成為人人羨慕的好學校。擁有近 1,400 坪的操場，綠油油的草皮，在臺北市相當少見。

在新組織好基礎上更加求進步

萬芳國小是我擔任校長以來，較無「行政組織與教師素質」問題壓力之學校。一切上軌道，學校在童軍活動、游泳教學、體育團隊與親師合作方面，相當有特色。尤其在整體校園環境優美的薰陶之下，學生氣質甚佳。要更超越前人的領導成效或傳統整體表現，相當不容易。

突破進步的關鍵在風格與素質

為了提升服務品質，配合教育局的政策，試辦幼小教學銜接、試辦教學評量改進班（開放教育班）、試辦開放教育班級經營、全面推廣法治教育、引進多元活潑教學、幼兒戲劇教學、試辦教師教學評鑑等。

統整社區資源以營造綠色學校

募集家長及社區資源，在廣大校園中除原有的花草樹木外，廣植本土原生種喬木、防風之木麻黃等二十餘種，約二百棵大樹，成為相當廣闊的教材園區。此外並設立水生與濕地生態園區、幼兒遊憩園區，校園風貌更具本土特色。

教育與民主改革浪潮相互衝激

於萬芳服務期間，正逢國內民主改革與教育改革起步，《教師法》的公布、教育改革審議委員會發起官方教改運動。萬芳國小基本素質良好，雖面臨教育改革，學校行政與教師教學均有相當的水準。在教育改革的聲浪中，我經常在教師朝會或各項活動中，闡揚教改理念，萬芳同仁因而能及早獲得訊息，並能妥適因應。

景興，上下都一心

我的校長生涯第三站，在當年校長派任制度之下，僥倖的機運來到了景

興。在這裡校舍嚴重不足，但是學生卻是爆滿；我不負使命完成不可能的校舍新建任務，讓景興邁向現代化。

脫胎換骨的學校再造 ◉◉◎

景興國小校園狹窄，近十餘年來學生數暴增，適齡學生超過學校容納量，經教育局核定為「額滿學校」。全校整體環境相當不良，嚴重影響教學品質及教師服務意願。

1997 年 8 月我到職以來，兢兢業業為學校的「轉型再造」戮力不懈。到任一年之間完成中程發展計畫，整修廚房後院、午餐食材運送路線、前庭人行道及正門階梯、各層樓安全鐵窗、清理舊有閒置廁所、整修美勞教室及地下綜合教室、清理全校排水溝、粉刷穿堂、整頓各辦公處所、整修電腦教室、自然教室、幼稚園園舍——使環境煥然一新。

之後，更完成了造價二億三千多萬的新建教室及活動中心等重大工程，使景興的校舍面積擴增至原有的二倍半（原有之校舍 2,760 建坪，增加到 6,980 建坪）。目前全部工程如期完工且均已驗收使用，各項硬體設備一應俱全，至此景興國小脫胎換骨，成為現代化設施的學校。

除上述「改善學校整體環境」之外，在「倡導教師進修研習、充實教學設備資源、改進各項學習課程、帶動多元活潑教學、推展各項學生活動、發展學校經營特色、做好親師密切溝通」等均有顯著的成效。

寧靜改革的優質教學服務 ◉◉◎

推動教師專業成長

自 1999 年起參與教育局「發展性教學輔導系統」專題研究，協助在大橋國小的「初階、進階、高階」連續性研習活動。鼓勵景興國小教師積極參加本項研習，2003 年中全校教師全部通過「發展性教學輔導初階班研習」，另外有 6 位獲得高階班證書，12 位獲得中階班證書，就連在校實習的實習教師也都通過初階班的考驗，取得了初階證書。繼之，鼓勵教師參與「教學資源檔案研習」，全校約二分之一通過。此外，早期有二十多位參加過「多元活潑教學初階班」研習。近三年來九年一貫課程研習，全校教師都能踴躍參加。資訊教

育研習及資訊能力檢定，景興的老師通過率高達 90%以上。

重視多元語文教育

九年一貫課程改革在語文領域的缺失未浮上檯面之前，全校教師與家長聽得進校長在「理念傳達與前瞻預測」的課程領導，將學校彈性課程規劃為「以語文為主的統整課程」，並聘請羅秋昭教授指導，強化「說話、閱讀、寫作」之能力教學；另外，並積極的充實圖書設備。

積極推動資訊教育

2000～2005 年的五年間，排除萬難聘任具有資訊專長教師約 12 位。此種有計畫的配合新的資訊大樓專用電腦教室及數位化圖書館，長期的選聘與培訓教師，並加以專業訓練，使景興國小的資訊教學，能趕得上甚至於超越其他學校，我自認是「前瞻思維」的最佳實例。

我在景興經營的績效 ◎◎◎

1997 年 8 月我到景興，映入眼簾的是擁擠狹窄的校區、班班人滿的教室、層級交疊的地形、車輛和人群夾雜在巷道，延伸到校區。新建工程從規劃到完成長達六、七年，所幸行政團隊的精誠團結與高度效能、教師團隊的自律成長與高度配合、家長團隊的全力支持與激勵奉獻，加上社區人士的關懷與社會賢達的照應，我們完成了「幾乎不可能的任務」！好不容易捱過八個寒暑，景興才能從被壓縮的空間中解放，再也不用驚悸的過著往昔心酸艱苦的歲月。

我們有強烈的使命感

景興團隊所有的成員在這段期間，緊守崗位、委屈將就、咬緊牙根，為的是要完成這項期待已久的重大工程，這項莊嚴重大的使命！

我們有高度的責任心

景興團隊的所有成員，包括教師與行政，自我認清必須扮演好本身的角色，善盡自我的責任，否則會造成團隊的困擾，影響新建工程的進行。

我們有高效能的行政

景興行政同仁都有高度覺知，必須接受校長高層次「效率效能」的苛求；

因為，我們沒有新設學校籌備時期「特別待遇」的大量人力，除經營目前的學校外，同時又要承擔「建築物的體量相當大」，就如新建學校的責任，不苛求怎能完成任務？

我們有高成就的期盼

所有景興人對新建工程的高度期盼，要寄託在這棟建築的設計功能與嚴謹施作。唯有行政人員兢兢業業、鍥而不捨、點滴不漏的善盡職守，才能監督廠商落實的施工，保障工程的品質，符合眾人高成就的期盼。

我們有高創意的理念

為達成精緻優質學校的品質，符合現代教育的需求，工程必須有教育理念與創意。因此，設計時就引進：「空間開放、心靈自由」、「形式跟隨功能」、「借景入校園、延伸大視野」、「以學生為主體、以現代為歸依」、「改變教學概念、調整學習活動」等理念，在新建工程中，讓新建大樓在教育功能上「展現創意、形塑風格、領導流行」。

學校再造的成果已見 ◎◉◎

新建校舍完成後，繼續擘畫景興的十大願景，開創兒童的快樂天地 。這些願景在我任內幾乎全部實現了泰半，讓後續接棒的校長「有跡可循」的繼續推動學校的進步與發展：

◎發起志工百名、圖書百萬，使新建圖書館現代化、數位化。

◎推展表現藝術的教學，賡續倡導「歌仔戲、兒童戲劇」等活動。

◎規劃 12 種多元活潑的社團活動，讓兒童有豐富的學習經驗。

◎成立動態功能的「鄉土教室」，發展校史與社區文化教學。

◎配合仙跡岩環境，推動自然生態教學，發展學校課程特色。

◎促進教學專業成長，全校教師均通過教學輔導初階班研習。

◎改善各種教學情境與教學設施，使校園處處都是教學場所。

◎善用校區層疊階梯，設置各種現代化遊戲運動及遊憩設備。

◎規劃簡易星象觀察站，鼓勵學生探究浩瀚蒼穹與宇宙奧祕。

◎辦理國際文教交流，師生體驗行萬里路讀萬卷書的真諦。

景興再造的美好經驗 ◎◎◎

◎教師同仁的企盼願景：校舍嚴重不足極端擁擠，教師忍受委屈等待改革相當長久，且願意「充分合作」。

◎家長組織的支援典範：景興家長會中元老級人物居中協調，經驗能傳承合作，在臺北市是奇蹟也是典範。

◎景興社區的高度肯定：景興的學科教學相當紮實，社團活動也正常。尤其自辦學童午餐遠近馳名、歌仔戲傳承十年人人喜愛、師生關係與親師溝通一向良好，全社區對景興有著高度的肯定。

◎景興教育的品質風格：名列額滿學校十餘年，教學品質與對學生的服務良好，風格已定。

◎三黨四派的鼎力支持：學校形象良好，對外關係也相當密切。新建工程的規劃與施作期間，家長及社區人士無黨派之分，協助學校經營「外部關係」，使學校無任何阻礙的整建與營運。

◎成熟穩健的領導風格：景興第二任之後，細數經驗與人脈應屬豐沛，校務幾乎扶搖直上、毫無阻力。有人說我是「強勢領導」，其實是「家長式的」正向領導。

◎天時地利人和的結合：我在景興正值壯年，和社區關係密切，全校上下一心，這樣完美的結合，當然一切順利。

◎艱難任務的極限挑戰：擔任校長期間屢屢有艱鉅任務交付，例如：法案研擬、專案研究、國際交流等，我憑著毅力、信心與不厭其煩的溝通協調，逐一克服困難，完成任務。

中山，倒吃甘蔗甜

我的校長生涯第四站在中山，這是我擔任校長以來，最高難度的挑戰與神聖使命。當年急於退休的我，做夢也想不到會在長官的鼓勵之下，接了這個艱辛的任務。

我面臨的處境 ⊙◉◎

景興八年身心俱疲，新建工程是對學校行政的折磨與摧殘，讓我氣喘加劇，病況日趨嚴重。景興再造克竟其功，迎向現代化坦途之後，向教育局申請退休卻未獲准，並經吳清基局長懇切鼓勵接掌中山。接著中山同仁登門禮請，礙於盛情難以推辭，只好勉強接任。

中山的境況 ⊙◉◎

◎組織病象出現：親師衝突、行政鬆散、家長不穩、校舍老舊、校園不當事件屢見報端。

◎有待重新出發：全社會高度期待、對中山殷切注目、教育局高度重視，改造呼聲四起。

◎誰能承擔使命：逐一請益前輩、很難深入了解，這任務怎會降到我身上？其實我也不解！

◎終究捨我其誰：省思月餘，人神掙扎。我的徒弟竟然說道：「師傅不出馬，還有誰敢當？」

我的具體策略——全方位思考、全方位策略 ⊙◉◎

◎以身作則：嚴以律己、寬以待人、身體力行；不苛求同仁，但期待同仁盡心盡力為教育。

◎建立信賴：凡事正向思考、建立各項制度，例如：學生問題處理、親師衝突處理、教師進修。

◎諮諏善道：分批和同仁座談、勤訪社區人士、虛心請教家長、設立校長信箱、發行電子報。

◎激勵愛心：時時誇獎善行同仁、激勵同仁教育愛心、爭取同仁獲選特殊優良教師師鐸獎。

◎發掘優點：表揚服務資深同仁、中山教育愛、優秀技工工友、參選SPECIAL教師獎等。

◎廣結善緣：退休教師、家長、校友、社區人士、夥伴學校等，均建立良好關係。

◎加速修繕：積極處理校園破舊修繕事宜、改善學生安全與飲水設施、爭取優質化工程款。

◎勤於走動：巡邏點網布全校、分工合作交叉巡視，校園無死角，隨時可見校長在校內走動。

◎日以繼夜：概括承受前任所留下之各種「人事」業務；尤其要優先處理爭議事件，包括：未完成之工程、檢舉案件、投訴案件、體罰案件等，大小約 12 件，靠著綿密的調查、不停的會議與重建影像，撰寫完整報告，快速的將爭議事件結案。

◎重點業務：教師專業成長、體育訓練、社團活動、國語文教育（親閱作文簿）、學年經營、採購業務、工程規劃發包與驗收、經費支用控管等，列為重點躬自處理。

五年的成果驗收 ◎◎◉

很多人不看好我的能耐，預測我至多擔任二年校長。在高難度的環境中，我居然熬過了五年，而且成就可觀，眾人皆感意料之外。

◎積極營造中山成為友善校園，不再有親師緊張或師生衝突的場景，讓兒童人權得到具體的保障。

◎完成了優質化工程：廁所、穿堂、走廊、會議室、操場、電氣、校舍結構等，獲得大幅改善。接著一系列的教室改善與校園修繕，讓中山亮麗一新。

◎極力推動教師專業發展：教師大量參加教學輔導、教學檔案、行動研究、人際溝通等研習。中山的教師專業成長贏得全臺北市矚目與肯定，也成為教師專業發展的「領頭羊」。

◎鼓勵師生對外比賽展演：從 66、92、112 項次／年，97 學年度達到了「237 項次」登峰造極的地步，98 學年度也達到 226 項次。這在當前學校經營困窘之際是相當難得的。

◎多元方式帶動中山：校長獲得 2007 年教育部「校長領導卓越獎」，96 及 97 學年度分別獲得臺北市優質學校「學校領導及行政管理」獎項。98 學年度獲得「校園營造及資源統整」優質學校獎，中山在全臺北市 151 所學校中，僅次於文化、新生、南湖和靜心，和日新、市立教大實

小、龍安、國語實小、劍潭共同排名第五。這是我五年來和老師共同打拚的成果。

◎在語文教育、校園安全、視覺藝術、網球、足球、羽球、附幼衛生健康、行動研究、網頁設計等，都有豐盛的佳績（詳見中山國小網站）。

中山之春的動力 ◉◉◉

主動出擊是我的基本策略，我把中山進步成長的事蹟稱為「中山之春」，我將寫的文章上傳到學校的網頁、刊載在「中山電子報」、「中山兒童文選」、附幼園刊「中山花園」等各種本校刊物。四年之後並將我擔任校長的心路歷程與發表文章集結成冊，自己出資印製紀念專輯《苦行此生 甘之如飴──我經營學校紀實》，免費分送全校同仁[4]。總括我在中山經營的主要策略如下。

視學生權益列為首要

校園設施安全衛生、學生在校身心健康、弱勢學生觀照與救助等，是我優先重視的業務，也是實現學生為學校主體的重要指標。在中山我一直鼓勵教師「觀照學生」，用愛心與耐心來感動學生與家長，贏得信賴並奠定友善校園的基礎。

讓教師專業充分發揮

激勵同仁專業成長的動機在當前學校經營上，算是相當辛苦卻是紮根的工作。近十年來教師自主性相當高，校內若有少數教師的從中作梗，往往讓行政主管尤其是校長面臨領導上的危機。此刻，是考驗校長「趨勢領導、道德領導、專業領導」的絕佳時機。所幸，中山的同仁都有高度的教育愛與專業良知，我的苦心孤詣充分獲得迴響，近四年來教師專業知能有「加倍成長」的現象，這在老舊又大型的學校是相當難能可貴的。

將學校文化漸進扭轉

努力提倡「學年經營、友善校園、雁群文化」，其目的在整合學校各學年

---

4 《苦行此生 甘之如飴──我經營學校紀實》乙書出版四百冊，全部分送好友，一個月多就被索取一空，已無存書。光碟版即將問世。

科的共識。透過定期集會、個別和學年科對談、校內網頁「悄悄話」意見交換系統的溝通，校園氣氛漸漸有了明顯的改變，大家也認同了「和諧團結求進步」的標竿。

使家長力量正向發揮

家長的聲音在當前國民教育階段是必須重視的，尤其是家長和學校、家長和教師，以及家長之間的互動關係，如果是正向的發展，對於個別班級經營及整體學校經營，有莫大的助力。很欣慰的是我到中山之後，把家長會的整合視為重要業務，家長及家長會充分配合學校校務，使得親師之間關係密切。雖然偶爾有親師緊張關係，也都能迅速協調圓滿解決。

以自己身教帶動全校

俗話說：「凡事豫則立，不豫則廢。」校長在倡導校務時，要以身作則帶頭努力，尤其是事先要有充分的了解，掌握全盤的狀況與人力資源的運作，參與同仁的戰鬥行列，如此必能順利達成。從指南到中山這二十年來，我經常像營連隊的指揮官，帶隊在沙場衝鋒陷陣，這就是我的領導風格。

用多元策略行銷中山

行銷與公關在當前學校經營是必要的，任何場合任何時機，只要有心，用文宣刊物、活動比賽、數位科技等都是行銷與公關的利器，這些在中山都一一做到。

能隨時傳達教育思潮

學校教師終日專注於教學與管教，對於外界時勢潮流或許感知較晚。而校長的角色不同，必須先知先覺，且應隨時「傳達理念」，以盡早感知並形成共識，這是我獨特的專長，也能隨機傳達我的理念。

把各項資源引進學校

學校是資源運用與消費之場所，教育活動尤為無形的投資，將資源引進或轉介，是校長的重要任務。中山有八大基金（清寒學生助學基金、補助健保基金、清寒課後活動基金、特教活動基金、仁愛基金、學生對外活動基金、教師進修研究基金、圖書及設備基金），挹注預算並提供支助弱勢學生與獎勵教師

進修，目前已為大家所肯定。

📚 專業，不斷的成長

專業是經營現代學校所不可或缺的知能，無論教學領導或行政管理都需要不斷的成長，我當然也很重視，一面從實務中歷練專業，也將專業奉獻教育。

以實務歷練帶動專業成長 ◎◎◎

◎1992 年迄今，協助教育部、青輔會等，編輯法治教育教材，奉獻法治教育良多。

◎推動戶外社團活動，關懷生態環境保護，推動學生社團。

◎倡導多元活潑教學，推展兒童戲劇活動。

◎研究綜合活動課程，並致力於兒童人權教育。

以專業知能協助夥伴成長 ◎◎◎

我經常運用在學校行政豐富的經驗，傳承給有志行政之主任與準校長，一方面在貢獻所知、再方面在廣結善緣、三方面在打開學校知名度，甚至於在「行有餘力」協助他校健康成長，也是為小學教育造福。我的具體作法是──「鼓勵教師進修碩士班、鼓勵教師參加主任甄試、建構臺北市校長專業發展之初步藍圖、協助學校問題協商與座談」，這種熱心服務的「雞婆精神」，也為我結交了無數個教育好夥伴。

此外，我校長生涯中所寫的文章包羅萬象，蒐集成冊出版《苦行此生　甘之如飴──我經營學校紀實》的專書也出版了，這是我擔任校長 19 年來所寫過的學術論文、法案研擬、應邀訪問、約稿文章、經營計畫、手札小品等，將近 220 篇，約百萬字左右。我自費印刷送給有志學校經營的校長、主任及學者，作為學校經營的參考。

以專業知能參與政策法制 ◎◎◎

長期關注並參與「國民教育法規、教育行政法令規章」之推行與訂定

個人十餘年來經常協助教育部及教育局修正或訂定相關教育法規，參與中

央法案訂定十餘項，地方自治法規訂定修正二十餘項，並擔任臺北市立教育大學及國立臺北教育大學等教育學系的相關課程教師。

長期探討「校園安全、學校文化、教育人事」及「公民教育、法治教育、兒童人權教育」

每年定期參加學術研討會並發表數十餘篇論文；在學校網站中，闢有校長各項教學對談，包括：經營理念、兒童人權、校園危機處理、教育法規、教育人事行政、法案研擬等專欄，文章百餘篇免費提供自由下載。個人授課講義「國民教育法令與實務」由臺北市教師研習中心印製，分送各校參考。

承辦或協辦教育局交辦業務

包括：臺北市畢業生市長獎頒獎典禮、教師節園遊會、兒童節園遊會、表揚績優幼教人員、表揚健康寶貝、夏令營營隊活動、城鄉交流活動、傳統藝術文化表演（歌仔戲）活動、教師專業發展評鑑宣導、教師免稅公聽會、教育國際交流等。

參與教育政策制訂與推動

包括：促進品德教育方案、教育改革公共論壇、優質學校建構指標、教育國際交流法案政策、兒童人權保護等政策的參與建構。

配合教育局政策，承辦各項專案研究

例如：有關國小行政結構組織再造研究、國小試辦公私協營可行性研究、各項法案研究、教育國際交流法案研究、教育國際交流年刊編輯、行政規章研修小組等。目前正進行「以教育資源整合與學校群體發展為策略之學校整併專案研究」。

參與各項學術研討會，擔任引言或主持或與談

我加入「學校行政研究學會」、「中華學生事務學會」、「教材發展學會」、「公民與道德教育學會」、「中華法治教育協會」等學術團體，積極參加其學術研討會及相關活動，發表論文、主持、引言及參與與談等，讓我的眼界與器識更為寬廣。

改革，要勇敢面對

煮蛙效應與破窗理論 ◉◉◉

　　當組織面臨重大變故或挑戰時，改革是最好的進步，但是，推動改革不是毫無代價，而是必須付出心力。耳熟能詳的「煮蛙效應」告訴我們，領導者與組織的成員如果無法敏覺到環境的急遽變化，而依然沾沾自喜毫無醒悟的話，終究無力自拔被大環境所淘汰。「破窗理論」告訴我們，不去重視目前的小缺失一直放任不管，日積月累就會成為巨大的「破爛根源」，到時候便要付出相當大的代價，甚至於無法拯救。身為學校領導者的我，也曾冷靜思索：

　　◎誰來當攪動群體激發向上意志的「鯰魚」？不是校長，那應該是誰？

　　◎站穩腳步用力踩踏，努力帶動水車前進的，不是校長，帶頭又該誰？

　　◎組織的巨大船體在逆風破浪中必須前進時，究竟誰該來操作掌舵？

甘苦辛酸滋味不相同 ◉◉◉

　　長久以來公立學校尤其是國小，一直受到政府法規制度的保障，面臨興革鼎替之時，往往知覺遲鈍或者行動遲緩。此時，學校領導者的「敏感覺知與革新魄力」，是組織興衰的關鍵。

　　有感於領導者的「沉重使命」，我在每個學校服務時，常常自我惕勵、時時省思，所幸都能有驚無險的度過難關、迎向陽光，雖然在四所學校的甘苦辛酸各有不同，卻留下深刻的回味：

　　◎純樸的指南，差點被遺忘的香格里拉；辛勤照應永保自然，晶瑩剔透，依然吸引世人。

　　◎精緻的萬芳，要往上提升的優質標竿；仿效干將莫邪鎔鐵造劍，捨髮棄甲、堅毅有成。

　　◎傳統的景興，讓崴陋的學府變幻亮麗；雁陣橫空比翼群飛，相互鼓舞、激勵團隊成長。

　　◎褪色的中山，快擦亮昔日的光輝風華；周雖舊邦其命維新，刺激老幹新枝欣欣向榮。

共同經驗與珍貴啟示 ◎◎◎

◎組織的共識與奉獻，是校務經營的關鍵：沒有共識猶如螃蟹有頭無足，焉能橫行霸道。

◎主動積極的向前跑，是推展校務的動力：前進是攻守俱佳的策略，主動積極才能激勵。

◎學生為主體的考量，是學校經營的本旨：沒有學生學校即不存在，豈有本末倒置之理。

◎嫻熟教育政策法制，是推動校務的南針：法治國家徒善不足為政，法應行在情理之前。

◎領導知能與時俱進，是校長必備的利器：理論有時而窮情境萬變，不進步利劍也變鈍。

◎心血汗滴不論甘苦，是校長必要的付出：校長先做自我角色認知，先付出而後有收穫。

◎真誠感動先做再說，是帶領成員的要訣：校長無怨無悔苦行先行，成員感動急起追隨。

結語

我的領導座右銘 ◎◎◎

每個領導人都有其特殊風格與領導的基本哲理，或是為人處事的座右銘，我也不例外。

學校經營的總體思維

掌握關鍵的問題、時刻、人物、方法、程序及資源，對症下藥針砭缺失，切中學校經營核心所在。從關鍵處著手；眼界要寬，以全方位考量；手段要柔，採階段式調整；耐心要有，以層次性改造；目標要遠，作制度性變革。並能以生命投入學校經營，用愛心守護學生權益，以達到全面性進步的學校經營終極目的。

校長辦學精神與特質

校長要以「慈母般的愛心、園丁般的耐性、教士般的熱忱、聖哲般的懷抱」辦好學校，讓老師們高高興興的教、學生們快快樂樂地學（要牢牢記住校長證書扉頁的金句）。

名人智慧的典範學習

常常以「俯首甘為孺子牛」的胸襟自我期勉[5]，時時以「歡喜做，甘願受」的心境自我承擔，不必「橫眉冷對千夫指」，就能品味「苦行此生、甘之如飴」的自我實現。

對待兒童的基本態度

兒童有犯錯的權利，但不能給他再犯的機會。校長怎麼對待老師，老師也會同樣的對待學生。

對待教師同仁的態度

主耶穌都可以為門徒洗腳，校長為老師服務及為學生守護所付出的，就不算什麼了！

對自我人品的要求

只有不盡心的老師，沒有教不會的孩子；只有不付出的校長，沒有不奉獻的老師。

支撐動力

「使命感、責任心、意志力」一直是我對國民教育無怨無悔的支撐動力。

人生最樂

「得天下英才而教育之」固然是人生樂事，「帶好所有的通才，造就少數的庸才，使人人都是可用之才，不放棄任何一位學生」，這才是人生最樂！

---

5 「橫眉冷對千夫指，俯首甘為孺子牛」，是魯迅《自嘲》詩裡的名句。長期以來權威性的解釋是：「孺子」指人民，「千夫」指敵人；此外，也有文人將它解釋為領導人或偉人應有的謙虛胸懷。引自 http://shamrockinmind.blogspot.com/2006/01/blog-post_13.html。

我的挫折容忍力 ◉◉◎

　　雖然我有光鮮亮麗的外表，我的校長生涯卻一直在苦難中度過，這是外人難以置信的。哲學家尼采說過：受苦的人沒有悲觀的權利；我總是咬緊牙根硬是撐過，並把這些記憶存留下來。

　　在指南，我處理了二位不適任教師，一位含恨而去繼續貽禍他校，一位化解心結轉變人生成為良師；二者均花費我相當多的苦心，但終究把全校士氣提升，團結一致。再者，編輯《田園教學的理念與實務》乙書，被教育局擺了一道臨時不提供經費，卻因為我提出「運用直銷觀念徵詢預約贊助」的創新概念，全校同心合力的把書出版了，也淨賺了二十餘萬元留在指南做為校務基金。

　　在萬芳，政黨輪替阿扁市長上台後，我得罪了當道，綠色團體經常藉機圍剿我。所幸，當時的國教科鄭東瀛科長極力為我辯護（鄭科長日前往生，令人懷念其風骨），我得以繼續推動創新經營的校務。加上，處理「校舍鋼筋外露」嚴重情形，得罪了前輩校長及若干利益者，我在四年任滿就離開了，這就是南非領袖曼德拉所謂：放棄領導也是一種領導吧！

　　在景興，是我擔任校長最長也是最順利的時刻，但是也是最勞累的階段。一面要經營近五十班的學校，一面要監督二億三千餘萬，是舊校舍一倍半建坪的校舍新建工程，把我累垮了。但是，所有景興的硬體與願景，都在我任內大致規劃完成。

　　在中山，完全跳脫我過去的領導思維，嘗試著新的模式。意志力與使命感不停的敦促我，讓我加速度的力求進步。在中山的酸甜苦辣，大概可以寫上一本 30 至 50 萬字的回憶錄。我大力、加速，且全方位的在古老破舊的學校中推動改革，可說是用「無時無刻、雷厲風行」來形容，且隨時都有退休的準備。尤其在遴選連任時，家長會給我 95 比 4 懸殊比例的贊成票，對照教師給我 68：67 的平盤贊成票；當時，的確讓我進退維谷、天人交戰了很久；同時間很多默默不出聲的同仁，用「悄悄話」或 e-mail 鼓勵我，要我「堅此百忍」繼續奮鬥，以扭轉中山的命運。

　　景興任滿後，家人極度不贊成我「拖老命、拚生命」的到中山。為何我有此毅力與耐力？前五位校長都拒絕了，為什麼非我莫屬？至今我也不解，但可

以肯定的，下輩子我再也不敢了！

我對後輩的期許 ◎◎◎

　　大環境愈來愈嚴苛，對有志當校長的後輩是一項考驗；不過，這也是社會愈開放愈進步所必須歷練的途徑。我有幸多次擔任「師傅校長」，對於後輩我毫不藏私的傾囊相授，也勉勵他們。

要當好的學校領導者，必須準備好七項武器

　　多年的歷練與挫折，我深深覺得現代學校的經營領導者，即使不必十八般武藝樣樣俱精，但至少必須擁有：洞察統觀的能力、開創新局的能力、規劃設計的能力、溝通協調的能力、有效協調的能力、回饋省思的能力、隨機應變的能力，此七項環環相扣缺一不可。

每所學校個別差異相當大，不努力就無績效

　　以目前校長遴選制度而言，校長對學校幾乎無選擇權的餘地；而且，校校條件都是唯一，想要帶動學校追求卓越創造優質績效，不僅必須付出代價，有時還要靠機運。雖然努力，學校未必校運昌隆；可肯定的說，不努力，則學校絕對不會績優且必然走下坡。

德不孤必有鄰，校長依然是社會的清流砥柱

　　學校領導者往往是少數中的少數，有時會自我覺得「高處不勝寒」，甚至於「孤芳自賞」。俗話說「凡走過的必留下痕跡」，只要您勇敢的走向群眾，努力的做事，還是會獲得組織成員的肯定與支持；雖然有時候掌聲來得比較晚，但凡事能夠順利就是「成功的領導者」。

李柏佳校長小檔案

　　1989年臺北市國小校長儲訓班陽明四期結業。1990年擔任臺北市指南國小校長時，倡導田園課程，開啟國內公立小學開放教育之先河，亦為國內首度研發學校本位課程之先行者，創造臺北市特色課程。1993年轉任臺北市萬芳國小繼續推動開放教育、戲劇教學、法治教育等。1997年轉任臺北市景興國小，以「空間開放　心靈自由」之理念，完成雙倍躍增的新建工程，並規劃景興十大願景，使景興成為現代化學校。2005年夏天，不畏艱難的應聘到臺北市中山國小，致力於學校全方位發展之總體營造。

　　2007年榮獲教育部「校長領導卓越獎」、2008年獲得「臺北市優質學校校長領導獎」、2009年獲得「臺北市優質學校行政管理獎」、2010年獲得「臺北市優質學校校園營造及資源統整獎」。

　　近十餘年來致力於學校行政、校長領導、校園危機管理、教育人事行政、教育法規、兒童人權及保護、公民教育、品德教育、自然生態、田園課程、綜合活動等國民教育實務與行動研究。

　　一個使命必達、滿腦子創意、做什麼像什麼、按碼錶工作的人；愛心永不止息的教育尖兵、上帝也搖頭的拚命三郎。那就是他──李柏佳。

6. 人生如戲
主角‧配角‧觀眾

高雄市楠陽國小校長　李明堂
（榮獲 2005 年教育部「校長領導卓越獎」）

楔子

我總試著挑戰「傳統校長」角色，想顛覆「校長應該要……；校長不可以……」的角色思維：經過學校習慣看到校長站在校門口迎接小孩，在校園割草、澆水、撿紙屑的印象，校長是學校經營者，應全面觀照學校事務……。

當校長儲訓回來意氣風發的上任，卻遇到校長生涯最難忘的事件，考驗初任校長的智慧，過程充滿挫折與苦楚實不足為外人道，但事過境遷，我願意與大家分享當時的心情；20 年校長生涯，其中一年退休轉任大學教書，又回來參加校長遴選，退休又回任的心情轉折，描述「老校長」在很多校長聚會場所的落寞心情，轉換職場的不適應，然後重新參與遴選的點點滴滴；回任校長遇到家長不斷投訴、陳情的事件，曾經閃過倦怠的心情；為退休同仁找到回家的路，我覺得退休老師是歸人，不是過客，竟然遠不如嫁出去的女兒；經營大學校忙碌又充實，辛苦卻很有收穫，成立教師團隊成就了學生、老師、學校與校長，獲得很多成就，果實是甜蜜的。重讀這些前塵往事的片段，像影片倒帶般一幕幕……。

心情故事（一）～黎明前的新首航──校長的初考驗

整整 20 年了，校長儲訓回來一星期，就意氣風發地走馬上任，派任市區一所小型學校校長，34 歲是當時全市最年輕的校長，第一所學校規模小、資源少，雖然工作負擔較重，但學校有家的感覺，同事間彼此對待有如家人般的溫馨和諧，大家勇於承擔工作、且樂在其中。本以為只要有「公正」、「清廉」、「誠意」，就能化解很多難題。誰知開學才一個多月就發生校長生涯終

身難忘的事情——「職員挪用公款」。

「職員挪用公款」對一個剛上任二個多月的初任校長猶如晴天霹靂！那是何等的衝擊與考驗。1990 年 8 月 1 日接掌學校，教育局還分發一位菜鳥總務主任。一個初任校長帶著菜鳥主任面對學校如此重大危機，兩人真的束手無策，甚至孤立無援。被挪用公款高達六、七十萬，對一所小型學校（14 班）有可能因此完全癱瘓而無法運作。即使事過境遷，如今想起來仍心有餘悸。猶記得當時臉色蒼白的主任找到研習會場向我報告，當下只覺腦袋一片空白，真不知道怎麼辦才好？擔心的是，如果沒把錢補回來，幼稚園的孩子可能沒點心吃、沒教材可上課，學校又沒有其他經費可以墊支。一心只想盡力找到錢，趕快把洞補起來，我會謝天謝地。事件發生的那些日子，日夜備受煎熬，我幾乎每天找當事人談如何找錢，想辦法解決問題，並發揮主任時代擔任輔導活動輔導員的特質，以同理心站在他的立場、同理他的心情，並保證一定會幫他，規勸他如果能補回公款，對他、對學校都有助益，特別是對他是否判刑有絕對影響。另一方面向當時人事室報告，並請暫緩向市調處舉發，不要有任何約談動作，讓學校有時間處理補回挪用的公款。記得當時請銀行任職襄理的親戚協助辦理抵押貸款。經過一個月不斷居間輔導協調、日夜奔波努力將公款追回後，忐忑不安的心才終於放下。

此時學校面對審計機關的查帳，連續兩週審計員把幾年來的帳目加以清查，校園氣氛是肅殺的，好像隨時會有更大的弊案會被揭發，行政團隊配合查帳作業，還好未出現更大的紕漏而平安度過。幹事被調查處約談、停職，學校考慮他的家庭生計依法發給半薪，後來幹事被依職務圖利罪判刑二年八個月。

回想當時小型學校沒有專任會計員，須由別校來兼任，一星期來二次無法完全兼顧所有帳目的處理。讓出納幹事隨手可得會計的印鑑章、職名章，才能隻手遮天、瞞天過海地讓主管無法察覺。經過二年高雄市審計處要求教育局以「不忠不法，廢弛職務」的理由記校長申誡一次，羅織天大的罪名與冤枉。我覺得自己在整個過程沒有違法亦無不忠，且是校長主動舉發，教育局理應給予記功才對，經過不斷地申復，最後同意撤銷，但當年考績仍列乙等，那是校長生涯唯一的一次。對一個充滿辦學理想的年輕校長來說，讓人感到挫折。就整個事件除因職員編制不足外，其次，在學校新舊交替之際讓人有機可乘。最後，感受教育局所給的協助與支持完全不足，如此重大危機處理讓一位初任校

長獨自去面對，心中的恐懼與孤單可想而知，那是校長生涯痛苦的經驗，也是難忘的經驗！

如今想來很感恩也很慚愧，因為有那一段痛的經驗才深深體悟「人惡出己、物忌獨賢」的道理。如果沒有那樣的衝擊，不能學會在人生的順逆中秉持冷靜客觀的態度、從體貼和包容的角度看清問題、了解問題，然後學會解決問題。猶記一位老禪師所謂：「燙手的山芋應如何處理呢？啊！不要馬上拾起來，讓它先掉在地上等風吹涼了，再來看看怎麼辦。」如果沒有那次的挫傷，或許我還會一身傲骨和銳氣站在校長職位上，堅持著人、事、物的合理和對錯；回顧事件迄今20年了，感謝這一段讓我知道在生命的轉折處能謙沖為懷，以真心和誠意去面對！

 心情故事（二）～梅花枝頭十分春
──退休‧回任‧心情轉折

這些年多次擔任國小校長遴選委員會委員，看到參與遴選的初任校長被品頭論足、秤斤論兩評論著，遴選會有如拍賣市場，原屬於媒合功能的校長遴選委員會卻扮演著淘汰的功能。一些經過行政歷練、甄選及儲訓合格的候用校長，尚未出任校長職務，已被遴選現場的陳情信件給淘汰。留任及轉任的現職校長，對回收率不到 20% 的辦學問卷調查結果，被不同教育團體的成員質問校長的種種不是，場面亦相當難堪。兩年一次的「辦學問卷」，讓校長變成「另一種人」，在執行教育政策及法令規定，其堅持的力道必有所考量，深深影響校長的辦學態度。當時我們四位校長協會派出的遴選委員感觸良深，期望不再參與校長遴選，暗中決定一起進修，一年內皆考取博士班，目前都已取得博士學位。

在國小列車坐了31年，有很多熟悉的夥伴一路相挺、相互扶持與提攜，當有一天發現熟悉的旅伴陸續下車，甚至轉換車種，在車上開始有些寂寞。一路上，有人上了車，有人下了車，我不禁迷網：到底何處是歸依？尤其在一些校長聚會的場合，看不到同期校長的熟悉身影，中場休息時間找不到同期夥伴敘舊。特別在中午吃便當的時候，發現很多同期的校長都聚在一起吃飯聊天，自己不方便插入其中。自己已是國公級的校長（最資深的校長之一），大家看

到都很客氣地說：「前輩校長，心想您跟我們不同國，最好不要坐過來。」所以在校長會議與研習場合，自己會獨自一人坐在角落吃飯，那份落寞的心情，絕非外人所能理解。

2006年拿到教育學博士學位，決定退休做生涯轉換，創造人生的第二春，嘗試送出履歷表開始求職，這對一位擁有鐵飯碗的師範生是很大的挑戰。有天心血來潮，當有人在其他列車上向我招手，就匆匆忙忙收拾行囊換了車子（退休），轉任私立專科學校，坐上車才發現沿途的景緻完全不同，身旁的旅伴非常陌生，整個車上的氣氛迥異，大家交談的語言不同，似乎到了另一個國度。我在車上穿梭尋覓自己熟悉的身影，卻遍尋不著自己的專業社群（技職教育不同於國民教育、醫護領域不同於教育領域）。但列車長不斷廣播：「因為車子剛進場維修、整併、換裝（從高職剛改制為專科學校），可能一路顛跛難行，要大家繫好安全帶，坐在位子上不可亂動。」列車長還會派督察隨時巡視，要求大伙兒聽指示行事，不乖者或不聽話的旅客會被趕下車，整列車子充滿不安的氣氛，讓剛轉車過來搭乘的旅客顯得手足無措，三個月後開始頭昏眼花、極度不自在，半年後趕緊匆匆下車。猛然回頭，只見煙塵滾滾之中，車子噗地一聲往前駛去，自己卻已在車下，揮揮手不帶走一片雲彩。

真正退休半年賦閒在家，每天起床後發現自己無事可做，鎮日除了電視和拎個小背包一個人出門閒晃外，就只有空洞的、寂靜無聲的空間伴著，這些缺乏參與的生活，讓自己的生命頓然失去意義與價值。思索再三決定回來參加國小校長遴選，重回國民教育行列。在申請回任那段期間，很多好友不時給予關懷與鼓勵，使我有勇氣再次面對自我挑戰，回到自己熟悉的領域。不過校長回任歷程中的風風雨雨，確曾讓我有些猶豫。記得當時有報紙在地方版頭條新聞之標題寫著：「退休校長申請回任教師會反彈」、「去年獲屏教大教育博士學位，退休轉任大學教職的前〇〇國小校長李〇〇，在任教未滿一年，覺得自己不適合高等教育職場，向教育局提出申請回任參加國小校長遴選，教師會及校長聞訊後譁然，認為此例一開，會破壞國家的考試制度，要求市政府否決此案，否則將採取抗爭行動。李校長則表示並非特例，在3月提出申請案，並獲教育部回覆符合《國民教育法》及高雄市遴選辦法中的『曾任校長』」。這些以訛傳訛的負面報導讓我曾經躊躇不安，面對外界質疑，我提出一些思考：我有17年國小校長辦學資歷、又曾獲得教育部「校長領導卓越獎」、擁有教育

博士學位，且過去在高雄市與臺北市均有校長回任的例子，在適法性毫無疑義下才決定申請回任。其實從教職退休再到私立學校教書領雙份薪水，是很多人欣羨的職場第二春，但走過這一遭，才覺得在熟悉又專業領域工作才是最快樂的事，也更加堅定自己想要過的生活方式！因有法的依據，回任遴選過程雖有「兩岸猿聲啼不住，輕舟已過萬重山」的場景，外界的紛紛擾擾在我回到○○國小任職後而落幕。

退休後回任校長，很多教育界的好朋友遇到會好奇地說：「回來就好，但你領的退休金怎麼處理？退休到底怎麼了？你為什麼要回任？」外界僅看到轉職可領兩份薪水，很少有人深入了解此非關乎功名利祿。私立學校不按牌理出牌，不太依法行政的運作，要求與酬勞不相稱的付出，是很多轉職個案不順利的重要原因，特別是在公職退休後轉到私人且不同領域的工作職場。

從參與校長遴選、完成博士學位到申請退休轉任大專教職，如今又回任國小校長二年，心情的調適與態度的改變，個中滋味如人飲水，冷暖自知。思往事、惜流光、暗成傷，笙歌散盡明月人靜。臨晚境、傷流景，往事後期空記省……，這一段人生的轉捩點，也讓我學會更加柔軟、感恩和惜福：感恩的是許多身邊的家人、好友在我最落寞無助時給我的默默支持和鼓舞，珍惜的是自己能無悔無愧的活在當下，活得自在。

心情故事（三）～行行復行行，煞是乍雨又天晴
——新的年代・不一樣的聲音

「家長參與教育」是這波教育改革的重要議題。家長進入校園擔任各項義工，走進教室協助教師的教學，讓家長真正成為教育的合夥人是開放教育理念下教育政策的美意。但當合作者變成監督者，而民意超越專業，家長的聲音無所不在造成家長的投訴與陳情不斷，在這個「顧客至上」的年代，變成了學校不得不面對的嚴肅課題。「客服中心」是民間企業服務顧客、接受抱怨與申訴的單位，「首長信箱」、「申訴專線」是政府單位了解民間疾苦和反映問題的重要方式。

學校沒有編制客服人員，為澄清與處理家長的投訴和陳情，學校的能量不斷被消耗、士氣不斷被打擊。當孩子在學校受到委屈或不公平的對待，或親師

的教育理念不同時，很多家長又不願與教師溝通，反而直接透過各種「首長信箱」投訴。當家長隱藏著選票的決定權，聲音自然被重視，因服務選民是民主時代獲得選票的重要手段。雖然家長經由網路信箱反映可以快速獲得答覆。其實，此種反映意見方式卻是親師雙輸的賽局。

當了多年的校長，經常看到家長期望教師改變作法、要求學校更換老師或處分教師。其次，盼望老師給予孩子公平對待。當雙方無法理性溝通與取得彼此都能接受的管教方式時，卻很少看到教師能毫無疙瘩去對待這些孩子。雖然「一視同仁」是教學原理，但教師也是人，是有情緒和感覺的，且絕非聖人。面對家長過度反映和溝通不良的狀況下，於是出現冷漠、不關心等消極的管教態度，最後處理的結果無法讓家長滿意，轉學成為不得不的選擇。

二年來，原以為回任校長可讓自己的教育專業繼續發揮，但經過執政更替，整個政治氛圍與教育生態急劇變化。回到國小教育場域，我還帶些許的專業自信，因為自己累積十幾年學校經營的實務經驗，面對國小教育的各種問題還不致於自亂陣腳。但事實不然，學校連續被家長投訴，彼此互相懷疑是校內教師不具名寫黑函，其中包含教師違法體罰孩子，對弱勢學生不當的對待，家長要求轉班，省市介聘的教師反悔擺烏龍而影響很多外縣市教師的權益等；有段時間幾乎是東邊日頭西邊雨，轉身又受雷電風。身為校長每天都要去承擔教師、學生所製造出來的麻煩和來自上級的壓力。當親師衝突和爭議不斷的事件如排山倒海而來時，發現自己在無力感下退縮且有不如歸去的感受，甚至出現「不想上班」、「不願面對」的低落心情。

其實最不易處理的是教師的情感。以教師為主組成的成績考核委員會，基於同事的情誼不忍心處分自己的老師；教師們不願收拾別的教師捅出的爛攤子，接納特殊孩子轉班；教師對自己參與省市介聘的決定可以出爾反爾。大家都憑著主觀的自我意識和情緒在處事待人。這些事件都經過相當漫長時間，一而再、再而三的協調與溝通才一一落幕。但處理的過程，學校充滿不安與詭譎的氣息，壓力大到讓人透不過氣來！行政單位、家長會、教師會出面協調，都抵不過教師和家長個人的強烈意識，沒有人願意先讓一步，沒有人覺得自己有錯！眼看著「風乍起，吹皺一池春水」，更有甚者是當前整個校園倫理意識的喪失，人人自危，各不相干，只求明哲保身態度，讓我這個「老」字輩校長感嘆唏噓——再回頭人事已非！

心情故事（四）～夕陽下的燈塔與港灣
——回家‧成立退休教師聯誼會的故事

　　退休是人生的一大轉折，退休生活要經營新的舞臺。老朋友、老同事是舊記憶且值得回憶的一環；彼此關懷，更是一種溫馨的生活。退休是一種「慢活」，每個人都有不同的生活觀與價值觀，誰也不能勉強誰，但退休後卻需要有新的人際網絡與新的生活圈，活出真實的自己是退休後的人生守則。

　　談了多年公教人員的退休制度的改變，都還沒改過，卻造成公教人員一股退休潮，直到最近立法院臨時會三讀通過「公務人員退休法修正案」，月退休金制度由現行「七五制」延長為「八五制」，「五五專案」加發五個基數退休金將取消，18%優惠存款修法也法制化。很多沒規劃退休的同仁亦隨著此退休潮而離開，問他們退休後做什麼，他們的回答：「先退再說，總要先入袋為安。」看到學校一個個曾經意氣風發，縱橫杏壇數十年，正值最有經驗、最沒有負擔的同仁從教育現場退下；心中為教育、為學校、為孩子真的很捨不得。唯制度使然，身為校長的我又能說什麼。十多年來我們看到教育界的「世代交替」，從 1995 年起 15 年間學校有一百多位同仁退休，而且全部提前退休，更有老師才服務滿 25 年，正值 45 歲、46 歲就退休了，從各方面而言，都不是我們樂見的現象。

　　每年要辦二次歡送退休茶會，十幾年下來學校退休教師聯誼會已有 117 位退休同仁展開人生另一段旅程。記得自稱光武退休教師聯誼會地下會長的李健次老師，每次參加退休茶會都說：「退休真好！羨慕我們嗎？哪天學校退休同仁可能比在職同仁還多唷！」剛開始退休申請案件送到校長室，我會先擺在桌上幾天，讓他們多些時間可考慮人生重大的決定，然後找來申請退休的同仁一談，從勸說不要退休到羨慕他們已達可以月退的年齡，心中可謂百味雜陳。當有退休同仁跟我說，每次經過學校校門口時，那種熟悉卻陌生、望門卻步的感覺，心中有著無限感慨。這個曾經十幾、二十年來每天進出的校園，如今只能扮演路人甲、路人乙經過光武路徘徊無聲。此情懷正是「惆悵舊歡如夢，覺來無處可覓，哪堪頻頻顧盼，見了還休，爭如不見」，這些話聽來令人心酸。引發我為退休同仁組織聯誼會的想法，讓曾經在此服務過的老師，想回家就可以

隨時回到光武來看看同事們。

2004 年 10 月 29 日學校發出召集令，寫著：「多久沒回光武了？不管您何時進入光武、不管您在大家庭多久時間？不管您何時退休？您我都是光武人，我們都心繫著您。偶爾騎車、開車經過光武、九如或覺民路時，難道不想回家看看您的家人——學校的老同事嗎？其實光武校園依舊，只是新面孔增加了。」今年光武 20 歲了！回來看看我們曾經一起努力過的校園。記得光武出版「教師手札」我就寫著：「年復一年、日復一日，回首青春歲月、光武校園，我們曾經一起努力，做了無私的奉獻，成就了無數的生命。」這裡的一草一木都有我們辛勤耕耘的回憶。

當天李老師眾望所歸成為聯誼會的首任會長，他召集了幾位老師討論退休教師聯誼會的組織章程：聯誼會以辦理退休同仁聯誼活動及進修為主，會中決定每年 10 月最後一個星期五為「退休同仁返校日」。以後只要在光武國小服務過的同仁，都可以成為退休教師聯誼會的一員，大家有個歸屬感。這些年學校因少子化減班的關係，學校也撥出一個空間讓退休同仁有個固定聚會的場所，讓大家隨時可以回娘家，每週四上午都可以去「喝咖啡、聊是非」（哈哈）。退休聯誼會除辦理聚餐及旅遊活動，還開設瑜珈、桌球、英文、國樂、交際舞等課程，以充實榮退生活。

離開光武二年我做生涯轉換，2007 年申請提早退休，也順理成章加入光武退休教師聯誼會。聯誼會年復一年運作順利，大家開開心心的把手相見，歡歡喜喜地在「家」找到可以彼此交談、互相安慰的老夥伴。每次聚會中常提及的是：還好當時校長離開光武之前，把大家的感情串聯起來，讓退休教師聯誼會在學校第 20 週年成立。高興的是我也是其中一份子。沒想到當時為退休同仁找到回家的路，也讓自己退休後有個大家庭。「共看明月應垂淚，一夜鄉心五處同」——光武退休老師聯誼會，是我們「共同的家」，我相信，即使在人生半百，年華逐漸老去的歲月裡，它會永遠在那裡，靜靜的守護我們，呼喚我們這些退休老師，等待著我們回家！

心情故事（五）～御風而上，乘浪前行
──教師團隊‧奉獻自己‧成就孩子

　　從 2001 至 2005 年，是一段忙碌而充實、辛苦而有成就感的時光。那是任職第二所學校第二任開始，我已是擔任 11 年校長，經營學校所累積的經驗，讓我在處理校務更為嫻熟，較能得心應手，經常可以對爭議的事情，以四兩撥千金的方式處理，很多事情可以很堅定又溫柔的處理。掌握大原則，又不太管枝微末節的事。經營校務不但專業、自信、堅持，更有溫柔與感動。

　　這段時間適逢教育改革如火如荼進行，九年一貫課程實施、執行教訓輔三合一、學校組織再造、試辦教師專業評鑑等。我又開始上博士班進修，曾同一時間擔任多項教育局委派的職務。身兼學校評鑑委員、校長遴選委員、教訓輔三合一執行委員等九項工作。日夜忙裡、忙外、忙自己的功課和家庭，每天早出晚歸，日子雖然辛苦但卻過得很充實、很愉快。

　　2005 年獲得教育部「校長領導卓越獎」，典禮上我感謝光武夥伴們：「因為有光武的卓越教師團隊，才能為孩子構築很多夢想，感謝他們為孩子的付出。」任職光武八年期間，有非常多教師參與學校所建構的教學舞臺，各自發揮所長、精采演出，為孩子提供多元學習的機會。這些專業的教師團隊，包含學校本位課程發展、資訊種子團隊運作、光武有線電視台的經營、國際文化交流執行、光武藝術季籌辦、生命教育的推動等眾多行政事務的規劃與推動。這些專業團隊在光武創造很多美麗的故事與動人的詩篇，也創造多元的舞臺讓全校師生揮灑，締造很多輝煌的歷史與成就。

資訊種子的發芽與茁壯 ◉◉◉

　　光武成立的第一個專業教師團隊是資訊種子團隊。記得 2002 年 12 月教育部為推動資訊融入教學的示範學校，徵選全國第一批初級資訊種子學校。以當時校園的氛圍要找到願意投入的教師並沒想像中的容易。原以為校長出面就一切OK，為了說服老師參加，花了不少時間找到團隊關鍵的宜玲與秀鳳老師，後來這群團隊夥伴創造出很多感動的故事。記得當時為了撰寫申請書，團隊夥伴挑燈夜戰，甚至在學校守歲迎接新的一年的到來，完成厚達 41 頁的資訊種

子團隊計畫申請書。經過一連串的初選、複選、決選、口試與訓練，終於獲選為教育部初級種子學校，又晉升為中級資訊種子及資訊融入典範學校。

如同團隊夥伴宜玲所說：「一群可以激發創意，說起話有同樣頻率、做起事來又有同樣默契的『同工』。」大夥兒從計畫修改到工作內涵的擬定，經過摸索、討論與專業對話的歷程，更多時間是團隊共識的激盪，工作方向的釐清，資訊融入教學模式的研發。團隊藉著領域進修、教學觀摩、辦理比賽、策略聯盟、夥伴學校、到校輔導等方式，主動出擊把實施成果作校內外定期發表與推廣。為了發揮更多的影響力，過程不斷招募教師積極參與，我們有所謂第一代、第二代與第三代種子教師，包含實習老師共有四十多位教師加入。這一群教師好像滾雪球般地在整個校園展現出活力與生機！

陪著團隊走過三年多的時間，從規劃討論、參與研習、主持會議、觀摩分享與至夥伴學校、其他縣市推廣，身為校長同時也是團隊成員的我，一樣接受團隊領導教師的指派完成任務。團隊曾獲得全國創意教學競賽綜合領域的特優獎，教育部「標竿一百——九年一貫課程推手」的教師團隊。運作過程有辛酸也有喜悅、有疲累也有甜蜜，繁華落盡見真淳，當時的夥伴們後來變成知心患難的朋友。雖事隔多年，迄今回思仍舊充滿激動與疼惜。

為孩子創造童年的歡樂記憶 ◎◎◎

多年了，三月天我都為校園藝術季開鑼，看到台下滿滿的學生，滿心歡喜地期待節目的開演，心中的悸動真是筆墨無以形容。記得當初構思只想為孩子們建造一個舞臺，讓學生可以盡情揮灑，希望校園除了孩子的嬉戲聲，還可以聽到音樂聲在校園飄蕩，「餘音繚繞」的藝術季，讓擁擠的氣氛變鬆、步調變慢、校園變得更清新。如果能坐下來喝杯咖啡，聽著學生演奏鋼琴或其他樂器，那是校園中奢侈的享受；就如同自己孩提時代，每當廟裡音樂響起，大伙兒搬張長板凳到廟前等待布袋戲或歌仔戲開演般的享受。如果校園每年有一段時間舉辦藝術表演，讓孩子參與、體驗藝術融入學習生活，對學生一定有潛移默化的效果。

這些年我經歷三所學校，都有一群擔任藝文的教師，從籌劃、節目甄選、訓練、彩排與演出。每年都為孩子舉辦校園藝術季活動，一方面呈現藝術與人文領域的教學成果，另一方面也讓孩子有展現才藝的機會。藝術季活動都安排

在三、四月期間，每年少則五場、多到十場。讓校園「音樂多一點、藝術多一點」，團隊教師可說是卯足全力為孩子付出心力，當活動結束後師生都感受它所帶來的悸動和餘溫；教師退休了，學生畢業了，大家依舊津津樂道於當年藝術季活動的演出。那令人永遠難忘懷的場景，孩子盡情的演出，熱情的觀眾，即使只是一閃而過，卻永遠留下一抹星光在共同記憶中。

國際交流・海天遊蹤 ◉◎◉

「藍天白雲，群羊綠地」是我們對紐西蘭的印象。每年暑期到高雄機場送行的親友團多達百人，大夥兒總會在大廳的鋼雕藝術品前留影。孩子帶著父母的叮嚀與祝福飛向千里之外的南半球──紐西蘭。

高雄市光武國小與紐西蘭諾斯格特中學及羅吐魯哇中學締結姐妹校，從1996年起，雙方多次進行師生交流互訪。老師學生都寄宿姐妹校的接待家庭，體驗不同的文化和學習，了解不同生活習俗與風土民情，在小學中是一項難得的國際交流經驗。

前後有三次親自帶學生造訪姐妹校，我都住在麥可校長家。雖然僅能用簡單英語交談，八年來我們培養良好的默契與感情。每次惜別會時看到孩子抱著Homestay 的媽咪與爹地，抱怨停留時間太短，依依不捨從機場打電話，用最簡單的英文、最真情的話語向接待家庭道別，忍不住淚流滿面。而光武的接待家庭當姐妹校三度來高雄做為期 15 天的遊學訪問，同樣一百多人在校門口歡迎他們。「逛夜市、上安親班、當交通糾察……」，讓紐西蘭學生體驗臺灣小學生的生活經驗，紐西蘭小朋友最難忘的是高雄人的熱情與氣候。我感受到不同國家的小孩已建立真摯的感情，教師團隊辦理國際交流活動雖然有壓力且辛苦，卻是值得的。

歡迎會時，全校師生用英語及毛利語唱出紐西蘭國歌，將兩國國旗同時升起時，那種場面是多麼令人感動！麥可校長噙著眼淚說：「在紐西蘭重要慶典才聽到的國歌，竟然在遙遠的臺灣能聽到三千多人用毛利語唱出自己國家的國歌，是令人動容的。」雖然在兩種完全不同的文化背景與生活環境，雙方的交流訪問接觸，給全校師生衝擊的是多元文化的價值，全校小朋友在國外友人訪問期間獲得一種特殊的接待經驗。

小主播‧大人物──讓孩子站在舞臺 ◎◎◎

畢業多年的光武電視台主播韋徵說：「參加光武電視台是我國小六年來一大轉折，畢竟人的一生中有這種際遇不多，在那裡遇到全校最會搞笑的德仙同學，還有創意點子一籮筐的惠蓉老師，說真的在電視台想不學到些什麼還真難！」光武電視台娛樂主播且已參加電視台校園歌唱選秀節目的德仙，回憶小學的情景：「很高興在光武電視台表演，它給我很大的發揮空間。每次的演出多少還是有些壓力，擔心那種搞笑適不適合國小學生？不知效果如何？收視率多少？後來發現好像蠻適合各年齡層，效果比想像中好，收視率更是全校之冠（因為新聞報導全校只有一個頻道）。對我這種『人來瘋』的個性，廣大的迴響反而使我更有衝勁，想做更好的內容給大家，更讓我沉浸在『表演』天地裡。」現在看到他們在電視台演出，覺得當時校園電視台是重要啟蒙。

讓孩子站上舞臺，展現才能的機會，「理念很簡單，執行很困難，卻很有成就感」。2000 年光武架設校園網路，一併鋪設有線電視系統，只想讓師生玩玩有線電視台，然而要找到有電視台基本概念又專業的老師真不容易，指導學生擔任校園小記者，聲音、肢體、儀態表演訓練加上攝錄、後製人員都必須很專業。當圖書館角落掛上光武電視台 KWTV 布幕，學生坐上主播台，光武有線電視台正式成立開播。剛開始以播教育宣導影片為主，校園新聞報導為輔，以 Life 即時播出，但效果不佳。後來利用中午靜息時間錄影後播出，2005年設置專業錄影室。

我們發現，電視台提供孩子不只是方框的影音世界，而是充滿無限可能的舞臺。除了表演才藝的舞臺、展現創意的空間、了解學校的管道、關心時事的捷徑、訓練知能的場所、陶冶品格的機會，它豐富孩子校園生活、拓展他們的視野，這是一個真正屬於「孩子的電視台」。

光武有線電視台成立六年，參與的師生不下 60 人，學習經驗非常特殊。對主播群與參與製作的孩子影響更深遠，教師團隊從開始篳路藍縷，不是專職、不求回饋，只憑一股傻勁，過程的辛苦不足為外人道，卻把電視台經營得有聲有色！我們曾獲得 2004 全國學校創新經營獎──學生展能組特優獎；2003全國創意領導甲等獎，目前一直承辦「小編劇大導演創意電視台──五分鐘印象高雄」。最重要的是孩子們因為多了這一段學習體驗，學會了如何擔當責

任、面對工作能不挑剔、抱怨，開開心心的完成，也變得更勇敢、更健康、更快樂！

行過山巔水湄之際──散場

4 點鐘響，放學啦！四處傳來孩子的歡呼聲，擁擠的人潮飛似地衝出校門，霎時間，一切都回歸平靜。我放下成堆的公文，起身漫步在寂靜的校園，只有自然的天籟和寂寥的身影映照在夕陽斜暉中。我伸伸懶腰、深深吸了一口氣，環顧這個奉獻一輩子的熟悉校園，多少壯志豪情，多少理想抱負、就像我發心建造的遊戲城堡一樣，裝載許多人的夢想與希望，編織許多美好的故事。青山依舊在，幾度夕陽紅。每個人的一生看似不同，其實終歸一樣，工作、休息，日復一日過著，每天醒來又睡著，直到西山日沒。不管名人政客、市井小民、沒有人的生活有什麼特別不同，每個人都要自己去面對是非成敗、生老病死。只要活在當下，都要誠實面對自己，認真地過活，對得起自己和身邊的人事物，若能在自己應該站著的地方，為我們的人生平臺添增一些動人的色彩。那麼，回首向來蕭瑟處，歸去……也無風雨也無晴！

李明堂校長小檔案

　　李明堂，1956 年 8 月 6 日生，屏東師專 1976 年畢業，國立高雄師範大學教育學系、教育研究所畢業，2006 年取得國立屏東教育大學教育行政研究所博士。目前任職高雄市楠梓區楠陽國小校長。

　　擔任國小教師 6 年，主任 6 年，國小校長 19 年，退休過、下過車，曾轉任私立專科學校助理教授半年，嚐過領雙薪的滋味，並取得助理教授證書，然後又回來參加國小校長遴選。在國立臺南師範學院、國立屏東教育大學擔任兼任講師及助理教授。從 1990 年起擔任校長，一轉眼 20 年，曾經全市最年輕的校長，目前已是國公級校長，開始跨越第三個十年。

　　有無可救藥的理性，處理事情堅持原則，方法可以有彈性。凡事多溝通，不硬碰硬，而是「軟軟硬」（台語），堅持久了，大概都能達成目標，完成也許需要更多時間。放大自己的神經，先沉澱再行動，包容再包容，雖不滿意但可以接受；很多事不求百分百，只求 70%～80%的人動了，容許 20%的人慢慢跟上來，經營學校「多人讚美，少人嫌」就可以。

7. 為教育鋪砌礫石，為人生擘見豐采
——近半世紀教育服務漫談

桃園縣東門國小退休校長　辛玉蓉

（榮獲 2009 年教育部「校長領導卓越獎」）

楔子

　　沒有愛，教育不能生根；唯有愛，教育才能落實。我已於 2010 年 8 月 1 日自桃園縣東門國小退休，服務教育工作 47 年，其中擔任國小老師 20 年、國小主任 8 年、國小校長 19 年。無論擔任老師、主任或校長，我都以福祿貝爾所說：「教育無他，唯愛與榜樣而已。」作為座右銘。所以在我創建幸福國小時，與全校師生訂定學校願景為「幸福有愛、快樂成長」；之後接辦東門國小，亦將願景訂為「懷恩懂愛、優質卓越」，都是堅信無形教育大愛的一種延伸與深耕。充分發揮教育愛，願教育為終身的職志，我信守不渝。

　　時光舒卷猶如畫軸，47 年來色澤景致未曾褪滅，1963 年我從新竹師範畢業，感謝政府德政，鼓勵在職進修，從新竹師專、國立臺北師範學院到國立臺灣師範大學教研所四十學分班。為落實終身學習的理念，62 歲以榜首考上國立臺北教育大學教育政策與管理研究所。這一段堅持學習的歷程，除充實專業知能外，更讓我盡情揮灑，將所學靈巧運用到教學工作、班級經營及校務經營上，達到學以致用的效果。

從服務偏鄉學校到創建幸福城堡

　　擔任國小校長 19 年來，曾服務四所小學，1991 年，我初派桃園縣復興鄉的義盛國小，是山地的原住民學校，山光水色風景優美，是當時全縣唯一整體老校更新的學校，像璞玉般熠熠生輝，學生純樸天真、能歌善舞，教師任勞任怨、以校為家。讓學校在原住民部落，成為社區的精神堡壘。

　　第二任的龍壽國小是桃園縣龜山鄉平地較偏遠的學校，自我接任之後，更

新校舍、充實設備、創新教學；揚琴隊、棒球隊、躲避球隊、禮儀教室等學校特色聞名全縣，整體表現令人耳目一新，是小而美的學校，更讓學區家長對學校支持放心，時有國內外佳賓蒞校參訪。

1996年，為落實政府「降低班級人數」及「小班小校」政策，在桃園縣政府關懷地方教育及地方人士殷切期盼下，設立龜山鄉幸福國小。由劉故縣長邦友核定本人擔任創校校長，負責規劃籌備設校工作，於1988年6月奠基動土，1999年8月正式招生。

化荒梗為宸闕，樹秧苗為豐穀

桃園縣龜山鄉是我的家鄉，能夠在家鄉建造一所設計新穎、美輪美奐、充滿童趣的城堡學校，幽雅的校園中花兒芬芳、蝶兒飛舞，一直是我長久以來的夢想。

前英國首相邱吉爾云：「人類塑造建築，建築塑造人類。」由此說明建築的良窳影響人類身心發展。校舍建築和校園環境，與行政功能、教學效果息息相關，完善的校園規劃才能確保良好的教育品質。不但可發揮學校行政功能，更能提高教師教學效果，激發學生學習興趣，甚至對學生的身心健康、人格塑造有著深遠的影響；宏偉壯麗的校舍建築、優美靜謐的校園環境，能孕育出心胸開朗、健康活潑的兒童，以達潛移默化的境教功能。回首在幸福國小11年半的日子裡，我與全校同仁奮力打拚，兢兢業業堅守工作崗位，雖歷經艱辛，然未曾怠忽；時光倏忽，臨深履薄，銘感至深。清末鴻儒王國維曾說古今以來成大業，做大學問的，總會經過三種艱辛的境界。謹運用這三種境界漸遞錄誌。

昨夜西風凋碧樹，獨上高樓，望盡天涯路──最辛苦、最辛酸的事 ◉◉◎

幸福國小從籌備、施工到完工，三年多來，歷經廢水、廢溜、廢道、規劃設計、工程發包到奠基動土，事務繁雜，我深刻體認實踐夢想的過程何其苦痛。學校籌備期間全校只有校長、總務主任、教師兼主計及工友共四人，人少事多。從放樣、模板組立、鋼筋綁紮到混凝土澆置，每一階段都不容有絲毫差錯。每天戴著安全帽、穿著牛仔褲、工作鞋在鷹架下鑽來鑽去，在泥漿中踏來

踏去，加上塵土飛揚，一天下來常是汗流浹背、灰頭土臉、疲累萬分。遇到混凝土澆置時，為徹底擔負督工責任，常是枵腹從公、身心俱疲，甚至接上臨時電，到晚上十點多才收工。又因承包商的搶標，與第二高標的廠商相差甚鉅，擔心恐有偷工減料之虞；當時景氣低迷，耳聞許多建商倒閉，又擔心承包商財務狀況不佳。因此我對於建材的檢驗，施工的品質格外留意。二週一次的工務會議，除了解施工進度、施工困難處之外，最重要的是商議妥適解決之道。除了杜絕人禍，遇到颱風、豪雨等天災應如何防範，也再再考驗我們。這些新建校舍的事務工作，心裡早有準備，雖然倍極辛苦，但想到未來將會有一座巍峨雄偉、氣勢磅礡的城堡學校，讓莘莘學子擁有一個平安、健康、快樂的金色童年，再多的辛苦也甘之如飴。

施工初期，最棘手的是有一間民宅，1990 年徵收土地改良物時漏估，未領取補償費，民宅一半在校地內，一半在校地外，施工在即，亟待遷移，我心情焦急，猶如熱鍋上的螞蟻。1998 年 6 月協調會上，屋主提請補償費 50 萬元，但因屋主提不出早年房屋興建的合法證明文件，如何依法解決，煞費周章。雖經無數次會議協調，仍無結果；籌備建校三年來，公文往返一大疊，仍是無解。每思及此，夜不能眠，想盡方法。最後，由當時曾任工務局長，對建築工程及相關法規熟稔的縣政府主任祕書劉永和先生出面，1999 年 3 月親自率領縣府相關局處室長官及龜山鄉鄉長、議員、鄉民代表到現場勘查，並召開協調會，經劉主祕、工務局高技士、龜山鄉林鄉長討論研商後出現轉機。幾經波折，終於找到有關法令，決議以近 20 萬元的補償救濟金發放。屋主看我們已盡心盡力，態度誠懇，雖然補償金額不多，終究同意拆除地上物。前後延宕十年，經過千辛萬苦，讓我寢食難安的棘手問題得到解決，心中大石總算放下，工程也順利進行。以此事件，我領悟到有志者事竟成，只要鍥而不捨，任何困難都可解決。

施工期間，既要保有高品質的工程，又要趕工如期完成，校方及包商都承擔極大壓力。有一天上午工人不小心挖斷了六英寸大的水管，一時間滾滾洪水不斷湧出，水電承包商到龜山自來水廠要求關閉水源，卻因年代久遠找不到本校水管管路圖，逕自關閉整個社區的水源。一直到傍晚居民返家，發現無水可用，百餘名盛怒的居民聚集在學校籌備處前圍樓抗議，群情激憤叫嚷：「校長妳下來說清楚！如何處理？」、「校長，去妳家煮飯、洗澡！」眼看山雨欲

來，眾怒難消，我急中生智，趕緊打電話給當時教育局王世英局長，請他聯絡消防隊送二車水來救急。按規定，除救災外，消防水車之調派須事前提出申請，但情況緊急，感謝王局長仍設法調來消防水車應急。面對民眾的責難，我覺得自己竭盡所能，設法解決問題，仍得不到居民的體諒，頓時頗感委曲，不由得淚流滿面。我帶著兩行眼淚，抬著頭、挺著胸，抱著被挨打的準備，勇敢的走向失去理智的民眾。我想為了學校，只要不被打死，被挨打也不懼怕。我誠懇向居民解釋，我們挖斷水管後，一直努力尋求解決之道，但因一直找不到管路圖及六英寸套管，才會延遲補救。民眾看到我的誠意，又有消防水車應急，怒氣漸消。到了晚上八點鐘，水電工人從臺北找到六英寸水管套管，開始接上套管；接水管工程看似簡單，卻因水源無法關閉，水管又太大，從晚上八點到凌晨一點，歷經五小時，在幾十名居民緊盯逼視下才完成接管工程。當晚情況窘迫，我居然滴水未沾，更沒時間進食，坐在工地土堆上直到完工，才如釋重負拖著疲累的身體回家，驚悚又辛酸，度過難忘的一天。

還有施工末期，因活動中心工程圍籬暫時占用到學校前門的既成道路，附近數十名面露敵意的民眾，在馬路上將我團團圍住，他們高聲質問我：「道路變窄了，如遇火災消防車如何進入？」、「施工期間，我們的房子是否會受影響龜裂或倒塌？」要求我為整條街的居民辦理保險，並寫下切結書，保障他們生命財產的安全。面對七嘴八舌的居民，場面火爆，還有前來關心的鄉長及新聞記者，我不亢不卑，無畏無懼的向他們說明：幸福國小的設立是鄉民多年來的期望，鄰近住民的子女或孫子女及世世代代的小孩，將來都會就讀幸福國小，新校施工中的噪音、塵土及不便在所難免，大家應共體時艱，互相體諒，讓工程順利完工，竣工後，工程圍籬即刻拆除，道路恢復原狀。如果施工中讓居民的權益受損，學校及承包商絕對會負起責任。後來居民了解我的誠意，就再也不提此事。雖有居民寫了陳情書，狀告桃園縣議會、立法院、監察院，但我一切依法行事，工作認真，扮演好校長及督工的角色，心安理得，毫不畏懼，這件事自然和平落幕。工程完工後，先前對我謾罵叫囂的居民，看到整棟新穎亮麗、氣勢雄偉的校舍，面帶微笑對我大大稱讚：「校長！感謝您建造了這麼氣派、美麗的學校，好像總統府喔！」先前的對立、敵視一掃而光。到處寫陳情狀的居民，因其子女也入學就讀，實際了解校務之後，對我的態度更是天壤之別。

人生有夢，築夢踏實，幸福國小從無到有，從有到精緻美好。施工期間雖然歷經了民房拆除、挖斷水管、道路占用等事件；居民抗爭、工人罷工的窘困；渡過了經費拮据、減項施工的無奈，困難挫折重重，幸賴各級長官、鄉長民代、地方仕紳奔走關懷，終得迎刃而解。創校維艱，百事待舉，同仁們不憚工事危險，工時緊迫，經歷了披荊斬棘、蓽路藍縷的痛苦，廢寢忘食、心力交瘁的辛勞，終於美夢成真。於 1999 年 8 月 1 日設計創新、充滿童趣的城堡學校誕生了。

衣帶漸寬終不悔，為伊消得人憔悴——最難堪、最傷心的事 ◎◎◎

幸福國小正式招生開學，當時雖擁有巍峨壯觀、美輪美奐的行政大樓、教學大樓，但校門、圍牆、中庭、前庭、操場及活動中心等卻未完工。到處看見建材、機具及外籍勞工，校舍猶如工地。除附屬工程持續進行中，更要實施正常教學、關心學生安全。

開學第一天即面臨措手不及的考驗。當天下午放學時一場傾盆大雨，學校排水溝因施工時工人疏忽，造成阻塞，水從樓梯像瀑布似的狂瀉下來，走廊積滿水，所有教職員工及志工紛紛捲起褲管，揮汗掃水。哪知一波未平一波又起，承包商為了阻止山上的水流，堵住了學校旁的大排水溝，又因大雨造成積水，導致學校右邊的一家民宅進水，雖然水深只有幾公分，但是卻讓居民財物受損；住戶跑到校長室大罵，我趕緊帶著主任、老師到現場勘視致歉，立刻集合同仁一起協助除水打掃，當時連身懷六甲、大腹便便的同仁也加入了救災行列。但是居民仍怒氣未消，在我的同仁面前指著我大罵：「校長，妳就是執迷不悟，我家才會進水。」雖然我不知道我是哪裡「執迷不悟」，但是我對教育工作的執著與不悔卻瞭然於心。因知學校理虧，雖然遭受莫大的侮辱及難堪，也只有忍氣吞聲了。事後廠商給予適當的賠償，住戶也看到我對教育工作的堅持與狂熱，看到我從每天一大早到校看路隊開始，整天為校務忙到晚上七、八點才回家，也看到學校老師認真教學，學生有禮貌、愛整潔、守秩序，逐漸對學校刮目相看。然而我們也不忘積極敦親睦鄰，持續與學校四周的居民保持良好的互動關係。

工程逐一竣工，完成整體建築後，緊接著是充實教學設備、美化綠化校園，激勵教師進修、發展學校特色。我認為一所新設學校，要建立學校優良的

典章制度，提升教師專業的知識能力及培養學生良好的生活習慣、讀書風氣是很重要的。如果學校徒有美麗的校舍，其他一團糟，便失去新設校的意義。由於我的個性凡事要求完美，凡事要高標準，無形中帶給老師莫大的壓力。記得有一年的教師節前夕發生了此生最讓我傷心、遺憾又難忘的事情。

我記得當年教師節前一天下班後，我批完公文，處理完校務工作，查看信箱並瀏覽桃園縣教師會網站，無意間我竟在言論廣場看到批評我的短文，大意是說：「校長規定女老師到學校時，不可穿無袖上衣，沒有顧及老師的感受，校長室有冷氣，校長當然不會熱。」一時有如晴天霹靂般的震撼。幸福國小在全校師生、家長共同努力下，已建立很好的名聲；而針對這樣一則負面的訊息，無論認識與不認識的人、無論是否是教育界的人紛紛發表意見，有人嚴厲的批評我專制無理，不知老師辛苦；甚至落井下石，大說風涼話，一副幸災樂禍的樣子。當然有更多的人支持我、鼓勵我，甚至幫我反駁，女老師本應要服裝端莊，儀態大方。對於這些雪中送炭認識與陌生的人們，無限感恩。我流著眼淚，看完了所有的留言，百感交集，萬念俱灰，一輩子盡忠職守、犧牲奉獻、鞠躬盡瘁；想不到一句「無袖衣服」引起了軒然大波，竟落得如此下場，真是情何以堪！第二天教師節及中秋節，在英國留學的女兒，結婚工作住在臺北的女兒、女婿回來團聚，我忍住悲傷、強顏歡笑。第三天到校立即召集主任開會研商危機處理，有人提議譴責貼文的老師並大加辯駁，我立即反對，我認為這會適得其反、再啟禍端；個人榮辱事小，學校整體形象有損事大。最後決定在言論廣場說明事實真相，言明事實應是：「有貴賓蒞校參訪或學校有重要活動時，教職員工之服裝儀容應適切，例如女老師盡量不要穿無袖衣服到校。」事實上，每年開學我均明確宣導教師服裝儀容之適切有助專業形象之提增的道理，向來無同仁表達異議。接著為求內部溝通順暢，我又主動邀請桃園縣教師會理事長到校，鼓勵老師組成學校教師會，讓老師有發聲、溝通的管道，此一風波才逐漸平息。事後我徹底檢討修正自己的領導方式，學校的典章制度已建立，教師認真教學，學生勤奮學習，我也放慢了腳步，給老師更多的專業自立。此事件雖然落幕，帶給我心靈的傷害卻是刻骨銘心、永難忘懷的。不經一事不長一智，此後我的領導策略更加人性化，透過激勵策略關懷老師需求，帶領老師成長，激勵老師追求更高需求層次，達到自我實現，無形中，學校也形成了溫馨和諧的校風。

眾裡尋他千百度，驀然回首，那人卻在燈火闌珊處——最驕傲、最自豪的事 ◎◎◎

　　1996 年 8 月在國立臺灣師範大學研究所四十學分班畢業旅行時，我們參觀巴黎的香波堡、雪儂莎堡，雖然同學中大多是校長，並且已達知天命、甚至耳順之年，大夥仍然忍不住高呼：「啊！這就是我們兒時的夢啊！」當時我即下定決心，要讓兒時的美夢成真，我一定要規劃一所如詩如畫、洋溢歡笑的城堡學校，那將是一座兒童的樂園、美麗的花園、孩子們的快樂天堂。因此幸福國小頗富創意、突破傳統，是桃園縣唯一以迪斯尼樂園為造型的學校，也成為龜山鄉的新地標。幸福國小成為我一生最大的驕傲。幸福國小的建築採整體規劃，為地下一樓、地上五樓之建築，其特色與風格略述於後：

◎童話世界的校舍建築：莊嚴巍峨、一柱擎天的校門，古銅色的圓型尖頂、方型尖頂的屋突高聳入雲，採用希臘羅馬式建築語彙、廊柱圓拱式排列的校舍。

◎溫馨舒適的普通教室：採雙邊走廊設計，充滿家庭溫馨氣氛的教室。

◎各異其趣的專科教室：寬大明亮的韻律教室、瓢蟲音樂館、童軍木屋。

◎巧奪天工的庭園設計：寬敞廣闊的前庭，半圓型表演舞臺、階梯看臺。

◎獨具匠心的運動場地：PP 人工跑道、組合式遊戲器具、造型獨特聖火臺。

◎極具特色的樓梯走廊：高雅的圓型、菱型、長方型造型樓梯，走廊寬廣。

　　幸福國小經過精心的規劃設計、嚴格的現場監工及高品質的要求，成為具有歐式風格、新穎美觀、典雅秀麗、充滿童趣的城堡學校，加上辦學績優並擁有多項特色——語文教育、童軍教育、棒球運動成績斐然；因此幸福國小聲名遠播、遠近馳名，曾獲當時呂秀蓮副總統兩度蒞校視導，乃至國內外貴賓、學者專家慕名參訪、絡繹不絕。招生八年來，共計 40 次貴賓蒞校參訪，除本縣學校校長、教師及校長、主任儲訓班外，基隆、臺北、新竹、臺中、南投、屏東等縣市學校教師、教育大學應屆畢業生亦遠道而來。此外，美加、歐洲、南非、日韓、中南美、東南亞等地 18 個國家的嘉賓，也不遠千里到訪，對本校

的校園規劃、學校經營、教師教學、學生表現及生活教育均讚不絕口。八年來同仁們經歷了創校期間胼手胝足的艱苦歲月，建立了濃厚的革命情感，情同手足。在全體師生、家長、志工共同努力下，有著亮麗的成績：棒球隊全縣冠軍、全國亞軍，視力保健全國特優，榮獲教育部核定健康促進學校，並榮獲中國童子軍總會全國績優童軍團，午餐教育全縣特優，語文競賽團體組龜山鄉第一名，個人組多項全縣第一名，辦理家長教育宣導全國獎……。諸此不及備載的亮眼成果，不僅是陳列在校史室裡綻放榮光的獎盃獎座，更代表幸福親師生的群策群力，心血結晶。因此我因辦學認真，績效卓著，以「創建城堡學校、推展語文教育」獲頒桃園縣第三屆校長師鐸獎，以及國立臺北師範學院第八屆傑出校友，這是幸福夥伴共同打拚的亮麗成果。這點點滴滴累積關於幸福國小的經驗，是我一生最大的驕傲及資產。

從累積幸福經驗到締造東門驚艷

東門國小經營的困境——最無奈的事 ◉◎◦

　　2007 年因在幸福國小任期屆滿，我依依不捨離開一磚一瓦、悉心打造的幸福國小，經由遴選派駐已有 73 年歷史的老校——桃園縣東門國小。東門國小創立於 1934 年，以前班級數曾高達一百多班，五千多名學生，是縣內數一數二的大校，人才濟濟，在全縣及全國性競賽中屢創佳績。然而物換星移，鄰近新校相繼成立，學生移撥，大量減班，加上校舍老舊、少子化趨勢，昔日風光儼然黯淡，只剩下普通班34班、特教班12班、幼稚園8班，閒置空間甚多。

　　從新穎美觀、典雅秀麗的幸福國小來到百廢待舉、老態龍鍾的東門國小，校舍殘破危險、廁所老舊陰暗、休閒座椅鋼筋外露、機車棚斑剝龜裂，可說慘不忍睹，心灰意冷，萬分無奈，倍感委曲；為整頓校務，千頭萬緒，數度垂淚。外子知道後憤憤不平的說：「即刻申請退休，不要做了！」但是我認為即使退休，也要心安理得退休，而不是充滿委曲，帶著遺憾退休。於是擦乾眼淚，勇敢面對艱苦的挑戰。我深知長官用心良苦，賦予我老校風華再現的神聖使命。我有把握將過去在「幸福」累積的經驗，兌現給「東門」。絕對有足夠的能力帶領東門團隊戮力以赴，不辜負各界的期許，締造亮麗的東門豐采。

東門國小老校更新、風華再現──最有成就的事 ◎◎◎

在千頭萬緒中，首先要改善學校環境，要有一個安全、整潔、美觀、舒適的學習環境，才能增進學習效果，達到境教功能。感謝當時桃園縣政府教育處張處長明文及各位長官不時鼓舞、大力支持，在縣府經費極度困難下，仍慨允撥款補助，局部改善。老舊廁所改建後亮麗新穎；教師機車棚竣工後，教師愛車不再日曬雨淋；改建後的無障礙坡道及無障礙廁所，更符合身障學生的需求。此外配合教育部老校更新計畫，爭取到七千八百萬元，拆除了殘破危險的老舊校舍，新建了一大棟巍峨雄偉、美觀新穎的大樓，寬敞平坦、花木扶疏的前庭，以及嶄新典雅的圍牆，讓每一位走到東門國小的人，都有耳目一新、眼睛一亮的感覺。新大樓除普通教室外，更有桃園縣除了英語村學校之外，唯一的英語情境教室，別出新裁的設計，多功能的學習環境，將是學生最喜歡的場所。

除了硬體建築及設備煥然一新外，我以「以身作則、以誠待人、以德服人」的態度和「給學生舞臺、給教師掌聲、給家長尊重」的領導理念，與全體教職員工、家長志工齊心協力為東門，三年來績效卓著，成績優良，我們榮獲了七項掛牌認證：桃園縣政府閱讀教育特色學校、金頭腦計畫重點學校、永續發展與環境教育特優、健康促進學校特優、幼稚園評鑑優等、幼稚園健康學園、優質家長會認證以及連續三年榮獲中國童子軍總會全國績優團。此外本校亦是特殊教育中心學校，服務全縣身心障礙學生，以及「六佾舞」傳承學校，20 年來均擔任桃園縣祭孔大典之佾生，表現優異，頗獲佳評。

2009 年在教育處推薦下，以「累積幸福經驗，締造東門驚艷」榮獲中小學校長的最高榮譽──教育部「校長領導卓越獎」及國立新竹教育大學第 15 屆傑出校友。對一個長期深耕國民教育的工作者而言，這些錦麗的精神冠冕，是辛勤澆灌的開花結果，是努力不懈的認同肯定，也是全體教職員工、家長、志工共同努力後的甜美果實。這些榮耀與東門師生、夥伴共享，因為沒有東門全體的支持，個人的單打獨鬥也無法發光發熱。

東門國小校園氣氛和諧，教師會正向運作──最安慰的事 ◎◎◎

東門國小位於桃園市中心工商業區，是都會型的學校，家長社經地位高，

學生素質亦高，學校老師更是臥虎藏龍，各有專長。鑑於在幸福國小時，經歷過桃園縣教師會網站論壇中傷的痛苦經驗，接辦東門國小後，我在待人處事上益加謹慎。對學生，我常懷抱著幼吾幼以及人之幼的心懷，常跟老師們說：「每一個學生都是我們的寶貝。」對老師、職工、家長、志工，無論男、女，無論年長、年輕，我都以親切、關懷、真誠的態度與他們相處，以服務代替領導。短短三年與老師、退休老師、職工、家長、志工建立了深厚的情誼。我可以很驕傲的說，我與全校每一位老師都很好，學校的任何事物，沒有一位老師不配合。老師們在生活上有欣喜快樂的事，會來與我分享；有煩惱困難、傷心難過的事，也會來找我訴說，我總以溫暖的笑容關懷接納他們，拉近了彼此的距離，促進了同仁間的融洽情感。老師由最初自掃門前雪的觀望態度，到互相激勵、主動參與學校事務。因此東門國小校園氣氛溫馨和諧、學校效能提高。於 2008、2009、2010 年連續三年我榮獲桃園縣教師會肯定校長辦學認真，實屬不易。我於 2010 年 8 月 1 日屆齡退休，在退休歡送宴席上，主任、老師們精心設計、別出心裁的活動，在溫馨歡欣的氣氛中真情流露、依依難捨而淚眼迷矇，令人感動又難忘，深獲在場貴賓、校長們的稱讚，皆認為應該獲得最佳創意獎；由此可知，老師們確實用心投入與熱忱相待，此份恩情讓我永銘於心。不禁回想，我從當時的難以接受，到如今的永難忘懷，在東門的這一段時間，我要深深感謝每一位東門夥伴，在我的人生旅程中留下美好雋永的一頁。

服務東門國小另一章——與社區居民的衝突 ◉◎◉

　　雖然服務東門國小期間與同仁、家長、志工及退休老師之間相處融洽愉快，情同家人手足，但是東門國小除普通班外，還有幼稚園 8 班、特教班 13 班（增 1 班）、夜補校 3 班，以及桃園縣特殊教育學生鑑定及就學輔導委員會亦設置於東門國小，業務量很大，工作之忙碌可想而知，加上工程陸續進行，經常晚上七、八點才下班返家，這些忙碌辛苦我毫無怨言，只是校園外一些事情卻增添無謂的困擾。

　　記得有一天突然接獲公文通知：市公所人員、民意代表、當地居民與學校代表要會勘學校後門旁的路橋，到了約定的日子，我與總務主任按時到達路橋邊，想不到他們人多勢眾將我倆團團圍住，毫不客氣的詰問：「校長，東門國小以前有五千個學生，使用陸橋人數多，如今只有一千多位學生，使用陸橋學

生人數減少，這座陸橋妨礙社區居民進出，如有火災發生，消防車要從社區另一端進入，影響居民生活，應該將路橋打掉，現在還有多少學生使用路橋？」我回答說：「每天有二百多位學生使用陸橋。」突然一位居民面露不悅對我說：「校長！妳不可以公開說謊，我今早算過只有七十多位學生通過。」我說：「二百多位學生是我們放學時，通過路橋的第六大隊的數據，不是我憑空捏造。早上上學時，很多家長趁上班之便從學校前門送孩子上學。再說即使只有七十幾位學生使用路橋，也是應有的權利和保障。請問您們知道設置路橋的原因嗎？就是二、三十年前學生上學時被急駛的汽車撞死，一條無辜的生命命喪車輪下，這種事不可再發生。您們看看，這條路通往高速公路，汽車、貨車流量大、車速高，如果不幸因拆除路橋，學生上、下學被撞倒，請您們告訴我誰負責？每一個學生都是父母的心肝寶貝，我們要有『幼吾幼以及人之幼』的大愛。」我說完後，現場一片寧靜，沒有人敢再堅持。此事件後，配合桃園縣城鄉發展處的規劃，美化綠化路橋，後門圍牆突破傳統，採穿透式設計，社區居民可看到綠草如茵、花木扶疏的校園，與社區有了更密切而良好的互動，異議漸弭。

發揮個人專長，推廣海外華文教學──最有價值的事

個人的學科專業領域在國語文教學，曾擔任 91、92、93 學年度桃園縣國教輔導團語文領域召集人，親自擔任桃園縣、新竹縣及幸福國小、東門國小、林森國小注音符號教學研習及語文教學研習講師，語文教育經驗豐富，推展語文教育不遺餘力。

承蒙僑務委員會厚愛，自 1990 年起，在每年暑假期間遴聘我擔任「海外華文教師研習會」巡迴教學講座，20 年來遍至美加、紐澳、歐洲、南非、東南亞、中南美等 16 個國家、40 個城市講學，展痕廣及五大洲、三大洋。歷次海外巡迴教學中，我累積了豐富的海外教學經驗，個人不僅協助推廣海外僑教工作及促進國民外交，得以增長閱歷，廣結善緣，收穫豐盈。繼而將海外教學所見所聞靈活運用於教學實務與學校經營。此外，每次與各地學員短暫相處，卻建立彼此深厚的情誼，就像飛鴻雪泥的無數遇會，珍視天地間「剎那即永恆」的萬千因緣。我不禁低吟東坡詩句：「人生到處知何似？應似飛鴻踏雪

泥。泥上偶然留指爪,鴻飛那復計東西。」將自己的專長及豐富的語文教學經驗運用到我服務的學校,形塑書香滿東門的學校特色,提升學生閱讀能力,增進老師語文教學知能外,更配合僑委會「增進海外華文教學專業素養、提升華文教學品質」政策,貢獻所長,並發揚光大,也期盼將來海內外華人都能達到「書同文、語同音、心同一」的和諧共榮境界。這是我人生歲月中,認為最有價值的事。

結語——感謝與感恩

教育為立國之本,教育決定國家未來,校長領導取向,決定教育品質。故西諺有云:「有怎樣的校長,就有怎樣的學校。」在人生旅程中,教育是我的選擇,更是我的最愛;個人投身國民教育工作47年,奉獻基層教育的活力毫無保留,一路走來臨深履薄、盡忠職守、無怨無悔的精神始終如一;並以敬業、樂業、勤業之教師專業精神全力以赴、樂在其中。在此深深感謝多年來無數長官的指導提攜之情,恩師毫不保留傾囊相授的教導之愛,以及同仁、家長、志工的共同努力,各級民代、地方仕紳的協助支持。更要感謝的是家人親友的包容鼓勵,雖然常有在工作、家庭之間,像蠟燭兩頭燒的辛勞及無奈,但是外子的大力支持,讓我在工作上盡情揮灑、屢創佳績;三個女兒的乖巧、獨立讓我無後顧之憂。外子現已從中山科學院電腦工程師退休,三個女兒在我長達27年學校行政工作、無法全心全意照顧她們、充滿無限愧疚時,仍不忘母親的叮嚀與勉勵,要她們一定認真讀書、潔身自好、品學得兼,不要讓他人誤解母親只顧自己的事業而犧牲家庭。所幸她們都能體諒母親的工作,而自立自強、表現優異,分別從美國、日本、英國獲得碩士學位,如今在外商及本國知名公司擔任高階經理職務,長女及次女都有很好的歸宿,讓我稍解歉疚及不安之情,也讓我感到莫大的安慰及驕傲。

如今我雖然屆齡退休,但退而不休,我願奉獻47年來在教學與學校經營上的寶貴經驗及心得,讓人稱「有活力、有能力、有魅力」的「三力」校長,作教育的終身志工。「彩虹之美在於多色共存,教育之美在於多人共築,因材施教在於各得其所。」不放棄任何一個孩子,為孩子在教育的道路上鋪砌礫石,築就康莊大道,願與各位教育夥伴為美好的明天而繼續努力。

辛玉蓉校長小檔案

生於天府之國的四川成都，長於四季如春的寶島臺灣。雙親有愛，健全成長，從竹師附小、竹一女中、新竹師範、新竹師專、到國立臺北師範學院、國立臺灣師範大學教育研究所四十學分班、國立臺北教育大學教育政策與管理研究所畢業，鞭策自勵，成績都能名列前茅，學業堪謂一帆風順。

擔任教職 47 年，其中擔任教師 20 年，既為經師亦為人師。擔任主任 8 年，服務於奎輝、菓林、大勇、成功國小，經歷了教務、訓導、總務、輔導主任，兢兢業業堅守崗位，擔任校長 19 年服務於義盛、龍壽、幸福、東門國小，任勞任怨、以校為家。

「流淚播種者，必歡欣收割」，在同仁、家長、志工共同努力下，我無怨無悔的付出、殫精竭慮的奉獻，榮獲臺灣省師鐸獎、桃園縣校長師鐸獎、國立臺北師範學院傑出校友、中華民國教育學術團體木鐸獎、國立新竹教育大學傑出校友，並於 2009 年榮獲教育部「校長領導卓越獎」，感謝共事的同仁夥伴們。

我於 2010 年 8 月 1 日退休，仍擔任桃園縣女童會理事長、桃園縣童軍會常務理事及桃園縣聘任督學，繼續為國家社會盡心盡力。

8. 領導拼圖

彰化市民生國小校長　利明盛
（榮獲 2007 年教育部「校長領導卓越獎」）

校長可以創造奇蹟

從事教育的每一份子，都有某些期待，期待在這個園地裡，創造出一點點的奇蹟，讓「教育」能真正發揮功能，成為扭轉人心朝向美好的樞紐；身為校長，不容拒絕的使命之一，應該就是創造一個「可以發生奇蹟」的學校，藉由這奇蹟，讓學校內的人員能肯定自己的價值，並願意全心的投入教育事務。

在我心中，存在著一幅「教育心靈藍圖」，就是形塑一所以「人」為出發點，以「全人生命」為終點的人性化學校。期望營造一個有助於成員不斷成長、自我發揮的正向環境，那麼在邁向人性化學校的目標過程中，奇蹟勢必會一一發生。

拼圖三部曲──領導藝術

面對變遷迅速的現代社會與推陳出新的教育變革，校園中的文化有了很大的改變。舉如教育環境的轉變，教師的心理轉折、家長對教育的參與、學生的自我意識抬頭⋯⋯，彼此交互產生矛盾、衝突，這些事務緊緊的牽動著學校的發展，不容忽視。

如何將這些複雜不相容的人事物調解融合，讓它們能恰如其份的嵌進心中那幅「教育心靈藍圖」，創造一所可以發生奇蹟的學校？這一直是扮演校長角色的我所希冀達成的目標。然而這其中的節奏，如何掌握呢？細細追究，在完成藍圖的過程中，我運用的策略或許很多，但都植基於「拼圖原則」。

玩過拼圖的人都知道，當偌大的圖片裁切成數以百計或千計的小圖片時，瞎子摸象的東撿一塊、西拼一塊，不但耗時又費力，成效也不彰顯，最終的結果仍是散落一地的圖片。有經驗的拼圖者，會試著將圖片分類，依照顏色、形狀，劃分出每一塊圖片所屬的區域，拼湊出外圍的框架後，再往內部逐步的將

圖片一個區域、一個區域的一一歸位，末了還要找尋適當的圖框加以裱框，才能確保完成後的拼圖得以保存。

對我而言，經營學校也像拼圖一樣，是依循著特定的邏輯與原則，按部就班進行的一種過程。在這幅拼圖中，校園硬體環境就是外圍的框架，不同區塊的小圖片則是校園文化中的人事物，而支撐起整幅拼圖的圖框，就是影響教育活動進行的一切外在介質。

如何兼顧外圍框架、內部圖片以及底部圖板，協調三者迅速順利完成作品，卻是一個沒有標準答案的問題。如同領導是一門藝術，依據不同背景與事件，都會衍生不同的領導歷程。以下所談到的策略運用，是架構在個人特質之下所累積的經驗，與各位分享。

【拼圖一】拼湊外圍框架——轉化環境

每當接任一所新學校，我喜歡在不同時間漫步在校園不同角落，為的是更真切的觀察「大自然」在學校環境中所占的地位。因為我始終相信，人類來自於自然，若能身處自然，親近自然，便能開啟一切的正向循環，因而轉化環境成為經營校務的第一要務。

每當這個時候，腦海中總會想起兩個故事。一個是大家耳熟能詳的「孟母三遷」，故事主旨是在說明外在環境對於心靈成長的重大影響；另一個故事則是五、六〇年代學生都記得的一課國語課文——「一束鮮花」，故事內容說的是一個懶惰髒亂的人，因為收到一束鮮花，而開始有了一連串的轉變；先是打理了自己的門面，接著整理了屋內，最後連屋外的庭院都打掃了一番，不僅住家環境煥然一新，整個人也打心裡有了轉變。簡單的說，它闡述了一個道理：一點點美好的事物，會牽引出更多令人讚嘆的美好。

是以，我希望能讓校園環境變得更人性化、更自然化，使其能充分發揮「境教」功效。

創造全新的變化——落實美感教育 ◎◎◎

想在學校增添些生命力，最快的方法就是加入一些「顏色」，種植草花可以迅速創造變化：一來，草花的顏色多樣，印入眼簾後總能喚醒人們的活力；

二來，草花栽種簡單，所需空間也不大，花盆或畸零地都可成為種植的最佳場所；三來，草花價格便宜，對各類型的學校而言，都不至於成為重大負擔。

增添了校園的顏色還不夠，如果以生命而言，草花代表的是生命的「豐富度」；然而，生命更重要的意義在於「深度」，為了讓孩子感受到生命在寧靜中所能發揮的力量，我始終堅持校園內必須有大樹的存在。樹種的挑選基於環保觀念，種植的都是臺灣原生種植物，多樣性是其原則，樹種能配合著四季的更迭變化顏色為主要的選擇，不同的樹木開放出不同色系的花朵，每每看到孩子們穿梭其中，總讓人心情也跟著悠閒起來。

我一直希望孩子從一進入校園中就感受到美，從生活中習慣美，再內化到內心，成為一個懂得欣賞美、創造美的未來人。因此，除了開放空間的美化綠化外，孩子所身處的教學環境也被設計得更活潑化、創意化。校園圍牆、走廊天花板、司令台、穿堂、樓梯……，都是美化的重點。

在孩子的視覺環境改變後，孩子還需要親身體驗參與，才能夠內化成習慣。因此，我強調推動「心靈美學」，鼓勵各種音樂性、美術性社團的成立，並開放發表空間，張貼或展示師生的各項藝術作品；每學期也定期辦理音樂發表會，讓孩子們分享藝術成果。

這樣的措施看似普通，似乎每個學校都在推行，但成果卻差異很大，關鍵在於「持續」，不淪為形式或政策宣導。因此音樂會、美術展等活動都是每學期的例行事項，成為師生們正常教學活動中的一環。

當師生們踏入校園中，看到的是美，聽到的是美，感受到的也是美，對於學校領導者而言，才有可能更進一步的激發師生們正向積極的態度與精神，也才能創造理想的教育願景。

服務的起點──實現師生需求夢想 ◎◎◉

領導者以一個初任的「新鮮人」角色進入新學校時，為了更有效掌握阻礙學校發展的問題，我總習慣在派任到校初期，針對全校教職員工設計一份問卷，請求他們列出對學校的期望及需求，作為擬定學校建設及發展計畫的依據。

回收完問卷後，我會逐一細讀，並加以歸納分類，而後在最短的時間內與相關人員進行討論，排定實施順序。確立計畫後，則在教師朝會上向全校教職

員工說明。一方面是希望讓教師們了解到他們所提供的意見，校方真的重視，藉以吸引更多更真實的建言，同時也號召有能力、有熱情參與計畫推動的同仁們共同努力；另一方面，則是利用公眾的力量，督促自己及行政團隊務必儘速達成使命，斷絕拖拖拉拉，最後甚至造成方案不了了之的行政陋習。

一般而言，同仁們所提出的需求或建設，無論是軟體或硬體，大多離不開「錢」的範疇。如何在有限的經費內做對師生們最有效益的事？是我要求行政團隊必須考量的重點；至於如何爭取經費，做更多的事情，滿足師生不同的需求，則是校長必須負責解決的問題。

記得初到東芳國小時，教師期望能進行美化綠化，學校需要相當多的經費採購樹苗、花卉、肥料……，主任們不僅一次的提醒我：「校長，沒錢喔！要不要延後一段時間再做？」老師們也不時露出困惑的眼神：「說說而已的吧？」面對這些不確定的懷疑，我告訴主任們：「既然是該做的，就得去做，經費的問題，你們不必煩惱。」或許是我口氣裡的堅定，行政團隊開始大膽規劃，在此同時，我則忙著向上級及家長會提案，爭取建設經費，很快的獲得上級與家長會的支持。有了經費，行政團隊的計畫便如水到渠成般的順利進行，材料很快的買來，而後在全校師生訝異的神情中完成種植。

又例如：一直令教師們感到頭疼的合作社經營問題，常成為教師們最希望學校處理的問題之一，行政團隊試著分析學生進入合作社的消費原因及消費情形，發現最主要的原因是校內沒有足夠的活動空間和器材及解決早餐問題。了解這些資訊後，校方開始規劃前、中、後庭的空間建設，將合作社的業務單純化；而我則開始籌措經費，在學校各角落設置飲水機，配合「自帶水壺」、「在家早餐」等政策宣導，有效培養學生正確的飲食習慣。終於，東芳國小在2003年結束合作社，成為縣內最早結束合作社的學校之一，解決教師多年期盼的心願；之後就任的民生國小合作社也循此模式，於2007年結束。

每到學期末，我總會將教師們所提出的建議表再拿出來，詳細核對是否還有未完成的事項，幾年後，我發現教師們所提出的需求愈來愈少，探詢教師們的想法，得到的，是令人動容的答案：「學校做得夠多了，我們想不出還需要什麼東西。」就是這樣的回答，讓我知道：至此，學校已成為一個真正的大家庭，行政團隊的努力沒有白費，教師們也能體會到學校的用心，對教學全然奉獻與犧牲，如是的互動則是對行政團隊最好的獎勵。

菜市場哲學——掌握社區民眾心理 ◎◎◎

　　到過菜市場的人都知道，菜市場往往有最挑剔的客人，就像是你我生存的現實社會中，往往自以為做得完美的事務，卻總能輕易的被人挑出毛病；更有趣的是，在菜市場中，沒有祕密，所有的人事物都可以是話題裡的主角，透過口耳相傳，每一個消息都可以在最短時間內，傳送到每個人的耳裡，也具有最縝密的消息聯絡網。

　　每一項建設在進行策劃的過程中，若參與的始終是相同的一群人，不免會陷入制式化的窠臼，而缺少了一些創意或新見解。這時，若學校期望做到更好，便會需要校外的第三者提供意見，而這個第三者應該要對學校有足夠的了解，並能站在不同的角度來提供學校意見，其中最佳的候選人，就是經常到校接送小孩的家長，以及不時到校運動的社區民眾。

　　由於作息的關係，相較於其他同仁，我有更多的機會與接送孩子或運動的社區民眾打照面。面對他們，我有一套自己的「菜市場哲學」，我習慣主動與這些社區民眾打招呼，與他們聊聊孩子，聊聊運動狀況，但透過寒暄與閒話家常，彼此間的關係有了好的開端。慢慢的，在與社區民眾每日短短的互動時間中，我會在聊天情境中，介紹學校的建設與改變，並從民眾的反應中，了解學校更多的優缺點，我很訝異的發現，民眾們所站的角度確實與學校師生不同，他們的思考角度更生活化，也更實際化，許多的小細節都是透過他們的提醒，才避免問題的產生。

　　民眾也會在談話過程中，提及個人對學校政策的看法、對班級導師的想法……，這些內容褒貶各半，卻提供了學校精益求精的基礎。當民眾對學校或教師表達肯定時，我會向全體師生進行轉述，激勵師生好還要更好的信心；而當民眾提出質疑時，則提供了我一個機會，向他們說明事件的脈絡，消弭因認知差距產生的誤會。而這些經過解釋後的正確訊息，也能透過民眾間的「市場聯繫網」快速的散布，達到宣導的目的。

　　相較於眾多著名的領導策略、經營理念，這種幾近於平民生活化的「菜市場哲學」，表面上看來似乎是無足輕重，但經驗卻告訴我，基於華人「見面三分情」、「人情味濃厚」的特性，此種哲學若能落實，就如同在學校中架設了一道透明的安全網，能有效的降低學校與社區間、教師與家長間、家長與家長

間的衝突，對學校氛圍環境的營造，相當有助益。

行銷魅力——善用媒體宣傳 ◎◎◎

在學校蛻變的過程中，如何讓社區民眾，甚至是社會大眾感受到學校全體師生的努力，進而吸引更多力量支持學校、參與學校建設與發展，則有賴各種媒體的行銷。

除了報章媒體的報導是不夠的，學校的改變需要被記錄，我們不該只是被動的等待記者朋友上門採訪，而更應該主動宣揚學校所努力的成果。是以，同仁們各展所長，拍照攝影、撰寫文章、架設網站，透過各種方式讓不同階層的人都能感受到學校蛻變後的美好。校刊、學校簡介、校園植物圖鑑、學校本位課程專輯等刊物，一本本同仁們的心血結晶相繼出刊，日後都成了行銷學校的最佳推手。校園刊物透過校際交流與全縣性研習等活動送給各校，也會提升學校的能見度與評價。

由於學校名聲漸開，家長們對學校事務推動也愈感興趣，各項活動的參與度也愈見提升。如此的力量逐步擴散，社區中彷彿默默的拉出一個隱形的網，將眾人牢牢的繫在一起。學校不再是孤軍奮鬥的可憐蟲，也不再是獨立遺世的隱者，我們漸漸獲得了支持，學校所欲教導家長的觀念愈來愈容易取得家長的信任與配合，各項將要推行的政策，也更易於推廣實施。至此我「拼圖哲學」外圍框架已然架構完成。

 ## 【拼圖二】細綴一地的圖片——轉化人事物

推引哲學 ◎◎◎

有一個故事是這麼說的：

> 某位白手起家的大老闆為了訓練自己的兒子將來有接班的能力，能夠穩當的領導員工，於是將兒子安排到旗下一間工廠擔任組長，希望他從基層做起，了解企業的運作。
>
> 一段時間之後，大老闆找來兒子，詢問他對工作的想法。
>
> 兒子看來煩躁的表情中顯示出這一段日子並不好過，開口的語氣也充滿無奈：「這些員工啊，很難推得動啊！」

　　大老闆淡然一笑，從抽屜中取出一條繩子，拉直放在桌面上，要兒子從繩子的尾端推動繩子前進。兒子試了幾次，卻都只是將繩子弄得歪七扭八，始終無法順利讓繩子前進。

　　他疑惑地望向父親盛滿睿智的雙眼，不明白父親的用意。

　　大老闆伸出兩根手指，輕輕地拉起繩子的頭端，順順利利地讓繩子快速前進。兒子眼光一亮，大老闆微笑的告訴他：「從後面推不動，為何不到前面牽引呢？」

當我讀到這個故事時，內心有深深的認同。

　　在 20 年的學校經營歷程中，都發現一個特異的現象：看似沉悶停滯的校園風氣中，一經挖掘，卻見眾多的臥虎藏龍之士。明明很有才能的人，為何不願展露能力？不願主動奉獻？莫非大家都是自掃門前雪的人？

　　剛開始，當我如此探問時，同仁們相視而笑卻不作答的表情中，透露出多種的訊息。我雖無從得知確切答案，卻將這個問題存放心中。之後，為了承接上級交派的幾項大型研習或活動，所有教職員工都必須參與分擔工作，這對過往鮮少有機會接觸此類事務的同仁們而言，是一項相當艱鉅的挑戰，我預期同仁們會打心底抗拒排斥，因此早在心裡打好草稿，沙盤推演如何面對同仁們的推託，說服他們願意投入參與。然而，出乎我意料的，當時聽到最多的聲音，不是抱怨、不是拒絕，而是：「怎麼做？」剎那間，我明白了。這些臥虎藏龍之士之所以會被埋沒，是因為缺乏機會，也因為沒有經驗。但是他們有滿腔的熱忱，只要一經觸發，便能燃起熊熊的火光。

　　同仁們有心參與，接著我所要做的，就是引領他們一步步的熟悉作業流程，一步步的完成分項目標。待同仁們掌握運作步驟之後，我的身分也從「事必躬親」的主導地位，逐漸退居到「授權督促」的幕後角色。這種領導的策略，我將之命名為「推引哲學」。

　　「引」指的就是前頭故事中大老闆父親希望兒子做到的「引領」，也就是「以身作則」，說得更簡單一些，就是「示範」。同仁們接下任務，不免感到惶恐，會抗拒接受任務，是因為「怕」，這種怕，來自於「未知」。身為領導者不僅僅是鼓勵打氣，最有效的方法是示範引領他們將「未知」變成「可知」，甚至是「已知」。

當同仁們將未知轉換為已知後，事務的推動自然如行雲流水，此時的領導者，便可以退到「推」的角色。所謂的「推」，指的是「充分授權、督促掌握」。為了讓學校運作更正常化、更效率化，避免出現校長一不在，所有工作都停擺的情況出現，自然必須對行政團隊授權。領導者此時退居幕後，執行「推」的工作階段，領導者也應隨時掌握事務的發展，督促事務推動的落實，並在必要時提醒下屬調整計畫、進行應變。當領導者做到了掌握、督促，代表的是領導者「扛起了最後的責任」，這一點，會讓下屬在完成交辦事項的過程中感到安心，也因此願意做得更用心，「推」的動作才能完成。

從我的經驗中，「推引哲學」可以有效的提振同仁們的向上動力，促使學校正向發展，營造積極和諧的校園氣氛。它如同火車頭，必須被落實，被持續，才有力量牽引著之後所實施之各項猶如車廂一般的策略，穩健的抵達預定的目標。

「安心」策略 ◎◎◎

那一天，有機會聽到一段某校主任與教師的對話，這段對話讓我印象深刻並時時省思：

> 某主任：「……校長是誰，大家不是一樣做事嗎？影響真的有這麼大嗎？老師們到底覺得現在和過去差別在哪裡？」

> 某教師：「當然都是做事啊，問題是做事的方法、態度和程度差別就很大了。你覺得想要讓老師願意盡心盡力的做事，需要什麼條件？我覺得老師們要的東西很簡單，就是一個『安全感』，學校必須讓我覺得安全……，如果我在努力教學、用心做事之後，卻有錯不在我的事件發生，這時候卻沒有可以挺我的主管出面，而讓我自己孤軍奮鬥，去面對家長或其他單位的質疑，那種感覺有多可怕？」

這對話讓我不禁想起 Maslow 的需求層次理論，在生存需求解決後，個體必須感受到「安全」，免於生理的傷害與心理的恐懼，才能展現出愛，甚至更進一步達到自尊與自我實現，因而能「讓教師安心」是領導者不容忽略的一步。

基於此，身為一個學校的領導者，在要求教師盡心、家長配合、學生努力

之前，是不是該做些什麼，讓團體中的人安心並且願意依循著校長心目中的藍圖前進？

在教育圈中 30 年，雖然絕大多數的時間都是擔任校長的角色，但我從未忘記過初任教師時的惶恐，也不曾遺忘升任主任時的緊張。身處那樣的角色時，我戰戰兢兢的面對每一位學生、每一位家長，試著用自己所能想到最佳的方法來努力，提供孩子們最好的學習成效。然而，結果不一定都是好的。在不如預期的情況下，沮喪、難過，甚至是無力感，都如潮水一般的不斷湧上，當時，我最怕的不是面對家長的暴怒或指責，而是恐懼一個人孤軍奮鬥，彷彿自己被整個世界所叛離。

如此的心情與感覺我始終牢記，因此，擔任校長後，我努力傳遞一個訊息給全體同仁：「放心，有我在！」只要教師們做的是合情合理合法，且出於善意的事情，即使最後的結果是不好的，我仍肯定教師們的用心，並願意與其共同承擔。

也因此，面對外界質疑與批判時，出面解釋說明，是我的職責；當外來的鼓勵與肯定紛至沓來時，站在前方接受榮耀的是教師們。如此的模式是我經營學校的堅持，也成了我的領導風格。在問題產生之際，陪伴他們、協助他們，甚至保護他們，不為別的，只因為他們正在為學校的發展而奮鬥，而你，是那一個促使他們奮鬥的人。

賞識魔力 ◎◎◎

一直以來，我始終相信願意投身教育事業的人，內心都有著一股犧牲奉獻的熱忱，期待透過自己的付出，為這個世界改變些什麼。即使是在如今功利市儈當道的時代，大環境的變遷對教育工作人員而言，顯得有些無力，我仍然相信，那一股熱忱未曾熄滅，只是隱藏到心中某個角落，靜靜灼燒。

身為校長，若希望擁有一群願意共同為教育事業打拼的教師夥伴們，便需要重新燃起教師們潛藏在內心深處的教育熱忱。對此，我所採取的對策是「給予信任」。而真正的信任不光是口頭上的甜美話語，而是需要時間的淬鍊，在一次次的考驗中，讓教師們感受到自己的確是被信任著，也因此願意對學校、對領導者付出對等的信任。

因為相信教師們的能力，我釋放權力，讓教師們盡情發揮，即使剛開始教

師們所展現的成果並不理想，仍不動搖我給予他們第二次、第三次……機會的信心；因為相信教師們的用心，我願意在問題發生時，扛下責任，無論是行政方面的缺失或是班級事務的糾紛，我都堅持與教師們同在，為教師們解決困難；也因為相信教師們的決定，我願意調整學校的規定，更動部分的計畫，協助教師完成目標。

因為對教師的信任，在教師會草創階段，教育主管單位視其為洪水猛獸的時期，我卻主動促成教師們成立教師會，為自己爭取權利。對於我的作法，其他的校長朋友顯然產生了不少的質疑。當時最常被問到的問題是：「不怕教師會成立後，會和學校的要求相違背，造成行政與教師的對立嗎？」我始終笑笑的回答：「教師們不是不明事理的人，他們會就事論事，做出最恰當的決定。」

之後的事實也證明，我的「信任」是正確的，東芳教師會與學校的目標理想是一致的，我們在信任的基礎上共同做出最理想的決定，開啟了東芳國小更璀璨的新一頁。

開發教師潛能，我運用的策略則是「賞識」，如同我喜歡觀察校園一草一木的變化一般，我同樣也會觀察同仁們。透過觀察，我可以更了解教師們的個性，尋找更恰當的方式與其互動，建立良好關係；透過觀察，我能夠發現教師們特有的專長或興趣，賞識其才華並提供更佳的機會，協助同仁們展現能力。

是以，我對全校教師進行調查，統整教師們個人的興趣意向與專長，之後嘗試著將教師們「放在最適當的位置」，賦予每位教師合宜的行政工作，讓教師們從中獲得成就感，提升教師貢獻所長的意願，如此耕耘多年，學校因而有多樣豐碩的成果。這樣的例子正說明了只要領導者具備「賞識」及「信任」成員的能力，提供適切的機會，他們回饋給領導者的成果，常常超乎預料的豐碩。

團隊教練心法 ◉◎◎

我一直相信「團結力量大」的道理，因此，相對於單打獨鬥的運作模式，我更喜歡「打團體戰」。因此，面對不同的方案計畫，我習慣召集不同專長的同仁們，組織不同的團隊，一方面讓同仁們有更多機會接觸校務，另一方面也讓不同活動圈的同仁們彼此有互動的機會。

　　一旦團隊成立後，我會要求自己「釋放權力」，讓同仁們可以充分發揮，但這不表示我就放手不管，只等著驗收成果。相反的，每一個團隊我都參與，成為其中的一份子，但在團隊中，我的角色和平常的「決策者」有些差異，比較接近「組織者」、「協調者」與「關懷者」。

　　肯・布蘭佳公司（The Ken Blanchard Companies）前總裁迪克・萊爾斯（Dick Lyles）曾經提出：公司中的團隊應該是「駱駝團隊」，而不該是「賽馬團隊」。賽馬時，押注輸贏只能在一匹馬上；「駱駝團隊」的概念卻是押注在所有成員身上，駱駝團隊耐熱耐走，即使是危機四伏的沙漠，也能順利的通過終點。換言之，團隊中每個成員的構想和意見都應該被考量、被尊重，任務才能順利完成。

　　在執行業務時不可能採納所有成員意見。這時，校長就需要發揮「組織者」的功效，統整歸納所有成員的建議，從中篩選組織出架構，讓成員們在適當的架構下，規劃出完善的方案計畫。此外，在團隊的互動過程中，成員之間難免會出現意見不合、溝通斷層、工作抵觸的情況，若不妥善處理，便可能惡化為僵持不下，甚至是撕裂團隊的結果。因此，校長必須隨時扮演「協調者」的角色，在成員們出現溝通不良的狀況時，儘速的介入協調。在團隊運作的過程中，身為校長的我也要扮演「關懷者」的角色。在日常談話中，了解成員們已經完成的進度，給予肯定與鼓勵；對於尚未完成的部分，則會探討其困難處，並適時的給予成員協助。

　　當我運用上述策略將學校中的每一份子緊繫在一起共同努力後，就如同將散落一地的拼圖嵌進應有的位置中，美麗的作品於是得以展現。

【拼圖三】鑲嵌圖框──轉化外在介質因素

　　教育不是關起門來便可以獨力完成的事業，它與外在環境息息相關。負責教育工作的學校單位，不可避免的，自然必須與外在團體產生互動，在這些互動過程中，學校應秉持何種態度與原則，才能促使外在團體的存在轉化成為推動學校向上發展的助力，而不致成為遏止學校前進的障礙，是校長辦學時所必然面對的一大課題。

　　從 20 年的辦學經驗中，我歸納出對校務發展影響最大的四個外在介質因

素，它們對學校各有不同的要求與互動關係，學校在面對它們時，也各有不同的策略。

上級機關──向上管理 ◎◎◎

面對上級主管單位，我始終秉持「真誠態度」力行「向上管理」，採取主動積極的方式，穩固長官對學校的信賴感與認同感。「真誠」向來是我面對每一個人時的態度，我對於主管單位，從不掩飾真正的想法，也從不為了客套討好而說些逢迎奉承的話語，讓人清楚的感受到「就事論事」、「一切為公」的立場。因此，「真誠」讓我與上級機關一直保持友好的關係。

再者，在接下長官指派的任務時，在我心中定會提醒自己要做到兩件事：第一、妥善完成任務；第二、執行任務過程中，以不增加長官麻煩為最高原則。為了達到這兩件事，我便需要運用到「向上管理」。

所謂的「向上管理」（Managing Upward），簡單的說，就是「管理長官對你的期待」，目的在於解決溝通落差的問題，累積個人對長官的影響力，促使其充分授權。根據何飛鵬先生的解釋，「向上管理」有三大訣竅：分別為態度、過程、作法。其中，態度指的是「用老闆、用組織的邏輯做事」；過程強調的是「劃清工作疆界」；作法則是鼓勵「適時的主動出擊」。

分析這三大訣竅，可以發現牽涉到一個很重要的關鍵──溝通。而這一點正是我在面對長官時，不斷在進行的工作。從一接下任務，我便會主動與長官溝通，藉以清楚的了解長官對此項任務的預期目標，同時也藉此釐清自己與長官間對任務解讀的落差，明確的界定出自己所屬的工作範圍是第一步。

確定雙方都有共識後，在執行任務的過程中，我隨時主動的向長官報告任務進度，並明白告知執行中遭遇的困難以及預定的解決方法，若有必要，也會提出需要長官支援的項目。此舉的目的，為的就是讓長官隨時掌握進度，使其安心而願意充分授權，也能了解長官支援的底限，而做不同的規劃。

透過真誠的態度與向上管理的原則，20 年來，對於上級主管所交付的多項工作，無論是區域性或全縣性，也不管是靜態活動或動態活動，我所任職的學校總能圓滿的達成目標，由於向上管理得宜，這讓長官們對學校的運作很支持、對個人辦事能力有信任，就是這種堅強的後盾，讓我在經營學校時，有了更大的發揮空間。

媒體記者——良善公關 ◉◉◎

被稱為「無冕王」的記者朋友，對學校而言，是又愛又頭痛的對象。學校的各項特色與榮耀，憑藉著媒體的力量，達到最有利且最迅速的宣傳，瞬間讓學校的努力得到最直接的加冕，讓學校在面對社區民眾、上級主管，甚至是社會大眾時，無形中有了更堅定的地位。不可諱言的，這對學校政策的推動及願景的發展，的確有著不容忽視的影響力。然而，也正因為媒體有著如此強大的力量，一旦有不利於學校的言論，就會為學校帶來極大的困擾。

我深知媒體朋友有探究真相，為社會發出不平之鳴的使命。但在現實生活中，它終究是一份工作，必須面對截稿的時間壓力，因此，在接獲投訴或爆料後，必須在最短時間內取得兩造雙方的說法，一旦學校方面拒絕回應，記者朋友只好就手邊資料進行自我解讀。而這種自我解讀與事實間的落差，通常是學校困擾的來源，應極力避免。

為了避免這種困擾的產生，面對媒體，我通常堅持「誠實是最好的對策」。所謂的誠實並不是完全順應媒體的詢問，將一切相關的人事物全盤托出。畢竟事件真相的調查與釐清需要時間，在這段過程中，學校有責任、也有義務保護學校中的每一份子。所謂的「誠實」是表明學校的立場、事件調查的進度，以及誠實的告知學校無法有問必答的難處，而媒體朋友感受到學校的善意與誠意，自然也會給予同等的善意回饋。

前不久，校內就發生媒體記者蜂擁至學校的案例。當時的我正在校外參加會議，突然接獲教務主任急電，告知某家長帶著一群記者到校控訴某位教師讓學生罰跪寫功課。

我在電話中第一時間便要求教務主任聆聽家長的訴求，並立即啟動危機處理機制，分派人手調查了解事件真相，並彙整相關佐證資料。我則立即返校與記者們直接接觸，並邀請家長會長共同參與事件的處理。

回到學校，我邀集了記者、當事人家長及相關人員，陪著他們一起了解真相，同時將孩子的聯絡簿、作業及同學的反應等相關資料都一一呈現，顯示教師並未做出不當的懲處，孩子會在下課時間趴在地上書寫作業的情形，源自於個人的習慣。或許是教師對孩子下課後的行為不夠注意，未能在第一時間予以糾正，才導致此一誤解產生。我也允諾未來會在此一方面加強提醒，要求教師

更加注意。

　　事後，僅某台針對此一事件進行報導，但內容也呈現真實的一面，並未對學校造成傷害。此一事件的發生，也讓我更加肯定平時與媒體建立良善公關是必要的，而此一良善公關的關鍵便是「誠實」。

家長社區──接氣奧妙 ◎◎◎

　　在我所歸納的外在介質因素中，與學校互動最密切頻繁的就是家長與社區。理想狀態中，學校與社區家長應是和諧的教育合夥人，但現實情況中，卻經常會出現因為期待不同、觀念不同而產生意見衝突。最常見的就是因為孩子教養問題而引發的親師衝突。這些衝突的表現方式，小至打電話到校抱怨，大到親身到校理論，甚至是找來記者，或狀告教育處等。也因此，每一位擔任校長的人，通常都有一籮筐處理此類問題的辛酸史。

　　在我所接觸的案例中，絕大多數能獲得圓滿的解決，主要的關鍵是我採用「接氣奧妙」的策略，在接觸到衝突事件的第一刻，就有效的降低對方的怒氣，以和緩問題的惡化。

　　曾經動過怒的人都知道，正處於氣頭上的人所需要的不是溝通、不是講理，而是「發洩」。只有讓一個人將心中燃燒得正旺盛的情緒完全發洩出來，人才可能冷靜下來；而一個冷靜的人，才具備可溝通、可處理事情的能力。因之，無論家長是撥打電話到校抱怨，抑或是親身前來學校理論，當家長的火氣愈大，我的態度便更顯謙和，先讓其說出「怨氣」。

　　當家長滔滔不絕的抱怨學校或指責教師時，我從不急著辯駁，只是靜靜的聽著，專注的在龐雜而紛亂的話語中，拼湊出事件的輪廓。「聆聽」是一門深奧的哲學，在柔軟的姿態中接收對方傾巢而出的氣焰，卻不給予反擊，就像拳擊賽，揮空拳所消耗的力量會遠大於擊中物體時所消耗的力量。家長的狀況亦同，當家長們可以毫無阻礙的將心中的牢騷一股腦兒傾洩出來時，氣焰很快就會消弱，而我在此同時，即拼湊出事件的始末，對孰是誰非及如何處理也更有把握。

　　因此，當我接過家長的「氣」，使其平靜後，隨後焦點集中在「事」的處理上，盡量不針對相關的人做性格的評論。「接氣奧妙」能讓家長的「氣」獲得宣洩，自然較能理性進行溝通，客觀的就事論事，等到事件獲得妥善的處

理，家長感受到學校方面的善意，態度自然也跟著變得柔軟，此時，才有可能再進一步探討問題，事情也才能獲得轉圜。

民意代表──行政中立 ◎◎◎

　　如同媒體一般，民代也是讓學校倍感矛盾的角色之一。民意代表肩負傾聽民意的責任，會對學校教育表達關心自是理所當然。但是倘若拿捏不當，過度的關心卻又會對學校的正常運作造成影響。

　　就目前的經驗來說，民代會主動蒞校的情況或時機不外乎幾種：例行活動：如畢業典禮、運動會；甄選或編班關說：如學校辦理教職員工甄試、重大工程招標、編班挑老師的關說；特殊狀況：最常見的是家長投訴。

　　針對此三類情形，學校一律秉持「公開」、「公正」、「公平」的態度，堅持「行政中立」的原則，對於民代的關心表達感謝與歡迎，但對於關說或過度的介入則一概拒絕。

　　因此，在學校的活動中，民代們送來贊助的飲用水或獎品，學校將之視為一般單位，同樣致贈感謝狀；若民代們親身蒞臨會場，不分黨派學校一律歡迎，但也僅僅以來賓身分介紹，從不邀請上台致詞。我們希望的是保留校園的純粹與中立，而不希望因為不必要的舉動引發政治的聯想。

　　再者，學校辦理各項甄試或招標工程時，參加者總會附上推薦函，對此，學校的作法是禮貌性的收下，但很清楚的告知對方，學校的各項甄試或工程招標都依規定辦理，同時全程錄影。對於編班、挑老師的關說，學校也秉持一貫的態度，依照縣府編班的規定，進行公開的作業，杜絕人為作假的可能性發生。

　　為了避嫌，平時個人很少參加民代們以各項名義舉行的宴席或活動；對於民代主動提起給予建設經費的建議，也僅限於表達感激，但從未予以接受。諸如此類所做的種種，為的就是保持行政中立的立場，才能在必要時候堅持原則，省去眾多可能衍生出來的麻煩。

　　當面對民代的態度秉持「中立原則」，學校中立的角色便能獲得確定，自然不易捲入政治的漩渦中。民代了解學校一貫的原則後，在接受家長的投訴之時，也大多能理性的表達關心，對學校的處理給予尊重。我承認不同身分背景的人介入學校的運作時，的確會對學校產生不同的壓力，但卻不表示學校就會

因為壓力而左右搖擺。經驗告訴我，只要平常工夫下得深，基礎打得穩，堅持行政中立，在壓力愈大時，就愈能堅持自己的方向與腳步，妥當的處理每一個壓力源，讓學校持續的穩健發展。

拼圖者的心境轉化

試煉凝聚共識的感動 ◎◎◎

　　擔任校長職務近 20 年了，在這段時間中，曾得到各種榮耀，全國環保績優學校、教育部「教學卓越獎」、教育部「校長領導卓越獎」、獲選全國百大小學……，各種令人稱羨的佳績都逐一而來，在他人眼中，我似乎多了一點幸運之神的眷顧。然而，在同一段時間中，卻也有著不為外人道的痛苦經驗，空穴來風的毀謗、流言不停襲來，我雖試著一笑置之，卻發現「清者自清」的哲學過於消極，甚至造成校譽受損，因而不得不起身反擊。

　　猶記得當時正值東芳國小合作社籌畫結束之際，卻突然傳出有人投訴學校簿本售價太高，而且強迫全校統一訂購，不但有民代出面，記者也不斷來電詢問。經調查並無強迫統一訂購之情事，學校販售之簿本價格也低於一般書局，記者獲知實情後，才平息下來。學校方面針對此事對全校師生做出說明，也向家長們重申尊重自由訂購的立場。秉持著「得饒人處且饒人」的心理，並沒有對造謠之人進行追究的想法。遺憾的是，一波剛平，一波又起，又有廠商放出謠言，表示學校體育服裝被特定對象壟斷，合作社配合校長的私心，想要藉機改變服裝型式、顏色，準備大撈一筆，廠商為了生意，有人送洋酒、送禮物……。各種莫名的指控如鋪天蓋地般的捲來，一度令我心寒。

　　這般的指控已不是單一事件的誤解，而是刻意的抹黑，污衊的不僅僅是我個人的清譽，還包括學校整體的名譽。這一連串事件引起全校教職員工同感憤慨，於是全校有了不可姑息的共識，開始了捍衛名譽的反擊。

　　我聯繫了家長會長出面，找出造謠的不肖廠商，並邀集具公信力的第三者公證，公布一切真相，證實本校體育服裝是開放各商家販賣，學生可在一般的商店自由購買，且學校從無改變服裝型式或顏色的想法，更遑論付諸於計畫，至於本人，也從不接受送禮，歡迎任何人進行檢舉。

　　末了，廠商自知理虧，於是出面道歉，終於還學校及我個人清白，令人安

慰的是，此一事件激起全校憤慨的情緒，反而凝聚了更強的向心團結力量。這個經驗對學校之後的發展，其實是有正向影響的，歷經此事件後，全校更團結，更認真展現學習成果，也更珍視校譽。

　　一路走來，經過眾多的波折，讓我清楚的知道自己從來不是一個人，正如同我努力成為教師同仁們的後盾一樣，教師同仁們也同時成了我最有力的依靠；在面對困難時，我們交流著彼此之間的溫情，也因此對自己所堅持的教育理念更加確定。有時突如其來的事件，卻成為同仁間考驗智慧、團結的試煉，這般的歷練，我始終珍惜！

　　「獨木難撐大局」，所有團體的成功絕非來自於單一個人的努力即可達成，也因此，團體中的每一項榮耀自然都該歸屬於全體成員。我曾經好奇過同仁們何以願意主動犧牲課後時間或假期，為了學校的各項事務而忙碌；何以願意在工作量已經飽和之際，仍舊不皺眉頭的答應我所額外交付的任務；我更好奇為何做了這麼多事，卻不喊累？之後，我得到一個感動不已的答案：「利校長是個讓人願意為他賣命的校長。」

　　這樣的評語對我而言，是何等光榮的肯定，而與同仁交流互動過程中，點滴凝聚而成的共識，更是我辦學的最大助力。

老校長的一生哲學 ◎◎◎

「守成創新－用行捨藏－清風若蘭－靜水深流」

　　初任校長之時，年輕充滿鬥志的我總要求自己「守成創新」，期望學校能在既有的基礎上，開創出更璀璨的成就。也因此，我做了許多規劃，也承攬了上級主管交辦的眾多事務，每天都有新點子想要推動。對學校的同仁來說，其實是相當大的負擔。然而，他們無怨的支持我，陪伴我度過每一項挑戰，迎接每一個榮耀。

　　在過程中，我跌倒過、失敗過；也光榮過、成功過。經歷過眾多的困難，最令人難受的是，在我將所有心力都投注於學校經營的同時，卻忽略了關心始終在背後支持我的家人，我明白他們無怨的分擔我的壓力，默默的包容我的疏忽。我為公事而忽略了家人，直到他們的健康亮起紅燈，我才赫然驚覺為了支持我的教育理想，他們犧牲了多少。

一連串的打擊並沒有擊潰我，我緩下了腳步，逐一省思自己的作為。從學校氣氛的轉變到同仁們教學模式的轉化；從社區民眾對學校的態度到上級長官對學校的資助，都讓我肯定自己的堅持是對的，所走的方向是正確的。我一直反思沒有更好的策略嗎？是否一定要如此的奮不顧身，才能達成理想目標？

多年辦學經驗，我早已了解大環境中有許多「孤臣無力可回天」的無奈，但內心仍存的理想讓自己不願隨波逐流。於是，我調整自己的步伐，轉化自己的心態，讓自己進入「用行捨藏」的儒家哲理中，接受任務，接受挑戰，卻不強求名聲。

在那一段「用行捨藏」的階段裡，我引領著同仁們緩下腳步、慢下心情，以更清晰的角度、更客觀的立場分析學校推動的策略，觀察學校變化的脈絡。也在這一個階段中，我要求同仁們將更多的心力轉注到個別學生的需求上，協助特殊孩子更有尊嚴的發展。曾有那麼一刻，我懷疑自己的決定是否正確？擔心學校是否會因此而停滯？慶幸的是，我很快的發現事實不然，我們的努力獲得了教育部輔導有功獎。

當我們放慢了前進的腳步，便多了觀察欣賞的時間，以往急著衝刺而看不清的缺失，突然間變得清明；過去忙著實踐而忽略的細節，突然間一一浮現。看清了這些，讓我們更了解該如何解決問題，該如何擬出更完美的策略推動校務。

如此的經歷讓我更加體會事緩則圓的道理，也更認知到堅持與用心的無限可能性。誠如紀伯倫所言：「向天空祈求一個夢想，天空會帶來你所愛。」只要堅持理想，用心實踐，成功自然會在時機成熟時到來。於是，我學會依循自幼養成的農家樸實本性，讓自己進階到「清風若蘭」的心境狀態，以更豁達、更寬容的想法與態度，來面對經營學校所必須面對的各項問題。

當我的心境轉化至「清風若蘭」的階段時，正是離開東芳國小，到市中心的民生國小之際。擁有近百個班級的民生國小，存在著比前兩所學校更複雜也更難解的教學生態與校園氣氛。但過往所累積的經驗與資歷，搭配心境上的轉換，我以「不與世人爭鋒，不強求人世間的名利」態度，對待各種光怪陸離的現象，只專注的做著對的事、該做的事。

「無欲則剛」的力量是驚人的，因為無求，學校能憑藉教育專業推動各項對學生最有助益的措施，而不需要依附任何勢力左右搖擺；也因為無欲，學校

能坦然的接受各種挑戰，致力於提升自我價值，而不需要憂心得罪任何人物遭致批評攻訐。

在如此的氣氛下，全校師生都全心一致的努力創造奇蹟，心無旁鶩的朝著既定的教育目標前進，一路上流下的點滴汗水，快速的灌溉出豐碩的果實。短短兩年，民生國小在各項文藝競賽與創意活動中榮獲眾多獎項，甚至獲得商業週刊票選為「全國百大小學」的殊榮。繼東芳國小後，也獲得 2010 年「教學卓越獎」。

我珍惜這些一步一腳印所成就出來的榮耀，更感謝過去陪伴我奮鬥不懈、並肩作戰的教育夥伴。迎向未來，我期勉自己達到「靜水深流」的境界，活得清清淨淨，面對事情，擁有更加包容，更具內涵的智慧，卻不失去對生命的活力與激情；在一片樹葉遮擋住視線時，能微笑的退一步，看清蓊蓊鬱鬱的森林依然存在；在失落痛苦時，仍能揚起嘴角享受夢想與美麗。

而後，當我離開教育單位，卸下校長身分，我才能大聲的告訴自己：「我無愧、無悔，也無憾！」

利明盛校長小檔案

1955 年出生於屏東農村，在豔陽與藍天的孕育下，度過了歡樂的小學及中學生涯。而後進入海洋與綠意包圍的臺東師專，開始接觸百年樹人的教育領域。

淳樸天然的成長環境，內化其崇尚自然的個性，投入教育工作後，對其而言，教育人的方法如同栽種一棵樹。不同的樹種、不同的成長需求，需要給予不同的對待，唯一不變的，是在樹苗發育過程中，不間斷的用心灌溉，耐心等待轉變。懷抱此一理念，使其在面對每一位學生時，都能積極挖掘出個人的優點，再給予適切的引導。如此的用心付出，在 1984 年為他帶來了師鐸獎的殊榮。他了解到教育願景的落實，需要更多行政的配合與專業深入的教育涵養。為達成心中的教育藍圖，他決定轉入教育行政業務，力圖透過行政力量為教師及學子們打造更具真善美的教育環境。

秉持著一步一腳印的精神及以人為本的態度，他引領著行政團隊朝著明確的目標前進，在所經歷的三所學校都創下令人稱羨的榮耀。全國十大環保學校、特殊優良校長獎、教育部「教學卓越獎」，並於 2007 年榮獲教育部「校長領導卓越獎」……，在在驗證他的努力已然獲得肯定。

現在的他，壯年的外表下潛藏著對教育的熱情火焰，一如年輕時的熾烈。未來，他期許自己發揮 20 歲的創意，30 歲的活力，40 歲的沉穩，開創一個 50 歲教育工作者心目中的教育理想國。

9. 校長之路快樂行——
細數經營學校的六千多個日子

桃園縣桃園國小校長　林和春

（榮獲 2007 年教育部「校長領導卓越獎」）

　　凡是人都應懂得檢討與反思，才會日漸進步，而我就時時將它奉為圭臬。於是，我常自問：憑什麼我可以當校長？現今我當國小校長稱職嗎？我當了校長快樂嗎？這三個問題可說時常出現在我的腦際。結果，思前想後，我的答案是：「我是天底下最幸運的人之一！」因為，我是何其榮幸能選擇教育工作做為自己的志業，所以，我理應先感謝天意的安排與父母的恩賜，讓我幾經波折後終於走對適合個人興趣的路；其次，我又何其榮幸能當上國小校長，而能盡情的發揮自己的理念與創意，我想我應萬分感謝師長的教誨與長官的提攜；此外，我更何其榮幸有那麼多同仁與家長給予我許多的支持與肯定，好讓我有勇往直前的動力，故我應懂得感恩圖報，並以服務代替領導來回饋大家；於是，也許就在我總是抱著一顆感恩的心，且時時擁有「甘願受、歡喜做」的心態，因此，我擔任校長後也就不會感到有任何壓力，只覺得日子是過得既充實又有成就感。

　　人們常說：「愉快的時間，總是過得特別快。」而我對這句話似乎有特別的感受，因為生來就勞碌命的我，每天經營校務都在忙碌中度過，根本沒有時間想煩惱的事。同時，因個人在時間管理上應是有一些小技巧吧！如我懂得分事情的輕重緩急，也會善用零碎的時間，所以，雖然每天顯得很繁忙，但處理校務也算是井然有序而不會雜亂無章；更何況，只要肯努力付出就有成果展現，這是令人最感快慰的事。也因此，我根本不識愁苦的滋味，只覺得日復一日、年復一年，日子就在平順與充實中度過，真是快樂之至。

　　就這樣，一轉眼，擔任校長已邁入第 19 個年頭，直至近日，眼看幾位校長好友已紛紛退休，再加上個人也常被校長同儕尊稱為「資深校長」，這才驚覺歲月催人老，難怪每次攬鏡而視，總覺頭髮漸稀、兩鬢也漸白；惟所幸我的心態並不服老，因為我一向積極樂觀，並老是抱著「吃苦就是進補」的心態在

面對任何橫逆，也因此，我自始至終都是充滿活力而不曾有所懈怠。

　　也許是擔任校長的資歷確實不淺，加上個人近十餘年來都在接辦桃園縣校長主任甄選、儲訓的工作，所以，順理成章的也就被推選為「師傅校長」，主要職責是在輔導所謂的「候用校長」和「初任校長」。其實也談不上什麼「師傅」或「輔導」？因為領導本是一門藝術，有關經營學校的有效領導策略，就如同眾多的領導理論一般，根本無法一體適用或全面加以移植，而必須靠領導者自行加以權變，身為師傅校長的只能做經驗的交換與心得的分享而已；更何況任何成功的領導案例，都與個人的人格特質息息相關；也因此，每當個人受邀做專題演講或要我漫談有效經營學校的妙招時，我總是左思右想，最後只能將它歸結為「誠樸勤敏」這四個字，因為它是我的座右銘，我常將它用在我的校務經營上。

　　所謂：做到「誠樸勤敏」，就是指時時惕勵自己做人要誠實、誠懇、樸素、務實；也要做到勤奮、敏捷和有一定的敏感度，如果能確實實踐它，它將是扮演一個優質教育人員最好的利器。以我個人來說，由於我的用心實踐，它不但讓我在擔任教師時，獲得了教育廳所頒師鐸獎的至高榮譽；擔任校長後，也獲得了教育部「校長領導卓越獎」。所以，我願與大家分享有關目前個人在校長生涯的六千多個日子中，所經歷的點點滴滴，儘管過程中有心酸、有苦楚，但總有圓滿的結局，這是令人極感欣慰的事；尤其更有許多感人的事蹟與甜美的果實，它可說是持續支持我有效經營校務的最大動力。現在，就讓我娓娓道來以下幾個令我畢生難忘的心情故事吧！

　　首先，十幾年來最令我難忘記的往事，莫過於是那次處理親師間的嚴重衝突了，那是我在都會區的學校服務時，學生家長以公教人員居多，學生素質極高，家長對於學校的教學品質有很高的期待。因此，我們不但天天都得戰戰兢兢，更要全力以赴，才能贏得家長的支持與肯定；結果，由於全校同仁的同心協力，倒也平靜的過了二、三年，甚至還吸引許多學生越區前來就讀。

　　但百密總有一疏，有位女老師對班上學生的突發狀況未妥善處理，竟讓一位越區前來就讀的學生，在放學的前一刻，因與同學互毆造成頭部有個小腫塊，她卻因一時忙碌，且認為學生只是打打鬧鬧，並非啥大事，也就未立即處理，而讓該生帶傷回家，當然事後她也忘了追蹤該事，以及告知該生的父母。結果，到了晚上，該生家長發現學生悶悶不樂，等進一步了解狀況後，對老師

的疏忽與未盡責任，簡直氣炸了，於是就直接以電話向老師興師問罪，該師自知理虧便一再道歉。惟該家長豈肯就此放過，第二天，便要找校長評評理，不巧，當天我因公外出開會，只好由訓導主任接電話處理之，但該家長並不滿意，尤其是其外籍的妻子更直奔學校，認為學生發生這麼嚴重的事，如在她自己的國家，此事件早就上報了，而本校竟然是冷處理。於是她揚言：「一定要請雙方家長出席，並由校長親自出面處理，否則就要訴諸媒體來討回公道。」

於是，訓導主任就與其約定，因其先生是在大學裡當教授，平日要忙於授課與做研究，只能利用星期四晚上到校進行溝通協調；只是非常不巧的是，當晚我已另有要事與他人相約，一定要親自前往處理，因此，我只好交代訓導主任和家長會長先行進行協調。

就這樣，兩次的時間不巧，我雖有理由請假，但已惹毛了該家長，其後果是星期四當晚的協調會，一夥人皆遭其痛罵，身為教授的家長，攻擊辱罵學校、校長、老師與家長的話語簡直不堪入耳，而讓與會的另一方家長早已按捺不住，且動了肝火與其激辯起來，就這樣吵翻了天。事後，我雖火速趕回，但為時已晚，大夥兒已不歡而散；這時，該班導師與訓導主任才告知我問題的嚴重性，我萬不得已，只好請老師再與其相約，我願與該級任老師利用星期日下午親自登門道歉。

那次的「鴻門宴」，我永遠記得：從一進門的不受歡迎，到事後被其全家人的輪番圍剿，可說讓我難以招架；惟我都盡量忍著遭受他們言語的諷刺與屈辱，並一再告知自己：錯不在我，是在級任老師的未妥善處理，所以，我是來為老師擋子彈的，我豈能多加計較；於是，我只拚命道歉與賠不是，並請其能原諒老師一時的疏忽及我二次的爽約是因另有要公，絕對不是漠不關心此事件。

最後，也許是被他們發洩了好一陣子，加上我已做真誠的道歉與澄清，他們才稍稍舒緩咄咄逼人的霸氣，而漸漸有了溝通的交集；同時，我也掌握幾個關鍵點，針對其不合理的要求與言過其實的話語，加以婉拒或回擊，我儘量不動氣，而以講道理和其相辯，並適時展現我的能力和魄力，告之我不怕事只怕處理得不夠周延；此時家長才收起囂張的氣焰，自覺許多話似乎說過了頭，而緩和許多彼此溝通的氣氛。最後，這件事就在我的誠懇道歉與合理堅持中暫時落幕。當時，他雖不太滿意但已能接受，只是又撂了幾句：「我會持續觀察學

校的作為……。」

　　爾後，因該生已快畢業，學校也就平靜的度過此次的危機。只是我永遠記得：學校舉行畢業典禮當天，該家長夫妻倆也前來參加，這位父親主動告知我：他從來沒有看過有這樣莊嚴隆重的畢業典禮，他非常佩服我，而主動與我握手並說抱歉，我也與他一笑泯恩仇！只是我在想：他可能忘了曾用「有人占著毛坑不拉屎」的惡毒話語來暗諷我，現在竟然會豎起拇指誇獎我，才短短一個月，真是差很大。唉！誰叫我要當校長，學校裡所發生的大小事都得承擔！

　　而事後我也自我反省：我是有錯估情勢，雖錯不在我，但如能積極主動處理，可能不會鬧得如此僵；而後來能圓滿落幕，應歸功於我有一定的敏感度，能誠懇的道歉，也能適時展現有效處理事情的魄力，這才不至於被擁有高學歷的家長看扁了。

　　其次，幾次為了督導學校營繕工程的施工品質，可說也讓我吃足了苦頭，我非常不解：國內的校長居然要負責非專業的校舍建築，而無法全心全力的只做課程與教學的領導，真是本末倒置；但情非不得已，誰叫我要當校長，於是只好硬著頭皮用心學習與虛心請教囉！

　　我不但學會看設計圖，更學會督工的撇步，只是碰到事事要求完美的我，也就常因施工品質不佳，而與部分不肖廠商或工人起爭執。如我曾目睹工人在貼學校外牆瓷磚的抹縫時，竟將黑色塗料弄得到處都是，他們根本不用心施作，我心想：「到處牆壁被弄得髒兮兮的，屆時如何收拾與復原？」加上又屢勸不聽，我只好緊急下令：「禁止該批工人繼續施作，除非廠商立即更換工人。」結果，雖是暫時停工了，但我已感受到大事不妙的氛圍，因為這些不肖工人必定會找機會暗中報復的。結果不出我所料，我當天停放在學校的汽車果然被破壞，但我卻苦無證據，只好自認倒楣了。

　　而還有更離譜的是，廠商自己以低價搶標，卻想偷工減料，這豈是我所能容忍，於是，我加強督工並隨時提醒其注意工程品質，否則難以通過驗收；結果，廠商還是敷衍了事，迫不得已，我還特地找家長會長做我的後盾，我們合作繼續嚴加督工。不料，該廠商竟惱羞成怒，反而誣指我是故意刁難，甚至誣賴我有不法之圖，而惡人先告狀，想向有關單位提出檢舉；而我卻一點都不擔心，因為我不但行得直坐得正，更有完整的紀錄與照片資料做佐證，加上又有家長會長做見證；最後，那不肖廠商才知難而退，只好硬著頭皮做修正，將工

程品質做到合乎要求為止。只是這樣的大費周章，一個不算大的工程，竟然要開六、七次協調會，他也折服了我們的執著與用心。

　　就這樣，我能不厭其煩的與一些不肖廠商折騰了幾次後，經過口耳相傳，許多廠商已知道我做事的用心與執著，做我學校的工程一定不可偷工減料，否則永遠難以通過驗收。如此建立起良好的口碑，一些不肖廠商自然不會來自討苦吃；從此以後，我學校各項工程的招標與施作便有良好的品質。這時，我才深深體會到「不經一番寒澈骨，焉得梅花撲鼻香」的道理；同時，也真正體悟到──扮演校長的角色，依法行政、細心執行與合理的堅持是一定要堅守的，絕對不可向惡勢力低頭，否則難保會吃上官司。

　　至於與不理性的家長溝通，那經驗也讓我印象深刻！記得那是為了交通導護站崗的問題，學校同仁認為，該路口每天早上路過的學生並不多，而且離學校很遠，應把該人力撤回至校內來維護學生晨間活動的安全，而改由交通志工一人在該處執行工作即可。我經審慎的評估後，覺得同仁的建議合理，便裁示該處導護工作暫由交通志工暫代。不料，此決議竟引起居住該處的一位家長強力抗議，她先以電話謾罵，雖經我一再解釋：「這只是暫時試試看，我們會宣導學生走另外一個路口上學，也會再做仔細的評估……。」但她根本聽不進去，甚至罵我草菅人命，不顧居住該處二十幾位學生的死活；不得已，我只好找她到校或到現場當面溝通，她卻避不見面，老是用電話做無理的謾罵。

　　於是，我只好親自去該處站崗一星期，每天細數通過該路口的學生數有多少，且進一步了解該交通志工的執勤概況。就這樣忙碌一個禮拜後，我正式裁示：「該路口通行學生數已剩下不到十人，由交通志工執勤即可。」結果，那位家長便開始進行誣控濫告，而讓我寫了二、三次報告做詳盡的說明，但她仍不罷休，開始找歷任的家長會長對我施壓，但經我詳細說明處理的經過後，他們也就不好意思再干涉學校的決議。不料，她並不就此罷休，換改找民意代表來對我施壓，她一連找了六個，但我依然堅持立場，並委婉的向他們一一做說明，只記得最後一個更是屬「大炮型」的民代，我不但毫無懼怕，更用計策對那位民代說：「某某議員，您是她第六個找的民代，我想我的決策絕對不會草率……」。該議員一聽，第六個才找到他協助，未來怎麼可能把選票投給他呢？於是，他立刻轉口說：「校長！我只是來關心而已，您的決定我會尊重……。」結果，我不但鬆了一口氣，同時，那位不理性的家長在黔驢技窮後只

好作罷。而經過此事件後，我也反思：我是勤於蒐集資料，也能用誠做溝通，當然更會用一點策略，才順利解決這個棘手的問題。

另有一件被擺烏龍的黑函事件，也曾讓我耿耿於懷。幸好我能忍一時，才沒讓問題擴大；同時，我相信也會讓那位「為反對而反對」的學校同仁或家長有所反省與改過才對。

那時，我們縣裡正在推動學校特色認證，許多學校紛紛響應，而我學校雖被號稱為桃園縣的首席學校，卻對許多活動或比賽皆不願參與，雖經我一再倡導與鼓勵，但仍沒有獲得支持，大家都抱著「多一事不如少一事」的心態。就這樣，我忍了一年半，並一再的遊說與說明，宣導全體同仁：「本校在藝術與人文領域，早就具備參加認證的先備條件，只要大家再加把勁，行政團隊能用心去整理資料，就可通過認證為學校爭取榮譽。」結果，就這樣在半推半就與一再做保證下，在校務會議時才勉強通過。

接下來，行政團隊便開始思考因應的策略，即如何讓整個校園更有藝術與人文的氛圍？於是，便召開行政會議共同討論，此時，有行政同仁提議：「全校各班可由師生共同美化自己的班級牌。」而普獲與會的同仁支持，尤其總務主任不但附意，更建議可用班級競賽的方式，由家長會提供高額獎金，將可激勵各班更用心參與；與會人員都贊成，而在總務處擬定「美化班級牌競賽」的辦法後，我特別利用教師晨會時間加以宣導，請各班級任老師能熱烈響應此項有意義的活動。

宣布完畢的當天，並沒有人發言反對；不料，事隔一星期，我竟然接到一封署名「抗議的家長」所寫的黑函，其內容大略如下：「……校長沒有教育理念，居然要師生合力美化班級牌，那是在浪費師生的寶貴時間，也是在討好上級長官，完全都是為了個人的功名利祿做著想！校長如果那麼愛美化班級牌，家長會每年運動會不是捐了很多錢，就拿那些錢去請商人做就好了，豈可使喚師生去做那無意義的事……。」我一看，實在萬分錯愕，當了十幾年校長，居然首次被寫這樣的黑函攻擊！於是，除了加強檢討個人平日的生活言行外，也再三思索：這到底真的是家長寫的？或是學校老師冒名家長寫的？當然！心中所產生的怒氣也就在所難免。還好只是短暫的時刻，我立刻自我提醒：「生別人的氣是在處罰自己，更何況這件事並不是我主導，我只認為同仁合理的建議當然要支持；所以，我沒有必要動怒，也不必去追查到底是誰寫的黑函，相反

地，我應努力推動，更要激勵能全力配合的老師，我不應上了寫這封黑函的人的當……。」就這樣，我暫時不動聲色的將它吞忍下來，反而更勤快的去鼓勵支持本活動的老師。

結果，絕大部分的班級所做出的成品，真是令我感動，他們是那麼的用心，當然也有少數幾個班級是應付了事；不過，全校每個班級都有參與。接著，學校仍按預定行事，繼續推動許多活動，學校同仁也大部分都能支持。最後，終於順利通過這項頗有難度的「學校特色認證」，同仁都很欣喜，因為努力終於獲得評鑑委員的肯定，大家不但覺得很有成就感，全校同仁也都可以記一次嘉獎做鼓勵。

後來在檢討會上，我拿出了這封黑函，將其內容一字不漏的唸給全校同仁聽，頓時，大家一陣錯愕；甚至靜默了片刻後，就有同仁站起來以感性的語調支持我、鼓勵我，並安慰我不用太在意，對這樣的害群之馬，「嗤之以鼻」即可，因為他根本錯怪校長了，而讓我感到很欣慰。

事後，我同樣進行自我反思：我到底錯在哪裡？是要求過多或步調過快？我想我會再斟酌，同時，也讓我深刻體會到：「事緩則圓」與「退一步海闊天空」的真諦；當然，更驗證了「公理自在人心」的道理。所以，我毫無退縮，只要對學生有益，並獲多數同仁支持的活動，就應積極推動，而不應屈服於少數人的唱反調；而所幸，經過我們多年的磨合與努力，這些唱反調或不配合的問題已不存在了。

啊！以上盡是談些擔任校長所遇到的辛酸與苦楚，其實都是短暫的，因為問題並不是頂嚴重，尤其是都能有圓滿的結局，等現今回想起來，反而覺得很有成就感呢！所謂「有失必有得」，同樣的，有不如意的故事，當然也會有令人欣喜的往事，這才是社會、才是人生；也因此，在這近二十年的校長生涯中，當然也有許許多多甜蜜的往事值得回味。

其中令我最感快慰的是，我能重視教師的專業發展，也能巧妙開發教師們的專長，進而為他們構築展現實力的舞臺，這可說讓我感到頗有成就感。如這些年來，在我的積極鼓勵與支持下，許多同仁都有優異的表現，不但有七位同仁獲得教師的最高榮譽——師鐸獎，也有四、五個教師團隊獲得教育部「教學卓越獎」，更有二十幾個教師團隊參加InnoSchool全國學校經營創新獎、GreaTeach 全國創意教學獎，年年皆能獲得特優或優等的佳績！而每當同仁們能

發揮團隊合作的精神，並在各項競賽展現佳績時，我就樂開懷。

尤其值得一提的是，還記得有位女老師，她在師範學院剛畢業的那年，分發到我服務的學校來，我循往例給她擔任三年級的級任導師；結果，她因缺乏經驗，班級經營的能力不足，又碰到極盡挑剔的家長，而使她吃足了苦頭，可說三、五天就有家長跑到校長室來，要我立即將她換掉。我除了委婉的勸阻家長不當的要求外，當然積極給予輔導與協助，並給她許多支持與鼓勵。不料，快到學期末時，那位女老師竟哭喪著臉跑到校長室來告訴我：她要辭職，否則就快精神崩潰了；事後，我趕緊勸阻她千萬不可衝動就想辭職，並告訴她：「妳已經很盡力了，凡事慢慢來，家長有任何要求校長都會擔待起來，更何況我已經看到妳的用心和進步，妳就盡全力去撐著，下學年我會幫妳調整工作……。」就這樣，在我的多方協助下，她咬緊牙根苦撐過去。下一學年，我改請她擔任自然科學的科任老師，她可說如魚得水一般的喜悅，不但能勝任教學工作，還有餘力支援行政。尤其更難能可貴的是，她在近幾年還獲得教育部「教學卓越獎」和桃園縣特殊優良教師，我真是替她感到高興！當然，她也很感謝我的鼓勵與協助。

而如今回想起來，我就覺得很欣慰，因為擔任校長最重要的職責之一，就是要發現教師的專長，並要有效的加以運用；同時，更要適時的加以鼓勵與讚美，因為「鼓勵」是最好的面霜，「讚美」是最佳的潤膚劑；這樣，老師時時都能受到校長的支持、鼓勵與尊重，自然願意全力以赴，受惠的自然是學校的學生。

此外，與學生建立起革命感情，大家能共為爭取校譽而全力奮戰的經驗，也常讓我津津樂道，因為這是最難得的經驗，而且我還有好幾次的經驗呢！

主因是我所服務過的學校，學生都非常優質，加上我又能積極為學生構築舞臺，以啟發他們的多元智能，進而做有效的發揮；所以，我學校的學生，不管是過去服務的學校有音樂班、舞蹈隊，或現今服務的學校有美術班、籃球隊，不但常在國內比賽勇奪第一，更有機會代表國家出國參加比賽，或在國內外重要的場合做盛大演出。而我們總是全力以赴，雖然流了許多汗水，但贏得最後的勝利或獲得滿堂的喝采，那甜美的滋味卻是永生難忘！

啊～我真是沾了學生太多的光！當然，更以他（她）們傑出的表現為榮。例如：為了國慶日在總統府前的舞蹈表演，舞蹈隊團員約二百人，我們僅用短

短的暑假期間苦練，並要求以最高難度的「變裝秀」，將變化多端與光耀奪目的精彩舞碼展現在海內外同胞面前，唯一的法寶就是「苦練再苦練、團結再團結」；尤其演出的前一刻，我帶領全體師生與家長一起靜默，共同祈禱上蒼保佑我們「零失誤與完美演出」的情景，真是令人動容。結果，我們終於順利達成最高難度的任務，當然也獲得如雷的掌聲，我們真是樂不可支。

還有，我們學校的弦樂團、管絃樂團，因年年獲得全國比賽的特優，就年年受邀出國演出。我們曾浩浩蕩蕩遠征日本、澳洲、新加坡、琉球，儘管出國的龐大經費讓我傷透腦筋，但「天無絕人之路」，每年在緊要關頭時，在我的積極奔走下，師生的優異表現總會感動相關單位，而讓橫逆在眼前的問題迎刃而解。所以，一次又一次成功的演出與做好國民外交，那美好的口碑與讚譽，可說讓我們風光的上了三、四次國際媒體。

還有！帶籃球隊遠征歐洲芬蘭，參加赫爾辛基「海豚盃籃球錦標賽」的比賽經驗，也讓我永誌不忘，因為那也是完成了一趟不可能的任務。出國前，巧遇強烈颱風來襲，我們究竟能不能順利出國，可說是一大煎熬，最後在安全無虞下，勉強出國比賽。結果轉了四趟飛機，才在比賽前幾個小時順利到達會場，緊接著立刻就要參賽。當然，出師不利，定只能落入敗部；這時，全體隊職員立刻痛定思痛，發揮最大的耐力，我們聲嘶力竭，更是揮汗如雨，結果，竟連連過關斬將；我想，老天爺應是受了我們有奮戰不懈的精神所感動吧！尤其是在冠亞軍決賽時，面對平均身高足足超過我們二、三十公分的地主隊與其愛國裁判的加持下，我們竟然有如神助一般，贏得艱苦的勝利，我們忘情的揮舞著國旗，更留下滿眶的熱淚。大家歡慶小將們的賣命演出、教練睿智的調兵遣將，同時，也有團員高呼我是福將；帶領大家完成一項如夢似幻的任務，我真是開懷不已。

最後，則是由於我能用「真誠」感動家長，也能用「同理心」傾聽家長的心聲，更願意接納他們建設性的意見，而與家長有極為良好的互動。如此，不但在我經營學校的過程中，能獲得家長與社區高度的支持，也能獲得許多人力、物力、財力的資源；同時，還能親眼目睹家長們的積極成長，這是令我最感欣慰的事。

例如：我樂於提供家長有關教育方面的諮詢與服務，每次看到家長專注的聆聽或頻頻點頭的模樣，我就知道在教育學子方面我們已取得共識，家長也就

不再有疑惑；我也樂於為有特殊困難的家長伸出援手，儘管只是略盡棉薄之力，但能帶給家長信心或適時的協助，也就極為開心，因為助人為快樂之本嘛！尤其是我最喜歡為社區家長辦理親職講座，因其不但可讓家長有自我成長的機會，還會藉機引導他們走出家庭到學校當志工，好讓每個家長不但可以做自己子女的模範，還可以嘉惠到其他學子，這應是一舉兩得的事。

也因此，我所服務的學校一定有許多志工，就以在市區服務的學校來說，每一所學校都有二百多位志工，我看見他們由原本的內向退縮走向活潑自信，由消極閉塞走向積極開朗，甚至因為有事情做可作為生活的寄託，而使自己活得更健康，我就覺得自己是做了一件功德的事。

我永遠記得約在十年前，個人為了傳承閩南文化，特地想教導學生說母語——「河洛話」；於是我除了自編教材外，還親自投入教學的行列，但總覺得一個人勢單力薄，於是我把腦筋動到學校志工的身上。我積極輔導他們擁有教學生說母語的本事，還特別利用晨間時間分配到各班去進行「河洛語教學」。結果，由於這些志工家長的努力，不但帶動整個學校學生學習說「河洛語」的風潮，這十幾位志工家長由於有教學生說河洛語的經驗，後來，都考上教育部所舉辦的「鄉土語言教學支援教師」之證照，而紛紛受聘到鄰近學校去擔任「鄉土語言教學支援教師」，這是當初我所始料未及的。當然！這些家長也都很感謝我的提攜。其實倒談不上是「提攜」，只是因為我們有相同的興趣，也有樂於傳承閩南文化的共識。

而今回想起來，我只是盡自己的本分為社區家長奉獻一點點心力，可是卻能獲得許多回饋、支持與襄助，我真是萬分感謝他們。

總之，真慶幸自己能選擇「當老師」為終身的職志，好讓自己每天都能愉快的與學生一起成長，而使我永保年輕、健康與活力。尤其是能有幸擔任校長，並以服務代替領導，去帶領全校師生、家長，共為經營一所優質的學校而努力。只見絕大部分的同仁，在學校都能發揮專長用心的教導學生，好讓我們的學生都喜歡到學校健康的生活、有效的學習，甚至還會吸引許多學生越區前來就讀，我就覺得很有成就感。

而儘管在這多元的社會與民意高漲的時代，擔任校長必須帶領教師發揮專業去提升教學品質，也要面對家長與社區對學校高標準的要求，便難免會遭遇一些挫折與壓力，但只要能進行有效的溝通，運用專業去動之以情、訴之以

理，並能講求公平與正義，且能處處做到以身作則，其實許多問題皆可迎刃而解。

　　所以，在個人擔任校長的六千多個日子裡，應是忙碌的、充實的，甚至也可說是平順中時時有喜悅，根本沒有厭倦與煩憂；因為我所服務過的四所學校，家長都給予我最高度的支持與肯定，而師生的表現更是極為搶眼、亮麗，可說普獲各界讚譽，我真是沾了許多師生的光。也因此，在經營學校的過程中，所遇到的些微困頓或苦楚也就根本不算什麼；更何況我從學校的師生、家長身上，所獲得的增強和榮耀，已遠遠超過我的付出，故我只能時時感恩自己何其榮幸？同時，更應自我督促：我要繼續努力做個受歡迎、有擔當、高格調的好校長來回饋大家才對！

林和春校長小檔案

　　生性積極、樂觀、開朗的我，1974 年自新竹師專畢業後，從事教職已歷經 36 個寒暑；我感謝政府的德政，讓我一直能帶職帶薪去進修，不但學會許多教育專業，也讓自己能與時俱進，更在高齡順利到國立臺北教育大學完成博士學位，如此，除了個人已實踐終身學習的理念外，我的熱愛學習，也可起帶頭作用，帶領整個學校能朝向學習型的組織邁進。我慶幸有個幸福美滿的家庭，能無後顧之憂的在工作崗位上全力以赴。迄今 19 年愉快的校長生涯，天天樂而忘憂的我，最要感謝曾經與我共事的同仁，由於大家的努力，我們才能共享榮耀，甚至讓我獲得 2007 年教育部「校長領導卓越獎」、校長師鐸獎、2010 年國家師鐸獎等榮譽，我是沾了太多學校師生的光，我將永遠感恩他們，並要繼續以服務代替領導來回饋他們。

10.17 年校長生涯的緣起緣落 與憂喜苦樂

臺北縣新和國小退休校長　池勝和

前言──貴人使我有幸成為國小校長的緣起

　　貴人是不分階級高低、身分地位、權勢大小，也就是說不管他是誰，別人的一個觀念、一個奇想、一句話、一個成功經驗，或自己一個念頭的突然清醒與轉變等，可能就會成為你的觀念與行為突然改變的重要因素，從此改變你的一生，先不論這種的改變是對或是錯，但他終究可能是影響或改變你人生走向的貴人。

　　我是花蓮師專音樂組畢業，原在臺北縣國小擔任音樂教師，因為對音樂非常有興趣，所以在音樂教學上也確實積極認真。早期除擔任兒童合唱團指揮及訓練幼童軍鼓樂隊外，也與名師彭聖錦教授學習鋼琴及陳秋盛教授學習小提琴，又是臺北縣教師弦樂團首席小提琴手與教師合唱團團員。本來原想在音樂教育上好好發揮，可是就如我上面所言：「別人的一個觀念、一個奇想、一句話、一個成功經驗，或自己一個念頭的突然轉變等，可能就會成為你的觀念與行為突然改變的重要因素，因而改變你的人生，他可能就成為影響你人生走向的貴人。」就是在這樣的機緣與觸動下，使得原來想從事的音樂教育與生涯規劃突然改變了。

走上校長之路的第一個貴人 ◎◎◎

　　1984 年我還在永和市網溪國小擔任音樂教師時，一位前輩勸導我：「池老師，你應該跟本校某些老師學學，去參加大學夜間部插班考試，好好再去進修。」而當時師專畢業只開放淡江大學及文化大學夜間部插班考試。一心想在音樂教育上發展的我，沉思一陣子後觀念頓時開悟，皇天終也不負苦心人，我

積極準備了半年參與插班考試，終於僥倖考上了文化大學市政系夜間部二年級，這次的大學畢業學歷不但提升了我的敘薪考核外，也使得我考主任時因積分的增加而取得報考的資格，更因在大學期間常被指定寫報告，使我更懂得考主任與校長的正確答題之方法。

走上校長之路的第二個貴人 ◎◎◎

就在我就讀文化大學市政系夜間部四年級上學期時，一位退役少將教授在上課前突然問班上同學說：「班上哪位同學的工作職位最高？」班長回答是池同學池老師（當時班上同學有銀行襄理、銓敘部人事股長等），這位教授竟然說：「當老師一輩子都在原地踏步，哪有什麼高職位！」一時全班轟然大笑。那時我覺得很難堪、感到無地自容，然而卻因此句話讓我惕勵自己一定要努力、人生一定要改變。又在長輩的激勵下，於是又積極準備報考臺灣省國小主任，也很幸運的第一次就考上臺灣省第 54 期國小主任，這是我踏入校長行政之路的第二步，教授不就是我生命中的第二位貴人嗎？

走上校長之路的第三個貴人 ◎◎◎

擔任國小主任二年，教育局一位平時很照顧我的長官有一次告訴我，依教育局計畫，80 學年度臺灣省 66 期國小校長，臺北縣可能要考 40 位（一般地區 20 位、偏遠地區 20 位），我到報名甄試時只有三年的主任資歷，連最基本的積分可能都不夠（當時考校長的主任年資要滿五年 20 分，才有希望進入初選四倍的資歷），要我把握報考的機會，好好為初選積分做準備，失去這次機會可能要再等四年以上才再有機會報考。於是我積極擬訂報考計畫，例如：以著作爭取省教育廳審查分數、參與各項體育及教學競賽方式爭取積分，以及下班後蒐集教育資料整理熟讀等，很榮幸的終於以最低分進入初選考試的門檻（初選先錄取正式錄取名額的四倍）。於是我把握這個難得的機會，下班後自行強化筆試作答與口試彙整能力，當時家裡又有一對剛出生不到半年的雙胞胎，太太又適巧考上國小主任於板橋臺灣省教師研習會受訓，我也剛剛調到永和市永平國小擔任第四年教務主任。然而卻很幸運的，就在主任第四年考上了臺灣省 66 期臺北縣國小偏遠地區校長（錄取 20 位），放榜的時間是剛放寒假的星期一上午。那天，所有參與校長考試的主任們，應該都焦急的在學校等待

上午9點教育局來電的好消息，我也不例外提前到學校等待。到學校前我告訴太太，9點以後沒接到我或友人的電話就表示沒考上。在校時深怕教育局來電時我在教務處無法接聽到，於是我請守衛把總務處門的打開，9點到了，怎麼還沒有電話鈴聲，正在擔心與失望之際，突然聽到總務處電話鈴聲響了，我急忙趕過去接起電話：「喂！是永平國小嗎？」「是的！」「池主任在嗎？」「我就是池主任。」「恭喜你考上校長了！」教育局的這通電話讓我感激不盡，能在擔任主任三年半的時間內實現了我考上校長的願望，當然內心永遠感謝貴人的提醒與激勵。17年漫長的校長生涯，我一直懷著戰戰兢兢的心情，雖未屆退休年齡，但終究能圓滿順利的全身而退，感謝校長生涯中的第三位貴人——教育局。

17年來校長生涯——酸甜苦辣之點滴心情細述

時間過得真快，一眨眼，至98學年度止，我服務於臺北縣國小校長已17年了，此期間經歷了萬里鄉大坪國小4年、五股鄉更寮國小5年、新店市新和國小8年，也經歷了原先由縣長的派任制轉為遴選制聘任的階段。整個服務過程飽嚐了酸甜苦辣的滋味，然卻從「快樂中享受了成就、憂慮中享受了經驗」，分享了、也熬過了這17年漫長的校長經歷。終於在98學年度結束，剛好服務於新和國小二任八年止自願提前退休，為餘生保留一個完全屬於自己自由的時光，也可再用剩餘的生命與活力來嘗試不同的人生舞臺，相信一定很有挑戰性與刺激性。

服務國小39年中，有17年的歲月擔任校長，相信所有擔任校長職務者，其任職期間的心情一定都有高潮也有低潮、有歡樂也有心酸、有滿足也有苦悶、有成就也有失落。以下是本人擔任國小校長17年歷經的酸甜苦辣之部分重點陳述，提供大家分享，敬請指教！

個人生活的堅持與有效調適，帶動學校溫馨和諧的辦學風氣 ◎◎◎

17年來，我希望以個人生活習慣的堅持，無形中影響學校的風氣，如早出晚歸、堅持今日事今日畢的態度。個人每天的作息是約5點30分起床、7點前到校，除公事處理外，每天早上7點就已經在校外巡視交通導護，平時在

下午六、七點下班。若出外開會也必趕回學校把桌上公文書等完全處理完後才下班回家，因此辦公桌上無當天未完成的公文書留到隔天。這種「今日事、今日畢」的堅持是從小就養成的一種習慣，除直接影響到我擔任校長職務時，在處理校務時的觀念與行為，也間接影響到全校師生的教學與處事態度。然而，個人對自己的處事習慣雖非常堅持，但對師生方面我只以身做為典範及精神激勵，用這種方式來影響全校教職員工的觀念與行為。因人各有志，有些事是不能用強迫的手段，對能配合的師生可多給予肯定，對無法完全配合的師生，要以激勵與協助的方式來處理，多年來學校校務的推展也確實以這種方式在推動，以致校園一向溫馨、和諧，校務績效也普遍受到各界的肯定。

個人也以自己的生活習慣來影響全校教職員工的生活，如四要與四不的生活態度：四要，如要早起（5 點 30 分）、早睡（23 點前）、早到校（7 點前），要適當時間回家煮飯與照顧小孩（18 點），要讀書進修與享受閱讀（每天晚間 8 至 10 點、早上必閱讀一小時），要喝白開水與適當的休閒娛樂，以保持身心舒暢（如打國術、居家歌唱與跳舞、適度旅遊）；四不，如不抽菸、喝酒與嚼檳榔，不打牌與熬夜，不把公私事務拖到隔日，不道人是非或與人結怨。

這四要與四不到底能影響到我擔任校長時在校務推動的哪些措施？而產生了什麼校務績效呢？以下列舉數項說明之。

個人為人處事的堅持與心情寫照

勉勵行政人員要以人性化、相互尊重、優點公開表揚，與缺點私堂檢討的方式來領導；期許教師以「愛心、信心、細心、熱心」的教育四心來從事教學；期勉家長以理性、寬容的心胸支持教師教學與校務推動；引導學生懂得禮貌與尊師重道的學習美德，以創造校園溫馨和諧、樂觀積極的氣氛。這是我認為要使學校辦學能順利成功的優先條件，也是我為人處事的堅持與心情寫照。就是因為如此，我 17 年的校長生涯中，從無發生學校任何重大不良事件、也從沒有因不良事件上報或被媒體擴大報導的事例。

然而在這麼久的校長生涯中，學校都沒有發生類似體罰或不當衝突的事例嗎？說完全沒有，那是不可能的；說沒有造成我的困擾、影響我情緒的波動，那也是不可能的。只是不論事件的大小，我儘量掌握在第一時間內以積極、熱

心、關懷的態度，來協助老師以適當而快速有效的方式共同來處理。因此，大部分的事件都能逢凶化吉，快速、有效而圓滿的解決。然而事件的發生時，都是很緊張的，而處理的過程若遭遇困難也會很難受，尤其遇到某些不理性家長所舉發事件的目的不是很單純時（如想藉小事加以擴大，以達成其金錢敲詐的目的），或教師本身頑固個性的堅持、對專業認知的偏執，或對行政不信任的態度而不配合等（認為自己都是對的、頑固僵化的教學方式），都會造成事件處理的困擾與心情低落。此時行政者要有耐心與理性，以誠懇、公正、同理心的方式來做適當有效的處理，只要深入了解事件的原因與掌握問題處理的要訣，最後終能圓滿順利的解決。每件困擾事件的解決，就要把它視為一種考驗與經驗的成長，「不經一事、不長一智」的那種心情，真的是為人處事的座右銘。

建立自己成為學校與家長們領導之典範

　　個人也因為堅持正常的生活習慣，保持「今日事、今日畢」的態度，而能成為學校與家長領導之典範。個人深切的覺得，校長典範的行為才是轉型領導的基礎，也就是「以身作則、為人榜樣」才是領導的最佳策略，因此，雖然有時校務繁忙，也確實很累，但都能「以理服人、以德領政」，激勵大家在相互關心、相互尊重、相互激勵的情況下，堅持「今日事、今日畢」的處事態度，也激勵大家共同保持「精神抖擻、活力充沛」的心態，把每一件事情都能按時圓滿完成，如此才能提升校務發展的績效。因為生活習慣能直接影響到行政同仁的處事態度，以致所任職學校的校務或處務的推展均能圓滿順利，並能帶動家長、志工與社區的和諧與進步，讓親師生能共同分享大家所辛苦創造出來的教育成果。也因此多年來學校的辦學成效深受各界肯定，如於新和國小八年中，國小因少子化的關係只減了二班，而幼稚園不但都維持四班，且每年的候補生仍有 80 個名額等，充分顯示學校辦學深受各界的支持與肯定。

個人一切行動公開，以避免誤會

　　個人的學校作息必詳記、公假出差必登錄，一切行動公開，以避免誤會。這種看似小事的舉動好像跟校長的辦學成效似乎關係不大，然而，很多事都是由小看大，也有很多事都會因小而失大，不是嗎？「星星之火足以燎原」、「小人物仍可立大功」、「一根小螺絲釘也可以使一架飛機摔落」。問題不在

大與小，而是在於是否處置得宜而不致讓事件無限的擴大。

有些校長辦公室設有助理以協助處理校長事務或提醒校長參與重要活動，此舉雖然可減輕校長的公務負擔，但久而久之，無形中也會造成校長的失憶症與惰性，也就是凡事必有人服務或提醒，否則容易疏忽。我擔任校長時在前輩的指點下，辦公室不設置助理（校長室無泡茶機、咖啡機，自己平時只煮白開水飲用），凡事親自處理，並依重要性做不同顏色的註記，且隨時核對要完成的事項以避免遺忘，因此，幾乎無公私事務遺忘的紀錄；除此之外，個人公假、出差、休假等，也都親自設登錄簿登錄，每月交給人事與相關人員核對為證，如此是給相關人員方便、也給自己方便，另外可避免遭有心人士誣告外，也是對自己出勤紀錄的依據與保障。以上小事，雖會增加自己的工作量，但是自我管理的行為有助於自己掌握辦事的績效，尤其，凡事必親自處理與詳細記錄的舉止，深深影響到全體教職員工的處事行為，譬如：為了保障校外安全的自身權責，絕不無假外出，即使外出也必須有代理人協助處理臨時事務，以免發生事件時衍生無人處理的責任問題。這種典範的行為，也是促進學校團結和諧、重視責任與榮譽感的優良風氣，且深受教師與家長們的肯定。而且把助理移做其他處室的工作夥伴，也可以增加處室業務的績效。有事親自處理，不占用人員的行為確實能帶動行政主管任事的積極態度，也確實能提升校務推展的績效。

待人處事的尊重與圓融，以耐心、誠心、關懷心有效化解人事的僵局 ◎◎◎

是否你待人寬容，別人就會以同樣的態度來對待你，老實說也未必。一個學校讓你頭痛或心情沮喪的人雖然不是很多，但還是有的；而且只要少數幾位有問題的人，就會讓你傷透腦筋，甚至會讓你陷入工作的低潮，而萌生提前退休之意。過去的幾年當中，個人也的確遭遇過幾件傷腦筋的人事困擾，謹於此加以細述，以提供大家分享與做為初任校長者之參考。

讓頑固的心靈軟化

每個角落都有一些對人或對事不理不睬的人，我擔任三所學校校長期間當然也有遇到，有些「人」真的很令你傷腦筋。而學校是樹人的公司、老師是樹人的工程師、校長是樹人的推手、家長是樹人的助手，因此，人事的溫馨、和

諧與圓滿，對校長在校務的推動上影響重大，能「把人管好、把事處理好」，能如此，校務才能順利而有效的發展。

我初任校長時也因經驗不足，對新學校的人事未能深入了解，以致一開始遭遇到不當的抵制，當時對我的心情與校務的正常推動影響甚大。有人說，鄉下偏遠小學師生人數少，其中只要有一位同仁的個性、行為、態度、處事方式與校長不同，就會讓校長在校務的推展上遭到掣肘，甚至影響到學校的和諧與辦學績效。譬如有在地資深老師說，為何沒先到他家去拜碼頭，是不是要來前沒先打聽清楚，或不尊重他在地方上的地位等等。這種人因長期居住在偏遠山區，因眼光與心態問題，最需要首長給予關愛的眼神。但你太順從了他，又會失去校長本身的尊嚴，他就變成你的地下校長，讓你在校務的推動上處處受限。例如：他要有優先排課的特權，他排完了課其他教師才可以排。而小學校每位老師都須兼任行政工作；假如他兼任的行政工作是很重要的，你就必須處處順從他，或者說必須先聽他的，此時校長或其他行政人員在校務的推動上就會很困擾，甚至難以施展抱負，這就是事先未能去拜碼頭的下場。此時校長與行政人員在這種學校的生活如坐針氈，抱負與新點子無法得到配合，這對初任校長來說是一件痛苦的事。雖然這件人事困擾最後仍順利解決，但過程中已造成校長、主任、師生與地方上很大的傷害，也給了個人初任校長時的一次重要體驗。然，「不經一事、不長一智」，也許這是大家都應該去面對的事。由此經驗也告訴校長們，不見得小學校或偏遠學校的人事就如想像中的輕鬆沒事。小學校的編制員額雖然少，但其中只要有一位無法配合或被稱為「地頭蛇」的人物，就可能讓校長們頭疼不已。甚至有些校長因遭遇此事件，只擔任一任就想急流勇退。因此，初任偏遠學校校長們不可不防、不可不慎。然而，大型學校的問題就沒有了嗎？當然也不少。

以誠待人，心中無敵人

初任校長前督學的訪視，老師們給我的評語是「長官的好部屬、部屬的好長官」，多年來已成為我個人擔任校長職務的座右銘。我時時警惕著同仁們對我的觀感與回饋，因此在我任職校長期間，對同仁的優良事蹟常常揚善於公堂，因為「掌聲能創造春天」，儘量去發掘老師的優良事蹟，並適時公開給予表揚，以激勵其他老師的模仿；對不良事件處理於私室，如有家長指責老師之

事件,即第一時間立即反應與處理,決不拖延而讓事件擴大,我永遠銘記「星星之火足以燎原」的訓示。因此,任何被疑為衝突、體罰、傷害等事件,我一定馬上帶領相關人員不分晝夜的立即處理,例如:事先對事件的內容了解清楚,對當事人先給予關懷與協助。自己把事件先徹底了解,讓當事人體會出我們是在幫助他處理事情,如此才不致因誤會而受到抵制,也才能讓當事人能坦誠告知事件的始末。也只有如此,事件的處理才能在理性與感性的氛圍下,公正與順暢圓滿的解決。然而每個人都有不同的個性、修為與知能,也並非每個人都能領會你的處事原則。因而,你採取的方法不見得人人都能配合與認同,甚至有的當事人會刻意隱瞞事實、扭曲事實,或鴨子嘴硬、死不認錯,我也曾經遇到過這種人。因在老師的觀念裡,認為校長一定只聽家長的指控而同情家長,但在家長的觀念中,又認為校長一定會維護老師、官官相護。因此,事前親師雙方對校長或行政人員都有不信任或防備心,以致對事情的看法與要求處理的方式都較為主觀與偏頗。此時,校長心裡雖然很悶,但仍要把情緒壓下來,以理服人,以善意的態度讓大家能感受到。校長要能了解事實真相,然後採取公正、溫和的心態,穩定自己的情緒,以體諒與關懷的態度來面對事件。能讓情緒的衝擊減低,甚至要能掌握適當的時機來製造輕鬆和緩的氣氛。即使遭遇頑抗,當校長的仍要能堅定意志力、耐住性子、保持風度,採取循循善誘的方式,以誠心、尊重的態度,讓大家心中的火氣抒解、讓事情得以緩和,如此,事件才不致擴大,事件處理起來也才能順暢。個人從不公開批評人事,對問題人事的處理一向採取了解、關心與慰勉,當了解事實之後即迅速採取圓融的解決方式,事後也以寬容的態度原諒他人。而如此處理問題的方式是否都能得到當事者之感激與理解,倒也不見得,但「路遙知馬力、日久見人心」,最終也都能獲得同仁或家長的理解與肯定,這是本人任職校長 17 年來從沒有遭到不當黑函指控,或因遭到檢舉而受到長官或調查機關調問的紀錄。

在人的相處之間最值得一提的事例,例如:將一向拒人於千里之外、與其他同仁從不互相往來的同仁,卻因某事故的發生,我掌握適當時機,同相關行政人員適時採取積極關心的態度,終能用感情把情緒長期僵化的同仁融化。而改變一個人的漠視態度,其實也等於改變了整個學校的氣氛,更影響校務的推展。我一向相信每個人有不同的個性與潛能,當校長要能了解每一個不同個體的想法與能力,適時給予同仁激勵與展現機會的舞臺,也因尊重與給予每個人

不同的舞臺發揮，因而能激發其才能、滿足其成就感，最後終能解開彼此心中的芥蒂、困惑、隔閡與不信任感，這是我個人在處理人事問題上最值得懷念的一件好事，也讓我在處理人事問題的忍讓與誠心態度獲得了肯定與回饋。能讓校園中人與人之間都能敞開心胸、相互信任，如此，事情的處理也才能更圓滿、和諧、順利，校務的推展也更能順暢、如願。

　　本人擔任校長職務已 17 年，歷經萬里鄉大坪國小、五股鄉更寮國小、新店市新和國小二任八年，想藉休息來看看人生不同的旅途。因此，於 2010 年 8 月申請提前退休，雖經教育局劉和然局長的慰留懇勉，但經我委婉說明後，終於獲得劉局長首肯，最後能如大家所祝賀的二句話：「急流勇退、全身而退」，這終究是我擔任校長職務 17 年來的最大安慰與最圓滿結局，不是嗎？

以同理心對待家長、以慈悲心關懷學生 ◎◎◎

校長最大的快樂與安慰

　　擔任校長期間雖然與社區及家長互動頻繁、相處和諧，辦學績效也深受大多數家長的認同與肯定，但仍有少數家長對老師的教學與管教產生質疑與衝突。本人在了解問題的真正原因後，若教師有理，必會以和緩、理性的方式積極替教師辯解；若家長有理，也必會以誠懇與感性的方式勸導老師配合改善，並以同理心與關懷的態度，來尋求家長的諒解。平時在處理問題時的時間與精力雖付出甚大，但大部分的老師與家長都能配合調解與改進，共同為學生快樂、有效的學習而努力。但也有少數問題必須花更多的時間與精力才能解決，有少數家長管教小孩的態度與溺愛小孩的心態不見得正確，甚至還有不正當的目的，例如：藉故威脅（藉媒體報導要把事件擴大、讓教師受處罰等）、敲詐（要金錢等），以及少數老師心態不是很成熟、見識也不同，此時，校長就必須竭盡所能，發揮處理問題的智慧與耐心，盡心盡力協助教師把問題圓滿解決。這些事情的處理其實才是校長最費心的事，也是校長的最大困擾，因為即使你站在公正的立場，也不見得都會獲得雙方的諒解。我擔任校長期間也曾經處理過數件費心費力的親師生管教事件，然而不管過程如何的複雜、艱困或被誤解，但最後終能把問題圓滿的解決，這就是擔任校長者最大的快樂與安慰。

最值得懷念的教育事

　　一般學生只要按正常的教學方式就可以獲得良好的生活與學習成就，但總有一些學生必須要由校長及師長們特別加以關懷與協助，如行為異常問題、不正常的單親家庭或暴力衝突問題、學生家庭生活遭遇困難的問題等。能夠把這些異常家庭與學生的問題順利的解決，才是校長最大的功德與辦學成功的基本。辦理教育者常掛在嘴邊的一句話：「窮不窮教育、苦不苦小孩。」確實有些學生可能是行為異常或身心障礙問題，有些是家庭問題等，如父母或長輩溺愛、父母離異、隔代教養、家庭暴力、因故自殺、父母犯罪潛逃或被關，或觀念偏狹等，校長與老師必須要發揮更多的愛心、耐心、同理心、關懷與慈悲心，才能把這些小孩帶上來，從而也改善了這些家庭的問題。如學生因父母教養的問題而中輟、逃學、偷竊、霸凌、三餐不濟等，此時校長除敦請老師加強關心與輔導外，更要竭盡所能爭取政府或社會人力、物力之資源協助解決，如請社工人員介入輔導、爭取經費補助午餐或學雜費，緊急生活救濟（資源有教育部與教育局、臺灣省教職員工福利互助會、市公所、慈善基金會、公益廟宇與教會、熱心社團、優良廠商、熱心人士、家長會、志工等等），共同解決學生及其家庭生活與學習之問題，這些事雖然很費心思，但「救人一命勝造七級浮屠」，這是非常重要且有意義的善行。

　　我擔任校長期間，曾經以辦理單親家庭親子活動之方式促成離異夫妻的再度結合；也由學生口中得知父母因經濟或婚姻出問題而要自殺，因及時的介入而解救其自殺的問題；也設法敦請教會、基金會、民意代表等，補助學生之營養午餐費、協助個案輔導與免費課業輔導等，使所有相關行為、學習、生活、家庭所遭遇的親子問題都獲得最適當的解決。整個處理過程雖然辛苦，但成果卻非常豐碩，個人與學校都深受家長與各界所肯定，這就是我擔任校長期間最滿意、最值得懷念的教育大事。

　　最後，期望教育界的朋友們，尤其是身兼樹人工程重任的校長們，既然自願走上這條艱辛但有尊嚴的校長之路，就要堅持理想與毅力，甘願承擔批評、毀謗與打擊，竭盡心力發揮教育的良心、愛心、熱心、耐心、關懷與慈悲心，為教育下一代的成長茁壯而積極用心、辛勤努力，樂見未來國家的棟樑在大家的細心栽培下都能更堅強、健壯，成為國家最優質的好國民、世界最成熟的好公民。

池勝和校長小檔案

　　我是池勝和，臺南縣鹽水鎮人。早期家庭務農生活困苦，因此兄弟們雖然努力讀書，成績也都很好，但都只能就讀師範學校，從事教育志業（如三弟 2010 年 8 月於鶯歌國中校長退休，四弟現為臺北縣板橋市重慶國小校長，內人也是師專與師範大學碩士畢業後考取臺北縣第一屆校長）。我於興國初中畢業後考取花蓮師專，從陸戰隊預官退伍後分別於林口、網溪擔任音樂教師，75 學年度考取臺灣省 54 期國小主任，並於 76 學年度起分別派任有木、頂埔與永平國小擔任教務主任，三年後於 79 學年度又考取臺灣省 66 期國小校長，之後於 83 學年度起分別派往大坪、更寮、新和國小擔任校長職務共 17 年，終於在 98 學年度於新和國小任職二任八年止獲准提前退休。服務期間先後於文化大學市政系畢、國立臺北教育大學社會教育學系畢、國立臺灣師範大學教育研究所結業，國立臺灣師範大學社會教育研究所碩士畢、臺北市立教育大學國民政策博士學分班結業，也僥倖榮獲多項殊榮，如省教育會優良會務人員、臺北縣首屆校長師鐸獎、全國交通安全教育金安獎、全國校園創新經營優等獎、縣推行社教有功獎、縣推展原住民教育有功獎、國立花蓮教育大學 13 屆傑出校友、全國生命教育協會績優生命教育志工、教育局流行歌唱賽第二名、縣教育會教職員工及 98 學年度國立臺北教育大學全國校友卡拉 OK 歌唱賽第一名；也分別提供些許著作刊出，如教育局編著《教學視導故事敘說──校長篇》、北縣原教創刊號──《都會學子的那魯灣之旅──新和國小原教發展方案實例》、世界宗教博物館生命教育季刊──《校園教育篇活出品格專輯》、北縣溼地教育專輯──《新和溼地教育推展史》等。

　　在服務期間也積極參與社會服務，分別擔任多項社會義務職務（如全國舞獅暨民俗技藝常務監事、省舞獅技藝會理事、省及全國童軍代表、世界 KDP 榮譽教育學會臺灣分會監事、全國西岸教育學會理事、臺北縣全球委員會副主委、世界宗教博物館生命領航員教育副召集人等），現仍擔任臺北縣文教交流協會理事長及德霖技術學院兼任講師等職，目前更積極從事兩岸教育交流活動，曾受邀帶領教育參訪團八團次到大陸教育交流，也邀請大陸領導到臺灣來交流約三十多團次，任職新和國小期間也與天津河北區實小及浙江余姚市東風小學集團締盟，配合政府積極推展兩岸教育政策。

11. 永安為鼎、明水亦鏡

臺北市永安國小退休校長　許銘欽
（榮獲 2005 年教育部「校長領導卓越獎」）

永安不是一所 21 世紀的傳統學校

天時、地利、人和的挑戰 ◎◎◎

　　座落於臺北市大直地區的永安國小誕生於 2000 年，單就這個時空點就已注定這個學校的「命盤」，也能成就這個學校的「名氣」。永安是一所新世紀的新學校，但絕不應該是一所新的傳統學校，這是來自教育界的強烈心聲。

　　1996 年接辦校舍興建的籌備工作，正值臺灣教育改革、教育開放呼聲高唱的時代，學校的籌建受到政策的支持、長官的關愛、媒體的青睞與家長高度的期待；而「我」有幸投入這場神聖的工作，也感受到這是「天時、地利、人和」的契機，是理想展現的機會、也是肩負責任挑戰的開始。

　　我擁抱著高度的抱負與信心，希望將永安成為臺灣學校經營的典範，建立如「鼎」之地位，也深知過程之艱辛，必須腳踏實地、步步為營，如學校外圍的明水公園、明水路的存在一般，像一面鏡子，隨時觀測、反應永安的成長，可以從這裡找到檢討省思、調整策略的借鏡。

　　在當時許下「永安為鼎、明水亦鏡」，是一種心境，也是一個願景；歷經四年半的籌備，八年的經營；如今，要為這段走過的腳步，找尋可以回憶的痕跡，點滴在心頭，有著滿滿成就的驕傲，也夾雜著絲絲心酸的歷程。

來不及感受學校順利開辦的光環，卻開始頂起永安建校的原罪 ◎◎◎

　　永安因政策性的決定修改設計為班群空間，籌備期間在幾位優秀主任的協助下，我們將預算充分的發揮利用，蓋出一所被稱為「五星級」的校舍；在學校順利開辦之時，還來不及感受興奮的光環，卻要開始承受永安建校的原罪。

　　來自淡水河南邊的參觀者說：只有臺北市才能蓋出這麼豪華的學校；來自臺北市的教育參觀者說：預算都被你們用了，我們學校預算減少了；來自對街

的家長說：我也有繳稅，為什麼我孩子的學校校舍這麼破舊。殊不知：永安校舍八億五千萬元的預算只是按當時政府的標準單價編列，在臺北市蓋一所新校不都是八、九億元？努力完成政策、努力執行預算、全心全力把一所學校蓋好，卻有著背負著「原罪」的感嘆！開辦的第一年，除了一群默默努力前行的教師們和一群熱情期待與參與的家長外，已感受不到來自長官的相挺與教育界溫暖支持的力量，感受到的只是一股又一股的冷漠期待。

此時的心境：只有繼續走下去！深存在心靈中的豪志與自信，告訴自己：永安一定會成功，勇敢的走下去吧！因為永安深厚的課程準備就像永安的校舍一樣堅實，這個時候，大家看到的只是容易顯現的硬體校舍，卻無法看透永安的課程將在不久的將來璀璨發亮。而這個時候我領悟到：只有帶好教師團隊發揮專業能力，才是永安能否繼續存在與發展的動力。

📖 建立以課程為核心的學校經營模式

永安課程經營的聖經——《感覺永安、閱讀永安》 ◎◎◎

學校面臨開辦，必然千頭萬緒，必須做好必要的預估和準備；當教師採用由縣市候用甄試分發改為各學校教評會自行甄選以後，我就有預感教師來源的不穩定，如何讓教師們快速而穩定的上路，我決定將相關的構想與作法先用資料的方式準備好；於是將相關的「跨世紀的教育改革」、「學校課程總體營造的基本理論」、「永安國小學校課程建構與發展的思想體系」、「統整課程與課程統整」、「開放空間與學習環境」，共 5 章 31 篇的文章，印成 186 頁的專書，取名為《感覺永安、閱讀永安》。

這本書，永安教師人手一冊，不僅是校內課程討論的重要依據，也經常是教師群組對話的基本素材，更是教師撰寫行動研究引經據典的文獻；更意外的是後來發現：永安八年來的課程與教學的發展軌跡，絕大部分都在這本書的論述範圍。

這本被永安教師們稱為「聖經」的書，並沒有對外發行，但對永安進行研究或特別有興趣者，都會贈送一本。有一次看到校內的實習老師，提著一大袋的書，我問他那是什麼？他說是校長的《感覺永安、閱讀永安》，因為他們的同學都想要，所以複印了二十幾本。後來也有同學跟我說某候用教師甄試的補

習班，採用了這本書當教材。我不介意這本書在校外的分享作用，但很清楚的感覺到這本書對永安課程發展的穩定與方向有絕對的影響。

管他一樣不一樣，永安就是要這樣 ◉◎◦

　　相對於毫無充分準備就啟動的九年一貫課程而言，永安卻早已做好了準備；四年半的籌備期間，課程與工程同步進行；當大家都在感嘆「九年一貫像月亮，初一十五不一樣」的同時，永安課程思考已經架構完成，透過《感覺永安、閱讀永安》的研讀討論，不僅有明確的方向目標、有完整的理念架構、有條理的發展策略，因此很快的形成共識；這個時候，大家心裡都有著「管他一樣不一樣，永安就是要這樣」的豪志與熱情。

　　學校開辦，受到廣泛的注目，不僅媒體大量報導，社區家長也爭相走告：「永安的校舍建築就像五星級的飯店，也是社區中最高級的一棟建築」、「因為永安有班群空間、有明水時間，所以我把孩子轉學過來」、「我已經等了六年，大兒子都小學畢業了，今天好不容易等到學校開辦，我的小兒子終於可以入學了」、「我就是要讓孩子讀永安，所以花了幾千萬在這裡買房子」，也有無意中搬到大直來的家長說：「我這一生最大的安慰就是讓孩子讀永安，我不知道哪來的福氣。」頓時學校成為爆滿的明星學校。

　　但是，正式的挑戰才剛開始，經過甄試進來的教師雖然都是一時之選，但初任教師有 65%之多，而且事先知道永安、認同永安而來的教師沒有幾位，大多數是勇敢到連永安是班群空間學校都不知道，為了謀得教職應試而來，成為一群誤入叢林的小白兔。而現在開始要帶領這群小白兔在毫無經驗的班群空間裡進行毫無經驗的九年一貫課程，在班級經營、學科教學都還來不及琢磨的青澀經驗中，還要進行主題統整、協同教學的嘗試與挑戰。而我只能瀟灑地告訴他們：「永安如一顆初昇的星星，我們必須在浩瀚的銀河裡找尋自我運行的軌道；當然我知道初昇的星星在現出光帶之後，必須經過一段『旋轉醞釀』、『撞擊融合』的過程，才能找到『精密運行』的軌道，以等待『璀璨星空』的到來。」面對這一群徬徨無助的小白兔，我也只能對他們說：「跟著我、跟著永安課程發展的腳步，準沒錯，走吧！」

經營管理革新的課程行政運作模式的變革

課程行政的運作減緩教師與行政的對立 ◎◎◎

當永安開辦時，有教育界的前輩建議我應該申請永安為實驗學校，增加員額，進行課程的實驗改革；但我總覺得以往的實驗有較多的人力、經費，卻總在實驗完成之後就無法繼續實踐下去；我希望永安的課程能夠在現有的條件下進行，如果能夠順利發展，將來才有繼續持續下去或做為其他學校典範的可能。

所以永安的開辦，並沒有增加任何一位編制外的員額；永安的行政組織也沒有經過調整，因為當時尚無法知道以課程為核心的學校經營需要怎樣的行政組織與運作模式？但我清楚的知道：傳統以校長為主的學校行政，是召開行政會議之後，由行政人員去和老師接洽的方式：一來，這是造成老師與行政對立、衝突的主因；二來，這已無法對應九年一貫課程與教學發展的需求。

所以在永安第一年，我就請學年主任來參加主任會報，直接討論課程與教學相關事情，而很少召開傳統的行政會議；經過一年的嘗試，聽到二個回饋的意見：一個是組長覺得都沒有行政會議，校長好像不重視行政人員，只重視老師；二來學年主任說：以前的學年主任只要討論學年事務，現在還加上課程與教學，實在太累了，我們需要二個學年主任。

A 研、B 研的教師專業成長群組 ◎◎◎

聽到這些聲音，我分析了學校目前運作的需求與行政相關的規定，發現其實學校裡有兩種行政會議、有兩種課程會議；分別是：傳統組長參加的行政會議、學年行政會議、學習領域課程會議（簡稱 A 研）、學年課程會議（簡稱 B研）；這些會議先安排「召集人」，平常分別安排時間召開；而在每週週五主任會報時，輪流請召集人來參加會議，讓召集人扮演橋梁的角色，反應各群組的意見或困難，同時帶回去會報的決議，再帶領自己的群組團隊去執行。這樣扁平化的組織運作，縮短了溝通的距離、減短了協調的時間，而且校長可以在一個月內，和占全校教師半數以上的召集人開會，再輔以其他非正式的接觸或親自參加基層的各項會議，可以充分掌握行政與課程的相關事務；這樣的運

作模式，徹底的減緩了行政與教師之間的隔閡與對立，對永安團隊文化的形成有很大的作用，這項組織調整榮獲 2003 年 InnoSchool 全國學校經營創新獎「行政管理革新組」的「特優」。

這樣的組織與運作的調整，還帶來兩項特殊的效用：第一，經過這四種會議的召開，應該有的行政與課程相關事務都經過充分的討論，並建立共識；所以，再將這些決議往上送到課程發展委員會或校務會議時，並不會有太大的爭議或討論，很快可以形成決議、做成紀錄、結束會議。

人事、會計也可以這麼可愛 ◎◉◉

第二，這四項會議本來就是由主任會報轉型而來，所以除了四處主任而外，會計主任和人事主任也依慣例每週參加，幾年運作下來，發現在教師人事相關或採購經費相關的事情上，都可以在會議上獲得迅速的解決，對於校務的推動有預想不到的效果。也因為兩個主任長期在會議上和老師接觸，不僅建立了情感，也因為對學校行政與課程教學事務的了解，和學校大家的共識融成一片，因而在他們的業務上並沒有出現像其他學校一樣格格不入或挑剔的現象。更因為永安氣氛的影響，在學校重要活動時，她們會出來幫忙接待、辦理報到或園遊會時幫忙賣園遊券的工作。有一次長官到學校主持一場校際活動，離開時看到兩位女士在幫忙辦理報到的接待事務，問我說是志工家長嗎？我回答說是本校的人事和會計主任，長官頗為吃驚；我順便告訴長官，本校的會計業務在審計單位的檢查是零缺點，只有兩點小小的建議；教育局的人事業務評核，本校在當年度是國小第一名。這樣的氣氛影響著校園內的每一位同仁，大家都能以永安為榮，而認真努力；連附設幼稚園的八位老師也是不遑多讓，能夠在 2006 年勇奪教育部「教學卓越獎」之「金質獎」。

📚 教師會的成立與學校氣氛的消長

看到團隊成長的生命軌跡 ◎◉◉

永安的教師團隊自創校以來，經過三年的熱情相挺，學校就像一個和樂溫馨的大家庭，但這樣的氣氛在第三年的下學期結束前出現了變化；通常在熱情與順暢的氣氛中，容易忽略潛藏的危機已經慢慢的蔓延，不該傳的耳語透過不

知何時形成的非正式組織之路線傳播，誤會終於產生，在幾位有心老師的帶頭下，開始對學校、對校長有不滿意的反應，並快速的組成教師會。基於教師會是依法成立的組織，又看到一群所謂的「中間選民」的老師很快的附和加入，我認定這是團隊成長過程中必經的過程，決定不強力介入、順其自然，並靜觀其變；能渡過這一關，永安的發展可期，渡不過也是永安的命。我輕輕的告訴老師們：「永安是你們的，校長總有一天會離開這裡，你們自己要好自為之。」

第四年開學了，教師會的運作並沒有特別刁難學校的地方，還聘請校長當顧問，表明支持學校，只是默默地醞釀著教師會到底能做什麼？對當年校長的連任也表示支持，一年順利的經過了。

事非經過不知難，船到橋頭自然直 ◉◉◎

第五個年頭，永安進入第二個四年，關係著學校能否繼續發展的關鍵時刻；教師會開始運作他們的組織和業務；不出所料，提出來的就是教師職務要採積分制，不讓學校或校長決定，他們認為這是教師自己的權利或權力。在溝通中，我認為教師積分制是 1990 年代後期教師會剛剛在各校成立時的訴求，一來積分制依老師的積分選定職務，不僅先選定的教師職務不符合教師個人專長的最大發揮，也甚難顧及課程與教學的基本需求，最後幾位老師一定被迫到不適當的位置，而且學校整體發展必然有所影響，學生學習權益也無法顧及；他們還是執意要求，我只得再告訴他們：要討論這種機制到建置完成，我估計要花二年的時間，緊鄰的也是班群空間學校──濱江國小已經成立，二年間你們把精力放在這件事情的折衝討論中，二年後就算你們積分制建置完成，我看學生都跑光了。他們還是執著於積分制，開始蒐集其他學校的版本，也發現有些學校有變形的版本，就是不完全的積分制，訂有一些原則，也留給校長有某種程度的調整權。

訂出一些職務調動的原則是可以考慮的，本來也有一些不成文的原則，例如一年級級任無條件升上二年級之類的；我認為這件事情是可以接受的，乃囑咐由教務主任領銜、由行政代表參與教師會代表的討論；並居於職務調動是校長法職權的使命感，一面告訴他們訂出來的原則提供學校參考，對校長沒有約束力；一方面到人事室登記退休，表明我的立場與底線；因為我一手創建的永

安不能在我的手中走向衰退或毀滅之路。果然不出所料，經過好幾個月定期的開會協商，總是訂不出所謂的「原則」，側面了解：開會中，只要提到各群組互調時，級任科任間、高年級級任與中低年級級任間總有強烈的不同意見；但是時間在耗、參與人員的精力在耗，在這期間，主任或教師會長也會經常到校長室來溝通；時間一天天的過去，大家都看在眼裡，永安的課程與教學研究幾近停擺，我想大家也會看在眼裡。

走過震盪，必當揚帆再起 ◎◎◎

　　主任代表幾度無奈地表示，為什麼要耗時間跟教師會談這些不會有結果的事？我勸她們再忍耐一陣子，事情總有結束的時候；終於教師會長來到校長室：「校長，要不是我是會長，我實在不想再討論下去！」於是，該是輪到我出面收拾殘局的時刻到了；我告訴會長：現在已經 5 月多了，在 5 月底前如果你們討論不出所謂的原則，我就不管你們了，我會按原來的方式開始進行職務調整的工作。我也在教師早會公開宣布這件事，也並沒有得到反對的反應；到了 5 月底，原則依然沒有訂出來，我囑咐教務主任開始教師的意願徵詢作業，而那場所謂訂積分制原則的會議自然無限期的延宕下去，形同解散。看似一場浪費時間的無聊過程，我卻從另一角度看它：永安經過這一番激盪的低潮，必然脫胎換骨，再度飛揚。

　　果然，第六個年頭，教師會選出幾個平常正向認真而且年輕的老師，新任教師會長開學就對我說：「校長，教師會不再玩那些事情，這學年要安排一些教師減壓的社團來幫助老師。」於是，瑜珈、肚皮舞、太極拳、羽球社、腳踏車隊等教師課餘團隊相繼成立，顯然他們已經決定在永安待下去，當個永遠的永安人了。

能或不能的年度教學研究成果發表會

幾分自信、幾分瀟灑 ◎◎◎

　　教學研究發表會的全名是「以改善學校課題為核心的校內教師群組協同研究」，主要的作法是：擬訂一個年度研究主題，以學年群組、領域群組教師為單位，分別進行研究；校長定時召集各群組召集人開會，掌握進度，並提供方

向指引與必要協助。並透過研究主題分析、文獻探討、提出教學改善策略、進行創新單元教學活動設計、試教、檢討、撰寫研究報告，舉行對外教學研究成果發表會等一連串的歷程，不僅解決學校課程發展與教學改善的需求，同時也是教師專業能力不斷提升的捷徑。發表會時各教師群組同時進行觀摩教學，觀摩教學之後，每個教學群組各有一場由教授主持的分組座談會，由本校群組教師報告研究過程與當天觀摩教學的經驗心得，校外參觀教師得提出意見，包括讚美肯定或質疑批判，彼此對話之後，由教授總評。

連續八年下來，發現進行教學研究發表會有多重的意義：

◎永安著重以「課程」為學校經營的核心，每年依據課程發展的需要，擬訂研究主題，能確保課程持續精進的動力。

◎永安創校時，初任教師占 65%，透過此一策略，能持續培養教師教學能力，並緊密確保教師專業發展與學校課程發展的關聯性。

◎年級各群組教師間、教師與行政間的不斷專業對話，不僅解決許多困難，更能增進情誼，是學校文化形成的重要因素。

教學研究發表會對初創學校的永續發展具有重大的價值，無庸置疑的，對老師也是一種負擔或壓力；正向想法的老師會認為是一種助力，特別是在九年一貫初期，大家都在摸索徬徨之時；負向想法的老師遲早會轉變成抵制學校的藉口，在過程中並非想像中的容易。

永安第一年，教師各群組在學校開辦及九年一貫課程實施初期的忙亂中，不知不覺得接受並投入，所以在第二學年度（2001 年）的 10 月份，接受教育部委託舉辦臺灣北部地區教學發表會時，吸引了近五百位校外參觀者，不僅永安一舉成名，多少老師也增進了不少信心與能力。

大地一聲雷──遭遇第一次的撞擊融合 ◎◎◎

第二學年度依然擬訂主題，進行校內教師群組研究，一切堪稱順利；當第三學年度（2002 年）的 10 月，按進度即將舉行發表會的前幾週，突然有一老師（A師）在教師早會放炮：為什麼要舉辦發表會？為何沒有教師會？為何都是由上而下的行政指示？雖然只獲得一些零落的掌聲，但在大家尚處於革命初期的熱情中時，確實像大地春雷的聲響，震驚了永安的校園；雖然知道原因在於該學年準備統整教學時遇到重大阻力與方向錯誤，即使利用假日、晚上聚集

某老師家中討論，仍無法突破；但永安草創，絕不能讓發表會斷炊，更不能允許一個老師用這種表達方式，於是我決定「硬」處理；斷絕與該學年的接觸，而其他群組的教師按預定進度繼續進行。

　　為什麼別的學年發表會準備都能如期進行？為什麼該年級遭遇這麼多的挫折，而讓新進老師有如此的感受（早會的發洩方式未必是好，但感受可能是真），可能的解釋是：學年的準備工作遇到瓶頸，或與行政的溝通不良、產生誤會（後來知道教師們求好心切，一再更換主題）。

　　雖然發表會迫在眉急，公文也已發布、接受報名，但不先解決「上述」的觀念問題（沒有經過向上反應或專業的對話，卻做過多的解釋和批判，特別是一個新進才一個月的老師），即使協助他們完成主題設計教案，即使讓他們完成發表，都已不具太大意義。

多少專業、多少堅持 ◎◎◎

　　我不願意主動再走進那個學年；主動接觸，只會被認為是再一次的由上而下的領導模式，我需要逼迫他們做某種程度的省思（內心深處期待他們徹底的檢討）。某週三上午我做了以上的思考，而下午是一個很好溝通的機會，我請教務主任先去了解。

　　傳來三點鐘該學年教師群組想和我座談的訊息，我到了該學年的教師討論室，召集人首先向我一鞠躬說道歉（感受到永安老師的善良與委屈），但我要的是 A 師的「道歉」，因為我清楚的知道永安的一切，也充滿執著與對永安的責任感。我不想直接進入課程設計的討論，草草了事，我有意讓氣氛繼續僵持下去；其中 A 師一度存在辯解的意念，主任一直努力打圓場，眼看著女老師們個個都眼紅落淚（辛苦中多少委屈），但這些都必須暫時的承擔，我在期待一件事：「A師的道歉」；終於他說出口了，一切都可以結束；這一場戲，我看到了教師們的善良與委屈，看到了永安的未來，也看到了我自己對永安的包袱與使命感。

只求命脈傳延——第二次的撞擊融合 ◎◎◎

　　年度主題的校內教師教學研究與發表會的存在，是永安學校課程經營的核心主軸，我認為更是永安永續發展的命脈；原本一直順利的進行，但到了第五

年，受到教師會強力運作的影響，本來級任以學年群組、科任以領域群組參加，總共有十個群組的課程研究，在很多老師採取冷眼旁觀、消極抵制態度下面臨即將斷炊的命運。但我決定不讓他中斷，在學校氣氛不是很好的情況下，由主任採取私下協商的方式徵求自願參加的群組，意外的是：還有三個群組願意繼續參加、二個群組可以派員輪流參加；我仍然積極的帶領他們進行討論開會，在老師的共同努力與配合下，也順利完成該年度教學研究與發表會的舉開。

度過這一個年頭，老師們慢慢體會出課程研究與發表會對永安、對自己的意義，接下來的第七年、第八年，就不用特別費心，全員歸隊，進行全校性的課程研究；這項工作一直持續下去，而且模式已經定型，直到我退休後也還在進行，我希望、也期待能夠持續到永遠。

永安的老師，妳為什麼這麼認真？

一群誤入叢林的小白兔 ◎◎◎

為了能讓永安這群誤入叢林的小白兔盡快能夠新手上路，除了例行的開學前職前研習、週三下午研習以外，每個週四放學後都留下來討論到七、八點，結束後有些老師還留下來，像個夜間部的學校。

看到這種情形，我心裡面想著：這不是常態；於是勉勵老師們一個原則：今天不能比昨天晚回家，今年不能比去年晚回家，否則一定有某些地方方法不對。後來就藉著保全系統建置完成，統統在傍晚6點以前回家，否則一定有些家人會來校抗議。

為了教師群組的運作能夠順暢，先確定組長，再依甄選進來的專長安排科任老師，其餘的組配各學年班群的級任老師；先找出12位有些資歷的老師安排三天的團體動力研習營，囑咐他們必須找到看得順眼、合得來的另外三位老師，組成一個班群，並填出想要教學的年級；六個學年、12個班群很快就組成。記得研習營中有初任教師問一位比較資深的老師說：「永安這麼辛苦，這麼挑戰，妳為什麼這麼勇敢來永安？」這位資深的老師回答更妙：「妳更勇敢，連永安是什麼樣子都不知道，就來了。」形容這群老師是誤入叢林的小白兔，就是這樣來的。

發揮雁行團隊的教師群組精神 ◉◉◎

　　班群教師群組的運作並不容易，沒有任何的經驗，也沒有任何的典範；只能鼓勵他們教師群組就像雁行團隊，彼此通力合作，分享喜悅、分擔憂勞，只要跟上來，不要落得很遠就好，後來有一位老師提供一份資料給我：雁行團隊在海上的飛行距離可以增加71%。以後我常常用這句話鼓勵老師們。

　　有一天經過教室，有一位老師滿臉無奈地對我說：「校長，我們又吵架了！」我只能傾聽，不置可否；幾個禮拜後，又遇到這位老師，她不等我開口又說：「校長，我們又和好了。」原來群組協同討論必然經過一段磨合的高原期，度過這一關，前景就開闊多了。

　　各學年班群的運作，千奇百怪，結局也會不同；每學年度末，都會給各群組教師選填志願，做為下一學年度教師職務安排參考。有一學年兩個群組統統保持不變、填在一起，是最和諧相處的一群；有一學年A、B班群教師交互重組，算是還不錯的學年；有一學年一個群組填在一起，另一群組的志願散在其他各學年，可見一年來相處過程的差異；有一教師離開該班群，另外三人填在一起，則可見該師與其他人相處困難。遇到這種情形，只能在不影響學校整體運作下，盡量滿足他們的志願，但每年總有最後幾位教師需要特別洽商，但總都能完成任務的編組，迎接下一學年度的來臨。

只要曾經擁有，何必天長地久 ◉◉◎

　　若長期觀察班群教師的變化，也可發現不同的現象；有一學年因為八位老師平均年齡相若，個性也都合得來，幾年下來，都不見她們想要拆散群組，也因為長期穩定，又都認真，逐年累積教學實力，是表現較顯眼的一個學年。某一學年有一能力頗強，又很認真的學年帶領者，初期運作發現非常順暢，也有很好表現；第二年發現A班群二位老師過來B班群，B班群二位老師過去A班群，運作也還順利，以為只是個性合不合的問題。在永安原本就是學年A、B兩班群八位教師同時運作，討論教學與學年事務；到了第三年，慢慢發現二個班群不再同步，已經分道揚鑣，各自為政；到了第四年，又發現這一班群四位老師又分為二組，在教學上以不同的方式與節奏分開進行著；後來該帶導者因其他因素離開該學年，才又勉強恢復學年班群的協同運作；這時候才警覺

到：當帶領者能力太強、速度太快時，跟不上或不想跟上的老師會自動放慢腳步，離開隊伍；也開始注意到學年班群有一強力帶領者到底是好是壞的問題。其他學年的班群老師因為調校或職務調整頻繁，比較沒有明顯的運作軌跡，但也都有不同的歷程、不同的結局。

班群教師的組成，不僅是班群空間學校教師協同運作的重要條件，也是強調以課程與教學為學校經營核心工作的永安課程發展上非常重要的動力，班群運作成功與否，關係著永安的發展。經過八年，雖然歷經衝突、折衝、拆合的冷暖過程，但仍有相當的成果，這可從永安教師得過四座教育部「教學卓越獎」，以及四次臺北市教師行動研究團體第一名等等的成績得到證明。

永遠 38℃ 的煮蛙效應 ◐◉◎

每一個人的心情其實會有高潮、也會有低潮；工作順暢心情好的老師會對我說：「校長，我們很乖，很認真喔！您很高興吧！」這個時候我會鼓勵他們：「趁著年輕，好好努力幾年，累積實力，將來受益無窮。」同時，反問他們：「你們為什麼肯這麼認真，不很累嗎？」得到的回應是：「在永安，雖然辛苦，但透過班群的協同，不僅有伴，不孤單，還可以分擔工作，其實可以節省很多時間，在學校整體有系統的運作下，不僅有方向、有目標，還有成就感！我的同學在其他學校，也是很忙、很累，但徬徨得不到援助，我不後悔來永安。」

心情低潮的老師也會對我說：「校長，我知道你用煮蛙效應的原理帶領我們，你好狠，有一天，我們會被你煮熟！」這位老師說對了一半，因為我知道課程的發展不能操之過急，要細水長流才能持久永續，要像潮起潮落一般，讓參與者在不知不覺中移動自己的腳步；我會經常觀察老師的情況，反思自己的領導策略，適度調整指示的強度與進行的節奏。我笑著回答這位老師：「妳放心吧！我會經常將水溫保持在 38℃。」

在執著於永安整體發展的原則下，我也會兼顧每一位老師經驗與能力的不成熟；經常提醒老師，只要朝著正確的方向努力，我不會苛求一時就要有亮眼的表現。但是只要發現觀念、態度出現偏差，我就會及時糾正。有一年，主任提醒我：「校長，你不要那麼兇好嗎？我看著每一個從校長室出來的老師，都紅著眼眶，滿臉委屈的樣子。」原來我只是很直接的告訴她們，應該改進的缺

點而已；同時請輔導室進行對老師的問卷調查，結果出現老師的壓力指數很高，最大壓力的來源是校長；於是我開始注意到老師的反應並觀察老師的困境，適度調整決策的指數。第二年再做同樣的問卷，老師的壓力仍然存在，但最大壓力的來源變成是家長。

原來良幣可以改造劣幣 ◉◉◦

　　這件事情也讓我調整了和老師溝通的方式與技巧；如果是很小的提醒，我會藉著在走廊相遇的時候輕輕的點一下；如果是非點醒不可的重要事情，我會找她空堂的時候，到她教室深度會談；真的到達屢次提醒都不見改善時，才會請到校長室，甚至於事先清楚的告訴老師，如果請你到校長室，你發現有主任（或人事主任）在場陪同時，應該知道事情已經有某種程度的嚴重，如果再不能改善，接下來就提交考核委員會或教評會討論了。永安的情況，並沒有老師到達無可救藥或不適任的地步，但必須提前處理，不能讓不對的習慣與做法長時間持續下去，一則影響永安的整體發展，因為其他的老師都睜著眼睛在看，一則為老師個人的生涯發展著想，不希望將來變成一個家長不斷抗議的不適任教師。雖然知道在教評會的討論，因為委員都是老師，不可能做出太嚴重的處分；但擔任委員的永安老師都會同時提出該老師應該改善的建議，作成紀錄，校長可以依據紀錄批由主任去要求老師改善；這種處理方式對永安老師來說，已經是非常嚴肅的問題，但是效果非常好，被開過會的幾位老師事後都能中規中矩，成為認同永安團隊的成員。

　　團隊中經常有劣幣驅逐良幣的現象，在永安的團隊中卻經常發生良幣正向引導劣幣的情形，一種深度情感與共識形成的學校文化在八年內緩緩建立。八年校長任期屆滿退休後，仍有老師回饋說：校長，現在才知道你對我們有多好！雖然總是有要求，有時還會嚴厲譴責，但我們終究會好好的完成，現在回想起來，滿懷念的！有一位老師清楚的說：「校長，我記得當時你告訴我的一句話，『公平正義、人情義理』，當時聽不太懂，現在我體會出來了。」原來這位老師有一年因為職務調整不合他意，到校長室來，我用那八個字回覆他；其實不是他想去的職務不適合他，而是另外一位老師除了這個職務以外沒有其他適當的地方可以去。

　　現在回想起來，我在分配或交代老師一件事情時，我會先考慮這位老師能

否擔當這件事情，而獨力去完成；如果不能獨力完成，有沒有主任或其他老師可以協助他完成；如果再不行，我自己有沒有能力或時間陪他一起完成；如果不能，就不應該要求這位老師做這件事情，而必須尋求其他的人或其他可替代的方法。或許是因為這樣的想法，在永安的校務推動上，總覺得能夠按部就班、一件一件地把事情做好；或許這就是前面所說的 38℃的煮蛙效應吧！或許這也是退休後還能讓老師懷念的原因吧！

 ## 假如重新來過

　　永安的課程發展史，就是一部教師專業的發展史，更是一部留才、育才、用才的學校發展史；教師能否認同這個團隊，在於能否在這個團隊中找到自己合適的角色定位，然後付出努力，還要能獲得成就的滿足。過程中難以找到自我定位的教師，通常會漸漸脫離團隊的核心，甚或成為鼓動風潮的成員。當學校領導者能注意到這些細節，有效處理，情況通常會迅速的改善。

　　永安在第四年教師會成立，第五年學校陷入低潮，但是在維持組織發展方向、維持命脈持續的堅持下，學校氣氛逐漸改善；在第八年的教師滿意度調查結果：100%的教師（非常及普通）知道本校以團隊運作方式帶動教師專業成長的各項活動；99%的教師（非常及普通）認同本校以團隊運作方式帶動教師專業成長的各項活動；99%的教師（非常及普通）積極參與本校的教師專業成長的各項活動；94%的教師（非常及普通）的覺得在本校的教師專業成長活動中獲益匪淺；90%的教師（非常及普通）的已經在本校的團隊運作中找到自己的成長方向並樂於行動。並在教師專業發展自我評鑑的各項向度中均達 90%以上的信心滿意度。

　　腳步可以有快慢、進度可以有節奏，但是組織發展的方向不可不正確；工作可以有輕重、人員可以有更迭，但是組織維持的命脈不可不為繫；這是永安存在與持續發展的核心精神。經過八年的撞擊、融合、再生的過程，建立了永安團隊難以忽視的共識與文化，這是永安的價值與持續發展的動力。假如重新來過，不知是否還是這樣的歷程！

許銘欽校長小檔案

　　1990 年開始擔任校長，1991 年留學日本，鑽研日本學校行政、學校課程，取得日本東京學藝大學教育學碩士。回國後，籌備臺北市永安國小，將校舍興建與課程規劃同步思考與建構；規劃班群空間，以課程總體營造的觀念建構學校課程。2000 年永安國小開辦，實施九年一貫課程，帶領年輕教師，挑戰班群空間的應用，也挑戰主題統整、班群協同的教學方式，更規劃永安學習、明水時間等彈性課程，培養孩子個性潛能的發展。2008 年校長任期屆滿退休。榮獲 2005 年第二屆教育部「校長領導卓越獎」，2007 年臺北市特殊優良教師（校長類）。

12. 盡情享受回甘之美

臺北市力行國小校長　蔡秀媛

進入校長生涯十七年，

以「實踐教育諾言」反思自己經營學校的心得，

有「無心插柳柳成蔭」的驚喜，

有「有心栽花花不發」的挫折，

有「百思不解萬般無奈」的困頓，

有「相知相惜相互扶持」的踏實，

有「堅持到最後一分鐘」的感動……

這些都是「用心實踐」過程的酸甜苦辣，

除了滿心歡喜的概括承受，也樂於不斷的再建構，

讓學校經營的肌里厚實。

歷程中清楚，自己對教育信念的更堅定，也深刻體會到──

校長生涯雖是孤單的，

但有您有我，

只要我們願意相互加油，

就能為校長生涯建立新的里程碑，

在濃郁的咖啡和清冽的茶香裡，在片言笑語中，

我們的心一次比一次靠近，

鋪陳了下一段教育前路上相互扶持的美好章句。

緣起

　　擔任校長一職已 17 個年頭，「以我們這一代的校長做為見證，為大家留下一些歷史紀錄」的意念種子，在我的內心深處存在很久，而終於真正萌芽並付諸行動的助力乃是：一者，緣起於對校園一些新現象的感觸；再者，感謝校

長學之父林文律教授的熱情號召。

這篇文章為了敘述的張力,儘量以第一人稱敘述,這個「我」也可以代表廣泛「與我同輩的校長朋友」,因此,在寫稿的過程中,我好像陪伴著校長朋友們重新走過來時路。

📖 心安理得　安分守己

在時代的巨輪下,教育的大環境也巨幅變革,校長常飽受校內外諸多壓力,在我腦海中也常常浮現校長朋友在挫折之後,孤單地低頭沉思的身影,很為他們所承受的艱苦與落寞感到心疼。他們像是一群發光的螢火蟲,有時得在時代晦暗的角落,默默散發出人性的光輝、生命的希望。或許,如果不是在晦暗中,便看不清螢火蟲的光;如果不是歷經艱苦困窘的琢磨,便看不見他們恆久的勤勤懇懇、不怨天尤人,這是多麼難能可貴的情操。從他們身上,我深信:「螢火蟲的光雖然微弱渺小,但是亮著便是向巨大的黑暗挑戰。」

最近無意間看到一部影片「Seven Years In Tibet」(譯名:「火線大逃亡」),影片中有一小段對話頗能發人省思,也讓我豁然開朗——少年達賴喇嘛問男主角亨利說:「你為什麼喜歡登山?」為了登高山吃盡苦頭的亨利回答說:「因為登山的時候,我全神專注、心無雜念,這是我最快樂的時刻。」

亨利所說的這句話,給予我極大的安慰與釋懷,因為,我相信:「當校長朋友們很專注地工作、很認真的辦學時,那個當下的他們內心也都是極單純而快樂的!」同時我也相信,是那「極單純的信念」讓他們過得心安理得、心平氣和、安分守己、苦中有樂。

📖 與師生同心　與社會同步

但周遭的校長朋友中,也有不少都是工作至上、績效卓著的菁英校長,他們不僅見解獨到、好強好勝,而且當不利的狀況出現時,也常常勉勵自己:在哪裡跌倒就在哪裡爬起來、絕對不向環境低頭。想不到,「堅持」換來的代價,竟是學校、社會無情的打擊,最後落得黯然退休。這些菁英校長都企圖將過去經營其他學校的成功經驗,複製到每一所新任的學校,企圖成為睥睨同儕的參天神木,殊不知,每一所學校有每一所學校的背景、文化、傳統與特質,

與其強做高人一等的大樹，不如當個盤繞大樹的藤蔓，先找到主流，再順勢攀沿而上，只要找到對的樹，順著趨勢往上走就對了。

經營學校很難逆著環境、披荊斬棘、開拓出一條沒人走的路，不論是多麼天縱英明的校長，都得仰賴一個趨勢、一個主流，都得力求「與師生同心，與社會同步」，再順勢而為，才能水到渠成、事半功倍。戴著鋼盔往前猛衝，往往容易成為先烈，所謂「順藤才摸得到瓜」，那些標榜「雖千萬人吾往矣」、「堅持再堅持，永不放棄」的美德，有時跟經營學校是相剋相沖的。我認為學習放下「凡事聽我的」、「凡事跑第一」的心態，在學校先當個順民，試著「趨炎附勢」、靜待時機，再掌握契機，一躍而上，比較容易成功。

因此，我常自我提醒，應先「充當戲劇中身著黑衣、藏身於黑暗中協助演出的『黑子』角色」，並培養從大處、高處處理事情的能力，以提振團隊士氣。試將職場視為一個修煉的道場，讓各種特質的人才，在不同交會中互相磨練，也讓自己從中獲得做人的深度、高度、強度及軟度。誠如九州的儒學家說：「銳與鈍皆難捨，錐與槌的用法難區分」，我不急著凝聚學校的向心力，先釋出善意，從旁關懷，以彌補對方之不足的黑子精神來帶領同仁，我一向深信在誠摯的精神感召下，不信愛心喚不回。

📔 激發人心　激勵變革

談到改變，一般人都害怕改變，有時我們打造了一個深得人心的變革故事，也可能只激勵到單位主管，卻不一定能激勵到大部分的員工，因為這份教育工作對他們人生的意義，包括五方面：社會、學校、學生、同儕團體，以及「我」個人，如果要激發改變的動力，變革故事必須涵蓋這五個激勵層面。

所以我會讓員工擘劃自己的變革故事，因為當人們是自己選擇去做，而不是被別人要求去做的時候，其付出的程度高達五倍。而我在溝通變革故事時，我也會力求同時涵蓋正面和負面角度，以激發變革的真正能量，因為，若是單單著眼於負面角度，也就是專注在解決問題時，會招致疲乏和抗拒；但單單著眼於正面角度，也就是致力於掌握機會時，雖可以激勵人心，但也可能引發人們不願冒險的心態和行為，因此，同時兼具兩種角度，可緩和不利影響，並將正面影響最大化。

我覺得溝通變革要比較為人所接受，必須：讓人側目傾聽（同仁總是希望主管自己放輕鬆，好讓他們也輕鬆）；傳達了不起的事（並非以風格或言詞取勝，而是內容有核心價值）；是精挑細選的故事（以敘事方式講述問題）；使訊息具體化；焦點放在別人身上；利用共同的經驗；添加幽默感。舉例如下：

為鼓勵老師能參與導護工作，並善解導護志工的心，我用以下書面提醒老師：導護志工天天冒著嚴寒酷暑照顧孩子，也分擔我們的責任，為能真正體諒與體察站崗者的辛勞與用心，避免因自己的方便造成別人的不便；也為能以身作則，當孩子們的好榜樣；更希望發揮教育大愛，讓孩子的安全多一分保障，我們期待大家一學期都能站崗一至二次，享受一下不一樣的體驗。此外，身為志工者，多麼希望除了學生之外，也能看到老師同樣給予他們甜蜜的笑容、關愛的眼神或親切的招呼，這是他們最感欣慰的，畢竟他們要的不多，我們就努力滿足他們吧？！

又如，為了不願看到老師們老是在繁文縟節上大作文章，造成校內對立不安，我也利用教師晨會婉言如下：我們如果能讓「法律生活化」而非「生活法律化」，那該有多好？「法律生活化」指的是法規、法律的訂定與執行，力求通情達理，能與人性、與生活習慣相結合，不致因噎廢食、窒礙難行，畢竟「法理不外人情」；而「生活法律化」指的是以法律的枝微末節，做為凡事取捨或對錯的「唯一標準」，毫無彈性空間，導致日常生活綁手綁腳、動輒得咎，只有「防弊」卻沒有「興利」，最後得不償失。事實上，法律是最低的層次，是維護社會秩序的最後一道防線，只要沒有具體犯意，應不致有大過失才對。

而在倡導變革的同時，我也必須正視到自己也列在有待改變的人群之中，因為許多用心良苦、激勵改變的作法，往往因為校長本身無法以身作則而功虧一簣；或者雖然意識到自己必須改變，但一時也不知該從何下手。因此，我就透過一次次的對話方式，激盪出學校上下，包括我自己真正改變；如果要選擇典範時，我不一定找優秀的指標性人物，反倒是校內基層最意想不到的同仁挺身而出、願意改變，那更能真正把變革向前推進一大步。

此外，激勵同仁如果以一些預期之外的小小心意表示，例如：一張謝卡外加一片巧克力，我覺得對於提高同仁對變革的接受度或滿意度，更為有效。不過，當情勢發展違背同仁所認知的社會公平正義原則時，別忘了，同仁卻會不

惜犧牲個人利益出面抵制。當然，變革光靠立意良善是不夠的，必須降低在執行面的障礙，並密切追蹤員工進度，才能確實發揮效果，否則就像企業詩人說的：「工作，對我們的要求不夠，但矛盾的是，卻榨乾了我們擺上的那一份精力。」

化危機為轉機　化阻力為助力

「每個成功的背後都有不為人知的故事，每個失敗的背後也有不為人知的收穫」。校長生涯有長有短，過程雖有不同，但每個校長都曾對學校的經營管理懷抱著「探險之心」，就如同知名的海洋探險家羅伯特‧巴拉德（Robert Ballard）所說：「每個人都是探險家，人生一世，你怎麼可能不去打開就擺在你面前的那一扇門。」校長生涯確實是一個「發現未被發現」（Discovering the Undiscovered）的旅程，而在這個旅程中每每出現起伏與危機，是要有才識、有膽識，也要有所取捨與不凡修為的校長，才能粹煉出人生智慧的火花。

投籃才能得分，人生與工作的旅程就像在籃球場上一樣，永遠只有投籃才能得分，防守再好也不會得勝，校長迎戰危機的不服輸精神正是最光輝的一面。危機常常是決定性的一刻、關鍵的剎那，是一件事情轉機與惡化的分水嶺；不過，危機不必然是負面的，它雖是前途未卜並有相當風險性，但能夠避免潛在危機、能夠化危機為轉機的校長，就是贏家。

因此，做危機處理時，我經常提醒自己，尊重人的自由平等的價值、生命的尊嚴與財產的安全，這是危機處理的第一要項。學校在處理危機時，如果不把人的普世價值：尊嚴、平等、自由等，擺在組織利益之前，那麼在事關師生安全、學生受教權、教師專業自主權，乃至親師緊張關係等危機事件，一定會遭遇意想不到的責難，而且又會無端引起更多的爭議，使危機處理難上加難。

畢竟在人的管理上，有奧妙的哲理，所謂「人事人事」，永遠把「人」擺在「事」之前，而且「有人才有事」。所以我也常告訴老師「人比事重要」，有問題來找我時，即使我正忙於公事，沒關係，我會先把事情擺一邊，優先處理人的問題。東帝士總裁陳由豪面臨企業危機後的最大感悟就是人事，有「人」才能做事，這樣事情才會成功。

在《活在當下》一書中曾說，人若能往「積極樂觀」的角度去思考，就能

夠把「危機」變成「轉機」，甚至更好；相反的，若思想一直停在「消極悲觀」中，則往往會讓危機更加擴大。因此，當困難來時，我學會冷靜判斷、細心處理，並朝積極正向去思考——相信必能「柳暗花明」、相信「危機是上天最好的安排，危機的背後會有上天的禮物」，果真常能讓逆境有了轉機，甚至化阻力為助力，也讓自己得到成長。

🔖 茶香入口　享受其中

我們都知道，想要把一件事情經營到極致，基本邏輯都是一樣的，你一定要有非常高的熱誠，甚至將它當成信仰來做，為每一個步驟研究出最佳方法，絲毫不能馬虎。誠如企業家何飛鵬先生所言，要把事情做好，就像要做出好茶，必須講究「自慢」的工夫——選好茶，看茶樹的本質；採好茶，考驗的是細節；焙好茶，挑戰的是一連串的自我堅持。

好的茶樹生命力堅韌，可以與雜草共生，力抗天命，長出凝聚天地精華的茶葉來；而高溫多濕、排水良好的環境，也能夠扶植一般茶樹，長出優質的芽心，好的茶，大多不脫離兩者。同理應用於學校經營，前者指的是個人信念，後者指的是學校文化，人塑造環境，而環境也改變人，這雖是老生常談的道理，卻也是校務經營最重要的一環。從一個領導者的角度來看，職場環境如何經營，來自於如何用人，人的信念對了，職場的環境就容易到位；學校用人能力絕非首要考量，「信念最重要！」

所謂「蓬生麻中不扶而直」，學校環境對員工的影響甚大，它會讓工作態度、想法不是那麼正確的人，逐漸導向正道，但反之亦然。強勢校長會塑造一個向中看齊的環境，柔性校長會扮演溝通協調者的角色，讓群體面對同一個目標努力，經營風格並非絕對，但有一點無法改變：人能使馬就水，卻不能使馬飲水——組織能要求同仁朝目標前進，卻無法迫使同仁認同組織價值。因此，如能多集結一些有共識、有理想的同仁一起來努力，對於學校文化的塑造有極大的效果，這種百年樹人的大業，若沒有一點理想色彩，絕對無法持久。

何飛鵬先生所說的茶道——「茶味要出，水要清、心要悟、身要靜」這個道理與校務經營之道不謀而合。所謂「水要清」指的是配套條件要對，要能掌握所擁有的環境與資源，才有能量去塑造；「心要悟」指的是工作信念、基本

態度要正確，也要有熱誠、道德、負責、認真、謙虛……；而「身要靜」指的一者為身處風暴當中，要有足夠的冷靜，再者為要堅忍信念，不因誘惑而做出後患無窮、後悔莫及的決定。所以有人說，校長生涯如同喝茶，喝好茶是王道，而做好事是當校長之道；在〈工作的劫難〉一文中，曾以「Keep Calm and Carry On」來勉勵面臨困境的人，而「Keep Calm and Carry On」提的就是好茶精神。

　　人生難免會有大雪紛飛，走不動、繞不出，而被困在某個境地的時候；擔任校長也一樣，儘管所有的方法都想過了，也努力過了，但還是沒有結果，這樣的困境是人生的常態。時候未到、環境不對，什麼事也做不了，就算花再大力氣去推機會之門，那門卻紋風不動，這個時候，萬一想著「前路不好走，回頭吧！」那就更沒機會了。

　　此時，保持信心、耐心，穩住腳步慢慢來，只要撐得夠久，就永遠有可能。當你歷經九九八十一個劫難，好不容易取經回來，這個得來不易的成功，反倒讓你一輩子回味無窮，也遠比那唾手可得的成功，來得更加珍貴與愛惜，這就是茶味盡出的「回甘」境界了，我現在也漸漸感受到「茶香入口，享受其中」的意境，談回甘還太早，校長之路還有很多事情等著我去經驗與品味。「人永遠無法知道，什麼時候才算時機成熟，機會之門往往久久才開一次，但你沒有每天去推推看，也不會剛好命中那萬分之一的機會。」所以，喝一口茶，Keep Calm and Carry On！

　　而要成為校長輩中令人回甘的「好茶」，就要能對「做對事、做好事」有所堅持，當今很多人在品茶上或待人處事上面臨最大的問題在於不辨品味，只辨價格；沒有正確價值觀，就會隨波逐流，迷信高價、一味比較，人生就永遠是輸家。因此，擔任校長的「王道」就要以「方寸」為師，做最好的表現，有時為了成功，你也許做了許多非我所願的事情，表面上，你是成功了，大家也為你祝賀，但你的內心是否有自己無法面對的事情？無論你身在何方、不管你做了多少事，只有一件事情是真的，那就是每當午夜夢迴，你是否會捫心自問，你快樂嗎？你會不會討厭自己的行為？而當你開始這樣想的時候，就會知道擔任校長的自己該怎麼去做。

深層的快樂　滿足的微笑

實質的快樂是長效、深層的滿足，真實的快樂又稱「杜鄉的微笑」
（Duchenne Smile，取自發現者法國的杜鄉），是發自內心的微笑。陽明大學
教授說：「看看你自己的表情是不是嘴角上揚，眼尾出現魚尾紋，眼眶周圍的
眼窩匝肌和顴肌也被牽動，因為這兩塊肌肉不受意志控制，完全騙不了人。」
如果是「官夫人剪綵的微笑」（Pan American Smile），即所謂的「皮笑肉不
笑」，那就不是發自內心、滿足的微笑。神經心理學家發現，沒有意義的快樂
不能持久，那只是一種「愉悅」，愉悅是感官上的狂喜，來得快、去得也快；
而「滿足感」卻必須是做了最喜歡的事後所帶來的意義和感覺，那種快樂的感
覺才會是深層的，才能長久。

校長經歷一定有其迷人之處，否則不可能很多已擔任二、三十年的校長，
仍不厭倦，或許是校長雖是學校中擁有有限權力卻要擔負無限責任的人，但也
是少數在工作中能享有自我成就喜悅的人。校長的教育理念、品格與能力，對
師生有相當的影響力，也關係到學校教育的成敗，俗語說：「有怎樣的校長，
就有怎樣的學校」就是這個道理。

我擔任校長 17 年的歲月，每所學校皆留下不可磨滅的足跡，也是生平最
感快樂的一件事。個人服務歷程中的所有榮耀與績效，都要感謝一路走來與我
同甘共苦的所有教育夥伴們，以及支持我、鼓勵我、指導我的所有長官，還有
關心教育的各界人士、全體家長提供給我努力的方向與動力，而最重要的是我
的家人給我的支持與體諒，能擁有美滿的家庭是每個人一生中最大的成就。當
然，17 年來再多的榮耀，也比不上那千千萬萬張充滿希望、微笑的臉，而您
的笑臉一定在其中，特別是我摯愛的老公與兒女。

蔡秀媛校長小檔案

　　自 1976 年臺北女師專畢業後，即奉派至臺北市知名大校中山國小任教，承蒙校長、主任們的厚愛，多次予以進修成長機會，遂得以有能力任教資優班，並歷任輔導組長、設備組長、教學組長等職，且能勝任愉快。

　　1988 年，在師長多方鼓勵下，通過了「臺北市國小主任甄試」，並調至臺北市信義國小，歷任教務主任、輔導主任、訓導主任、兼辦人事及學區內幼稚教育輔導員等職。於信義國小任內，更承蒙長官及同仁的肯定與提拔，於 1989 年榮獲「臺北市松山區優良教師獎」，於 1990 年榮獲「師鐸獎」（特殊優良教師獎），於 1992 年榮膺「績優環保人員獎」及「兼辦人事主任特優獎」，並於 1993 年榮膺「臺北市立師範學院傑出校友獎」。

　　1994 年是我人生的另一個高峰，我僥倖通過「臺北市國小校長甄試」，並奉派接掌臺北市大橋國小，在全體同仁的努力下，承辦多項大型活動，也締造了不少佳績，並奉臺北市教育局之命，主持了「臺北市國小教學輔導系統」的專案研究，進而辦理「教學輔導」的初階、中階與高階研習，也因此蔚為風潮；至今各縣市教師均積極參與是項研習活動，也陸續發展出「教師專業發展評鑑」、「教學資源檔」及各項執行成果報告與專書。

　　因在大橋國小的績效倍受肯定，又因得到大家的愛護與支持，遂於2001 年獲遴選為臺北市敦化國小校長，也持續努力建構一所精緻、卓越、創新的都會型優質學校；很快地，兩任八年的校長任期，在敦化親師生的努力下，締造了無數佳績，也完成了許多不可能的任務，並獲遴選為力行國小校長，盼能將敦化成功的經驗也移植力行，讓力行成為南區最閃亮的一顆星。

　　表面上看來，似乎一切順遂如意，惟成果之背後其實都是心血與汗水交織的故事。「凡用過心思的，必會留下痕跡」，我深信！感謝所有幫助過我的師長、親友們，您們都是我生命中的貴人，沒有您們的指導與關愛，就沒有今天的我。

　　期勉以儒家「明知不可為而為之」的精神處事；以佛家「慈悲感恩」的胸懷待人；以道家「逍遙、淡泊、隨緣」之心接受一切安排；並「廣結善緣」，以期「得道多助」；也以「外圓內方」自持，以和為貴卻不失原則，這是我的人生哲學。我認為，嚴格的家教，建立了我道德至上的觀念；儒家的哲學，豐富了我倫理道德的內涵；居仁由義，是為人處事的準則；行有不得、反求諸己，不怨天、不尤人就是廣結善緣的基礎。

　　我深信老子：「以其不爭，故天下莫能與之爭」的不爭哲學，也在我努力工作之後，此言得以應驗，因此，所有的榮譽與職位都是在獲得長官肯定後給我的；我更相信給人愈多，得到的也就愈多，因此我得到很多朋友、很多貴人相助。

13. 峰迴路轉疑無路，柳暗花明又一村
——竹北八年的理路與心路

新竹縣新社國小校長　范揚焄
（榮獲 2007 年教育部「校長領導卓越獎」）

序

　　人家說：「百年修得同船渡，千年修得共枕眠。」是怎樣的緣分，讓我與竹北國小這群肯用心又純真的師生們再次聚首，得以共度三千多個美麗的晨昏？我們患難與共又相互成長。八年的戮力耕耘，辛苦揮汗終能有甜美的收割。一花一世界，一葉一菩提，一座座閃亮的獎盃，與各方交相傳來的讚譽，榮耀了竹北的師生，這是他們成長中被肯定的印記，也更堅定了我原本的初衷——以真誠和教育專業辦學的理念。

　　逝去的歲月，猶如斷了線的珍珠，讓我即時撿拾，以一個個晶瑩剔透，飽含酸甜苦澀的故事，串起那八年別具滋味又豐饒無比的瑰麗生命！

故事一：美麗的碰撞與智慧的體悟——老中青三代攜手合作的園地

　　難得的科任課，學生都到專科教室去上課了，教室裡一片清靜。六年仁班的導師，年輕但擁有碩士學位的淑芬，一面批改著孩子們的回家作業，一面豎著兩隻耳朵，準備隨時接收隔壁班敏華老師上數學課的片片段段。現在的教學進度，正在上「某數的求法」。持續一陣說明之後，敏華老師明確的說：「來，各位帥哥美女們！告訴老師，這題的解題步驟一是……，步驟二是……，步驟三是……」。只聽得陣陣琅琅的敘述，跟隨著老師的問話而來。側耳傾聽，心中正在苦惱著，如何讓班上學生也能輕鬆學好這個單元的淑芬，頓時笑逐顏開，點頭不已。

下課了，淑芬與敏華在茶水間相遇。

「敏華老師，剛剛偷聽了您一節課。我現在終於知道，為什麼我們兩個都是擔任導師，但是會同工不同酬了！我服了，您這一招好用！」

「ㄚˊ？請問您說的是……？」

一陣牽扯，說明了原委。原來教學經驗老到的敏華老師，為了讓孩子們更清楚數學的解題脈絡，她用了幾個關鍵用語，將無形的解題思維轉化為聽得見的語言步驟。

一個資深老師常用的老招，無意間竟成了年輕老師天大的葵花寶典。

⋯⋯⋯⋯⋯⋯⋯⋯⋯⋯⋯⋯⋯⋯⋯⋯⋯⋯⋯⋯⋯⋯⋯⋯⋯⋯⋯⋯⋯⋯⋯

出納組長將考核獎金紙條發下的下班時分，遠遠一陣欣羨的驚呼，從走廊盡頭傳來，幾個年輕老師正圍繞著一位資深老師在說笑。

「天哪！幾乎是我的三倍耶！黃老師，好羨慕您獎金的數字喲！」

「各位大德，稍安勿躁！請先仔細看看我這歲月鮮明的吻痕——滿頭灰髮，智慧無情的節理——美麗的魚尾紋。假如大家還是這麼喜歡，那我就暫且犧牲一次，以我這有限的獎金，換取各位無盡的青春年華，妳們看如何呀？」

「呵！呵！這怎麼可以！這怎麼可以！」

「我不要！我不要！我怎樣子都不要！」

一陣嬉笑聲又隨風遠去但清晰的傳來。

曾有位校長向我提及，他的學校十幾年前成立時，「同時間」進用一批年輕有活力的老師，當時令人稱羨。自信滿滿的教師們，也確曾讓該校的教學成果有目共睹。隨著時間流逝，這批教師們共享「我們一起慢慢變老」的浪漫之後，總覺少了經驗傳承，少了新血輪的挹注。

竹北國小創立於日據時期，歷經九十餘載的成長，現已是屬於城鎮型的中大型學校，學生將近一千五百人。學校老師年齡層寬廣，從教學經驗豐富，言談之間盡是學校歷史，服務三十餘年的神木級老師，到滿腔熱忱但稚嫩猶如初

生之犢的年輕老師都有。老、中、青三代的老師，在校園裡穿梭來回，串起一場場不一樣的教學課堂，有所不同的是經驗的差別與教學的手法，但相同的是一顆顆樂於服務的熱忱與愛心。

如何讓教學經驗豐富的資深老師，細火慢燉數十年的熱情不滅，並願意將箇中老到經驗傳承？如何讓承先啟後中流砥柱的中生代老師，努力不怠持續衝刺樂意付出？如何讓猶如初生之犢般的年輕老師，既能保有活力擁有理想，更能謙恭有倫理？這是一次次有趣美麗的碰撞與智慧的體悟。

 ## 故事二： 校長，您究竟要把我們帶到哪裡去？

「ㄎㄡㄎㄡ」、「ㄎㄡㄎㄡ」，一陣輕啄玻璃的敲門聲傳來，我停下批公文的筆，只見一張笑瞇瞇，雖然稍帶怯生卻難掩興奮與期待的圓臉，出現在校長室的門前。噢！原來是大鳥老師！一個中生代的老師。稍事讓座，一陣東拉西扯閒話家常之後，他終於脫口而出，迸出了這麼一句，讓我為之一震的一句：「校長，您上任已三個月了，您究竟要把我們帶到哪裡去？」

哈！終於有人憋不住了，終於有人直接了當的開口問了！我知道，這三個月來，我私下悄悄地觀察著老師們的氛圍，老師們也靜靜地觀察著我的動向，想知道新官上任，究竟會帶來了些什麼不一樣的東西。

竹北國小數十年來，一直維持著平穩平實也平淡的校風。各項表現，雖不特別亮眼，但也一直在穩定中成長，培育著無數的莘莘學子。2002 年底，到任三個月後的當下，初來乍到的生疏已袪除。細心觀察之餘，發現老師們實為臥虎藏龍，頗具各方能力，唯缺乏方向感與有心者的極力整合。歷經教訓輔三合一、小班小校實驗階段，邁入九年一貫領域課程整合，老師們正面臨著教學由傳統轉向新世代的陣痛，面臨著大環境與內心的挑戰。學校大部分老師們實在想有所改變，但不知所向何方？

積極改革，行事勇敢放手的老師，在班級創辦班刊、教學生創作小書、舉辦各項小型展覽、增加與家長間的親師合作事項，把班級經營得有聲有色，親

師生猶如生命共同體一般。行事保守，作風傳統的老師，一方面膽怯的左顧右盼，束手觀望同儕的動向，一方面又害怕跟不上時代的腳步。許多老師們，在變與不變之間躊躇不定，在做與不做之間猶豫不決。

我，究竟要把大家帶到哪裡去？我，當以真誠和教育專業辦學的理念，來耕耘竹北這塊良田；我當以溫柔的堅持，堅決做對的事，做對整體有益決定。但身為校長的我，深知偌大一個學校，是不能說變就變的。我想利用時間換取空間，慢慢、慢慢的改變，猶如火車轉彎，行駛順暢成功達陣而讓乘客不自覺。

「校長，您上任已三個月了，您究竟要把我們帶到哪裡去？」這是一個好問題。當時，我私下應允自己，心裡給自己一個承諾：親愛的老師們，請相信我，假以時日，在你我共同合作之下，我們一定會讓竹北國小這塊老招牌閃爍著耀眼的光輝。八年過去了，竹北國小這塊招牌果真亮起來，老師們雖不至於自大的走路有風，但自信的光采，早已閃耀於言談之間。

📚 故事三：校長，我只是個小小的代表，您看不在眼裡——校慶典禮的插曲

某天，秋高氣爽的 11 月裡。依慣例，運動場跑道上，各年級學生正秀著頗具特色、精湛熟練的口號或舞藝，向著司令台上的主席我及嘉賓們致意，展開了一年一度熱鬧的校慶運動會。學生進場完畢，依序進行開幕典禮各項儀式，介紹與會長官、來賓，並邀請他們致詞等等行禮如儀完畢。心想，應該沒有任何疏漏才對。節目順利進入各項競賽之際，我安心回到辦公室，急欲思索某些燃眉之急的問題。椅子尚未坐定，手機鈴聲早已響起。家長會長緊急來電，道出剛剛發生在司令台上，因我的一時不察，疏漏了邀請某一位民意代表致詞，以致造成他的誤會，脫口說出「在校長眼裡，我只是一個小小的代表，他看不在眼裡」的話語。心急之際，與這位代表有淵源交情的家長會副會長，適時出現在校長室大門口。他得知此事後，笑著拍拍胸脯說：「沒事啦！我保證讓誤會化解掉。」於是我立即邀請家長會長與救星般的副會長陪同，也顧不了身著體育服裝的不禮貌，拋下正在進

行中的校慶運動會，當下驅車直奔該代表住處，懷著滿腔的誠意致歉，希望能化解無心的疏忽而造成的誤會。

在他爽朗一貫的笑聲中，並沒有對我的致歉多做回應，但事後種種的互動，讓我知道，這件事我做對了。

有人說「魔鬼就在細節裡」。能有大方向的引導固然重要，但也須留意執行過程中的「細微關鍵」，因那可能會是成敗間的臨門一腳。而當誤會發生時，應該心懷誠意，積極找對的人協助，做即時的處理，以減少傷害的延伸。「好得家在」！化險為夷，我過了這一關！否則，天知道，哪天會有什麼麻煩產生而不自覺哩！

 ## 故事四：小男孩與海星的故事

「校長，您要不要考慮一下校園行政倫理？空降一個新進的教師，直接擔任首席主任，您覺得合適嗎？」

「校長，長期以來，學校的課程發展委員會運作就是這樣，為什麼要改變？」

「校長，改變是好的，但是衝得太快，會有反效果。新官上任的主任改革幅度太大了，許多老師都抱怨連連。您要不要考慮一下，踩踩煞車吧！」

「校長，新主任好像說的一套很簡單，實際做的又不是那麼一回事！」

「校長，⋯⋯⋯⋯⋯⋯」

「校長，⋯⋯⋯⋯⋯⋯」

好像瘟疫蔓延一般，有老師、有主任，有單槍匹馬的，有三兩成群的，接連不斷到校長室來給我提供善意的建言。在我沒多做說明，但明快的任命了一個新主任之後。

八年前，來到竹北國小。雖然不是新手校長，但是面對已有八十多年歷史的老學校，我的第一個挑戰就是希望讓學校轉型。學校必須轉型，有其時空背景。竹北市在都市重劃之後，儼然以科技新城的面貌出現，《天下雜誌》將之

評為一個閃亮飛躍的新興都市，新的學校在周邊陸續成立。面對這一波浪潮，我們若不迎頭趕上，再一個浪頭下來，恐怕就是邊緣化的學校了。我該如何引導學校從傳統守舊走向積極創新呢？我當如何讓老師從被動的態度轉變為主動的作為呢？我認為首要之務就是課程與教學領導的改造。因而決定利用老教務主任退休之便，從外校引進活水源頭。但改革總是一場戰爭，如何使力是一門藝術，而我的考驗之路才正要開始！

面對老師們的質疑和批判，我了解到背後存在的意涵是害怕改變，害怕跟不上，未知與茫然的情緒糾纏在一起。如果一切變化的源頭，是為了學生的學習與學校的進步，為什麼不去做呢？於是技巧性的利用教師晨會時間分享了一個讓人低迴咀嚼的故事：

> 在澳洲，有一個出名的海灘，海灘出名的原因在於每天的潮汐會帶來無數的海星，牠們被擱淺在沙灘上，太陽一出來就被曬死了。
>
> 有一天，沙灘上來了一個小男孩，努力的將奄奄一息的海星一個個的丟回大海裡。旁邊的人看不過去，對他說：「小弟弟，這一片一望無際的沙灘，你能救回幾隻海星哪？你能改變些什麼呢？何必做這些吃力不討好的事情呀！」
>
> 小男孩一邊繼續彎腰，將海星投擲回大海裡，一邊回答：「是的，您說的都對。不過對於我手上的這一隻海星而言，就有所不同。因為我的一個舉動，牠的生命將重新開始。」

這個故事悄然觸動了老師們的心弦，更甚一步，在充分授權下，教務處發揮了該有的功能。課發會每個月如期召開二次，事先告知、充分討論的原則裡，經過一年的運作，老師們的疑慮消失了，信心建立了，而課程發展也上了軌道。前一年，學校的年度課程總體計畫不及格被教育處退回的事，早已淡忘在塵封的過去。時機業已成熟，我知道羽翼豐潤的老師，終將展翅高飛一顯身手。

📚 故事五：戲稱要在大晴天撐雨傘遮口水的勇敢團隊

暑假中的某一天，小惠正愉快的逛著誠品書局，一面享受著酷暑

中免費的涼爽，一面貪婪的翻閱著手中的新進小說。

渾然忘我之際，手機鈴聲突兀地響起。

「小惠呀！我是大金啦！明天早上 8 點半要開團隊臨時會議，地點是……，討論主題是……，先思考一下！辛苦你囉！」

「大金呀！你有聽到什麼風聲嗎？曉玉不願意說明理由，就退出團隊了。唉！真不知道她又聽到什麼閒言閒語了？」

「是啊！氣氛這麼低，真令人洩氣，但是為了竹北的孩子們，我們一定要加油唷！至少我們兩個人一定要常常互相打氣，更不能互相拋棄喲！」

「是呀！這樣好了，開學後，我們天天撐著雨傘穿著雨衣去上班，就不會因為風言涼語而感冒，也不會被人家的口水淋滿身了。」

「咱二人……，擎著一枝小雨傘，雨越大……，……，淋得濕漉漉，心情也快活……啦啦啦，心情也快活……」

閩南語老歌，洪榮宏的一枝小雨傘，優雅、溫柔又帶點俏皮的旋律，同時響在兩人的腦際。

「哈！哈！哈！我這一招還高竿吧！」

「哈！哈！哈！別再鬧了，我都快笑出眼淚來了！」

「是啊！分不清是辛酸還是苦澀！」

2003 年暑假初，新竹教育大學陳教授帶來了經費和實習生，希望學校能參與教育部的研究計畫。研究方向由團隊成員自訂，凡是對學校教師教學或學生學習有助益的研究工作皆可。

對大多數的老師而言，在課堂上授課絕不成問題，但對研究工作可就陌生了。雖然幾經相關老師推薦、連絡、邀約，但他們不知道要做些什麼，也不知道自己可以做些什麼，又要如何做呢？加上同儕間質疑又極不友善的態度，有意無意的風言涼語，讓僅有三個老師，剛成立的稚嫩團隊，霎時接受嚴苛的考驗。為了能給竹北的孩子些許不一樣的成長經驗，為了回饋自己成長的母校，變成這三位老師堅持走下去唯一的信念。

幸好團隊成員行事有方，不論寒冬、酷暑或學期中，在行政資源支持下，一面積極邀請專家學者們指導，涵養並擴展自己的專業智能，一面陸續引進相

關研習為學校同儕增能，同時一併解決了許多老師教學現場的困境。團隊成員們發揮專業功能，晉身成為同儕間教學問題諮詢的窗口，並樂意將所學無私的奉獻給大家參考，更棒的是陸續邀請有意願的老師加入團隊行列。就這樣子，一步一腳印，歷經七個寒暑，團隊成員增至三十餘人，並紛跨至社會、數學與英語各領域，不但提升校內學術研究氛圍，在各方面也大有斬獲。

她們，持續撰寫計畫，陸續為學校爭取無數投影設備與近二十片電子教學白板，影響也改變了同儕們的教學模式，更創造了在新竹縣教育界的奇蹟。她們，樂意接待外國老師參訪團隊，接受教學參訪，毫不退卻，愈教愈精采。她們，到縣內外各個研習場合，分享經驗，沉穩自在，愈說愈流暢；她們，參與各項競賽和徵選，不論團體或個人得獎無數，包括教育部閱讀推手、課程創意設計競賽首獎、縣內特殊優良教師、薪火燭光專業教學獎等，並把竹北國小推上教育部閱讀盤石學校寶座。她們，接受《天下雜誌專刊》、教育廣播電台專訪，雖然生疏、緊張，卻在專業領域能侃侃而談。

最近，在繁忙的教學工作中，她們仍將過往七年來的課程資料再次彙整，參加 99 學年度教育部「教學卓越獎」徵選。其實，不管是否得獎，她們已是自己的榮耀。當然，我更願樂見其成，衷心祝福她們！

故事六：折翼天使的呢喃

「你是閩南人嗎？」

「凡凡，你這麼快就吃飽了噢？」關心的老師問道。

「你，大學畢業在民國幾年幾月幾日？」

「昨天才跟你說過的呀！你應該還記得的。」捉狎的老師說。

「你是民國幾年幾月幾日結婚的？」

「嘿！嘿！你一直問，是要幫我慶祝嗎？」調皮的老師回答。

「罵人的話可以講嗎？」

「2001 年 2 月 1 日是星期幾？」

「…………」

「…………」

又到了午餐時間，六年級高壯的凡凡，快速吃完營養午餐，準時出現在科

任老師們用餐的辦公室，固定周旋在幾個老師身邊。那些是他認定又心裡喜歡的師長。他開始了每天固定的問話儀式。

凡凡是個高功能亞斯伯格症的孩子，對於數字和時間，他有著過人的記憶。他的問題不像是用來溝通的，而像是一個固著的模式，透過這樣的問話儀式，他找到了平衡與安全感。

凡凡在竹北國小共讀了七年，他會在竹北國小就讀，其實是一段美麗的巧合，而這段巧合，拓展了普通班老師對於特教教學的視野，豐碩了學校的教學資源，也撫慰了凡凡父母疲憊的身心。

在凡凡要進入幼稚園讀書的那一年，爸媽帶著他在住家附近尋找適合的幼稚園，但首先面對的就是幼稚園的質疑：「亞斯伯格症的孩子有暴力傾向、具有高度的危險性……」、「如果我們接受了他，其他的孩子該怎麼辦？其他的家長會抗議吧？」、「我們學校不適合他，我們沒有這方面的專業教師。」

鄰近的幼稚園沒有人願意接受凡凡，凡凡的父母就這樣一次又一次的被拒絕在門外。擁有醫學專業背景的他們，知道這社會並不是沒有愛，只因為無知造成了不解，但他們那折翼的孩子該往哪裡去呢？每一個生命都有自己的出口，凡凡的父母在一陣尋尋覓覓之後，驀然回首，原來住家附近的竹北國小就有學前融合班。一進入幼稚園，溫和的老師就給了凡凡一個「小天使」的暱稱。在包容開放的學習環境中，凡凡終於可以舒適自在的學習了。

進入小學之後，學校更為了凡凡的學習，特地安排適合的班導師，除了具有愛心和耐心的人格特質之外，還有輔導專業背景。這些老師用心經營班級，營造了良好的互動環境，讓班上同學了解並願意接納凡凡，折翼的天使找到了陪伴者，進入了平穩的學習期。看到了自己孩子的進步與成長，凡凡的爸爸將小愛化為大愛，先後擔任了學校的家長會副會長、家長會顧問，對於學校的配合支持與投入不遺餘力，在圖書館和輔導處隨處可見他們捐贈的圖書。

凡凡不是一個特例，學校裡還有許多特殊的孩子，藉由他，我思索的是：面對愈來愈多的特殊學童，如何提升老師們在輔導和特教方面的知識？面對愈來愈多元的特殊學生，如何減少老師們的不安和焦慮？如何去幫助一個個疲憊不堪的父母？如何安置一個個不知如何是好的學生？

這是個大哉問，光靠學校的力量是不夠的，唯有透過系統的規劃、外來的協助、平臺的整合，積極爭取資源，才能建立使家長放心、老師寬心、學生安

心的學習環境。於是我運用自己和幾位具輔導專業背景同仁的努力,透過縝密性的計畫,並獲得縣府的支持,逐步在本校設置了全縣生命教育中心、學輔中心、心諮中心和社工中心。同時在教育大學教授群的協助下,經由實務性取向的個案研討,增強教師們面對這類學生的輔導知能:

> 「自從學校有了社工員和心理師服務後,我覺得壓力解除不少。」
> 「以前遇到特殊孩子的突發狀況,常常不知所措,現在有人協助,覺得自己放心了許多。」
> 「終於可以擺脫黑白臉的困境了,扮黑臉的事由老師來做,扮白臉的部分就交由專業人員去了。」

這些都是老師們的心聲。有快樂的老師,才有快樂的學生;有快樂的孩子,才有快樂的父母。這是親、師、生三贏的結果。

故事七:誰來平衡報導——校長室門口的五家電視台記者

> 「范校長,聽說學校有老師體罰學生,你要如何懲處?」
> 「范校長,教育部明令教師不得體罰學生,為什麼學校還會發生這樣的事情?」
> 「這次的摑耳光事件,校長你要如何處置?」
> 「對於一個獲頒教育部『卓越領導獎』的校長,學校為什麼會發生這樣的事情呢?」
> 「…………」
> 「…………」

剛切掉IC之音的廣播,愉悅的鎖上車門,前腳踩進校園,後腳還未進入辦公室,沒有任何風吹草動,一切如常的上班日晨間,就在走廊被五家電視台的記者堵個滿懷。一個個辛辣的問題,成了嚥不下去的早餐。在問題未明朗前,我將記者們安置在校長室,答應以最快的速度給個明白,然後緊急召集相關人員,做最險惡的危機處理。我全力以赴,因為事件的來由,當下無人知曉。

過去在記者面前，我總能侃侃而談，不管是治校理念或推動閱讀等等，但因為一個誤會，徹底顛覆了我和記者間的問答模式。一個個無情的提問，我有一種招架不住的感覺。這一切太過於突然了，令人難以置信。我無法將記者們所提及的老師，和我所認知的他做連結，基於對這位老師的信心，在了解情況後，我決定由該班的學生親口說明當天的情形，並請記者平衡報導。

　　事情是這樣子的：被誤認受到體罰的學生，他的父母非常關心孩子，所以請班導師特別留意孩子的學習。事發當下，班導師在行間巡視時，就近關心該生的學習情況，不經意的摸臉動作，被同學誤看成摑耳光回家告訴母親，那位母親在不知情又未向學校探詢的情況下，直接告訴媒體，最後演變成風聲鶴唳，人人避之唯恐不及的「老師體罰學生事件」。

　　雖然媒體隔天做了另一個平衡報導，但是傷害卻已嚴重造成。老師不經意的一個動作，卻換來了天大殊異的解讀，難為了老師，也讓老師們警惕著自己，隨時隨地要戰戰兢兢。

　　「一年365天，每天兢兢業業，家長、學校、教育處官員都視為是理所當然；若有這麼一天，就這麼一次的疏失，所有的心血與付出就可能一筆勾銷，對老師真的很不公平。」教學認真的老師忿忿不平的說。

　　「作業太多了」、「老師的情緒控管不好」、「月考考卷出得太難了」、「對於不適任老師，學校始終無法拿出具體作法……」，常可聽到家長如是抱怨著。

　　在「家長關心」和「教師專業」之間的擺盪，我努力的做著一個客觀的天秤。一方面要同理天下父母的感受，不至於被家長誤解袒護老師，另一方面要信任教師的專業，作為教師的後盾。這是兩難的議題，也是考驗學校領導者智慧，終其一生要面臨的課題。

故事八：驛馬星動，喧囂塵上

　　「報告校長，這是我第七次向校長要求囉！校長今年應該會答應我，讓我到輔導處去吧！」

　　「…………」

　　「報告校長，我們一向不是每二年就輪換一個處室嗎？為什麼今

年就可以有例外？」

「報告校長，國父革命也不過失敗了十次，這次您應該可以答應我了吧？」

「報告校長，我願意學習。」

「…………」

「報告校長，我願意向您做簡報。」

「…………」

鍥而不捨，周而復始的說詞，到了 5 月，就不斷的在耳際響起。可能在主管會報的空檔，可能在某個臨時會議的見面當下，也可能在某個預定的會談當中。喔！今年的驛馬星動，將會是個動輒得咎，難為的一次人事異動安排。

為了培養主任們的宏觀視野，我認為每個主任都應該在不同的處室歷練，轉換跑道接受不同的行政挑戰與考驗，方能更上一層樓。以往經驗，以二年一任輪調，大家雖然會一陣騷動，但都相安無事。今年些許癥結，卻在我任滿八年即將離開前夕引發了陣陣漣漪。

新科總務主任在因緣際會下，勉強三年工作屆滿之際，極力爭取自己該轉換某個處室，另展身手。面對他的主觀期望，在客觀條件的配合上，卻出現了諸多難題，最棘手的是他想去的輔導處，專業性愈來愈強。雖然沒有規定輔導主任該具備那些專業背景，但全縣心諮中心與社工中心當初的設置，是因為竹北國小某些人員的專業背景在，才得以投入的。更何況全縣心諮中心與社工中心工作，不但具延續性更需專業性，沒有相關的專業背景，恐怕難以招架外界頻繁的專訪與參觀。面對客觀環境的評估，面對總務主任的殷殷期盼，我陷入了長思，陷入進退維谷的窘境！

避免傷害擴大，我加速毅然做成抉擇。在整體主、客觀條件考量下，應該有所權變以因地制宜，何況，有原則就有例外，所以最後決定以專業需求前提作考量，歷練仍舊在，只是先請其到別的處室。身為主任，應該具備泱泱大度，接受更多的磨鍊。尤其是應該先增能之後再去做專業的服務，方可避免更專業的家長面前，突然來個措手不及的窘境。

雖然在人事的安排上，無法盡如人意，但是以誠對人，為多數人謀福利一

直是我的信念。感謝老天，我能憑藉過去累積的情誼與專業判斷，為這件事畫上完美的句號，也止住了一陣即將掀起的波瀾。

故事九：中古車思維

「老范啊！這回異動可有機會到新設的學校？」

「就是呀！去年的機會擦身而過，今年……就看看吧！」

「范校長！今年的學校選擇機會不多，先就這樣吧！委屈你啦！」

「老范啊！你在教育界也有些心得，要是到新設校，可好好發揮！」

「是啊！老是在開中古車，不知可有機會開新車？」

「呵！呵！其實中古車也真不差呀！別有一番滋味在心頭呢！」

新竹縣校長任期原本有所限制，但因緣際會，有人可能年資淺歷練輕，就坐上所謂的新校寶座，有人可能喜歡經營偏鄉特色小校。而我，1994 年秋天上任，至今 16 年有餘，所待過的峨眉國小、六家國小、竹北國小都是在日據時期設置的公學校轉換而來。猶有甚者，峨眉國小、六家國小是民國前設置的，雖地處偏鄉，但其百年老校的古老校風依稀尚存。因而，一些好朋友們相聚時，大家都愛開我玩笑，說我一直在開老舊的「中古車」。其實，絕大多數的校長們上任時，接的都是「中古車」哩！

在汽車市場上，中古車的好處眾所周知，例如：價格便宜、選擇性高、不需要有剛開新車的機器運轉磨合期，只要好好地保養與順勢調整，還是可以人車一體，充分享受馳騁的樂趣。

至於跟我緣深情濃的三個老校，歷經在引進大量社區資源，發展地區特色的峨嵋國小初試啼聲後；繼以活動、行政效能、本土語言教學，扭轉劣勢局面的六家國小；到竹北國小的帶動教師教學研究團隊、閱讀盤石學校閃亮的光輝裡，建立教師們的專業自信中，在在證明老舊學校裡，處處泉湧著的新興氣息，就看當家的校長們如何去引發與誘導罷了。

「校長，我以一個竹北國小的校友兼家長及在職老師的身分，衷心感謝您

帶給竹北的改變。您什麼都好，唯一不好的就是來得太慢，而離開得太快。這些改變，我的孩子沒有享受到，而我的孫子又還沒上學！」有人如是說。

甫上任的新社國小，也是個擁有久遠歷史的老學校，而我，正是個鑑賞中古車的簡中高手。給我點時間，我一定會給大家一座七色彩虹橋的！

結語

公餘閒暇，我喜歡背著相機，到處遛達，名為休閒，實為替舞動在娑婆世界裡的眾生眾相留下美麗的蹤影。若有因緣，能偷個浮生半日閒，我更愛沉浸在咖啡薰香雅音繚繞的書齋，以佛理洗滌我的身心。從彌勒佛的燦爛笑臉中，我看到積極樂觀的處世心態；從觀音菩薩的雍容胸懷裡，我體會到慈悲憫懷的人文素養；在代表智慧的文殊菩薩身上，我了解到自己一定要持續精進成長以增智慧；從普賢菩薩身上，我看到踐履篤實的實踐的功夫；從勇於負責的地藏王菩薩身上，我體認到有為有守的重要。

啊！雖然佛曰：「不可說。」但凡人的我，仍然說了！

風

從湖面輕輕拂過

留下粼粼波紋無數

陽光

由雲隙間悄悄穿透

留下朵朵光影無限

歲月

在蓊鬱森林駐留

印記圈圈年輪為痕

我

踏屧十六年的校長舞臺

留下了什麼呢？

喔

每個故事都是歷練中的詩歌

每個故事都是生命中的珍珠

一　粒　粒

晶　瑩　剔　透

一　首　首

瑰　麗　無　比

范揚焄校長小檔案

　　我是一個木匠的兒子，家境清寒，而舅舅一家人，又幾乎都是老師，在這樣的氛圍下，就讀師專以成為老師似乎是我的宿命。隔壁從小看我長大的阿婆看到我成為老師，常向人提出疑問：這麼頑皮的孩子，竟成為老師！她更無法相信，在我進入教育界18年後擔任校長一職！

　　「校長就是那個在校園裡走來走去的人！」這是二年級小朋友在作業中對我下的定義。16年來，我走過三個學校的校園，邁向第四個學校。始終積極、樂觀，帶給學校改變，帶給學生希望。我會在校園裡，繼續地，走下去！

14. 杏壇五味雜陳三段情

臺北縣鄧公國小校長　李永霑

「現代的教師真的很難為，一下子家長的問題，一下子要配合學校行政的瑣瑣碎碎事務，一下子又有班上特殊生的狀況要處理，一下子還有一大疊家庭聯絡簿等著馬上要批閱；還有教務處作業調閱，學務處要運動會節目預演，輔導室催繳輔導紀錄卡，總務處發出提繳班級午餐人數統計最後通牒。更重要的是還得按表操課，如期完成教學進度，否則成績評量怎麼辦？哪像你們校長，每天喝茶看報紙，忙著交際應酬，而且走路都走在前面，照相留給你站在中間，吃飯常常有別人付錢。你們在上位的，天天都被服侍得好好的，哪知道我們這些基層第一線的老師們有多辛苦？下班回家還不知道多幫忙點家務事，當什麼老太爺！」

這是以往內人在我下班回家時，常常嘮嘮叨叨的怨言。直到有一天孩子來辦公室探班，坐了半天親眼目賭，看我簡直像醫院接受掛號門診的大夫，一個接一個，見什麼人依什麼狀況說什麼話，之後還要交代主任後續狀況處理。還有白板行事曆上列出許多要親自出席的會議，辦公桌上放著一大疊的公文卷宗、工程採購合約書等著批閱用印呢！至此，家人才深知許多事情不能只看表相，在台面上看似光鮮亮麗的校長，背後實有許多五味雜陳鮮為人知的心情故事。否則為什麼有好些正值英年的校長們會選擇退休，不願再留下來多貢獻些？為什麼有些校長甚至會鬱悶得輕生呢？

回首校長生涯 15 年來，在北縣歷經乾華、新興、鄧公等三所國小，由偏遠地區到市區，在不同的場域、不同的組合、不同的校風下，焠鍊我更加沉著思考和應變解決，雖是五味雜陳點滴在心，卻是甘之如飴回味無窮。

海濱山巔世外桃花源

　　由市區中大型學校主任躍升偏遠小學校校長，一時間突然不能適應，第一天升旗的時候，眼看操場這麼大學生人數卻那麼少，就問主任學生怎麼不快出來集合，主任告訴我全校師生都出來了。這才恍然大悟，可不能再沉迷在以往場面浩大，登高一呼那種豪壯的氣焰中了。調適好自己，多用心在每一個孩子身上吧！當下建議主任把排排站的隊伍，改變成童軍活動中的馬蹄型，全校幾十個人你看得到我，我也看得到你，場面也比較大，很有全校一家人的感覺。

　　走出校長室，站在走廊左右一望向前一看，全校盡在眼底，奇怪的是為什麼上課中會有學生跑到操場上嬉戲玩耍？查訪老師細問之下，才知是拜當時正在推動的開放教育所賜，老師們在多次的研習中，選擇性的接收訊息，矢口指認教授專家學者說要讓孩子在快樂自由中學習成長，課堂上只要孩子認為他學會了學夠了就可以自由離去，做他想做的事，可以加深加廣的學習，不必拘泥在教室中。

　　我心中暗自思量，每班學生人數不到 20 個人，幾乎跟研究所一樣，比起市區學校大班級人數輕鬆多了，正可以好好個別化教學，怎麼可以大混小混還想大家都一帆風順呢！如果我馬上嚴屬的告誡訓示，大家一定會說我新官上任三把火，燒完就沒了。正好我的教導主任和總務主也是剛儲訓派任，大家都是新人，難怪老師們一直在觀望試探中。於是我請教導主任和總務主任分別向大家曉以大義，一則為教育大愛，一則為孩子在學校上課中的安全，千萬不可掉以輕心。我也特別叮嚀老師們，開放教育固然是要用更活潑更開放的教學方式讓孩子們在快樂中學習成長，但是它仍很重視孩子基本能力的培養，不是讓他們在快樂學習中安樂死。期末當學生考完試老師忙著做成績的時候，我為每班做了一個測驗，我親自命題、親自監考、親自閱卷，這是一份融合各科的試卷，只要 80 分以上，期末休業式時，按照高分的排序，人人可以上台自由選一份陳列在舞臺上的禮物，這些禮品都是我平常參加各類慶典、研習活動時主辦單位送的。第二學期中有老師來問我，期末還有沒有抽考，因為他的班級上次抽考時沒有人得獎很沒面子，這次一定要扳回面子。其實任何做法都是手段而已，目的是要老師認真教學重視孩子基本能力的培養，看到大家都跟上腳步

我就寬心了。

　　這所學校還有一個分校，分校主任是個麻煩人物，每次來校本部參加教師晨會，回去都不轉達有關事項，還常常跟分校同仁說校長只管校本部都不重視分校，最後只好請分校多派一位老師上來參加晨會。此外，他常自己採購、訂閱報紙，說是公務用，拿收據就要請款。收據經查全是他家附近的雜貨店索取的空白用印單據自己填註上去的，我即刻嚴屬予以訓誡，告知買任何物品一定要先辦理申購核准，並曉以嚴重性。他仍嬉皮笑臉不知悔悟，所以第二學期就請他下台回任一般教師。沒料到他會請鄉長出面關說，希望不要異動他的主任職務，我坦誠的把詳情告訴鄉長，並請問鄉長在公所如果碰到這樣的課長，會任由他為所欲為繼續任用嗎？鄉長笑一笑說：「這事不會再介入了。」

　　自我行銷是當今社會中生存、脫穎而出的重要策略，三年中我主動積極承辦了二次幼童軍服務員木章基本訓練、全縣幼童軍幼女童軍聯團大檢閱和親子夏令營，服務員唱跳、手工藝、遊戲研習，請大家上山來享受叢林的芬多精，看看海濱山巔桃花源的好山好水，台電核一廠優質的山泉游泳池，還有自闢的石門鐵觀音茶園，至今每年我都還會收到幾包校園出產自製的茶葉，非常溫馨。

打造優質的行政團隊

　　四處主任有二位彼此不講話，有事要聯絡用傳紙條溝通，且各放組長於會議中互咬，另總務為校舍工程遭教育局重點列管，被標示三隻烏龜加驚嘆號——「嚴重落後」，電梯下游承包商拿不到工程款要來拆除，所有校舍沒有使用執照，師生在違建校舍中上課，部分校舍延宕沒完成驗收縣府再三催辦。在狀況不明的情形下，興高彩烈回家鄉學校接掌校務，了解實際情況後差點昏倒，百廢待舉千頭萬緒，怎麼辦？校長學的重要原則之一是蓋括承受，不能數說前人的不是。這段期間所承受的壓力，內心的煎熬，所有的苦悶自己扛，非當事人豈能真正了解體驗個中滋味？長久以來，我一直堅信蔣中正先生在當年中華民國退出聯合國時，期期勉國人的一句話：「*形勢是客觀的，成之於人；力量是主觀的，操之在我。*」只要處變不驚莊敬自強，腳踏實地步步為營，誠誠懇懇待人實實在在做事，必定天下無難事。

　　經過二年的謀合調整，行政團隊尚無明顯改善績效，為學校永續的大業，已到非重組團隊不可的關鍵時刻。而當年的學校主任都是經過教育廳甄選，教師研習會儲訓合格列冊分發來的，要動他們居於情理法實非易事。好在學校尚有合格的主任人選，經過淡水河畔咖啡屋稟燭夜談、披肝瀝膽、曉以大義，新年度新團隊終於成形並付諸執行。「獨斷獨行、剛愎自用、不通人情！」、「創校功臣，人家沒有功勞也有苦勞，怎麼可以一點情面都不給？」這些種種傳言在校園在家長間逐漸流傳，說我的心境不受影響是騙人的。但看準了改變一定會更好，我就勇敢的做下去，況且我有一個但書：「學校有主任資格的老師那麼多位，不要埋沒人才，大家輪流做，人人有機會。有時候換人做做看，未必不是一件好事。」果然一年後有了180度的大轉變，在運動會之後，幾位歷任家長會長和委員在餐廳宴請我的行政團隊，讚美肯定有嘉，並讚賞我的勇氣和魄力，表態一定大力支持學校。這證實了當時的抉擇是明智的，也讓我心中頗感安慰。

　　因為行政團隊兢兢業業謹守工作崗位齊心努力打拼，所有工程終於趕上進度並先後完成驗收。學校土地也申請丈量完成分割，並申請核發所有權狀。在我調校前，校舍使用執照、校地所有權狀都已核發。執行進度、績效躍居全縣之冠，總務主任也因此蒙縣府計小功乙次獎勵。至此總算否極泰來撥雲霧見青天，階段性任務逐一達成，任期將屆我就安心離開了。

 ## 一顆閃亮的課程明星

　　「行政是手段，教學才是目的。」學校的主體是學生，因此在校務經營中，除了老師的班級經營和教學外，校長的課程領導至為重要。歐用生教授說：「課程不是創造出來的，它是發展、改革出來的。而每一所學校都是課程的改革中心，每一間教室都是課程的實驗室，每一位教師都是課程的研發者。」這句話一直深印在我的腦海中。在九年一貫課程剛推出試辦的時刻，學校雖未在臺北縣教育局欽點的行列中，但我有一個清楚的願景，期盼能讓教師及早因應未來教育現場的變化，了解將來教育的趨勢，適應教學型態的改變和落實九年一貫新課程中「學校本位課程」及「課程統整」兩大精神目標，企圖以行政的主導、規劃，帶領老師們進入九年一貫課程的世界，期待經由他們實

際運作之後，能夠產生迴響。藉由相互激盪、辯證、檢討、溝通，形成共識建立團隊，走出屬於自己的「學校本位課程」及「課程發展研究」運作模式。邀約了幾位區內的校長夥伴一同共襄盛舉，所得到的答案都是「你先做吧！將來有成，一定追隨著做」。而老師們普遍存著一種墨守成規不求突破的心態，還流傳著：「教育改革像月亮，初一十五不一樣；管它一樣不一樣，我就是這一個樣；課程改來又改去，又能把我怎麼樣？」看到這情形有點氣餒，覺得似乎走不下去了。但想到孫中山先生曾說過：「吾心信其可行，雖移山填海之難，終有成功之日。」一個中華民國歷經十次革命，耗了多少人力、財力、多少人拋頭顱灑熱血，終於成功了。我這點小挫折小困難又算什麼？如果想做，一定可以為困難找出解決的方法；如果不想做，也一定可以找到不能做的理由來自圓其說。行政會議中確定自發性的投入九年一貫課程試辦的行列，隨即請主任們迅速成立了課程研發小組，一、二年級成立班群工作坊，又就近商請淡江大學師培中心教授蒞校協助指導，分領域分年級展開試辦工作坊，有教材教案編寫、有班級試教、有班群觀摩、有全校性暨開放全區的教學觀摩等等，我使用特支費補助他們在校園角落或學校附近的咖啡雅座、冰果屋進行班群研討，期末還大膽的舉辦了教學行動研究發表。年輕的老師們在工作坊中常各有堅持互不相讓，最後總得主任或校長出面協調。也有不願參加又怕別人說他怠惰的同仁，紛紛調到鄰近沒有試辦的學校去。也有人PO上網路指責校長好大喜功，推出九年一貫課程試辦，弄得全校雞犬不寧，簡直是後白色恐怖時代的來臨。然而我一直堅信正面、積極的績效，可以消彌所有的流言。

　　年底和老師們座談，問他們班群工作坊的感覺，一位老師說：「那是一個由疼痛到痛快的體驗，開始我們各有己見各有堅持彼此很難退讓，互相攻防，真的很疼痛耶！不過經由主任和校長居中調和，我們慢慢學會放下自己欣賞別人互補長短，團隊共識建立，彼此很有默契，那個感覺真好，很痛快耶！我們希望可以一直在一起。」還有老師說：「我終於走出了個人自己的教室王國，以前我不喜歡別人來碰觸或干擾我的班級。現在發現建立班群形成共識，彼此資源共享，省好多力氣，又建立良好的情誼，實在很好。」我們將各學年分為三個班群，設班群群長負責聯繫協同與合作，同時教師依專長及興趣參與學校本位課程討論，分工合作發展學校特色。此外科任老師依專長進行協同教學，促使教學合作順暢愉快。我們更重視專業對話文化的建立，我相信「每次教師

的聚會，都是專業成長的機會」，所以對學年共同時間及使用空間，教師讀書會、共同討論對話時間都很審慎的安排。幾年來在大家胼手胝足的努力下，綻開了亮麗的成績。91 學年度榮獲教育部頒發「標竿一百——九年一貫課程推手」個人暨團體獎，並接受教育廣播電台專訪，於全國頻道中播出，又承辦北區六縣市九年一貫課程試辦教學觀摩會，臺東縣國中小校長外埠參觀、臺中縣國教輔導團還先後到學校來取經。2007 年首屆兩岸青少年社會教育論壇，個人有幸代表臺灣於北京人民大會堂金廳發表論述，就是分享這段課程領導的經驗。

 ## 誤觸法網的心聲淚痕

校園百廢待舉，處處隱藏危機死角，亟待修繕，因此日日都有經費不足的感覺，這才體驗到「金錢不是萬能，但沒有錢確是萬萬不能」之說不是沒有道理。欣逢創校十週年，一則以喜一則以憂，喜的是創校十年了，古人說十年樹木百年樹人；對一所新設立的學校而言，十年應有許多可說可慶賀可把資料彙整留下來的地方，恭逢其時正是一展身手的好機會。憂的是除了百年老校縣府會專款補助外，幾十年的學校縣內比比皆是，更遑論十年的小伙子學校了。而向縣議員、鎮民代表爭取補助款，可行的也只是區區二、三萬元，如果五萬就是很大的人情了。天下無難事老天總會照顧有心人的，經過好友的介紹，爭取到了一筆為數不少的經費，足夠為摘星、望月、朝陽、觀海各樓層命名上字。也添購了增班所需的教具、掛圖、體育器材等物品。又辦了音樂會、運動會、園遊會、師生美展、出刊專輯等系列校慶慶祝活動。

事隔一年，縣府審計室來查帳，我起先以為是例行公事，但是居然有幾本帳冊憑證和採購資料都被帶走，接著又是調查局北部地區機動工作組以涉嫌貪污治罪條例為案調訊。一行共有十幾所學校校長和總務主任應訊，每位應訊回來都說很恐怖，進到裡面都會心慌、害怕、語無倫次，只希望能快點出來；我不知天高地厚，不知已臨深淵，還信誓旦旦的心想反正我又沒有貪污，又沒有拿廠商的好處，又不是拿人紅包、回扣被照相，也沒有拿人家送的禮物，有什麼好怕的！應訊時口無遮攔、侃侃而談，還在裡面接受免費的午餐便當。沒料在交叉質詢中，他們很技巧的勉強要到他們所想要的答案，所以我們被起訴完全沒有任何罪證，只是很薄弱的說是根據嫌犯的自白。為求自保只好每庭花

七、八萬元委請專任律師尋求解套，但是很不甘心。尤其因為涉案被記了一次申誡，考績被列為乙等，少了一個月薪資獎金，校長的功過又不能相抵，杏壇幾十年蒙上了這個揮之不去的污點。每想到此實在覺得很悲哀，難怪其中幾位校長說退休算了，我就是嚥不下這口氣，非還我清白我不退休。尤其在我了解本案起因是因為政治鬥爭層峯交辦而來，結果沒有打到老虎，反而使我們這些用到配合補助款的學校行政人員遭受魚池之殃，真令人不勝噓唏。以前聽老一輩的前人說：「大混小混，你就會一帆風順；苦幹實幹，當心你會被移送法辦。」好像在我們身上證實了，如果我們不想多做點事，不去為學校多爭取些經費，不就沒這些麻煩了嗎？經過這場目前還沒落幕的採購案，使我以更審慎的態度面對輕如鴻毛重如泰山的法律，也不再隨便接受天上掉下來的禮物突如其來的補助款，更加重視學校總務人員對政府採購法的研習和正確認知。

有一天，一位家長怒氣沖沖的到學校來，說孩子在校園受傷骨折，要求申請國賠 80 萬元。我誠懇的和他交談，並說明孩子是因為放學下樓梯時看到鐵捲門，一時興起把它當單槓來跳掛，沒料手沒勾到摔下來骨折了，這是意外，級任老師也誠懇的帶水果去看過孩子，申請國賠於法無據，希望申請平安保險就好，所有事情到此為止。但家長兇巴巴的撂下狠話，說：「校長，你如果不好好談一談理賠，我堅持提告，你有沒有事？」我回答說：「我是學校法定代理人，只要你提告，我一定得代表學校出庭，不過凡事要講理，不是一提告，學校就很害怕。」接下來我出席了鎮內的調解委員會，家長不滿的指責說我熟識調解委員，因此有所偏袒，一狀告到士林地方法院，我只好陪著出庭，另一位律師家長很熱心的教我如何寫答辯狀，出庭時法官問我，家長指稱學校的設備引誘孩子去玩造成傷害理當要賠，對此有何看法。我很誠懇的告知鐵捲門是設備而不是遊戲器材，如果遊戲器材沒有維修好或沒有管理好而造成孩子意外傷害，學校理當要負起一切責任。但如果是不當或不按規定使用設備而造成傷害，除了道義上的關心和責任外，學校可以不做太多的回應。那位家長還理直氣壯的說他請教過律師，於法他站得住腳，學校一定要理賠。法官也不悅的說，是哪位律師可以請他為你出庭辯護，你說的理由很牽強，本席不再審理。後來我才知道這位家長原來是因為社會不景氣經濟蕭條導致被裁員失業，加上一些觀念不正確的街坊鄰居親友提供意見，才會動腦筋想從學校撈點錢。不過他索賠 80 萬元，地方法院開庭就得繳八千元，除非勝訴對方得付這筆款項，

否則偷雞不成連這把米也沒了。無端出入調解委員會和士林地方法院，也只有莞爾一笑。

 精誠所至金石真會開

　　服務杏壇三十多年來，從老師、主任到校長，一直沒離開自己最鍾愛的淡水區，或許感動老天特蒙垂愛，在我任期第七年時，校長異動一改以往偏遠地區屆滿三年或六年，一般地區屆滿四年或八年才能異動。開放偏遠地區第五年也可以異動，一般地區第六年或第七年也可以異動。同時區內有二所學校校長退休，一是我師專畢業前集中實習的學校，一是我的母校中心國小，另有一所任期屆滿八年校長必須異動的學校，剛巧也是我參與創校調陞校長後闊別十年的懷念之地。三所學校都有特殊情感和淵源，多位好夥伴鼓勵勸進我到中心國小，最後我選擇了曾經胼手胝足共同努力創校奠基的好學園。

　　因為人事異動更迭頻繁，當年的舊識留下仍在職的不多，學校文化也起了很大的變化，唯一沒變的是老師們認真教學和對孩子的用心。在歡送迎會上，已隱約的感受到一股特別的氣氛，待我去面對。果然第一週星期二的教師晨會時，行政和教師間針鋒相對的展開場面火爆的舌戰。接著校務會議時，教師會又提出似是而非的提案，攻防之間雙方言詞犀利火爆絲毫不留情面。心想：這樣的工作環境，往後的日子真不知道要怎麼過。還有掌控考績委員的大多數，平日努力蒐證。順我者消遙，逆我者不順眼者年終考績一定給你在乙等（四條二款）以下，校園存在這種惡勢力的次級團體實在令我非常驚愕。

　　當時學校員生消費合作社縣內普遍委外經營，一則可以減少老師們本職外的兼辦工作，二則學校只要提供場地，每年就可以有一筆為數不少的經費可以彈性運用，唯一的條件是得召開社員大會通過解散，合作社才能委外經營。為此我特別請總務處蒐集縣內委外經營學校的相關資料，並把委外經營和自營的利弊得失作一詳細的分析比較，在大會中提出報告。這股次級團體的勢力，為擭衛教師、行政對立的立場，即使委外經營真的比較好，當然不會輕易的通過。

　　仔細思量，我一本初衷「誠誠懇懇的待人，實實在在的做事」。選擇積極主動的走入他們中間，誠懇的和他們對話互動。記得第一次主動列席教師會理

監事會議，他們婉轉的拒絕說：「校長您公務繁忙，這種會議可以不必來。如果有需要，我們會請你來列席互相對話。」這個依附在學校的次級團體氣焰如此猖狂，我暫且莞爾一笑。新年度教師會理事長交接時，我還是主動列席並且致贈新任和卸任理事長各一大束鮮花又讚許他們「為基層教師發聲，立優質教師典範」。後來教師會理事長主動的來校長室和我溝通，抒發他們多年來林林總總的不滿事端的始末，又提出許多應興應革的寶貴意見，我也讚賞他們許多好作為，諸如新進老師座談會、認輔新進同仁、舉辦同仁戶外踏青等聯誼活動。對於可行的好建議，馬上付諸執行。於是僵硬對峙的局面漸緩，我又鼓勵教師會的老師多多來嘗試體驗行政工作的角色，同時交代主任輪調時一定要釋出新的組長缺，讓人人有機會進入行政團隊。這一陣子好多位新進入行政團隊，從以前專事批判別人轉換成常要遭人批評指正，個中滋味譬如飲水冷暖自知，大家就多了一份將心比心體諒別人難處的情誼。去年校務評鑑時，那位素來以猛烈大砲聞名的老師居然來問我評鑑那幾天要不要請假，以免情緒失控亂講話會壞了大事。我笑笑的說：「不用請假，如果真有你講話的機會，就暢所欲言吧！但希望一切都是為學校好。」合作社的理事主席也是出了名的火爆人物，居然也來問我校務評鑑有沒有什麼需要經費支援的，合作教育編有預算可用。這一切使我非常窩心，當然校務評鑑得了全縣的特優。年底教師會理事長改選居然沒有人願意接任，原因是校內溝通的管道已暢通，沒有特別需要對抗的。我本想請資訊組長在網頁上把教師會理事長填上「吳人作」表示沒有人要做。後來覺得不妥，還是留白。今年社會局指正，有教師會的學校，如果沒有解散還是要推選一位理事長，我也協助促成了。

虛虛實實的行政疼痛

　　「蕭規曹隨」是一般接任行政的初步要訣，沒想到我會在這個節骨眼上出差錯翻筋斗弄了個大窘境。新學期班級費使用按總務處的簽呈，盡量落實在班級裡，行政一點都沒有扣發。教師晨會中科任老師提出抗議，要求比照往年科任老師應提撥一定的比例，統一放在科任辦公室使用，當下我只能說查明再議。總務主任告訴我以往就是這樣，為確認是真實我又打電話問前任校長，證實無誤。所以下次晨會我就很篤定的向大家說明，並且建議科任老師如果教學

上真有需要，可以請級任老師班費支援。未料科任老師群起攻之，說校長資訊有誤，如果不信可以去問某位借調在外的前主任。經過追問，果然老師們所說為真。我整個臉都綠了，怎麼會這樣？只有放下身段，在下一次晨會中公開向大家道歉，檢討自己資訊不足沒有做正確的裁斷。還好老師們都能體諒，合作社理事主席起來發言，提撥合作教育經費補上科任老師那一部分的缺額，我也應允下學期一定調整回來。但他們部分代表到校長室找我，指稱錯不在校長，要求主任公開道歉。我也轉告主任，但她拒絕不接受，我也無意勉強，只是這個結一旦擱置，再努力也很難解開，也是我一個永遠的痛。

事情還沒有了，打不到老虎就打蒼蠅洩憤，偏偏總務主任所用的二位組長有點「白目」又沒有危機意識，也缺乏廣結善緣，被蒐證於年度考績會中提出工作不力、教學不認真作業未批改完，指稱應列考績乙等，主任愛護部屬心切還特別向我請求救援。依規定校長不參加考績會議，但最後要送校長核示報呈縣府，我退回二次要求重新審查，並依規定請二位當事人列席會議對話。考績會仍過半數堅持將兩人考績列四條二款（乙等），我只得動用行政裁量權，將兩人提列四條一款（甲等）報府核示。事後仍召集考績委員說明將該二員提列甲等的原委，沒料到有兩位委員義憤填膺的憤而離席，並一狀告到教育局。我隨機曉諭委員們，大家是全體老師們選出來的代表，任意離席不僅不禮貌有失教師風度，也是失職。後來駐區督學到校了解實況，我一五一十據實報告，並指出當前各級教師會自視甚高，在縣市、中央氣焰高漲為所欲為，不斷為爭取私人權益高談闊論，又有立委和少數長官撐腰，行政已成弱勢，校長如果再不挺行政人員不照顧他們，以後要找老師兼辦行政工作可就難了，況且這兩位組長雖有小瑕疵，功過相抵也還不及死，如果其中夾帶個人恩怨造成遺憾就不好，駐區督學最後還是贊同我的做法。這兩年來校長們自立自強，先後在各縣市、全國成立校長協會，有了發聲的管道和對話的平臺，並且主動出擊直達中央，教師會的氣焰也逐漸式微了。

柳暗花明邁向新一村

我一直秉持堅信這樣的理念：「教育政策會改變，而教育的本質永遠不會改變；那就是讓孩子在快樂的環境中學習、成長，激發他內在優質的潛能。學

校校長會更迭，而學校的經營是永續的發展；那就像是運動場上的接力賽跑，一棒接一棒，努力目標不因人而異。」經營校務本著「誠誠懇懇待人，實實在在做事」的原則，先求人事的安定和諧，再謀願景的發展。本校將是我杏壇四十餘年的終點站，眼見校史館、風雨球場、綠圍籬等工程將逐一完成。校舍頂樓斜屋頂、操場PU跑道整修、電梯更新、廁所整建也在規劃設計中，退休前應可完成。再者社團的蓬勃發展，柔道、桌球經縣府核定為重點發展學校，舞蹈社、節奏樂隊、跆拳道隊、劍道隊、躲避球隊年年奪魁；語文競賽、科學展覽、鄉土補充教材編輯已嶄露頭角；又邁向國際與大韓民國京畿道安山市湖東初等學校締結為姐妹校，每年定期師生互訪家庭接待交流學習，島內、離島亦將展開姐妹校結盟交流互訪擴展師生視野。

　　雖然校長一職酸甜苦辣五味雜陳，但一路走來甘之如飴，待任期屆滿應是安心交棒快樂退休的時刻了。

李永霑校長小檔案

李永霑，出生於臺灣省臺北縣淡水鎮，世居淡水已過耳順之年。從教師、主任到校長，歷經竹圍、天生、橫山、水源、鄧公、乾華、新興等七所國小，一直都在淡水區服務，是一位道地本土派的基層教育從業人員。先後畢、結業於省立臺北師專國校師資科、私立輔仁大學夜間部中文系、國立高雄師範大學教育研究所四十學分班、國立臺灣師範大學社會教育研究所、國立臺北教育大學教育政策與管理研究所校長專業領導博士學分班。

教師年資 10 年，主任 14 年，校長已屆 15 年，始終秉持著「為孩子營造一個快樂的學習環境，激發他內在優質的潛能，期能適性發展得其所在」之信念。1988 年榮獲臺灣省特殊優良教師師鐸獎，1999 年、2003 年兩度榮獲臺北縣推行社會教育有功人員個人獎，2002 年榮獲教育部「標竿一百——九年一貫課程推手」績優團隊暨個人獎，並蒙教育廣播電台採訪於全國頻道播出，是對長年的用心和努力最大的肯定。

著有社會科鄉土補充教材——《認識家鄉淡水》、《走過新興的歲月》、《境外教育拾穗》、《童軍與我》等教育小札，2007 年 7 月於北京全國政協禮堂金廳舉辦的兩岸首屆青少年社會教育論壇發表「學校教育如何與社會接軌」論述。

15. 教育四季——
春耕夏織、秋收冬蘊

高雄縣鳳翔國小校長　呂瑞芬

（榮獲 2005 年教育部「校長領導卓越獎」）

教育耕耘　學校經營　宛若四季
栽下學習的種子　孕育成長的希望
春耕　耘一畝教育夢田
夏織　紡一匹團隊錦繡
秋收　藏一季生活豐饒
冬蘊　釀一醰生命酣暢
於是　每個生命故事
就在　春耕夏織　秋收冬蘊　四時流轉裡
紮根　萌芽　開花　結果　重生
綻放多元美麗　締結永續豐實

**春耕——從拓荒出發　耕一畝教育夢田
讓「希望」萌芽茁壯**

～一個創校的生命故事～
雖然創校的承擔　任重且道遠
我　依然無悔自己的抉擇
在校長生涯裡
能依教育理念、理想
成就一所心目中的好學校
我比別人多一份辛苦的擔待與歷練
卻也多了更幸福的雋永與玩味

是值得告慰一生教育職涯的完美句點

不管　流血、流淚、流汗……

都會是寫歷史的　墨漬

能揮灑童年的色彩、豐潤成長的足跡

把籌校工程　當做人生課程　學習

將校園規劃　作為學校課程　編研

捐負著　社區、家長、孩子的寄望

擔待著　天候、工程、經費的壓力

走過三年　一千多個籌備設校的日子

晴天　塵土和著汗水

雨天　泥濘摻著擔慮

只為成就一所百年好校！

當板模拆除　建物聳立

當圍籬撤離　校舍成型

當綠意蔓延　書卷開展

痛苦過去　美麗留下

所有的辛酸、委屈

都在孩子盈漾的笑顏、琅琅書聲中

隨風　淡然飄逝

一、嗚咽紅毛港──創校契機 ◉◉◎

（一）種桃種李，也種芬芳

　　在少子化趨勢裡，能有創校機會誠屬不易，經建會「紅毛港遷村計畫」中，在遷村預定地高雄縣市各有兩所國中小預算，這樣的契機孕育了「高雄縣鳳翔國小」，以母親的心情，從命名開始，賦予一個新生命、一份心希望，讓所有的夢想，從一片三公頃的草地出發，用懇切的熱情與努力，全心投注、全力以赴，在這片夢田種桃種李，也種芬芳。

（二）戀戀紅毛港

　　為了尋根，探訪設校歷史源流，在擬設校計畫書前，多次探訪紅毛港，希望能在那兒為校園規劃、學校課程找到生命的源頭。「紅毛港」一個跟我原本沒有血緣、地緣的地方，卻每每在造訪後，牽引著心底最深沉的悸動，我的心就在頹圮的房厝、飛揚的塵土裡，揪結刺痛著。

　　初次與紅毛港的相遇，我與位於紅毛港的高雄市海汕國小張宏仁校長穿梭在塵土飛揚的殘垣斷壁，曾經是鄰里聚集、孩童嬉戲的巷弄，曾經是祭祀慶典、姓族交流的廟口，沉寂、破落了，只有無言的塵土在推土機身後揚起。

　　再次重返紅毛港，是海汕國小遷校前最後一次的校慶，孩子刻意的妝扮、純真的眼眸，學校創意的活動、熱騰的氣氛，都成了揮別紅毛港淒美的容顏，一個凝聚三百多年，人與海共存的在地記憶，一份古老建築聚落、樸拙漁村生活的人文情感，宣告即將走入歷史，在怪手鏟過揚起的塵埃落定後。

　　紅毛港居民三百多年前遷移自福建沿海漁村，歷經日據時期的漁業發展，全盛時期有著六百多艘漁船的風光，「高雄臨海工業區」的限建、禁建，凝結了紅毛港三十多年的時空記憶，使紅毛港成為一個「被時光遺落的角落」。

　　沒想到當它再度被記起時，卻是因高雄港貨櫃中心興建的遷村。紅毛港曾因禁建凍結了聚落的發展，但也因此阻隔了都市化的魔爪伸入，咕咾石的粗獷、山牆的優美，寫著海的風情。特有的狹窄巷弄，一向是紅毛港擦肩的交流，那是水泥叢林大廈、筆直馬路，見不到的駐足交會。

　　從紅毛港離去時，路癡的我又迷路了，也因此駛入那不在原本軌道上的窄巷裡，每棟已被噴漆編上拆除號碼，幾已人去樓空的老舊房舍中，我遇見了仍不捨離去的零星住戶，竟只剩步履蹣跚的老人家，騎著腳踏車的背影，是佝僂的顛簸；港邊牽著孫兒的手，是黝黑的粗糙；倚門遠眺的眼神，是無望的呆滯。

　　雖然學校校慶裡，見到許多文化工作者用影帶、拍照、文字……，努力想留住紅毛港即將遠颺的足跡，但我不知道操場上這些跑著、跳著的孩子，多年之後，他們是否只能在博物館的陳列、圖書館的書架……，尋找曾經的美麗、共同的回憶，想著想著，我的心又在回首遙望高字塔、貨櫃台孤單身影裡，刺痛的揪結著。

期盼在一磚一瓦、一草一木裡，讓紅毛港風情在鳳翔重生，刻畫曾經的歷史、文化、生態……生命足跡。

二、山海傳奇──開路先鋒 ◎○◎

（一）為心靈找個家

2006 年 8 月 1 日「鳳翔國小籌備處」開張了，「我」一個籌備校長，再加上總務主任，一個二人公司，從掃地打雜到文案企劃、空間規劃……，裡裡外外、文的武的，所有的承擔都需一肩挑起。曾經孩子的笑容，是我每天工作的動力；老師的貼心，是我每次努力的鼓勵；家長的支持，是我每回前進的助力。一個沒有孩子、沒有老師、沒有家長，寄人籬下的籌備處，心似乎漂泊找不到落腳處；走在路上，當聽到孩子叫校長時，都還會不由自主的回頭，尋找那純真的童顏。

於是，我們知道這二年籌備的日子裡，需要先為自己的心靈找個家，因為有個安穩自在的心房，才能為更多的孩子蓋更堅固的家，一個不僅可以遮風避雨，更能看見陽光、迎向和風、快樂徜徉、愉悅馳騁的家。

（二）風中奇緣

「阿浪」，我的總務主任，一個來自原野的熱血原住民青年，有著山谷般的豁達開朗、學習熱情，更有著海風樣的流暢文思、教育熱忱。我常說他，過往在學校、國教課歷練的豐富實務經驗，在山之顛、海之際陶冶的深邃生命智慧，都是為成就一所好學校而來。來自都會平地，對教育深情、執著不悔的我；與出於原野山巔，對理想真心、堅持不渝的他，交會成一段風中奇緣。我們都乘願而來，所有流過的汗、用過的心，都只為醞釀一個新欣學校，只為孕育無數莘莘生命。

設校艱辛、招生在即，有心參與校長甄試，走向行政領導、投入學校經營的阿浪主任，雖擁有比別人更豐厚的學養、務實的經驗。但當別人埋首苦讀時，他還是滿桌工程檔案、公文卷宗，工程監督、設備驗收、公文往返、廠商聯繫……，連中午都無法小憩，最能凝神專注研讀的夜，卻只能帶著滿身疲憊夜歸。三年籌校期間，始終與校長甄試擦肩而過，即便落榜，也沒有療傷的權利，抖抖一身蕭索、撐撐滿心失落，依舊戴上工程帽，第二天就上路。

　　老天爺厚愛鳳翔，讓他一路護持學校到亮麗矗立；在一次次落榜失意裡，黝黑的皮膚看不出黯淡，爽朗的笑聲聽不見瘖啞，在那看似無情的失落，背後隱藏著深情的使命與擔待。終於在學校成立一年時金榜題名，實現舊文化、新思維，讓部落孩子找到自信的「現代獵人學校」教育理想。所有生命中曾經的磨難淬鍊，都會是他學校經營最豐厚的資產。那雙會寫詩、會炒菜、會拖地、會修理桌椅⋯⋯的手，將會讓百合花神聖的脫俗，清新滿山；也會讓百步蛇尊榮的守護，芳馨童心。

三、鳳邑飛翔──學校願景 ◎◎◎

（一）學校願景──生生不息的學習型學校

　　2006 年 9 月終於在雷雨的夜裡完成了「鳳翔設校計畫書」，歷經實際社區訪查、資料蒐集研讀、參訪觀摩對談⋯⋯，有著熬夜的苦思、辯證的爭議、經費的權衡⋯⋯，但一個學校的雛型，在激盪、交流、思索中，逐漸有了鮮明的輪廓。

　　把工程當課程般建構，將校園當教材樣編寫；以建築實踐教育理想，用教育豐富建築內涵。在硬體設施、情境規劃中，經由色彩、形式、結構、材質、空間⋯⋯到氛圍，形塑一個生生不息的「學習型學校」；將藝術人文不著痕跡地融入空間，營造一個讓人可以靜下心來感受自己、感覺周遭的學習情境；培養一個優雅自信、悠閒自在的鳳翔孩子。

　　◎永續校園：經由生物多樣、綠建築，建構健康環保的「生態」環境。
　　◎友善校園：從安全無虞、平等無礙、開放無際，經營溫馨無礙的「生活」空間。
　　◎人文校園：在慈悲樂觀、終身學習的生命智慧裡，形塑慈悲智慧的「生命」態度。

（二）兒童圖像──海闊的深邃智慧，天空的開闊從容

　　期盼未來的鳳翔，一踏進校園，就可以感受神清氣爽的優雅；師生是氣定神閑的悠閒學習、生活。即便飛翔，也不是急促振翅，而是輕緩揮翼。當艷陽高照時，可以昂首天際，淬鍊成長的蛻變洗禮；當清風徐來時，能夠徜徉雲間，悠遊學習的自在樂趣；當狂風驟雨時，也能突破風雨，承擔生命的嚴峻考

驗。處處不忘享受生活裡的行定坐臥，時時記得感受生命中的春夏秋冬。

　　海闊──創新多元的鳳翔，讓孩子自得優游浩瀚知識海洋；

　　　　　學習成長在陶冶、淬鍊中，有著海闊般深邃的智慧。

　　天空──溫馨人文的鳳翔，讓孩子自在翔翔寬廣生命寰宇；

　　　　　生活態度在體驗、探索裡，有著天空樣開闊的從容。

　　每個鳳翔孩子都是創意多元的夢想行動家、動靜自如的學習實踐家、從容自若的優質生活家：

　　創意多元──是因　勇於創新、主動學習、不怕改變。

　　動靜自如──是因　敢於圓夢，清楚自己努力的目標、方向。

　　從容自若──是因　樂於分享，在自信中優游自在、自得。

四、篳路藍縷──籌校過程 ◎◎◎

（一）參訪心得──作業與作品

　　籌校過程裡，一次次的參觀、對話，總能牽引思緒不斷反芻、激盪、醞釀。每個新建工程、每所新設學校，都是一個新生命的開始，在巍峨的建築、精緻的設備、人文的角落……裡，總能看到背後無數智慧與汗水的鋪陳。

1.北部學校：在科技水泥叢林裡，努力為孩子尋求人文夢想

　　新生國小──彩繪米羅、玻璃拼畫……為每屆畢業孩子留下童年色彩。

　　濱江國小──班群共有空間裡，留給孩子揮灑青春的餘裕。

　　龍門國中──保留古厝，經由愛心媽媽為孩子導覽傳述文化薪火。

　　政大附中──無界校區，與社區充分融合，形成具親和力的人文學校。

2.中南部學校：在有限資源裡，讓在地文化充分洋煥校園生命力

　　南投縣內湖國小──木構校園延續著竹山溪頭原野風情。

　　臺南縣南科國小──在素材精心雕琢下，看到規劃者的細膩巧思。

　　臺南縣紅瓦厝國小──把教室單元當家一般經營，小巧溫馨。

　　高雄市明華國中──有讓生龍活虎的國中孩子盡情揮灑汗水的生活場域。

如果一個空間沒有愛，只是鋼筋水泥的堆砌、建築技法的操弄。倘若一個校園沒有夢，只是教材教法的陳列、行政教學的形式。經營學校與教學，不是交一份作業，而是雕琢一個作品；「作業」只是行禮如儀的交差了事，看似工整完備，卻缺乏情感的投注與交融。「作品」有著心血的澆灌、情感的刻畫；蘊藏著無盡的夢想與生命力。

把學校當「作品」般雕琢，讓學校裡的一草一木、一磚一瓦、一人一物……，讓自己也成為一件美好的「作品」。

（二）墾荒拓蕪──水裡來、火裡去的淬鍊

荒煙漫草時　　我和建築師在空無一物的校地　擘劃美麗的願景

如麗颱風來時　我們眾心祈願　動土奠基

辛樂克過境　　基礎板澆置　看到教室位置雛形

薔蜜肆虐　　　風雨泥濘　積水成湖

招生在即　　　莫拉克的肆虐和趕著完工的地下室起火冒煙

不管風雨、橫逆

心中的承諾　從未動搖──蓋一所百年好校

讓孩子的笑聲、歌聲、讀書聲

成為校園最動聽的旋律

無怨的承擔　是最深的使命

無悔的承諾　是最美的期待

1.教育與建築專業的交融

2006 年 10 月 7 日

我和負責規劃設計的黃建興建築師第一次碰面，相約在荒煙漫蕪的校地，隔著街我們或站或蹲，就這麼擘劃起學校願景。我一直認為籌設一所學校，絕非僅只是鋼筋水泥的建築工程專業。該像寫一本書般，將教育理念融入整個情境中，每個空間都充滿學習契機；進入校園，就如同打開一本書，可以讀它千遍都不厭倦。

是教育引領、勾勒建築形式，是建築實踐、豐富教育理想，當建築與教育比翼雙飛、和諧共鳴時，建築才有生命力，教育才有想像力。所以我先不談我

要怎樣的造型、建材……，從該有怎樣的空間配置去實現學習型組織切入，再由形式發揮內涵，不一定只參觀學校、教育機構，生活周遭看到、聽到、感受到的……，都可能是點燃想法的火種。

2.專業與非專業的交鋒

2008 年 7 月 24 日

在歷經物價高漲、四次流標後，建築工程發包底定，開始整地。我們在圍籬彩繪教育藍圖、敘說學校願景，昭告夢想起飛。不到一個月的時間，在飄忽的如麗颱風中，鳳翔動土了。

2008 年 8 月 21 日

風中的動土奠基大典，莊嚴隆重、寓意深遠。老樹新生、教育紮根，來自紅毛港的咕咾石圍繞著百年老榕，澆下生命之水，灑入愛的養分，讓樹人的希望工程，紮根奠基於此。釀造夢想、孕育希望，釀一罈女兒紅、一盅狀元郎，希望教育讓每個生命質變，當孩子入學起甕時，醞就滿園桃李芳馨。一柱祀神祈福的清香，一鍬開地動土的圓鏟，開啟了一個學校築夢的里程。

2008 年 9 月 5 日

我站在工地，看著放樣、開挖完成的地基，教室配置樣貌儼然已成型，頓時心中有著莫名的激動。現在腳踩的這片土地，未來將會有老師的熱情在這裡點燃，孩子的智慧從這兒啟蒙，家長的希望由此處蔓延；我似乎已預見所有的「美麗」將從這裡出發！

從工程的塵土後，我看到美麗的校園、堅實的建築；在機具的噪音裡，我聽到孩子們琅琅書聲、殷殷笑語。當潘朵拉的盒子被打開時，我們預約的是靚如虹彩的優質鳳翔孩子，堅若磐石的百年鳳翔校園。

2008 年～2009 年 8 月

一年多的建校工程中，施工品質、進度的管控把關，地方權勢介入的權衡、應變，施工對社區造成影響的緩頰折衝……；還有設定一年後招生的時間壓力，無可掌控的天候成了最大變數，動土時的如麗颱風、基礎澆置時的辛樂

克、施工中的薔蜜、近完工時的莫拉克……，總在工程重要節點前，挾著風帶著雨，招搖而來……。

　　三年的籌校日子，我們沒有自己的家，而寄居他校、租賃民宅，24 小時的 standby，隨時有狀況，一通電話就到工地，圍籬倒了、工地淹水、地下室起火……，烤漆波及車輛、噪音擾及民宅、招生移撥紛擾……，叫囂、投書、檢舉、上報……，所有橫亙眼前的龐蕪荊棘，專業的、非專業的，都沒有第二句話，只能挺身迎向前。若非堅韌的毅力、執著的使命，又怎能面對不可預知的考驗，忍受萬般挫折的歷練。

（三）設校招生——最後一哩路的堅持

2009 年 8 月

　　放暑假了，對一般學校而言，沒有孩子學習活動的假期裡，就像句子與句子間的「逗號」，會有個歇腳的轉折，為新的學期儲備能量。對鳳翔而言，三年的籌備期，是篇沒有逗點、更無句號的文章；教學設計是嚴謹的「論文」，「真」在知性的邏輯裡井然學習；人文刻畫是雋永的「詩詞」，「善」在覺性的醞釀中自然揚煥；空間規劃是流暢的「散文」，「美」在感性的鋪陳裡悠然揮灑。

　　一步一腳印，沒有停歇的前進；千年的守候，就只為等待孩子的笑聲、讀書聲，喚醒校園裡所有的生機。這設校前的最後一個暑假，是破繭而出的前奏曲，工程的、人事的、制度的、教學的……，都在此時蓄勢待發。

　　　一份來自海洋的　呼喚——紅毛港遷村奠下鳳翔設校契機
　　　一個百年好校的　夢想——以建築實踐教育理想，用教育豐富建築內涵
　　　無數無名英雄的　心血——組模、紮筋、灌漿、泥作、水電配管、拉線
　　　造就　一所生生不息的學習型　未來學校
　　　成就　萬千世世代代鳳翔孩子　成長希望

📓 夏織──自信任啟航　紡一匹團隊錦繡
讓「組織」交融卓越

～一個團隊的成長故事～

不管我們的教育計畫多周密，

其中一定要留個重要的位置給老師。

因為，到了最終之處，行動只在那裡發生。

（Bruner, 2001）

任課程、教材、環境、設備……更迭

老師　才是所有教育成功的關鍵

在一個成員來自八方、文化尚未形成的新設校

從尊重差異的身心安頓　出發

知識領導的校長是　領頭雁

在彼此欣賞、相互支持的雁行團隊裡

經由專業社群、知識管理、數位學習……

組織學習、專業成長

成就一個生生不息的　學習型學校

一、教育引航的領頭雁──校長知識領導 ◎◎◎

（一）知識領航進行曲

校長是教育領航者，尤其是在知識十倍速成長的知識社會，校長須是個知識學習典範。一般企業希望員工為組織「營利生財」，學校卻不能只將教師當做營力（能力）生才（人才）、教化學生的工具。如何孕育教師源源不絕的「能量」、涵養寬闊包容的「雅量」，是身為首席教師的校長應有的職責。源源不絕的能量讓教師心中有自己，能時時反觀自照、省思教學、專業發展；寬闊包容的雅量使教師心中有別人，能敞開心胸在專業對談、組織學習中團隊合作、攜手共成長。

在新設校的鳳翔，我有著知識領導三部曲的規劃，雖然有時難免會有突槌的不和諧音或走調的變奏曲，但領頭雁凝視遠方目標，胸中寬闊的包容，心裡堅定的毅力，總會讓旋律持續奏鳴。

1.首部曲——民有（專業）→有方向感、安全感

在制度渾沌待建立初期，校長像部發電機，是多數發想的源頭，每個人是這部鳳翔大機器的螺絲，缺一不可誰都鬆散不得，各就其位的負責盡職。從零出發，讓一切制度到位，需成長的是成員們的專業能力，在學校願景召喚下，成員有方向感、安全感。

2.協奏曲——民治（敬業）→有成就感、隸屬感

每個成員在增能賦權的成長中，練就專業能力，也成就團隊合作的敬業態度；此時團隊逐漸成型，目標明確、策略具體、分層負責、分工合作、定位清楚、補位迅速；不僅個人俱備產能，在專業中感受成就感，更在和諧的團隊運作裡找到隸屬感。

3.圓舞曲——民享（樂業）→有尊榮感、幸福感

最後努力的目標是每個人都成為一部發電機，有創新的好發想，更有落實的具體策略，專業且自主、敬業並和諧；更重要的是能樂在其中，發自內在願力積極主動投入，並感受付出的幸福喜悅，以身為團隊的一員為榮。

（二）為君難，為臣不易

2009 年 10 月臺北故宮博物院的「雍正—清世宗文物大展」，展出一枚雍正鐫印於諸多御書、卷宗，時時惕勵自己的「為君難」玉璽，道出了一個勇於改革、奮發有為、勵精圖治的君主，心中無盡感觸。論語子路第十三篇：「為君難，為臣不易」。領導是個艱鉅的任務，被領導亦不易，唯有出自內心的相互體恤、彼此包容；領導者體察團隊需求、感受組織脈動；被領導者洞知團隊使命、體恤領導之心，才能成為真正的生命共同體，榮辱與共、禍福共享。

漢代「文景之治」，豐衣足食、安居樂業，締造了有別於秦代苛政時嚴峻冷酷兵馬俑的微笑彩陶，在號稱「漢代林志玲」的彩陶裡，那發自內在悠然恬靜的幸福滿足，是一抹令人難忘的「千古微笑」。孩子、老師、家長的笑是需要領導者更恢弘的視野、更寬闊的胸襟、更雄壯的肩膀、更堅韌的意志，去承

擔、去雕琢那「幸福感」！

（三）改變與堅持、熱情與自律

1.領導者：改變與堅持

> We can change laws, but it is difficult to change attitudes.
>
> （我們可以修訂法律，但難以修正心態） 　　～Louis Farrakhan

新設校制度的建立很重要，但在教師專業成長這個領域，如果觀念、心態無法改變，僅從政策、制度、法規面努力，只是表面的治標，走不了長遠路的。與其尋求法源、企求等待外在政策法規的訂定去改變制度結構，更應努力的是深耕教師的內太空，聆聽需求、發現問題，創造機會、激發感動，形塑氛圍、營造情境。如果每個老師都有飽滿的心力、豐蘊的能量，就能讓教學發光發熱。當每位教師都成為盡心放光芒的閃亮星子，即可串聯成一道璀璨銀河，讓每個學子仰首即可放眼閃耀的學習星空。

如此一個人人皆願意學習的願景是美麗的，但如何讓來自各校、帶著不同思維與行為模式的老師，打破傳統心智，願意去改變，對領導者而言是個嚴苛的考驗。因為「改變」是一種行動，「動」這個字由「重」「力」組成，即是一種沉「重」的壓「力」；一旦行動，就得承受各種抗力的拉扯。身為學校領導者，當你奮力要去改造、引領學校質變時，就須有承擔的勇氣與魄力，只要是對的事，就要敢於面對、勇於承擔、勤於行動、肯於檢討；不能只是明哲保身的妥協、一昧討好的鄉愿。

有了改變的勇氣後，學校領導者或許要面對的是一長串的挑戰與考驗，在無數的困頓挫折中，需有「吃虧即是福」、「吃苦即吃補」的忍辱負重；堅持再堅持，才能熬過無情風雨、無助黑暗，等到雨後彩虹、暗夜燦星。海角七號導演魏德聖曾說過：「『堅持』是臺灣人最欠缺的靈魂。」付出的是代價，得到的是價值；雖然付出辛苦的代價，不一定能得到對等的回報，但只要曾為那堅定的信念、美好的價值虔心努力過，踏出的每個腳步都會是前進的磐石。

2.組織成員：熱情與自律

《第八個習慣》作者史蒂芬・柯維（Stephen R. Covey）曾說：

「熱情是實現願景的原動力，自律是要個人做出必要的犧牲，以實現
願景。」

在帶領團隊專業成長的路上，除了領導者面對改變的堅持外，更需激發每
個組織成員的「熱情與自律」。沒有持續的熱情，無以走長遠路；嚴苛的自
律，才能砥礪忍受實現美麗願景之前艱辛、孤獨、落寞……的煎熬。讓教師在
聆聽內在的聲音裡，找到自身的熱情與價值，體認教師工作的本質在於成長自
己、成就孩子與社會，這是一份義務，更是一種責任。

二、沒有一個老師落後——教師專業成長 ◎◉◎

（一）教師專業成長

2002 年，美國推動「不讓一個孩子落後」法案（No Child Left Behind
Act），希望經由課程、教學、評鑑的改革，確保每一個學生都能提升學習成
效、縮短成就差距。根據研究報告（J. Hattie, 2003-2007）指出：「教師效能」
是影響學生「學習成就」的重要因素，「高效能」的老師跟「低效能」的老
師，造成孩子學習成就落差與日俱增。「沒有落後的老師」，才能成就沒有落
後的孩子。「No Teacher Left Behind」，不讓任何一個老師落後，是學校經營
者應有的使命。

教師專業成長在我心裡，一直是重要的，沒有誰會是永續電池，不需充電
就能發光發熱。學習是一輩子的事，沒有愛好學習的老師，哪來愛好學習的學
生。因此不管在哪個學校，對教師進修，我總在聆聽、感受老師的想法與需求
後，規劃有主題性的進修內容，經由講座式、分享式、研討式等多元進修方
式，讓進修更貼近教學需求。優質的活動規劃，是對參與者最大的尊重；認真
的工作態度，是貫徹教育理念的執著。能帶著老師們飛翔，一起感受成長的精
進，共同享受學習的愉悅，是我不變的努力。讓學習的漣漪慢慢擴散影響，形
成學習成長的風氣，分享支持的氛圍。

（二）知識管理與專業社群

我的碩士論文探討的是「學習型學校」，琮琪主任的博士論文研究的是
「知識管理」。我們都感受到在資訊暴漲的「知識社會」，知識折舊率的速度

是驚人的，在原地踏步就是退步，終身學習是絕對必要的，尤其是身為教育人員。學校常被譏為 50 年來改變最少的地方，當企業以倍速成長的速度精進學習、追求績效、累積競爭力時；該是擔任引領學習角色的老師，常因是終身職的保障，而怠忽了自身的精進與學習成長，時日久了，專業鬆散、熱情殆盡，雖仍朝九晚五準時上下班，但卻成了另一種不適任教師。

我們從營造對話空間、時間開始，經營專業社群，讓大夥兒養成對談交流、協同合作的習慣，再經由知識管理網站的設立，讓大家方便擷取、分享、運用知識；在生活中醞釀勤於學習、樂於分享、勇於檢討的氛圍。希望有一天我們可以很驕傲的告訴別人，「專業社群」、「知識管理」、「學習型學校」在鳳翔，不是教科書裡的艱澀理論，不是教授課堂裡的專業論述，而是校園裡垂手可得、舉目可見的「生活實踐」。讓鳳翔成為著重「知識管理」的「學習型學校」，人人學習、時時學習、處處學習、事事學習，讓老師們共同感受知識的魅力、享受學習的愉悅。

（三）數位學習

1.不讓「數位落差」成為「教學落差」

知識社會「資訊科技能力」成了未來競爭力的重要指標，學校籌備期，我和主任們即已將學校朝向「學習無所不在」的無障礙資訊環境規劃，並以企劃案向教育部爭取經費，建構「學習型未來學校」，所以現在的鳳翔，無論是資訊設施、教學媒體、網路環境，都是齊全完備的，每間教室裡有著電子白板、短焦投影機、42 吋液晶電視、電腦、DVD、外接 USB 手提 CD、無線藍芽麥克風⋯⋯。

為了讓每個老師都能袪除心中對資訊的恐懼，第一個學期，教務處安排了系列資訊素養進修，讓老師熟悉教室裡的教學媒體，並在操弄實作中，感受資訊科技輔助下教學的便利與豐富性。我們並不希望「班班有電子白板」、「全校無線上網」，只是學校行銷的噱頭，「電子白板」不只是個「電腦播放器」，更非為科技而科技。期望發展善用資訊科技智慧，以「人」為本的 e 化教學，在老師的靈活運用下，資訊科技真正融入教學，激發孩子多元創意思考，培養獨立探索能力、團隊合作態度。

2.老師的手就像魔術一樣

　　2009 年 9 月 23 日週三下午，精通資訊專長的琮琪主任，為老師們講解教室電子白板的使用，只見他巧手在電子白板上，生花妙筆創造了許多驚奇，他說：「老師，你的手就像魔術一樣。」那時我有著好深的感觸：「沒有教不會的學生，只有不會教的老師。」師專時老師的諄諄教誨，就這麼在耳畔響起。

　　善用教學媒體、廣用教學資源，一堂生動精采的教學，讓孩子如沐春風；反之，一節單調呆板的課堂，讓孩子如坐針氈。頓時，感到自己肩上的責任有多重，營造無障礙、便利使用的教學空間，帶著老師一起學習成長，才是孩子快樂、充實學習，希望的肇始。

三、品質是價值與尊嚴的門檻──我們的成長路 ◎◎◎

　　面對一個老師來自各校移撥、超額的新設校，帶領一個每人都背著沉重過往行為、思維模式的組織，或許連「團隊」都還稱不上，更何況需曠日費時的學校制度建立、組織文化形塑，「團隊的專業成長」談何容易。這初起步的鳳翔最需要的不是衡斤論兩的勞逸計較，更非引經據典的權益爭議；這小小十幾班的鳳翔，最可貴的是無庸防衛、無須猜忌，人與人間最真誠的相待，及同理包容的相互支持。於是身為學校領航者的我，就從「心」出發，由營造一個「身心安頓」安全、安定、安心的情境開始，再藉由感人的教育影片、教師分享，及校長部落格時時的打氣鼓舞，逐步凝聚、帶領團隊學習成長。

（一）身心安頓→安居樂業→安身立命

　　面對移撥自他校的孩子，超額自各校的老師，我一直在思索怎麼給老師、孩子一個不再漂泊、不必驚慌，溫馨、穩固、安全的家，把「家」築在每個人心裡，用信任架樑柱、以真誠砌門牆，讓自己是那堅固的屋頂，為師生遮陽、避雨、擋風，是當家的我所做的努力。開一扇天窗，讓智慧如陽光溫煦照耀，讓關懷似月光輕柔揮灑，讓活力若星辰慧點輕眨，是領導者帶領團隊的承諾。

　　無以「安居」，如何「樂業」，更遑論專業、敬業。無法「安身」，怎能「立命」，更別談紮根生命的教育了。設校第一學期，雖然學校環境設備日漸完備，但為不造成老師工作負擔、心理壓力，對外不承接縣府活動承辦，對內任何活動比賽不求表面的績效、成果；給老師唯一的目標是「身心安頓」，全

心全力在教學與班級經營。營造安全安心的氛圍，讓老師的心先安頓下來，不必再擔心被超額的顛沛流離；老師安心了，家長、孩子才能安定。

這段「身心安頓」期，要承擔的是在校際激烈競爭下，外界、家長對學校辦學績效、競爭力的質疑。我不斷不斷以「不怕辛苦，只怕孤獨」、「因為你辛苦，所以孩子才能幸福」，鼓舞感染更多不計較付出、無怨奉獻的夥伴加入團隊。

（二）不忘初心 ── 從一部激勵師心的影片出發

專業成長從週三進修落實開始，不能只是照本宣科的政令宣導；全是專業理論、專家學者講座，太生硬艱澀；都由現場實務教師經驗分享，缺乏理論基礎。符合教師需求、兼顧理論與實務的進修，需先養成老師學習的習慣；於是，第一學期的進修，首先以激勵人心的教育影片，激發老師蟄伏心中的熱情。

在剛開始試營運的語言教室，帶點剛裝修後的木頭嗆鼻味，還來不及裝上窗簾，遮光性不足的螢幕，讓影片色彩略顯黯淡。「街頭日記」（Freedom Writers），敘寫著年輕充滿理想、初任教職的艾琳・古薇爾（Erin Gruwell）老師，如何在一次次挫敗與難堪中，突破孩子心防的感人過程。兩個小時裡，除了因影片對白偶爾爆出笑聲，多數時候是啞然無聲的，沒有人因超過下班時間而提早離席，影片結束時，空氣是凝重的，腳步是沉重的。

週三午後，影片結束了，但 The ending is not over，我們的教育日記會 over and over 反覆綿延，Teach with your heart，回首不忘初心，凝眸青青子衿，讓自己成為孩子泊岸的港灣，開啟了我們對教育的承諾。

（三）好老師是教室的奇蹟 ── 以老師感染老師

「好的老師，是教室裡的奇蹟，他們把每個孩子都變成熱愛學習的天使，他熱情的教育態度，把教室變成溫暖的家。」這是雷夫・艾斯奎（Rafe Esquith）在《第 56 號教室的奇蹟》一書中這麼寫著。

在接下來的週三進修裡，邀請了班級經營有成的老師們經驗分享，他們用教育熱忱創造優質學習環境，締造教室裡的奇蹟、開展學習的春天，那一個個向陽而行的生命故事，感染著老師們。帶班前的縝密準備、紮實基本功，幫孩子找到舞臺、看到自己的亮點。不斷的教學反思，在反芻中，讓教學的回甘，

溫潤孩子心靈、豐富孩子學習。經營的已非只是一個班級，更是活栩的生命，傾盡的也是自己全部的生命。

　　好老師，不僅是教室裡的奇蹟，也創造孩子生命的奇蹟；教育不僅止是「傳承」，更是生命「傳奇」！

秋收——在學習收割　藏一季生活豐饒讓「能量」多元永續

～一個學校的經營故事～

校長　是教育的領航者
胸懷開闊的美麗願景、心存恢弘的經營理念
在浪起與潮落間，找到船行的方向與力量
是有理想性的　夢想家

校長　是教育的領航者
肩挑堅韌的挫折容忍力、腳踏務實的行動實踐力
將願景化為明確的目標、具體的策略
是有行動力的　實踐家

每個航海家　都應有張航海圖
在我的航海圖裡　刻畫著
學習之真、生命之善、生活之美

一、學習之真——「閱讀」讓學習有品質 ◎◉◉

　　如何培養孩子面對未來的關鍵能力，是當一個校長最深沉的思量，將關鍵能力融入課程學習中，不僅提升孩子競爭力，也建立了孩子的自信。

　　在教改年代，走過花俏活動、亮麗口號後的沉澱，我始終認為「閱讀」是一切學習的根基，也是是開啟孩子學習之門的鎖鑰。以「閱讀」啟迪自發的學習動機、孕育良好的學習態度，再經由「專題研究」培養正確的學習方法。讓

孩子帶著學習的「釣竿」，而不是給他一籮筐的「魚」，填鴨、背誦、強記的知識，不僅容易忘記，也會隨著時空的轉移，而失去意義。

「閱讀」不是特效藥，這顆種子撒下去後，或許不盡然馬上就能看到，語文成績提升了、學業成就進步了……的學習成效，但我希望那不僅是學習方法、動機的陶養，更是一種生活方式、生命態度的孕育，閱讀文字也閱讀自然、閱讀生命……。

（一）樂學——推展閱讀的動機

在媒體、電玩充斥的五光十色裡，造就了只懂得生存在虛擬世界，不知如何與人相處互動的宅男宅女；也促成了許多浮暴躁動、血氣方剛的暴走族，低挫折容忍力的草莓族。「閱讀」絕非僅止是語文教學的一環，「閱讀」是生命教育，當閱讀成為孩子生活、習慣的一部分，孩子就更能沉澱下來，在認知中陶練、突破、昇華……，感受學習的愉悅。

當「閱讀」拓展孩子生命縱深，歡欣時，他會經由閱讀、表達分享；困頓時，他可以從閱讀中搜尋資源、解決問題；低落時，他也會透過閱讀紓解、自我療育。學習是一輩子的事，在生命的長河裡，不管是精於語文、優於數理、善於體育、樂於藝術…的孩子，隨時都可以因應自己的需求， 臨江垂釣。

這樣的想法，促成我在教育路上，不管到哪個學校服務，都全心推展閱讀的動力與毅力。

（二）力學——推展閱讀的過程

1.我們的困頓

雖然深知閱讀的好處，也不斷致力於閱讀的推展，但這一路走來，卻也曾跌跌撞撞、掙扎躑躅……；面對家長認為學校不重視學科成績的質疑，面臨名列前矛的孩子考資優班轉學的痛心；午夜夢迴時，我也曾輾轉難眠，自問這樣的辛苦到底值不值得？

和老師們關起門來沉重檢討，我們是否該屈服在那考資優班的數字下，放棄原有的理想，向「分數」看齊？老師們的一席話，讓陷於長考的我有了堅持下去的力量，「校長，我們也都是家長，我們也把自己的孩子送到學校來，我們知道什麼對孩子是最好的，我喜歡我的孩子每天期待上學，在這裡學習得如此快樂、充實，我從沒後悔過！」於是，我咬著牙，繼續開拓資源、充實設備

環境、紮根學習，堅持下去了！

2.我們的努力

　　閱讀最常遭致的困境是經費不足、設備有限、領域節數受限、心力侷促，我們從空間氛圍營造著手，經由行政鋪陳、教學醞釀、活動加溫，最後在學習發酵、延伸。

　　(1)空間營造：誠品書店般的閱讀空間，如花誘蝶、誘蜂般，吸引了愛看書、不愛看書的孩子。室內、戶外、角落精心營造的閱讀氛圍，讓閱讀垂手可得、討論隨處可即。

　　(2)行政鋪陳：經由校長部落格、老師家書、班親會親師懇談、親職教育講座等的宣導互動，不斷不斷地讓家長、老師感受到閱讀的重要，在行政的鋪陳護持下，閱讀走得更順暢無障礙。

　　(3)教學醞釀：推展閱讀不能只停留在閱讀活動的堆砌，在有限的領域節數裡，惟有將閱讀結合語文教學，並當作其他各領域教學的延伸，才能真正落實紮根。每週五是我們的「閱讀日」，那最美好的晨光時間，從校長、老師、孩子到所有的職員工，都放下手邊工作，靜心閱讀。

　　(4)活動加溫：「閱讀向日葵」讓孩子們以閱讀為班級向日葵集花瓣、葵花子、葉片，經由組織學習耕耘閱讀花園

　　(5)學習發酵：「養趣」是一切學問的源頭，活動能加溫，獎勵是外塑，只有回歸學習、內鑠，讓孩子們真正玩味、咀嚼閱讀的愉悅與回甘時，閱讀才能成為一種生活方式、生命態度。

（三）品學——推展閱讀的期許

　　學習是一輩子的承諾，撒下去的種子，看似開花結果了，但要走的路還很長遠。教育是永續的馬拉松，追求的不是百米競技的速度感，揮灑的也非煙火般的短暫絢麗。被熱情點燃的火種，必須如聖火般一棒接一棒，用使命與毅力來護持。

　　沒有一個孩子該被放棄，也不能讓任何一個孩子放棄自己，啟迪學習的動機、培養學習的方法、孕育學習的習慣，讓孩子用最適合自己的姿態學習，他終將如魚得水優游於知識的海洋，海闊天空翱翔在學習的國度，對學習永遠有熱情，對自己永遠有期待。

知識將希望帶回家，我們更期盼閱讀的推展從「學校」到「家庭」，甚或「社區」，讓鳳翔成為一個共學共好的優質生活圈。

二、生命之善——「友善」讓生命有品格 ◎◎◎

校園中硬體建築日益完備，軟體設備逐漸充實，環境建設只需多費心，就可以看得見豐碩的成果；但孩子生命的蛻變，卻無法一蹴即成，雖然，有時付出與回饋總不成正比；那一斧一鑿的雕琢裡，看得出心血的堆砌與琢磨。火花炫麗卻短暫，教育是穩實的紮根，可能看不到漫天繽紛五彩，但卻在孩子的生命，點燃生生不息的希望火種。

教育是生命的對待，每個生命都存在著無限的可能，我們經由對生命的友善，看到孩子的每一種可能；推展「永續校園」，落實對大地、環境的友善；更在校園開放中，解構了高牆藩籬，實踐學校社區化、社區學校化。

（一）人文校園——對生命的友善

1.空間的友善

在校園中規劃「心靈角落」、「秘密花園」，讓想蟄伏的心都能找到泊岸的港灣；很多時候毋庸太多的言語，一個不被打擾的空間，沉澱過後，即能具備重新出發的能量。

2.學習的友善

學習成就落後，常是孩子自我感低落、失去自信的主因，在鳳翔沒有一個孩子被放棄。我們不厭其煩的為不同學習傾向的孩子規劃適性學習方案，身心障礙孩子的特教專業服務、少數族群的母語教學、資優孩子的加深加廣課程、多元化課後社團。更積極為經濟弱勢孩子爭取公部門、民間團體社會資源，開辦課後照顧班、攜手計畫、永齡希望小學補救課程。

3.心靈的友善

推展經典閱讀，透過靜思語、經典詩詞，於班級經營中落實品格教育。更經由親子讀經教育，讓家庭與學校同步淨化心靈；希望在文化的濡染下，讓孩子能看重自己、尊重他人。由全校教職員工共同參與認輔，對失愛或疏於照顧的孩子，給予溫馨的關懷，找回迷失的心靈。

（二）永續校園——對大地的友善

用一份疼惜大地的心情，譜成水與綠的旋律，揮灑光和風的顏色，以「健康、生態、節能、減廢」為原則規劃永續校園，經由多層次綠化、栽種原生種植物、開拓透水性鋪面、節水省電裝置、太陽能板設置⋯⋯，達到綠建築綠化量、基地保水、日常節能、水資源四項指標，用具體行動愛地球、惜大地！

（三）開放校園——對社區的友善

鳳翔設校所在地為「鳳甲重劃區」，居民大多為外來客，以學校為社區生活中心，凝聚社區向心力、提升社區文化力，形塑一個具優雅藝術文化、悠閒生活風格的「學習型型社區」。

1.學校融入社區

走訪紅毛港、拜訪里長伯、在地耆老，尋求共同的情感與記憶，融入建築與課程。以通透性矮牆綠籬，拉近社區與學校距離。

校地內縮為通學步道，每個轉角處均營造對談空間，回首紅毛港的「磚雕記憶牆」、敘說學校特色的「書蘭牆」、揚煥在地方風情的「鋼雕牆」、「河川石」，都成了社區散步、聚首的好去處，無形中拉近彼此距離。

2.社區走進學校

營造社區共享區，可以休閒運動的體適能區、活動中心，成為民眾下班後的最愛。辦理親職教育講座、感恩晚會，促進社區學校互動；家長、社區居民主動投身學校志工，協助晨光教學、交通導護、圖書管理；凝聚力和歸屬感，將「家」築在每個人心中。

三、生活之美——「空間」讓生活有品味 ◎◎◎

法國建築師柯比意（Le Corbusier）說：「建築是生活的容器。」Hawkins（1991）說：「學校建築設施提供開發學生各種學習潛力的平臺。」孩子每天近八小時在校園生活學習，校園空間形塑著孩子的器度、視野，如果一個空間沒有意涵，只是建築材料的堆砌；倘若一個校園沒有感動，只是教材教法的陳列。校園是一個孕育孩子夢想的搖籃，蘊藏著無盡的夢想與生命力，我把學校當藝術品般經營，賦予意涵、創造感動、醞釀文化，讓春天從校園出發，夢想

由教育實現。

　　藉著新設校的優勢，在校園規劃之初，即以「工程即課程、校園是教材」的理念，將學習課程、美學素養融入空間；更經由空間賦意，在門首意象、學習步道、通學步道裡，敘寫在地特色；讓孩子們優游於開闊優質的學習空間，認知空間、解讀空間、感覺空間，進而創造空間、活化空間。在寬廣、開闊中，孩子的視野、胸襟逐漸大器起來；從流暢、人文裡，孩子的心思、情懷日益柔軟蛻變。

　　雨果說：「建築是『用石頭寫成的史書』。」因空間體認、品味的美感，讓空間產生了能量，孩子長大後，也能用空間，寫他自己生命的史書！

（一）空間營造 Space making

　　新設校的鳳翔，從擬定「設校計畫書」、規劃「設校藍圖」到工程施作、設備充實，三年籌備期中，無論是和建築師或營造廠的互動，我總認為那不僅只是個「工程」，更是我的人生課程，也是孩子們學習課程的規劃，以這樣的理念去營造空間、設計校園，讓建築、藝術美學走入教育場域。

1.工程即課程、校園是教材

　　我給建築師的第一份資料是「學習型學校的意涵」，我們討論著要以什麼空間配置、建築形式，去實現「學習型學校」的理想。用建築實踐教育理想，以教育豐富建築內涵；把工程當課程般建構，將校園當教材樣編寫，所有的藝術與人文不著痕跡地融入情境，讓每個空間充滿學習契機。讓孩子每天的生活學習，就是無形的美學陶養、深刻的生命教育。

　　在這樣的努力之下，一個適於組織學習、專業社群對談、閱讀討論、沉澱思考的「學習型學校」空間配置茁然成型。一個全校可以無線上網、視訊隨選，能夠進行知識分享、知識管理的「未來學校」設備也初具規模。更將海洋教育、在地文化鋪陳於學習步道，讓學習真的無所不在。

2.建築美學

　　(1)以流暢的棚架勾勒豐富的天際線：因應南臺灣濕熱的天氣，校舍屋頂以延續流暢的棚架串連不同屬性空間（教學區、行政區、活動區），如同展翼飛翔的鳳鳥，也似流暢的風動；既可遮陽避雨，更讓建築體有著豐富的天際

線。

(2)寬敞半戶外空間，創造孩子學習新樂園：開闊的半戶外空間，開展了寬廣的廊道、順暢的動線，不僅讓孩子們有了屬於自己的心靈角落、秘密花園；視野、胸襟也大器了起來。

(3)多元素樸的建築素材，呈現建築原貌：運用洗石、卵石……在地建材，呈現瓦簷、斜牆、磚造……素樸樣貌，讓孩子在空間中感受到建築的「減法哲學」，意會毋庸繁縟裝飾，素樸的原始風貌才是最雋永耐人尋味之美。

3.藝術美學

(1)善用建築元素，建構自然不做作的校園空間美學：沒有刻意營造的雕像、壁畫……，善用空間特色，建築的色彩搭配、線條架構、造型建構就是孩子的視覺藝術課程，陶塑、石刻、木雕、彩繪…自然融入空間，美可以如此渾然天成。

(2)光與影的交錯，是陽光與大地的邂逅：星星、月亮、太陽採光罩，提琴、月琴造型孔，讓光與影在鳳翔頑皮的追逐嬉遊，每個角落就這樣活了起來，每次駐足、每個凝眸，都是耐人尋味的生活品味、令人驚艷的生命共振。

（二）空間賦意 Space marking

每個物理空間都有心理功能，經由時間、空間與人、事、物的交融互動對話，醞釀空間故事，讓校園擁有獨特風貌之自明性 identity，成為無可取代的品牌，形成有內涵的優質校園文化。

1.門首意象——雁行理論

大門口飛翔的雁群，就如這移撥、超額自各校的團隊般，尊重差異、彼此欣賞；有共同的目標與努力，同心協力迎著風、迎著雨，迎向朝陽般的美麗願景。

2.學習步道——海洋教育

鳳翔設校來自紅毛港遷村專款，以海洋體育、海洋生態、海洋產業共構的學校本位課程，是一份傳承與使命。用空間寫歷史，走過學習步道，紅毛港的漁村文化、咕咾石、陽光、風、海洋……，在地風情、社區風華，就這麼走入孩子生命，緣起不滅。

3.通學步道——在地出發、回首與前瞻

上學的路不僅是條安全通暢的通學步道，環繞學校四周的人行步道更是趟學習之旅，來自紅毛港的咕咾石，砌起一面記憶牆，編織起紅毛港的歷史、文化、產業、建築，讓消逝的記憶再次矗立，也圈起所有共同的情感。

在交通最頻繁的路段，用花崗石雕琢「臺灣之光」，以來自庶民的「臺灣之子」王建民、林義傑、林懷民……，卻能讓臺灣的體育、藝術……在世界放光芒，砥礪孩子只要用心就有飛翔的可能！

（三）空間活化 Space loosening

校園空間是師生心靈的容器、生活學習的載體；教學可以讓空間說話、學習能夠使空間活化，散放無盡能量。在空間賦予意義、創造感動，經由學習互動，尋找生命共鳴，讓校園成為一個充滿美好與與感動的共同記憶。

1.空間美學

以螺旋式課程將「空間美學」規劃為學校本位課程，讓一至六年級的孩子，能經由結構性課程，循序漸進認識校園空間、修習美學素養。

2.空間使用

除了正式課程，更讓孩子們在課餘使用空間，充分感受空間的魅力。每個角落都孕育學習契機，每次抬頭、每回凝望，咀嚼的都是美麗的餘韻，玩味的盡為人文的回甘。於是，沒有牆柱阻隔的教室窗檯，可以放眼遠眺的寬闊角窗，將綠意流水入窗的圖書館落地窗，都在醞釀一個美麗的等待，每扇窗都是一幅畫，等待春天來入畫。

從空間營造到空間賦意、活化，我們經營的不只是一個校園空間，更是涵養孩子美的品味，懂得停下腳步、關照生活、感受生命，用「心視界」發現美麗「新世界」！

冬蘊——由困頓重生　釀一醰生命酣暢　讓「契機」淬鍊奮起

～一個重生的心情故事～

每份幸福的背後　都有著
晶瑩淚水的洗禮　苦澀汗水的浸淫
以一個母親的心情　出發
面對所有的　無情、無常、無償
是使命　所以無暝無日、無私無我
因熱情　所以無畏無懼、無怨無悔
在任勞　任怨　任謗裡
圓就一期一會　慎始善終的教育職志

一、一個母親的心情——出發 ◎◉◦

（一）回首校長路

　　1996 年，三十幾啷噹歲數的小女子我步上學校經營不歸路，一句客家話都不懂的我來到原鄉客家村，從未擔任過總務工作的初生之犢，承擔起校舍改建之責。1999 年調動至高雄縣市交界之校，笑稱「鎮守邊關」，面對學生外流至一街之隔院轄市的危機。2006 年承接籌設新校之重擔，在物價上揚、建材狂飆，工程流標半年的處境裡，肩挑創校之鉅務。面對新設校，似聯合國般來自各校的教職員工，如何建立共識、凝聚團隊，也是一段艱辛路。

　　回首學校經營路，在外人看似一帆風順的「年少得志」裡，背後是不為人知的辛酸血淚。總在一次次的考驗、磨難中，憑藉堅韌的意志與心中的使命，才能踏穩腳步，逐步前行。如何在困頓處奮起，於絕境重生，是一段水裡來、火裡去的心情故事，我在心海深處，釀一醰生命的酣暢，醉過、愛過、走過……。

（二）用母親的心情承擔、包容

情深總易被情傷，用過心、放過情，卻依然改變不了事實時，難免心痛、情傷。我總喜歡以娘自居，因為只有「母親」，才能無私、無怨、無悔的，包容孩子所有的無情、無理、無禮。「母親」是不會跟孩子計較得失、對錯，爭功諉過、論斷是非。擔當這個角色，就須強壯起來，放下所有的自我，用堅強的肩膀去承擔，以寬宏的胸懷去包容。

像家一樣經營學校；當狂風暴雨來襲時，張開翅膀，將所有的孩子羽翼在身下，有著為母則強的堅毅無畏；當追逐共同夢想時，我化作風兒，承載所有展翼的孩子翱翔，有著任重道遠的使命無悔。或許風雨打在身上會痛，或許責任扛在肩上會累，但在築夢的路上，我從不退卻。

在鳳翔設校之始，除了工程、設備、經費的操煩，最費心的應該是，孩子、團隊的到位，制度、文化的形塑；團隊沒有定位，更遑論教學品質、學生學習。一個新文化陶鑄的歷程裡，我們就如跳恰恰般，在我進你退、你進我退中磨合彼此；也似華爾滋樣，在原地方步、圓融緩進裡，探索彼此；雖然有時也會亂了方寸、踩到腳步。但我始終相信，有一天可以共舞出柔美中帶著剛勁的探戈，轉身、迴旋皆是韻律，昂揚、起伏盡為力美，因為同心方能共鳴，只有協力才可共舞。

二、熱情與使命──動力 ◎◎◎

The Vision Leads Mission（願景領航、使命相隨）

彼得・杜拉克：「唯有熱情與使命，才能讓企業永續發展、永垂不朽。」

設校工程中的上樑典禮，工地葉主任問我：「校長！屋頂那麼高，妳敢不敢上去？不要勉強沒關係……」。朋友看了部落格照片也說道：「爬這麼高我看了都腳軟了，妳到底怕不怕？」或許吧！當你心中有一泓壯闊的湖，當你眼裡是一方蔚藍的天，眼前的疾風、勁雨、狂砂……，就再也阻撓不了那前進的意志與力量。

是「使命」吧！為孩子蓋一所百年好校，讓自己面對工程、經費、招生、流言……困頓，面對黑、面對暗，面對高、面對髒，面對危險、面對挫折，如

此無畏無懼的挺立。

　　是「熱情」吧！因為有夢想，所以看得到希望；因為有希望，所以引燃熱情。對教育的熱情、對人事物的關懷，激發規劃的創意、執行的毅力、評核的魄力、省思的誠意，讓自己就此無怨無悔的前行。

三、任勞、任怨、任謗──堅持 ◎◎◎

　　狄更斯在《雙城記》中曾說：「這是個最好的時代，也是個最壞的時代，是最光明的時代，也是最黑暗的時代。」充滿改變的希望是這個時代最大的契機；民粹、自我過度膨脹，是擔任公職人員最無力、無奈的黑暗。擔任學校經營、行政領導，我始終秉持著以身作則、身先士卒的「任勞」，對的事就需堅持、不鄉愿的「任怨」，面對是非、斐短流長，能有包容異己、明辨是非「任謗」的智慧；這樣的哲學支撐著我走在所謂校長「有責無權」、「赤手空拳」、「委屈求全」的年代裡。

（一）任勞的能量──占盡人間徹底癡

　　離開福誠時，順展主任送我一個親手篆刻的文鎮，上頭鐫印著「占盡人間徹底癡」；他笑說：「校長，從未看過一個對人、對教育如此癡心的人。」我卻跟他要了另一個自己更喜歡的「片雲未識我心閒」。是啊！若非那「癡」怎得這般執著與堅持，若無那「狂」，怎有如此熱情與專注。

　　擔任十幾年校長，怎可能不懂如何保護自己、討好他人，而自己卻總選擇一條辛苦的路走。「分層負責」不是科層體制的官僚，在分工後的合作、同心裡的協力更重要；沒有彎下腰，就無法感受孩子、老師、家長的需求；沒有捲起袖子一起努力，也無法體察脈動。以身作則、身先士卒的「任勞」，讓共同努力的夥伴不孤獨；使心存抗拒、總是說風涼話的異議份子沒話說。

　　雖然工作總是逾時超量，也常讓自己形容枯槁、心力交瘁，但我總相信所有的努力，都會成為孩子學習、成長的養料；看得到美麗的願景，在教育、在孩子身上滋長，是一份甜美的成就。看似「蠟炬成灰淚始乾」的鞠躬盡瘁，卻也是「化作春泥更護花」的使命。還好我從不以為苦，反在其中自得其樂；在那看似忙碌不堪、疲憊不忍的生活裡，讓自己優游自在「捨」與「得」之間，暢行自得「施」與「受」之際，於是在學校的進步、孩子的成長裡，有了份

片雲未識的從容與「心閒」。

（二）任怨的承擔——俯首甘為孺子牛

「世風日下，人心不古」，是面對價值多元社會亂象，多數人的感慨。2000 年 2 月行政院研考會的研究調查中，有 49.5%的民眾，認為社會沒有公理正義。為民服務的公務體系，動輒得咎的戒慎惶恐，造就了許多多一事不如少一事、上有政策、下有對策，明哲保身的公職人員。市井小民不也一樣，誰也不想得罪人，大家一起和稀泥，當個鄉愿的濫好人。

眾聲喧囂年代，辦學的確不易，學校裡不乏肯為教育犧牲奉獻的人，但權利、義務分得很清楚的也不少。改變不一定會進步，進步卻一定要改變，這變革裡的可能帶來的壓力、工作量增加，勢必引起怨言。除了不斷透過正式、非正式溝通，建立共識、化解阻力；更須有「橫眉冷對千夫指」的勇氣與承擔，「俯首甘為孺子牛」的謙卑與努力，以「上善若水」的柔軟、「專業似鋼」的堅持，深犁每個走過的步履。

（三）任謗的勇氣——萬丈紅塵心不染

古聖顏淵「任毀任謗」仍死守善道，「任勞」不易、「任怨」更難，「任謗」難上加難。「任勞任怨」只要肯吃苦耐勞即可承擔，「任謗」在汗水裡還須承受「莫須有」的口水，那有苦難言的委屈最心酸，有時需讓自己像針插般挺身向前，承接萬箭穿心之痛、忍受百口莫辯之苦。

面對是非，不趨炎附勢的媚世容易，不憤世嫉俗的怨懟，就需有明辨是非的清明智慧、包容異己的寬廣仁德、承擔無情的堅毅勇氣。除了「萬丈紅塵心不染，空谷無人水自流」的修為，更須有忍受孤寂考驗的體認。

「詠懷天地的人，有著簡單的寂寞」，像鴻雁一樣，知道要遠行，就需全神貫注那個堅持的目標，有著迎向風、迎向雨的勇氣，並能在每個落腳處，體察生命的意義、價值與美好，隨遇而安、隨處而喜，才不會成為夢想中輟生。

四、一期一會——圓就 ◉◎◎

日本「一期一會」的精神，締造細緻品茗的「茶道」、優雅有致的「花道」、俐落有神的「劍道」……。面對每件事、每個人，都當是第一次般謹慎用心，也當最後一次樣珍惜感心。就如櫻花花期雖短暫，卻傾盡全部生命，全

心綻放美麗，因為與每個賞花者，一生就只有這一次相遇的機會。在教育路上，我也始終以「一期一會」的態度，將每件事、每個人都當第一次般「慎始」，當最後一次樣「珍惜」。

在籌設學校的過程裡，每個工法、每處節點，我和建築師、監造、承包廠商、工務單位……，總是一次又一次思量再思量、討論再討論。在每一塊錢裡，嗅到納稅人的血汗味，不輕忽、浪費。在每塊磚瓦中，看到孩子未來穿梭的身影，不怠惰、鬆散。因為這一磚一瓦、一草一木要承載的是百年教育，那美麗背後的辛苦與心苦，現在、以後、未來的未來，或許永遠不會有人懂，但用生命堆砌的踏石，會讓無數孩子穩實踩踏前行。從血淚裡，綻放鮮豔花朵；在汗水中，看見雨後彩虹；痛苦會過去，美麗會留下。

我並不富有，無法時時佈施，但對孩子滿滿的愛、對教育深深的情，是我無盡無私的付出。我不懂長袖善舞，也沒有太多的時間、心力，交際應酬、廣結善緣，但周遭真摯的友誼，卻常讓我豐裕富足。我總是不夠疼自己，無法運動、休閒、靈修……修持自我；但在紅塵中，水裡來火裡去，淬勵我堅韌的毅力與承擔，陶練我柔軟的寬廣與包容。身為學校領導者，我企求著這樣的教育理想國：

> 「在學校團隊裡，大家都乘願而來、因緣相繫，有著共同的夢想；不分彼此、同心協力，相互包容、攜手共行；在這個生命共同體裡，安心不猜忌、安全不擔慮；因此沒有同儕紛爭、親師衝突，也看不到教學、行政對立，所有的汗水都用來成長自我、成就孩子、成全團隊，不會耗費在無謂的口水、淚水。」

一步　一腳印
一踏　一點頭
走過的每個步履裡
都有我謙卑的踏實與努力

一花　一世界
一葉　一如來

千帆過盡
花開花落　我一樣珍惜

於是　在收放間
每個當下　都是無憾的永恆
無怨的承擔　是最深的使命
無悔的承諾　是最美的期待

呂瑞芬校長小檔案

我的經營哲學：

以智懾人——在時時反觀自照裡，學習、成長

以德服人——在事事以身作則中，沉澱、自省

以誠悅人——在處處設身處地裡，寬容、關懷

有「橫眉冷對千夫指」的勇氣與承擔、「俯首甘為儒子牛」的謙卑與努力

以「上善若水」的柔軟、「專業似鋼」的堅持，深犁每個走過的步履、耕耘一畝教育良田

我的教育態度：

對教育我有一份「癡狂」的使命感

癡——執著

狂——熱情

善於篆刻的順展主任送給我一個刻著「占盡人間徹底癡」的文鎮，但，我還是比較喜歡「片雲未識我心閒」——

悠悠我心如「月」，不管「門」裡或門外，悠閒自若、優雅自在。

我怎麼看待自己：

我說　我心想的——沒有違心之論——誠

我做　我所說的——言行一致——信

待人　真誠

做事　認真

生活　璞真

不做作、不矯情

那就是簡單的「我」

別叫我「完美主義」

我，只是盡心做自己

堅定的原則、溫柔的訴求

我可不是「工作狂」喔～

看似苦幹實幹的「魔羯座」

但，在工作中，總處處醞釀生活小幸福

悠閒品嚐生活、優雅品味生命

聽音樂、賞畫、玩石、種花、留白、發呆……

樂在其中，但不玩物喪志

別懷疑！

熱情、浪漫、溫暖、有使命感……

那是在說我，沒錯！

16. 經營充滿故事的校園

臺南市進學國小退休校長　柯景春
（榮獲 2005 年教育部「校長領導卓越獎」）

序──先談談我自己

我在旗山溪洲長大，有著田園式的快樂童年，村裡的小河、老樹、香蕉園、雜貨店、廟會時的歌仔戲，甚至大埕口，都有過我快樂的足跡。菜市場裡的賣菜阿婆、挑著扁擔的隔壁阿伯，這些看似平凡的人事物，卻豐富了我的童年，也給了我不一樣的人生經驗。

故事的緣起──小班小校的經營

故事的地點發生在本市安南區的顯宮國小，我的故事從這裡開始……

這個學校位處本市較為偏遠的地區，全校師生約一百人，我來到學校才知道，除了我是新鮮人之外，二位主任，全部教師幾乎都是新派任的，人事更迭頻繁。尤其在開學之際，辦理新生輔導時，深切的覺得，如果以「菜鳥大集合」來形容當時面對的情境與人事，實在不為過。老師呢？年紀輕，經驗不足，但是，有熱情有衝勁；學生呢？人數少但各個天真純樸，猶如一塊未經雕琢的璞玉；家長嘛，忙於農事沒空配合學校各項活動，更談不上教導孩子，但是，他們信任學校，尊重老師；面對當下的處境，舉凡工程規劃、排課、都要親自指導，運動會還要兼總指揮甚至司儀。由於，人事、出納的工作由老師兼任，我還要鉅細靡遺的指導，這實在就是「校長兼撞鐘」的最佳寫照。

孩子的教育不能等待，孩子的學習是隨時進行著，我知道沒有所謂的適應期，我必須戰戰兢兢，因此，如何利用當下學校的優勢，創造小班小校的經營特色，應是當務之急。故事就在這樣時空背景下開啟序幕……

【故事一】開啟綠意的精靈──一人一盆栽 ◎◎◎

綠色植物常常可以讓人心靈得到撫慰，美化綠化的工作，更是經營學校的

重點業務，但是，本校校地鹽分嚴重，一直以來樹木都無法成蔭，更談不上花團錦簇的景象，只有幾棵木麻黃陪著本校學童，進行著各項戶外的課程。

「一人一盆栽」登場了，只要是顯宮的一份子，都參與這項活動，學校提供花盆、花材，讓孩子們一人一盆「小綠綠」，栽植過程中做指導與評比，每星期設定辛勤獎、開花獎、翠綠獎等多元獎項，頒發給得獎者，當然不是每個孩子都是「盆栽達人」，有些「小綠綠」在孩子的「過與不及」的灌溉之下，「枯萎」及「溺斃」；有些孩子因為體諒校長校務繁忙，每個都偷偷的來幫我澆水，在不得已的狀況下，只好立上一個「請不要幫我澆水」的牌子，但是，無法否定的是，孩子的付出與感動。現在的教室走廊上、陽台的小角落、廁所前的洗手台……，校園裡到處可見各種花果或蔬菜，有茉莉、長春藤、白菜、花椰菜等，全校儼然像個小小園藝店。漸漸地，在稚嫩的臉龐下，有了懂事的神情、自信的眼神。記得在成果的分享時，一個孩子的小小花椰菜，竟成了全校午餐上最香甜、最溫暖的花椰菜湯，當擴音器傳來：「今天我們非常感謝○年○班的○○○小朋友，將辛勤照顧的花椰菜與我們分享……」全校掌聲響起，相信他們照顧了盆栽，也觀照到自己，讓心更柔軟了。

由於我們的用心，全體師生的的努力，創造了綠色的奇蹟，這個大家庭所孕育的活力、凝聚力、生命之美，都是超乎一切，於是，我們獲得全省環保績優學校的肯定，更經由媒體的報導，本校環境教育也因此拉開序曲。

【故事二】期待這一季的樂聲——夢想起飛 ◉◎◎

在臺灣文化裡，少不了廟宇的迎神、陣頭、建醮……等活動，本校緊鄰媽祖廟，不論節慶或廟會，不論假日、上學日，晴天或雨天，都得共襄盛舉，配合支援相關的活動。於是，興起一個念頭，組一個「國樂團」，除了配合支援廟宇的節慶，更可以讓學生們習得一技之長，有夢最美、築夢踏實，我相信，只要有心，可以實現師生共學，達到由三至六年級全校共組「國樂團」的夢想。

「國樂團」？買樂器的錢從哪裡來？練習樂器的時間？學員需要五、六十人，有篩選的空間嗎？在什麼時間學習？一連串問題，並沒有讓我打退堂鼓，後來在廟宇的協助之下，我們決定全額補助小朋友的樂器添購，以解決家長經濟的負擔，教師部分則補助一半的樂器購買費用，利用四點下課後的時間每天

練習，訂定進度，邀請各式樂器的老師分組教授，全校每個小朋友都參與，幾乎就是一人一樂器，每天下午 4 點後的校園，充滿著音樂聲。我們訂定進步神速獎、技巧優異獎……等明確的期程做檢核並鼓勵，也給孩子更多的舞臺展演，記得第一次參加比賽，便得到全市第一名，而且連續二年喔。這個高度的肯定，鼓舞了我們繼續邁向更高峰的動力。

國樂團的成立，將不可能的夢想實現，培育出充滿自信的小朋友，畢業後繼續往這個興趣深造，更回來家鄉支援，繼續指導學弟學妹，形成一個母雞帶小雞的傳承工作，這個任務型的人力整合領導模式，巧妙的突破小校人力不足的困境，化解僵化的科層分工，大家以共同想完成的任務為導向，不分彼此，創造學校行政與教學整合的奇蹟，也營造了一個社區的優質文化。

由於我們走過，這一季的樂聲變得清亮；由於我們努力，得以讓這個故事更動人。

📖 故事的延續──來到都市裡的森林小學

1998 年來到進學國小，映入眼簾的是一片綠意，聽到的是鳥叫蟲鳴。學校雖然地處臺南市中心，卻有著四甲多的校地，90 年的校齡，校園裡有豐富的植栽與老樹，充滿大自然的原始風貌，也擁有「臺南市森林小學」的美譽。

在童年的歲月中，有許多的探險故事，以及和一些同伴所創造的趣事回憶，比起現在的孩子一放學就要去上安親班或才藝班真是天壤之別。當我能夠經營一所學校的同時，我常想如何讓現在的孩子也像我們一樣擁有浪漫、多種挑戰且多元的快樂童年，相信也一定能開發出更多的能量與創造力，去創造屬於自己不一樣的生活。

一直以來，總是對教育有著一份莫名的憧憬，以學生為中心的教育經管理念，追求在健康、和諧、快樂中學習。希望學生：對人尊重、對事盡心、對物珍惜。我最欣賞的一句話是「無不可相處的人；無不可善盡的事；無非要不可的物」。這些想法一直在我教育的經歷中，時時刻刻提醒著，尤其，在 1998 年改派進學國小校長之後，很希望再營造一所「三好」學校，所謂三好是「學生好、老師好、整體環境好」，教育的主體是學生，學校一切建構應以學生學習成長為目標，舉凡教師的專業成長，學校的整體教育環境的營造，都希望促

成孩子健康快樂有效益的學習。為了促成這三好的目標，在我 1998 年來到進學的第一年，欣逢小班教學與開放教育的實施，緊接著九年一貫課程試辦，我們凝聚全校共識，以健康、學力、宏觀、惜緣為學校四大願景，培養兼具知、情、意；真、善、美；身、心、靈平衡的理想兒童圖像。

這 12 年來彙集全校師生的努力，社區及家長的合作，一步一腳印，榮獲許多外部評鑑得肯定，諸如：九年一貫課程全國標竿一百學校、教育部環境教育中心學校、綜合活動學習領域自編課程全國典範示例學校、教育部「教學卓越獎」之「銀質獎」、InnoSchool 全國學校經營創新獎特優、教育部「校長領導卓越獎」、全國環保績優學校、教育部綠色學校、好望角校園空間改善全市第一名、《天下雜誌》評選 2008 年全國品格教育三百大學校、鄉土教育績優學校、資訊種子學校、英語環境建置全市第一名、教師專業發展評鑑教育部核心學校、配合教育部體育司推動樂活站，榮獲空間規劃的第一名、教育部社教司推動高齡學習中心及玩具工坊特優學校等，其實每項績效的背後，都有一段艱辛的奮鬥歷程，也是一篇篇感人的故事。這些年來，在校園裡看到許許多多的感動，希望能讓每一顆各具特色的種子發芽，長大、開花，使校園充滿生機，也引領師生走向另一片藍天。

【故事三】擁抱生命的泉源 ◎◎◎

進學國小校齡近 90 年，富有豐富的植栽與老樹，自九年一貫課程實施後，我們以生命教育作為學校永續推展之本位課程，透過生命教育課程研究，研擬「認識自己」、「關懷他人」、「服務社群」、「團隊合作」、「人格陶冶」等向度之能力指標，設計各學習階段生命教育主題課程，融入各學習領域教學活動中，系統性建立學校生命教育課程體系，培養孩童從小就對生命充滿喜悅與好奇，並從生命教育學習活動中懂得「感恩」、「惜福」、「惜緣」，學會「尊重生命」與「關懷大地」。

為了永續與普及生命教育活動發展與教學，我們籌組生命教育課程發展與教學團隊，定訂組織規劃、工作職掌、目標、發展進程與實施策略，彼此協同教學及分享資源，過程中不斷發現問題與解決困難，設計融入領域課程教學模式，整合學校本位課程與領域課程之內涵，解決學習領域與議題教學並重的問題，同時結合學校特性與社區資源，解決生命教育課程多元內涵問題。

我們在校園生活中落實生命教育，一方面實施融入學校行事之創意活動，一方面將生命體驗活動融入各學習階段課程，低年級以學生熟悉的生活周遭事物為主題，學習關懷生活周遭人事物，進而認識生命與尊重生命；中年級以人與社會為主軸，設計關懷他人的主題活動；高年級以人與自然為主軸，引導孩童透過主題探究，學習關懷自然萬物，教學過程運用探索活動、體驗學習、專題研究、實作演練、經驗分享等，一步一步引導孩童體驗生命中快樂的真諦，能關懷生命、感恩惜福與珍愛自然環境。

　　九年一貫最先「進」，生命教育終身「學」。進學國小全體師生自編生命教育課程，無形中塑造校園健康的生理與心理環境，增進學生全人之發展，期盼能持續透過創意教學，增進生命體驗活動之成效，引導孩童擁抱生命的泉源，建立和諧的社會與健康的大地。2005 年度生命教育團隊獲得「標竿一百──九年一貫課程推手」教師團隊之榮銜，以及教育部「教學卓越獎」之「銀質獎」，我們感到相當欣慰與榮耀，這份肯定也鼓舞著我們繼續向前邁進。

【故事四】進學生態 e 學園 ◎◎◎

　　本校自 1999 年起從拯救老樹課程的設計、落葉堆肥的創新規劃，到植物園區的建置等，有計畫的將校園改造成一個多樣性生態學習環境。結合社區資源藥草協會及義工組織，持續營造綠的校園、美的情境、活的教材。藉由校園環境逐步建構完成，面對如此豐富的校園植物生態，老師們也逐年發展出相關課程，多年來已建立一至六年級一系列植物生態學習課程與教材，設計多元化的學習活動，包含生態觀察、專題研究、體驗學習、資訊應用與生活實踐等環境教育的課程。

　　有鑑於植物的觀察辨識，除依傳統圖鑑對照或是標誌說明強行記住特徵外，學生很難突破現有的學習成就。自 2006 年起，為改變傳統觀察教學的限制，提升學生的植物生態學習興趣，鼓勵自我學習並發展合作學習模式，進一步推出即時性學習方式──「情境感知」專題學習課程活動，運用資訊科技引導學童進行校園生態專題學習，建立校園無線網路環境，藉由無線通訊的定位技術，探查校園綠色生活地圖；藉由資訊網路的即時查閱和線上互動功能，增進了學習效果、提升了學習動機，成功開發適性化及有效之生態學習活動。

　　校園植物種類數百種，分為香草區、藥材區、有機蔬果區、植物園區等，

各類植物製作標示牌，建立網站資料庫，無線基地台及感應器，有系統的提供給學生合適的學習教材和討論內容的提示。建立 PC 版及 PDA 版的全校生態學習步道，共 12 個生態探索站，網站內容包含植物資訊、園區介紹、教學設計與學習活動單等資源。透過無線網路資訊系統及感應器，建立情境即時導覽系統，提供即時與正確的資訊，讓學童在校園生態情境中自主學習。

本方案自 1999 年發展迄今，從小神農生態植物園區規劃，到小神農植物園教材及教學資訊網的建置，最後，完成一至六年級小神農植物學習教材與體驗式生態學習完整的課程，研發小神農闖關評量活動，通過認證活動者頒發「小神農」證書。不斷的修正與創發，於 96 學年度榮獲教育部「教學卓越獎」甲等、臺南市「教學卓越獎」特優方案的肯定。

以學生為中心的教育經營理念

一直以來秉持著以學生為核心，教師的教學、各項活動的規劃，以學生的興趣、能力、需要做考量，給每個孩子舞臺，以展現自信、追求卓越為規劃各項活動的目標，近十年來，本校學生充分展現潛能，均有亮麗的演出，表現個人才藝及團體創造力，在音樂、體育、藝術、科技等領域學習展現一流水準。讓我來說說幾個以學生為中心規劃的有趣的故事。

【故事五】「進學之星」選拔──學生多元展演活動 ◎◎◎

每年為了慶祝兒童節，本校會在兒童節的前一個月舉辦「進學之星」──兒童多元展演選星秀，學校為懷有不同才藝的孩子們，舉辦各種選星活動，活動包含：室內樂選拔、卡拉OK比賽、英語話劇比賽、編創舞比賽，由學生自由報名，讓每一位兒童有一展身手的機會，報名人數每年均達二百多人，因此，只要在這一段日子裡，在校園每個角落，會被一個一個的小團體占據，有的在討論劇本，有的在練習讓我拉長耳朵也聽不出唱什麼旋律的饒舌歌，有的有板有眼的舞弄著還不怎麼協調與純熟的肢體，有時還會驚見一些獨坐樹下，唸唸有辭的小朋友，原來他們在背相聲的稿子，校園裡的這段日子，除了鳥叫聲還有小朋友的笑聲、歡樂聲，除了大樹林立的身影，更有樹下孩子認真學習的模樣。精彩故事即將藉由兒童節表揚大會的到來進入最高潮。

透過來賓熱情的參與和掌聲，小小的主持人盛裝打扮，今天就是他們的舞臺，學生的表演淋漓盡致的展現，給學生舞臺，讓學生有自我表現的空間，是我們教育應提供的。為了準備節目，同學們利用課餘時間練習，自行編舞、相互協調，連服裝的討論和位置的配置都由學生一手包辦，老師只是督導和鼓勵。校園才藝選秀競賽，提供了同學自主學習的機會，展現獨特個性的魅力，活化校園生活，期望透過選拔活動，提供學生多方面去探測、發展自己潛能的機會，大家的掌聲和肯定，是激發學生不斷向上的最佳動力。

鼓勵與掌聲雖然是故事的結尾，但烙印在學生心中的幸福感，已悄悄燃起自信的火花，這即將又是另一個故事的開始……

【故事六】夜宴──以天為幕、以地為席，展開自信與風采的人生 ◎◎◎

這個故事發生在仲夏的夜晚，從進學國小的星空下，掀開故事的序曲，今晚星星特別的亮……

「為學生搭建一個舞臺，學生就能在舞臺展開自信與風采的人生」這一直是我的辦學理念之一。每年這個時候，在舞蹈班後援會與本校家長會的支持與贊助之下，於本校操場搭設大型舞臺，架設專業音響與燈光，一切比照文化中心大型演藝廳之規格，猶如奧斯卡的頒獎典禮，群星聚集星光閃爍，這仲夏晚會的表演，不同的是將表演場所移至室外，以天為幕、以地為席，讓優質的文藝表演得以分享給更多的社區民眾與家長。

節目內容包羅萬象，前半場由普通班全體小朋友擔任演出，以 2009 年而言，二年級學生以「當哈利波特遇上海角七號」節目作開場，緊接著還有戲劇、相聲、樂隊合奏、民族舞蹈、時下年輕人最流行的熱歌勁舞等。後半場節目則是本校舞蹈班學生擔綱演出的民族舞蹈、現代舞、芭蕾……等多元精彩的舞碼，他們曼妙的舞姿，讓觀眾大飽眼福，擁有最佳的藝術饗宴。無論是普通班學生的才藝表演或是舞蹈班學生一年來的學習成果展現，這都是學生的努力成果，也見證進學國小學生多元展能的一面，每年的 5 月，進學國小運動場的「夜宴」，也變成一年來學生才藝的總體檢。

接下來我想來說一說進學另一個以學生為中心去規劃的重要活動──運動會。

運動會是什麼呢？除了田徑比賽之外，運動會能給學生創造什麼樣的學習

契機呢？它可以很傳統，也可以很搞笑，可以辦得很熱鬧，也可以辦得很活潑。不管用什麼方式舉行，運動會的舉辦，對學生而言絕對不只是比賽，而是另一類學習的體驗。讓學生參與運動會的籌備過程，學生就有機會體驗規劃的意義。讓學生參與運動會的準備工作，學生就能了解工作的辛勞和意涵。讓學生參與運動會的計畫擬定，學生就有機會發表看法和展現新構思。藉由學生的直接參與，我們了解學生真正想要的是什麼樣的運動會，進而以學生的思考點去規劃，我們看到了開幕時學生的認真與亮麗，過程中的點點滴滴的歡樂，閉幕時的感動與不捨。

傳統運動會的活動方式和參與是單向的，老師準備，學生參加；學校舉辦，社區參觀。行政人員規劃，老師配合指導。模式照舊，儀式如前，思維在層層圍限下，永遠只是一個樣板複製再複製。運動會結束以後，留給孩子的只是名次的計較，只是勝利者的歡呼，只是獎牌獎盃的分送。那運動會將只是少數個人的舞臺，多數人只是陪襯，參而不與的角色。一場運動會投注下去的人力、物力、時間，都只是事倍功半的投資。本校試圖創造一個涵蓋多元學習的運動會，將以往傳統的模式，保留其運動家競技的精神，加入更多創意的主題活動，將運動競技的賽場，擴大學校本位課程的學習及成果的展演。

本校學生學習目標之一，是培養孩童從小就對生命充滿喜悅與好奇，並從生命教育學習活動中懂得「感恩」、「惜福」、「惜緣」，學會「尊重生命」、「關懷大地」，如何將這些學習活動及成果，規劃成一系列的活動，打破傳統運動會的模式，設計別出心裁的主題活動。例如：有盛大隆重、幸福洋溢的「世紀婚禮」、充滿溫馨的「為老樹慶生」、強調族群融合的「叢林大會」、開發肢體創意的「活力進學」，在在無不令人大開眼界、笑開心懷，也因為我們全體師生的創意與用心，此經營方案曾獲得全國學校經營創新優等獎的肯定。

以下要述說的是，運動會其中的一個小故事。

【故事七】創意主題運動會之一——幸福人生－世紀婚禮 ◎◎◎

這是一個公主與王子從此過著幸福快樂的日子的故事。

91 學年度我們經由課發會彙整全校老師的共識，結合當年度生命教育的相關內容，表達對親情的理解、體會愛的真諦、感受幸福的甜美，以此訂為我

們運動會主題所要追求的精神內涵。

　　正巧，當時本校同仁盧柏成老師正好要辦理結婚大事，引發我們創意的靈感，我們便開始透過大家腦力激盪，結合運動會主題精神——愛的真諦，展開一系列的創意教育活動規劃，並透過平日的課程在七大領域中實施，解決傳統運動會前一個月常常耽誤正常課程的缺失。

　　「世紀婚禮」不只是一個情境活動，藉助小朋友真實的生活經驗，結合周遭熟悉的人、事、物，透過本校課程研發小組精心的規劃，再經由不同領域的專長老師，帶領小朋友在語文、健體、音樂、舞蹈綜合展現一個完整、充實、知情意兼顧的學習經驗。具體的活動包含整個婚禮的完整流程，我們讓小朋友參與規劃再分工，了解整體的意義及部分的內涵，透過實際的參與、體驗、感受愛的真意與幸福的感覺，他們扮演的角色包括：花童（幼稚園全體學生）、男儐相（六年級男生）、女儐相（六年級女生）、導舞群（舞蹈班）、氣球龍（中年級學生）、賓客（低年級），並從年段、班級及個人的分工中展現個性的獨特與群體的協調合作，讓每個小朋友都成為此次活動不可缺少的重要成員。

　　婚禮的進場，採取英國查理斯王子——「世紀婚禮」的程序，漂亮的馬車帶領著新郎新娘進場、50 公尺的紅地毯及三千多個由全校師生親自吹起的氣球，形成兩條氣球龍，代表每一個人真誠的祝福。在市長的證婚下，新郎對新娘表達愛的宣言，整個婚禮的最高潮，是每一個小朋友用牙籤戳破每一個氣球所製造出的響聲，來表達每個人對這對新人的祝福與禮讚。熱鬧、欣喜、歡樂與感動的氣氛，讓在場參與的每一個人都真實感受到愛的真諦與幸福的感覺。別開生面的運動會，給學生、給老師、給所有參與的人，是一場豐富的生命歷程的感動。

　　這是一種另類的進場，讓所有的人陶醉不已，最重要的我們又成功的將幸福的感覺給了學生，奇蹟式的創造另一種模式的運動會，也創造一個校園溫馨的故事。

以合作概念建構行政整合的機制——知識分享平臺

【故事八】導師的葵花寶典——進學國小導師手冊 ◎◎◎

這不是一篇武俠小說，但是，卻是幫助教師練就成為一位「專業」老師的秘笈。

走進校園，每個學校的玄關幾乎都會張貼著有標示著教務處、訓導處、總務處和各個教室的學校位置平面圖。長久以來，我們發現僵化的本位主義造成行政分工協調的不易，合作無間的工作協調有其困難度，教師負擔過重與繁雜，讓第一現場教學的老師疲於奔命，無法進修，同時政府理想政策的推動，常常忽視教師的專業，一次又一次的研習、視導，一而再再而三的檢討改進，其理想的目標是要達到處室之間的整合，提升教師專業，成為有效能的教師，但是，站在執行政策第一線的我們，常常反省，該如何在行政上有所創新作為或突破以達到此一政策的良好立意，在不斷的從「做中學」的過程裡，我們體認到配合政策的推展不該再流於形式，教育也不能只是做事件發生後的補救工作，而是應該教孩子如何在生活中準備生活。為了因應長久以來的問題困境，在我們用心經營、創新規劃之下，由全校教師經過不斷的研討修正，達成共識，凝聚出建置知識管理的永續策略的共識。

首先，各處室將管理的業務、項目，訂定執行辦法，將作業流程程序化、檔案化，讓老師便於據此檢核實施。提供的內容包羅萬象分為「行政」、「教學」、「輔導」、「資源」、「其他」等五個篇目，有各處室的重要制度、實施計畫與辦法、每學期需要更動的行事、意外傷害處理流程，甚至對一位教師很重要的開學前準備、期初給家長的一封信、創意假期作業……等等，無非是想提供教師班級經營的各種小秘方，莫不是在老師遇到任何突發情況或是有需求時，可以隨手可得，獲得最快的協助，以處理當下的問題，更甚者可以幫助一位新進教師，很快的融入本校的各種運作，可以說是班級經營的最佳秘密武器。

每學期我們會配合行事或主題活動，去蕪存菁，不斷的修正計畫或辦法，訂定行政業務檢核表，供給相關人員或教師按照程序處理，處室業務執行的成果得以檢核，也避免教師對於班級裡這麼多瑣碎事情的無所適從，達到各活動

推展的最佳成效，進學的「導師手冊」也就跟著誕生了。

　　從 95 學年度起本校辦理教師專業發展評鑑，藉此，本校教師配合教學檔案的評量模式，不斷的討論、修正、對話過程，再次整合導師手冊的各項資源，將導師手冊進一步的編修，研發屬於本校檔案評量的檢核示例，讓內容結合班級網頁的建置，讓專業的教學檔案評鑑轉化得更臻實用與完善。

　　凝聚共識或許不是那麼容易，但是我們達成了；研發的過程或許沒有想像的順暢，但是我們做到了；四處行政人員達到最佳互動模式，教師做到同儕學習觀摩的典範示例，各種計畫活動辦法做程序性的管理，改革了舊有行事曆的內容及編訂方式，簡便的協助教師達到有效教學，可以說一冊在手，教學、行政馬上搞定。

以問題解決模式發展學校經營策略

　　為了解決滿地的落葉而發展出「護土再生」之環保植栽課程；為了醫治一隻受傷的松鼠而發展出「小松鼠住院記」的關懷活動；因為在菜園裡發現許多毛毛蟲，而興起了研發「毛毛蟲餐廳」主題課程的念頭；聽到校園中鳥叫蟲鳴，因而發展出「小鳥休息站」；有鑒於孩子們常常愛在心裡口難開，而設計出「心聲愛意傳真情」的教學活動；為了讓學生接觸書、愛書、看書並且解決贈書問題，全校師生來個「好書搬新家」的搬書大接龍。每一個主題課程都是我們面對問題，進而發展出蘊涵著豐富感人的各項學習活動，在校園的每個角落，也因而上演著一幕幕感人的故事。

【故事九】一所會呼吸的小學——落葉的風華 ◎◎◎

　　故事的結尾發生在 2006 年的總統府大廳……

　　詩人為觀落葉而感傷，本校學生卻為掃落葉而苦惱。有「都市裡的森林小學」之稱的本校，落葉數量之大，更成為我們環境整理上的燙手山芋！直到本校植物園區的開闢，藥材區的規劃，環保、健康的概念便應運而生！用「有機肥料取代化學肥料」的念頭一起，我們發現，原來有機肥料的素材就在我們的生活中，落葉原本就可以化作春泥，再現它生命的第二春！

　　本校位處臺南市市中心，擁有 42,616 平方公尺之校地，在長期經營下，

進行美化綠化，多層次植栽，因此，校園內大樹林立，我們可以在綠意盎然的大樹下舉行學生朝會、升旗典禮，百年的金龜樹、三層樓高的黑板樹，也可以見證我們依依不捨的畢業離情、各項藝術到校（國樂、舞蹈、戲劇……）等藝文的欣賞皆可在大樹綠蔭下舉行呢。

　　然而大樹也帶來大量的落葉，為降低大量落葉所帶來的困擾，我們將校園內所有的落葉集中，大葉不易被風吹動，因此，我們將它作為植物園區覆（護）土的材料；小葉則因輕盈易隨風飄送，所以，挖溝予以掩埋。一日復一日，但在一段時間之後，我們發現挖溝所占的面積太大，再加上所挖的溝道不太深，所掩埋的落葉有限。一而再的突破問題解決困難，過程中本校主要採行下列四項措施：

◎落葉歸根——直接護土：涵養水份保護土壤，提供小生物落葉下的生存空間，也使土地免於學生踩踏而沙漠化。

◎挖坑掩埋——滋養土壤：讓掩埋於土下的落葉在轉化成有機肥後，有效改善土壤土質，使原有貧瘠之土地再現生機。

◎落葉堆肥——有機肥料：集眾人之智慧，本校開發出特有之落葉堆肥箱，解決大量落葉問題，也使得落葉生成的有機肥可供校內植物栽種之利用。

◎開闢有機植栽園區：一畦一溝，兩者輪流耕作，使土壤不致太快貧瘠，充分發揮土地之效益，也使落葉有更好的出處。

　　上述各項措施，一方面降低了校園的垃圾量，一方面則改善校園原本貧瘠的土壤土質，再加上結合有機植栽，提供教學觀察現場，進而垃圾減量，結合落葉的處理，本校教學團隊也研發出落葉堆肥、有機植栽、小神農認證……等等自然生態的課程。種種措施落實於課程的規劃，與現場教學，我們因面對問題而創造了課程，於是，2006 年的總統府大廳，總統與校長有了一段幽默又感性的對話……

　　總統：「你得獎的感言是什麼？」
　　校長：「我不知道處理垃圾也可以榮獲總統召見。」

組織改造策略——建置學習型組織

【故事十】教師專業發展評鑑在進學——聽聽別人‧看看自己 ◎◎◎

　　隨著少子化的趨勢，位處精華學區的進學國小，開始面臨招生員額減少的問題，雖然這是整個時代的趨勢，但是，面臨新時代的挑戰，除了提升教師專業，活化教學之外，2005 年我們經過校務會議通過，首批成為臺南市試辦教師專業發展的學校。

　　從 95 學年度起從試辦教師專業發展評鑑出發，揉合無限創意，協調教學、行政雙重力量，今年已邁向第四個年頭，在政策未明，無法源依據的狀況之下，採取完全開放的態度，希望建構一個理想的專業對話情境、透過教師們專業的研討、對話，找出屬於進學本位的評鑑模式。我們做到了，一路走來，固然有成長的喜悅，但也曾遇到瓶頸，雖是如此，我們仍不斷努力研討，凝聚共識，這期間歷經運思、溝通、定位，扶持、省思和實踐的複雜過程，透過同儕間互相學習與成長，營造「理想的對話情境」，對教師專業表現給予肯定和回饋，對於教師成長的需求，提供適切協助與支援，以促進教師的專業發展，提升教學品質，也透過評鑑肯定了教師的教學績效，為百年老校妝點全新風采，也讓學校重新充滿蓬勃生機。

　　學校對於教師專業的發展提供給老師多元的成長活動，我們利用週三研習，規劃切合教師所需的多元的學習成長活動，研習的類型確實因應教師的期待與不足之處，增長教學上的創新及創意，進而強化教師內在的成長動力。

　　為了擺脫單打獨鬥之舊習，成立教師專業學習社群，由教師自行結伴為一社群，規劃共同要成長的活動和主題，以同儕回饋的方式，落實「自主性規劃成長活動」，彼此學習彼此分享，沒有爭奇鬥艷的競爭，只有溫馨的共學共享，這份溫暖，就像一陣微風，吹佛過教師、家長以及學生，教師專業提升了，學生也猶如一株又一株的小草，隨著風勢日益茁壯。

　　「教師專業發展評鑑」的本質，並不在於證明老師的能力與比較老師的優劣，而是在於了解教學的狀況、提升教學的品質，與教學上的修正，各種變革的過程，總是會遇到許多的問題，制度的擬定往往都是充滿善意，不過在運作的過程中或許要做些許的修正與轉化，才會獲得更多的認同，本校在面對「教

師專業發展評鑑」亦即如此，相信我們的努力與成長將帶給學生最大的受益。

營造全面關懷的環境

【故事十一】小松鼠住院記 ◎◎◎

「噹……噹……噹……」

下課時間，一群孩子神色倉皇的跑進校長室：「校長！校長！松鼠一直在發抖！」、「松鼠生病了嗎？」在孩子的催促下，我趕緊到事故現場一探究竟。一個孩子露出哀憐的眼神說：「小松鼠生病了，校長你一定要救牠。」一向教導孩子尊重生命的我，被小朋友的善心所感動，馬上打電話給動物醫院。醫生叔叔很快的趕到，孩子們好奇的圍住醫生叔叔，關心小松鼠的傷勢。醫生叔叔仔細的幫小松鼠做了檢查之後，帶著牠坐上救護車，直奔動物醫院。

醫生：「小松鼠必須住院治療！」、「而且要先在加護病房照護！」、「醫療費一天最少 1,000 元！」怎麼辦？錢從哪裡來呢？經過討論得到一個共識：老師給家長寫信，敘述小松鼠不幸的遭遇和病情；小朋友自由樂捐零用錢。隔天，家長除了慷慨解囊，更關心小松鼠的病況，於是老師、家長與孩子之間每天有了共同的話題，當然我心中多了一份牽掛……

小松鼠住在加護病房，孩子每天五人輪流前往探視，課後更是打電話到醫院關懷。醫生叔叔被孩子的真情感動，索性每天親自護送小松鼠到班上並教導小朋友如何餵食，如何給予保暖，如何清洗器具，甚至讓小朋友輪流帶回家照顧。五天後，小松鼠陷入重度昏迷。原來，這隻松鼠年歲已大，從樹上掉落受傷變成了「植物鼠」，只能短暫依賴藥物維持生命跡象，沒有救治的希望，大家雖然於心不忍，但最後也只好默默接受小松鼠的離去。

透過課程的安排，我們為小松鼠舉行一個溫馨感人的告別儀式。林林總總的卡片代表著孩子無限的祝福，各式各樣的禮物有著孩子諸多的不捨，更有小朋友在卡片上寫著：「我想送給小松鼠一頂安全帽，這樣不小心摔下來才不會受傷。」這份真情令人動容，但願，小松鼠帶來的故事，能給予孩子們對生命更深切的體認與溫馨的回憶。

【故事十二】與校長有約──約定是一種幸福的期待 ◎◉◎

在小時候的學習歷程中，「校長」是一位高高在上，總是令人敬而遠之的人，更不用說和校長面對面講個話了，回憶小學時期，校長長得高？矮？胖？瘦？他在我的腦海裡，印象是那樣的模糊，我試著拼湊僅存的國小階段的一些記憶，但是仍究那樣遙不可及，在當時的環境背景之下，校長與學生的關係似乎都是如此。

走在校園裡，與孩子最常的互動，應該就是下課時間小朋友與我碰面的問候：「校長好！」接著就是一雙亮麗的眼睛，期待我的回應，如果我多和小朋友聊一下，更可以感受到孩子的雀躍欣喜，我相信，我應該可以做得更多一些，於是，「與校長有約」的故事就這樣展開了……每月一次，全校每班由老師推薦一名，接受校長邀約、表揚。老師將接受表揚的理由具體陳述，再由教務處提前發下正式的個別邀請卡，再依排定的時間赴約。記得第一次實施的時候，一位家長來電：「校長，你到底有什麼魅力？為什麼我家孩子總是非抱著邀請卡入睡不可，還一直說可以和校長照相了。」我相信這是甜蜜的抱怨。在這段等待約會到來的時間，校長室旁總也有一些異於平常的情景：常看到探頭探腦的孩子，要不就是拿著邀請卡直接來提醒我：「校長，我要和你喝下午茶喔，你不要忘了。」這時，我也感染了他心中的喜悅與期待。

藉由每次分組的互動時間，我會將每位孩子被肯定的理由一一跟大家分享，加強與學生的深層互動，及彼此之間的典範學習，也藉此更了解孩子的想法，拉進師生的關係與互動，孩子榮譽的自我實現。雖然下午茶時間只有 40 分鐘，我相信這是最愉快的一節課。

「卡～擦～」相機最後記錄了一個個滿足的笑容，錄下了我們共同的約定，最後與校長的合照，張貼在人潮最多的玄關，這幸福的故事延續著，孩子的自信也在小小的心中滋長著……

【故事十三】大天使與小主人 ◎◉◎

認輔制度推行由來已久，但囿於校內輔導專業人力的缺乏，需要接受輔導的學生多，因此教師負擔沉重，常常心有餘而力不足；又在進行輔導之後必須填寫繁雜的輔導紀錄，令許多老師望之卻步，或流於形式，也增加了輔導處在

執行此項工作的困難度。

　　本校「大天使與小主人計畫」，先調查每位學生的偶像老師，將全校師生資料建檔，形成學生與偶像老師的配對，於學生需要的時候，確實掌握最佳關係人來認輔，讓學生在最需要的時候，找到他最能接納的老師，認輔老師也依偶像配對馬上找到，集合偶像教師形成關懷系統，做為學生最佳支持體系，營造關懷健全之學習環境。執行之後，真正的做到了「以學生為中心」的輔導體制，每個參與的師長們都站在幫助個案的立場，一起為個案而努力，全面認輔的措施，改變原有認輔制度找不到認輔教師的缺失，輔導處的老師們都覺得自己在做一件很有意義的事，且願意持續的做下去，與老師、學生們的心更近了。

 ## 故事的結尾──換你說故事

　　其實說故事並不難，創造精彩故事才需要很多的思維與想法，故事說到這兒，突然讓人領略到：真正能把故事說得精彩的，不是我，而是自己的心。

　　這些故事於我心如此的「明白」，故事的內容如此令人感動，盼望這些故事，能拉起感知的天線，激起更多精彩的校園故事，畢竟，一個故事的結束，永遠是另一個故事的開始……

柯景春校長小檔案

　　我在高雄縣旗山長大，家園的景緻隨著四季的變化，時而綠油油的田野，時而綿延的瓜田，因與大自然如此貼近，養成自己開朗的心胸，與隨緣自在的個性，三合院林立的純樸鄉村，家家戶戶種的果樹結滿累累的果實，枝椏因果實的重量垂到竹籬外，記得，我每天上下學總是會情不自禁的看看果實成熟了沒？確認果實被摘下了嗎？這每天短暫的交會，竟是我童年生活中幸福的期待與記憶。

　　15歲離家遠赴花蓮就學，接受師專五年的師資養成教育，1977年畢業後分發到高雄縣，從此，一路展開教師、主任、校長的教職生涯，1984年因為結婚成家請調臺南市，1997年調至進學，2005年榮獲教育部「校長領導卓越獎」，2010年8月退休，在這近33年的歲月裡，經歷人生的各種階段，從結婚生子，甚至面對親人的永別，讓人體會人生的無常與短暫，有了這些的觸動，我期盼各種教育的規劃，能在孩子的心中內化成一種對生命的態度，教育的成效或許無法立竿見影；但是，培養對生命的態度，卻是一輩子帶得走的能力，我也秉持一切教學與行政的規劃，應以學生為核心，涵泳學生達到敬天、愛人、愛己、感恩、惜福的情操，進而與大自然和諧相處，慈愛大地的境界。

　　在山珍美味與觥籌交錯間，如果掩飾的是爾虞我詐，則遠不如「三五知己圍坐，淡茶話家常」來得愜意；如果，高官厚祿的背後，卻是窮於心智惶於仕途，就遠不如「採菊東籬下，悠然見南山」活得逍遙，當下的我已退休，這些年來，學校經營的點滴故事，歷歷在目，然而，心情真是有種輕舟已過萬重山的釋懷感！誰說辦學何嘗不也是一種堅持呢！

　　一個有故事的校園，需要許許多多的角色，各式各樣不同人、事、物共同扮演，回首校園故事中，每個孩子能夠亮麗的在自己的角色上發光發熱，也創造了一個個動人的情節，故事的開始是學習，故事的過程是享受，故事的結束是下一場故事的開始……

17. 觸動心靈最深處——逐夢

高雄市光武國小校長　曾振興

夢想——「舞女」的吸引力

謝明禮校長邀約同仁唱起校歌：「打扮著妖嬌模樣，陪人客搖來搖去……」，什麼啊？這不是陳小雲唱的台語歌曲「舞女」嗎？怎麼會是學校校歌呀！原來這是當時坪頂國小同仁聚會時必唱的團隊歌曲，當然也算是學校的校歌囉！

剛從師專畢業初任教師的我，驚訝地感受到校園中一股熱情溫暖的氛圍。回想當時，那是 1984 年 9 月的國小校園，當年，謝明禮校長豪邁的領導風格，及其帶領出獨特的校園文化，深刻地吸引著還是菜鳥的我，他算是我教育行政路上的啟蒙恩師，謝校長的待人處事及校務決策思維，成為我觀察學習的榜樣。

三年後，學校來了一位 32 歲女性校長——薛梨真校長，正在博士班進修的她，細心真誠，對人尊重與關懷，展現完全不一樣的領導風格，但同樣是成功校長典範，督促著我虛心學習，他們是影響著我立志走向學校行政的重要推手，也開始了我「追逐校長夢想」的旅途。

1996 年初，在張新基、黃春雄、林清玉校長的提攜與指導下，考取高雄市國小校長，隔年 1997 年 2 月 1 日奉市府派任太平國小校長，在太平共服務八年半；2005 年 8 月經遴選委員會遴聘至獅甲國小，進行獅甲國小「校園整體規劃校舍全面改建」的重要任務，任期四年，2009 年 8 月再經遴選委員會遴聘至本市光武國小；光武國小是所校園民主且資源豐沛的市區大型學校。擔任校長服務迄今共十三年半，現已算是資深校長。

擔任校長期間，正當臺灣教育改革如火如荼進行中，也是有史以來校長職務面臨空前的變遷與挑戰，期間嚐盡酸甜苦辣，唯有親身經歷，方能體會個中滋味。在我的校長生涯裡，充滿著成就、辛酸、歡笑、感動、掛心與感慨，現

在就讓我邀您走入我的內心深處，傾聽我心靈的觸動，一起感受我的心情故事與心路歷程。

夢境——心靈深處的觸動

最有成就——理想的實現 ◎◎◎

在太平國小擔任校長的八年半，是我教職生涯中最光輝燦爛的時光。

每個縣市也許都有太平國小，但我服務的太平國小卻有著和別人不一樣的故事。太平位於高雄市郊區，原本是一間傳統老舊、歷史悠久的學校，而我在 1997 年 2 月接任校長，當時學校校齡 78 歲，校舍老舊、校風純樸、教師安逸，社區家長多數屬於農勞工階層，在高雄市算是弱勢地區。

接任之初，衡量學校背景脈絡、社區特性、師資結構等，心想校務發展的關鍵在「人」，只要能讓教師們願意為教育理想打拼，夢想是可實現的。經我仔細評估發現，太平國小擁有一群年輕、熱忱、有創意，具備專業素養，勇於面對教育改革需求、樂於吸收新知的夥伴。於是，我與太平團隊掌握了變革的契機，我們開始改變舊思維，共創學校新願景——打造健康活力的童年，孕育太平新文化，開創了太平光輝燦爛的年代。

為了凝聚太平人的向心力，並聚焦於「打造健康活力的童年」之學校願景，首先由外在環境改變做起，以感染師生與社區家長，形成期待變革的校園氣氛；其次先帶領有意願參與變革的同仁，逐步影響更多同仁參與；再藉由申辦專案計畫的機會（小班教學計畫、開放教育、體適能三三三、教訓輔三合一、九年一貫課程……），讓全體同仁一步步有計畫地進入教育改革的運作中。

這一段成長蛻變的歷程說來輕鬆，但卻也經歷許多的困難與挫折，畢竟學校效能與新文化，不是一朝一夕可達成的，其中具體的變革與績效包括：教師社群的專業發揮（如：課程發展小組）、校本課程的充分展現（如：體適能課程）、學生才藝的多元展能（如：籃球隊揚威國際、越野賽跑）、教學環境的改造（如：蝴蝶園、蝶影萬象館）……等。

回顧八年半的發展過程，除了我的辦學思維與外在環境變革的雙重影響下，一股想要再出發的想法似乎感染了老師、學生與社區家長，嘗試跳脫舊框

架的思維，環繞在整個校園氛圍中。變革過程難免遭遇挫折與質疑，所以在作法上不斷調整步伐，在不偏離教育價值與學校願景目標下，尊重同仁不同的態度與想法，接納同仁不同的作法與進度。儘管在做法上不斷修正與調整，唯對教育的基本信念與學校教育目標上，一路走來始終如一。

最難忘——籃球隊揚威國際 ◎◎◎

很難想像一所只有八百多位學生的國小，能在芬蘭海豚盃國際籃球賽中，榮獲四屆冠軍，在我任期中有二次冠軍。回顧太平籃球發展史，過程非常艱辛克難，除了要有優質的教練團外，球隊成員的來源、球場設備的更新維護、社區家長的贊助、訓練與出國經費的籌募、學校同仁的支持等，缺一不可，缺少任何部分都會影響籃球隊的發展與績效。整體而言，這是一項非常艱鉅的任務。

多年校務經營的經驗，我深刻體會團隊（特別是球隊）成功的關鍵在「人」，尤其是核心的領導者。太平籃球隊的發展與績效，要歸功於一群體育團隊教師，有許治夫、李國寶、蔡振銘、管筱玲老師與張宏仁主任等，而最大功臣是許治夫老師。

許老師並非體育科班出身，但自屏東師專畢業分派到太平國小服務，即開始他追求籃球夢想之旅，自 1984 年成立籃球隊起，草創期篳路藍縷、設備簡陋，在塵土飛揚的室外簡易籃球場練習。雖然如此，球隊在許老師的激勵下，士氣高昂，充滿鬥志，終於在 1994 年第一次榮獲芬蘭海豚盃籃球賽冠軍。這一役改變籃球隊的發展，已由草創期進入茁壯期，1996 年再度榮獲冠軍，1998 年室內中央空調籃球場完工啟用，1999 年、2004 年分獲第三、四次冠軍。

太平籃球發展史，可說是許治夫老師的生命故事史，是首動人心弦樂章，令人感動與驕傲。許老師奉獻於籃球生涯的感人故事不勝枚舉，其中「斷指事件」最讓我印象深刻，永遠忘不了，身為校長的我深感心疼與不捨。當年，許老師為了讓孩子有更多的投籃練習，自掏腰包買了一套可組裝拆卸的籃球架，在組裝過程不慎夾斷手指的尾指，住院治療期間依然心繫籃球隊事務。太平的籃球隊與許治夫老師，是我校長生涯中最難忘的人與事。

最痛苦——民代質詢・同仁自殘 ◎◎◎

接著要談教育生涯中刻骨銘心、最感痛苦的二件事。

先談民代的人格侮辱，永遠忘不了1997年2月1日初接任太平國小校長，當時行政大樓與綜合球館正要興建，工程分建築、水電及噪音空調等三個部分，4月份正在進行噪音空調工程的發包作業，5月份市議員總質詢期間，學校臨時接到緊急通知要到議會待命被詢，一進議事廳某議員以教訓口吻斥責學校工程綁標、與廠商勾結，要求查辦，嚴懲校長，當下市長亦回應查明處理。隨後，當日的電視媒體及隔日的各報紙，以醒目的版面大幅報導扭曲的事件。

事後經檢調單位調查後，證明是虛構並非屬實，我剛上任，這樣的污名對我傷害是一輩子的，直到現在揮之不去內心的傷痛，卻還要與該議員維持必要的互動，好難也好痛苦！但也讓我更深刻體會政治人物的權力世界，為了延續政治生命、擴大政治影響力，只要能獲取最大利益，任何策略手段都在所不惜，我——只是在他政治這盤賽局中的一顆棋子。心中無限感慨，教育永遠離不開政治的影響。

另一件校長生涯中最痛苦的事件，發生在1997年7月初暑假第一週的週四與週五，那天，學校某位職員未來上班、未請假、也未回家，學校同仁與她的家人一直找不到該員，隔天週六的午後，我在家休息中，突然接到學校同仁來電，說該員已在樓梯間儲藏室內自殘身亡。這突如其來的消息，對我、對學校、對家屬而言，都是無法接受的重大事情，該員在同仁心中一切如常並無異樣，怎會突然間發生此事。當下已無時間思考探究為什麼會這樣？因為馬上要進行一系列的危機處理，同時間要面對上級、媒體、家屬、社區及校內師生……等。

忙了幾個月後回頭靜思，觸動我對生命價值的探索，引發出內心對生命教育的深思，學校是教育單位，對人的尊重、關懷、同理等，是教育人的基本信念，身為校長，更加深我校務經營的思維，營造一所溫馨、和諧、信賴、安全的校園人文環境。

最辛苦——金融海嘯・最大漲幅 ◎◎◎

在太平國小任期屆滿，2005年8月帶著滿滿的祝福與依依不捨，經遴選

委員會遴選到高雄市獅甲國小，當時獅甲國小校齡58歲，經歷一甲子的歲月，校舍與校園已是老態龍鍾，無法符合現在的教育需求，到任後正逢獅甲國小發展的重要階段，正好掌握獅甲國小汰舊換新的契機，開始進行「校園整體規劃暨校舍全面改建」的艱鉅任務。

擔任校長生涯，能有機會改造學校，心中充滿感恩與喜悅。只是接下來馬上要面對一關一關的挑戰，每一個關卡都是一項艱苦的任務，現在回顧當時，能夠完成不可能的任務且能全身而退，真要感謝上蒼與許許多多長官、專家的協助與指導。

當時我們按部就班，逐步完成先期作業計畫、研考會列管、徵選建築師、建築圖說規劃設計、細部規劃與發包等。正當準備進行建築工程發包作業，遇上有史以來的全球金融海嘯，營建材快速飆漲，短短半年間鋼筋從每公噸 2.2 萬元，飆漲到每公噸 3.7 萬元，這是史無前例，政府相關單位現有法令規範完全無法因應此次風暴，迫使政府必須頒布緊急應變的特別條例，以因應之。

這一年間，我們不斷修改應變計畫，但計畫永遠趕不上變化，終於在營建材漲幅獲得控制後，應變計畫方能奏效。總計建築工程發包九次，水電工程發包五次，配管工程發包二次，總工程經費從最初的一億一千六百萬元，追加到最後的二億一千萬元左右。

四年任期屆滿（2009 年 7 月）時，校舍工程已完成 95%左右，未能在離開前全部完工，心中有些許遺憾，但慶幸接任的陳鼎華校長是獅甲國小校友，由他接續的後續工程，現已全面完工。回顧校長生涯中，能經歷這種特殊經驗，完成不可能的任務，心中的喜悅不可言喻。

最掛心──弱勢學童・極無力感 ◎◎◎

這幾年讓我愈來愈掛心的是，弱勢族群的學童愈來愈多。最近有位打零工的學童母親，來幫小孩申請就醫的學童健康保險費，從資料上得知學童父親剛因癌症過世，小孩現又生病就醫，母親只靠打零工維持生計，這個家庭，看起來令人鼻酸。

在校園中這絕非是個案，弱勢族群學童比例正逐年增加中，雖然政府的照顧與福利措施也逐年增加，但政府的照顧永遠趕不上弱勢家庭的需求。根據政府針對各類型弱勢家庭（如：低收入、中低收入、原住民、新移民、隔代、經

濟弱勢……等）的統計調查，都會型學校約有 20% 的弱勢家庭，鄉村型學校約有 30% 的弱勢家庭，偏遠地區學校弱勢家庭比例更高達 50% 以上，這樣情況已愈來愈嚴重。

基於社會的公平正義，改善 M 型現象延伸的社會問題，政府不斷投入各項資源照顧各類弱勢學童，包括：教育優先區、課後服務照顧班、攜手計畫課後扶助、夜光天使點燈計畫、學童午餐補助等。唯政府再怎麼努力，都無法符應社會變遷，也無法滿足弱勢學童需求。

雖然弱勢學童不代表身心不健康，但這群學童確實是最需要被照顧的，也是未來行為偏差的高危險群。國民教育是全民教育、是普及教育，更是肩負照顧弱勢學童教育，經由教育讓社會產生流動，讓弱勢因教育而有機會向上層社會流動，以實現教育機會均等，維護社會公平正義。

最感恩──無怨無悔‧偉大志業 ◎◎◎

接著談談最感恩的事，清晨 6 點 50 分載女兒到覺民路與光武路口，讓她搭雄女交通車上學，此時已見徐敏蓮女士在路口招呼與護送早到學童過覺民路口，此情此景不論刮風下雨、酷熱寒冬，日復一日、年復一年，不只在覺民路口，也在學校周邊的其他路口，看見交通安全維護的導護志工、圖書館的書籍管理志工、保健室的醫護志工、輔導室的認輔與補救教學志工等，都堅守著義工崗位。

在光武國小總計約有 150 位志工，在獅甲國小總計約有 60 位志工，在太平國小總計約有 70 位志工。志工們都有自己的家庭，也有自己的職場工作，有些還需要照顧家中的長輩或嬰幼兒，但他們無怨無悔參與志願服務工作，服務眾人、造福人群。當學校緊急需要人手幫忙時，一通電話總見幾位救火隊夥伴，情義相挺、同甘共苦，這時總會讓人感動的痛哭流涕。

由於教育環境不斷改變，學校行政業務不斷增加，加上社會過於民主化，人民的權利過度高漲，這些年來處理人與人間的意見問題，已讓學校行政同仁疲於奔命，志工人力資源的加入，確實助益良多，不但提升校務工作績效，也彌補人力不足的困境，同時也增進學校與社區的緊密結合，增進溝通與共識，凝聚社區對學校的向心力。

身為校長，滿懷感恩心，感謝所有志工夥伴，雖是平凡的個人，卻是偉大

的志業與情操。

最感慨──權利爭取・多元分歧 ◎◎◎

　　從 1994 年 410 民間教育改革聯盟，提出教育改革四大訴求以來，臺灣教育環境激起空前的變革與震盪，校園生態起了重大改變，1995 年《教師法》公布，明訂教師的權利義務，同時亦賦予教師籌組教師會的法源基礎，於是，校園誕生了教師會，校園中開始探討教師權利、義務，《教師法》亦明定「教師得拒絕參與學校所指派與教學無關的工作或活動」，當中讓教師最在乎的問題，應該就是課務編配、級務編排及減授節數等問題，有時為了哪一套措施才符合公平原則？哪一套制度才是公平機制？只要是與教師權利義務息息相關的議題，經常會因為立場觀點不同而爭論不休。

　　其實冷靜想想，哪有最公平的制度！有時常會感慨「師者，所以傳道、授業、解惑也」，教師是個傳道的志業，理當是人格的典範，應發揮敬業樂業的精神。但因教育環境的改變，社會價值的多元分歧，法令亦賦予教師權力的爭取，因而發展出特殊的校園民主氛圍，心中無限感慨與無奈。

　　綜觀二十多年來的社會發展，社會價值觀的變遷，有如天秤之兩端，二十多年前當我還是初任教師時，社會對教師的價值思維是「尊師重道、敬業樂群、傳道授業」，曾幾何時，社會發展邁入後現代階段，價值觀多元且分歧，甚至是相互對立，後現代社會有句名言：「只要我喜歡，有什麼不可以。」這句話的價值觀是被扭曲的，但已對社會產生極為深遠的影響。心中常有感慨的感覺，更常興起一股無力感。

最得意──桃李滿天下 ◎◎◎

　　接著是一段無心插柳柳成蔭的意外收穫。

　　這個意外收穫的起心動念，來自初任校長時滿懷感恩的心，感謝許多師傅校長的指導、鼓勵與提攜，我的師傅校長有謝明禮、薛梨真、張新基、李德水、黃春雄、林清玉等校長，總覺得回報與感謝前輩校長提攜指導的最好方法，即是照顧身邊的同仁夥伴，但空有熱忱與想法是不足的，只能達到激勵與關懷，並無具體的分享與指導，因此思索著，如能在校長、主任、教師甄選上提供夥伴協助，特別在筆試、口試、試教的指導，才是最直接、最有助益。於

是就從我參加校長甄試的經驗出發，嘗試著協助自己的主任考校長，也開始這一段意外收穫。

這一做就是 13 年，雖是義務額外的工作，但能提攜晚輩，幫助他們完成生涯目標，我樂此不疲，並熱愛這份屬於志工性質的志業，未來我願意持續耕耘，現在我有許多子弟兵（包括國中小校長、主任、教師），在各自工作崗位從事百年樹人的志業，同時多數的子弟兵們亦主動協助身邊他人，追尋他們生命的夢想。

與其說是幫助他人成長，不如說是練就一身獨特的「曾式武功」，現在不論是筆試、口試、試教，我都有一套獨特的心得與引導的策略，不敢說是名師，但也小有盛名。其中最讓我得意的應是太平國小服務期間，我最得力的左右手（張宏仁、洪碧珠、馮秋桂、夏紹彰主任），現都已是高雄市國小校長，我要特別感謝他們對太平的全力以赴與對我的協助。

此外曾經是我的「校長甄試讀書會」夥伴，現已是國中小學校長者，總計有 28 位；曾經是我的「主任甄試讀書會」夥伴，現已是國中小學主任者，總計也有 18 位；這幾年來國小暨幼稚園教師甄試的錄取率極低，各縣市教師甄試報名人數都是幾百人，甚至上千人，而我的「普教特教幼教甄試讀書會」夥伴，每年依然會有多人考上正式教職，累積最近三年，共有 17 位考取國中小教師。

這個意外收穫，我把它當做是志工的功德事業，一來回報栽培我的師傅校長，二來感恩與回報校園中許許多多志工朋友，三來在我忙碌的生命旅途中，也能盡綿薄之力從事志工行列。

📕 夢啟──三品三階·最高境界

擔任校長以來，我感受很多、體悟更深，校務經營沒有固定模式，也沒有一致性標準，因為每所學校的基礎與背景完全不同，每所學校的校務運作深受學校背景脈絡、社區特性、校園文化、校舍環境、地方仕紳等因素的影響，學校的基礎與背景深刻影響校長的辦學思維與校務運作策略，也進一步牽制著校長辦學績效表現。

甲校的辦學思維與經營策略，在乙校不一定行得通，常見資深優秀校長將

在甲校辦學的成功經驗，帶到剛接任的乙校，結果不但格格不入，得不到同仁支持，更影響組織運作的氣氛及校長的辦學績效。

　　綜合我的辦學經驗與教育信念，我認為在理念思維（教育哲學觀與校長辦學理念）上應該一致，但在作法（校務經營策略與組織運作制度）上需因校而異。雖然不同學校會有不同的經營策略，唯若要展現學校特色品牌、突顯學校效率與效能，及發揮校長領導能力與辦學績效表現，必定需依序經歷「三品三階段」的發展過程，願與教育先進們分享，並請指教。

基階‧品德——信賴的人文環境 ◎◎◎

　　經營校務的首要，也是最核心的任務，即是「營造溫馨和諧的人文環境，及值得信賴的組織運作」。當同仁們的相處與互動是溫馨和諧的，當校務的推展與運作是信賴願意的，這才是奠定校務發展與績效展能的根基。

　　以學校教育目標來說，「落實奠基師生品德教育，營造一個溫馨、和諧、信賴、安全」的人文環境，這是校長辦學與校務經營最核心價值。

進階‧品質——機制化的組織運作 ◎◎◎

　　擁有溫馨、和諧、信賴的人文環境與互動氣氛為基礎，進一步才能建構一個制度化的組織運作機制，讓學校所有教育事務皆能有所依循，且能依行政程序如常運作。雖然當前教育環境與教育政策快速變動，校務各項計畫與行政業務必須隨之修正與因應，這更突顯「機制化的組織運作」的重要性。常聽說「計畫趕不上變化」，我想學校的組織運作不但要做到「計畫跟隨變化」，更要做到「計畫因應變化」。此階段目標即在達成「計畫因應變化」。

　　機制化的組織運作需要一些策略的配合。在行政業務方面，要做到「事事有人做、人人有事做」；在重要政策與教師權利義務方面，要建立公平、公開、民主的行政程序；在做決策與發展目標方面，需搭配幾項重要會議，如校務會議、主管會議、行政會議、學年會議、課發會議、領域會議及必要的專業社群會議。如能落實「機制化的組織運作」，即能慢慢展現行政效率及組織效能，且能達成高品質的校長辦學績效表現。

高階・品牌——特色的品牌學校 ◎◎◎

唯有奠基在「信賴的人文環境」，才能激發成員對組織的承諾與高昂的服務士氣；唯有建立在「機制化的組織運作」，才能發展出有效率、有效能及高品質的組織運作，也才有機會展現學校本位特色，及建立學校品牌。

校務發展是動態的交互作用歷程，如能發展至此階段，會自然而然的形塑學校自己的本位特色，甚至成為學校的品牌。在此階段，學校必然會發展出一、二或數個「教師專業社群（團隊）」，社群成員凝聚力強，有專業使命，願意服務奉獻，同時也因為績效卓著，獲得各界的肯定與讚許，提升專業滿足與成就感（例如：太平國小的體適能專業團隊，獅甲國小的校園規劃校舍改建團隊、光武國小的自然生態專業團隊、資訊典範學校團隊、藝文教師團隊等），學校特色漸漸成型、口碑逐漸散發傳播，最後就能建立學校特色品牌。

📔 夢迴——百味雜陳・依然最愛

時光飛逝，回首初任校長迄今已是十三年半，校長這份工作充滿挑戰，執行校長這個職位伴隨許多複雜情緒，酸甜苦辣、百味雜陳，雖有興奮、有得意、有喜悅、有安慰，但有時也伴隨許多感慨、沮喪、無奈與痛苦，甚至會有不如歸去的念頭。

儘管伴隨情緒的感受是相當複雜的，但回首來時路，「校長」依然是我的最愛——

因為有它，造就我堅忍不拔的毅力！

因為有它，成就我不斷向上成長的動力！

因為有它，磨練我圓融彈性的人脈與處事風格！

因為有它，創造我生命存在的意義與價值！

如有來生，「校長」依然是我的最愛！

曾振興校長小檔案

　　我是曾振興，1961 年出生於嘉義縣布袋鎮海邊的一個小村落，這裡是我的第一個故鄉，孩童時總是打著赤腳，嬉戲於田野間，小時農忙家窮，未讀幼稚園，就讀布袋國小，畢業後到新營的興國中學就讀國中部，每天通勤來回 40 公里。

　　16 歲國中畢業後那年，舉家遷居高雄市迄今，高雄是我的第二故鄉，那年同時進入臺南師專就讀，畢業後分發到高雄市坪頂國小服務，從此開始我的教職生涯，期間服務過坪頂、旗津、新民、太平、獅甲及光武國小，現為高雄市光武國小校長。師專畢業後亦不斷進修自我成長，期間進修過國立高雄師範大學教育學系、國立彰化師範大學輔導研究所碩士學分、國立屏東教育大學國民教育研究所碩士、國立臺北教育大學教育政策與管理研究所博士。

　　感謝博士班恩師林文律博士，在我求學期間的知識啟迪與人格陶冶，感佩恩師對本土校長學領域的耕耘，令人感動。

18.歲月的恩典情愁

臺北市國語實驗小學校長　張永欽

 楔子

一輪明月　一抹夕陽　一道彩虹　一生恩典情愁
走過悲歡離合　體驗喜怒哀樂　人生至此　了卻多少恩愁
且看半百歲月的流逝
曾經瞭望無垠的沙漠
曾經走過千山萬水

遠方的沙　望不盡　蒼茫的天
足下的水　流不盡　遙遠的江
曾經許下的願　在流星飛過的天邊　消失
曾經見過的人　在遠離之後　不再見
曾經夢中的理想　只是夢中的夢
消逝的歲月　消逝的年華
一頭白髮　漸弱的身軀　無助的心
是為工作而生活　還是為生活而工作
在無垠的沙漠中　綠草依舊存活
在千山萬水的崖上　枯枝仍然吐綠
生存生活一口氣
雖然
望不盡天涯路
流不盡千山水
面對歲月擺下的筵席
盡情盡興
享盡歲月的盛情　乾吧！

歲月在明道──美哉一個好所在

明道的美，明道的雅，沒有身歷其境的人，是無法感受的，來到明道讓人覺得身心舒暢，在我的教育生涯中，能與明道相遇，更成為知己，是何等的榮幸！1997 年 2 月 12 日奉派到明道服務，初到明道，雖然生疏卻又覺得親切，一切緣分在冥冥之中滋長，也許前世已定，與明道有緣，三年半的緣分雖然短暫，但是我們走過的路，卻是充滿無限的輝煌和快樂，我們努力創造明道的奇蹟，把許多不可能化為孩子的喜悅，在你我心中，留下刻骨銘心的記憶片段。

我覺得在明道最能感覺春天的來到，每當春天來時，你只要走到梅花池畔，池裡睡蓮素淨清芬，淡雅迷人，隨風招展，春天的池畔開滿杜鵑花，紅的、白的、紫的、粉紅的……，爭艷鬥麗，當你繞著圓環走一圈，杜鵑花的美盡入眼底，兩旁的金露華遇春發新綠，那種金黃的綠讓人心醉，展現無比的生機，超強的活力不斷湧現。若是遇到春雨綿綿的時候，那種迷迷濛濛的霧，不斷飄散在校園的每個角落，似雨非雨，似霧非霧，悠悠的、愁愁的……，讓你展不開眉頭，等你用力一瞧，滿園新綠舊枝相互較勁，真是了得啊！還有中庭的那一片青翠草地，女兒牆上非洲鳳仙花開得璀璨，一棵棵造型榕樹，整整齊齊矗立小道旁，亞歷山大椰子高聳挺拔，中庭的美，真是讓人記憶深刻啊！那是阿地、阿和、老彭、阿芳、碧霞、阿寶等眾兄弟姐妹們努力拔草、修剪、澆水、栽種，辛勤耕耘的結果。

在明道的第一年完成午餐電梯的興建，讓午餐供應省時省力，同時也提供無障礙的環境。接著整修多年來殘破荒蕪的跑道，當時為了環保無法全部鋪設 PU，但是為了練習短跑，總算修築四道 PU 的直道跑道，操場修築落成後，明道的操場有著一片綠油油的草地配著紅砂的跑道，平平坦坦的看起來很舒服，綠茸茸的青草與紅色的砂土，煞是好看！有一天操場上不知何時飛來了幾隻白鷺鷥，牠悠閒的在草地上覓食，偶爾抬著細細而長長的嘴，用牠敏銳的眼光，警戒著四方，一副悠閒又緊張的模樣，真是讓人又愛又憐呢？冬盡春來時，走到圍牆邊，褪盡了綠葉的菩提樹，枝幹槎枒，樹枝上佈滿千千萬萬的芽苞，正準備一展身手，一到春雨後，綠葉扶疏，新綠蓊鬱，欣欣氣象，增添幾許青春活力。

　　沿著操場的後圍牆，為了教學而種的多種木本植物，也隨著春天來到而動了起來，該掉落的葉子一點兒也不會耍賴，該保持鮮綠過冬的一棵也不少，欀樹細嫩的紅葉正在滋長，羊蹄甲開著過冬的花兒，大花紫葳落盡殘綠等春天，印度紫檀新綠吐芽迎東風，玉蘭樹豐盛的葉子正在孕花期呢，而臺灣杉和黑松枝幹挺拔堅強傲立風中，還有大葉山欖、水皮黃、黃槐、關山櫻等，隨風搖曳展絕招，當初要求廠商無論如何必須履約保活，如今春去秋來已過十餘載，該是綠樹成蔭枝繁葉茂的景況吧！

　　為了改善活動中心的安全和增強專科教室教學功能，重新設計屋頂的排水系統，翻新屋頂的覆蓋鐵皮；為了支撐舞臺的安全，配置兩根古典的羅馬柱，調整出入口動線，更新舞臺地板、音響、燈光，增設天花板，重新規劃圖書室及音樂教室，鋪設櫸木地板，設置展示櫥窗、出納台等。整修視聽教室，增設環繞音響、卡拉 OK 等功能，並將破損不堪的活動中心地板翻新為 PU 彈性地板，完成整座活動中心和大部分專科教室的整修，使明道國小擁有現代化的 PU 運動場所，更擁有新穎的舞臺、燈光、音響設備及幽雅舒適的圖書室、音樂教室、視聽教室、電腦教室等，在普通教室改善方面全校於 1999 年拆除舊有書櫥，重新設計學生置物櫃、掃具櫃、教師置物櫃、圖書櫃、資源回收櫃等，班班有音響、電腦、電子琴等；設置視訊中心全校聯播唐詩吟唱、才藝表演、英語教學等節目，拓展學生學習視野，增進學習效果。

　　在校際交流上辦理花蓮富里國小互訪、南投北港國小互訪及北市中正國小互訪，更辦理花蓮陽光夏令營，千禧年點燈活動，在週會活動上辦理藝術欣賞，邀請名家現場表演管樂、國樂、書法等，也讓學生展現多采多姿豐富而生動的才藝表演，帶給小朋友無限的歡欣和收穫。此外越野隊、扯鈴隊、直笛團、陶藝活動都表現得有聲有色令人激賞，每年春節邀請書法名家蒞校，現場揮毫寫春聯活動，更帶給小朋友觀摩學習的機會，期中考及期末考結束辦理全校電影欣賞，讓小朋友體驗大家一起看電影的樂趣。

　　感恩當時明道團隊優質的夥伴，付出無盡的心力，獻出無私的愛心，營造無比的創意和呈現精緻的成果，記得當時教務李春滿主任，善於規劃，敏於文藝，富有創見，克盡職責；訓導林騰雲主任，任勞任怨，沈穩幹練，心思細緻，勇於承擔；總務劉瑞清主任，為人和善，長於協調，穩健發展；輔導游德發主任，善於溝通，為人豪爽；人事王天介主任，會計陳淑貞主任等協助良

多，現在有的榮任校長，有的功成身退，最重要的是明道的每位優秀而認真的夥伴們，戮力以赴，一切為孩子，為孩子的一切，以專業的教育理念，獻出愛心，共同為明道的孩子而努力。

在明道的日子，多采多姿，為孩子開啟更多智慧之燈，是我教育生涯中一段輝煌的日子，也奠定日後校長生涯的根基。

歲月在東湖之一——提燈的人

離開家鄉已三十餘年，在鄉下人情味甚濃，村中的人大多是親戚，彼此熟稔，那天回鄉下省親，探視年老的母親，也到村中廟宇拜拜，走到以前熟悉的柑仔店（雜貨店），一群鄉親在那兒答嘴鼓（閒聊），一看到我就說：「這個不是阿舜的大兒子嗎？」我說：「是啊！」又問：「你不是在臺北做校長？」我說：「對啊！」他又說：「我在電視上看過你！」我說：「叔公啊！您看到什麼？」他說：「有一天刮颱風，天色很暗，在電視上看到你，提著手電筒在黑暗中巡視校園，做校長怎麼那麼艱苦！」

經過這麼一說，讓我想起 2000 年象神颱風的景況，2000 年 11 月 1 日，象神颱風侵襲臺灣。其環流挾帶著豐沛的濕氣，形成連日豪雨。颱風豪雨期間，臺北縣瑞芳地區累計降雨量高達一千公釐，象神颱風侵襲臺灣兩天（10月 31 日、11 月 1 日）期間，臺灣各地不斷傳出颱風災情。其中尤以位居北部的臺北縣、基隆市災情最為慘重，主要河川暴漲，沖毀橋梁，街道被水淹。

東湖地區位於基隆河旁，上游下了這麼大的雨，勢必造成東湖地區淹水，果然到了下午，東湖地區的街道開始積水，雨不斷的下，到了黃昏，水漫過圍牆，流進了操場，和平樓開始進水，很快的操場成為一片汪洋，天色已暗，那天是本校聘請三位保全人員上班的第一天，遇到這麼大的水災，多虧有他們幫忙，接著安置災民，有部分住在汐止的鄉親，因大水無法回家，只好安置在本校緊急安置所。

停電了，一切在黑暗中，我提著燈照著雨中的校舍，看著雨仍然一直下，聽著風刮著矗立在操場邊的大王椰子咻咻價響，同仁們守著微弱的燈光，照料著災民，守護著校園，一夜風聲雨聲，天明時，水來得急也去得快，但是囤積在地下室的水，卻成為善後最困難的地方。

象神過後，抽乾地下室的水，進行災後整修，到了2001年5月整修完成。不料9月16日納莉颱風從東北角登陸臺灣，區長發佈命令指定東湖國小為緊急安置所，立即召集附近同仁協助成立東湖國小緊急安置所，計收容33位災民，因臨時成立安置所救濟物資缺乏，只有少許乾糧，沒有禦寒衣物及睡袋等，災民抱怨不已。

　　雨繼續下著，9月17日早上7點風強雨急，我冒著生命危險由永和出發，經建國高速路、中山高下成功交流道，在民權東路與成功路交叉路口，積水嚴重，阻隔去路，只好先以電話詢問收容情形及學校現況，得知一切尚好，因道路中斷，只好先行返回永和待命；到了9點電話聯繫，得知東湖地區全部淹水，本校和平樓、操場開始積水，信義樓地下室淹水，操場水深約一公尺，10點忠孝仁愛樓地下二樓圖書室進水，中庭積水嚴重，11點通訊中斷，大雨不斷的下著，道路無法通行，整個東湖地區成為水鄉澤國，從電視新聞報導得知臺北市各地災情，到處淹水情況危及捷運，市政府也淹水，汐止水高二至三樓。

　　下午3點大雨稍歇，再度從永和出發，建國南北路兩側停滿車子，只剩一條小通道，下成功交流道，康寧路滿目瘡痍，極為淒慘，從康寧路75巷經過公共電視台，兩旁車滿為患，極為難行，好不容易才到達學校。收容的災民大部分已返家，剩下十位因淹水無法回家，晚上需要安置。查看本校損失情形，和平信義樓地下室淹水，啟智班教室淹水70公分，仁愛樓地下二樓淹水一公尺，部分書籍泡水，中庭積水嚴重，已快越過防水板，經緊急發動備用發電機，迅速抽水解決仁愛樓地下室淹水的危機。

　　停電了，通訊也中斷了，東湖地區陷入苦難中，陸續有災民到來，經過安置讓災民暫時有安身之處，雨還是不斷的下，風仍然不停的刮，提著燈，照著校園的每一角落，所過之處，到處都是水。

　　到了晚上約莫9點半，東湖路113巷136弄大崩山，轟隆一聲土石流衝進了住家，沖毀了家園，本校陳老師夫婦拎著包包首先來到學校避難，並告知山崩之際千鈞一髮逃過劫難，此時救護車警笛聲劃過天際，衝到現場對著災難現場廣播，請居民迅速撤離，我和里長提著燈，冒著風雨，到山崩現場了解狀況，天色極為晦暗，燈照的地方，隱約可見一大片的山坡地崩落，衝進了路旁的住家，情況似乎很嚴重，里長向上級報告了現場狀況。我回到學校，看到本

校姚老師夫婦及女兒、張老師夫婦等都到學校安置所避難,接著成群攜家帶眷的居民,不斷的湧入緊急安置所,從晚上 10 點到翌日凌晨 1 點,共開設 32 間教室,收容 355 人。由於災民眾多,本校備用救急物資不足,經緊急通報區長,請求支援睡袋及食品、飲水等等物資,凌晨 1 點時救援物資來到,因數量不足,只好先分給小孩和老人,暫時解決問題。

提著燈,到每間安置所慰問,並了解災區狀況,據災民說有部分鄰居被困在土石堆中,請求立即協助,因此立即通知消防隊,並告知區長,請求繼續救援,凌晨 2 點偕同里長再次到災難現場察看;提著燈,照射著崩落的山坡,似乎已穩住不再崩落;提著燈,搜尋著斜躺的大樓,燈光所照之處,靜寂無聲,只有雨滴不斷打著臉龐,經評估雨太大,風太強,災區情況崩落情形未明,冒然進入危險性太高,只好請消防隊繼續留守,無功而返。

凌晨 3 點時災民大致安置妥當,電告市府應變中心。提著燈再次巡視安置所,並感謝輪值夥伴,在微弱的提燈下,拖著疲憊的身軀,回到校長室稍事休息,清晨 5 點半醒來,水退了,當初泥濘的操場,經一夜大雨沖刷帶走了煩惱的淤泥;提著燈看看地下室的情況,走到樓梯口,用燈一照,操場的水退了,然而像象神一樣地下室滿滿的都是水,這一次不只是和平樓地下室淹水,更嚴重的是信義樓地下室也淹滿水,受災面積更大,多年的檔案倉庫、體育器材室、幼稚園體能室、變電室等都泡在水中。

天亮了,部分災民惦記著家中的災情陸續返家,到了中午剩下 76 人,各界得知居民受創嚴重,紛紛到校關切,並送來救濟物資,有棉被、礦泉水、睡袋等,並提供熱騰騰的便當,計有法鼓山、慈濟功德會、碧山巖、中台禪寺、中國人壽等慈善單位,提供食物用品等。

大水退了,善後處理才開始呢,地下室積水必須有大型抽水機才能迅速抽乾積水,但因納莉水災遍及臺北市各地區,抽水機嚴重缺乏,不論市府的救災單位或是民間廠商,都無法及時提供抽水機,只好等下去。

本校因受災嚴重,水電復原前無法正常上課,因此公告學生停課一週,9 月 19 日教師返校,備妥災情資料及災後重建工作分配計畫,請老師協助復建工作,在老師協助之下完成初步的整理,但是地下室積水的問題並未解決,下午 4 點養工處支援三部抽水機,晚上 11 點再增二部,交代工友先生留意補充油量,提著燈巡視緊急安置所,為災民加油,為值班的同仁打氣;提著燈,巡

視著每一部抽水機，希望早日抽乾地下室積水，進行復建及供電的工程，祈求早日復課，燈在閃爍中，一分一秒過去了，午夜 2 點，因多日未換洗衣物，只好拖著疲憊不堪的身子，開著車回家。

回到家，洗完澡，剛入眠不久，電話鈴聲響起，告知國軍將在清晨 4 點進駐本校活動中心，進行救災支援工作，看一下手錶 3 點 45 分，簡單漱洗，告別妻小，離開家門。雨雖停了，天空依然烏雲密佈，天色晦暗，這兒不必提燈，我孤獨在街燈下走著，顯得冷清與無奈。開著車，一路無人行，一路無車伴，很快來到學校，天仍未明，5 點鐘部隊已安置好，正在休息，準備天亮的支援工作，巡視安置所，一切狀況良好，抽水機繼續不斷的工作著。然而問題來了，這麼多人進駐，無水無電，衛生問題嚴重，協調應變中心，請求消防隊運水支援，在未獲得支援前，由本校消防系統供水，啟動柴油發電機抽取消防池的水，暫時解決用水問題。上午 8 點國軍又到 200 人，中午又來了 97 人，總共 504 人，此時消防隊派來供水車，透過消防系統將水打到蓄水池，一切順利解決。

由於災難信息不斷流傳，各界救援物資，不斷送到，泡麵、礦泉水、棉被等，救援物資堆滿穿堂（約三間教室大），各界善心人士，發揮人性至愛至情，令人動容，由於東湖地區受災嚴重，透過各里長宣導發放救難物資，但是對於發放對象及數量無法訂定與釐清，造成許多不堪的局面，本來是一個溫馨感人的善舉，卻顯露出人性貪婪無度的一面，對於工作人員的辱罵，情何以堪，天理何在？

水抽乾了，清理的工作來了，兩大棟的地下室堆積如山的物品，如何善了？9 月 21 日請全校同仁到校協助清理，分配工作，女同仁清洗信義樓地下室搬出來的物件，男同仁協助搬重物，雖然進度緩慢，然而在此時看到大部分的夥伴，穿著短褲，刷洗著，搬運著，不怕髒，不怕熱，不怕苦，發揮愛校的東湖精神，大家同心協力，希望早日復課。

由於人手不足，工作進度緩慢，亟需外界支援，此時透過教師會及教育局請求義工協助，因此，每天有本校同仁 80 人及市府義工 50 人、慈濟義工 20人等共 150 人投入復建工作，終於將地下室整理到一段落，接下來必須修復供電系統，9 月 22 日下午 7 點半，日光燈亮了，多日的努力成功了，終於可以復課了。

　　這是有情的世界，卻也是無情的世界，一樓淹水，二樓打麻將，三樓看電視，四樓丟垃圾。而另一面善心人士散發愛心，溫暖人心，義工朋友無怨無悔，拿著工具遠道而來協助清理環境。

　　這是有愛的世界，也是貪婪的世界，為了救災物資不顧一切，一次一次來領，囤積救災物資，愛心的奉獻遭到殘酷的踐踏。

　　感謝大家的幫忙，在艱難的時刻伸出援手，這些來自外地不知姓名的善心人士，充滿著愛心的關懷和協助；來自本校同仁的團結力量，愛校的精神，使本校能很快恢復生機，也看到世間冷暖的人性，不經一事不長一智，納莉颱風提燈的日子，體驗了許多人生的哲理。

附記（這是隔年中颱辛樂克來襲電視的報導）◎◎◎

中颱辛樂克／怕淹大水　東湖地區校長守夜應變（2002/09/06 23:35）

記者沈嘉盈、梁宏志／臺北報導

　　去年納莉颱風肆虐而淹大水的內湖東湖地區，目前是都進入了備戰狀態。許多國中小學校長 6 日晚間都留守在校園準備應變。

　　颱風夜，東湖國小校長張永欽決定不回家，留在黑漆漆的學校裡，準備守上一整夜，黑漆漆的校園裡，空無一人，張校長每隔一段時間，就會提著燈巡視校園，就是害怕早上天一亮，整間學校又會跟去年一樣，成為汪洋一片。一個人在風雨交加的夜裡，顯得特別孤單。不過為了學校、為了附近居民，張校長的精神令人敬佩。

　　如果一夜豪雨，東湖勢必淹大水，學校的緊急安置中心，將成為救命仙丹。張校長身負重責大任，這一夜，他將一個人孤軍奮戰，颱風不走，他也不走。

歲月在東湖之二──告別

　　靈魂飄離，越走越遠，即將渙散。

　　心痛一直持續，灰暗的天，灰暗的人，一切變得無色彩。

一切苦痛，一切難耐，看不見一絲光，盡是一片漆黑。

只有嘆息聲，忍著想點亮燈，但是無力扭開開關，羸弱無望，悲淒絕苦，最後的氣息，能撐多久？

聽得見的鳥叫，只是一聲聲的哀鳴；聽得見的童語，只是一陣陣悲愁。

沒有可喜之音，沒有歡樂之語，一切盡是愁苦。

血不停的滴，乾涸又滴，室外的鳥叫，聲聲悲，紛雜的心，亂無頭緒，理不斷，傷心淚，刺心之痛，只能讓血流出，滴在人間，讓靈魂飛，讓靈魂遊。

飛就是自由，遊就有快樂，一切如此的安適，一切如此的美好，親近靈魂的故鄉，忘卻人間之苦，人活著真難，追向靈魂的故鄉，告別吧！人間！

這一段告白，令人心酸，活著的苦，活著的悲，非身歷其境者，不足以感受，想死不能，因為上帝給了一個任務……

第一個孩子來到人間，白白胖胖，人見人愛，林先生夫妻很高興有自己的寶貝孩子，日子一天一天的過去了，台語有句俚諺「七坐、八爬、九發牙」，意思是說：小孩子長到七個月應該會坐起來，八個月會爬，九個月會長牙齒。

可是，這個孩子，坐不起來，也不會爬，更不會丫丫學語。也許是發育比較慢吧？台語又有諺語「大隻雞慢啼」，意思是說：聰明的孩子發育比較慢，等成熟一點就不一樣了。但是林媽媽還是不放心，認為應該給醫生診斷一下，經過醫生的診斷，發現女兒是一個重度發展遲緩的孩子。

家人都認為是風水不好，於是跑遍臺灣各寺廟求神問卜，希望消除業障，也遍訪各地名醫，希望治好女兒的病，因此花盡所有積蓄，林先生夫妻每天更是自責不已，以為自己前世「歹積德」，如今累及下一代，夫妻拚命的賺錢，總認為有錢一定可以治好孩子的病。

當第二個孩子來到人世時，夫妻抱著無比的期待，小娃娃白嫩嫩，非常可愛，心想這應該是一個正常健康的孩子吧！隨著日子一天一天過去，同樣事情又重演了，孩子不會坐、不會爬、也不會說話，經醫師診斷認定是一個多重障礙發展遲緩的孩子。

　　頓時夫妻陷入愁雲慘霧中，怨恨上天捉弄人，但是既然生了，就必須用盡心力來照顧，於是用了更多的時間賺錢。其實要照顧兩個寶貝女兒，所費不貲，幾乎傾家蕩產，甚至心想不如全家一同去死好了。

　　日子一天一天的過去，有一天終於聽到大女兒學會開口叫：「媽……媽……。」雖然聲音是那麼不清楚，雖然聲音是那麼無力，卻是那麼的讓人期待。再過了幾天又學會叫：「爸爸。」聲音雖然依然不清楚，聲音依然軟弱無力，但是等了七年，終於聽到女兒會叫「爸爸、媽媽」了。這件事在別人的心中是那麼自然的事，但是對於發展遲緩的孩子而言，這是天大的進步，這一聲「爸爸……媽媽……」，也給林先生夫妻最大的鼓勵。

　　大女兒多重障礙發展遲緩，罹患癲癇、氣喘等重病，每個禮拜只能排便一次，平常必須坐輪椅或是有人攙扶才能走路。女兒外出時，林媽媽說：「別人對我多看一眼，都是一個刺傷，我總覺得人家瞧不起我的孩子。」甚至有人說：這是上輩子「歹積德」，這個孩子是來「討債的」。林爸爸說：「有一次坐飛機去旅行，大女兒不自覺發出『嗚～嗚～嗚～』的怪聲，坐在前面一個穿著時髦的女乘客回頭瞪了一眼，我立即用手壓住女兒的嘴巴，但大女兒無法控制自己，依然不斷的發出『嗚～嗚～』的聲音，這位女乘客立刻大聲咆哮，說：『怎麼這麼沒有家教，公共場合還亂叫，這爸媽是怎麼教的！』我只能忍氣吞聲，按耐著性子，不斷道歉，我能說什麼呢？」這又是一次沉重的打擊，他說：「我的心被深深地刺傷了！好痛！好痛！」

　　二個女兒都是多重障礙，為治好女兒的病，林先生夫妻遍尋偏方，有一次遇到一位自稱通靈大師要為他們改運，他們也深信不疑，甚至放棄原來的工作，向親友借一大筆錢，為通靈大師買精油，因此耗盡錢財，被騙得好慘；不到半年的時間，本來富裕的家庭，頓時變成負債二千多萬元，夫妻倆一度曾想──不如帶著兩個女兒一起去死吧！

　　此時，欠債累累，不知如何是好？用盡一切辦法也無法治癒孩子的病，然而夫妻倆仍然不死心，依然到處借錢，想醫好寶貝女兒。

　　有一天，也許機緣來了，一個信教的朋友告訴他「你們現在已經沒錢醫治孩子的病，讓我們來幫忙你，我們可以借錢給你，不用負擔利息，但是希望你們能來教會。」夫妻倆半信半疑，但也沒有其他法子可想了，只好姑且一試。

　　這個社會還是有溫暖的一面，一切都非常順利，夫妻倆借到錢可以繼續治

療寶貝女兒的病，就在教會的協助下，林先生夫妻重拾信心，在教友的接納、鼓勵下，讓他們重新站起來。透過教會的幫助，他們開始還債，解決龐大債務，也懂得調整心態，原本為了女兒的病，夫妻間時常爭吵，指責，也逐漸好轉。夫妻倆決定將「對女兒的小愛化為大愛」，於是創立了基金會，舉辦講座分享親身的遭遇，鼓勵特殊家庭走出陰霾。他說：「做父母的必須先走出來，孩子才有希望。」

有一天夫妻倆來到校長室，告訴我說：「為了讓家中有多重障礙孩子的家庭，彼此能互相關懷，互相照料，互相支持，我們成立了基金會，這次要藉由音樂會的方式，邀請大家共同關心多重障礙的兒童，因此想借用貴校演奏廳發表音樂會，不知校長的看法如何？」

在學校裡，每天我都看到她在推車上，由阿姨推著來上學，非常的心疼，每次座談會也看到孩子在艱苦中不斷學習成長，雖然是進步的那麼慢，但是看到生命堅強奮鬥的歷程，令人非常感動。更知道背後父母的苦，父母的無奈與辛酸。我毫不猶豫就答應協助這次活動的演出。

演出時絕妙樂音縈繞著會場，中場林先生訴說著孩子成長的苦難，一路走來的困難，夫妻倆藉由琴藝，抒發內心的情緒，也表達感謝大家關懷的情意。由於受到熱烈的迴響，第二年林先生需要更大的場地，邀請更多關心的人來參與，請求借用活動中心來辦理音樂會，我們義不容辭盡心協助，完成他們的心願，後來更擴大到國父紀念館演出，林先生夫妻的故事受到大家的關懷，也逐漸實現基金會的宗旨。

不料，天不從人願，大女兒來不及長大，在 14 歲時回歸上帝的懷抱，記得追悼會上，大家用虔誠的心，唱著祝禱的歌，送上鮮花，祈求上帝帶領她，安息在上帝的懷抱。

歲月在哀鳴──生命中的錐心之痛

血一滴一滴的滴下，止不住的悲哀，心仍舊悶痛，不定的心，不定的未來，傷痛不止，血仍不住的流，當流盡時無命了，人生若此，可悲啊！

一連串的打擊與創傷，到了那一天流過眼睛的血，終於忍不住，衝出血管，左眼 60%的眼球，鮮紅的血絲一直一直的竄流，照了鏡子，一陣驚慌，

布滿血絲的眼，憔悴的臉，一頭變白的頭髮，滄桑無奈的望著鏡中的我，無助的苦，悲愁的心，不敢再想後果，收拾悲傷，請假就醫吧！

學校到醫院其實很近，走路不到十分鐘，但是我不敢走路，怕走不到就暈倒在路上，於是搭上計程車，不一會兒就到了醫院，以前沒來過這家醫院就醫，也不認識眼科醫生，隨意掛了號，真的到了這個時候也只好聽天由命了。

就醫的人不多，很快就輪到我了，醫生告訴我：「眼睛微血管出血，應該不會失明，大概需要兩週血塊才會消失，請您先到隔壁間檢查，量眼壓，量視力，觀察眼球眼底。」醫師告知檢查結果：「眼壓和視力都正常。」我請問醫生：「為什麼眼睛會爆血呢？」醫生說：「應該是血壓太高的關係，如果壓力太大，也會引起眼球微血管出血，只要點眼藥水就可以了。你要多休息，放鬆心情，很快就會好的。」

領了眼藥水，迫不及待的到了廁所裡，對著鏡子看著血紅的眼睛，心中仍然不斷的顫抖著。打開眼藥水，用抖動的手，一滴一滴的將眼藥水滴進眼裡，眼裡一陣刺痛，其實悸動的心更痛。離開醫院，望著蔚藍的天空，真想吶喊：「為什麼要如此折磨我？為什麼？」

無奈的徬徨，不安的思緒，真不知要往何處去？心想既然請了假，就讓自己放個假吧？不要再去面對那件事，於是在街上來回的走著，漫無目的，漫不經心，只是心痛吧！走著走著，巷子裡有一間咖啡店，推開了門，選了邊邊的座位，環伺一下店裡的每一個角落，午後的店裡只有兩個客人，在角落談著。

坐了下來，看看 MENU，心想咖啡會使我心悸加劇，晚上難以入眠；綠茶也有咖啡因，會使我心悸不停，晚上也是睡不著；哇！普洱菊花茶，上面標示著可以減壓舒緩情緒，安頓身心，平靜慢活。喔！這不是正是我要的嗎？

不平靜的思緒，仍然縈繞著整個咖啡店，是苦悶、是悲哀……，無一能解，於是想到為了這事件，最近許多朋友，不斷用e-mail、簡訊、電話、卡片等表示關懷和支持，於是拿起電話一一感謝朋友的關心與鼓勵，抒解心中的悶氣。

普洱菊花茶來了，一杯一杯的喝，頓時心情有了好轉，心漸平靜，眼中的血絲，應不再擴張，結完帳，走出咖啡店，已是下午4時光景了，沿著延平南路，右轉廣州街，經過一所國小，看到一群一群嘻嘻哈哈正在玩耍的孩子，天真快樂無比，而大人呢？

走過公園看著滿園春綠，青翠宜人，悠閒散步的人們，好似快樂！過了馬路又要回到學校了，面對沒完沒了的惱人問題，這個煎熬吞噬了多年熱情的心，這個苦痛傷害了多年對教育的執著，這個折磨讓眼中風，充滿血絲的眼球，終將隨著時光，漸漸消失，但在心底的血絲，卻永銘心頭。

後記

　　走過漫長的路，似乎沒有喜悅，似乎沒有驚奇，一切如此陌生，好似剛到人世，好奇的不斷探索，不斷觀望，陌生的人，陌生的地，陌生得不可置信，如此的光景，找不到熟稔的人、事、物，孤單也許就是如此吧！

　　為何失落，是心無所依，是情無所寄，一個變了調的工作，煩心的無聊應對，一件單純的事件，無端惹來橫禍，眼中風，遭懲處，落井下石，幸災樂禍，承擔一切苦難，就在職場的盡頭，漂泊的人生，漫長的歲梭，盡頭已近，還要上場嗎？這個時候拄著柺杖還能舞嗎？在即將散場的時候，杯盤狼藉，燈火闌珊，現在的我，已經忘卻一切歡笑，失去一切積極的動力，一個無可挽回的傷痛，一個無可救贖的地方，在即將消逝殆盡的人生中，可還有夢？

　　回顧人生，想過的真理，印證過的真實，積極的追求，一切人生的美好，從不懷疑人性的善，總是認定人應該如此的善。

　　不過經歷了風風雨雨的大小事，當你遇到時，恍然大悟已然來不及了，終於來不及了，來不及應付，來不及懷疑，只好讓風這樣的吹，讓雨這樣的下。

　　風總是會止，雨總是會停，一切總是會停？只有日子依然要過，在離開這個世界之前，就讓風輕拂，就讓雨飄過，讓人生度過。

張永欽校長小檔案

張永欽，臺灣省嘉義縣人，生於 1955 年 9 月 10 日，家鄉為稻米之鄉，幼時父母親以農為業，記得讀小學時，放學課餘時，必須照顧弟妹，有時還要下田除草幫忙田間工作，小學畢業恰逢政府實施九年國教，不用升學考試，1968 年直升第一屆民雄國中就讀，國中生活多采多姿，1971 年畢業順利考上嘉義師專，從此走上教育之路，1976 年師專畢業分發到臺北縣雙溪鄉柑林國小任教，1980 年考上國立臺灣師範大學教育學系，1982 年經教師甄試到臺北市內湖區東湖國小任教，1985 年國立臺灣師範大學畢業，同年通過主任甄試，1986 年任東湖國小教務主任，1995 年臺北市校長甄試通過，1997 年奉派臺北市文山區明道國小校長，2000 年 8 月經過校長遴選任臺北市內湖區東湖國小校長，2002 年國立臺北師範學院教育碩士畢業，2007 年 8 月 1 日起任臺北市國語實驗小學校長，我的教育銘言：「**每一堂課將學生帶到花香滿園的國度，讓孩子們感受知識的風采和可貴。**」

獲獎事蹟如下：

◎指導科展榮獲臺北市特優多次，獲得科展指導老師銅質獎。（時任東湖國小老師、組長、主任）

◎1987 年度師鐸獎。（時任東湖國小主任）

◎2006 年 InnoSchool 全國學校經營創新獎「課程與教學領導組」優等獎、「校園環境美化組」甲等獎。（時任東湖國小校長）

◎2007 年 InnoSchool 全國學校經營創新獎「學生多元展能組」特優獎、「校園環境美化組」優等獎。（時任東湖國小校長）

◎2008 年國語實小榮獲臺北市教師教學優質獎。

◎2009 年國語實小榮獲臺北市課程發展及學生學習兩項優質獎。

◎2009 年 InnoSchool 全國學校經營創新獎「課程與教學領導組」優等獎、「學生多元展能組」優等獎。（時任國語實小校長）

◎2010 年 InnoSchool 全國學校經營創新獎「行政管理革新組」優等獎。（時任國語實小校長）

19. CHANGE──
創新求變・成功湧現

高雄市苓洲國小校長　翁慶才
（榮獲 2009 年教育部「校長領導卓越獎」）

美國總統歐巴馬以「Change」和「Hope」──期待他人或等待未來，改變將永難實現！而我們自己，就是我們等待的人、就是我們尋找的改變！──求新求變振奮人心的訴求，擄獲美國人民渴望改善的心，更體現「無人能改寫歷史，但我們絕對可以改寫未來」的壯闊企圖心，為美國注入生機、帶來希望！

學校經營雖遠不及治理國家之龐雜，但統觀學校的發展也有如同國家的盛衰興落、交響樂章旋律的高低強弱，更是棒棒傳承和推演的！在「有怎麼樣的校長，就有怎麼樣的學校」的因果論判，績效責任的管考、任期制度的轉銜等之邏輯脈絡中，如何飛出經驗框限、成就卓越思維，在民主化的校園生態和權責不對等的主客觀時空條件下，運籌帷幄地帶領親師生團隊，創發理想的教育綜效，已是學校經營者嚴苛的挑戰！更是需要彼此分享、相互砥礪和共同學習的課題。

我謹以高雄市街道名：一心、二聖、三多、四維及五福之順序取其諧音，臚列學校轉化經營及對應績效責任之策略，摘要整理、就教諸方，也作為本文──校長心情故事的序曲，兼籌並顧地鋪陳全文的架構，加上從擔任主任時期起收錄匯集的《老翁教育心物語錄》（係個人蒐集抄錄作為自我惕勵、醍醐灌頂的格言雜記）中，摘錄為各段落的心情標題：

◎一心：平常就用心的平常心。以「平常就用心」來自勉勵人，帶領夥伴凡事用心、積極任事；並以平常心統觀校園內外的人事物。

◎二勝：亂中求勝與出奇致勝。態度決定高度！環境好壞雖然有影響，更重要的是面對的態度！在眾聲喧擾、集體浮躁的混沌場域中，應先改變心境脫離困境，始能沉澱、審思、聚焦，以積極開闊的胸襟、前瞻創新的視野及跨域整合的觀點，來突破障礙、開創新局，讓成功湧現、向卓

越攻頂。

◎三多：多停、多看和多聽。善用 OFF 學──多停、休耕之策略，改善線性的行政運作；多看、多聽地探索M型社會無軌道運轉的多變樣態，體悟跳脫框架的酣暢（flow），量身打造變形蟲團隊、章魚型組織。

◎四維：維護安全──任何教育作為應以安全為前提；維修信賴──開誠佈公、彰顯公義、強化行政教師家長之信賴連結，營造和諧共進之氛圍；維繫節奏──學校作息、課程規劃和活動鋪排，應全面觀照、勞逸均衡、且有輕重緩急和疏密之別；維持原味──盱衡環境條件，營造學校特色，為莘莘學子量身訂製、造就競爭力。

◎五符：符應社會脈動──用心閱讀空氣、掌握時尚，適時調整營運思維和作為；符合教育思潮──與時俱進、熟諳教育顯學精義，體現於教育作為；符應教育本質──以孩子為主體、學習為主軸做思考、規劃與執行；符合教育政策──學校之營運，應能配合中央和地方之主流政策同步推動落實；符應評鑑規準──各項評鑑指標及內涵之建構，係匯聚社會各方之期待而成，爰依循其規準來營運，將是學生開心、老師用心、家長安心、長官放心、社區寬心的「五心級」優質學校。

變與不變的洞悉、趨勢與脈動的掌握是每個領導者必修的功課！雖然，改變不一定帶來進步，但進步一定由改變中產生！唯有改變，我們才會有向上向善的動能、才有希望與未來！讓每個教育夥伴擁抱變化、求新求變，共同創造、構築屬於您我─臺灣─的榮耀和幸福！攜手量身打造未來世界等待的人才！

「有您真好！」的體現

教育是感動、引領和陪伴的歷程！在《老翁教育心物語錄》中蒐錄的公式：種籽（感恩的心）＋陽光（正面思考）＋空氣（開闊心胸）＋水（知識智慧）＋土壤（耐心毅力）＝心想事成的幸福未來！

在我的人生哲學裡，「有您真好」──感恩惜福的意念早已崁入身心靈深處，成為我應對人事物的底蘊！源自兒時經濟的窘困、生活的困頓，加上嚴謹的家庭教育！對我影響深遠的一句話、來自某長者前輩耳提面命的人生智慧：

「有件事你一定得去做，你選擇笑著做？還是哭著做呢？！」真的是當頭棒喝、不時咀嚼、揣摩，不斷地觸動我、啟發激勵我日後從自許為「打不死的蟑螂」、「打不倒的不倒翁」，隨著歲月推演成長為時時笑臉迎人、充滿陽光熱力、創意無限的教育好夥伴——「微笑陽明老翁」！

　　數年前，喜見財團法人感恩社會福利基金會，為健全國人心理健康、遠離憂鬱，乃發起「全民感恩心生活運動」，利用科學設計之「感恩護照」、「感恩125」的方法，鼓勵民眾連續 21 天培養感恩習慣。其理念：感恩的力量，就好比一粒種籽，都有長成大樹的潛力，就像阿里山的神木也是來自一棵種籽！……我個人內心無比的共鳴！於是如獲至寶、即刻和該基金會取得聯繫，邀約至校辦理臺灣南區之推廣講座，並結合校本課程主題教學活動，以及家長會、志工團隊和社區童軍團親師生一同培養感恩的習慣，為學校和社區散播關懷與感恩的良善種籽，期待共創充滿活力、愛與溫馨的社區！而且無心插柳柳成蔭的是，本校感恩教學活動計畫，獲得全國的優等獎殊榮！

　　推動以來，整體感受猶如春風化雨般、正向和諧的力量為學校帶來善的循環，讓一件好事帶來另一件好事般，歡喜連連！而更想分享的體驗是如基金會的宣傳語一樣：您知道心想事成的秘密是什麼嗎？答案是：感恩心。

◆ 我們都可以為世界創造一些價值

　　俗謂：「說清楚、講明白，幸福才會來！」更有「講一千次就變成真理」的說法。學校經營理念的傳播和貫徹，需要把握每一個邀約與專業說服的機會！把辦學的理念和方針，不斷地做系統的說明和陳述，讓學校內外部的夥伴們清楚了解學校發展的願景、方向和重點，才能形成有主軸、能同步運轉的同心圓。

　　年復一年，每當阿勃勒黃金雨落、鳳凰樹嫣紅花開、離情依依、互道珍重……又一批小六的孩子將畢業了！暑期也要來臨囉！除了持續以「張好帆、掌穩舵，快樂地出航！」期勉畢業生樂觀航向未來、自信迎向成功之外，更常常地提醒著家長和學校夥伴們：別忘了！假期是親子共同成長、建立優質親子關係的最佳時刻！用心看孩子的唯一（優點、強項），和孩子一起談心、編織屬於孩子的未來！

父母皆盼子成龍、望女成鳳，希望孩子能出人頭地。但成功的樣態，人人不同——王建民不同於馬友友，李遠哲的不等於王永慶的成功！只要擁有了與眾不同的本事，人人都能出人頭地。換言之，人人都有舞臺，只是舞臺不同而已！舞臺需要各式各樣的角色，並非只有主角；就如太空梭也需要小螺絲，每一個小零件各司其職，才能完美的升空、航行和返航。綜觀：家庭、學校及社會，不論組織團隊的大小皆然。

美國布禮吉絲（Helice Bridges）女士從事諮商輔導中發現：我們很容易看到別人的優點，卻很少去看到自己的長處及自己的價值。因此對自己的要求與批評就很多、期望也過高，而造成否定自己的心態；久而久之，失去自信產生自卑感、充滿負面的想法，認為自己沒有價值，因而消沉、甚至厭世。

於是她處處散發寫著：「Who I Am Makes A Difference」的「藍色緞帶」，意涵是：「我可以為這個世界創造一些價值！」並鼓勵大家把緞帶送給家人和朋友，提醒自己並肯定每個人的價值。結果，因為這些緞帶的傳送而引發了許多感人的故事，也改變了許多人的生命！

的確，每個人天生都各有本事！倡議多元智能的迦納（Howard Gardner）博士主張：每個人都有各自獨特的智能組合和潛能，能依其能力興趣傾向與文化背景，動員、組合它們。因此，人人頭上各擁一片天，但都必須經過努力、用心才能演得出色，成為該領域備受肯定的佼佼者。

人生看的是終點，不是起跑點！起跑再早、再快，姿勢再優美，如果跑不到終點，也是徒勞無功！路是走出來的，堅持便能成功。

而學校經營之首要：把每個學生帶上來！讓學校真的能體現社會公平正義的價值，成為可以不分貧富貴賤，獲得均等教育資源、適性發展和多元展能機會的平臺！

和您一起營造多成功、少失敗的溫馨學園

述說藍色緞帶的行動和故事，引用多元智能的主張，且透過各種親師集會的場合不斷放送，鼓舞著親師團隊攜手營造多成功、少失敗的溫馨學園，一同朝著「把每個孩子帶上來」的理想邁進！因為我們相信：撒播樹的種子，將來可以在樹下乘涼；撒播花的種子，將來會有百花盛開的美麗；撒播麥的種子，

將來能夠豐收而足食。我們更相信：每個人都是生命的藝術家，可以彩繪自己的精采人生；每個人都是生命的工程師，可以構築自我的美好未來。

因此，持續不懈地引領行政和教學團隊，學習、體現「團隊共好」的理念，戮力地讓寶貝們開展自己的潛能，成為「唯一而獨特」的個體並擁有海闊天空的未來！熱力邀約學校教育合夥人——爸媽、阿公阿嬤一同來參與且付諸行動！邀約親師合力營造學校成為「多成功、少失敗的溫馨學園」，培養有器度、能耐煩、知感恩、懂審美的向日葵小孩！邀約親師積極參與、共好共榮，讓學校持續改善、追求卓越！更讓學校擁有優美的校園環境、專業的行政團隊、優質的教學團隊、熱心的家長志工，日以繼夜地照護著天真活潑、快樂學習的寶貝們！

其中，不可或缺的溝通橋樑是「家書」！《親親陽明寶貝》、《寶貝「芩」聲》以月刊的型態與大家見面，由家長會的基金支應經費，輔導處主政、各處室輪流編輯，擔負起親師生活動花絮、資訊傳達、分享與溝通的任務，將學校的改變、老師的努力及親師生的優秀表現，主動傳播、公告週知所有的家長和社區里鄰，成為不受時空限制、有效傳達訊息的溝通載具！更將「螞蟻屯糧」的學校大事記，變身為「蜜蜂釀蜜」的經典校史花絮！

📚 「停、看、聽」三部曲——化解親師溝通障礙

營造良好的親師關係是全贏的教育經營策略！也是現代親師必修的課題！班級經營需要，學校經營更有其必要！因其可增進學童的學習效果、促進教師的專業成長、優化家長的教養知能，進而提升學校的經營綜效。

親師間的合作與衝突猶如一體之兩面，彼此都期望在合作中為孩子的學習做最好的鋪排並達成最佳效益，但衝突卻常在無預期的細節中出現，進而產生溝通障礙、關係緊張的狀態，家長轉而向學校外部去求助或陳情。此刻，學校或教師常處危機中，該如何去面對、研判，進而化解衝突？謹就實務處理的體驗，不揣淺陋以「停、看、聽」三部曲，略抒初步接觸之因應管見，俾能化干戈為棉薄，裨益親師合作之展延：

「停」——暫停、真誠、專注：暫停當下手邊事務，體現客製化（just for you、為您量身打造）理念，以真誠的心歡迎、專注的心接待，讓家長賓至如

歸、備感尊重，有助於緩和情緒、卸下心防，更利於後續的互動。

「看」——觀察、研判、界定：觀察其言行舉措係屬過度關心、敵意對抗，或是反對教育等類型，進而研判其衝突原因——親師理念不同、溝通不良、認知差異、互不尊重、責任歸屬不清等，以界定溝通障礙之根源和發展脈絡，降低其複雜度、裨益問題之診察澄清，更有利善導、營造多贏。

「聽」——傾聽、同理、聚焦：傾聽是化解溝通障礙的法門。仔細聆聽家長敘說原委，發揮同理心、運用諮商互動技巧，從對話中逐步釐清狀況、聚焦癥結，以了解家長陳情之目的與訴求。

經由初步接觸的聚焦研判，進一步善用平日熟練的 5W2H 思考與問題解決策略（5W2H：what、who、where、when、why、how、how much）來鎖焦癥結、對症下藥；或衡酌啟動危機管理及輔導機制，運用學校內部系統、家長會、志工或社區等資源尋求化解良方；如此透過團隊智慧、營造共好氛圍，必能化解溝通障礙並轉化成積極互信的新氣象！進而逆向思考、順勢而為地善用此一時機增進家長對學校營運和老師努力的了解，化阻力為助力，而成為學校的好幫手、甚至傳頌學校用心處理、溫馨應對的好口碑！

Discovery 新校園 DNA

「我們的校園改變了！」我常以此主題或為論述的主軸，和人談心及交心！與學校內部的夥伴共勉，不厭其煩地叮嚀夥伴們自許為「紫牛」——要精進本身的五感能力來與時俱進、掌握趨勢，來創造自己和學生們的優勢！和學校外部的教育合夥人溝通行銷，像「大聲牛」強力放送——把學校的改變、老師為孩子的努力，讓家長、社區了解，進而達到「五動效應」——因心動而參與學校的活動，從親師合作體驗中產生感動，此後積極主動地採取支持老師和學校的行動！謹整理個人觀察與思考，摘要與夥伴們交心談心的重點如下。

永續校園 vs.變遷趨勢 ◉◉◉

未來是急速改變、沒有固定軌道的社會！人類面臨第三次產業革命——以「腦力」決勝負的知識經濟時代。資訊溝通科技迅速發展與流通，加上網際網路、數位化行動工具問世等之推波助瀾，更引領人類進入全面全新的 Web 2.0

——彙集群體智慧之網路運用的競合時代。

疆界模糊、全球共生、人財流動、教育市場開放、國際競爭激烈，導致品質、創意及留住人才，已成為維繫國家優勢之關鍵課題。因此需有計畫，全面性、根本地改造學校教育基能和元素，是您我責無旁貸且迫在眉睫之重任。

掌握趨勢 vs.創造優勢 ◎◎◎

在全球化競爭、實體與虛擬交戰的數位時代，M 型社會悄然形成！知識經驗快速貶值，而學習的典範不斷移轉、更不停地翻新，使得改變是常態的氛圍排山倒海地衝擊著校園！

而鉅觀數位躍進、全面全新的競合樣態，從《未來在等待的人才》、《世界是平的》等暢銷書中，嗅出攸關未來競爭力的關鍵能力！爰全球化的綿密互動，橫向移動才能向上流動的彈性公民趨勢，未來 MFA 將取代 MBA！此顛覆般翻轉的思潮，我們需能因勢利導，而制度與決策應能掌握脈動、順勢而為，始能營造新一波的領航優勢、掌控那優勝劣敗之權杖！據以微觀學校經營創新和課堂教學精進亦然，其創發優勢之脈絡顯而易見。

主流思潮 vs.政策議題 ◎◎◎

地球村正從講求邏輯、玩弄數字與計算機效能的恆網時代，漸轉化為強調創新、同理心且能觀察趨勢和整合力的高感性、高體會的時代。因此，跳脫分數迷失與框架，讓孩子學會問問題，培養體察他人情感、懂得為自己和他人尋找喜樂，在繁複事務間發覺意義與目的之能力，儼然是為孩子預約成功未來的最佳捷徑。

因而學校教育從硬體到軟體、量的改變到質的提升等等，涵括有綠色學校、永續校園、綠建築、組織再造、小班精神教學、教學創新、精進課堂教學、友善校園、資訊融入教學與未來學校、健康促進學校、創造力及想像力教育，及打造無紙社區和學校等新元素，將從編修學校教育傳衍的基因圖譜，轉化與蓄積優質基能，驅動國家超越極限和向上攻頂的引擎，讓臺灣持續在國際發光發熱！

基因改造 vs.校園創新 ◎◎◎

在學校教育現場，資訊科技驅動教育工學的躍進、觸動教學模式的改造牽動學習樣態的質變；班級王國、明星班級、明星學校……隨著主客觀條件的改變，已由班群、教學團隊、未來學校等所取代。而 e-book 的誕生，更讓「求學不一定在學校」的呼聲塵囂直上！而校園中「政策像月亮、初一十五不一樣，管它一樣不一樣、反正我就是這樣」的話語，已漸消聲匿跡！因為夥伴們已覺察「學校在改變中，不改變就被淘汰」的趨勢脈動，進而全新的競合法則也在變遷中成型！

📘 廣結善緣、跨域學習、異業結盟

學校經營歷程常讓我樂在其中的是：廣結善緣！透過行政庶務的需求、活動任務的執行等，而接觸到不同學校、不同領域、不同行業，甚至跨縣市、跨地域地結交各形各色、各有專長、各擁有一片天的學者、專家、達人，尤其承接擔任教育部專案──「標竿一百──九年一貫課程推手」績優團隊訪問和遴選的全國性任務總執行長期間，不但增廣許多各領域的見聞，更結識了全國七大分區關懷教育或父母家長組織的在地社團和熱心參與教育興革的夥伴，套用並改寫觀光局的一句廣告詞：「走遍臺灣 319，到處都有好朋友！」雖然，東奔西跑、任務艱辛，南來北往、舟車勞頓，然而卻在這些萍水相逢、熱情洋溢的夥伴之支持和鼓勵下，如期圓滿達成使命！更成為互通有無、相互鼓舞的好夥伴！對日後工作和生活都有許多的助益，真的是獲益匪淺！

早期因緣聚會認識了一群南臺灣熱好自然生態的賞鳥人士，和一大群追星的天文學者專家們，除了豐富我和家人的生活之外，更對我投入耕耘教育良田的歷程，帶來極大正面積極的影響，也為高雄市教育寫下許多新史頁！舉例：其一，1986 年結合高雄鳥會、中鋼賞鳥社，推動校園生態保育教育及舉辦戶外生態實察賞鳥觀星活動，開啟並帶動南臺灣校園賞鳥及保育生態環境之風氣；其二，1999 年在籌備興建高雄市港和國小之同時，結合高雄市天文學會奔走爭取，而在羅文基局長、吳敦義市長的支持下與新建校舍整合興建高雄市天文教育館，奠立高雄市天文教育之基地及天文活動勃興之基石，更使港和學

校本位課程教學，成為全國九年一貫課程典範學校！也因此，在學校的經營和應對進退中，融入了天文星象和大地節氣的另類思維！

看天吃飯的生活智慧——二十四節氣

　　學校的營運週期是以每年 8 月 1 日為起點、隔年的 7 月 31 日為終點，年復一年、週而復始而有其大同小異的循環週期！相對每年都有大同小異、需不斷重複的庶務和活動，就如同老祖先的智慧——二十四節氣一般！節氣除了反映氣候型態和季節更替的規律性，也都反映出氣候或作物的情況，而前人寶貴的智慧及風土民情，就隱含其中。而學校作息分為上下學期、校慶運動會、校外教學之日期選擇、節慶的慶典活動等，實與二十四節氣有其密切的關係！

　　因此，二十四節氣的脈絡，在學校經營的計畫階段和決策過程中，常做為重要參考依據。並引用臺灣節氣的諺語，作驗證並獲得體現，如：「小滿梅雨在本島，種植花木皆成寶」（台語）——港和國小初創時，在家長會及地方回饋基金的補助下，配合小滿梅雨季節普種校區綠籬花木，順利滋長存活率高，現已扶疏蓊鬱；而「夏至，風颱就出世」（台語）——每年此刻叮嚀總務處職工夥伴，檢視清理屋頂設施、抽排水系統（含溝渠）等防颱之措施，裨益安全無虞、降低風災損失，廣收校園安全綜效！

　　由節氣的循環推演，學校一整年的營運裡，我們可以如數家珍地說出每年周而復始一定進行的大小事務！以學校之重要行事舉例：上學期的開學、迎新、親師會、家長會、敬師活動、國慶、校慶……，到下學期婦幼、感恩教孝、畢業季等，只要能掌握校務營運節奏，就能預先完成未雨綢繆及創新卓越的規劃，相對就能胸有成竹、勝券在握般地順利推展校務。

大智者以歷史為鑑，小智者以經驗為師

　　劇本其實早已經寫好，只是在不同的年代和時空、不同的舞臺，由不同的人來演出罷了！大至世界舞臺、小至三人團隊和個人，都可見其端倪！

　　說星座、談心情、論運勢，已是當下的流行時尚！不論報章雜誌或是電視

媒體，均因應哈星族的客源層，都有很大篇幅針對當月或當週星座運勢做剖析和建議的版面，而談星座及運勢的電視節目之收視率大致都是居高不下的！可見十二星座的命理論述，在我們日常生活占有舉足輕重的地位。

由於古時候沒有日曆，就利用此十二星座來辨別太陽的位置及氣候的變化，運用二十四節氣來做為生活和工作規劃與實施的準則。因此，歸納出許多藉星象及節氣探究人生義理脈絡，足供後人參考的知識和常識。我每每提及，我會有如述說難忘的故事、或是壓箱的私房話一般！乃因我30年教育服務的生涯中，除為行政歷練或校長遴選而轉換學校之需求外，也常因參與大型專案或任務團隊的機緣，在廣結善緣及使命必達的驅使下，常藉由星座常識，找尋到可快速了解成員人格特質？或如何適切溝通合作？如何適切組合搭配？甚至如何知己知彼應對談判？……俾能促進分工合作、融洽互動、團隊共好，裨益工作的進行、進度的推演，進而順利完成各項任務！

　　舉例：
　　　　初到一所新接任的學校時，將全校成員的生日星座予以註記，粗略以星座二元（陽、陰性）、三態（液、固、氣態）及四象論（風象、火象、水象及土象星座）之類別，解析一番！例如：
　　　　劉○、陳○：05/21～06/20雙子座；特質／明理好奇，陽性，氣態，風象。
　　　　李○、王○：08/22～09/21處女座；特質／務實完美，陰性，氣態，土象。
　　　　蘇○、謝○：…………………………

進而將處室主任、組長、職工等行政夥伴的生日星座，予以歸類整理、加以解析，從中可約略了解整個行政團隊的「屬性」和「個性」！藉以訂定學校經營戰略和戰術，亦即作為組織團隊教育訓練規劃，形塑團隊共識的起點和基礎。再輔以其他工具、平日的相處、觀察及績效表現，真有其參考印證而且能有不錯的效能和效益產出！

上述作法，或許有人認為值得參考、有人覺得不可思議！也有人嗤之以鼻、啼笑皆非！直指無稽、迷信，乏善可陳！的確，可信但不可迷！眾所皆知：達成目標的方法，大多不是只有一種！社會上，人事物之滄海桑田、物換

星移的流轉中，雖然沒有定數、讓人難以預測，但確實有足可依循或放諸四海皆準的共識和通則，值得玩味！古有明訓：「知己知彼，百戰百勝！」學校宛如一個小小的社會縮影，長年觀之，有許多在不同領域獲得的成功經驗，倘能加以轉化運用，常會有許多令人意外的收穫和驚喜！我個人的體驗註腳：瑕不掩瑜！

有云：「合作，要恰到好處！」每當上級交付專案任務時，常延伸平時不分處室整合營運的「變形蟲團隊」理念，再輔以對每位夥伴人格特質及專長的了解，乃因應專案需求而跳脫處室組織框架，專案管理組合成最適合任務的「夢幻團隊」，裨益團隊共好、全力以赴、共竟其功。凡事貴在用心！用心了，就容易心想事成！

📚 創新是卓越領先的關鍵！

「學校在改變中！」已是不爭的事實！不改變容易被淘汰，催化新的競合法則在變遷中成型！爰學校教育現場創意勃興，處處可見不斷改善和持續精進的動人場景！試舉改善提供親師生優惠和便利服務的員工生消費合作社，因為主客觀條件的變易，導致其存廢課題成為學校經營的燙手山芋之創新改善案例如下。

教育部明令嚴禁學校販售高油、高鹽、高糖的違規食品等措施，乃因應樂活及健康促進等新興議題而制定！學校與合作社應如何逆向思考、順勢而為地調整運作、改善體質，導引強化合宜之營運觀念，進而形塑親師生正確的飲食習慣。我們嘗試「亂中求勝、出奇制勝」的創新作法，順利營運且備受肯定。

轉化經營之想法 ◎◎◎

阮ㄟ理念：落實環境分析、顧客需求導向、課程教學磨合、永續經營等。

阮ㄟ策略：位置適中化、設備餐廳化、擺設超商化、人員專業化、服務優質化、情境溫馨化、市場區隔化、消費合理化、經費自主化、利益互惠化等。

阮ㄟ經營：應對進退中強化生活與品德教育；營運銷售賦予教育之意涵，並重視教育行銷與環保實踐；整體經營與銷售中，營造並關照消費者嗅覺、味覺、觸覺、聽覺、視覺之五感體驗。

轉化經營之措施 ◎◎◎

　　阮ㄟ作法：整合處室競賽獎勵、績優表現與榮譽制度，創發「合作社兌換券」公開獎勵辦法，由獲獎學童自主到合作社換取等值的文具飲品，引發學童們正向參與和無限潛能，廣收教育獎勵綜效、營造多贏機制。另將合作社變身「英語村」的主題教學場域，讓學童自然而然融入說英語的購物實境，一舉數得體現了創新、有趣、令人振奮且始終如此的溫馨園地！

 成功形塑創造力教育的品牌與口碑

　　另一個創意體現的案例：成功形塑高雄市地方創造力教育的品牌與口碑！

　　以「腦力」決勝負的「知識經濟時代」！資訊溝通科技迅速發展與流通，更引領人類進入全面全新的競合時代。因此，教育部顧問室受命擘劃、全面推動創造力，冀求能強化國民競爭優勢、因應遽變時代。

　　我於 2002 年起受命承接地方推動任務，在鄭英耀、鄭進丁局長的鼓舞下，導入國家公園遊客中心之概念，創立全國首座高雄市創造力學習中心，讓政策的推動有個實體的「家」，並組織臨時任務編組、由借調老師組成的工作團隊，持續兼負統籌高雄市各級學校地方創造力教育專案管理的前導型任務。該團隊在政策推動的四年期間，引領、催化並匯集本市行政與教學團隊實踐創造力教育的成果，連續四年榮獲教育部評審團全國縣市評比「冠軍」之佳績和殊榮！並在學校創意經營及教學創新獎全國競技舞臺上，相得益彰、佳績連連，高雄市總體獲獎數高冠全國、蟬聯多年！因而，高雄市的成功案例，成為各縣市蒞臨參訪、觀摩學習的典範！而整體組織營運的模式，也成為他縣市以逸待勞、複製推動的最佳模組！

　　比爾蓋茲 2000 年曾於臺北舉辦的國際資訊科技會議上發表：未來世界是 Teamwork（團隊工作）的年代！的確，團隊除了可以專長分工、協同合作、彼此互補、擷長補短之外，與人團隊合作就不會孤獨，更讓能力加乘、效益無限！

　　團隊推動的歷程不斷透過創意的腦力激盪術，融合了高雄獨特的山海河港等主題地方文化傳統，透過「全面思維、專案管理、團隊行動」之模式，從

「五大行動綱領」出發推動創新經營與教學創新，融入於各領域課程和教學中，提供學子親身體驗的創造力活動，學習團隊合作概念，讓創意成為生活的態度！歷經 2004 年 ACT 創造力教育方案、2005 年 FOCUS、2006 年 FOCUS & SHARE 到 2007 的 SPLENDOR 榮耀教育計畫，整合教育局各科室、策動各級創意學校團隊努力和優質成果，使創造力教育——以學校為舞臺，以學生為主體，以教學為道具，透過有形硬體環境的接觸、無形教學活動的感觸，創造親師生優質的學習體驗，更促成產業、學術與企業策略聯盟，串聯知識經濟、藝術與文創產業，打造高雄成為以教育為本的創意首都。

　　為求從卓越向顛峰攻頂，延續於陽明國小首創創造力學習中心之「具象展示空間」，乃於團隊轉移之際援引雙核心概念，在苓洲國小再次地創建「數位媒材空間」，內部規劃有諮詢區、圖書區、展示區、創享區、辦公區、圓型視聽區與創意廊道等多元多樣的開放空間，將設有本市創造力教育導覽、數位影音典藏、創造力書籍查詢專業諮詢、行銷簡報、整合會展規劃等內容，並彙集本市各級學校及各縣市推動創造力教育計畫歷程精華與成果影音檔案，提供推動創造力教育更迅速、更周延完善服務與典範參考。更於 2008 年 3 月承辦了教育部 2008 國際創造力教育博覽會工作，以互動、學習、體驗的方式展示高雄市創造力教育的推動成果，並向國際宣揚我國創造力教育的成果。祈能在教學現場持續深耕、力行新五育，營造具地方特色的創造力教育，進而勾勒出臺灣「R.O.C.——Republic of Creativity 創造力教育國度」的願景。

　　世界是孩子們成長學習的教室！小小發想、大大成就！人類因夢想而偉大！因有夢想，而能一步一腳印地築夢踏實，向理想邁進、進而實現夢想！

　　位處邊陲的高雄市旗津國小奪得臺灣區代表權，遠征美國亞特蘭大，勇奪 2008 年 FLL 世界機器人大賽「競賽主題——能源拼圖」機器人表現組世界冠軍，令人狐疑、不敢置信！2010 年 FLL 世界機器人大賽「競賽主題：Smart Move 智慧移動」由高雄市獲得城市主辦權，高雄市旗津、陽明及苓洲國小三個學校代表隊，力戰群雄、從 25 國 76 隊中出線，分別奪得機器人表現、評審團大賞、創意簡報等四座世界冠軍獎盃，更叫人刮目相看、嘖嘖稱奇！

　　上述可以用「教育奇蹟」予以傳頌的豐功偉業，其實來自創造力教育團隊的創意發想，從不被看好、缺乏誘因、人數不足的假期種子師資培訓起跑，經由地方創造力教育平臺的理念堅持、團隊共好、集思行動的鋪排推動下，運用

PDCA管理的循環機制，而在學校第一現場校長、老師甚至家長的合力深耕、迅速地萌芽茁壯，開花結果！不但為學子們提供符應教育思潮──多元學習、團隊合作、解決問題、關懷社會及多元展能等──教育目標的體現外，更為創造力教育在臺灣的推動，添增不可抹滅的輝煌教育史頁！

（附記：「無遠弗屆空間」請於雙週六收聽FM 101.7教育廣播電台）

📚 師法自然──永續經營的智慧

品德與團隊精神的良窳，不但是社會上論判人品的標準、企業界篩選用人的門檻，更是當前教育興革激盪沉澱後，眾所聚焦之重要議題！多年來常與夥伴分享的、以大自然為題材、深入淺出的暢銷書《共好》，從大自然蘊含的生命中，發掘人生的智慧與共生的真諦，「共好」是個決心、是種歷程，更是個承諾！我從中獲取人際互動與學校經營的智慧和菁華！其揭櫫「共好」係指人人以正確的方式做正確的事情，且得到正確的報酬（精神或物質的）。而其宗旨：達成團隊成員的承諾與和諧，讓組織充滿活力，締造高績效的表現。其核心源自印地安的古老諺語導引，團隊要學習「松鼠的精神，海狸的方式，野雁的天賦」，激發每個成員成就動機和團隊精神，而這力量的源泉來自人性中的尊嚴和人際間的尊重。「有您真好！」相信每位親師夥伴全心的參與和實踐，讓它成為自然而然的習慣，即可目睹團隊夥伴因相互扶持所帶來的績效、榮耀和幸福感！

達爾文云：「能存活下來的，不是最強或最聰明的物種，而是最能適應改變的物種！」身處於此波教改浪潮的教育夥伴，必須秉持全球思考、在地行動理念，進而掌握時代趨勢、了解社會脈動、熟悉教育政策、關注時事風尚等，並將國際視野植入行政與教學的歷程，必能創造自身的職場優勢、並創發學童、教學及學校團隊的優勢。「教育決定臺灣的未來、您我決定臺灣的教育」，且讓我們親師生團隊共好、擁抱變化、合力創新，為臺灣打造海闊天空的跨世紀希望工程！

翁慶才校長小檔案

　　我是您的教育好夥伴：翁～慶～才～！綽號：老翁！臺灣嘉義人，自幼旅居高雄已逾四十年囉！AB 型＋射手座，常有衝突又與眾不同的跳躍思維，會有瞬間、慢半拍的秀逗、雲遊現象，敬請您多多包涵！特徵是四眼田雞、聰明絕頂，葷腥偶沾、酸甜少愛、骨瘦如柴，一副仙風道骨的模樣！很像小燈塔，所以容易在群體中找到我喔！興趣很廣泛、超愛新鮮事，喜歡藝術欣賞、賞鳥觀星活動；更愛創意發想、企劃提案的工作，又嚮往著樂活一族！

　　現在服務於高雄市最高大樓八五大樓旁的苓洲國小，兼任一個超炫好玩的職務：高雄市創造力學習中心執行總監，陪伴高雄市所有的教育夥伴玩創造力及未來想像力！有創校（港和國小）、承辦全國、世界級（國際創造力博覽會、世界運動會等）大活動的經驗，曾擔任教育部標竿一百全國遴選工作總執行長任務。熱心公益、積極參與公共事務，曾任高雄市天文學會理事長，高雄市教師會和高雄市校長協會的創會成員、理事（現任副理事長）。

　　重要獲獎有：1988 年藝能教學類師鐸獎、1990 年全國環境教育十大優秀教師、1991 年教育芬芳錄、1993 年社會教育有功人員、2009 年教育部「校長領導卓越獎」。目前於國立中山大學教育研究所博士班充電進修中。想進一步掃瞄老翁，請連結 http://www.ljps.kh.edu.tw 或 http://tw.blog.urlifelinks.com/blog/wongjack。

20. 爭執‧堅持——
理想實現的曙光

臺北縣國小　林校長

> 每一個事件背後都有一段故事，
> 每一段故事都是行政決策的焠煉，
> 淬鍊後的天空是——寬廣的。

白布條事件

　　頂著 35 度的高溫，懷著一份虔誠的心，林校長來到了自己未來將要服務的學校。在自用小轎車內，一對兒女互相嬉鬧著，一路上這一家人期待著家中的男主人能夠開展另一個不同的教育生涯，車窗外的風景秀麗，群山似乎正對這一家人展開溫暖的雙手，這一幕令人好生羨慕！

　　車子進入了學區內，林校長刻意把車速放慢，想要靜悄悄的拜訪這一個傳說中的學校。但是所吸引注目的不是淳樸的鄉村景緻，而是巷弄兩旁一幅又一幅的白布條，上面寫著「鴨霸校長，收紅包，迫害善良百姓！」、「還我公道！」、「抗議！抗議！」、「獨夫校長，一意孤行！」……，進入校園中，整座籃球場也被一些白布條上斗大的黑字所包圍，這些突如其來的抗議事件，完全不同於上次林校長填志願前到訪時的景象，究竟出了什麼事情，讓原本民風保守的小地方出現如此的煙硝味？

　　「那個鴨霸校長，對學校行政庶務採取高壓政策，拿了我的紅包，還把我的警衛工作取消，真是不可理喻！」抗議的○先生氣呼呼的敘述著拉白布條的原因。

　　「你不要管他們的抗議，只要他們敢把白布條掛到學校來，我就請警察單位來維持學校秩序。」即將卸任的○校長理直氣壯的說明如何處理。

　　原來事情的引爆點是來自一位警衛先生的不續聘，而引發拉白布條包圍學校的事件，幾經旁敲側擊之後，林校長進行第一次與〇先生的正面接觸。

　　「學校又不是他一個人的，他憑什麼要我走人就走人，一點都不給我面子！」操著一口濃濃的山東腔調，〇先生撐著老邁的身軀訴說著自己的委屈。

　　「服務了這麼多年，沒有功勞也有苦勞，做人不要那麼絕情絕義！」留著兩行老淚，聽在將要上任的林校長耳朵裡還真有一些心酸。

　　「其實我也不要再做什麼工作了，但是這一股怨氣恨意就是吞不下去！」原來〇先生並不是想要回藍天國小工作，只是在宣洩情緒，一旁的林校長，以同理心傾聽、接納之後，並不做太多的價值判斷與承諾。

　　「林校長你放心，我的白布條跟你無關，尤其今天你願意聽我說這麼多話，我相信你是一個好人，白布條在你就職的第一天就會自動消失，你放心！我說到做到！」原來讓一個人傾吐他內心的話，也可以解決一次的危機。

　　得到了這個承諾，林校長趕快回到藍天國小把這件事告訴〇校長，但是出人意料之外的，卻換來了一盆冷水。

　　「不用那麼害怕，白布條就白布條，我不在意有多少的抹黑！」、「有些人講話不算話，我已經領教過許多次了，你還嫩，有些事情還不知道！」

　　林校長心中原來放下的大石頭此刻又提起來了，一場人性內心的激戰洪流，就這樣活生生的上演著，這是林校長就職前上的第一堂震撼教育。懸宕了一個月的衝突與質疑，在8月2日的迎新送舊典禮上終於得到了答案。

　　「林校長，恭喜你，這麼漂亮的學校在您的領導之下，一定可以經營得非常有特色！」、「年輕的林校長有理想，有活力，一定可以創造藍天國小的第二春！」、「我保證，第一名的林校長，一定能經營出第一名的學校！」、「我看著他成長，我們這一群朋友都是今天的見證，只要他有困難，我們一定全力相挺！」……迎新送舊典禮正隆重進行著，林校長滿臉笑容，環顧四周，少了白布條的校園更加綠意盎然，百花微笑，藍天白雲飄蕩，對於太多的承諾都只是冠冕堂皇的場面話，如何讓學校維持一個和諧溫馨的環境，才是林校長所要面對的第一個挑戰。

家長會改選事件

「林校長您好，我是鄉民代表會的秘書，這裡有好幾位您們學校的家長來反應一些事情，我們主席請您一起來商量。不知道您現在有空嗎？」炎熱的八月天，林校長正準備開學的各項事宜，突然間接到代表會辦公室的電話，心中疑惑著到底什麼事情，家長要到代表會去陳情，雖然覺得不尋常，還是火速的隻身趕往。

「校長，聽說今年的家長會長選舉已經內定，是不是有這回事？」、「當一位學校老師，怎麼可以做票，將來如何教育小孩？」、「每次都要小朋友回家圈選之後再帶到學校來，我們怎麼知道哪些票是家長們投出來的？」、「老師都會暗示小朋友投給班上某某人的爸爸，為什麼要教小孩子勉強爸爸投票呢？」、「長久以來，家長會都由特定人士所把持，我們很不滿，希望今年能夠不要這樣做。」、「學校老師做不良示範，不好啦！」、「我前幾年沒有照兒子所說的投票，還害他被罰抄課文。」、「學校裡面分派系，怎麼教育小孩？」、「老師告校長和老師，這樣的學校怎麼教小孩？」、「老師很認真的教學，但是都很喜歡帶學生到外面去，不知道孩子能夠學到什麼東西？」……

林校長根本都還沒有來得及和學校主任討論家長會的組成或產生的方式，怎麼知道家長已經先發制人要學校說明家長會組織產生的辦法，在得到在場家長的許多訊息之後，林校長憑著自己所知道的專業素養，提出家長會產生的方式：「今年的家長會委員和會長的產生，我們依照教育廳最近公布的學校家長會設置要點草案辦理，採行二階段的選舉產生委員及會長；先在各班選舉班級代表，班級代表就成為家長委員，全校再到禮堂進行家長會長的選舉，每個家庭兩位家長都各有一票，所有老師都是選務人員，我會依照公職人員選務的相關規定要求所有老師，如果老師作票，我會依照相關獎懲條例辦理，如果各位舉得出我本人作票，我馬上辭去校長的工作！」

在達成暫時性的協調之後散會了，林校長開始思索為何家長的反應這麼激烈？為什麼家長不信任學校、老師？這才是一個危機，這也將會是隱藏不定時的炸彈！

「我們學校的發展遇到一個相當大的危機！」在教師晨會中，尚未建立相

互信賴關係的校長突然間蹦出這一句話，每位教師都感到相當的錯愕。

「家長是我們學校經營的左右輪，親師合作才能夠讓班級經營的功能正常發揮，但是有一部分的家長對於我們學校的家長會長選舉提出強烈的質疑，據我所知，每一位教師都是非常公平公正的替家長會辦理會長選舉事宜，家長對於學校教師的懷疑，主要來自於通訊投票的制度，我已經在代表會中做出承諾，希望每位老師要禁得起家長的檢視，利用這一次的會長選舉，建立我們教師超然的專業地位。」林校長語重心長、態度誠懇的說了一席話，也許是危機感所促發的向心力，每位教師都表示受到不平之冤。

親師懇談的日子當天，藍天國小依照事先安排好的行程進行，當然那一天在代表會抗議的家長，也認真的檢視這種新的制度，直到新任會長順利產生，林校長心中的重擔才放下。

「校長，我們相信您的公正立場，你是一位有所為有所不為的校長，我們肯定這一次的家長會改選。」雖然家長會長當選人出乎大家意料之外，但是那已經不是重要的事情，對於學校教師來說，取得家長的信賴遠比什麼人擔任會長還更重要；第一次感覺到權力共享所得到的快樂是如此的難以形容。

📖 教師不續聘事件

《教師法》中規定教師選聘的權力回歸學校，這項消息傳到學校單位之後，有許多老師非常感動，這麼多年來所不能實現的人事權，終於在「高級中等以下學校教師評審委員會設置辦法」頒布後得以實現；為了落實教師教學品質的把關，藍天國小在當時〇校長的領導下，也進行了教師不續聘的決議，但是相對的也影響了學校的和諧，更引發人和人之間的猜忌、監督、較量、爭權和奪利，其中所付出的代價，是無法估量的！

林校長到任的第二個月，發現王老師的薪水不在清冊上，因此找來了出納組長，要求協助申請王老師的薪水，一問之下才知道王老師已經長達 11 個月未支薪，而且每個月要繳交公健保自費額，出納組長說：「前任校長交代指示，在沒有確認續聘案之前，不可替王老師申請薪水，但是保險自付額要定期收繳。」這是什麼道理啊？正常上班，沒有收入還要繳交費用，一問之下，才知道學校教評會對於王老師決議採取不續聘處理，目前仍在縣府評議委員會申

訴中，林校長為了進一步釐清事情的真相，找來了王老師，希望了解更多的事件內容。

「去年 6 月份開始，我挺著大肚子，接受教評會委員的質詢，他們說我上課常常坐在旁邊，沒有指導學生，又說我沒課的時間都在睡覺，因此決議這個學年度不續聘我，因此我向縣府陳情申訴，目前仍然在處理中。」經由側面對於教評會委員的了解，才知道王老師的個案是臺北縣第一個不續聘的案例，縣府申訴評議委員會也多次討論，不知道該如何決議，延宕了將近一年，縣府教育局曾經公文指示，在尚未有決議之前，王老師暫時仍然在校任職，直到申評會做出決議再行定奪。

「本案已經進入縣府申評會議決中，無須太多討論與釐清，但是為了保障王老師個人權益，並基於生活考量，自即日起王老師暫以代課薪津發放，並追溯上學年度未發給的薪津，待縣府申評會決議後，再依照公文內容指示辦理。」在通盤了解之後，林校長做了以上的批示，當然私底下也引來了教師及家長正反面的一場風暴。

「校長為了討好王老師，給他薪水了！」、「校長根本不知道王老師有多壞，他被騙了！」、「前任校長好不容易要把王老師趕走，現在可能很困難了！」、「不認真的老師，我們為什麼還要給他薪水？」……「有上班本來就可以領薪水，前任校長欺人太甚！」、「沒有薪水又要繳保險費，這是什麼世界？」、「我們期待這一位校長能夠主持正義，不要再耍權謀、製造派系了！」……原本平靜的校園，因為薪水的發放，引來了陣陣的暗潮洶湧。

「王教師申訴有理，原機關程序不備，組織不合法，應另為適法之作為。」王老師的申訴案有了結果，學校又是一陣騷動，每個人都極力表達自己的意見，但是又不願在公開場合提議討論，眉頭深鎖的林校長，正思考著如何破除僵局，為這個組織盡一份心力，讓校園氣氛更為融洽。

📚 教師留職停薪復職事件

「貴校所請示教師留職停薪復職疑義，先請釐清貴校行政相關單位於教師留職停薪之際，是否清楚告知當事教師個人相關權利與義務，貴校陳教師是否有故意違反逾越 30 日返校就職之企圖，也請一併查明清楚，並自行判處議

決。」考試院銓敘部的公文，清楚的交代許多有待釐清的細節，並將學校的請示公文內容再度交回學校自行決議，這一個燙手山芋又落在林校長的手上。

原來藍天國小陳老師在前任校長任內，曾因撫育幼生子女，向學校申請留職停薪在案，但是孩子在出生後五個月大時，因身體上的疾病不幸過世，陳老師強忍著傷痛，辦理孩子的喪葬事宜，但是卻忘了在留職停薪原因消失期限內向學校申請復職，也演變成為學校以正式公文請示上級單位的事件。

「當初申請留職停薪，只是想要專心的照顧剛出生仍在加護病房的小孩，先天不良的可憐小兒，還是熬不過命運之神的呼喚，離我們而去！」說到痛心處，陳老師流下傷心的眼淚。「當我辦完了小孩子的喪葬事情之後，回到學校申請復職，當天是我孩子過世的第 31 日，○校長卻說已經超過原因發生的第 30 日，他沒有辦法做主，必須要請示上級單位如何處理，我只好等待上級單位的答覆。」依照留職停薪辦法規定，在原因消失 30 日內必須返回原單位申請復職，否則視同自動放棄該工作。

「當初陳老師申請留職停薪之際，我們都清楚的告知他相關的注意事項，至於小型學校人手不足，我們並沒有正式書面通知，也沒有請陳老師在通知事項中簽名。」學校新任的教導主任，依照考試院銓敘部回復函以電話協助了解事件的始末，想要進一步釐清前任兼辦人事的處理過程。「我們曾經透過同事通知他要快點回校復職，但是他卻一直到第 31 日才回到學校申請。」

「事情發生之後，我非常難過，好不容易懷胎十個月的孩子，在人世間短短的五個月就離開了，心中有萬般不捨，情緒一直無法平復，而且我真的不知道有原因消失 30 日的復職期限，我很珍惜我的工作，絕不會想到要故意超過期限，哪裡知道就因為這樣，學校不同意我的復職。」陳老師心中的不平，盡在言談中。

「本校經查陳老師確實在留職停薪原因消失後第 31 日才返校申請復職，但是無法證實其行為之故意，且學校兼辦人事人員，亦未能提出當初留職停薪之際，清楚告知當事教師個人權利與義務之書面相關證明，本校基於保障教師工作權，同意陳老師申請復職。」

學校又是一片譁然，前後任校長、主任的行政決策相當分歧，當然也得到正反不同的評價，但是在林校長心中的疑慮，並不是家長與老師們的反應，而是為什麼復職日期一日的差距，必須要用公文請示？行政作為果真這麼沒有彈

性？為什麼學校同事家中遭逢變故，卻沒有人伸出援手協助？這是怎樣的一個環境？

校際交流的堅持

　　經驗是動態而完整的有機體，它自身是一個綿延不絕的發展歷程，而經驗的可貴則在它能解決生活問題。杜威（John Dewey）認為知識的適當與否，端看它能否應付環境及解決困難，它主張的「從做中學」以及「問題教學法」便是一種生活教育，亦即實用主義的落實。校際交流即是一種由實際經驗中去獲得解決問題方法的學習方式。

　　林校長也相當認同校際交流的意義與功能，因此在上任後的多次教學研討機會中，鼓勵老師們辦理城鄉交流、山海交流，帶領孩子們走出群山丘壑，開闊視野，老師們也體會校際交流中學生學習的樂趣。但是在一年後的某次校際交流中，林校長卻堅持不讓孩子們成行，這有違學校的一貫風格，當然也引發教師的質疑與不滿。

　　「校長您一直鼓勵我們在每個學期進行校際交流，甚至於上學期我們全班都到校長家過夜，體驗都會風情，但是為什麼這一次三、四、五、六年級的校際交流，您卻反對，不讓我們成行？」

　　「我們依照學校校際交流的規定提出簽呈，申請時程雖然有點匆促，但是安全上一定沒有顧慮，校長您就讓我們四個年級成行吧！」

　　「學校又沒有規定校際交流的對象一定要是什麼性質的學校，我們選擇前任校長的學校辦理交流，一來是大家彼此熟悉，二來是讓同學們前去大學校見識見識，應該符合規定，為什麼校長您一定要我們變更交流學校？」

　　「我們的聯繫事項都已經準備好了，家長們也都同意學生參加校際交流，如果現在不能成行，我們很難對家長說明，這將會影響學校以後辦理類似活動的參與意願，希望校長能夠深思。」

　　「如果校長不願意讓我們進行這一次的校際交流，我們也會考慮在假日的時候帶學生前去，前任校長有難，我們怎可袖手旁觀？」

　　「我們前去校際交流，除了可以讓學生們學到寶貴經驗之外，也可以表達教師和學生支持前任校長的一種態度，我希望校長能夠成全我們，支援前任校

長對抗學校的黑函和惡勢力。」

　　教師們爭先恐後的發表這一次校際交流個人自己的解讀，原來前任校長調動到新學校之後，採取一連串的行政革新，在人事的安排上做了大幅度的調整，因此引發學校教師們的不滿，網路上流傳著對於○校長不利的言詞，藍天國小的教師或許是基於過去的革命情感，規劃了這一趟的校際交流之旅，尤其是把對於前任校長的支援行動，列入了校際交流的附加價值，這也許正是這一次校際交流匆促計畫的主要原因。

　　這些行動當然無可厚非，但是看在林校長的眼裡，只覺得把學生拿來當作工具，不符合教育的規準，教師們的說詞也無法說服他內心的堅持，林校長不肯讓步批准計畫內容，老師們也無法成行，林校長第一次這麼執著的貫徹自己的想法，藍天轉變成烏雲密佈的陰霾天氣，低氣壓也在籠罩中。

運動大會的爭執

　　「各位家長與來賓，感謝您的參與，今年的運動會──藍白大對抗已經結束，希望各位都能夠延續今天的運動精神，持續保持健康的身體，我們相約在明年的這個時候再相見，謝謝大家！」司儀老師高亢的嗓音，透過麥克風傳來運動大會圓滿結束的消息，但是林校長心理面卻想著如何召開這次運動會的檢討會，如何化解老師與主任之間嚴重的言語衝突。

　　每年學校與社區的聯合運動會在藍天國小可算是一年一度的重要盛會，在林校長高度的支持之下，學校運動會逐漸走出校園，結合社區中的重要景點，這一年的運動會由訓導組規劃，名稱是「藍天小泰山」，地點是在過去社區居民們時常聚會的大廣場，運動會的布置工作，全部落在總務處人員的身上，這是一個相當需要體力的工作，所有的器材、布置桌椅、休息帳棚等，都需要從學校運往比賽場地，每年雖然知道這項工作非常吃重，但是有校長及會長的支持，總務主任也就任勞任怨的配合大會的安排，完成一次又一次艱鉅的任務。

　　也正因為主任的工作繁多，他為了要布置運動會場，未交代代課老師而沒有去上課，引起三、四年級老師的不滿。

　　「主任，我們學生不知道你要去布置運動會場，我們臨時要接任班級授課，也不知道要教什麼，從何教起？」三年級級任老師生氣的說。

「我接受，可以了吧！」沉默了一陣子，主任突然大聲的說：「你剛才說我沒有交代功課或是沒去上課，如果我跑去溜躂或偷懶，我會接受你的指責，但今天我是去替學校工作，而不是偷懶，我拒絕接受你的說詞！」主任憤而離去，不吃午餐了。

主任離去後，許多在場的老師七嘴八舌的安慰三年級老師：「活了一大把年紀了，還不夠成熟。」、「大家都累了，說話謹慎一些。」、「我們就不累？加班到晚上二點，有誰看到？」、「已經很多次了，是習慣不好，不是其他問題。」、「像前幾天，要把資料交出來，到了最後一天，每次都是到了時間快到了，才慌亂的把資料提交出來，大家就要配合他，他自己為什麼不早一點準備？」

三年級老師留著眼淚哭泣著，也跟著不吃午餐。「不要難過，和那種人計較沒有用，一點都不知要檢討。」甚至有老師吃飽飯後，跑到室外大聲的叫罵。

運動會後的上班日，藍天國小照例舉行教師晨會，也進行運動會檢討會，會中卻聽不到老師們對於課務爭吵事件的建議事項，難道大家都這麼健忘，或是大家的修養都已經爐火純青，可以馬上將衝突化於無形。最後輪到林校長總結，他還是忍不住要對這個事件發表自己的看法。

「課務是學生學習的一個重要時間，如果因公務不能擔任時，要向教學組敘明理由，並由教務處安排人員代理。」

「解決事情的方案有很多，吵架、爭執、衝突、對罵是一個下下之策，尤其是擔任行政工作的人員，要有協調溝通的能力，不要什麼事情都讓爭吵變成最後解決事情的方法。」

「請於下一次教師晨會期間，每個人發表運動會工作量太重的改善措施，重新檢討運動會辦理的模式。」

一場頗具創意的運動會，所換來的記憶卻是老師們固著自己的想法而鬧得當眾互罵，如果可以回到原點，不知道事件的處理是否能夠更有效率些？

教師甄選的挑戰

藍天國小於6月30日召開教評會議，議決教師甄選審查工作分配及流程，

並於 7 月 7 日上網公告受理專任教師甄選領表及報名工作。依照本校正式老師錄取公告規定，錄取老師必須於 7 月 29 日攜帶相關文件到校辦理簽約事宜，非現職合格教師應出具切結書，其中敘明：「如不能在本年 8 月 31 日前取得合格教師證書，願接受解聘或自動降任代理教師，並放棄先訴抗辯權。」

許老師於 7 月 29 日攜帶離職證明、學歷證件及已填個人基本資料之空白聘約到校，向兼辦人事老師繳交，但因仍無法提出教師合格證明，無法完成報到手續，直到 8 月 31 日止，教育部中部辦公室仍然以所修習學分未符合，不發給許老師合格教師證。

「中部辦公室怎麼可以去年和今年的認定雙重標準呢？去年我們同學就可以申請，為什麼今年就不核准？」剛從幼稚園轉任偏遠學校國小教師的許老師，氣憤的表達自己不滿的情緒，並將矛頭指向學校單位。「我是學校聘任的專任老師，學校應該發給我專任教師聘約和聘書，否則我十多年的教學年資就會中斷了。」、「我們學校單位沒有發給合格教師證的權限，對於許老師，我們僅能積極協助他向教育單位爭取權益。」

就因為學校的決議事項，引發許老師的不滿，隨即在短時間內分別向監察院、立法院、教育部、教育局、縣級教師申訴評議委員會、人本教育基金會寄發陳情書，也引發了全校一陣的兵荒馬亂時期，從教評會委員、教師甄試委員、兼辦人事業務的老師，幾乎學校所有教師無一倖免，也展開了藍天國小陳情案件回復的忙碌時期。

以下為藍天國小在監察院，對於幼教師資報考偏遠地區國小之建議事項：

◎請檢討「偏遠或特殊地區學校校長暨教師資格標準」，明確規範師範學院幼教系畢業生是否具有參加偏遠地區教師甄選的資格。

◎請將教師資格認定與資格審核合併於上級機關，資格之認定，不再委由師資嚴重不足且缺乏專業素養的偏遠國小。

◎適用偏遠地區學校之法令多如牛毛，絕非一位需要任課每週 20 節的教師兼辦人事所能勝任，較之一般學校的不必任課的專任人事，在時間及專業學養培育上均有所不足；建請於所有偏遠地區設置非教師職的專任人事。

◎邀集全國偏遠國小代表及相關人員，研商此事例之解決策略，徹底杜絕每年所遭遇的相同的困擾。

雖然事後縣級教師申訴評議委員會、人本教育基金會都認為學校單位的處置得體，並無違法迫害教師情形，監察院委員也清楚合格教師證核發權限在教育部，並對教育部提出行政彈劾，最後教育部以一紙行政命令，將學分認定的工作交給了師資培育機構，許老師也從教育部中部辦公室承辦人員手中順利取得合格教師證書，但是迴盪在藍天國小教育現場中，人與人之間所延伸的猜忌、不信任，卻是揮不去的陰霾。

📚 教師體罰的事件

　　雖然適度的處罰，在歐美國家有時仍然被用來作為制約學生行為的有效手段，但是在強調以「溫馨、多元、創意、生命」為學校願景的藍天小學而言，即便有再多的理由，都不願意有體罰情形的發生。也因為體罰的幾乎不存在，吸引學區外的一群家長，千里迢迢的將孩子轉學到這所小學，他們除了充分感受學校對孩子的尊重與關懷，也對於烏托邦似的小學校寄予厚望。但，當一些外在事件衝擊預設的夢想時，衝突就會如浪潮般來勢洶洶。

　　事件的主角是一位遠從臺北市舉家遷移到鄉下學區的家長。在林校長到任的第二年暑假，一對打扮入時的媽媽和衣冠楚楚的爸爸，來到了校長辦公室，敘說著對於現在教育體制的看法，孩子如何在都市中的學校班級受到排擠，他們又是如何透過專家學者對孩子進行協助……也同時對於藍天國小能夠在現今的教育環境之中堅持教育的本質，重視孩子的主體性，給予高度的認同與肯定。言談之中，不時透露出經過某某教授的指引與推薦，才會想要了解這所學校的辦學宗旨，由於相談甚歡，很快的這一對夫妻就下定決心要把孩子轉學到藍天小學就讀，這項消息對於偏遠地區的學校教師而言，是一種肯定與激勵，但是也很難想像由於外來家長的介入，使得原本平靜的鄉村小學，再度掀起了濤然大波，讓學校再度陷入另一種的爭奪戰之中。

　　「感謝校長和老師對於孩子的尊重，在青山綠水的環抱下，我們一家人享受著前所未有的幸福感覺！」、「孩子的幸福快樂來自於課堂中的學習，校園平臺的教學區，是我兒最喜歡的角落。」、「孩子述說著教室的有趣事，迥然不同於市區三年級時的班級，這是教育的最佳場所。」在學習的回饋單中，這位媽媽總是耐心的寫下對老師及學校感謝的話，在這一年之中，也因為這個孩

子的加入，學校中產生了一些質變，變得更尊重孩子，走得更符應教育的各項規準。

但是這種情景到了第三年的學期結束前，卻發生莫大的丕變。

「一年級吳老師體罰學生，請校方妥為處理。」、「一年級吳老師不尊重學生受教權，建議校方不予續聘。」……這位都市來的媽媽，身為一年級班親會代表，在整個學年中與老師間互動良好，常常到教室講故事給小朋友聽，聯絡簿中也經常感謝老師的辛勞，為何會在學期末提出嚴厲的說詞，希望學校不續聘平常感謝的老師呢？

「我是因為看到一年級的學生，經常在一大早到班級，常常看到老師不在教室，缺乏照顧，我才主動到教室說故事給小朋友聽，也希望吳老師能夠早一點到校照顧小孩子，不要讓孩子們無所事事。」、「吳老師晚上睡不著覺，白天沒有精神教書，對孩子沒有耐性，我曾經許多次提醒他要有耐心、愛心，但是他都不接受，對孩子大吼大叫，讓一年級小小心靈非常害怕。」、「我最不能忍受打學生，那天吳老師因為學生上課太慢進入教室，居然罰學生站、罵學生又打學生，我真是氣炸了！」、「我們不能忍受這樣的老師，標榜沒有體罰學校，校長你容許這樣的老師存在嗎？」一連串心中的不滿，來自這位家長平常將感激表達在字裡行間的家長，真令人錯愕而且無法置信。

「對於學校我們心存感謝，但是對於老師不適任的教學狀況，我們敢怒而不敢言！」、「老師罵我們的小孩，還恐嚇他不可以告訴家長。」、「老師上課都叫學生自習或找資料，沒有教書。」許多家長說出心中的話，寒酸中帶著尖刺。

「學生屢勸不聽，我承認打了小孩子的屁股，但是這是親師懇談會中家長同意的事啊！」、「家長口口聲聲說支持我的教學與班規的處理，為何一個家長鼓動，就把我說得一文不值？」、「我把自己來學校的不適應都告訴了她，只希望得到她的支持，哪裡知道她把我的私事都掀開來，讓家長看笑話！」潸然淚下的吳老師，怎麼也沒有預料一場與家長的口頭爭執，會演變成自己的不續聘案。

學校的氛圍烏雲密佈，林校長帶領著行政團隊急著到處溝通，希望化解這一場風波，但是行政團隊的主要成員包括教導主任、教學組長都極力贊成家長的訴求，對於一位教師的工作權，難道真的這樣就要將之解除嗎？我們付出了

多少努力，協助家長與老師進行溝通？行政團隊又付出多少力量，輔導一位家長口中所宣稱的不適任老師呢？來自林校長心中的那股正義，告訴自己要超脫於事件風暴之外，不要情緒的處理這一個偶發的失序狀況。

有一些家長索性將學生轉走，不願意自己和孩子進入暴風圈中，事件既然已經成為公文書來處理，似乎沒有任何轉圜的餘地。林校長因此組成校內處理小組，成員包括教師代表、行政代表、家長代表、社區公正人士及所有教評會委員，暫時將該班導師工作進行調整，在歷經了一個多月的班級觀察、訪談、問卷調查、查閱資料、討論與對達之後，處理小組將所調查的事情內容交由教評會委員加以審查，以符合法規之內容。

「這樣的教師體罰事件，不應該直接不續聘教師，也無法符合《教師法》第十四條第一項第八條所稱教學不力或不勝任工作，應有不同的適法處理。」林校長為了謹慎起見，避免自己無法從事件現場中抽身，將所有的調查資料送到縣府長官朋友的手中，以便作正確的決策。

「教師輔導、管教、懲罰及體罰事件，目前仍有許多爭議，貴校吳教師的行為，沒有確實的驗傷報告，無法據以判定其構成傷害罪，更何況家長未提出告訴，學校怎麼可以自行下判斷呢？」林校長為了多方蒐集不同單位人士的看法，還請教任職高等法院的庭長，希望得到不同的觀點。

在教評會召開之際，林校長也讓吳老師充分發表自己一個多月來的感想，最後教評會以其行為尚未構成解聘、停聘或不續聘的條件，續聘吳老師一年，並持續由相關行政人員加以輔導，教評會委員分工持續考評其教學情形，至於體罰學生事件，移往教師成績考核委員會處理，以懲處小過壹次考列四條二款，雖然家長及部分仍然覺得處罰過輕，「這已經是基於事實真相最適當的作為了」林校長感慨的說出心中的想法。

抬頭看天，願藍天國小在激盪的體罰事件對立中，很快的就恢復它原有的藍、原有的清新……，林校長在內心深深的期待著。

後記──為學生灑下黃金種子

曾經有一個小故事，深深的留藏在我的心底，故事是這樣的……

「去，去校長室外面罰站！」

一早，坐擁山林的寧靜校園，應該是在鳥鳴圍繞、山嵐瀰漫的溫馨氣息中渲染開來的，但，此刻，校園的一角，卻傳出老師大發雷霆的聲音，只見一個學生背著書包，低著頭，往校長室走去。

眼看再一個轉彎，校長室就到了，學生走走停停，真不知如何是好，就在猶豫間，林校長從校長室走出來了。

「上課了，怎麼在這裡呢？」

問明原因之後，孩子主動的站在校長室前面。「以我心換他心」，校長了解每個老師都期待孩子好，不願意孩子有任何搪塞沒完成功課的理由。校長也很清楚，沒有一個孩子願意一早來到學校，就惹老師生氣。於是林校長放下手邊的工作，教孩子怎麼跟老師道歉，也教孩子怎麼跟老師溝通，希望找到可以彌補的方法。

過沒多久，孩子又回到校長室，告訴校長要完成功課才能回到教室上課。於是，校長進行了第一次的陪伴；在陪伴間才發現，五年級的孩子，語文理解、數學應用竟有這麼大的落差，難怪無法完成功課。更從不經意的對答間，知道童稚的他卻必須早熟的面對複雜的家庭。爸爸入獄、媽媽離家出走、奶奶不識字，愈了解，就愈心疼，當下跟孩子約定，每天放學到校長室來做功課。

從此，每天傍晚，當晚霞滿天時，總見校長室裡，一大一小，在國語習作間穿梭，在數學解題裡琢磨，課業完成後還一起打打球，一起快樂閱讀。漸漸的，他已不再當「教室裡的客人」了。

「究竟是怎樣的家庭呢？我能幫什麼忙？」在一個冬天的傍晚，完成功課後，校長假藉天太黑，執意要送他回家，小孩雖然再三拒絕，但還是坐上校長的車。幾經迴轉，眼前似乎沒有路了，卻在昏黃的路燈下出現一間鐵皮屋。

「校長，我自己進去就好了！」就在這時，一個佝僂的奶奶走出來了，他靦腆的打聲招呼後，一知道是校長，就熱心的邀請校長進來坐。

簡單的擺設，一張大大的床，床上床下散落著衣服（因為沒有衣櫥），就連煮飯也用爐灶，「這孩子！真苦呀！」

從此，每當逢年過節，校長總以「幫忙吃」為藉口，為他們家送來溫暖，更以學用品鼓勵他完成功課，當個受老師歡迎的學生，更透過交換日記，走進孩子的心，他要讓孩子知道：在校長的心裡有一個位置是為他等待與期盼的。

　　「校長，這是我們家今年收成的絲瓜，送給您嚐嚐！」在一個烈日當空的六月天，看著孩子的奶奶，走過一段段山路，為校長送來兩條絲瓜，校長實在不忍拒絕，在接下絲瓜的當下，他知道：他做對了一件事——把每個孩子帶上來，他很開心，因為他為孩子的心田撒下黃金般的種子，在若干年後，也許小男孩早已忘了校長，但校長心中的這份回憶卻是愈沉愈香。

林校長小檔案

　　出生於南投，成長於花蓮，蛻變於臺北縣教育園地。一個人能夠選擇所愛並樂在其中就是值得喝采的，而我……總是得到幸福之神的眷顧。

　　從小即埋下以教育為職志的種子，爾後得以在杏壇發揮所長。從孩童純稚的笑顏中，找到人性的真善美；從家長無悔的陪伴中，感受天下父母心的偉大；從老師視學生為己出中，領略教育的價值；更從行政的淬鍊中，體悟教育與國力密不可分的關係。從教師、組長、主任、校長一路走來，這條路是無悔的選擇。

21. 如果有風，一定有雲
——記秀朗兩年，我所走過的小小故事

臺北縣秀朗國小校長　潘慶輝

（榮獲 2006 年教育部「校長領導卓越獎」）

流風

傍晚，城市的街燈總是亮得早，閃爍的招牌，流洩著時尚。

把當天的公文批完、電話打完之後，6 點就過了。剛到學校就任的時候，總有老朋友約我去打球、跑步。後來，他們發現我不是在會談，就是在巡視校園；不是在批公文，就是在擬計畫，漸漸地他們也就不再來找我了。有幾間辦公室和教室的燈還亮著，有的老師還在批改作業、做教學準備；有的主任和組長做計畫、搬物品，他們不是為學生就是在為老師們做最周全的服務和準備。

出了校門，準備回家。走過許多家英語安親班，小朋友和來接的爸爸、媽媽，總是微笑的和我打招呼。有時候，家長就在騎樓裡談起小朋友的學習狀況，也頭頭是道地分析老師的班級經營，同時，對於學校的英語課程與英語學習情境，提出許多創新的建議，並要求學校成立一座英文圖書館，讓成績好的學生可以免修，並提供適當的e化教材，有效地輔導學生進行自我學習與主題學習。

兩年來，藉由爭取縣政府的預算，募集議員和市代的補助款，請教務處、資訊組、英語教學團隊籌設語言教室、英語圖書室和英語學習數位中心，然而，進度總是非常的緩慢。曾經被否決的英語語言教室，才剛剛完工，尚未進行教學。有關英語文的賽事，皆選擇拼字、朗讀和說故事來參加，對於英語歌唱、戲劇等校際活動，教師們以影響正常教學的理由，已有相當長的時間不參與交流。

我總在想，永和的學生英文好，總不能靠補習班吧！也因此，激起我藉由教室的觀察，不斷地思索著英語文的教學方式；也藉由英語領域會議與教師進

行教學的理解和對話，希望藉著由下而上的方式，來釐清學校英語文教學的方向和規劃。然而，我經常聽到的是——學生的素質不一、班級教學困難、補救教學不易、家長被補習班的教學綁架等等，很難見到教學外英語文的日常功能性作為。

一年以前，我主動提倡試辦「活化課程」，以激發學生全面學習英文的樂趣，在課發會上幾乎是遭到全面的否決。2010 年「516 牽手護童年」反臺北縣活化課程的遊行，學校教師會幾乎是站在主導性的地位。我經常在想，我們反了之後，需要做什麼正面的事情？我們的英語文比賽，補習班比學校關心；孩子的英文閱讀，家長比老師關心。我們的學生能不能開口說英語，學校要不要更關心？

我每天早上會收看「Let's talk in English」，在這傍晚的時刻就派上用場了。小朋友們陸陸續續從佳音、何嘉仁、文藻、陽光森林、喬登、長頸鹿等美語班踏出來，彼此見到面，他們會用簡單的英文跟我對上幾句。在補習班的帶領下，有的已經通過中級檢定。他們說，在學校上英文課很無聊，經常陪讀。此時，我也在想，那些沒有錢上補習班的學生，在課堂上又是面臨了什麼樣的情況？

城市的夜晚，星，不亮。老師的心，可以亮著。

 雲龍

早起，天上，仍有淡淡的晨星。微光，總是給人予以光明的指引。

從瑞芳的鼻頭國小，遴選回市區的學校已經十年，除了特別的活動之外，已經很少趕在晨曦出現以前出門。學校裡的游泳池，不分寒暑，都準時在上午 4 點半開池，總教練許安東教授，27 年來每天準時，在哨音一響的當兒，游泳大隊的基層選手開始進行體能培養、泳姿調整、阻力訓練的工作。池裡，選手一趟自由式一趟蛙式，一趟仰式一趟蝶式，來來回回一共進行兩個小時紮紮實實的訓練。

游泳訓練，是一段漫長而靜默的過程。在水裡，要培養水感，選手不但要練習技能，還要能夠與「水」有親密的接觸和對話，這種溝通的過程，是一種離眾的行為，需要付出極大的毅力，去克服過程中的孤獨和寂寞。因此，教練

群們也都陪著選手早起，隨時給予支持和鼓勵。有時候，我也趕早來到泳池旁邊，陪著教練和父母，看著選手練習。在練習完畢之後，給他們拍肩問候、加油勉勵。

　　大隊的國中和高中同學，在 7 點以後休息、吃早餐，再由計程車和中巴送回國中和高中，參與學校正式課程的學習。接下來，是小學游泳班的小選手，在訓練完體能、熱完身之後，接續下水，進入游泳池開始一天的訓練。學校成立游泳體育班已經 20 年，得過無數的獎牌，培養過五個奧運選手，奠定了北縣第一池的榮光，學校的學務處，更是臺北縣游泳協會的大本營，經年舉辦游泳賽事。

　　小朋友帶著划水板、蛙鞋等輔具，進入水中，就保持了靜默的狀態，只聽到嘩嘩的水聲，只看到白浪翻騰，至少又是 20 趟的來回。來來回回，游了四年，鍛鍊了一身修長的身形、結實的身體，結果，在今年泳班畢業，志願進入大隊訓練的，只有三人。有的回歸課業的學習，贏取學業的成就；有的認為已有高超的休閒泳技，不必再辛苦磨練；有的認為無從突破，提早退出，免得勤練無功。

　　走出泳池，遠遠地凝望著，金黃晨光中的安全圍籬裡，吊車正在搭建鋼構平臺。停工八年的游泳館，在費盡了千辛萬苦之後，突破了人為與法令的不確定性，緩解了前手倒閉廠商所屬下包商的欺詐和恐嚇，總算再次發包動工，以二億興建 50m×25m×2m 的國際標準游泳池，其所附載的是北縣基層游泳的訓練。然而我看到的是合併升格後的高雄市，全運游泳的金牌總數已超越新北市。

　　其實，六年級 21 個班近 650 名學童的游泳測驗，能游上 25 公尺的，僅有 57%，離總數 80%的目標還差得很遠。在普及游泳教學上，走了 20 年，卻還有很長的路要走。結構化的國民游泳教學，以及持續性的菁英訓練，都需要有不同的變革了，才能將游泳教學的熱情、訓練的毅力與技能的培養，展現出應有的學習績效，況且，透過親水的知情意發展，也才能更確切地實踐海洋教育的目標。

　　陽光，燦爛。落在小朋友的眼眸裡，顯得精亮無比。有光，就有希望。

耕心

書頁，颼颼。每一次翻動，都是心領神會的喜悅。

我喜歡走進教室看看。小朋友正在晨讀，颼颼的翻書聲，聽來令人喜悅。我會問問小朋友正在看什麼書，問問書裡的大意和內容。小朋友總是笑盈盈地說著書的內容，講著書裡的故事，或者說說書裡令他感到驚奇的地方。這是一個文教學區，家長喜歡孩子多看書，喜歡孩子在學業上有成就，尤其是希望老師能夠培養學生知書達禮的氣質，讓孩子看起來不但氣宇軒昂，同時又顯得文質彬彬。

學校裡有書箱提供孩子共讀的書籍，同時搭配閱讀認證的方式，讓孩子累積閱讀的基本量，激勵孩子擴大背景知識的資料庫，讓小朋友能夠藉由閱讀進行社會學習，並經由討論、辯證知識的內容，進行價值的澄清與生活哲學的建構。在學校裡，我手上經常會拿著一本書，書的類別也經常改變，有空總是坐下來讀幾頁，學生總是很有興趣的瞄瞄書名、看封面，甚至會談談書裡到底有哪些內容。

每間教室裡，老師們也都安排了圖書角，裡頭有老師喜歡的書，有家長捐贈的書，也有小朋友建議的書。通過閱讀和討論，這些書總能夠形成生活的議題，讓小朋友們維持著討論的熱情和興趣，附帶的，也達到交友與學習社交技巧的效果。然而，有一群老師開始思索，這些年來的閱讀效果何在，能不能廢除部分古文，改變閱讀認證形式，以新的文體和內容作為替代，再發展成新的閱讀風潮。

我總是在想，如果有這樣熱情的教師社群，做由下而上的結構改革，將閱讀納入新的學習策略，將知識納入新的內容，同時運用 PIRLS 的閱讀策略，不是更好嗎？如果，閱讀的階段性目的已經達成，主題性閱讀能不能在高年級之間推展，讓小朋友實踐問題解決的策略？當新的討論形成時，不同的意見就開始呈現，不平衡的局勢就呈現革新的趨勢。有心的人，總是帶領新觀念的萌發。

「校長，我沒有這個能力！」、「校長，我主張正常教學！」、「校長，書本都教不完了，不要再弄什麼新的實驗和活動了！」一個新的活動出現，批

評或反對的聲浪，就會相應而生。因此，在大學校倡導教學政策，最好不要號令齊一，更不要團結一致，而是讓老師們有充足的時間相互激發、討論，讓老師們有足夠的空間做澄清與沉澱，因為這種多樣性的存在，才能讓有機的組織開始進化。

臺北縣白話文與韻文的編選，學校有老師參與編輯；文建會的古詩文欣賞，在校內有兩個社群進行五、六年級的研討與展演，獲得學生們廣泛的參與，他們將閱讀變成深層的底醞。而孩子們的寫作能力訓練，是一個文教社區最能順利發展的地方。每次打開國語日報，我總想看到秀朗的孩子所發表文章，但是，我總是在很久很久以後才能夠讀到，因此，我也開始引進聯合報的寫作社團。

寫作，總是鍛鍊著一個人的思維體系，因為表達，讓自我能夠完整的呈現。

越境

上樓，每一階，總有時代的風華。風華，都會沉澱成文化。

27 年前擔任老師時，走著一樣的階梯。當時，學校的氣象新穎，教師與學生只要出賽，一定贏得各項比賽的前茅。年輕老師，各個志氣高昂，學習精神充沛，白天辦理各項學生的比賽，指導學生的社團，閒暇接受資深老師的教學啟發，與家長進行良好的親師溝通，晚間，張培方校長鼓勵進修，各個上了夜間大學就讀不同的學系，不但帶動了自己的專業成長，也豐碩了學生的學習內涵。

建校 35 年了，學校舊了，整個樓梯間，就像水墨畫一般，飛墨淋漓盡致地到處宣洩。四樓，水一滴一滴地在走廊上滴落，小水窪處處，映著天光，有著江南澤國的風情。清風，無法從窗外吹拂而來，所有的檜木門窗，皆已變形，難以開啟。教室，風扇一開，白色的油漆碎片猶如雪花，從天而降，漫天飛舞。舊了，即使是優良的文化，也會成為落寞貴族的圖騰，堂前之燕，也已飛入百姓之家。

現時，碩士進修，比比皆是，卻是難領風騷，談權利義務者眾，能執牛耳者，老臣繼續伏櫪，卻顯現一絲絲的蒼涼。往年，掌控缺額，啟用代理教師，

還能從年輕、聽話的生命中，淬取短暫的浮華。每年 5 月之後，教師甄選的季節，代理教師的心情浮動、焦慮，加上少子化影響正式教師開缺，優秀代課教師又無法指定留用，讓代課老師看不到意義的永恆，焦慮、荒謬，在不確定中，重演。

「校長，您沒有肯定代理代課教師的貢獻！」我這二年來，增加了縣內教師與超額教師調動的名額，引起了行政團隊的一陣恐慌。在所有的理由當中，最關鍵的一點是深怕流浪在各校之間的不適任教師調入，會引發學校親師之間的混亂，更會降低整個學校的教學品質，造成教學品牌滑落的危機。然而，我的觀察更為深刻，當正式教師不能打造教學品牌時，才是腐化與流入不適任教師的開始。

「校長，代理代課教師才不會反抗重要的教育政策與校本教學活動！」當經驗不能延續，知識不能更新，智慧不能拓展，所有的驚豔都是短暫，所有的風華都是幻影。如果，學校正派經營，隨時展現優秀，自然沒人會進來混水摸魚。如果，他們選擇進入，也不敢懈怠，他們將會認真學習，以求在整體的教學角色中，成就人師的地位。我不反對代理代課教師，只是憂慮他們的比例太重。

創業維艱，守成不易。秀朗的風華，必須著重在人才的培養，趁時拉起組織成長的第二條曲線，啟動改造的契機。學校的發展，是一個有機體的組合，在人才青黃不接的時刻，對於年輕人才，必須施予動態行政與多元教學的訓練，沒有長期的組織培養與教學情境的陶冶，很難為下一階段優質的教學文化、良好的兒童文化做長期的規劃與經營。教師文化的培養，是良好兒童文化的先備基礎。

再上一層樓，創意與毅力，要比持穩、守成為先，因此，腳步也顯得吃重。

競渡

豔陽，在古銅色的眉宇上發光。勤勞的眼眸，總閃爍著堅毅的光芒。

工人，正拿著焊槍，組立著斜屋頂的鋼構。工人，沒有帶安全帽，沒有帶護目鏡，電線在積水的樓板上拖行。地上，掉了滿地的工料和菸屁股。看一看

焊道，粗粗壯壯的有如水蛇爬行，焊道上也浮現黑色的碳渣。我戴著安全帽，上到樓頂和工人打打招呼，關心他們的工地安全設施，以及個人的安全防護，也請他們依照施工規範，先磨除油漆，再進行焊接的工作，同時，也做了工程督導記錄。

屋頂多年來漏水，花了一年多的時間，總算爭取到三千多萬的預算，開始進行斜屋頂的施做，一來為了防水，二來發揮隔熱效果。工程在低價搶標之後，擔驚受怕的日子就會源源不斷而來。工程雖然有專任監造，但是，每一個查核點，如果學校不夠細心詳閱圖說，監造總是有多次的疏忽；承包廠商，經常為了成本和方便考量，總也會忽視圖說和學校的需求，進行惡意的偷工與降低品質管制。

斜屋頂施做以來，為了施做鋼構，把樓版打開，準備基樁灌注，晴天還好，雨天則造成水淹教室的窘境，影響了師生上課情境和學習效率。我特別召集了工程專家和建築師、廠商開會改善。沒想到工地主任和老闆一意孤行，不肯改變施工的順序，也不做雨天的防護措施，加上基座施做不良，在請建築師查驗之後，並請教育局工程小組到校督導，在劍拔弩張的氣氛中，強制下令停工改善。

廠商也不是省油的燈，一下子狀告政風室，一下子陳情外地議員，一下子寄發存證信函，有的議員助理更是口氣嚴厲，一付興師問罪的樣貌。我的總務團隊，雖不是精熟於各項工程內容，但是一切按照三級品管的程序辦理，透過適當的舉證商談進度，呈現事實要求改善，並運用良好的溝通態度，邀請本地議員了解事情的來龍去脈，在優先維護學校公共工程品質上，讓議員間相互諒解、制衡。

學校的游泳訓練館工程，也在 BOT 得標廠商倒閉之後宣告失敗。延宕八年的工程，讓挖了地下二層的基地，形成了一個超大的窟窿，圍籬內部不但因民眾拋丟垃圾造成髒亂，也令四鄰感到不安，經常四處陳情、控告，深恐天災降臨。加上原 BOT 案下包廠商不服判決興訟，使得游泳訓練館的重新興建，碰到了法規與訴訟的阻礙，加上各方承辦人員的本位主義，讓工程陷入膠著難解的局面。

我深信「開口就有」的老話，在充分準備並排除大部分的障礙之後，不斷的鬆癥順結，尋求到李四川副縣長的了解和幫助，在其靈敏的工程經驗、勇於

承擔的態度和尋求雙贏的協商之下，順利發包了造價兩億的游泳訓練館。然而，原 BOT 案土方包商的恐嚇、侵蝕多年的安全支撐修繕、非單一廠商的施工障礙，也在在考驗著我們的能力。在快速的學習之下，終於排除萬難，進行動工大典。

汗水，一滴一滴地流著，映著陽光，帶著一點詩意，飛入未來的泳池。

📖 歡顏

窗，可以看見裡面，也可以看見外面，更可以映照自己的心。

輕輕走過二樓，希望不要驚動學生，不要擾亂了老師教學的節奏。然而一聲小小的「小潘潘校長耶～」，總引起了小朋友的雀躍和騷動。小朋友們不是在座位上揮動著小手，就是群聚在教室的窗口，等著「give me five」，更可愛的是，乾脆站到門口來等著擁抱，說幾句話，送個小禮物，還要呼喊著一句響亮的口號——「我愛秀朗，快樂成長！」我喜歡小朋友，喜歡他們燦爛、無邪的笑容。

剛到秀朗的時候，我想小朋友們總是有同樣的喜好——如果我們親切，他們一定回報熱情；如果我們展現快樂，他們一定時時刻刻都在歡喜當中。所以，在升旗典禮後的致詞，我用了 11 年來一貫的開口語，「各位小朋友大家早安，大家好！」、「校長早安！」、「我是快樂的小潘潘校長！」低年級的眼睛霎時雪亮，高年級的臉上卻閃過一絲驚訝和微微的不屑，輕輕地我聽到他們的低語，「幼稚！」

一年以後，赴校外比賽的團隊，每每在得分的當兒，小朋友們總是會齊聲高呼：「我愛秀朗，快樂成長！」做為他們互相激勵的口號。走在巷口，偶爾巷尾也會傳來一聲：「我愛秀朗！」等待著我回覆一聲：「快樂成長！」家長告訴我，孩子們在家，也要來一段我的致詞開口語，同時喊一聲：「我愛秀朗！」還要爸爸、媽媽們一齊說一聲：「快樂成長！」然後，一家人哈哈大笑的進行晚餐。

當學校有許多話題的時候，學校就會變成一個很有趣的地方，小朋友總喜歡來學校尋找一些新奇、一些神秘、一些搞怪和一些令人讚嘆崇拜的人和事，好在回家之後，說一些故事給爸爸、媽媽聽，好讓他們知道寶貝在學校裡，真

的有許多了不起的地方。至少校長就是一個話題人物，「他」除了要有正經八百的角色之外，最好還要有一些無厘頭、有一些誇張、有一些爆笑和多一點點的幽默。

「校長，你幼稚園讀什麼班？」兩個一年級的小朋友道貌岸然的問著。學校的幼稚園有櫻桃班、有蘋果班等等。我想了想便說，「我讀大鼻子班。」小朋友不相信，正著臉色說，「我們幼稚園沒有大鼻子班！」我搔搔頭，想了一想說，「對不起，我說錯了，我讀大屁股班！」兩個小朋友睜大眼睛，一副躍躍然地說，「我讀大腳丫班！」、「我讀大耳朵班！」、「我讀大眼睛班！」一邊講一邊玩耍去了。

「校長，你會寵壞孩子！」一位蹲在門板前釘著橡膠片的老師叮嚀我說，「坐要有坐相，站要有站相，不要隨便和小朋友開玩笑！」有的老師會提醒我說，「校長，不要隨便逗小朋友尖叫，平常小朋友的尖叫都快要讓我抓狂！」有的老師會告誡我一番，「校長，我們希望培養孩子自重自處，不要娛樂場上的庸俗愛現！」快 20 年了，我一直想要從自己的言談當中，散發一種幽默、歡樂的氣息。

歡樂，可以創造春天。如果，有一點點、一些些缺點，那是可以製造歡樂。

📖 溯本

蹲下，細節，變得清晰可見。腰，也會變得柔軟。

高高的玉蘭，是校樹，長得有五層樓高，開花的時候，整個教材園裡，布滿了清香。蹲在樹下，眺望著玉蘭嫩白的花朵，藏在藍藍的天際，滿心都是清爽。原來的教材園裡，有著榕樹，有著棕櫚，同時，也爬滿了九重葛。九重葛鮮怒的蔓藤，不斷地向上生長，在短短的幾年間，攀附在樟樹身上，纏勒作用發生，樟樹失去了生命，九重葛下原本休憩、繪畫之所，也成了蚊蠅蟲蚋紛飛的禁地。

小貓似的一隻老鼠，從玉蘭樹下的落葉叢經過，響起小朋友一片奔逃的驚呼。另外一隻老鼠沿著水溝，睜著搜索似的眼睛，快速地鑽入涵洞，向網球場的方向跑去。老師們要求職工在門板下加上擋鼠板，防止老鼠在教室之間流

竄，然而教室與教室之間的電訊管道，卻成為老鼠們的空中走廊，在上課期間，時常出現在垃圾桶附近覓食，在掃具箱上遊玩陪讀。鼠患，早已存在多年。

隨後，校園展開了滅鼠，毒餌、黏鼠板和校園消毒紛紛出現，釘防鼠板、放補鼠籠和填實牆壁漏洞，也加緊趕工。這些方法，目的是在向老師和家長交代，以消弭四處流竄的怨言，其實，那是治標，治本辦法也在進行。清除陳年不用的倉庫，疏通陰溝，同時，也進行校園雜樹叢的整理，以便清理鼠窩。再來，就是對小朋友的教育，嚴禁留存食物，嚴格做好垃圾分類，老鼠的蹤跡才逐年消減。

在清理校園雜草，修剪群樹的當兒，也顧慮校園生態留下樹群，提供校園鳥類和昆蟲的棲息，所以，內庭與教材園的樹叢只做輕微的修剪，而將前庭與操場教室邊緣的榕樹，做了大幅度的疏枝，目的在改善教室內的照明，恢復庭園日照，重新種植草坪，消除遊戲空間內潮濕、腐朽的氣息。多年來未修的叢林，一旦動工，卻引來綠黨和民眾在媒體上撻伐，以及部分老師批評學校反永續經營的聲浪。

昔日午休，不必拉上窗簾，電燈一關，二樓以下，猶如黑夜。樹木經過修剪疏枝之後，陽光充足，學生顯得朝氣盎然。「校長，在教室裡竟然可以見到陽光！」、「小潘潘校長，打開門窗，沒有蚊蟲了！」、「校長，原來慈暉園是草坪，不是探險叢林。」也有學生隨著老師的指責，興師問罪起來，「小潘潘，為什麼要砍樹？」、「校長，樹修得很難看！」理頭，三天憨，我請小朋友稍等一個夏季。

我在等待暑假過後，也在看著校園裡的鐵窗和鐵門，它們已經做到三樓了。為什麼？因為，青少年成群結隊攀上三樓破壞教室、噴漆、偷電腦，令老師憤怒、令家長擔心。為什麼？因為學生愈來愈難以管教、青少年組黑幫鬧事、校園開放民眾沒有公德心。其實，PU跑道上騎腳踏車，沒人制止；汽車、機車在校園內隨意騎乘、停放，沒人管理；班級經營採取責罵、怒斥，缺少鼓勵，才是根源。

負責，才會讓觀察現出系統。有了系統性的思維，就會找到事件根源。

見性

失敗，會出現兩種結果，一種是無助，另一種是昂昂然的新生。

司令台的磁磚上，滿滿地是「小英愛小華」的愛情留言版；球場上，用利可白塗寫猥褻文章；攀岩場的後方，斗大的「幹」字，不斷的演繹，不斷的延伸。經過一段時間，球場要做適當的塗布，司令台要做適當的清洗，攀岩場要做適當的整修。一到傍晚，國中放學，男男女女群聚呼嘯，一對一對摟摟抱抱，打完一場球，籃框掰歪了，滿口的「幹 × ×」和一地垃圾、飲料罐，隨風飛舞。

為什麼這樣？「很久了！」、「不能聯絡二所國中的學務人員共同來協調、處理嗎？」、「效果有限，不用兩天，一群人又會回到學校來報復，情況更慘。」、「沒有人敢管嗎？」、「校長，他們會嗆老師、打學生啊！」、「通知派出所，請巡邏員警幫幫忙呀！」、「他們說，警察不進入校園。」35年來，學校開放得徹底，早上4點半以後，是晨操運動場，下午4點半以後，是秀朗社區公園。

「校長，隔壁的學校都不開放，國中校園連自己的學生都進不去，我們難道不能把校門關起來嗎？你知道嗎？運動的民眾被打，我們的學生被恐嚇！」我在想著，社區民眾運動的健康受益，一定強過健保局的支出；我在想著，民間社團的人際情誼，一定彌補了許多社交的孤獨和情感的空缺。久了，我們學校沒有管理，出現了破窗效應，讓安危的擔心掩蓋了公益，讓無事的偏安弱化了教育。

校園仍舊開放，但是不開放停車，凡是來運動的民眾必須走路進來，車輛停入收費停車場，機車和單車停入路旁的停車格。警衛必須嚴格的把關，讓學校具有管理的程序和安全的提醒。在未宣布管制之前，則先進行溝通和拜訪，依序拜會學區內的縣議員和市民代表，建立共識。接著每天趕早拜訪運動社團，請他們遵守停車規定，負責維護區域整潔，並對來校滋事的青少年給予告誡和提醒。

隨後，組織行政教師，在晚間埋伏和等待，逮捕到校偷竊、放火的少年，送交警局處理；並利用傍晚和假日，以溫和而堅定的語氣，當面勸導進行破壞

的青少年。在幾次的劍拔弩張當中，幾批青少年仍然動手打了學生和群眾，也恐嚇了老師，我堅持拍照、報案，讓警察帶回少年做筆錄，請家長領回管教，更商請分局長排員警輪班，定時巡視校園。校園終於慢慢回到寧靜、舒適的狀態。

少年由於犯案，加上在學校滋事，部分人員被裁定感化教育，學校輔導處主任與教師，也分別組織關懷團體定期探訪，希望關心能夠傳達，溫暖能夠感動。校內的部分，不斷倡導正向的管理策略，在有效的班級經營下，共同關心學生的身心發展，逐步組創多元社團，提供學生多元智能發展的平臺，並聯合駐校心理師提供更多的協助。今年，提出卓越學校「學生輔導」項目認證，目的在重新關注正向能量的啟發與輔導。

循業發現，隨心轉業。因果，啟發了學校重新改造的契機。

 傳唱

晚霞，鋪天。風，吹著菩提葉。雲，流過天際。

孩子的故事，很多，很久，會像菩提葉一樣，不斷的生長，不斷的傳衍，不斷的傳承。美好的故事和勵志的故事，會相映相生，不斷地豐富我們的校園；挫折的故事和傷心的故事，會日漸沉澱，形成口耳相傳的借鏡。教育，沒有聖人；教學，沒有英雄，在日積月累的經驗拓展下，我們循著「愛」的光，希望尋找的就尋見，凡是叩門的，我們一定起身，歡樂的去開門。

故事，正在持續……

潘慶輝校長小檔案

　　我是一個喜歡笑、喜歡玩、喜歡讀書、喜歡畫圖、喜歡和孩子一起到處思考的人。我總認為在學校裡——因為多樣，而變得豐富；因為多元，而變得友善；因為多變，而提升創意。我喜歡學生得獎，所以會設下很多的獎項，讓孩子來嘗試、來挑戰、來爭取，也一同來分享。

　　我在協助孩子學習的過程中，會留下孩子談論、探索的空間，會關心、支持孩子的論點，並透過各項的資源來解決孩子們的問題，因為，唯有思考過的才會成為智慧，認真實作的才會建立風格，所以，校園裡，參與變得多元而平常，得獎也變得自在而平凡，而歡笑，是孩子賜給我辛勤工作後，最好的獎賞。

　　我曾擔任臺北縣瑞芳鎮鼻頭國小校長三年、臺北縣新店市北新國小校長八年，曾獲得 2006 年教育部「校長領導卓越獎」，現任臺北縣永和市秀朗國小校長。我希望我有足夠的熱情，為我喜歡的教育工作繼續努力。

22. 一位離島校長的心情故事

澎湖縣大池國小校長　葉子超

 ## 初任校長的喜悅與責任重大

初任校長的喜悅 ◎◎◎

　　經過 11 年左右的努力，從教師、組長、主任，一直到考上校長，隔年任派校長，內心有無限的喜悅。從教師到主任，這些年來，我自己在教育工作上真的很努力，也獲獎無數，不斷地進修及研究，才能順利考上校長。在校長儲訓中，我約 33 歲，是較為年輕一點，憑著年輕、有服務的心，我被選為組長，能有機會領導與服務組內三十幾位準校長，實在是非常榮幸。很幸運地在澎湖縣以第一名考上校長，也以考選儲訓第一名派任校長，第一所學校是澎湖縣望安鄉將軍國小校長。澎湖縣規定首任校長都一律派任二級以上離島，幾年之後，再回一級離島馬公本島，這是很公平之制度，所以就欣然去就職。

初任校長是責任重大的工作 ◎◎◎

　　初任校長雖很喜悅，但責任卻非常重大；以前當主任時，上頭有校長可撐著，不懂或有問題時，可請教校長，而今卻要獨當一面，倍感責任重大，壓力也不小。還好自己小時候便生長在二級離島（七美鄉），將軍島也是二級離島，亦在二級離島七美鄉服務過五年（師專澎保生返鄉服務），還蠻能適應二級離島的生活，對當地的人、事、時、地、物也很熟悉，比一般非生長在離島的校長，更能適應離島生活。所以生長在離島雖是較為弱勢，但如能再回去擔任校長或老師，反更能適應其環境，馬上就能駕輕就熟，有更好的工作成效產生，流動率也不會太高，對離島教育助益極大。在我近 12 年校長經驗中，二級離島在地培養的師保生，返鄉服務績效優於一般外地的教師許多；因此不宜一、二、三級離島一起考選師保生，因為缺額絕大部分會由一級離島（馬公本島）所占去，對二、三級離島學生（環境較為弱勢很多）是很不公平的，宜保

留一些名額給二、三級離島學生才符合公平正義，對二、三級離島教育助益亦
會較大。

 校長的辛苦及害怕

校長的辛苦 ◉◉◉

　　校長職務有其社會地位，但也是種辛苦的職位。社會上對教師的品德操守
要求標準很高，對於校長要求標準更高。在校長的工作上要有卓越的績效外，
良好的品德操守、不逾矩的行為，讓校長工作是如臨深淵、如履薄冰的小心與
辛苦。

　　小時候，父母親對於工作就很投入，盡其全力、任勞任怨，經常教導我們
子女要盡忠職守、清廉自持、積極認真。所以長大後，我跟二哥分任國小及國
中校長，約在 13 年前，同年考上，也很幸運都是當年縣國中小校長考試的榜
首，長輩們都很高興，我們也謹遵父母親的教誨，積極努力、清廉自持、懷抱
理想、追求卓越；我常跟二哥講，這人格特質優點是，相信我們都可成為一位
優秀的校長；而缺點是，太認真、太辛苦，耗損會很大，才四十來歲，頭髮幾
乎全白，這是辛苦投入的代價。不過我們是不會後悔的，相信父母親在天之靈
會以我們為榮的。

校長的害怕 ◉◉◉

　　校長工作繁忙，在澎湖離島比較害怕的事情有：

◎離島教師流動率較高，教學及行政工作較無法銜接，對校長而言這是很
　頭痛、害怕的事。

◎因離島教師流動率較高，生手教師較多，行政工作較難勝任，許多規定
　及法令不熟，行政工作推動不易，校長要戰戰兢兢檢核著，不然後果會
　很麻煩。

◎中央法令制度不齊全，導致二級離島正式主任，十幾年都無人願意前往
　就任；因為現今法令不周全，馬公本島的候用主任若到二級離島當正式
　主任，很難再調回馬公本島，所以現今有許多候用主任不敢到二級離島
　當正式主任。以前主任之調動制度較佳，人事管道暢通，縱使遠在三級

離島也有人願意去當主任，當時之法令可按年資績分高低，慢慢再調回馬公本島，而現今法令卻是不行。很多教育同仁都在笑，校長與教師都有明確的法令可調動與甄選，管道暢通，而主任卻不行，實在可憐。此現今之制度，弊病叢生，偏遠及離島地區找不到正式主任，對該地區教育傷害極大，也是校長最害怕的事情；而主任調動不易，學校組織亦跟其它組織一樣，會有組織衝突，主任之間因業務重疊，理念不一定相同，組織衝突日積月累，會愈來愈嚴重。若能恢復以往主任可順利調動的法令，並兼顧校長的人事任用權，主任適度流動，組織衝突必能大為減低，對主任個人、學校、學生及校長都是很好的。當前教育部宜正視此嚴重問題，急謀解決之道，如此才是教育之福。

校長的痛苦與無奈

校長的痛苦 ◉◎◦

　　每位校長的痛苦各不同，各任職地區亦會有殊異，我比較幸運，很痛苦之事是沒有；但輕微之痛苦的事是有的，例如：在離島教師流動率較高，教學及行政工作較無法銜接；離島教師流動率較高，生手教師較多，行政工作較難勝任，許多規定及法令不熟，行政工作推動不易；二級離島正式主任，因為現今法令不周全，十幾年都無人願意前往就任，影響行政運作績效；少部分教師不認真教學，甚至會帶壞認真教學之老師；地方勢力或多或少會影響學校教育。這些都是校長痛苦的事，還好自己都能全力投入、迎刃而解，不會帶給自己太大的困擾。另外，看到極少部分學校，極少數不適任教師隨意亂檢舉及散發黑函，不但自己做不好，無法勝任教學工作，誤人子弟，還唯恐天下不亂，造成學校人心惶惶，教師們無心教學，最倒楣的是無辜的學子，這種事情是很可惡，也是一般校長最痛苦之事。此種具攻擊性之不適任教師問題（學校最大問題之所在），教育主管單位及家長宜多協助學校與校長來處理，調查單位要明察後，對於誣告、亂檢舉者，給予應有的懲罰；否則，任其胡搞亂搞，問題弊病會日益嚴重且會蔓延開來，學校會永無寧日，最倒楣的還是學生。

校長的無奈 ◎◎◎

校長的無奈在於付出很大的心血,但成效與結果並不如預期;空有滿腹的理想與教育專業,但不見得有施展的機會。在此時,只能努力把工作做好,不要太在意成效及得失,盡己本份,將自己的職責做的更好,再等待時機,為教育盡更大之心力,持志展飛,無愧天地。

對澎湖縣國小教育問題與解決之道的看法

對澎湖縣國小教育問題的看法 ◎◎◎

師資問題方面

偏遠離島地區教師流動率大,新手教師比例偏高。以最近幾年澎湖縣國小師資為例,正式教師師資流動率頗高,有些離島偏遠學校會有超過三分之一的師資流動率,許多教師服務一至三年便調回家鄉,或因生活因素而遷調。然而探究正式教師在偏遠離島地區流動率高的原因,主要是各離島間交通很不便,航行船班有限,加上當地東北季風的影響,造成離島生活枯躁單調、環境惡劣、物價太高以及醫療設施不足等,是造成教師流動率偏高的原因。

學生素質問題方面

澎湖地區學生因生活在離島縣,較少有接觸臺灣本島的機會,加上普遍而言家長社經地位較低,文化刺激相對減少。偏遠離島學生能到馬公島旅遊的機會不多,馬公島少數家庭經濟狀況較佳者,也僅有少數家庭能帶子女到臺灣本島及國外,去接觸外面多元文化的世界。一般而言,臺灣本島、澎湖本島與偏遠離島,城鄉間已造成學生文化素質的差異。

家庭教育比較欠缺與不足。離島的家長大部分是以漁業為生,打零工為輔,經濟狀況普遍低落。因為家長經濟狀況不佳,必須整天忙於生計,對於子女之教育較不關心。而近年來新移民子女日益增加,每年有快速增加的趨勢,這些學童的家庭教育、文化適應,相對於都市地區較為欠缺與不足。

學生普遍企圖心不高,不夠積極進取。偏遠離島地區的學生,很少有外界之刺激,最多透過報章雜誌、電視獲得資訊,學生普遍而言學習的企圖心不

高，不夠積極進取，許多家長迫於經濟能力不足，無法提供子女教育經費，因此也不太鼓勵子女積極追求更高學歷。

家長問題方面

離島地區家長如果經濟狀況較佳者，大多搬離該地區，往城市發展，很少會讓子女留在當地生活與受教育。居留在離島的家長，少部分為當地公務系統人員，大部分是經濟狀況不佳，而且社經地位較低者，甚至有些家長為維持生計，將子女留下由祖父母照顧，形成隔代教養，對小孩之教育方面，較無法幫上忙。

有些家長忙於工作，對於子女之教育比較不關心，或是有時想要關心自己的孩子，卻不知如何去做，因為有些家長之教育子女能力不佳，有些家長甚至只會生而不會養育，把子女教育之責任完全推給學校。

偏遠離島之家長經常忙碌於養家餬口、出海捕魚，或是四處賺錢及打零工，很少有時間參加學校之親職教育活動，縱使有時間也常因較害羞內向，不好意思到學校來參加活動，致使教導孩子之知能不足，家庭教育之成效不彰，無法和學校教育相輔相成。

自 91 學年度起，新移民所生子女開始進入就學高峰期。澎湖縣有些離島學校新移民子女入學人數已超過新生數的一半，未來還會更多。一般來說，新移民新娘進入的家庭多屬於勞動或社會地位相對不利者較多，子女的家庭教育以及與學校配合方面，比一般家庭更需協助。

社區及政治問題方面

偏遠離島地區，能支援學校教育之社區資源極少。離島地區家長社經地位不高，一般經濟狀況均不佳，很少有能力支援學校之教育，而社區資源更是如此，資源稀少，學校反而成為社區的支柱與重鎮。一般的社區，縱使有些許資源，亦不知如何支援學校。此地區很少有社區資源，縱使有一些資源，也不知如何支援學校之教育活動，主要因為這些地區的家長知識水準不是很高，而且比較害羞及保守。

政治及地方派系介入，導致學校教育受到較大的干擾。政治和地方派系介入學校教育，尤其在家長參與教育的推動之下，是近年來全國各地區均有的現象。偏遠離島就業機會少，擔任民選公職及民意代表是很好的就業機會，而學

校是離島上重要之資源，各方人馬及派系都想擁有和介入，有時會給學校帶來困擾，因此，有些偏遠離島學校所面對的政治及派系壓力較大，比一級離島（澎湖本島）之學校較容易有狀況產生。

對澎湖縣國小教育問題解決之道的看法 ◉◎◎

在理念及政策方面

中央教育政策推行上，要有前瞻性及可行性。對偏遠地區經費補助上，不可太過或不及。各校爭取經費上，應適可而止，不要太浪費或者根本就不爭取。教育經費的運用上，理念要正確，執行要澈底，並講求績效性。此外，要幫助學校適度處理不適任教師，尤其是具攻擊性的，宜優先且明快的處理，以免學校分崩離析，學生受教權受到嚴重的不良影響。

在師資方面

恢復澎湖偏遠離島公費保送生制度，使離島師資不虞匱乏，並可減少流動率。繼續推行並提高偏遠離島獎勵金制度，獎勵優秀師資留在離島服務。鼓勵教師不斷地進修，在學分學雜費及交通食宿費上，給予適度的補助及獎勵。教育優先區計畫上，優先興建及修繕教師宿舍，並達到一定的水準，使教師無住的後顧之憂。離島生活真的很辛苦，要多獎勵老師，物質及心理獎勵並重。教育主管單位及學校要妥善處理問題教師，給予適度的輔導和導正，若無法改善，就該明快給予應有之懲處，以避免學校及學生受到難以彌補之傷害。

在學生方面

增加文化刺激的機會，鼓勵學生吸收及學習優質的文化。加強教育優先區計畫之落實，在學生課業輔導及補救教學上的經費，優先補助偏遠離島地區，以提升學生之素質。讓離島的學生，有具體且可達成的努力目標，使其更積極，而且更有企圖心。加強城鄉之交流，落實小班小校教育，可增進離島地區學生教育之成效。

在學生家長方面

多鼓勵其關心自己的子女，要相信自己有此能力，不要妄自菲薄。教導家長，學生的教育不是全為學校的責任，家長本身亦要負起很大責任。親職教育

多樣化及實用化，並選在家長工作之餘，家長才有時間參加，且運用各種方法，吸引家長踴躍參與。

在學校方面

適度增加偏遠離島學校軟硬體設施，中央的專款不要太浪費，宜多增加綜合款項，讓學校更有彈性，因地制宜，如此績效會更卓著。教育人員不要有狹隘島嶼的思維，要效法大海壯闊的胸襟，避免衝突對立之產生。

在社區及政治方面

離島社區物質資源很少，但在精神及人力上，仍有很多可善加運用的。鼓勵家長多參與校務，多告知並給予機會支援學校教育工作，而且使其有尊榮感，如此學校及家長必可雙贏。避免政治和地方派系太介入學校教育，減少不必要的干擾，儘量讓教育的歸教育，政治的歸政治。

辦理海洋小學教育之心酸與苦樂

1999 年 2 月起，我就任澎湖縣望安鄉將軍國小校長時，辦理海洋小學教學活動，在 1999 年 9 月 10 日舉辦全縣性海洋小學教學觀摩會，2000 年 5 月 5 日舉辦第一屆海洋小學運動會，2001 年 6 月 15 日辦理第一屆海洋小學畢業典禮，這些以後現代主義（Postmodernism）為主軸的海洋小學教育，成效很受好評，社區家長、媒體記者、縣政府長官及社會人士，對本校辦理海洋小學的教學績效，頗為讚賞和肯定（民視電視台、環球電視台、澎湖電視台、教育廣播電台、自由時報、澎湖時報、聯合報、中國時報，1999 年 9 月 10 日、11日；TVBS 電視台、民視電視台、東森電視台、中天電視台、台視、華視、中視、澎湖電視台、中國時報、自由時報、聯合報、澎湖時報，2001 年 6 月 15、16 日，2006 年 6 月 14、15 日），給予我們學校極大之鼓舞及激勵。

辦理海洋小學真的很辛苦，因屬於首創性的，從無到有，經歷的困難度很高，若沒有信心及毅力，是很難執行及達成的。其所面臨的問題有：理論基礎架構尚未建立、課程及教學的研發、有些保守主義者對海洋小學教育不了解產生的冷嘲熱諷及干擾行為、師資的流動和知能學養問題、經費不足等，均是不容易解決之問題，還好本縣賴前縣長峰偉博士及夫人郭美珍女士，很重視教育

工作，極力倡導海洋小學之教學，支援所有教育活動，經常關心及支持此工作，給予我們莫大之幫助和鼓勵。賴前縣長是最支持教育的教育縣長，而夫人也是如此，縱使再怎麼忙，再怎麼遠之路途，學校辦理海洋小學教學活動，一定全程參與、全力支持，連心愛的兒子高中畢業典禮都放下，辛勞坐船到將軍國小參加第一屆海洋小學畢業典禮，給予支持及鼓勵，可見對海洋小學教育改革非常熱心及支持；本縣教育局歷任局長張光銘局長、顏秉直局長、蘇啟昌局長及現任局長胡中鎧局長，都非常贊成教育改革，均很支持海洋小學教育工作。

本縣辦理海洋小學教學活動原本有五所小學，後來僅剩將軍國小，我於2006 年 8 月起，調離將軍國小，就任澎湖縣西嶼鄉大池國小校長，本縣辦理海洋小學教學活動可能會完全結束。幸好王縣長乾發亦非常重視教育改革，很支持海洋小學教育工作，特別指示當時教育局長蘇啟昌局長，告知我一定要繼續辦理海洋小學教學活動，不要輕易把已有成效的澎湖教育改革特色放棄掉，我亦答應為澎湖教育改革繼續努力奉獻心力，所以海洋小學教學活動便移至大池國小，繼續努力發揚光大。

本校辦理海洋小學，我們相信不久之將來，會有很好之成果呈現出來，讓學生能有更快樂之學習環境，恢宏其氣度胸襟，使教育品質之提升更臻於至善，也讓世人得以知道澎湖縣教育特色是「海洋小學」，就如日本的「緒川學校」和英國的「夏山學校」一樣，得以聞名於中外，永遠在中外教育史裡留名，這是我們辦理海洋小學之目標和雄心。

辦理海洋小學教育因屬於創舉性，各種課程、教材、教法及教育活動研發尚缺乏，學校基層教師工作已很辛苦，再加上若沒有教育碩士以上的研發能力，是很難做好此事的，唯一的方法是趁校長我正攻讀教育博士學位時，請求博士班許多教授指導我研發，經常假日及寒暑假，日以繼夜研究，有時寫至深夜凌晨二、三點，小孩子起床過好幾遍，都說爸爸你為什麼還不睡啊？心想若馬上去睡，研發之靈感明天並不一定會存在，打鐵趁熱，只有勇往直前。經常在想，自己在寫碩士論文時幾個月內便完成十幾萬字的論文，博士論文也約一年多左右完成，我想絕不會像海洋小學研發這麼辛苦，十年多了！所花費之心血可完成多本博士論文的時間，有時真的很想放棄辦理，偶爾又聽到少部分保守主義者，不思教育革新進步，冷嘲熱諷的聲音，會令人很灰心的，心想不要

再做算了！不做反而會更輕鬆，何苦如此呢？幸而王縣長、賴前縣長及夫人經常的鼓勵和支持，將軍國小及大池國小辦理的海洋小學教育，連續十次上全國電視台及各大報，連中國大陸和日本電視台也曾播出此教學活動。海洋小學的奠基與發展，王縣長、賴前縣長及夫人居功甚偉。也經常調查學生及家長之反應，大都很喜歡及支持此種教育方式，學生及家長們認為保守及傳統教育經常實施太久，會索然無味，而多元化及創新化之教育，他們最喜歡而且有趣。在海洋小學有良好的教育績效，是我個人擔任校長期間最大之成就。

安慰與成就感

　　個人擔任校長近 12 年，付出相當大之心血與努力，頭髮幾乎全白，太過認真與投入，蒼老很多，以前從海軍陸戰隊最精銳部隊退伍之體能，也因積極認真，體力透支很大，現今之體能已不比從前，退步很多。不過，也因積極認真，無怨無悔默默耕耘，也得到許多的安慰與成就感。

　　首先是擔任校長期間最大之成就，乃是辦理海洋小學教育，以「創新、改革、卓越」為理念，從無到有，歷經無數艱難，終獲國內外各大媒體之報導與高度肯定，教育部國小海洋教育及全國許多縣市學校也經常到本校取經，五年多前攻讀取得教育學博士，這一段期間學以致用，理論與實務相互映證，此乃是感到最大的安慰與成就感之處。

　　其次是，二度入選教育部「教學卓越獎」，在將軍國小校長任內，全縣總統教育獎得主三分之二是本校的學生。兩度擔任總統教育獎全國複審委員，榮獲 2010 年環保署全國推動環保有功學校，其它學校各種比賽亦獲獎無數。

　　多元教育是非常重要的，本校在這些方面著力甚深，成果也相當的亮麗；但是，最基礎的學科學業絕對不能輕忽，尤其是偏遠鄉下地區更是要重視，因為這些地區之學生家中的社經地位並不高，很多都是弱勢家庭，把書讀好，有良好的品行，是他們向上流動的最大機會，這是我擔任校長近 12 年最大之堅持理念。四年前，剛到大池國小，因為位處鄉下地區，學生之學業並不好（一般鄉下地區學業比都市不好是正常的），全縣學業成就檢測並不理想，我剛到任時，家長會長、委員及地方人士對我說：「校長，你在上一任學校——將軍國小，學校位處更偏遠的離島，各種資源更少，而你們的學校全縣學業成就檢

測，卻是名列前茅，大池國小學生之學業並不太理想，希望你能來大加提升，讓學生以後能考上較好的學校，有向上流動的機會。」這些懇切的建言，我一直謹記在心，在多元教育上我們學校有優異之績效；而在學業成績上，經過全校所有同仁的努力，2010 年全縣學業成就檢測，本校數學科成就檢測成績是全縣第二名，國語科成就檢測成績是全縣第一名，學生的學業成績進步神速，總平均分數比馬公市的學校還要好，而且高出很多，甚至比都市學校類似資優班的班級之學生總平均分數還要高，家長會長、委員及地方人士都認為，這是數十年來成績最好的一次，非常感謝校長及所有同仁的努力。這是最不可能達成之任務，而今能實現，實在是我最大的安慰與成就感。

如何做好校長工作之感想

個人任教 25 年，包含擔任校長近 12 年，也已於五年多前取得教育學博士學位，在實務與理論上已有一定之基礎水準，如何做好校長工作之感想，我認為必須具備以下條件：身心要健康，學養須俱豐，有專業能力，積極之企圖心，堅持依法行政，清廉自持的操守，良好溝通協調能力，熟悉法律規章，有高度之抗壓性，高倡導高關懷，優異的公共關係，不斷進修研究，懷抱理想追求卓越。所以要成為傑出的校長是不容易的，但只要有心，積極努力、全力以赴，我想應該是可以達成的。

結語

擔任校長是神聖喜樂、有成就感的工作；但也有不少之辛苦、壓力、害怕、痛苦及無奈。任何工作或多或少也都有如此狀況，只要以平常心待之，有健全的身心，積極努力全力以赴，相信一定可以成為優秀傑出的校長。人生若能再次選擇，我依然會選擇校長工作，有志奉獻更大心力於教育上的同仁，我也會鼓勵他們走這條路，期盼有更多教育界菁英能加入校長行列，造福莘莘學子，讓國家教育之成效，能更加提升。

葉子超校長小檔案

　　我出生於高雄市，有七個兄弟一個姐姐，生長在澎湖縣，臺南師專澎湖保送生 74 級丙班畢業，2005 年 6 月取得國立高雄師範大學教育學博士。

　　32 歲多考上校長，33 歲多派任校長；曾任國立空中大學兼任助理教授（兼任十年）；國小教師、組長、總務主任、教導主任、校長。1998 年 2 月校長班澎湖縣榜首、校長班之組長。

　　兩次榮獲南部七縣市推行社教有功人員，兩次榮獲全縣特殊優良教師。幼稚園、國小、國中及高中職甄選評審委員，澎湖縣國立高雄師範大學校友會理事長。

23. 相信「愛」是改變和打造
教育理想國最偉大的力量

臺北縣新店國小校長　吳淑芳

　　生命的歷程像河流一樣，想要跨越生命中的障礙，面對彎道時，要懂得小心轉彎，才有機會流向浩瀚的大海。在往真善美的目標邁進時，需要有放下「自我執著」的智慧與勇氣。擔任校長 11 年來，我不斷思索教育的本質是什麼？我堅持的教育理想又是什麼？透過每次的衝突事件－反思－頓悟－修正－再出發，學習面對它、接受它、處理它、放下它。常言道：「人在衙門好修行。」在不同的組織文化與氛圍中，都有需要學習的功課，把挫折當作淬鍊自己生命更臻完美的禮物；感謝每件事的發生，因為創造宇宙萬物的神都有美好的旨意在，不管逆境或順遂，我能學會讚美與感恩，讓這兩顆珍珠成為每天給自己的珍寶。既然選擇當個優質的學校領航員且扮演好教學領導者角色，與不同的生命交會時，允許各種的樣貌與形式存在，當環境無法改變的時候，試著改變自己。我的信仰砥礪與鞭策我「你們是世上的鹽。鹽若失了味，怎能叫它再鹹呢？……你們是世上的光。城造在山上，是不能隱藏的」（新約聖經馬太福音五章 13-14 節）。期許自己在教育工作崗位上能榮耀神且有益於人。

率直的我，面對豆腐心、刀子口的困惑

　　我出生在南部的小鎮，家中小康，父母重視我的教育，自小就接受演說朗讀的訓練，上台說話對我來說不是難事。沒吃過苦的我只知道要認真讀書，而一路的認真也讓我在求學及教育生涯發展的路上一路順遂。學音樂的我，師專畢業後到師範大學進修並進一步取得臺北教育大學輔導教學碩士。擔任教師九年、主任九年，1999 年參加校長遴選初派任時年 39 歲。老師眼中我是一位年輕有幹勁的校長，年輕的我，是朋友眼中心直口快的人，好友常說我「豆腐心、刀子口」，也常無意中說話傷了人而不自覺。

初任校長，老師反映我說話傷到他們，從一開始的抗拒將問題歸咎他人，到不得不認真面對我的問題，尋求突破，成了我不斷檢核並修正的目標。當老師說：「校長，妳知道妳一到學校第一次開擴大行政會議，便得罪學校最有份量的蔡老師，他話說到一半被妳制止了。」當時的我未覺察也不知哪裡得罪老師了。到了第三年有一次教師早會後，老師提醒我：「校長，妳很會講話，但不見得每個人都能達到『說話講重點』，因為妳對時間的掌握很嚴謹，而制止別人發言，可能會給當事人難堪。」雖期許自己做個能回答柔和，開口說話必利於人的人，但習慣以權威制止別人發言，卻讓人不舒服。透過好友示範，把肯定句改成疑問句，讓老師覺得被尊重，如「某某老師，因為時間的關係，請您一分鐘結束好嗎？」如此做個預告與提醒，讓當事人有台階下而不是覺得被質問。

運用同理心，用愛心說誠實話 ◎◎◎

在甲校時，我以理性及目標導向要求老師，無法體會同理心的運用是與人建立關係最好的互動模式，當人覺得被了解時才願意說，否則容易產生誤解，認為校長不懂他們的心聲。修正說話的習慣，以「同理心及我訊息」與人溝通。身為校長看到不滿意時，常會要求同仁做好，經常反思這是我的需求？或是確實需要改善？如果是，如何轉化為邀請大家一起努力，讓對方接受你的建議。帶著這樣的明白，與人互動時更專注的聆聽，並善用非語言的溝通，表達我對互動者的尊重和重視。

在乙校，學年老師希望體育組長答覆四年級游泳教學的成果，而組長看著我說：「那是校長來了才辦的，我不知道！」察覺當時生理的反應是生氣的，氣氛有點僵住，當下我認為那是他的業務應做說明。檢視當時回應的口吻，又回到質問的方式，如何在會議中彼此有衝突時，能化解僵局，使過程更順暢，需要檢討。

參與團體動力研習，教授說：「領導者角色要求權威和掌控是沒錯的，但可以不那麼霸道的話，應該用什麼方式和人貼近是可以思考的。一個權威角色在用他的權威時，仍可以善解人意。當人在情緒中我們用何種方式去接近他，要問自己的感覺是什麼，而真實回應；有時用言語接近是一種暴力，用心去貼近才能展現你的魅力和親和力。權威角色展現權威時，是可以和同理、溫暖、

支持並存的。」若我能貼近體育組長的情緒狀況說：「我聽到你對游泳教學狀況不是很了解，沒關係你整理一下，等一下再回答，因為這是你的業務範圍，如果需要的話，校長再就我了解的部分幫忙做補充。」若能這樣同理當事人的需求，也讓他明白這是他的職務，他仍需要做說明，這不就是「溫柔的堅持」嗎？或許委婉告知責任歸屬，並做柔性堅持，可化解緊張的氣氛。

　　事後主動詢問參與會議的老師核對並尋求回饋，要做到用愛心說誠實話而不傷人是需要有智慧的，特別是面對無法掌握自己業務範圍的人，先同理他的情感需求回應給他，讓他覺得被接納了，而非被指責，再告訴他如何做。

接納並允許異質性存在，讓自己更具包容力 ◎◎◎

　　身為教學領導者，若能運用制度加上接納差異性，就會擁有兩把刷子，因為一個團體若不容許異質性的人存在，就會形成暗流。在甲校，面對師資多元校園組織文化改變時，我無法傾聽不同的聲音，認為是年輕人缺乏對教育的熱忱和專業素養，未能透過非正式組織疏通，反而在校務評鑑及推動組織再造時，讓那股早已存在的暗流潰堤而兩敗俱傷。

　　學校是個系統，當自己處在混亂中是無法控制的，若能清楚看出團體的意圖，便能幫助團體繼續前進。身為領導者至少要維持心知肚明，了解團體此時的狀況，並能反其道而行，也就是做到順流而下。在處理乙校教師因為實驗班造成的衝突事件時，掌握非正式組織中的領導者，釋放最高的善意和真誠，讓雙方老師都放下彼此的防衛，重新對行政充滿信心。

　　在與人互動中，不斷覺察「我」此時此刻真實的狀況，包括：我是在團體中（in）給予情感支持或抽離在團體外（out），看看發生了什麼事，而做出最正確的回應；我與團體成員的關係是高高在上（up）的校長角色，或可以謙虛的讓自己居於較低姿態（down），而做好溝通協調角色；在任何時刻讓自己對人的關係保持敏銳度，覺察與成員的親密度是保持距離（far），或是可以緊密貼近（close）人的真實感覺。經常帶著這樣的覺察，我覺得自己的包容力和接納度增加了，遇到老師有不同的聲音時，也能做出最正確的回應。

臨危授命的惶恐，強化建立教師專業對話機制

教育改革如火如荼展開之際，改革的項目不外學校行政、課程、教學與評量。1999 年我在前任校長因重病請長假兩年並辦理提前退休下，臨危授命接任一所近 70 班的大型學校校長。上任之際對外除了需面對長年土地已徵收未過戶而引發的訴訟之外；對內還必須讓之前存在的控告黑函銷聲匿跡，且必須帶領平均年齡達四十八歲半的老師們迎向九年一貫教改的浪潮。課程改革能成功，除有賴教師的努力投入外，校長發揮課程領導功效、尋求家長支持都是成敗的關鍵。因此，期許自己是個老師及家長眼中辦學、做事都很努力、認真、負責的人。家長說：「校長，您到任後學校的各項教學創新，如推動多元評量、晚間畢業典禮夜宿學校……，學校變得朝氣蓬勃，我有信心將孩子轉回來就讀。」我想我的努力是對。

但也從老師的聲音中，感受到教改帶來改變的壓力衝擊，老師說：「以前週三下午都是小週末，自從您到任之後，週三不是全校性專題演講，便是學年課程會議及領域工作坊，這樣是幫助教師專業成長；但是每月一次的康樂活動太少，而且老師們覺得壓力好大！」、「我從讀書到當老師都在本校，已經三十幾年了，對學校有很深的一份情，從校長來了，我才知道自己老了，因為擔任組長，電腦卻不靈光，而覺得跟不上時代。」

位居三重區商圈的都會型的甲校，與家長聊天中，知悉家長對部分老師的教學頗有微詞，認為老師年紀大停滯不前，而對學校失去信心。背負重新讓社區及家長認同學校的教育使命，讓同仁清楚我的辦學原則為「建立制度、強化專業、重視服務」，特別是在強化專業方面，深信落實教師進修，培養教師專業對話能力並創造對話機會，才能營造一個學習型的學校，進而提升教育品質。當然，唯有老師願意改變，且勇於改變時，教育改革才能成功，否則校長的教學領導，也只能徒呼口號罷了。

校長要與時俱進掌握領導新知，我鑽研「學習型組織」，對第五項修鍊的內涵，如金魚缸討論、兼顧辯護與探詢、推論階梯、系統思考等都有實地演練的經驗。我希望喚起全校老師的自覺，鼓勵教師專業成長，以提升教學品質為目標。因此，結合輔導室推動教師讀書會，親自帶領教師組成「活泉讀書

會」，改變教師進修型態、營造專業對話環境與機會，甚至以行動研究的方式，親自帶領老師專業成長，三年來從抗拒到看見曙光並創造高峰經驗，看見推動成效。

不知如何進行專業對話的抗拒與擔心 ◎◎◎

　　教師間同儕的專業對話是環境、文化相互交融理解的機會，而「合作」在教師生態中不太容易。一開始主任反應：「在學年會議開會時間，老師常常都不見了。」於是，請主任發給每位老師人手一冊九年一貫課程專書，希望進行閱讀分享。老師們從一開始的例行公事只做讀書心得紀錄，到看見有的學年主任能事先擬定討論題綱進行討論，而開啟改變的契機。我們花了一年的時間讀了二本書，希望幫助老師對九年一貫課程的基本概念有所了解。我觀察大部分學年就只安排個人導讀，並未對話，甚至到期末還看到有的老師把專書資源回收了。反思因為專書選擇是由上而下的規定，而引起老師面對權威底下的反彈？或是覺得被要求而抗拒學習？

　　第二年安排每週三晨間活動時間進行專業對話，老師反彈：「晨間活動為導師時間，怎麼可以把學生放著，要教師做專業對話？」、「這樣的專業對話有何意義，我們根本不知道要談些什麼！」面對老師的發聲，我們請行政人員協助做校園巡視的工作，讓老師能安心並放心，最重要是確保孩子的安全。堅持利用晨間進行教師專業對話，探討學年主題教學，幫助教師找到對話的焦點。在實施一個月後，和主任到各學年關心對話實施狀況，發覺老師們已能認真的進行對話，姑且不管對話品質，但至少是願意固定時間坐下來，共同探討教學上有關的議題。另外，行政人員也安排二週一次的週四晨間專業對話，由處室自己準備講題做專題報告，但只實施一學期，當我未堅持要求做時，主任們似乎也虛應故事，與校長要求背道而馳。

引進外部資源，鬆動舊有思維模式，帶來曙光 ◎◎◎

　　89 學年度成立課程發展委員會，審慎評估實施九年一貫課程的阻力與助力。特別邀請北市健康國小蕭主任到校指導及分享，希望透過對話激發想法，凝聚共識。蕭主任開門見山，拋出了議題讓成員思考：「此團體能做什麼？如何做？成效如何？」、「願景是什麼並不是很重要，但是透過腦力激盪的過

程，才是凝聚共識，及再造組織文化的契機。」

　　引進外部專業人員帶來正向思維及精神喊話，有助於澄清與再釐清九年一貫課程如何實施。每次對話請行政為相關人員安排代課，並擬定聚會討論內容，首先就學校 SWOT 分析及願景討論，看見成員在引導下逐漸敢說出自己真實感受。之後由校內處室主任主持討論，會議中提供茶點，在輕鬆愉悅對話中能導入主題，經過一年半的努力，我們努力完成學校願景及 SWOT 分析，為 90 學年度即將實施的九年一貫課程做最好的準備。

建立公開分享平臺，賦權增能，創造高峰經驗 ◎◎◎

　　每週一次的課發會及每月一次的領域小組對話，我都親自參與。某次老師說：「校長！其實領域召集人並未事先提供資料閱讀，當妳詢問時，他卻要我們配合說謊。」我看見這兒的老師，在乎我參與對話，也希望呈現最好的一面。小組對話到全校性分享可見賢思齊，於是藉著暑假共同研習進修，邀請學年及各領域針對對話內容上台分享，以檢核老師專業對話成效。主任一再的詢問，一定要做嗎？認為老師未有上台分享經驗，他們都抱著觀望態度。我在擴大行政會議上再次提醒要做的決心與堅持。

　　這樣的堅持，是激勵老師跨出信心的第一步。在二天的暑假研習裡，我全程陪著老師，看見老師的潛能被激發，不管他們以任何的方式呈現，我都給予肯定。事後老師說：「校長，我們很緊張，但報告完後很有成就感，在很久以前我們也曾經做過邀請老師上台做專題演講，但很久都不做了，校長妳重新恢復我們的武功。」、「全校我什麼人都不怕，但我最怕校長（全體教師大笑），每次我們進行主題統整教學，都看到校長親自參與，壓力好大，但也開心她這樣關心教學……。」當老師們有上台分享的成功經驗後，因覺得不困難也就愈駕輕就熟。

激勵並加上適度的鬆綁，看見老師專業展現 ◎◎◎

　　有了去年的分享經驗，91 學年度的分享老師們似乎有備而來。學校因有年輕老師加入，更能結合電腦設備以多媒體呈現。在第一個學年分享完，我上台示範如何回饋，請後面報告者，需要預留五到十分鐘進行雙向討論與回饋，並由學年主任主持。研習最後一天，學年主任談笑風生的主持討論，老師專業

展現與自信提升，推動教師專業對話已撥雲見日並開花結果。

　　92 學年度調動到乙校，教師會理事長爭取讓老師可以有自主式自我成長機會。我看重各領域小組以社群方式發展，有由上而下的要求，也提供由下而上的自主成長空間。教務處排除萬難在各學年排定每週一次的班群對話時間，而我希望持續精進對話的內涵與品質。因此結合學校推動重點工作，適時提供討論題綱，如班級讀書會如何運作？學年的讀報教育或閱讀策略教學如何指導？至於領域小組運作模式，事先邀請主任及組長擔任召集人，如在自然領域部分規劃出學校的低碳課程，進行教學與檢討，並參與教材設計獲得臺北縣低碳教育創意教材優選；又如語文領域小組，則聚焦如何提升學生國語文閱讀與寫作能力。總之，希望培養老師第二專長並深化專業發展。每年期末分享報告與討論回饋，提供蛋糕、咖啡，使老師們在輕鬆下分享，安排同儕互評及專家評分，並提供獎金以資獎勵。

　　老師們長期在此激勵下，有些老師被推薦為《親子天下》全國閱讀典範教師、榮獲臺北縣師鐸獎、臺北縣閱讀衛星特優教師或擔任九大區分區教學觀摩演示，及臺北縣各領域輔導團團員。而乙校更榮獲教育部九年一貫課程標竿一百學校、教育部教學卓越學校、教育部資訊種子學校、臺北縣低碳學校；並擔任臺北縣語文領域召集學校。

我的教育理念，讓我堅持辦學的理想

　　我的辦學理念以學生為中心，重視溝通與協調，希望營造一個有情、有淚、有人味的陽光小學；所有的行政作為希望達到「學生權益第一、教師專業為先、重視家長參與、提升行政效率」。

　　臺北縣政府鼓勵各學校於 2003 年提出試辦「組織再造」計畫，這不是瘦身而是塑身，透過組織的重整與精簡，能提升行政服務的效率與效能，並活化組織。在甲校希望爭取試辦機會，讓教師專心教學，而與教學無關的事務能以約聘的方式僱用人員幫忙。首先在教師早會釋放此訊息，再邀集行政代表、教師會及家長會代表共同討論。經過四次密集的會議，希望趕在截止申請時間前，能取得共識提出申請。

　　在第一次的討論會議中，聽見組長的反彈聲音很大，主任們似乎無法說服

組長。認為要先考慮組長意願，不要當白老鼠……。面對組長及教師會的反彈與質疑，我不了解組長們一邊說工作很累，希望減輕工作壓力，卻又不肯放手且質疑約聘人員能力及功效等自相矛盾的說法，身為主席的我又不能直接點破：「你不想做、覺得壓力大，那就趁機會休息！」

一項新政策的推行，需要透過會議溝通或非正式組織的溝通，此次由於申請時間緊迫，未事先疏通，行政團隊對組織再造的真正目的似乎不明白，組長的情緒、想法未被照顧。感覺上會議中流於組長為減課之爭？改變是要更好，但似乎適得其反。如此爭辯看不見取得共識的曙光，特別邀請家長會長參與會議，會長呼籲：「目前企業管理是工作職責要明確，在企業界與學校不同的是，此工作你不做，別人會做，會被別人取代甚至失業。」會長幫忙說話但無法讓老師覺醒。

進到本校才二年的教師會代表一再提醒我：「組織再造要提到校務會議表決通過才可實行，校務會議表決如何還未定，一定要大幅改變嗎？表決後是否有人願意當組長？」其實要推動本案，縣府要求需要凝聚共識，並未規定一定要經過校務會議表決，但我已向老師宣稱會經過校務會議決議。當看到老師以多數反對的聲音，並策動私下的連署要讓此方案不過時，身為校長的我覺得無奈、難過與挫折，我看到老師的質疑與不信任，我更看到聽聞他校教師會阻撓學校進步甚至為反對而反對的狀況，也因在講求民主、公開、透明的機制下，行政的裁量權一滴滴的被腐蝕。

事後與主任閒聊，才知道教師會反對並策動連署的原因有二：一為有些人的好朋友當組長，併掉便沒組長當了，卻打著權責問題的大帽子；二為今年有實習老師在本校實習，若因試辦組織再造保留一至二位名額不開缺，這些實習老師便沒有機會來考試。這樣的訊息有如晴天霹靂的震撼著我，一直以為教師早會表達不夠清楚，也以為討論尚未建立共識，哪知如此的真相背後，再怎樣的溝通協調都是於事無補的，這是校長面對帶動組織進步有責無權的痛。

幾次的組織再造討論會議，讓我看到更多面對新進人員一半的換血之後，我卻無法帶動來自不同師資培育系統的教育界新兵，共同面對組織的變革。對我不信任與為反對而反對的雖是少數人，但如何扭轉與組織重塑，都需要更多的智慧與決心。審慎的評估與省思後，當有機會調動時，我選擇回到離家較近，也比現在規模更小的學校，希望讓自己重新開始。不是承認失敗，而是與

其內耗在與教育無關的拉扯中，不如找到一個能發揮課程與教學領導的舞臺。

　　當我在乙校推動組織再造時，謹記在甲校時遭受阻力的難過，雖然知道組織文化不同，但因為面對組織的改變和不確定時，擔心是在所難免。行政團隊兩次的開會，在會中有些人心裡不舒服卻選擇不說，但私下仍有一些聲音出現。當我知道之後，找來有意見的同仁，我誠懇的詢問：「在會議上你選擇不說，我猜想你有一些擔心和看法，要不要讓我關心？」

　　一樣的組織再造的申請試辦，因為有先前在甲校衝突的處理經驗，此次掌握核心團隊，並利用處室對話腦力激盪，不事先預設立場，尊重大家的想法，也真的看到團隊真誠表達他們的擔心和疑慮。當人願意提出問題時，溝通才有效，也較能形成共識。當然感謝四處主任的支持及精神喊話，事後我們也順利提出申請，我想在處理此事件上，展現理性溝通的誠意有很大助益，因為信任是有助於溝通的。

發現努力的特質，要求自己完美也苛責別人

　　校長的領導作為，一舉一動牽動著同仁的心，我用我早已習慣的「努力」，認真去辦學，凡事要求多，也不允許自己出錯。教授提醒：「所有的主管都是領導者，但常看到跟著、跟著，跟隨者不見了，而領導者和跟隨者都受傷了。真的有少數人留下來，一種是利益交換的人，另一種是看得見『妳的人』的人。」我刻意不敢讓真情流露，除非和我近距離接觸的人，所以老師只看到我在扮演的「角色」，而我的人不見了。我省思為何不允許自己犯錯呢？原來在光鮮亮麗的外表下，卻企圖要展現「我」的辦學是成功的，碰到任何艱難之事，「我」都會積極面對，「我」儼然成為女超人和女強人了，原來要表現完美無缺的我，背後真正的原因是害怕失敗。

　　選修「家族治療課程」，探索小時候的我，看見從小就一直很努力的我，努力就能達成我的夢想。但當我扮演校長教學領導者的角色時，卻讓老師覺得壓力大。教授說：「努力是很棒的特質，沒有所謂的好壞，不需要去改變，至於同學的建議：『一般女校長總是注意細節、管太多！』是個提醒。但可以思考你現在是一位校長，擁有很大的影響力，如何用較輕鬆的方式，讓自己的努力不是辛苦的而是自在的，只要做些調整便可以，不需要去否定它。」我反思

如何讓理性與感性兼具的我，能真實的呈現在老師面前，以愛為出發點做自己，展現對教育的熱誠與智慧，讓自己面對事情無懼的勇氣，成為一種支持和激勵；至於老師要不要跟隨，由他們自己做決定。

教授又說：「因為你夠努力與認真，所以你能在這個位置上，但你不能用你的標準要求同仁和你一樣，你可讓他們知道要達到的教育目標與理想，並允許同仁用他們的速度跟上。校長也是個人，對自己給予合理的期待。真的有錯，再改就好，做任何事過程要努力，但結果要欣然接受，不需要太自責，因為你已經盡力了就好。」

雖然老師們知道校長對教學領導上的要求，本來就應該如此做。但在一個組織文化長久安逸慣了的人，想做些改變是需要有很大的勇氣。我是個傾向追求目標導向的領導者，一直相信努力便能達成目標，而忽略了人的個別差異及需要更多的關懷和支持面。當看見老師們傳統的教學模式，心急的我，希望從教學創新上幫助老師增能，但挑戰的是老師的舊有模式，而使自己面臨到重大的考驗。每一樣的改革總會帶來衝擊，但堅持到底是我的韌性，也看到開花結果，但過程卻不夠愉悅。我常固著自己認為對的事，而指責別人，反思在甲校的我，總以為自己是有原則的好校長，很多的事是沒有彈性的。但人總要「痛」到，才會真的願意去「改前非」。人最大的限制是「自我判斷」，因此，學習只要觀察事件的發生，平靜的看待它，因為碰到事件，才能真正照見自己。

在乙校，已經很努力的我，不斷求新求變的我，仍會有內在衝突的時候。我會自責做得不夠好而患得患失，也在意自己在校長角色上是否稱職，而不斷自責和難過，甚至跌落在找不到自我價值感的迷失中。迷惘之際，參加專門為校長們開辦的「圓桌課程——改變生命的力量」研習，從體驗活動中再次看見對人的不信任，原來是因為對自己沒信心。從研習中體會：

◎每天做到好好走路、好好吃飯、好好睡覺，讓自己永遠都在。提醒自己愛自己，擁有健康，便擁有助人的力量，才能給出愛、關懷和原諒。

◎從生活中體會力量要用對地方，對別人與對自己的信任同樣重要。經常檢視自己承受的恐懼和壓力，若能戰勝了便是我的勇氣和力量。不用懷疑自己的能力，只要做到事前的充分準備，不躁進、莽動，盡力就好。有些事雖然不願意碰到，但碰到了不去逃避，面對它，迎接每一次的挑

戰。

◎當需要有力量時只要對自己說：「我接受妳、我支持妳、我信任妳」。

　　唯有為自己而活，為別人著想，才是平衡的生活。

　　將這樣的體會和明白，在教師早會和乙校同仁分享，我說：「各位看到很努力的校長，仍然要學習體會自己存在的重要，找回那份自我的價值感。我感謝自己的雙手，讓自己可以做那麼多的事；也提醒自己隨時都在，要更溫柔的接受並善待自己。」適當自我揭露心情感受與研習心得，讓老師了解校長也有軟弱、挫敗的一面。

凝聚辦學共識與解決衝突，再創和諧氛圍

　　進到一所新學校透過校務經營報告，可讓同仁清楚校長辦學理念和經營方針，並認識我是一個怎樣的人。我說：「做任何事，希望事前準備好避免拖延造成壓力。我是個很努力的人，不希望我的努力成為同仁的壓力，希望透過專業幫助老師贏得尊敬和肯定。」

　　進到乙校，首先要面對的是，因為有五個班級與教授合作數學教學實驗，而衝擊到教師職級務的安排，並造成教師之間的重大衝突和誤會。家長會長在第一次見面時提醒我說：「校長，你不知道，你來之前的期末校務會議上，教師會理事長發言15次，我們看到校長在主持會議上，完全沒有尊嚴，看到老師之間的衝突，我們擔心老師這種情形，會影響我們的孩子受教育的品質？」乙校的退休校長曾語重心長的說：「現在的校長太沒有尊嚴了，因為要維持自己的尊嚴，所以我選擇退休。」這是不同年齡層的校長，在整個教育現場，發現校長角色有責無權時，可能出現的一種消極的抵抗法。

　　校內有衝突一定要處理，否則擴散效應會影響組織的氣氛與發展。我讓同仁知道：「過去的事我來不及參與，但已造成的傷害，我會想辦法讓大家透過彼此對話，更加了解雙方的想法，使誤解有機會澄清。」新校長的優勢是不偏袒任何一方，也就是說沒有對錯之爭，爭的應該是孩子的教學品質，及家長對學校的信任才對。因此我們有一個共識，關起門來讓關心此議題的老師們願意公開的、敞開心胸的彼此對談。請主任安排關心此議題的老師們來對話，讓雙方都有澄清自己的想法和解釋被誤解的部分。我不忍心教務主任單獨面對此議

題，而邀集所有一級主管與老師進行溝通，當然事先需有沙盤推演並讓四處主任都知道如何應對。看到老師們有機會真實的將檯面下的問題，拿到檯面上來討論時，我勉勵同仁「忘記背後，努力面前的，向著標竿直跑……」（新約聖經腓立比書三章 13-14 節），透過團體動力的運作，誤會得以澄清，彼此更加相互了解。

老師們感謝安排這樣的對話機會，讓大家當面說清楚而不再猜疑，因為知道接下來實驗班的走向，而放下一些的擔心。當然，傷口是需要時間慢慢撫平的，如何做一個真正的聆聽者，聽出老師的需要，並給予支持是很重要的事。

📚 長期推動閱讀深耕─畝閱讀良田，翻出新人生

我認為透過閱讀培養孩子懂得思考，學習閱讀的策略，便能找到開啟知識的鑰匙。1999 年我到甲校觀察了一學期，發現老師沒課時大部分都在教室批改作業，很少使用四間大的辦公室。因此，透過先設置完成各年級的休息室供老師使用，再共同討論如何規劃圖書室設計，以解決大辦公室空間閒置的問題。當時，教育部於 2000～2003 年，以三年期間推動「全國兒童閱讀運動」。學校因為校地問題無法改建，不僅校舍老舊，連一間像樣的圖書室都沒有。因此，在地方人士及臺北縣政府的專款補助下，在到任的第三年，克服地方財政困難，爭取地方資源，於 2001 年 12 月新設置完成四間教室大的圖書室，並培訓近 20 位的書香志工，參與編輯及圖書室推廣利用教育。此圖書室的設置從無到有，在地點選擇的溝通上便是個大難題，老師認為我剝奪了他們共同坐下來聊天的地方。但我相信──「人因有夢想而偉大，夢想需要不斷去述說、去採取行動，當共同圓夢的人多了，夢想就會有成真的一天。」所幸，老師們最後仍認為設置圖書室是必要的。

圖書室以捐款人的父親名字命名，在揭牌儀式當天，臺北縣政府代表語重心長的說，因為有「拋玉引磚」的人──傑出校友也是榮譽會長的林先生，由於他的捐款 60 萬，而使縣長相對等補助 60 萬，共計 120 萬，而能在老舊的校舍設置完成新穎的圖書室。內部的圖書、電腦設備也由地方文教基金會、家長及議員共同捐贈。硬體設施完備之後，鼓勵教師重視閱讀理解教學，指導學生善用圖書室，因為行政重視，老師也能關注此議題。

進到乙校透過參與學年及領域小組會議掌握老師需求。我會事先告知學年主任要對話的主題讓大家有所準備，當然老師也可隨時提出建議。會議中發現部分老師主動談的意願不高，有一男老師還在對話時，不停的走動到教師休息室外面走廊抽菸；但我仍展現我和他們談論閱讀實施狀況的熱情。我先分享我在乙校發現到老師教學上的優點，這樣的回饋與肯定，促動老師們談的意願及拉近距離。老師反應圖書室很久沒買新書了，希望能購買好書，提供全班進行共讀及分組指導。我與教務處同仁對話談及老師需求，設備組長說：「因為本校說故事媽媽獲教育部肯定表揚，而獲贈圖書一千冊，或許我們可讓全校老師一起參與選好書。」於是設備組長提供書單，設計數量表格讓學年及語文領域老師共同選書，乙校推動閱讀就是從這一千本書開始的。

　　參與四年級班群對話，老師們針對圖書室借書系統、設備充實，閱讀教材的選擇及閱讀教學策略的增能都提出寶貴意見。而語文領域小組老師更針對推動閱讀如何引發學生興趣和訂定激勵策略提出想法。硬體的改善只要能爭取到經費即可，而在喚起老師一起看重閱讀的重要性及提升教師閱讀指導策略，是需要有系統且長期的培訓與增能。在我的堅持與努力不懈下，乙校全體親師生這七年來，一直相信「閱讀是教育的靈魂」，我們的努力不僅榮獲臺北縣 96學年度第一屆閱讀衛星學校五顆星的特優佳績，更榮獲教育部 2008 年閱讀磐石獎。獲得 20 萬獎金，除了購買更多孩子愛看的書外，更策畫多元的閱讀活動，讓閱讀成為孩子的最愛；2010 年故事志工也榮獲教育部閱讀推手團體獎。乙校更因為推動閱讀績效卓著，而獲《親子天下》推薦為 2008 年百大特色學校。我的推動策略如下。

凝聚共識，訂定深耕計畫作為推動依據 ◎◎◎

　　推動閱讀急不得，需要一步一腳印。有喜愛閱讀的老師，才可能教出喜愛閱讀的學生。要提升孩子的閱讀能力，必須深化課內的延伸閱讀指導，再加上課後鼓勵大量閱讀來練習與操作，讓學生能將所學實踐並內化。全校老師透過專業對話建立「找回孩子閱讀之眼」的共識。從 92 學年度即針對提升學生的閱讀能力，訂出了深耕閱讀的四年計畫。首先，規劃每週三早上 7:50 到 8:30為晨間閱讀指導時間，週二、五早上為寧靜閱讀，鼓勵孩子自主性的閱讀；其次，從課程著手，讓閱讀的推動從點、線、面落實，進而長期耕耘。乙校因為

擔任臺北縣國語文領域的召集學校，能獲得更多專家系統的支援，透過教授們的指導，有系統的培訓教師增能，凝聚親師推動共識，讓大家都知道深耕閱讀的重要性與努力的目標。

建構完善環境系統，營造閱讀氛圍 ◎◎◦

走進具有藝術與人文氣息的新建大樓——彩虹樓（這是結合課程實施，進行全校二階段的命名活動後，命名而成的），就會看見穿堂醒目的一整排書架和閱讀椅，這是為了讓上學早到的孩子、下課時間及假日到校活動的人，都可以在轉角遇見書，隨手拿起一本書坐下來閱讀。我們希望營造閱讀的氛圍，讓孩子時時有書讀、處處可看書；也因為這樣的設置，讓更多家長主動捐款和贈書給學校。導師在班級都設置班級圖書角、圖書室添購巡迴書袋，讓班級共讀書的流通運用更便捷。學校目前有二間圖書室：低年級繪本館和黃金書屋四間大的圖書室。課務活動組掌握最新出版訊息，以老師需求考量購置圖書、訂閱優良期刊、報紙，提供師生閱讀；並提供圖書室電腦設備，讓孩子下課可自行上網查詢資料。網站上的「春雨電子報」，更是因應節能減碳所架構的親師生溝通平臺；以季刊方式出刊，每期都分享閱讀相關資訊，並提供孩子閱讀成果展現舞臺。教師生日及獎勵孩子的優異表現，也都購買圖書當禮物，鼓勵師生愛閱讀。

整合社區人力、物力資源，成為推動的助力 ◎◎◦

推動閱讀成功的主要關鍵是人，除老師外，家長會及志工都是合作的夥伴。本校與研華文教基金會合作培訓說故事媽媽，並引進培基教材培養品格媽媽；而社區的天恩堂教會、慈濟媽媽、彩虹故事媽媽，也利用晨間活動進入班級為孩子說故事。故事媽媽們更自發性組成親子故事劇團，結合生命教育、性平、海洋、特教等宣導議題編劇演出，寓教於樂，推動動態閱讀。

我們透過分享理念，行銷本校推動閱讀的決心與困境，獲得社會人士支持。2007 年獲得天母地區陽光扶輪社愛心會員張江海先生等人，捐贈本校 20 萬 4 千元的圖書經費，讓我們有足夠的班級共讀和分組閱讀的書提供老師教學使用。為了讓孩子學會感恩，休業式舉辦了一場捐贈儀式，讓孩子們向善心人士表達願意努力讀書的決心，以回報善心人士慷慨解囊。每年更結合運動會舉

行書香茶會，鼓勵家長認捐老師們持續提出的新書。

從課程著手，培養學生具備閱讀理解能力 ◎◎◎

　　英國作家卡萊爾說：「書最大的影響力，就是可以刺激讀者自我思考。」閱讀策略的指導應在各領域實施，語文課是最主要的指導時間。本校語文領域小組花了一年時間轉化課程綱要語文能力指標，架構本校的語文教學序列，並提交課程發展委員會作確認。之後，辦理二場的教師研習進修進行說明，讓老師在閱讀指導時以此為依循，並隨時進行課程的檢討與修正。

老師由下而上設計閱讀讀本與學習單

　　從 93 學年度開始，本校教師主動利用寒暑假規劃自主性進修，設計各年段繪本、詩歌、散文、小說四大類適用之閱讀學習單。設計共讀教材課程，每本書設計有書目文體、內容分析表、導讀單，並延伸課本內容設計一～六年級的閱讀讀本，這都是老師們由下而上，利用假期為孩子們所做的努力。

重新架構閱讀課程地圖，推動主題式閱讀

　　讀書可以主題式的方式進行，針對特定主題，可培養學生統整及探索該主題相關之議題及知識，包括水平與垂直面，訓練其組織能力。本校老師認為，課文都可依照同一主題、不同的性質來組合；因此，依此構想來選取課外閱讀文章或書籍。98 學年度特別檢討本校校本課程並結合六大議題，重新架構本校閱讀課程地圖。除了聘請專家參與討論給予指導外，課發會成員每月召開會議集思廣益，再送交學年討論，花了一年時間才架構完成。課程發展須隨時檢修並做微調，老師們更設計課程認證卡，以檢核學生學習成效。

結合資訊課程，閱讀後能呈現心智繪圖

　　閱讀策略教學不是只在語文課程進行，社會課蒐集資料後的分組討論，自然課的探究實驗過程，老師教導孩子如何將自己閱讀後的文本以心智繪圖呈現，並結合電腦課程繪製心智圖。全校老師也都能在課堂上教導預測、摘要、七何提問法——含人時地事物，加上為何和如何，引領孩子掌握文章重點和核心概念，而這些能力都可從臺北縣的國語文檢測表現，及與孩子對話中，發現他們已熟悉並能活用。

重視讀報教育，拓展孩子國際視野 ◎◎◎

臺北縣政府教育局推廣讀報教育，班班每天有一份國語日報可閱讀。邀請老師們於班群及教師早會分享，讓好的點子可以傳遞和學習；也申請讀報教育實驗班，讓做得好的班級有縣府經費挹注；爭取到校內辦理親子讀報教育研習及教師讀報指導，讓老師增能後更知道如何指導孩子。學生朝會安排學生朗讀報紙文章，進行有獎徵答，讓師生關心國內外大事，拓展國際視野。

推動班級讀書會，學習小組分享讀書心得 ◎◎◎

臺北縣 96 學年度起鼓勵各班級導師提出班級讀書會計畫，審核通過後給予經費補助。98 學年度本校班班都成立讀書會，並有 15 個班審核通過獲經費補助。老師能針對不同年段學生閱讀理解能力發展，設計不同的閱讀策略進行教學。

推動圖書館利用教育及策辦多元閱讀活動 ◎◎◎

本校圖書館由志工媽媽及退休老師共同負責管理，定期推出：好書介紹、有獎徵答、升旗背誦韻文、圖書海報設計、獎勵借書排名、向大師致敬，例如：梵谷、蕭邦二百週年紀念等專欄、戲劇表演、與作家有約、閱讀闖關活動。每年結合運動會也辦理創作繪本小書展、在語文成果發表週，舉辦全校性詩歌朗誦比賽，呈現多元閱讀型態。

利用下課時間，在圖書館外的星光舞臺，舉辦「20 分鐘說一個故事給你聽」，邀請各班以小組合作的方式一起說故事。每月更選出各班閱讀進步獎與校長喝下午茶，聽校長說故事、分享閱讀心得；針對各班閱讀嚴重落後的學生，校長以「閱讀小天使」名義邀請他們為座上客，進行為愛朗讀活動。利用隔週五學生朝會時間，交換班級訓練口語表達能力，展現自信風采；也甄選校園解說員加以培訓。「快樂投稿趣」更是由退休老師，因熱愛文學捐款設立的「頂溪文學獎」，鼓勵孩子閱讀後能以書面表達，轉化為篇篇動人文章，當投稿見報，提供書籍及獎金當獎勵。

重視弱勢孩子的閱讀補救教學，弭平學習落差 ◎◎◎

「閱讀百分百，一個不能少」是我們推動閱讀的心願。結合教育部的攜手計畫及永齡基金會希望小學辦理課後班，為弱勢家庭的孩子提供小班的閱讀指導；並於寒暑假申請臺北縣政府補助開設大手攜小手班，並爭取地方獅子會贊助經費開辦親子閱讀營；讓假期的閱讀學習可以延續。

落實幸福家庭 123，推動書香家庭 ◎◎◎

為了推動書香家庭，結合臺北縣政府「幸福家庭 123 政策」，鼓勵家長每天至少 20 分鐘親子共同做三件事──「遊戲、讀書與分享」。邀請家長每天陪伴孩子閱讀或念故事給孩子聽，至少 30 分鐘以上；並設計合適的聯絡簿進行檢核機制。辦理有關閱讀主題的親職講座，幫助父母做個快樂的陪讀人。透過一封信邀請父母以身作則，多閱讀，做孩子榜樣；在平時陪孩子逛書局、上圖書館進行知性之旅；更可參加社區的換書、捐書活動。當然家長會也全力支持組成家長讀書會。我們更呼籲家長每天確實做到關掉電視一小時，親子共讀，為「書香家庭、書香社區」而努力。

結語──推動閱讀沒有最好，只有更好 ◎◎◎

余秋雨說：「閱讀最大的理由，就是可以擺脫平庸。」我希望經營一個以推動閱讀為特色的學校，推動閱讀沒有最好，只有更好。團隊教師在提升孩子閱讀能力上看見自己的責任，也在孩子的成長與蛻變中看見團隊的奉獻。下課時間看見孩子蜂湧至圖書館借書，還津津樂道分享好書；也看見班上孩子人手一份專注的讀報，這樣的畫面，就知道孩子喜愛閱讀、主動閱讀、讀出樂趣的種子已經萌芽；只要我們持續灌溉、施肥，種子必能慢慢開花結果。我們相信「生命的喜悅，來自於孩子點滴的成長與能力的增進」。七年來運用各種激勵策略推動閱讀，讓閱讀成為一種樂趣，一種生活的習慣，更是一種能力；開啟孩子通往世界的一扇窗。最衷心的盼望，是透過閱讀，可「翻」出孩子嶄新而璀璨的人生。

故事尾聲

　　敘說故事可再次整理與修正帶領學校的作為，11 年校長生涯中，我的領悟與改變是：創造從感性出發的理性領導氛圍，營造一個具有人性化的溫馨校園，讓學校像個大家庭，邀請大家一起為團隊盡力；辦學中以愛為出發點，去改變和改善教育現場的問題；活化教師進修模式，鼓勵專業社群發展，使教師追求專業成長是一種主動、樂意的學習；提升教師專業對話品質，重視分享機制；營造一個書香滿校園的優質校園，培養親師生愛閱讀、能閱讀；重視品德教育，結合推動閱讀，變化孩子氣質。

　　生活中難免遇到困境，總以耶魯大學神學教授奈伯的話當作辦學座右銘：「祈求上天賜我平靜的心，接受不可改變的事；給我勇氣，改變可以改變的事；並賜予我分辨此兩者的智慧。」也告訴自己：「面向陽光，陰影自在你背後。」這些正向自我內言，使樂觀積極的我在知天命之年，將更自在的去帶領一所優質的新學校。

吳淑芳校長小檔案

　　1960 年出生在臺南縣善化鎮，臺南師專畢業（1980 年），國立臺灣師範大學社會教育學系畢業（1986 年），國立臺灣師範大學社會教育研究所四十學分班結業（1998 年），國立臺北師範學院輔導教學碩士（2004 年）。記憶深刻的是師專的教授常說善化人都是善人，而我也自我期許當個真誠而善良的人。1999～2003 年擔任臺北縣正義國小校長，2003～2010 年擔任頂溪國小校長，爭取一億八千萬蓋了一棟美輪美奐的彩虹樓。2010 年起擔任臺北縣新店國小校長，該校榮獲臺北縣第一屆優質卓越學校三項認證。國立臺北教育大學心理與諮商學系兼任講師（2005 年迄今），臺北縣國教輔導團國小語文領域輔導團召集人（2003～2010 年），臺北縣友善校園學生事務與輔導工作輔導團團員（2002 年迄今），臺北縣閱讀滿天星推動委員（2007～2009 年），臺灣臺北地方法院家事法庭調解服務諮詢員。擔任臺北縣校務評鑑委員、國語文五項競賽評審、幼教評鑑委員、輔導訪視委員、語文與輔導相關主題講師。

24. 對的，做就對了！

桃園縣高義國小＆巴崚國小校長　王連進
（榮獲 2009 年教育部「校長領導卓越獎」）

　　我出生在高雄縣田寮鄉的鄉下，它有個很美的名字叫做「山河壽」。

　　因為地處鄉下，所以人情味特別濃厚，那裡的居民大多以務農維生，所以經濟普遍不富裕。我印象最深刻的是阿公講的那句話：「浪費食物會被雷公打死」。小時候我們吃的飯裡面，地瓜簽多於白飯，但是吃飯的時候只要碗裡剩下一粒米，就不容許再盛第二碗，所以養成我一粥一飯，當思來處不易的節儉心態與作為；家鄉，也給了我設身處地體貼弱勢學童的環境與動機。這也是我為什麼在桃園縣復興鄉到現在已有 28 年服務年資的原因。

　　長興部落哈魯谷餐廳老板娘簡淑貞，今年因為誤飲農藥業已往生，夫妻倆對長興部落社區總體營造貢獻良多。生前她曾經問過我一句話：「你為什麼在山上服務二十幾年都不下山？」我的回答是：「山上的小孩子可憐！」她不敢置信！同樣的問題連問了三、四次！我的答案始終都是同一個。我不知道她現在在哪裡？但是如果她還要再問！我還是會告訴她，我的答案是：「山上的小孩子可憐！」他們需要有心人的照顧與教育。

會為自己想的是人；會為別人想的是神

　　有一次我打電話給師專教我的李華漢老師，他現在已經八十幾歲了，他跟我講的第一句話是：「你很有名捏～」，我跟老師說：「我只是把該做的事做好而已。」不過稍後回想，我近三年連獲中央獎勵（2007 年獲行政院原住民族委員會的原曙獎、2008 年獲教育部推展母語傑出貢獻獎、2009 年獲教育部「校長領導卓越獎」與國立新竹教育大學傑出校友），著實也不容易。小型學校只有二個職員，而我的二個職員：宋麗貞幹事與游美櫻前護理師分別獲得桃園縣 2009 及 2010 年模範公務員。學生黃凱莉也成為 2010 年國小組總統教育獎全縣唯一獲獎的學生等。而這些獲獎的重要因素，我想就只有一個原因──大家都在設身處地體貼服務他人。從高義國小辦公室掛著黃崑林老師的四幅書

法，分別寫著「三心二意」、「體貼服務」、「追求卓越」、「創造績效」等字，就知我們有著與眾不同的中小企業經營概念、作為與要求。還記得當時的總務主任董進彬在懸掛這四幅書法時說：「創造績效讓我壓力太大，所以掛最遠；三心二意比較容易達到，所以掛在自己旁邊。」

我兼職最多的時候，共有桃園縣高義與巴崚國小、國立新竹社教館復興鄉社會教育工作站、桃園縣原住民族部落大學等四個單位。國小服務二校員工、學生及社區居民；社教站服務復興鄉民；部落大學服務全縣14族原住民同胞。為什麼要兼辦這麼多工作，很簡單的一個因素就是——要讓最多最多的人獲得快樂跟幸福。「靜思語」中有言：「縮小慾念擴大愛心，你就會活得快樂自在。」而不了解我的人會認為我有所私心。而我則常以「佛印跟蘇東坡的故事」自勵，摒棄計較。

巴崚國小位處在拉拉山觀光風景區上，是遊客到神木區會順道參觀遊覽的所在，也會在此用餐及露營。以往山莊很多的時候，學校場地不同意外借，而我有很強的資源共享概念，既然是公有財產，大家就有分享的權利。近來，因為山莊多數不合法，所以執行場地外借不會被山莊抗議，所以最多的時候一天有四批客人來校借場地露營，而我們會給予必要的協助，讓他們感受人間的溫情。

古有五倫，而我特重第六倫——陌生人，也就是體貼關懷服務陌生人，提供給他們必要的協助。因為離開家鄉、在外打拚已數十年，在家靠父母、出外靠朋友，給朋友照顧很多；當然要把愛傳出去，去幫忙更多需要協助的人，這個是我很堅持的概念。1992年我就在巴崚當主任，服務二年期間歷任總務主任、教導主任及代理校長。每次上班因為路途遙遠，我都開玩笑的說：「每走一趟，可以讀一本《三國演義》。」我曾經收到大陸寄來的一封信，我自己都很懷疑！我在大陸無親無故，誰會寄信給我，拆信一看，才知道他是我在上班途中順路載到上巴陵的人，他回大陸後特地寫信感謝我。我！就是那一個體貼陌生人，沿途會問人要不要搭便車的那個人。

我來高義，是高義的福氣

2000年出任校長，在高義開家長大會時我的致詞，第一句話就是：「我

來高義是高義的福氣。」因為捫心自問，我是要來這裡貢獻的，我有一顆無私奉獻的心，外加 16 年的行政資歷，我一定可以把學校的教育辦好，給教職員工、學生、家長及社區居民一個很好的體貼服務，至今十年來，看到花開滿校園、結實纍纍；學校及學生績效滿行囊，就可以證明我講的這句話出自於真心。

高義國小位於北橫 40 公里的地方，桃園市自行開轎車到此約一個半小時的車程；巴崚國小位於北橫約 47 公里、支線往上巴陵再 7 公里處，需要二個小時以上的車程，二校均屬特偏，開不到表示你走錯路了。

初到高義，因為每個部落距離學校都有一段不算短的路程，且客運班次一天只有三至四班次，學生搭車來學校約早上 9 點；還沒放學就要趕搭二點多的班車回家，原本就已經極其弱勢的復興鄉教育，我的感覺是這些小帥哥、小美女的將來會有什麼希望呢！所以，我就去追查本校的住宿學生為何只有 13 個，住宿生管理員回答我：「空間不足。」所以我就執行宿舍內部整修，目前已有多數學生進住。我發現師生長期相處，對於學生的生活照顧及品格教育等都可以潛移默化、且有具體功效，也能具體有效彌補家庭教育功能的不足。

人家說：「富家子弟往往無法感受民間疾苦。」因為我是鄉下貧苦人家出身，我能感受這個地方的不足與需要。所以，在這個屬於教育優先區的復興鄉，我會極力追求教育機會均等中過程與結果的均等，欲達到此一目標，教職員工們的付出必須是相對於平地教職員工數倍的心力。學生住校必須實施日夜課輔，老師們辛苦了一天，晚上還不得休息，以現在年輕人的概念，寧可不賺課輔的錢，也不要這麼辛苦。所以有一年的公費生私下聯合家訪，希望家長不要讓學生來住校，卻也因此發生學生阿嬤頓失依靠、心臟病發緊急送醫的插曲。我想教導時下富家年輕人設身處地、感受貧窮、體貼弱勢、無私奉獻是一個很重要的課題。

2009 年拿了教育部「校長領導卓越獎」後，有個資深的校長大老問我：「你在山上多少地啦？」我回答他一塊也沒有，他又緊接著問：「那你在山上多少房子啦？」我回答他一間也沒有。最後我乾脆直接告訴他：「我在山上不想有任何一塊地或房子，我要讓大家知道我是真心來這個地方貢獻的。但是前代表會范主席夫人告訴我，他感念我對原住民族的付出，所以她說，如果我有需要，她同意我退休後給我一塊地蓋房子養老！這話讓我感到無比的安慰。」

最近，我的工友跟我說：「有民意代表半開玩笑的問她，王校長在山上服務那麼久，為什麼還不下來，是不是油水很多？」她給他的回答是：「王校長非常認真，辦學績效優異，學生受到很好的教育且享有許多福利！」又說：「王校長不只照顧學生，他連社區的老人也都一併照顧！」她更加強調：「校長非常照顧員工，甚至貸款幫員工整合負債付款一百多萬！」諸此種種，你就可以知道王校長是一個怎樣的人。

大約 1986 年，時下流行補習，我的師專同學上山來，他跟我說：「我在新莊已經有一棟四樓半的房子，你在山上什麼都沒有！怎麼不趕快下山？」這句話迴響至今，已經過了 24 個年頭，有時，我自己在想，這幾年連年受獎，不正符應「好人有好報」這句話嗎！

在山上可以堅持二十幾年，我也真的很欽佩自己，為什麼呢？

在山上的過客很多，調離的原因也很多，原因不外乎地處特偏或偏遠，生活極其不便；家長社經地位不高，對教育的重視度嚴重不足，讓老師們心有餘而力不足；學生長期處於不同文化及刺激不足，學科成就不高。不管是老師對學生的期望水準，或是學生對自我的抱負水準，都需要長期的修正與提升。我記得，2000 年新舊任校長交接時，前任校長的離職紀念品，還是我親自跟當時的家長會姜會長大力建議買的，不然離職的校長是不是很難堪，至於是校長付出度不足，還是家長感恩心不夠，在此不便置評。

在高義國小推展街舞的那段期間，常常要利用晚上及假日時間陪學生練習及給予建議，不但沒有加班費，還要接送學生往返家裡。然而，學生不負所望，也有很好的表現。基於鼓勵學生自立自強的原則，主動幫學生接了多次的演出機會，藉此賺取學生教育基金，而所賺取的費用都一概存入學生儲金戶頭。有個學生的阿嬤則在部落散發不實消息說：「校長都把學生賺的錢放在口袋。」雖經家長大會時發放存簿，請家長一一校對，且各筆款項無誤、一釋眾懷後，學生阿嬤的意見則是：「那本來就是學校應該要做的！」我的努力付出不但不被感恩，還被誤解並且視為當然，如果是你，你會不心灰意冷、嘆而卻步嗎？而我的選擇是持續發揮大愛、堅持做對的事，幹嘛跟人家一般見識。所以，那一次在氣憤填膺、眼淚流過後，我也就不當一回事了。現在，我校長室掛著林裕民老師的四幅書法，分別寫著「感恩」、「知足」、「善解」、「包容」等字，時時惕勵自己，不斷提升自我修養，使之臻於至善。

剛到高義的時候，我的感覺是軟、硬體都極其落後，所有牆壁駁坎都面帶土色，全校只有音樂教室牆面那一小幅色彩斑剝的中華民國地圖；水管電線在空中交錯；電腦記憶體只有 32 MB，老師的也只有 64 MB，但是部分老師卻說整體而言已經不錯了，讓我不禁回想起「少舊多新」的座右銘。所以一開始我就先實施管線地下化工程，把天空淨空；再藉由教育役的美工專長設計原民文化圖案，請全校教職員工生利用課餘時間一起著手美化，起初一直觀望的本校資深老師，最後也一起拿起油漆刷共同彩繪。現在，幾乎有牆面的地方就有原民圖案彩繪或貼原石片設計。

📚 領導等於做人

　　「員工直系親屬的婚喪禮金，我都從二千元起跳，我爸過世怎麼有員工只包五百元？」說這話，不帶責備，也不是要計較什麼，而是要與員工分享做人的原則與道理，而部分員工事後的致歉，我想我已把他們教好，這對他們往後的人生是有正面助益的。開會或聊天時，我一再強調的話：「我所有的作為都以為人設想為出發點。」這讓我與人相處時可以少做許多不必要的解釋！

　　28 年的教育生涯，仔細回想自己的成長歷程，不外乎幾個階段：剛當老師時，我「少不多是」、「少說多做」，因為投入而深入，付出而傑出；當主任時的「少我多你」使我變得更體貼關懷他人；當校長則以「少舊多新」、「少會多讀」不斷推陳出新，力求績效。「時代在變、環境在變、人也在變，這世界唯一不變的就是變」，我的名言要求員工摒棄舊有思考模式，不要管以前怎麼做，目標管理設定在創造績效，只要能用簡單有效的策略達到我要的績效，那就是最好的方法，人的價值也才能獲得肯定。

　　做出績效是我很強調的目標管理概念。認真不代表績效！如果目標不對，認真也常常都只有被嫌的份兒。如果不知道績效在哪裡？那就常常跟主管溝通——這也是我反覆宣導的一句話。所以囉！有沒有看到人？一天是不是朝八晚五？那並不是績效考量的重要因素。

　　身兼四個單位時，很多人第一個要問的問題：「加給應該很多！」

　　所兼的二所國小，距離約 16 公里，補貼唯有交通費，夠不夠不論；社教站服務復興鄉民，志工當了九年；部落大學服務全縣原住民同胞，跑路跑得跟

議員一樣勤勞，從創辦起歷時八年，期間教育部與原民會辦理的中央評鑑計六年，本校蟬聯六年優等的最佳成績，也因此，我創下桃園縣連拿六年大功獎勵的芬芳紀錄。雖然忙的不像人，但我樂在享受努力成果！就如我的得獎感言：「我很喜歡釣魚，但是當校長的十年來，我只拿過一次釣竿，那就是把它借給別人。」大家可能只看到輝煌的結果，卻看不到成就背後的心酸！

二所學校家長都有共同的說法：「校長，好像很少看到你？」上班五天，一所分三天；另一所二天，家長又不常到校，交叉對照，當然碰面機率少。加上社教站、部落大學，我根本沒啥假期，做了好多事，卻又被嫌沒看到人（不認真？），情何以堪！我自比7-11，全年無休，有一年的請假統計只有強休假二日，其餘掛零，我不是超人，是什麼！

開放的分享平臺、幽默的話語及說故事，是我跟所有人溝通最常用的方式。諸如：「女人家！不要每次聊八卦，要把每個人當至親好友，那你就會真心的去關心他、安慰他，甚至替他解決問題，而不會只是在背後道人長短，非但於事無補，自己也會變成三姑六婆。」、「女孩子（因為員工多數是女的）不要只比胸部大小，要比一比誰的胸襟比較廣闊。」、「『為達目的，不擇手段』，並不是要你殺人放火、胡作非為。而是要抓準目標，發揮智慧，採取簡單有效的策略來達成目標、創造績效。」、「『哭也要做；笑也要做』。哭著做，事倍功半；笑著做，事半功倍，大家都是聰明人，還是笑笑著做吧！」

有時拿出卡洛斯・古鐵雷斯（Carlos Gutierrez）的故事，拿來跟員工分享「日行一善」、「認真做事」，令她們感受良深、記憶深刻。當然囉！溝通時首重培養員工的民主風範與尊重的態度。我會一直強調「職位是用來服務人群」的概念。我們的選舉，有很多人在選前會握手拜託賜票，選後則高高在上，你跟他打招呼，他可能當作沒看到。我不管看到誰都會微笑以對，當員工或學生遇到我、忘了跟我打招呼時，我會主動跟他問好。

民主素養之培養，刻不容緩。秩序會亂，源自民主素養不夠。「民主」顧名思義「以民為主」，所以每個人「民」都想要以自己為主，這就是亂象之根源。殊不知「少數服從多數、多數尊重少數」、「即使多數也要服從法律」、「惡法亦法、仍須遵守」、「遇到惡法尋求重新立法修法」等層次。建立民主素養，學校及社會必定安祥和諧。

為了落實民主真諦，培養員工民主素養，學校成立領導團隊，學校領導團

隊的主動、敏捷參與，溝通事情可以腦力激盪、集思廣益，使之臻於完善。但是員工有建議權，校長有裁決權，最終還是要尊重校長的裁決，當有意見不合時，私下溝通，只要有理，我一定採納。

幹事麗貞是標準的公務員，她是排灣族人，心直口快，有話就說，也不去思索說出的話對不對！部落大學辦理國內旅遊時，基於員工都或多或少有所協助之考量，費用全免；但當要求眷屬全部免費遭拒時，她回說：「補助給人家，人家都不見得要參加！」我雖然不高興，但證明我們的平臺是開放的。而我所要強調的是：她從給我感覺多一事不如少一事的心態，到現在主動積極的態度，才是我最感安慰的成就。在此，也特別恭喜她榮獲桃園縣 2009 年的模範公務員，以及以專科學歷考上國立新竹教育大學人力資源發展研究所。

領導技巧權變多樣，但技巧是死的，人是活的，不管你如何「動之以情、曉之以理、誘之以利、逼之以威、迫之以權、繩之以法」，最終要竟全功的唯美方式就是「帶人帶心」，只要同仁願意，什麼技巧都大可不必，而績效的達成則雙手奉上。

大度能容，笑談天下事

一杯濁酒喜相逢，古今多少事，都付笑談中。我喜歡彌勒佛，因為感覺他大肚能容，隨時都笑嘻嘻，笑看天下事。人生短短數十載，有什麼好計較的呢？如果要計較，是不是只要計較你這輩子為人群付出了多少！所以當同仁問我信什麼教時，我會回答：「我信睡覺；不信比較及計較。」我也常把洪蘭教授講的：「有充實的一天，可以獲得一夜好眠；有意義的一輩子，我們才得以安息。」勉勵同仁造就人生。

「程度不好，不要找理由」──我剛出任教職時，參加鄉語文字音字形比賽，只因沒看到背後還有試題而落得第三名成績，跟校長解釋時，她給了我這句話。回想起師專國語考試 99 分的第一名成績，我不服校長的激勵！往後的鄉語文字音字形比賽我連拿九年第一。直到林老師跟我說：「我都快退休了，讓我拿個第一好嗎！」我才退隱江湖。

剛任教職，少不多是，幾乎是校長交代的就做，因此常常忙到三更半夜，甚至通宵。原因只為任何評比及比賽，我一定要求得最好的成果。應付長官，

敷衍塞責，我會認為只是在浪費生命而已。現在的我常跟教職員工分享想法：
「我只把自己做好，不會管校長在不在。」所以在1990年考主任審查積分時，
才知道自己服務成績輝煌可觀——很多人的努力是為了前途打拚，而我只是一
心想把事情做好而已，這也是我最感自豪的地方。

　　培養年輕人對時代的挫折容忍力跟適應力也是很重要的課題。我當老師
時，同時兼任導師、訓導組長、午餐執行秘書、衛生、指導各體育團隊，甚至
小班被裁成半班，每週要上三十幾堂課。身成大將，就會感覺應該多給予年輕
人磨練的機會。因為，只有投入才會深入；付出才會傑出。要造就領導人，就
要給他們多一點訓練的機會。

　　佛教有云：「眾生平等」；基督聖經也說：「神愛世人，不分職務高低及
貧富貴賤」。我對任何人一概給予尊重，就如我的泡茶哲學——「想喝的就不
用客氣」，任何人我都奉以為上賓。有人說：「你為人客氣，不怕老師欺負
你？」我說：「不會，我尊重他們，假若他們還不知道尊重我，那是他們修養
不好，不用跟他計較。」這些年來，學校的社會資源不算少，我想是我們對來
賓的體貼、尊重與服務獲得迴響吧！

　　「前面的校長主任都不做，你幹嘛要做？」高義國小自創校以來，校園內
就有土地及房屋權歸衛生所及派出所的宿舍各一棟，我認為校內外應該區分清
楚，更何況他們使用機率極少。我想依法可以辦理移撥，立即交代那時的總務
主任著手辦理，他給了我這句話！多一事不如少一事的自私心態乃人之常情，
但我極不欣賞。

　　「加給又沒多、還要扛責任，幹嘛拿石頭砸自己的腳！」高義國小要設立
幼稚園時（即國民教育幼兒班），我在跟好友、也是資深校長聊到此事時，他
給了我這建議。我會虛心的從前輩校長身上學習為人處世的道理，但我也能獨
立批判思考對與不對，擇優汰劣。我的想法是：「自己的付出，可以在特偏地
區辦理學前教育，造福弱勢兒童，有效提升其競爭力，何樂而不為！」所以不
但設立國幼班，更在設立前即發揮創意，攜帶公文並親自向縣政府專案爭取到
比照國小部（因為它叫做「國民教育幼兒班」，尚無法可依循）特定學生、教
科書、午餐費等補助款，有效解決就學費用等問題。

　　「從此以後，他們會有個不同的人生。」不是我有錢！也不是我沒壓力！
欠債的員工給我的信賴度也不足！我很明確的跟他們說，我之所以自己辦理貸

款，幫你們整合負債，是因為來者猶可追！而且利息低廉、你們還款容易，最重要的是希望你們活出璀璨的笑容，有個嶄新的明天。

有創意，工作就有樂趣；人生就有意義

「我的功獎，只是要留著做紀念，等我老的時候，聊以自慰！告訴自己有為人群付出許多，不虛此生。」部落大學蟬連六年中央評鑑優等（評鑑史計六年），後幾年評鑑我幾乎每年都胃痛。兼任兩校五年、任社教站志工九年、部落大學執行祕書八年，雖然人生精采，也忙得很有價值與意義，但人非鋼鐵超人，不會不壞。我因高血壓、胃潰瘍、視網膜血管病變等提出公文卸職，且終於在提出公文的一年後獲得處長同意卸任，而新任處長甫上任要我繼續幫忙，我則已無能為力，心有餘而力不足。希望他不要誤會我不幫忙！因為接了工作，我一定要做到最好，因此，絕對會讓自己原本已疲憊不堪的身心加倍抗議。

卸任沒跟講師們事先商量，因為我怕他們留我，我又不忍拒絕，只好快刀斬亂麻，讓他們來個措手不及。事後有講師來電，講到最後哽咽哭泣，讓我好生不忍。想想他從語言班參與學員開始，到母語認證合格、擔任母語及文化課程講師、原民會試題委員……，也算成就非凡。這一路走來，是個不算短的日子。因為部落大學的努力，人才的造就比比皆是：高小娟從不會織布，參與織布班、縫紉加工班等，現在已開設愛之望・紗達工作室；梁秀娟泰雅伊娜工作室的作品已在全國行銷，也被當成國民外交的最佳禮品；林恩賢從部落開設族語課程擔任講師到現在成為原民台泰雅族語主播等等。這一次的卸任，讓我感受到講師們的革命情感；也讓我感受到置身事外者的冷言冷語！這個社會不就是這樣：「做事的人少，看戲的人多；投入的人少，講話的人多。」

「有智慧的人解決問題；沒有智慧的人製造問題。」我常常跟員工說的一句話是：「我的腦筋用來解決問題就已嫌不足，拜託你們不要再給我製造問題。」如上段所言，看戲的、講話的人都是問題的製造者，如果是你，你要選擇當哪一種人？

「給自己適當的壓力，才有進步的機會。」得天下英才而教之，是一件很快樂的事；得人才教之成為英才，更是一件有成就的工作，復興鄉的教育即屬

於後者。復興鄉有無數的弱勢,是教育工作者發揮專業,一展長才的最佳地方,唯有身臨其境,針對問題、解決問題,給自己壓力,才能教學相長。

「原住民族的小孩不會讀書,所以我針對他們的體育及音樂來發展。」這是我在雜誌上看到的一篇報導,某個校長所說的一句話。您認為對嗎?原住民的小孩真的不會讀書嗎?還是我們給他的不夠?應該是我們所引用的策略不正確吧!一個老師的觀念不正確,會害了一個班的學生;一個校長的觀念不正確,會害了一所學校的學生。高義國小的學生績效優異,林志成教授曾對此質疑學生未來的發展性,我引述了雅外(泰雅女子名)所講的話:「我們家陳浩是陳氏家族唯一高中畢業,目前在讀大學的學生。」我也引據 2009 年學生高中的錄取率,不管在質或量上都有令人滿意的成績。你還能說原住民族的小孩不會讀書嗎?

「統一全縣校內各電話分機號碼,可以有效提升行政連絡效率」、「學校教職員工的敘獎授權由首長發放,縣府人力就無懼不足」、「新校長上任,主任必須總辭,留給校長人事運用空間」、「建立網路題庫,供學生自行上網,挑戰精熟學習」等等我的建議,均由縣府採納及執行。

其實,我很不喜歡人家只會蕭規曹隨,只有不斷的創新點子,才能不斷的創造績效。而我的工作動力就是源自於成就每件事情的完美演出,我不用人家一定要說我好,只要我自己很滿意就好。因為,有創意,工作就有樂趣;人生就有意義。

🔖 山路迂迴、路有多長,情就有多深

學校一定要行銷,學校出名可以有效提升教職員工生的期望水準,學校績效好會更好。基於這樣的理念,我也直接受惠,受邀在幾個電視台接受訪問或專訪。事後有員工跟我說:「有人說,校長在復興鄉服務二十幾年沒什麼了不起!如果能再待個十年,他才佩服你!」哈哈哈,這是啥論點,我只當說話的人多,做事的人少。不過,奉獻本來就是我願意做的,何必在乎他人的非議呢?

「看到我的人有福了。」花蓮縣部落大學的前校長林添福牧師奉行神的旨意,為保存、傳承、發揚、創新原住民族文化而犧牲奉獻,精神令人欽佩。在

聊天場合，我跟他說了一句話：「我跟你有一點不一樣！」那就是我惕勵自己奉行不悖的名言：「看到我的人有福了。」仔細回想，我做了那麼多是為了什麼？關懷陌生人又為了什麼？不都只是為了「生活的目的，在增進人類全體之生活幸福」這句話而已，簡單的說，就是關懷人群、造福我所能服務的人。

高義國小有福了～老師雖然比較辛苦，但是他們可以嚐到享受教育成就的甜美果實。學生每週週測，確保教學目標的達成；考查表揚成績平均 90 分以上的學生，避免惡性競爭及淪為分數的奴隸；鄉語文競賽國小組七連霸，讓學生建立「我們是最棒的」自信心；桃園全國馬拉松賽，參與學生 12 人，9 人得名，成績亮眼；歌謠舞蹈多次全國優等，泰雅文化得以保存、發揚。凡參與者都屬有福之人。

2006 年剛兼任巴崚國小時，學校連鄉語文競賽都不參與。老師們都會說：「認真把書教好就好。」好像不屑參與比賽！但是假設連鄉辦的比賽都不參與，人家是不是會說我們不敢參加呢？早年我問參加字音字形比賽的學生寫得如何？他回答：「還可以。」沒想到我改完試卷，他竟然不到 20 分，各校成績普遍也都欠佳。這叫還可以？這叫認真把書教好就好？這也是我立志提升師生期望水準的原因。後來有一年，全鄉參加語文縣賽唯有的四項前三名都在高義跟巴崚，即是成效的具體展現。

在復興鄉，我以中小企業的經營理念在經營學校。講究的是「三心二意」、「體貼服務」、「追求卓越」、「創造績效」。老師們不可以屈服在各項不利的弱勢因素，只能發揮專業、極盡全力克服困難，把每個學生拉拔起來。記得學生參加全國泰雅母語演說，最好的成績是雙料冠軍（國中和國小組皆本校學生、都一起訓練）。佳琪在前晚來跟我說：「校長，我明天要去參加演說全國賽了，我拿第一名回來給你啊！」聽了令我倍感安慰。

今年，教育部辦理的體適能檢測，訓導組上網登錄了成績。也不知道誰跟我說檢測成績不好？我跟組長交代要提升學生的檢測能力。之後，雖回報檢測成績優異，部裡卻來文縣府要求學校提升各項能力，讓我情何以堪！老師們難道不懂「教書就是要把書教好，而不是有教就好；做事就是要把事做好，而不是有做就好」的基本概念嗎？

在復興鄉，可以算是人才訓練站。剛到復興鄉時，代課老師比比皆是。現在的雖多為合格教師，也都屬新派。只要是認真、有愛心的老師，各項經驗都

可加強及提升，就只怕教師觀念偏差、難以溝通。

　　不管現實情況如何；不管北橫公路有多迂迴曲折，路有多長，我對鄉教育付出之情就有多深！

 ## 對的，做就對了

　　跟我借錢的人很多，我不但不計算利息，卻還有一堆人連本金都不還。我會想：「我有必要為他們的理財不善、寅吃卯糧、擴大欲念承擔責任嗎？」想想問題就出在那一顆悲天憫人的心，不忍見人陷入困境、一籌莫展。所以，我甚至跟朋友借款或銀行舉債幫人還債，後果雖然堪慮，我也不改良善之心。

　　校長遴選會異動學校，前些年，當處長徵詢我的意見時，我說後山就好。教育家應該要有傳道士的精神，要到最需要你的地方，而不是你最想去的地方。我不會在意哪個校長遴選去哪兒，因為重點在於不管在哪個學校，把工作做好才是首要考量。

　　「職位是用來服務人的」，誰還會不服你？校長與行政同仁發揮體貼服務的心把教育工作辦好；老師發揮三心二意把學生拉拔起來，社會自然祥和！如果老師們無心於作育英才，無心於行政的體貼服務工作，那一切作為是不是會給人有不安於室、爭權奪利的感覺呢？你爭我奪，社會祥和何在？

　　「對的，做就對了！」我的行事作風，宏觀為首要。只要我認為對的，我就會積極去達成。我不相信傳統作法一定最好，只要能達成績效的才是好方法！學校宿舍要開工，廠商先行祭拜，我說：「誠心最重要」，因為在山上到底要拜誰呢？土地公？泰雅族祖靈，或者是耶穌？

　　學生得了 2010 年總統教育獎，先行與縣府承辦人溝通有功人員敘獎時，得到的答案是學生得獎關校長什麼事！時下，我決定要爭取此一敘獎，重點不在功獎，而是要教育承辦的候用校長「唯有把學生視如己出，你才會極盡全力作育人才」。最弱勢的地方，有傑出的學生，沒投入、沒付出，何以竟全功。更何況學校的事都也是校長的事，這是最基本的概念，不是嗎？

　　「中等以下學校應該齊一編制」，因為課稅議題，在開會時我給了長官這個建議，他的回答是：「高中、國中及國小本來編制就有所不同。」既然是要同等課稅，我認為在位者就應該極力促成同等的待遇，不然也不能差異太大。

辦行政不能只有做就好！如何「追求卓越、創造績效」才是最高的考量點。

　　做事，確立目標、掌握重點、兼顧利益、雙向溝通、勇往直前，你就能與成功有約；做人，千萬別忘記自己是個人，設身處地、體貼關懷、善解包容、知足感恩，你就能與神有約。在此，歡迎大家有空來拉拉山坐坐，也祝福大家時時都能平安喜樂。

王連進校長小檔案

　　王連進校長，高雄縣田寮鄉人，因為出生於窮鄉僻壤，對於弱勢地區與兒童的處境，感同身受，故於師專畢業後即投入復興鄉山地原住民族教育，迄今服務年資 28 年有餘。

　　連進校長秉持少舊多新、少會多讀的理念，為增進自己的宏觀眼光，所學範疇涉獵廣泛：歷經省立花蓮師範專科學校國校師資科美勞組、游泳校隊、合唱團；國立新竹教育大學初等教育學系行政組；國立花蓮教育大學輔導二十學分班、國民教育研究所四十學分班、行政碩士，期勉自己不斷豐富所學奉獻於教育。

　　他秉持造福多數人的概念行事，辦理之業務，最多時一人身兼四職，包含現任桃園縣復興鄉高義國小與巴崚國小校長；服務復興鄉民的國立新竹社會教育館復興鄉社會教育工作站，擔任召集人九年；服務全縣 14 族原住民族同胞的桃園縣原住民族部落大學，擔任執行秘書八年，其精神令人敬佩。

　　他認為有創意，工作就有樂趣，人生就有意義。他以中小企業經營的概念，作為與要求經營學校，要求同仁以「三心二意」、「體貼服務」、「追求卓越」、「創造績效」辦理教育服務工作。因為績效卓越，於 2007 年獲行政院原住民族委員會的原曙獎、2008 年獲教育部推展母語傑出貢獻獎、2009 年獲教育部「校長領導卓越獎」，以及 2009 年國立新竹教育大學傑出校友獎勵等等，知行合一，可謂教育界成功之案例。

25. 校長心影

臺北縣實踐國小校長　邱惜玄

> 故事之所以值得講、值得理解，其價值就在於有那難題存在，難題不只是主角和境遇之間的錯配，更是主角在建構該境遇時的內心掙扎。……敘事裡的難題，其造型並非歷史或文化上的「一了百了」，它所表現的是一種時代和一種環境……。
>
> ～引自 Bruner

「人，因理想而活。」

2000 年，我面臨人生重大抉擇。經反覆思維，我勇敢告訴長官：「吾愛十三行，吾更愛教育。」

在十三行博物館開館之際，要選擇揮別共同努力參與締造臺北縣原民博物文化的夥伴們，可知心中有多麼不捨。然而，為了找尋長久以來期待的教育桃花源，我還是毅然放棄館內職位，選擇參與初次校長遴選，踏上另一段圓夢旅程。

📖 首次邂逅──初嚐咖啡的苦澀

2000 年 8 月，初接任冬冬國小（化名）後第一週的某一天，家長會長臨時邀約我和一群家長委員座談，座談會在某家簡餐店舉行，家長委員們陸續來去到會共計 12 位。從早上 10 點一直談到晚上 11 點（事前我並不知道座談會的時間安排）。13 小時的漫長座談，我必須靠著咖啡，才能全神貫注去聆聽及記錄家長們對教育的看法、對學校的期望，以及對校長的期許，我也都一一將他們的意見記錄下來。

他們認為，孩子的童年只有一次，希望學校能提供一個內涵豐富、安全、且快樂的學習環境；他們期待校長能規劃出生動、活潑、多元的教學活動，來激發孩子的潛能。會談中，我也將個人的教育哲學觀、教育理想及辦學理念

等,充分和家長們溝通,並交換意見,讓他們了解學校未來走向及為學生所規劃的教育藍圖。

在他們的反應事項中,讓我印象最深刻的是:「這個學校目前有些『亂』,校長你要多費心。」當我進一步問及「問題出在哪裡?」他們只是彼此笑而不答,讓我一頭霧水。

事後了解,當天參與座談的家長,其子女幾乎都是跨區來校就讀。因學校是一所開放為自由學區的偏遠迷你小學,他們普遍覺得,既然有權利為子女選擇學校,當然就有權利選擇校長,並相當程度參與校務。這好像也是當時教改聲勢高漲,各校普遍共同面對的氛圍之一。

透過那次誠懇對話,原以為已與家長們建立良好溝通模式。熟料,開學前一週,家長會帶了六位家長到校長室來,要求必須為他們的孩子換導師。我回應:「開學在即,學校教師職務都已發布,若有正當理由,當然可以更換,但必須要能讓該位老師及全校親師生心服及接受。」談了整個下午,沒有一位家長提出合理說詞,僅一再重複:「要不要換,權力在校長。」我委婉回應:「不好意思,無正當理由,貿然換導師,不僅不尊重該位老師,而且也會影響學校行政的管理制度。」當天下班後,該班家長又輪流打電話來要求換導師,談到晚上 12 點,家長們仍然提不出換導師的合理性。在我的堅持下,換導師風波表面上雖就此停息,但校內教師及家長間私底下仍蜚短流長,耳語不斷。

沒想到,初次與家長邂逅,便讓我這菜鳥校長嚐到一杯苦澀咖啡的滋味。

角色定位——確立專業領導

開學一個月後,我已經慢慢嗅出家長們所描述的學校「亂」象。現象根源來自於學校僅六班,全校學生數約 90 人,越區就讀本校學生數占 70%,本學區僅占 30%。學區內家長對教師教學意見不多,越區就讀的家長就對教師及學校有很高期待。而學校專任教師(不含二位主任)僅七位,其中五位是幼稚園教師轉任。教師們教學雖認真,但某些學科專業知能稍嫌不足。當家長對其教學有質疑時,他們也會對自己失去信心。不僅如此,當家長對某位教師有微詞,家長與教師間、或教師彼此間亦會耳語流傳,造成教師人心惶惶,擔心被家長點名為教學不力教師,這種氛圍不僅對教師是一種傷害,對學校亦是一種困擾。

　　開學後第二個月，象神颱風侵襲北臺灣。校園遭後山土石流沖刷，頓成水鄉澤國。颱風過後，校園泥濘不堪，教室內課桌椅沾滿污泥。豪雨仍不停的下，道路中斷，整個社區斷電。當時，學生被迫停課一週，教職員工則穿著雨鞋翻山來上班，一起進行災後整理及重建工作。

　　家長對學校的高期待、教師對自我的專業缺乏自信、颱災後的校園重建等，面對諸多「難題」，當時我常問自己：「該如何去扮演好校長之領導角色？」幾經徹夜思索，我確立以「校長是首席教師兼行政主管」來當做個人經營學校所要扮演的角色。首先，我要求自己扮演好課程領導者之角色，親自帶領教師進行學校本位課程設計。同時，我也要求自己扮演好行政領導之角色，來統籌及綜理學校行政事務。要扮演好這這樣的角色，「專業領導素養」是很重要的。我必須有能力帶領教師走入專業教學的視域中；也必須有能力去結合這群高標準、高期望的家長來共同成長、共同努力。目標只有一個，大家齊心戮力去把冬冬國小打造成名符其實的優質「體制內森林小學」。

　　適逢當時教育部正在推動九年一貫課程試辦，我說服全校親師勇敢去申請參與九年一貫課程第二期的試辦。經嚴格審核，學校確定加入了試辦行列。又為讓全校作息一致，縣府亦核准學校一至六年級同步實施九年一貫課程。

　　為充實專業，個人當時利用晚上在國立臺北教育大學課程與教學研究所進修。因此，我常利用教師晨會時間，現學現賣的與同仁分享九年一貫課程相關知識，讓他們能迅速去認識、理解、及運用課程綱要的相關資訊。

掌握契機——建構專業成長文化

　　發展學校本位課程是「九年一貫課程綱要」特色之一，它賦與學校及教師更多彈性教學的自主空間。當時，我認為帶領教師實際發展學校本位課程，正是協助解決校園文化生態困境的一種契機。但如何將教師私下耳語文化轉為專業對話氛圍顯然是關鍵。於是，我利用颱災斷電停課一週期間，早上除先共同整理泥濘的校園之外，下午則邀約全校教師在校長室進行課程發展的專業會談。當時，室外仍下著傾盆大雨，室內一片漆黑，然為學生學習的課程圍坐促膝長談，美好景象至今仍常在腦際縈繞。

　　專業對話過程中，我首先向大家表白：「我是來為大家服務，和大家作朋

友，我會真摯去愛校園中每一活潑生命，真誠去尊重每位教師的專業和建言……」；我也闡述我的「四E」教育理念（Excellence：追求卓越、Equality：實踐平等、Effectiveness：重視效能、Eros：提倡教育愛）、校長辦學經營理念，以及「人文教育」信念。接著，我也請每位教師分享他們對教育的見解。接連幾天，我們共同分析學校的 SWOT，並逐漸形構出學校願景為——「塑建新（Creativity）、真（Truth）、善（Goodness）、美（Beauty）冬冬學園，培育智慧、美德、勇氣之 21 世紀兒童」。

學校停課的第四天，有老師建議學校斷電無法使用電腦來設計課程，是否可以上班半天，下午讓教師回去使用家裡電腦備課。基於真誠信任，我覺得這主意不錯，下午即採彈性上班。但沒下班的教師，我仍然邀約他們共同討論學校本位課程。正當，我們討論到如何實施「勇氣」教學活動時，有位老師突然提出一個我從來沒想過的問題：「學校的願景要教學生能擁有『勇氣』，去解決他所面臨的困難，若老師在校內遇到棘手的問題，沒有『勇氣』解決怎麼辦？」當這位老師提出此問題時，其他教師也跟著附和，我一臉疑惑的望著他們問：「這是怎麼回事，方便說出來嗎？」這幾位老師猶豫了半天說：「我們沒有勇氣說出來。」在我的鼓勵下，最後有位老師吞吞吐吐的說：「每當我們在校長室與您討論事情時，當天下班時就會接到電話或字條，述說『你是校長的紅人』，因此，我們沒有勇氣到校長室來，更不知道如何解決此問題？」當下我除感激教師願意說出真相，讓我了解校園文化難題的核心，同時也向他們表達，未來他們應該不會再有接到類似電話或字條的困擾。

針對此事，我的作法是：

◎私下先了解該教師打電話或寫字條給同儕的動機。了解原因後，我認為該教師教學認真，應該給予更多鼓勵與肯定，並以溫柔及關懷來化解此危機。

◎自我反思，自己與教師互動或討論學校相關課程或事務時，是否有疏忽其他教師？若有冷落情事，我必須調整。若無，我更要加倍關心每位教師。

◎課程討論中，只要老師的觀點好，我一定特別鼓勵讚美。

◎邀請校內教師多關心她，並主動與她討論課程，展現大家對她的愛與關懷。

　　一段時間後，我發現教師彼此的互動，已由「耳語」文化慢慢轉為「專業對話」，這是可喜現象。在建構專業文化信念上，我先透過團體動力系統「深入匯談、專業對話」等方式，讓教師建立共同的冬冬團隊專業成長信念。亦即教師們心態隨時皆能有追求教育新知、使用教育新知、轉化教育新知、創造教育新知等動力。接著我引用彼得·聖吉（Peter M. Senge）的五項修練——自我超越（personal mastery）、改善心智模式（improving mental models）、建立共同願景（building shared vision）、團隊學習（team learning）、系統思考（system thinking），來作為冬冬專業團隊的五項修練。我期待未來冬冬教師專業團隊的新圖像是「每位教師均能成為一位修練有成的教育專業人員」。當這些自我提升信念深植每一教師心中時，學校團隊就會慢慢凝聚出未來共同追求教育桃花源之意象。同時，我也形構出辦學經營策略，自此與學校同仁展開一系列的經營創新實務辯證之旅。

　　至於與家長互動方面，縱使先前有家長委員想換導師而在校內引起不小風波，為淡化此尷尬氣氛，轉化家長挑選老師的文化，同時帶領家長共同成長，我的做法是：

◎召開家長座談會。在會議中，除了聽取家長對學校的期待及建言外，我向家長提出學校未來的發展藍圖，及培育學生的「天鵝計畫[1]」方案。這項方案引起家長高度重視，同時也牽引家長共同來關心孩子的成長。

◎透過定期與不定期會議，隨時討論學校各項教育方案，且每月定期以「邱校長給家長的一封信」溝通學校近期的辦學方向及具體教育活動。每月給家長一封信的內頁，留有一欄親師交流道，因此，家長若對學校有任何意見或想法，均可藉由此管道與學校進行雙向溝通。

◎每學期初辦理一至六年級教師課程發表會，教務處安排各年段發表時間，並邀約各年級家長前來聆聽，讓家長了解他們的孩子在該學期即將要學習的課程目標及內容。

◎成立家長油畫成長班，我邀約一位油畫家蒞校擔任志工，義務指導家長油畫創作。讓校園裡聊天的媽媽們，有個成長的平臺。

---

[1] 天鵝計畫，引自兒童繪本——「醜小鴨歷經各項磨練，最後變成一隻勇敢面對挑戰的天鵝」之隱喻。

實施課程發表會初始，教師們擔心家長會提出很多意見，心裡有不小壓力。但實際進行後，由於家長了解課程的設計內容，有些學有專精的家長，甚至會配合教師教學活動，主動提供教學資源。

昔日家長是對教師教學期待甚高的旁觀者，後來反而變成教師教學的助力。親師互動語言，由耳語轉變成教育夥伴對話，家長挑選教師的文化已不再出現。

家長油畫成長班設立的目的，一方面想讓經常穿梭於校園的家長有成長空間，二方面想為家長建構藝術終身學習平臺。媽媽們認真繪畫的背影，讓藝術氛圍瀰漫整個校園。無形中，對校園裡的孩子是一種潛在課程的學習。油畫班組成後，除啟發不少家長的繪畫天分之外，有些孩子還會利用下課十分鐘跑來欣賞媽媽的創作。孩子欣賞畫作中突然冒出的童言童語，常逗得媽媽們開心不已，校園裡笑聲不斷，這是當初成立家長油畫班意想不到的效果。

📚 課程領導──摸著石頭過河

學校參與九年一貫課程試辦初期，我經常利用中午或下課後和教師們促膝長談，以了解教師們的專業需求。老師們經常告訴我：「我們不太了解什麼是『課程統整』？什麼叫『協同教學』？何謂『學校本位課程』？如何設計課程⋯，我們既期待（能設計優良課程）又怕受傷害（受他人質疑），心裡壓力很大。」

聽了教師們的訴說，我除了運用每週二教師晨會時間，與老師分享課程相關資訊外，週三下午更邀約學者、專家及課程設計有實務經驗的老師蒞校分享。當教師們對課程有了初步了解，就有人提議應該進行課程相關專書研讀、或討論「九年一貫課程」內涵、或討論「學習領域」內容、或研究「協同教學」應如何進行等⋯⋯，最後，我們決議週三教師進修先由發展學校本位課程設計入手。同時，主任將教師週五下午課務排開，另增闢一個教師專業成長工作坊，由我帶領全校教師進行課程相關知識之專書研讀，以提升教師的專業知能。

剛開始的專業成長工作坊，大都是我唱獨角戲，教師鮮少發言表達意見。為激勵教師發言表達個人看法，我邀請參與九年一貫課程第一期試辦學校的優

秀教師到校分享。幾次之後，教師話匣子一旦打開，專業對話內容不僅漸入佳境，且頗具深度，我發現教師思維不僅鮮活，且對教育話題具有高度興趣及關注。

經如此深度之專業對話，整個學校已由原本保守的文化，慢慢轉型成一具無限動能的學習型組織之專業社群。在教師身上，我看到「自我超越」及「改變心智模式」的動力。

帶領教師發展學校本位課程設計，對我來說是一項挑戰與考驗。當時，我除了將晚上研究所進修所學習的理論知識，白天轉化為教師能夠理解的語言和教師分享。同時，在帶領教師研擬課程設計過程中，不斷透過網路、書籍、期刊，蒐集國內外有關統整課程理論與實務的資料。

在課程領導中，我經常處於「摸著石頭過河」的心境，邊實作（親自帶領教師討論課程設計）、邊學習（閱讀有關課程領導之國內外文獻、或請教他人）、邊修正（依據教師需求的回應），並記錄自我課程領導檔案，隨時自我反思，修正自己的領導行為。

在討論學校本位課程研發時，有位教師問我：「課程要如何設計？」我感謝老師的提問，激勵我去尋找更多適合學校教師實用的課程設計模式。我向教師們介紹國外多種課程設計模式。最後，我選擇統整課程學者賈寇斯（Jacobs, 1999）所著之《課程地圖——統整課程與幼稚園到十二年級的評量》（*Mapping the Big Picture: Integrating Curriculum & Assessment K-12*）為校內教師課程地圖設計之參考資料。

為了要發展學校本位課程，我與全校教師週三、週五下午固定時間聚會進行課程研發及討論。大家認為要有充裕的時間來設計課程，全校決定從 2000 年 10 月份開始進行課程設計。我們配合「冬冬嘉年華會」之學校行事活動，讓教師運用所學，實際去設計了 12 月份二個星期具學校特色的校本課程。經由團體討論，我們形構出學校年度主題。教師依據年度主題來設計各年級之課程地圖，由此形成學校本位統整課程架構。12 月份，教師們成功的初試啼聲，將親自設計的課程在教學現場實際操作，同時，我也將教學團隊的「教學計畫研擬」之系統化思考歷程，撰寫成書，出版為《共築冬冬教育夢田系列叢書（一）》，讓教師團隊嘔心瀝血之作品，留存於校內供往後參考。

當教師初嚐課程統整設計成功滋味，成就感馬上轉為專業自信。一位教書

超過十年的教師告訴我，以前她認為「教師」只是一工作職稱，如今她會以「身為教師」為榮。她告訴我：學會了如何設計課程，雖然不能說是「武功蓋世」，但她很有自信的聲稱，日後她已經可以為學生實際「量身打造課程」了。感受到教師們專業自信的喜悅，無形中，也為我這「摸著石頭過河」的領導者打了一劑強心針。

2001 年 7 月，學校備課日時，有幾位老師和我討論如何進行協同教學之相關事宜。「協同教學」之議題，對我及教師而言也是一項新嘗試與挑戰。有了前次課程領導的經驗，我與教師們的互動慢慢形成默契，我們大家彼此分工，上網或到圖書館蒐集協同教學相關文獻。接著，我們利用工作坊時間研讀「協同教學」相關文章。大家對於「協同教學」的內涵、協同模式等，由懵懂、摸索、試探、豁然、實踐，這段歷程對我們整個教學團隊而言，又是一大突破。

由於學校教學團隊自行分為兩個教學群，一至二年級為 A 教學群，共同設計生活課程。四至六年級為 B 教學群，共同設計家政教育融入綜合領域課程。兩教學群採大班教學、分組教學及個別教學等方式，教學群之教師依自己專長輪流上台指導學生，讓學生們感受到不同教師教學的丰采，同時，也提高學生的學習興趣。

當我入班觀察教學群的實際互動與運作時，我發現昔日教師單打獨鬥（少有機會共同設計課程）的情景已有大幅度改變。教學群藉由協同教學，走出教室王國的藩籬，真誠打開內心門窗，彼此共同學習與成長。有位老師便說：「透過協同教學群的互動，你激勵我成長，我鼓勵你進步，教學路上我變得不孤單……。」當我覺察到教師能彼此欣賞、相互關懷。我想我不僅開啟了教師間教學深度對話的心窗，更開闊了教師彼此的心視野，也營造出一個開放且富有教學創意的學習空間。

為了讓教學群的努力不要留白，我常利用夜深人靜之際，將教學群辛勤走過的歷程，撰稿出版為《共築冬冬教育夢田系列叢書（二）——協同教學實例》、《共築冬冬教育夢田系列叢書（三）——啟動協同教學在冬冬》、《共築冬冬教育夢田系列叢書（四）——校長協同教學領導——以家政教育融入綜合領域為例》、《共同共築冬冬教育夢田系列叢書（五）——校長協同教學領導——以生活課程為例》等論著，讓校長課程領導與教師研發課程之經驗可以

供自我反思或與教育同好分享。

營造森小──許孩子一座生態園區

冬冬國小校地雖小，只有 0.034 公頃，但它四面環山，風景非常秀麗。2000 年遭象神颱災侵襲，造成校內淹水，2001 年受納莉颱風沖刷，後山土石流沖垮校園的護坡堤及電動鐵捲門，但重整後的校園特重水土保持及水路引導，至今仍然屹立不搖。從此以後，我們就可以放心讓孩童們擁有一個每天都可以快樂學習的園地。

家長曾表示，他們之所以越區就讀，就是因為校園四周環山，風景優美。他們期待學校能規劃多元課程讓學生學習，讓學校成為名符其實的體制內森林小學。我能體會家長的期待，也觀察到學校後院有 16 公頃的山坡地，都是地主私人擁有的土地。我很想利用一小塊區域作為後花園，供孩子們課餘學習，讓學生們在校園周遭就能親水、護土、擁抱群山，與大自然為伍。於是，我找幾位家長陪同，親自去拜訪地主三次，協商是否可以讓學校無償租用他的土地，供學校的孩子耕作及進行自然生態探索。最後，地主被我們的誠意感動，同意讓孩子們在後山開墾。

學校終於在後山開闢了一座農場。開闢農場的主要的目的，是想要讓學生有機會擁抱大地享有自然體驗的學習機會。在農場裡，每一班都有一畝田。農場開闢後，孩子們經常利用晨光或下課時間到農場裡耕作。有時，社區的阿公、阿嬤、伯伯、嬸嬸等，會跟著孩子們到農場，親自指導如何耕作。

孩子們也會在學生自治小組會議或自然與生活科技課程中討論，決定要種植哪些符合時令的蔬菜。為響應環保及實施環境教育，學校順勢指導學生珍惜綠資源、保護大地，引導學生以「有機」的方式耕作。為防止辛苦栽種的蔬菜被蟲咬，孩子們透過自治會主席之帶領，全校學生共同磋商討論，最後決議用辣椒水、薑汁、蒜汁、過期羊奶（學生喝剩的羊奶稀釋）、水等方式實驗，孩子們將發現結果寫成報告，並在校刊之農場場訊中刊登：諸如辣椒水較易除蟲害，過期羊奶的土地較肥沃，長的蔬菜較碩大等。

除此外，自然與生活科技老師亦結合課程，指導學生進行有機耕作實驗，孩子們用了許多種方式自製有機肥，如黃豆餅、木屑、枯葉、尿液等，最後孩

子們發現將自己的尿液稀釋,效果最佳,蔬菜長得快又大。

有一回,三年級學童拿著一條小黃瓜,跑到校長室告訴我:「校長,這是我們班種的小黃瓜,像不像大黃瓜?」看著孩子手拿著小黃瓜,充滿得意的眼神及笑容,我謝謝他們和我分享收割的喜悅。隨後,我聽班導師描述,全班都非常興奮的欣賞及摸過小黃瓜,最後,全班每人都品嚐了小黃瓜鮮美的滋味。隔天,有位孩子在日記上寫著:「小黃瓜變大黃瓜,尿尿施肥有功(孩子們用自己的尿當有機肥),小黃瓜的滋味非常甜美,令人回味無窮。」

看著孩子們在農場的鮮活體驗,讓教學團隊更有信心進一步去規劃一個生態園區。於是,學校向教育部申請「永續校園局部改造計畫」。幾經努力,我們成為臺灣永續綠校園家族的一員。學校將「農場」及「野薑花」區結合為「野薑花濕地生態園區」,獲得教育部永續校園局部改造計畫的經費補助。當「野薑花濕地生態園區」竣工,開放孩子們探索之後,孩子們下課或用完午餐,總是會瞧見他們沿著木棧道,一窩蜂的跑到後山。

我好奇的問:「你們在那裡做什麼呢?」有些孩子告訴我:「學校後山是我們的秘密花園。」孩子們笑著說:「我們除了在農場鬆土、搭棚架、種菜、採收之外……,我們會在秘密花園種太陽花、觀賞野薑花、玩尋寶遊戲、躲貓貓……,我們曾經在泥土中發現很多鍬形蟲的蛹,全身白白的、軟軟的,非常可愛;我們也曾經拿著放大鏡去觀察葉片上的蚜蟲……。」

聽孩子你一言,我一語的分享他們在生態園區中的發現,我深深覺得,將「生態園區」融入「自然與生活科技」及「生活課程」,已經讓孩子懂得從大自然的生活體驗中學習。孩子已在自己的生命底層,注入一份對大地的愛,不僅懂得去品嚐泥土的芬芳,珍惜自然資源,未來更能成為自然生態的小小解說員。

結語──回首來時路

我以「校長心影」來呈現擔任冬冬國小校長時期,發生在周邊的種種事情。藉由「有形」的描述,來詮釋個人「無形」的校務領導思考歷程。並透過詮釋性省思手法讓自己能夠理解:我是誰?我在做什麼?我們為誰思考教育方案?為什麼要如此做教育方案的決定?透過對經驗不斷反思、批判、解放、重

構的循環歷程，在面臨困境與糾葛的難題中，讓我能夠重新看見自己，調整自己，並重新思考每一行動的可能性。

走過冬冬四年歲月，我與孩子們的關係由「校長」變成「校長媽咪」；我與教師的關係由「校長」變成「親密的朋友」；我與家長的關係由「校長」變成「教育合夥人」。我感激冬冬的孩子、學校團隊及家長讓我成長。在此四年中，縱使學校成員有異動，但學校教學團隊在課程研發方面，榮獲教育部 92學年度「標竿一百──九年一貫課程推手」學校團隊績優獎；2004 年我帶領學校行政團隊，參與 InnoSchool 全國學校經營創新獎競賽，榮獲「行政管理革新組」優等獎。

在優雅校園裡，在到處充滿鳥叫、蟲鳴、與翠綠山林的學校社區中，我和親、師、生曾共同享有過甜美的喜悅。然而，面對一些外在的侷限和挑戰，我們也共同流過一些憂傷的眼淚。冬冬國小位處偏遠，前三年，學校教師異動了三分之二，猶記得昨日方與教師定下海誓山盟，轉眼間似乎期約已滿。我深深為偏遠區學生叫屈。偏遠區學校永遠是教師新兵訓練所，而校長就是那位新兵訓練的隊長。此種困境及心情也只有擔任過偏遠區的校長方能體會。

在經營校務辯證旅途中，因夾雜著人、事、時、地、物的環扣，彼此時空的錯配而衍生故事的情節。我的「心影」嚐過酸、甜、苦、辣；走過困頓、徬徨、孤獨、及豁然開朗；「理想我」經常與「現實我」對話。當我面對理論理想及現實情境的落差時，心靈上常有矛盾的鬱結與無奈的吶喊。但我經常安慰自己，決不能放棄理想，不能對現實失望。只要努力，必能創造明日更優質的教育。

回顧校長生涯，不管「心影」挾帶著多少困頓與徬徨，我視其為一種積極的成長與學習。理想教育追尋之長路漫漫，深信教育之旅，有你、有我、有他同行，必不孤獨。

邱惜玄校長小檔案

我出生於嘉義農村，成長在臺東，翠綠鄉野與純樸民風伴我渡過悠哉童年。

由於受國中、小老師影響，我選擇教師為終身志業。師專求學過程中，開啟教育視域，讓我熱愛教育。

師專畢業旋投身北縣國教。所謂「教然後知困」，教學過程中，常覺有進一步充實專業之必要。於是考進國立臺灣師範大學教育學系進修。師範大學就讀四年中，受師長教導與啟發，培養出探索教育相關理論的學術研究興味。

1991 年，受長官鼓勵，考上主任，並經四處室行政歷練。

1998 年，參與臺灣省第一屆兒童英語種子教師甄試出國，赴澳洲之「南澳州立大學」進修。澳州進修期間，利用假日參觀阿德雷德州的華德輔學校（Waldorf School，原為 Steiner 始創於歐洲）及墨爾本華德輔師資培訓中心。Steiner 的教育觀不僅吸引我，也逐漸浮現我想要經營一所人文學園的圖像。

1999 年，我放棄校長遴選，允借調任十三行博物館籌備處主任職，統籌建館事宜。從教育界跨足文化界，除順利完成開館之獻替外，另有一份內在成長，亦裨益於往後教育觸角伸展。

從 2000 年回教育界擔任校長迄今，不迷失於外在讚頌或光鮮，唯秉愛與關懷認真於每一階段師生實質教育成長。理想是我永遠的指引，願腳步邁過的足跡與洞識增長，為引同好教育熱忱之火苗。

26. 一位女校長的真情告白

臺北市永安國小校長　何秋蘭

前言

　　記得初任校長第五年，我曾在《中小學校長談校務經營》一書，寫了一篇「校長之路快樂行」，大談初任校長的快樂心情，當年的狂言，猶如「少年不識愁滋味」。如今再度為文，已經歷十年校長的磨難，隨著校長年資的倍增，五年前「不識愁滋味」的快樂校長，是否仍有當年的灑脫與愜意？或是嚐盡校長生涯「酸、甜、苦、辣、嗆」的五味雜陳之真滋味呢？

　　以下就讓我這位女校長，為各位娓娓道來「十年校長的真情告白」。大家不妨慢慢品嚐！

碩果僅存　養顏美容

　　這幾年，校長難為自不在話下，許多校長選在 55 歲優退或四年、八年任期屆滿，「急流勇退」享清福，或接受私校高薪禮聘，退而不休繼續發揮所長。

　　屈指一算，當年校長儲訓同期的 20 位同學，十年間就有 8 位校長退休。38 年前，師專的 45 位同班同學，近幾年也陸續在 50 歲或 55 歲優退之年，遠離教職，僅剩我和另一位也是校長級的同學，依然留守崗位，不肯「輕言」退休！

　　退休之年不退休，到底是「不知好歹？不識時務？」還是患了「大頭症」，捨不得離開校長位置？這麼多的問號，有時還真成為同學會的話題呢！每當老同學聊起這個話題時，我是處於退休人口眾多的場合，自當了解「少數民族」的「謙虛之道」，通常我會回以友善的微笑，做個低調的好聽眾。也不敢輕易透露養顏美容的秘密，免得又落入下一個話題！且看同學怎麼說，我又怎麼做呢？

兩位班上碩果僅存的校長級同學 ◎◎◎

這兩年的同學會，退休享清福的同學，總喜歡把我們這兩位還沒退休的校長級同學，拿來陶侃一番，說是什麼「班上碩果僅存」的校長同學，要好好的代表班上同學，繼續堅守教育崗位喔！

言下之意隱含：「老師若當到 50 歲還不退休，就會被家長和學生嫌老。只有當校長的不致於有這些顧慮，所以校長級的同學，可以留得久一些，當老師的還是早點退休比較好，免得惹人嫌！」也有的同學說：「唉喲！50 歲都一大把年紀了，如果還帶班級的話，體力吃不消之外，也缺乏活力了啦！」

老同學們你一句我一句的來回對話，我不便回應，深怕一說話反而破壞用餐雅興。校長真的沒有年齡顧慮嗎？真的不用擔心體力嗎？真的不用維持充沛的活力和創意嗎？各位同學啊！你們可說得輕鬆喔！沒當校長又怎知道當校長的甘苦啊！不過從同學們的閒聊中，我倒也聽得出來，他們還真的是樂在退休啊！

樹立青春美麗的校長形象 ◎◎◎

當了校長之後，就每天穿著整齊的套裝上班；本意是想給老師、學生和家長，樹立美好的形象；或者萬一臨時有外賓參訪，或要去校外開會，才不致於穿著失禮。

有幾次的同學會，正好是安排在我上班的時間，當天只得從學校匆匆趕去。但見老同學們個個輕裝而來，有人尋開心似的朝著我說；「同學會幹嘛穿得那麼正式啊！下回穿得輕鬆一點來嘛！」我無奈的擠出一絲絲的微笑！心想：「怎麼退休了，還不脫好為人師的本性呢！別人穿什麼衣服，還要勞你操心啊！」隨之，心念一轉，算了！老同學見面，別計較啦！

席間，我偶爾打量班上的大美女們，退休生活固然自在隨意，但也任由頭髮斑白，顏面細紋橫生，已不復見當年美貌！而我呢？「校長尚未退休，青春容貌仍需養護」，豈能讓校長顏面盡失，或不經意的顯出蒼老來呢？！其實我早已把當校長視為養顏美容的滋補聖品，所以這幾年校長愈當愈年輕，也就不足為奇了！

有人說：認真的女人最美麗；於是我每天認真執行身心靈的美麗良方，諸

如：唯恐新知缺乏，創意不足，就每天上網瀏覽資料、每月閱讀新書，常保腦袋智庫活水長流；唯恐體力或活力欠缺，就勤游泳、常打球和騎單車，再加每天不忘吃足銀寶善存。

又怕白髮蒼蒼催人老，就定期挑染、勤變髮型；若想駐顏有術，還要捨得花錢換青春，藉助醫學美容，用脈衝光、電波拉皮、玻尿酸和肉毒桿菌等，來個即時回春。年近花甲的女校長，不惜「一擲千金」養顏美容，所為何來呢？我說：「人生幾何？錢夠用就好，抓住青春的尾巴，歡喜就好啦！」各位女校長們心動不如行動，跟著潮流走，去做就對啦。你可以再靠近一點看我！

另類校長　平安喜樂

古有明訓：「父不父、子不子」，是說做父親的不能不像父親，做孩子的也不能不像孩子；依此類推，當校長的也不能不像校長。而我當校長的這幾年，恰適倡導多元創新、又逢少子化減班危機，若要擄獲家長和孩子的心，就得各顯神通的行銷學校，或做個出奇制勝的另類校長。以下就讓我自我表露幾則另類校長的「新鮮事」吧！

「求主赦免垂憐我」的法會校長 ◎◉◎

十年前，我在十個候用校長激烈的角逐戰中，雀屏中選為這所學校的校長。在新校長上任後的一週，我傳承前任校長的衣缽，穿上海青、跟隨大法師唸經、跪拜，擔任一天中元普渡法會的主祭。爾後的八年任期，一年一度的中元普渡法會，我都必須「穿上海青、虔誠的隨著大法師唸經、跪拜」，為這所學校和社區祈求平安。

它不是一所宗教學校，但是這所學校的校長，必須擔任一年一度中元普渡的法會主祭，並且在法會之前，還得虔誠的齋戒三天，其用意是未來一年中，學校的平安與否，端看校長的運勢和法會的賜福。不知道其他學校的校長，有沒有這項特殊任務啊？

這所學校的校地原為公墓，當時學校周邊還有許多墳墓。就在學校成立初期，創校校長和總務主任不幸相繼英年病逝，從此人心惶惶，校園怪力亂神傳言漸開。為安定校內人心及爭取家長信心，遂舉辦一年一度的中元普渡法會，

希望驅邪祈福、安定人心,並祈禱往生的校長和總務主任,庇佑學校校運昌隆、平安順利。

　　一般而言,學校是謹守宗教中立的學習殿堂。源於這所學校的悲情往事,外界傳言要擔任這所學校的校長,一定得先秤秤「八字夠不夠重」,才能鎮得住這塊「福地」。想當這所學校的校長,還得先稱校長「八字夠不夠重」的特殊規格,是不是很另類啊?!

　　由於前任校長是位虔誠的佛教徒,在這所學校也經營六年之久。所以換了新校長,有些同事會不經意的暗示我說:「校長最好是唸經拜佛吃素的佛教徒,那樣學校會比較平安。」豈有此理?校長應謹守學校宗教中立,我不想在學校談論宗教問題或個人信仰。久而久之,這些試探性的暗示,也就少了。

　　經營這所宗教信仰鮮明的學校,我對佛經一無所知,也不想花時間學禮佛。只希望學校回歸教育,全新引領大家邁向專業成長,所以我以身作則每月做新書導讀或閱讀心得分享,帶動教師及行政團隊的研究進修風氣。若有人問校長是否為素食者?我通常會回答說:「吃蔬食一直是我的健康飲食習慣。」

　　有鑑於這所學校的過往,我決定要在我的校長任內,讓這所學校放下悲情包袱,徹底的脫胎換骨轉型!令我欣慰的是八年校長任內,教師的專業對話漸多,進修研究所或考上校長、主任的人數也漸漸增加。如今這所學校,不僅是一個溫馨和諧的藝術校園,還是榮獲臺北市優質學校評選兩個獎項的優質學校。放下悲情,轉型成功,建校初期的悲情往事,已靜靜的存放在我當年為它規劃的校史室,讓一切歸於平安喜樂。

　　我是一位天主教徒,對於該校賦予校長的特殊任務,我把它視為公事,沒有刻意迴避。當一年一度的中元法會,需要校長一整天穿著海青、三叩九拜的行禮如儀時,我就把它視為學校例行的典禮儀式。不過這項校長的特殊任務,可不是一件輕鬆的事啊!

　　想想看!一整天繁複的法會跪叩儀式,校長如果體力不夠強壯、膝蓋又不夠好的話,一天折騰下來肯定吃不消。嚴重的話,第二天兩條大腿可能還會痛得抬不起來,這可是我的慘痛經驗啊!至於佛經,我根本不懂它的文意,所以唸起來備覺生澀,為了入境隨俗只得把它當做書本朗讀。戴起老花眼鏡認真的看著國字唸,唸久了熟能生巧;唸八年,也就可以朗朗上口了!

　　主啊!這八年,我雖然埋名(不說奉主之名)「隱信」(不談個人信仰)

的離開了你的國度，以一個「八字夠重的校長」之名，到一所需要「普渡眾生」的學校，奉行「主耶穌愛世人」的旨意，悄悄的把愛灑在這塊曾是悲情的土地；如今任期屆滿，迷途的羔羊又回到了您的國度，接受您的審判──「求主赦免垂憐我」，阿門！

「當街賣笑行銷」的門神校長 ◎◎◎

初任校長的第二天，我正思索該做一個怎麼樣的校長時，正巧看到牆上掛著前任校長送給我的兩幅字，寫著：「鐵肩挑教育、笑臉迎兒童。」鐵肩擔教育，道理我懂；但是校長不帶班級，每天要如何笑臉迎兒童呢？

我是新校長，學校的師生及家長都還不認識，我該用什麼方式，來讓大家很快認識我呢？基於這樣的想法，我走出校長室，踏入孩子的視野，希望與孩子眼神交會的剎那，能帶給孩子一天的喜悅。

從開學的第一天起，我就每天早晨站在校門口，笑臉迎接學生上學，並和他們熱情的揮手道早安；好像慈母，站在家門口迎接孩子回家的場景。剛開始老師們以為校長站在校門口「點名」老師的到校時間，學生則不習慣新校長的打招呼方式，害羞的學生還會手足無措或低頭匆匆繞路而行；有位學生還調皮的說：「校長打招呼的動作，好像候選人，站在宣傳車上揮手喔！」

經過一段時間，學生們也開始和我揮手道早安，甚至有些家長還說：「小孩很喜歡校長，每天早上都想要快點到校，擔心遲到了會在校門口看不到校長。」也有家長告訴我，他一年級的孩子，昨天上學沒看見校長，回家就急著告訴媽媽說校長不見了。第一年過去，小朋友和家長們都和校長熟悉了，遇到我也會主動熱情的打招呼。

因為我每天站在校門口迎接學生的關係，家長對校長的了解也就愈來愈多，新校長辦學認真又親切的美名逐漸傳開。次年，校長「當街賣笑行銷」的奇招，果然奏效。當各校面臨少子化，有減班危機之虞時，這所學校的學生人數不減反增，真是奇妙啊！

在前一所學校任期八年，所以校長「當街賣笑行銷」，一站也就站了八年。轉任新學校的第一學期，我還是每天站在校門口，迎接學生上學。剛開始，新學校的夥伴們還不了解校長這種作風的用意，擔心校長每天站在校門口和學生或家長打招呼，恐有損校長之尊，或認為校長直接和家長接觸，可能助

長家長直接向校長告狀的歪風。

　　新夥伴所提的建議和疑慮，固然有些在地經驗的道理，但是我沒有急著「從善如流」。因為我深切明白，校長的價值不在於她所站立的位置，重要的是她在師生及家長心目中所擺放的位置。

　　記得前所學校的一位家長曾對我說：「我家住在校門口正對面，以前在家看到校長每天站在校門口迎接學生，以為校長一定是和導護老師一樣有領津貼，才可能每天『站導護崗』。今年孩子念一年級，聽了校長的辦學理念後，才明白校長對孩子的用心，以前真的是錯怪校長了。」我心想縱使老師有領導護津貼，也只能排他們每人輪流一週，有哪位老師願意每天在校門口站導護啊！這是校長自己的辦學風格，無價的啦！

　　站在校門口，看著學生、老師及家長、志工，每天進進出出的，久而久之，這些人的臉孔幾乎都已熟悉了。若有陌生人想闖進學校，都難逃過我的好眼力，所以校長還兼「門神」，能嚇阻不法之徒，私闖校園的作用！

　　「笑臉迎兒童」是愛與榜樣的實質行動，我已形塑一個無可取代的校長價值，十年如一日，我甘之若飴的做一個「當街賣笑行銷」的門神校長；我也經常提醒老師們，每天早上學生剛進教室，一定要給孩子「好臉色看」！

「我變我變我變變變」的歡樂校長 ◎◎◎

　　自從多年前，臺北市的幾位校長，用跳天鵝湖來鼓勵學生閱讀之後，校長的角色就開始有了大轉變。當年初見年紀一大把的校長，穿著芭蕾舞裝大跳天鵝湖，讓我聯想到老萊子娛親的故事，不免感嘆校長難為！

　　誰知道就在當年的校長會議，局長呼籲校長們要多發揮創意，各校要在放完漫長的寒暑假之後，辦理創意開學日活動，讓孩子結束漫長的假期後，回到學校上課的第一天，就能夠有意想不到的驚喜和快樂。

　　從那一年開始，寒暑假結束的創意開學日，許許多多的學校就絞盡腦汁規劃精彩的創意開學活動，讓校長和家長會長或老師，在開學日變裝上場，娛樂學生。既然躬逢其盛不能免俗，校長們也就勇敢上陣了。

　　這幾年，我裝扮過的角色大致有：掌管讀書的文昌帝君、女狀元、八仙過海的何仙姑、猴年的孫悟空、哈利波特、背著翅膀拿著仙女棒的美麗仙女、歲末的聖誕老公公、科學小飛俠及配合花博會主題的紫色花精靈等。

其中裝扮何仙姑的那一回，還得到新聞媒體的大幅報導。因為當年全市還只有少數學校舉辦創意開學日活動，所以新聞稿發出去之後，當天就有電視台及平面媒體共七家到校採訪。SNG 現場轉播車，也一大早就停在校園，進行現場實況轉播，並在晨間新聞搶先即時播出。

當天的新聞節目，一再重播「開學日校長扮何仙姑，發一元復始的紅包，歡迎小朋友上學」的新聞。一時之間，久別的親朋好友，看到播出的新聞後，紛紛從新竹、臺中、加拿大等地，打電話來向我「報新聞」，這次讓我在電視鏡頭上，出盡風頭還免收廣告費哩！不過我看到電視機裡的「胖何仙姑」，真是愈看愈臉紅；早知道有一天會被電視新聞大肆報導，真該先減胖，讓何仙姑顯得更嬌美些！一笑！

猴年的創意開學日主題，是和猴子有關的唐三藏取經，我把扮像英俊體面的唐三藏謙讓給家長會長裝扮、豬八戒和沙悟淨等配角則由副會長們裝扮，剩下的「老孫」就只得由我來上場囉！為了要突顯孫悟空七十二變的潑猴個性，我在學生前面大肆揮舞金箍棒，還作勢騰雲駕霧般的耍起猴戲，扮盡「糗事」尋孩子們開心！我心裡明白，想當另類校長就要敢犧牲「色相」！

唉！都已經是「校長奶奶」了，還童心未泯，耍起「我變我變我變變變」的把戲？！真該退休啦！否則黔驢技窮，老狗變不出新把戲，那才貽笑大方呢？！

生不逢時　遴選宿命

有云：「21 世紀唯一的不變就是變。」用這句話來形容人生無常，一點兒也不為過！每當我踏上生命的長河，揮汗認真趕路，原以為美好的事物即將垂手可得，無奈抵達目的地，才發現路標早已轉了向。

記得我當老師的年代，官派校長「威風八面」，老師只需乖乖聽話，不必有太多意見。怎料一旦我當上校長後，校長地位卻一落千丈，不但失去官派的「保護傘」，還得自我行銷以「求職」。而今校園「民主」的聲浪逐漸升高，校務重大決策還須交由委員會決議，校長幾乎是「有責無權」怎不令人感嘆！

更難過的是每逢校長連任或轉任的關鍵時刻，就得面對校長遴選重重關卡。遴選結果，雖然大部分校長都能安然過關，但是也有少數校長，不幸「中

箭落馬」，其下場就只得回任老師或自行提出退休掛冠而去！所以，候用校長能不能坐上校長「位置」？現任校長能不能坐穩校長「寶座」？又能坐多久？都得靠選票來決定。

無怪乎當年有位資深校長說：「校長遴選制度，讓校長有如市場上的蔬菜和水果，任由學校老師及家長，在供過於求的『大賣場』上，不顧校長尊嚴和感受，東挑西揀的把校長給『選了回去』。」唉！校長曾幾何時竟淪為商品，任由老師和家長挑選，真是「生不逢時」啊！

初任校長的悲情故事 ◎◎◎

校長遴選制度施行的第二年，我有幸考取候用校長，十週的校長儲訓期間，有些同學懂得未雨綢繆，積極準備遴選，並關心有哪些學校的校長出缺，「一邊儲訓、一邊準備遴選」，希望能贏在校長遴選起跑點。可是我白天要上校長儲訓課程，晚上又要趕著去上研究所的課，已經忙得透不過氣來，沒有多餘的時間準備校長遴選。

結訓後，我順勢而為的參加第二輪的校長遴選，忽見該輪出缺學校的名單裡，有一所學校是我當年主任儲訓班好友所籌建的。記得我這位好友，在當了兩年主任後，隨即考取校長，是我們這一期主任班同學中，首位當上校長的優秀同學。

她初任校長，即被分派到許多校長視為畏途的興建校舍工程。籌備校舍初期，她日以繼夜的忙著處理建地上數百座公墓的拆遷問題；繼之校舍興建過程，遭逢承包廠商倒閉，她絞盡腦汁勞心協調校舍復工，且親自督導工程進度，以便創校第一年能如期開課。

不料在全校師生及家長歡欣鼓舞慶賀創校開課的第一年，她卻因籌建校舍的多年疲累，積勞成疾，一病不起英年早逝。六年前，已由第二任校長，接續她創建的新學校。猶記得，我和她相識相交於主任儲訓班，兩人行事風格相近；工作認真待人熱忱、喜歡浪漫的生活情調，愛喝咖啡、也愛賞花。有一次聊起未來的退休生活規劃，我們還相約在50歲退休後，一起開花店；她天生手藝精巧負責插花，我喜歡招呼客人負責賣花。往事歷歷，不禁令我感傷得熱淚盈眶。

當我年近五十之際，好友已在六年前英年早逝，難圓50歲的花店夢，空

留她當年建造得「如城堡般」的粉紅校園。記得在她往生前兩個月，我和先生去探望她，她雖重病臥床，仍強坐起身子說：「剛才法師預言有一對夫妻約20分鐘後會來看我，原來就是你們啊！」在場的人都驚訝法師的神準。接著她又用微弱的聲音，請這位幫她治病的法師，為我指點校長考試的迷津。她說：「法師啊！我這位同學這麼優秀，為什麼今年還是考不上校長呢！請您幫忙指引她，好嗎？」這些年，我參加校長甄試遭逢多次落榜，每當心灰意冷想放棄校長考試之際，想起當年好友在癌症末期，來日不多的病榻上，還要牽掛著我校長考試落榜的事，此生若不能當校長，又怎能安慰好友的在天之靈呢？！

那一年，我終於校長甄試錄取，巧逢這所學校的第三任校長出缺遴選，冥冥中是否好友要我信守約定，接掌她創校才滿七年的美麗學校，完成她未完的心願？於是我暗自期許，一定要報名參選這所學校的第三任校長遴選，全力以赴、志在必得。

這所學校，校舍新，位於市區，交通便利，是「兵家必爭之地」，有十位候用校長報名參選，在當時出缺學校少，候用校長人選多，形成粥少僧多的狀況。我該如何在激烈的競爭中，脫穎而出？這所學校的校長在這一輪出缺，是好友在天之靈的巧安排嗎？如果遴選失敗，將辜負好友期望，失信於「50歲一起開花店」的約定。想到此，這所學校的第三任校長非我莫屬。有了這個心念之後，我渾身充滿戰鬥力，隨即披掛上陣，頭也不回的投入校長遴選的「激烈戰場」。

經過一場遴選的苦戰，我終於接任這所學校的第三任校長。前四年的第一個任期，我把當年和好友相約開花店的經營理念，以及好友的人格特質，融入我的校務經營理念，我自許身兼二個校長，希望創校好友在天之靈能感到欣慰，並庇祐學校平安順利。後四年我選擇連任，繼續完成我自己的校務經營計畫，直到任期八年屆滿，才離開這所學校。

轉任校長的峰谷法則 ◎◎◎

我很欣賞《峰與谷》這本書，書中從一位山頂上的老人和年輕人之對話，談到「逆順相連」的「峰谷法則」，認為每個人在工作和生活上，本來就會有高峰和低谷。所謂人生的高峰和低谷，就是工作與生活的高潮和低潮。若用

「峰谷法則」來形容我的十年校長生涯,所經歷的順境與逆境,還真是蠻貼切的!

回想十年前,我是個「初生之犢不畏虎」的初任校長,「單槍匹馬」的進入陌生的新環境。當時學校雖然留兩個主任缺,讓新校長自己安排人選,但我仍以就地取才為考量,提拔原校老師為主任。於是我在毫無班底的護持下,獨自來到初任學校,以新手上路的膽識,帶領將近九十多位的教職員工,邁向初任校長的首航。

萬事起頭難,雖然我頂著遴選過程,從十個候用校長脫穎而出的人氣光環,來到這所學校。但是新人治校的初期,自己不但需要快速適應新環境,教職員工和家長也都以且看且走的心態,適應新校長。第一年,在缺乏開路先鋒為新校長披荊斬棘的劣勢下,除了虛心就教前輩校長們的辦學經驗之外,還得運用「眼觀四面、耳聽八方」的縝密智慧,苦心經營。新任的前一、兩年,我費盡心力,逐步爭取學校老師及家長對新校長的認同與支持,終於漸入佳境;而事通人和的順境,也讓學校整體的發展扶搖直上。

四年任期屆滿,在家長代表全數投票通過,盛情敦請校長連任的歡樂聲中,我承諾連任。接續的四年,我更加積極推動校務改革方案,並且善用女性親和力的特質,營造關懷尊重、溫馨和諧的校園氛圍。

歷經兩任八年的校務經營,各項先天不良的環境設施,都已全面改善,學校宛如藝術校園。老師們的課程教學多元活潑、學生在校內外的各項成績表現更是可圈可點;多元的課後社團,亦如雨後春筍般的蓬勃發展。家長參與學校志工服務的人數逐年增多,充分支援學校,並經臺北市政府評選為績優志工團隊,獲頒「金鑽獎」的最高榮譽。

老師們的進修風氣亦不落人後,全校修畢研究所的教師將近二分之一,行政夥伴考上主任的有六人,考取校長者有二人。而我在第八年的校長任期屆滿前,榮獲臺北市優質學校評選的「校長領導」獎。獲頒「校長領導」獎項的肯定,或許就是所謂「峰谷法則」的高峰吧!

在校長轉任前夕,我有感於出缺學校專程來校拜訪的盛情,於是選填這所曾是四度獲頒教育部「教學卓越獎」、四度榮獲「臺北市教師教學行動研究團體獎第一名」、三度獲頒「臺北市優質學校獎」及「名列百大特色之一」的學校;接著順利通過校長遴選,轉任到目前的這所學校。

這所學校由於前任校長的卓越領導，早已擁有巨大的光環，全校師生及家長以學校為榮，具有強烈的優越感；對於前任校長的課程經營，更是具有高度的認同和信任。就新任校長而言，比較不容易在短期間內，建立彼此的信任和了解；因此有些老師或家長，疑慮新校長剛到這所學校，必定不懂學校的課程發展，也不了解學校家長和社區的生態。

　　縱然我已具備八年的校長歷練，也剛獲得臺北市優質學校「校長領導」獎的肯定，甚至還事先認真的蒐集了解這所新學校的課程特色。但當我再度以單槍匹馬的膽識，來到這所學校，接掌第二任校長之後，才發現我在老師、學生及家長的心目中，儼如初任校長，或只是這所學校的一位新人罷了！我頓然從高峰瞬間墜落山谷，甚至被迫選擇「失憶」，絕口不能提到前所學校的蛛絲馬跡，以免被誤認為對新學校的不夠投入。於是從前種種譬如昨日死，就讓一切歸零吧！只殷切期望早日脫離谷底，再度攀升高峰。

　　轉任的第一年，我一再告訴自己要沉得住氣，也要耐得住煩，尤其師生或家長對新任校長因不了解所引發的莫名揣測或誤解時，我更需要耐心溝通協調。記得剛到任的第一學期，總務處請工人重新油漆生銹的學校大門，在除銹上紅丹的底漆階段，校內即誤傳新校長要把前任校長做的美麗大門顏色擅改為紅色，頓時校內負面的情緒開始蔓延，真是讓我始料未及！

　　工人除銹塗丹紅底漆，竟也能想成是新任校長要擅改學校傳統的話題，真是欲加之罪何患無辭啊！第一年的體育表演會，由於是新校長到任的關係，蒞臨的貴賓比往年踴躍，也被傳為新校長愛作秀，是個公關校長。轉任新校長的莫名和無奈，原以為是我個人的因素或是環境的適應問題，待有機會聽聞前輩校長們，談起他們的轉任心得後，我才恍然大悟，原來新校長的處境，也是家家有本難唸的經！

　　記得有位大老級校長，曾毫不諱言的說：「大家別光看我的學校今年獲獎連連，當年剛接這所學校時，我可是足足花了兩年時間，才走出來的。」也有一些懂得轉任箇中翹楚的校長，分享他們的轉任獨門秘笈，說：「我寧可轉任到『比較有開發空間』的學校，因為只要稍加努力，就可以馬上看到成果。如果轉任到『日正中天』的明星學校，新校長縱使夠優秀也夠努力，要想一時之間突破前任校長的辦學績效，那就不是一件容易的事囉！」原來校長轉任不但需要智慧，還要經得起「震撼教育」的無厘頭磨練。如今我已通過兩年的耐震

考驗，邁入學校有位老師打趣說的第三年——「麻吉」（match）期，欣見撥雲見日的曙光！

 結語

　　校長是我年近一甲子，曾經苦心追尋的境界，也是讓我生命智慧，發揮得淋漓盡致的角色。記得當年準備校長口試，師傅校長告訴我說：當你被問到為什麼要當校長時，記得回答「當校長是影響力的發揮」。此話記憶猶新，但不知我當了十年校長，經歷二所學校，陪伴過數千名師生及家長，到底發揮了多少影響力？

　　只見眼前一幅幅校長影像，有如跑馬燈似的述說著校長心聲：現任校長→是常被老師們私下拿來聊起喜歡或不喜歡他的那個人；轉任校長→是離開學校後，才讓前所學校的人，更加想念或懷念起他曾經做過那些好事的那個人；歷任校長→則是高高掛在校史室牆上一張張的「大頭照」，如果沒有加註影中人的簡介，年代久遠，校史室牆上的「大頭照」，也只不過是一張靜靜掛在牆上的校長「老照片」罷了！

　　揮揮衣袖，抖落過往歲月的紛紛擾擾，我即將灑脫走下那座看似多彩卻又孤寒的校長舞臺，且把五味雜陳的心情故事化做佳釀，緊緊的封藏在「大肚小口」的陳年酒甕，束之高閣。希望握緊殘餘的歲月，過著真正屬於自己的生活。

何秋蘭校長小檔案

　　她是一位只想遠遠逃離新竹農村，隻身跑到臺北市大都會，接受更多文化洗禮的年輕女老師。打從新竹師專畢業初次離家，她一個人拎著一只僅放得下幾件舊衣裳的小皮箱，循著當年師專生發展的生涯路，獨自來到臺北市南港國小任教，先後服務過舊莊、民生、修德、永安等五所學校，客居他鄉 38 載。

　　她也曾是想跳脫命運擺布，卻又走不成的「教育逃兵」。任教第八年高考及格，原以為可以脫離被貧窮無奈擺布的小學老師，做個中央機關的公務員。但是結婚生子的現實束縛，讓她「有志難伸」的認命回歸小學老師，以便就近照顧孩子、兼顧家庭。

　　想要跳脫擺布、去挑戰命運的好勝因子，一路指引著她前行；於是她攻讀文化大學法律系第一名畢業；又從級任教師、處室主任，奮力躍進校長職位，並取得臺北市立教育大學研究所碩士學位。歷任修德國小八年校長，現任臺北市永安國小校長。感謝一路以她為榮的年邁九十歲雙親、感謝縱容她數十年「闖蕩教育圈」的偉大先生、感謝從未讓她操心的一對兒女。若缺少這些堅強的後盾，當年鄉下的小女孩又怎能成為今日臺北市的女校長呢？！

27. 多采多姿的校長生涯

臺北市吉林國小校長　藍美玉

前言

　　校長是個領導者、經營者、溝通者、協調者、創造者、決策者、責任承擔者、困境解決者、公共關係經營者等複雜的角色，隨時隨地要扮演不同的角色，真的難為。美玉的校長生涯已邁入第 11 年，有辛苦也有成就感，本文分為辛酸和無奈、擔心和害怕、相互敬重相互感動、得意的心情故事等章節，與大家分享。

辛酸和無奈

家醜被外揚 ◎◎◎

　　俗話常說：「家醜不外揚。」偏偏有些家長不如他意之事總喜歡向民意代表或上級教育單位告狀，雖說向外告狀的事項不見得都是家醜，有時可能是教師教學的問題，有些可能只是家長個人的偏見，但被家長認為負面之事，不管是傳到民意代表或教育局長官耳裡，都是一件令人傷神、影響校譽之事。我經常透過各種家長會議宣導「家醜不外揚之觀念」，也再三叮嚀家長有任何事找校長談談，校長一定會解決問題，但總有人聽不進去，喜歡有事沒事往「外」陳情，不管是向民代或向教育局陳情，最後需出面解決的人仍是校長，絕不會是被告之當事人，通常這個當事人多數是教師，這是極無奈之事。

事例一二 ◎◎◎

　　本校某位老師幾乎每年至少被告一次，理由不外乎上課使用語言暴力、辱罵學生，例如：「你是豬啊！」、「你沒家教」……，家長怎能接受呢？又因其教學馬虎，上美勞課進度隨心所欲，學生學習成效不佳或教學不力等情況，

常引來家長不滿而往上告狀。又如某位老師常不假外出，自行找代課，而行政常被蒙在鼓裡，偏偏他的課都在自找代課時出狀況，受委屈的學生回家向家長報告，家長當然一聲不吭往上告狀，而這樣的事一而再發生，最後予以懲戒才改善。其他有些親師衝突，家長偶爾也會往上告狀，有些教師教學的問題、班級經營的問題、親師溝通的問題，常引起少數家長的不悅，又不願意找校長談談，卻一聲不響的往外陳情。聽說這些家長的心態認為校長的胳臂一定往內彎，還有另一種心態是認為我的孩子在導師手上，我對老師有意見，不能曝光，否則老師就會對我的小孩另眼看待，其實不然。少數家長總是不相信校長有能力處理解決這些問題，就貿然尋求外援，不但校譽受損，校長還要花很多時間去了解問題寫報告上呈。

　　校長肩負教學領導之責，其實很想走進每一個教室，好好看看每位老師的教學，一旦發現問題可提供改進意見，對教學不力者，甚或可進行長時間之教學輔導，無奈「心想而事不成」，現代是教師專業自主高張的時代，想進教室觀察老師教學，其實只是理想，實在是太難了！校長絕對有能力處理這些教學上的問題，因執行上的困難，結果呢？總有一些老師會出狀況，向心力強一點的家長會直接委婉告訴我，讓我有機會找老師談談或進行輔導；不愛護校譽的家長，不合意就對外嚷嚷，到頭來還是校長要寫「報告」，編許多自圓其說的理由，以不傷害教師尊嚴又能讓告狀者滿意的報告，因此「收爛攤子」成為校長辦學最辛苦和無奈之處。

📖 擔心和害怕

　　當了十年校長，經歷無數的擔心和害怕，校長有什麼好擔心、好害怕的呢！當然有數不盡的擔心和害怕。校長就像一家之主，像父母親一樣，總是會擔心孩子餓著沒？玩的安全、吃的安全、出門在外的安全，害怕家人生病出意外，校長不也是嗎？校長真的像一個家庭的父母親，全校的孩子像自己的孩子一樣，SARS、H1N1、腸病毒流行期間，每天擔心學生是否被感染，被感染了，開始祈禱生病的孩子快快平安返校。以下分為嚴重事件和挽不回的事件分述之。

嚴重的意外事件 ◎◉◦

　　每當從新聞看到某校又有食物中毒，就開始擔心我校的學童午餐（本校學童午餐採外訂），是否天天美味可口平安？看到某校有學生墜樓，就開始神經兮兮的全校到處查看，不放過任何一個會危及學生安全的角落，但百密一疏，2008年某日，本校一位六年級女生為了撿一張掉在三樓遮雨棚上的照片，跨越高過腰際的女兒牆踩在遮雨棚上撿照片，一不小心遮雨棚破了，人掉到二樓走廊，老天保佑還有二樓走廊擋著，經過緊急搶救，一週後終於無大礙。如果二樓沒有走廊而直接落地，那可就回天乏術，這是多令人擔心的學生意外事件。

　　本校有一千二百多位學生，每天有人受傷都是難免的，但只要聽到救護車進校園，在二樓校長室的我總是心驚膽跳，因為我知道一定又是學生出意外需送醫，十年來令我特別憂心的意外事件，有下列幾項：耳膜受傷、癲癇發作、鉛筆心彈進眼睛、鐵釘刺進手掌、腦神經病變、墜樓事件、溺水事件等等。談到耳膜受傷事件，至今仍令人沉痛不已，上課中小朋友的耳朵被同學用筷子插入，耳膜破了，談了一年的賠償問題，終於由肇事學生家長賠了45萬元和解，期間動員里長、家長會長經無數次之溝通協調才把事情解決。又如鉛筆心不明原因彈進學童眼睛差點失明，也是一件驚心動魄之事，所幸有驚無險，經進步發達的醫療，已無失明之虞，並逐漸恢復健康。另外如上游泳課時，學生癲癇發作暈倒在泳池，學生突然間腦神經病變暈倒，學生被木頭上的鐵釘刺進手掌，拖著一塊大木板進醫院開刀，所幸以上各種學生意外事件都急救得當平安治癒。我是個虔誠佛教徒，也許信仰給我力量，每次學生發生意外時總是默求菩薩保佑，祈求學生快快好起來。這些意外最感恩的是本校護理師朱述敏小姐具深厚護理專業，每回都能緊急處理得宜，更感謝家長的寬宏及體恤，從沒衍生其他不滿情緒，而讓每個事件都平安落幕。

挽不回的意外事件 ◎◉◦

　　但回想2005年畢業旅行學生的意外事故，就沒那麼幸運了，這是美玉在校長生涯中最痛苦的回憶，也是永難磨滅的陰影。當時學生正在月眉育樂中心玩急流泛舟，有個學生一時調皮而落水，可是人工河流極為湍急，同船孩子束

手無策，回到終點才求救，救起時雖立即送醫，醫師全力搶救仍回天乏術，一時之間家長無法諒解，揚言要告學校（雖然出發前導師一再請求家長隨行或不要讓該生參加，但家長都不答應），畢竟她的孩子沒了，無論我們如何去關心家屬都無法彌補人家喪子之痛，我們盡全力把可能申請到的各種補助和保險費都申請到，共 895 萬元，全數交給家長，最後家長雖不再追究，但對我來說意外雖不是我造成，其責任是校長要承擔，這個傷痛對我來說是一輩子的。發生這件不幸事件後，我下了一道命令，自此以後本校畢業旅行或一般校外教學一律不可到遊樂園，這叫「一朝被蛇咬，十年怕草繩」。

　　校長每天心繫的是學生的安全，沒了安全一切再美好的校務都敵不過意外的發生，所以常叮嚀總務人員要常巡視檢查校園的各種安全設施，曾發生過的意外不容許再發生，例如：過矮的女兒牆一律加高、遊戲器材全部換新、游泳池設氧氣桶等，並叮嚀護士，有任何需送醫之事件都應立即通知校長，哪怕我公出時，也要電話告知讓我在第一時間掌握狀況，必要時立即赴醫院關心，或打電話給家長表達關切，唯有小心謹慎，才能每次都快速搶救學生，協助學生平安渡過任何危難，讓家長對學校的責難減到最低。擔任校長十年最擔心害怕的是學生的安全，每天祈禱學生不要出事，個個平平安安來上學、快快樂樂回家。

相互敬重相互感動

優質吉林團隊 ◉◉◉

　　一個校長能力再強、本事再大，如果沒有一群具向心力的人來協助你，願意無私的奉獻時間、精力、物力或財力和你一起打拼，要辦好一所學校那是天方夜譚的事。學校要辦的有聲有色，要學生表現優異，除了學校組織裡的教師要認真教學，行政人員願意做事，願意多花點心思規劃執行校務外，大家任勞任怨的做事，都是辦學成功的後盾。與同仁相處，如何和諧愉快？如何讓部屬、讓周遭的人願意付出，其實真的是一門大學問，我個人的體會是要相互敬重、常溝通、講究人情事故、人性化對待，對同仁管理鬆緊適度，明關心暗監督、多鼓勵、多肯定、多表揚、有機會多推薦參與各種優良人員之評選，該施小惠時施點小惠，大方點常請辛苦的同仁用個餐，出國回來送點小禮物給行政

同仁，以上作為，真的能建立良好關係，激勵行政同仁更願意付出，甚至做出超乎你所想要的品質來。和吉林同仁相處邁入第七年，深知這是一個優質的團隊，我們像兄弟姐妹般（有很多年輕老師就像我的兒女般），大家謹守崗位，讓本校校務蒸蒸日上。

優質吉林家長會 ◉◎◦

除了優質校園團隊，其餘外來的人力、物力、財力資源更為重要，更是經營校務的重要後盾。美玉十年來經營二所學校，一為臺北市明道國小，二為臺北市吉林國小。明道是一所全臺北市經濟最為窳陋的學校，社區中有一千多戶低入戶平宅，學校學生有三分之一為低收入戶子女（約 150 位），家長會委員中不乏有低收入戶家長，雖然財力支援上有困難，但卻有力出力，很多人願意來校擔任志工，盡力協助校務，這已讓我非常感恩。而位處商業區的吉林國小更讓人感動，家長傾全力協助校務之發展，真的是有錢出錢、有力出力。

美玉擔任吉林國小校長七年了，如果說這七年來吉林校務能有所發展與進步，則應歸功於家長會鼎力的協助，不管是財力、人力、物力，總是源源不絕的提供，作為美玉經營吉林最重要的後盾，美玉將藉本書抒發心中無限的感恩，藉此細數七年來家長會挹注於本校之資源及支援。首先就人力資源而言，吉林可說是親師一家親，多數家長和教職員一樣，把學校當成自己的家，付出許多的時間擔任導護、環保、閱讀、說故事、衛生保健、童軍等志工，不辭辛勞長期在排定的時間到校服務，如遇大型活動另抽出時間來協助活動之進行，每年人力之挹注總達 150 人次以上。這股在家長會現任林新發會長暨歷任會長用心經營領導下的人力資源，無形中讓校務經營更順暢，學生得到更周延的照顧，同時學校也可撙節許多經費的支出，這是最令美玉永遠感念的一件事。其次談到本校家長會另一個最大之貢獻，當然是財力的支援，每年本校體育表演會、園遊會、母親節、教師節等慶祝活動，家長會不但予以眾多人力資源協助活動的舉辦外，最重要是活動經費的贊助，平均每年總是高達二十多萬元。除此之外，獎勵師生競賽績優獎金、補助學生活動、外賓來訪等支出更無計其數，如此的護持吉林，愛護吉林師生之恩澤，實難以筆墨形容。每年年度結束，家長會如有結餘款，總是貼心為學校設想，添購一些教學設備，例如：活動中心音響、舞臺上大型投影幕、舞臺布幕、大門口 LED 燈等，這些設施除

提升了校務經營績效，更能增進學生的學習成效。

除人力、財力、物力之提供外，更難能可貴的是家長會常扮演學校與家長的調解單位，而且是極正向的調解單位。每當家長對學校教育措施有所反彈、誤解、不滿時，家長會總是扮演有力的「調解者」，公正不偏私的從中協調協助解決問題，讓大事化小、小事化無。本校家長會在歷任會長人性化的領導下，總是不忘於每學期末邀集家長委員或社區仕紳認桌，舉辦謝師宴及歲末餐會，慰勞本校教職員工。在經濟不景氣的時代，家長會會長暨委員們仍能心繫教師的辛勞，如此出錢出力更讓美玉永銘於心。

身為學校領導者，深知校務經營與社會資源的運用息息相關，吉林家長會就是本校相當重要、不可或缺的社會資源。對家長會方面尊重擺第一，他們最忌諱的是開會沒提早通知或忘了通知，有事不告知，自己苦幹。需要家長會經費支援時，沒有計畫，想到做什麼才要錢，這些小事常是學校行政與家長會之間的交流障礙。在吉林的第一年，摸熟了家長會的態度和經營模式後，叮囑我的行政同仁，不要犯以上錯誤，只要家長會和學校行政合作愉快，真的是錦上添花。加上與歷任會長都相處融洽，相互敬重，常共同討論校務，無形當中學校行政與家長會成為最佳的教育夥伴，這也是一股最好的助力。一般家長對老師教學或校務經營有疑惑時，家長會總扮演最好的溝通協調者，常讓事情圓滿解決。我們和家長會是教育夥伴，是朋友，更像一家人，有家長會的襄助讓我們如虎添翼事事順利，吉林家長會有你們真好！

優質里長伯 ◉◎◎

美玉常於校長同儕聚會閒聊時，提及本校團隊的努力暨家長會對本校的協助，總是讓校長朋友羨慕不已，當然除了擁有陣容堅強的團隊、全力支持的家長和家長會外，更有熱心的社區里長（吉林共有五個里長），總是會熱心幫忙解決學校的一些疑難雜症，例如：人行道壞了、校舍淹水、颱風過後殘枝落葉的清運、居民的意見等，里長們總是居中協調盡力幫忙，常讓我們大事化小、小事化無。與里長相處除是好鄰居外，那就更應注意禮數了，例如：學校有任何大小活動一定要邀請里長，不管他會不會來參與活動，禮貌到了他們都會很高興。通常里長會出現的活動有體育表演會、園遊會、畢業典禮，活動中請他們講講話，通常他們都願意在自己里民面前亮相的。另外，社區常會用到學校

場地辦活動，如果一板一眼一切照規定來繳費借場地，那麼以後也別想里長幫您什麼了！所以一旦里長想借場地時，例如：母親節慶祝晚會，只要校長主動示意表示可以合辦，減少其支付場地費，通常里長都會欣然接受且感恩心中，這叫做「魚幫水水幫魚」，學校與里民永遠是好厝邊。

 ## 得意的心情故事——成就感

把學生找回來 ◉◉◉

　　2000 年我初任校長，任職於臺北市明道國小，當時明道只有 17 班（普通班）。記得任職前長官叮嚀一句話：想辦法把流失的學生找回來。當時我不太理解其意，到任後發現，原來這個學校每年的新生報到率不到五成，原因是社區中，政府安置了一千多戶平宅（中低收入戶），此社區名為安康社區，社區中所有孩子都就讀明道國小，共約 150 名左右，是全校總人數之三分之一（全校大約有 450 名學生）。為何報到率這麼低？原因一，鄰近有再興、中山兩所私立小學，吸收不少家境較好的學生；原因二，社區內水平較高之家長都對安康社區存有刻板印象，認為安康社區這些經濟窘陋的學生，學行均不佳，說白點，他們認為低入戶孩子多數有偏差行為，如果他們的子女就讀明道，一定會被帶壞，於是紛紛遷戶口就讀鄰近學校，因此明道的學生嚴重流失，長官希望我努力經營把學生找回來。

　　要吸引流失的學生回來不是一件容易的事，第一年經過一番的努力引進社會資源——研揚文教基金會，協助本校弱勢學生課後留校學才藝，提供科技人才協助本校教師發展數位教材，實施科技融入教學。當年第一學期因老師的努力發展許多數位教材，十年前發展數位教學的學校不多，我掌握了學校優勢之契機，自行編寫發展數位教學計畫，親自去拜會教育局資訊室主任，敘說明道發展數位教學的成效和意願，希望能得到補助發展增設資訊化設備，2000 年各校資訊融入教學才剛萌芽，因為我們的用心立即得到長官的肯定，讓我們在所有教室設置當時極為昂貴的單槍投影機，老師們也很配合不斷研發教材，運用資訊教學。為彰顯明道的教學特色，我常藉著各社區的集會活動去宣導學校的科技化教學特色，並輔以校舍外觀整修美化，果然 2001 年的招生情況有了改變，一年級多了一班不打緊，其他年級也因學生回流多出一班來。

　　我在明道第二年，學生真的回流了，總班級數成為 19 班。因第一年的努力小有成效，我個人明確訂定未來目標：每年一定要增加二班。就是這樣的信念和決心，並運用各種領導策略，尤其是課程與教學領導方面（當時我正好在國立臺北教育大學課程與教學研究所進修），帶領著全校五十多位教職員工衝！衝！衝！2002～2004 年果然逐年增二班，四年共增了八班，今自忖真的不容易。這樣的成效羨煞鄰近學校，並紛紛至明道取經。最得意的事是當年不但把明道引領成科技化學校，還協助三個友校跟進明道的腳步，也增設科技設施，實施科技教學。回想此事最感激的是研揚文教基金會，該基金會不但協助本校發展科技融入教學，贈送電腦給弱勢學童，訓練大學生協助教師製作e化教材，還常招待低收入戶學生看電影或兒童劇等，對當時是初任校長的我而言，是一股強而有力的社會資源，也是我辦學的最佳助力。

　　俗話說：「一分耕耘一分收穫。」經過不斷的努力創發學校的亮點，諸如辦美展、才藝發表會、課外社團、擴大招募愛心志工、爭取教育局經費暨民間資源、整修美化綠化校舍、充實圖書資訊設備、班班設單槍投影機、全校實施資訊融入教學等，果然每年均如我願增班。社區家長看到明道進步了，看到明道老師教學認真的一面，看到美輪美奐的寬廣校園，看到藏書愈來愈豐富的圖書室，看到多元化的學生課外活動，看到明道赫赫有名遠至國外表演的扯鈴隊，看到各種體育團隊蓬勃發展，看到我們新蓋了一棟別墅型的教學大樓，看到孩子們對外比賽優異的成績，家長回頭了，願意把孩子放在明道，每年學生數都直線上升，每年增二班，直至 2004 年我調校時，共增了八班，從 17 班到了 25 班，學生從 450 位增加到 700 多位。短短四年，我個人非常滿意這個成績，當我要離開明道時，心中在吶喊：長官，我沒有辜負您的期望，我把明道的孩子找回來了。

　　這樣辛苦的經驗，回首當年，想著證嚴法師的一句話：「有願就有力。」可不是嗎？當自己許下每年增二班的願望時，即產生了無比的力量，以自己難以想像的活力、創意、耐力、毅力，做人家認為「難為」之事，因這份成就，自己後來轉任較大型的吉林國小時，覺得沒什麼事可以難倒自己，「事情」做就對了，一定有收穫。

讓學校亮起來 ◎◎◎

擔任十年校長，雖有酸、有苦、有辣，但「甜」也不少，對我來說，學生、教師、學校整體的優秀表現，讓我有說不盡的歡喜，是一種「甜美」的感覺，是一種辦學成就感，覺得自己辛苦有代價。11 年來我經營的二所學校總是獲獎連連，尤其是目前任職的吉林國小，更讓個人覺得滿意，七年來學校課程計畫，常被評選為優等，並常被推薦上網；臺北市兒童深耕閱讀活動，曾獲四年團體特優獎；每年教育局舉辦的兒童美術創作比賽，學生表現都很優異；每年民俗舞蹈比賽、音樂比賽、偶戲比賽等藝術賽事，至少有一、二隊學生獲臺北市第一名而參加全國賽，在全國賽表現也不凡；體育方面不管游泳、桌球、武術隊都有優異表現，尤其近三年來本校武術隊南征北討，不管是區域性或全國性比賽總是名列前茅；在多語文競賽方面，學生、教師均常得獎，尤其 98 學年度榮獲臺北市團體第五名，師生共有三人得到臺北市個人第一名，在全國賽時亦得第一名，也是這十多年來吉林在語文競賽表現最佳的一次。女教師排球隊這些年來也是常勝軍，三次冠軍、一次亞軍；另外，教師桌球隊、教師保齡球隊亦常獲獎。

而教師教學表現也是令人讚嘆，常有教師榮獲教案設計、行動研究、語文競賽等獎項。至於全校整體表現部分，更是美玉經營吉林最感安慰和驕傲的，分述如下。

全國「標竿一百——九年一貫課程推手」

94 學年度美玉帶領全校教師以藝術與人文融入綜合活動領域，並以「表演藝術」為教學主題，設計發展具創意及特色的學校本位課程，參加 2005 年全國「標竿一百——九年一貫課程推手」選拔，在眾多學校中脫穎而出，成為「標竿學校」。

第一屆優質學校「校園營造」優質獎

95 學年度臺北市推出優質學校評選活動，本校在校園營造方面有獨到的經營特色，參加該項評選，被選為第一屆優質學校「校園營造」優質獎。得到這份獎項，對美玉辦學而言，是一種正向鼓勵，更能激勵全校教職員工向上提升的動力。

教育部「教學卓越獎」之「金質獎」

96 學年度本校榮獲教育部「教學卓越獎」之金質獎」獎金 60 萬元，這個獎項得來更不易，是美玉和本校黑光教學團隊經過三年努力不懈耕耘才有的成果。能得到這個獎說來話長，話說 2004 年我調至吉林時，看到學校有五、六位教師在黃淑裕老師的帶動下，不斷的努力在進行吉林國小最具特色的「黑光教學」，可以說有聲有色，也經常參加校內外各種表演，總是深受好評。這一群熱忱又可愛的老師從 2003 年起就開始參加教學卓越選拔，但因缺乏課程設計而相繼敗北。2005 年起我開始參與這個團隊的課程發展，並以個人所學課程設計之專長，帶領著這一群老師發展課程，我們幾乎每週都會找一個課後時間留下來討論課程，把黑光與各領域做結合。2007 年為推廣黑光教學，更廣邀各年級有興趣之教師加入，使其更普及，並指導老師如何設計課程。經過三年的努力，把原本只是能在舞臺上亮麗表演的黑光劇，發展成有骨有肉能結合領域的創意教學，皇天不負苦心人，2007 年我們終於獲選為全國「教學卓越獎」之「金質獎」。這個獎對吉林來說更奠定了學校教學特色，更讓吉林黑光遠近馳名，表演邀約不斷，連國外也有學校來取經。這份殊榮對美玉來說是教學領導上的一大突破，之後美玉也因此而常受聘擔任教學卓越縣市初選委員。藉此機緣也曾指導我擔任評審的學校——基隆市和平國小、臺北市新生國小參賽，該二校都前後得到金質獎。這項經驗讓我體會到，原來教學領導也可以讓自己教學相長。校長投入支持教學，一定有一群老師願意在校長的領導下努力耕耘。自從得了金質獎後，朋友見面聊天，總是會誇獎一翻，也有很多學校來向美玉取經，基於好事要分享的理念，我一直都傾囊相授，這算是我個人當校長以來最有成就的事了。

「臺北教育 111 標竿學校認證」

2008 年 5 月吳清山教授擔任臺北市教育局局長後，即以「教育 111」作為臺北市教育主軸，其主要意義是：一校一特色，一生一專長，一個都不少，並於 2009 年底辦理「臺北教育 111 標竿學校認證」，參賽學校至少要有一個特色，每生至少具有一個專長，不放棄任何一個學生。美玉在吉林六年來，一直不斷創發學校特色，例如：前述的黑光教學、深耕閱讀教學、e 化教學、藝術校園等都頗具特色；而在學生專長培養方面，則透過多元社團的開設，每學期

約有 20 種社團,開班數達 40 班,讓學生有機會在學校學習才藝,經普查後,本校三～六年級學生具一項以上專長學生數達 95%以上;另外美玉特別重視弱勢學生的照顧,不管是特殊學生生活與學習的照護,或是一般家庭社經竄陋之弱勢學生,我們提供了許多經費上的補助、學習上的補救、生活適應的輔導,不放棄任何一個孩子。恰好 2009 年底教育局首度辦理「教育 111」標竿學校認證,經校內相關人員討論自覺本校三個「1」都已達理想,應可提出認證申請;很幸運的國小只有 15 所學校獲認證通過,吉林是其中之一,全校親師生都極為振奮。受證後臺北市教師研習中心在辦理 2010 年度認證研習時,即拿本校為標竿,並指定為觀摩學校。「教育 111」理念看似簡單,但要達成目標其實不容易,校長必須長久經營,訂定學校的發展特色,設法讓學生在學校能習得專長,激勵全體教師帶好每位學生,必須團隊有足夠向心力,方能竟其功。我非常感恩我吉林的夥伴們,願意在校長的帶領下卯足全力,兢兢業業發揮愛心,行政人員願意多付出,吉林才有這漾的成就。我常想我再能幹,如果不是群策群力共同發揮專業,哪來亮麗出色的吉林?校長固然要發揮巧思和創意,但也要不斷透過各種領導策略,讓團隊具休戚與共之精神,這個學校才會不斷的進步。

e 化校園

孔子曾說:「工欲善其事,必先利其器。」同理,想要經營一所優質化的學校,除了要有優秀的教育專業人員外,更要有良好的軟硬體設施。辦學不只是把學校整修的漂漂亮亮,做好教學領導,辦好行政工作就好,更重要的是要迎合時代的脈動,未來的公民才能適應社會生活。美玉自擔任校長以來,鑒於科技的發達,學校不管是行政工作或教學都朝e化發展,除了前述明道國小在e化教學上小有成就外,在吉林更因資訊科技師資優良專業俱足,建置了系統化、精緻化學校網頁,設計了多功能便捷的數位平臺,提供全體親師生溝通、交流,學生學習、教師教學檔案、校史檔案數位儲存之優良平臺。這是十多年前難以想像,而今已然見到小小成效的一大改變和創舉。

吉林網頁舉凡學校特色的彰顯、活動花絮即時報導、修繕登記、場地預約、閱讀認證、獎狀、榮譽卡登錄、網路報名系統等均有完善的設計,讓家長、學生方便閱覽,讓老師、行政人員方便登錄。其中最難能可貴的是「線上

閱讀認證」，三年前我和教務主任拜託全校老師將一本一本的童書製作閱讀測驗題，置於網頁中，並在課堂上指導學生讀完書後即到線上自行作答以認證，結果引起家長和學生廣大迴響。這件工程極為不易，必須先寫程式，老師做完測驗題才能上網，經過三年的努力已建置了近千本童書閱讀測驗，供學生線上閱讀認證。

美玉認為這不是一件容易的事，我們做到了，因為我認為這是值得做的事，是激勵學生閱讀的良策；而老師在行政的鼓勵下，了解這是有意義的工作，再辛苦大家都願意共同來完成，於是我們確實見到了成果，連家長也熱忱協助自己的孩子線上閱讀，並在線上看到孩子的學習成效，這是一種使命也是教育專業的發揮。

本校建置如此精緻、多元的優良科技平臺，目的是要大家能享受這「利器」，發揮其最大功能，讓每一個學生保留、儲存六年的學習成果；更重要的是，學習過程中可運用學校網頁做各類課外的學習，例如：吉林e作家、有獎徵答、線上測驗、線上閱讀認證等，又家長和小朋友同時也可透過吉林網頁認識學校，了解學校的特色、人、事、物，以及運用網站地圖上的「吉林資源」，搜尋各相關之學習資料，小朋友能連結各種有益學習的相關網站，小朋友在此連結學習，可減少許多上網搜尋的時間且找到的參考資料亦較準確。學校網站的建置是一艱鉅的工程，要讓其面面俱到又實用，並非易事；本校得天獨厚，因資訊組長李照平老師具備電腦軟體設計之專長，才有可能建置如此有系統、有內涵的網頁，這是全校親師生的福氣，讓我校師生在這科技化的時代，不但不落人後，還能走在時代的尖端，全校的行政、教學與學生學習都能科技化。因網頁內容豐碩，深怕家長和學生不諳操作路徑造成閱覽疏漏，我們特編輯學校網頁操作手冊送給全校學生，帶給全體家長和學生使用網站時，可一覽無遺，這樣的舉措家長讚嘆不已。

本校網頁如此花功夫經營，以及讓本校行政和教學全面e化，本人特別要感謝資訊組長李照平老師的努力，以及註冊組長曾亦苓老師利用課餘時間編纂手冊，讓家長、學生使用便利。更感謝全體親師生常用、善用吉林網站，讓本校網頁點閱次數至本文截稿已達 3,762,313 次，這是少有的學校網頁點閱次數喔！

結語

　　美玉擔任校長短短十年，時間雖不長，但卻經歷許多酸、甜、苦、辣，當教育理想及抱負無法付之實施時，當同仁不願或難以跟上你的腳步時，常有不如歸去之感，但看開點，不可能所有人都跟我的理念相同，雖有不少的辛酸及難言之隱，但也有許多如前所述甜美的成就感；雖也有許多難言之苦，但也常苦盡甘來；雖也曾因事遭家長、民意代表責難過，但也都能大事化小、小事化無；雖跟學校同仁也常有意見不同有所爭執，但最後都能相互折衝。十年經驗讓我體會校長身段要夠軟、沒有架子、溫柔體貼，看見所有人的優點，多關心同仁，多一點犧牲，多一點奉獻，多鼓勵少責備，常對部屬噓寒問暖，過年過節準備應節食品，例如：月餅、粽子，送給全校教師品嚐，大家會覺得很窩心。校長要常「縮小自己」，放大身邊所有的人。該擔任「首席教師」時要勇於扮演，該帶著大家往前衝時，不要半途而廢，要勇往直前。要不斷的發揮創意，要給自己信心、給同仁信心，把學校帶成明星。

藍美玉校長小檔案

　　俗話常說：一個人要活到老學到老，我這輩子念了四所師範校院，從花蓮師專到臺北市立師範學院到國立臺灣師範大學特研所到國立臺北教育大學碩士班，不斷學習成長，54歲才從國立臺北教育大學課程與教學研究所畢業，目的是期勉自己能與時俱進。

　　我當了18年導師、9年主任、10年校長，夠老了，要不是走了35年的行政不歸路，早就退休了。38年教師生涯，擔任了15年組長並兼任導師，9年主任、10年校長，今年邁入第11年，一輩子擔任行政工作，回首30多年來總是過著忙忙碌碌的日子，但倒也樂在其中且收穫滿滿，覺得蠻有價值的。

　　美玉向來以真心、真情、真誠加上「努力」來辦學，學校就像我的家，學生像我的孩子，老師就像兄弟姐妹般，學校對我來說就像個大家庭，每天都想著如何讓這個家發光發亮。我喜歡美的事物，辦學亦然，不管是在明道或現在的吉林，我總是努力爭取經費整修校舍、綠美化校園，藉以提升學校潛在課程功能，提供學生藝術化、教育化、舒適化的學習環境，看到學生開心，我就覺得安慰又歡喜。

28. 面對現代與後現代兩面夾攻之下的校長領導思維與實踐

臺北縣育林國小校長　林忠仁

 前言

　　管理，是把事情做正確（do things right），但是所謂的領導，則是帶領組織成員一起去做對的事情（do the right things），因此，從校長領導的哲學思維來看，希特勒絕對不是一個領導者，他只是一個梟雄（bull），或當時德國的一代霸主（head），他的帝國霸業是用嚴厲的手段打造出來，而不是領導。

　　校長領導的心情故事，就是一連串領導思維與實踐的歷程。學校校長的領導包含了技術層面，也包含道德（moral）層面；技術部分的焦點，在於校務經營的績效、教與學的專業發展、教育的成果產出，例如：學校的教育特色、教師專業社群發展、校園的規劃、老師及職員的績效實踐等等，而道德部分的探討，聚焦於內在的知識溝通，包括了學校組織界線、學校文化精神、校園民主等意識的適當教育發展等等，所以，當學校校長具備了技術的領導與道德的領導，才可以說進入了教育領導者的領域，並達到完整的領導境界。

現代與後現代潮流的領導陷阱與困境

　　現代主義的學校領導陷阱來自於管理科學的 X 理論，受到其影響，現代主義的領導主張嚴格的機械式管理，認為人性生來就不想工作，只會要求更多的權利與休息，人們普遍缺乏內在的動機，因此，管理者必須透過制式的管理手段，加上強迫的要求，組織的成員才會把工作做好。由於科學管理與科學方法的發展，也提供教育上科學的管理步驟與絕對要求的過程，強調整體的教育效能，因而信奉現代主義的校長或行政管理者，以為只要一步一步的要求，將各個步驟直到做對，就能達成組織目標，獲得豐碩的績效，這樣的學校領導模

式，以美國學校教育的績效管理制度為代表。

在現代主義浪潮之下，學校教育順理成章地大量運用科學管理，其所造成的陷阱，讓學校教育把教師視為培訓產品的動產（chattel），而忽視專業教學的領域經過科學管理的過程，失去了教育中最珍貴的個別差異與「人」的精神。因此，校長如果採用如此的管理思維，就會產生錯誤的期待與看法，認為老師不會主動熱愛工作、精進技術，也不是具有內在生命導引的「人」；當學校雷厲風行的實施科學的績效管理時，就會不斷發生校長與教師之間的摩擦，把校園的人際滿意水平降到最低。

直到邁入 21 世紀之後，人心思變，在後現代社會中，各國都如火如荼地進行教育改革，企圖建立一個多元、彈性、自主的新學校。當學校本位管理被視為後現代學校經營的一種標準樣式時，學校本位管理的概念與校長領導已經成為校園經營的一體兩面，彼此息息相關，學校領導的困境於焉產生。因為，學校在本位管理之下，校長獲得相對自我管理的權力，就需負起學校教育成敗的領導責任，因此，學校校長的個人一念之間，變成了確保領導責任的關鍵重點，校長領導的困境，在於績效要求之下，能否兼顧到學校的先天環境條件，以及後天的老師、家長組織特質，以尊重特殊的個別差異，與之所以為「人」的不同觀點，進行符合殊異需求的決策管理，創造更有價值的學校。

目前我國中小學校長面臨的壓力和挑戰則更為嚴重，激烈的教育改革和高度的社會期待，校長必須有更充分的作為；尤其在各項教育法令因應社會時代潮流，不斷的修訂通過後，校長一方面要滿意於課程和教學的要求壓力，堅持教育的價值，另一方面要符應家長與社區的高度期待，應付教育主管機關的監督和績效責任的控制，以達成教育和行政革新的使命，成為校長領導上必須優先解決的重大困境與挑戰。

面對陷阱與困境的校長心情故事

雙胞胎學校的教育特色經營 ◎◎◎

育林國小的特色是什麼？

有什麼項目可以成為育林國小的特色？

有老師說：「我們學校不大，學校每一樣都不錯，也都是特色，所以，我

們的特色就是沒有特色。」也有人認為：「我們的特色就是看校長的想法是什麼？怎麼去推動哪些項目？」

其實學校的教育特色，有兩大元素缺一不可，一是主體性，學校特色如果看不到老師與學生，這個特色只是勉強硬推出來的，是虛弱的，有些學校標榜體育特色、音樂特色、語文特色，甚至是遊學特色，但是如果學校的主角——老師、學生與家長，在這些特色中缺席，校園中看不到老師的教學、學生的學習、家長的參與，那這些特色將永遠停留在辦活動，為比賽而比賽的層次。其次是專業性，專業的定義，可以在不同的科學領域中看到，專業的工作性質也許不同，倫理和規範的精神卻一致，從理論到現場是批判的、是辯證的，更必須是實踐的。

學校特色發展的困境

自從 1995 年育林國中落腳在育林國小校園的那一刻開始，育林國小與育林國中就結下不解之緣，兩所學校共用一個校園，又各自獨立，猶如未同時出生的雙胞胎，或者搭乘同一條船航行的生命共同體，幾年下來，已成為育林校園中的環境特色，也是全國少見的唯一。

探索源頭，揆諸育林校園的歷史發展，不是宿命，而是困境的考驗，雖然校園共治帶來教育場地的切割，在有形的校園環境上，或許使用不是很寬敞，但是，形式上狹窄的空間，並不能束縛住教師們專業心靈的運作，而可以在無形空間的專業發展上，心無旁騖放手一搏，揮灑出無限寬廣的世界；就像大石頭橫逆在馬路上，並不是要擋住我們的去路，而是要看看我們對自己想做的事情，是多麼地渴望去完成，甚至考驗我們對教育專業工作的熱忱程度。

所謂教育的專業，絕對不是校地的大小、校園教學的空間所能限制，而是每天都在進步，對老師、學生來說，透過教學者與受教者的互動交流，每天都是特殊的一天，是一種理想踐履的藝術，用腳踏實地的態度執行教育理念，實踐過程是連續不斷的發展，透過班級裡好似日復一日的例行性工作，其間卻又有所不同，必能慢慢發現昨日與今日的進步之處。

建構學校特色的關鍵思考

建構學校特色的目的及動力，在於實踐者自身自我主動的驅使與追求，但是實踐的結果，則在於改變了互為主體的客體對象，也就是班級教學的老師及

學生，其具體的展現則是在於學生氣質的改變、技能的學習、知識的吸收，以及完成人類接受教育的神聖使命，而實踐的目的、動力與歷程都是教育的實踐本質，缺一不可。

在教育領域的現場，只要有心、投入努力並專業實踐，任何一位經驗資深的校長，都會發展出個人獨特的風格與心得，其中，有二個階段的關鍵時刻（moment）是普遍的建構歷程。

第一個關鍵時刻，應深層地思考與批判，自己心目中的教育價值是什麼？時時刻刻反問自己，站在校長的職責上，只是一份工作，或是要帶給學生什麼樣的學習機會？是品格陶冶、藝術美學、語文表達、數理能力，或者是自然科學態度？當人生不可能全有，如果必須有所抉擇時，將以何者價值為優先？尤其，教育是一種評價思考之後的行動，如此的步驟，來自於校長所採取的行動，不只當作面對無生命的事物，把事情做「對」而已，最重要的是要做「對」的事情，而且是做自己深刻思考過後，認為最有價值的事情。

第二個關鍵時刻，應努力去探究校長領導的主要內涵為何？唯有能夠充分掌握課程與教學的主要內涵，才能夠去蕪存菁，在有限的資源之下，規劃並安排適當的學校教育特色，依照課程的能力指標，抓住重點的內涵，按部就班地實施，而不會有所遺漏。同時也能掌握任何瞬間的教育機會，給予學生有感受的教學，達到事半功倍的效果。

推動學校特色的脈絡

所謂「十年樹木，百年樹人」，雖然有人走在前頭，但是以此更可以為我們學習的榜樣，減少嘗試錯誤的機會。教育的實踐是一種基本功夫，需要長時間的投入，而且推動學校的教育特色發展，行政、老師、家長缺一不可。就育林國小的環境與情勢分析而言，學校的教育特色發展脈絡，其推動的重要主軸如下。

※「綠拇指」學校

學校利用機會與國際珍古德協會合作，在校園之中開闢出一片「臺灣原生植物」教學園區，形成「綠拇指」學園，並且成立班級與學生的「根」與「芽」學習小組，讓學生學習如何與大自然相處，紮根社區，已經有老師帶領學生走出教室，親手種下月桃花、拔些桑葉餵食教室裡的蠶寶寶、聞聞雞屎藤

的香味，大自然就是學生最珍貴的學習課程。

在「綠拇指」的校園裡，孩子接觸本土化的草草木木，引導他們擁有一顆生命、好奇、探索的心，領受學習自然之道，體會大自然的神奇，提升孩子的生命泉源，一生受用。

※「教師專業學習社群」的發展

依據教學現場的觀察，許多老師認為十餘年來的教改，最大的敗筆是完全忽略了教學研究，為了應付頻仍的活動和評鑑，課程研究實際上都草草了事。美國倡導教育改革 20 年之後，雖然經過訓練式的專業發展，但是在建構教學的改革工作上仍然困難重重，原因是所謂訓練式的專業發展，很少關注於學生的基本學習，教師普遍認為對教與學少有改善與影響，這樣的教育專業發展環境，當然使得教學改革變得不可能。

美國教師專業發展協會（National Staff Development Council, NSDC）執行長 Sparks 認為，學校應正視專業學習社群是專業發展的最好形式，在教育改革之中，集體的努力和智慧是變革的最大動力，比最聰明的個人單獨的努力更有力量，而教師專業學習社群可能是改革教學最可靠、最快速的途徑。今日臺灣的校園裡不缺社群存在，因為學校總有一群默默耕耘的教師，或是積極表現的明星教師，唯一缺乏的是整個校園的教師專業學習社群之文化與氣氛，這才是各校校長必須努力推動的方向。

學校經過多年的推動，育林已經逐漸發展出多樣態的教師專業學習社群文化，分別進行現場問題研究與融入教學，例如：博物館美學藝術教學、資訊融入教學、語文繪本教學、運用開放源碼平臺建置數位學習、資賦優異自然科學營等之行動或研究專業社群，強化主動多元的體驗教學之上，能透過專業的螺旋實踐，應用於不同的班級課程教學，提升教學品質。

※「全力發展學生優勢智能」的學習

來自不同家庭的學生，有其個別差異，對於不同的課程與學習，具有不同的興趣與潛能，有的學生對某些領域科目駕輕就熟、進步神速，有的學生則毫無所獲。實施多元才藝社團課程的目的，是要把每個學生帶上來，讓他們在學習的機能上，獲得個別需求的機會，讓他們的不同優勢潛力得到適當發展。學生參與學習型團體的另一個作用，是在塑造團體的互動能力，而不是強調在團

體中整齊畫一的單一學習，更重視團體自治，讓學生在團體裡，彼此尊重、彼此關懷，得以建立學習型的社會，是一種營造多元成就的學習課程內容。

因此，學校積極推動多元社團學習，同一時段，所有學生進行能力興趣分組，提供音樂性社團，如偶戲社，或者藝文性社團，如捏陶社，著重多元能力發展與興趣分組方式，發展多元才藝知識與技能。我們深信持續實施多元才藝社團、興趣選項課程，可以增進學生正向的人際互動，產生積極動機，態度和行為的學習與改變，進而增進學生之間的溝通和了解，促進察覺能力的發展，多多了解別人的優勢智能，得以建構所有學生都得到尊重、鼓勵和機會，發展他們所需要的知識、技能和態度。

※「偶」與「坊」的天地

在育林國小有一群充滿熱忱與智慧的志工，貢獻自己的能力，不管是藝術的、服務的、學習的型態，都顯現出多元的教育內涵。其中，偶戲在團體的歷程中，與角色扮演的功能具有相同的功效，對於學生而言，則更具有遊戲的特質，在有趣而強烈的動機下，吸引他們的參與。同時，偶戲更可以在沒有心理防衛的情況下，展現他們真實的情緒和想法，把他們想像中的人們和想像中的我，淋漓盡致的發揮出來。

在偶戲的教育特色發展脈絡裡，希望促進學校與社區的結合，除了既有的志工團隊人力基礎上，更積極爭取中央、地方、學校、社區、老師、家長的資源，建立育林故事館，並且擬予引進專業成長機制，善加利用育林故事館，推展藝術人文的學習與語文教學的活動，將多元的志工媽媽團隊，融入不同的社團教學和偶戲表演，以確保學生持續的學習與機會，藉由藝術和偶戲學習，可以在專業的分工中，培養學生的集體創作能力，練習掌握目標、分工合作的精神，也透過偶戲比賽與展演，觀摩他人對偶戲的創意刻劃與裝飾，體驗美感表現與藝術的認知風格，並在展演的情境間展現自己的自信。

育林特色就是一種親師生教育專業的實踐

學生的成就無法事先預期，但是透過描繪學生的學習圖像，可以做為教學策略的參考。校長經過第一、二步驟的實踐反省，逐漸導引出自己所欲求之教學理想，加上實際教學經驗中周密的觀察、理解、詮釋和思考，可以規劃出最適合學習的教學媒介或儀式，予以達成理想；這些媒介可能是戲劇、故事、寫

作、校歌，甚至只是虛擬生活或者單純的呼吸動作。最後，教師教學實施的結果，使學習充滿活力，創造出豐富的意義，而學校的特色，已經悄然隱含在學生的成就表現之中。

在學校的的教育現場，專業社群的對話最為響亮，如果有人說：「我們學校的特色是老師的專業已經實踐、學生已經達到卓越的學習、家長已經融入學校成為教育的夥伴。」這就是我們推動的教育發展方向，最想見到的教育成果，也是心目中育林國小的教育特色願景。

育林校歌的故事 ◎◎◎

育林國小從創校十幾年以來，在歷任校長、老師及家長努力耕耘之下，各項比賽成績相當不錯，學生表現傑出，也在學校願景——「愛、成長、學習」的目標上，不斷彙集親師生的心力，逐漸形塑出優質的校園文化，只是當累積優異成果、表現亮眼後，總有美中不足之處，還一直缺少一首校歌來展現育林創校經營的文化及精神，非常可惜。

有感於此，學校即廣徵同仁與社區意見，藉由適當機會加以討論，並旋即建立共識，都認為催生育林校歌事不宜遲。於是，由教務處草擬規劃後，立即公布校歌甄選計畫，加以擴大辦理，希望集合眾人之智慧，一起來創作有意義的校歌，能為傳承、豐富育林國小的創校精神與文化而共襄盛舉。

對育林校歌的期許

很多人認為，校歌能夠引發學生心理共鳴的作用，勾起校友對於母校的認同感。一首經過共同參與創作的校歌，婉轉或嘹喨的音符，可以醞釀出感人的氣氛，透過一代一代學生的音律語言，能夠不斷敘說著創校的精神，傳唱經年之後，形塑出學校珍貴的傳統與文化。我們發現，不管是百年老學校或者是新近創設學校，校歌都具有歷史的意義，代表一個學校的不同教育世代的背景和人文之故事發展，隱含有文化的圖騰元素，甚至是代表學校的靈魂，透露出驚人的生命力。

我們認為，校歌徵選應該包含歌曲與歌詞兩類，而校歌的旋律跟歌詞同樣重要。旋律可以讓人很快的記在腦海中，歌詞可以理解學校的精神，喚起學校的特色，好聽的校歌，大家都會比較願意唱，如果時常唱，就會對裡面的內容

熟悉，並常常記在心中。

因此，對於育林校歌的期許是：歌曲內容必須包含創校精神、願景及學校發展，能將學校的人文、地理等特點融入校歌，也能表達出學校特色、親師生合作精神，更能蘊含豐富優質的文學、藝術內涵，流傳久遠。

育林校歌的誕生

學校把徵選校歌的訊息公布在校園網頁之後，同時也成立校歌編審委員會，並聘請學校具有音樂專長之老師、行政人員、家長、社區人士共同擔任校歌編審委員會委員，俾以進行各項校歌甄選事宜。校歌徵選採取鼓勵、公開、透明的方式進行，主要目的是期盼大家一起參與，不管是老師、學生、社區家長、校友等，都能貢獻自己的靈感與巧思，努力譜出育林國小的新校歌，寫下育林國小歷史的新頁。

校歌編審委員會前後召開兩次校歌編審會議，才使育林校歌正式通過。其間，徵選校歌的過程，雖然已盡量鼓勵報名參加，但是參與狀況仍然未達理想，又經過不斷的邀稿，終於有了一些眉目。歌曲部分，初稿由許淑真老師嘗試完成，後由朱如鳳老師及梁愷玲老師譜曲，再經校歌編審委員會議決議通過。詞的部分，是由多位老師和志工陳靜蓉大隊長、家長會林進東會長提供點子，把創校精神與在地社區對教育概念的想法寫下來，成為整首校歌的基礎；這些點子與創意，再次透過創校資深老師吳寶貴主任與前任黃吉泰校長的文學之手，寫出整首校歌雛形，分別匯集成兩種版本，最後於校歌編審會議上激烈的討論。為考量學校特色與創校精神，斟酌字句修訂，終於圓滿達成任務，育林的校歌順利定案誕生，也在當年的校慶運動會發表。

育林校歌的內涵與精神

不管老師或家長，普遍認為育林校歌之曲調朝向應該簡潔，中間樂段轉折意涵在地風情，讓學生在歌唱時易學好唱；校歌的歌詞不管是以隱喻或意象的方式，學校的環境、創設誕生、特色發展、教育願景，都是歌詞中不可或缺的元素，能夠加以揉合，就會產生更多連帶關係而對學校有代表性的藝術符號。

因此，育林新校歌的內涵與精神，首先，在歌曲的部分，係藉由活潑、輕快的曲風，展現學生青春、活力的本質，簡單的曲調、柔軟的音符，象徵學生沐浴在充滿愛心的校園之中，浮現快樂學習的心情，並表達出學校優質校園文

化之特色。其次，在歌詞的部分，用詞簡潔、順暢、易懂，適合國小學生理解、體會，在第一章裡，是依序描述學校的地理環境、學生特質、親師生志工的合作及學校「愛、學習、成長」之願景；在第二章裡，是針對學習的主體——學生，給予讚美、肯定、勉勵與期許。

餘音繞樑

　　校歌是一所學校的文化圖騰，育林校歌的誕生是慎重而令人滿意才出爐，校歌歌詞中所蘊含的創校精神與教育目標，讓人易於體悟，同時是另一種藝術與人文的學校本位課程，因此自校歌完成之後，學校也把校歌旋律融合在每節課的上下課鐘聲裡，成為提醒師生作息悅耳的音符，讓凡是進入學校教育的小孩，人人普遍會聽校歌、哼校歌、唱校歌，使校歌成為學校的識別標誌，也是學校的潛在課程。

　　同時，每年的畢業典禮，學校均由合唱團帶領畢業生們一起演唱校歌，希望藉著畢業典禮傳唱校歌的儀式，一直跟著學校的校史長遠流傳下去。其實，校歌就是生活中的真實課程，甚至是學校歷史的故事，充滿歷史的意義。

校長的分布領導 ◎◎◎

　　檢視國內歷經十年以上的教育改革，雖然有些目標已經達成，但是如何改善教與學的教育專業發展仍嫌不足，例如：以往可以看見國小每星期的「週三進修」，大部分仍採用講座型式，大家排排坐聽外聘的講師談論理論，難以引起教師們的共鳴與熱情，更遑論解決教學中的實務，也使得「週三進修」沒有「進修」。如同美國採用工作坊（workshop）型式的專業發展訓練，浪費數以萬計教師寶貴的時間，投注太多失敗的模式在改善教學實務上，工作坊最大的迷思是「工作坊」不「工作」，其教師發展對實務或學習成果少有影響，因為沒有在真實的教室中應用及驗證，並且在團隊工作中獲得分享的經驗。

領導者與校長領導實踐

　　在育林國小裡，教師專業學習社群的發展是校長分布領導的重要特徵之一，我認為社群的教師領導者或內部的領導者比起外部的專家學者更有效果，更能夠支持教師專業成長變成校內專業發展的對話討論，例如：學習社群的討論成員，如果包含校長、主任，課程領域小組的教師，就能一起參與其中。在

分布領導的概念裡，領導實踐是共同行動的實踐，能結合更多的領導者，而積極推動成立教師專業學習社群，就是一種具體的多元領導者。

這些不同學習社群的成員，在同一時段、不同地點一起參與專業發展會議或討論，讓每一個老師提出不同的創意，聚焦在學校發展的圖像上，應用於班級的教與學，在這樣的情況之下，由於大家的貢獻，領導實踐就展現在彼此互動之中。此時，校長在社群之間來回穿梭，發現不同的聲音與意見，有時候校長影響了社群，同時也會被其他學習社群影響，此時此刻，領導實踐變成整個系統的實踐，不同的社群產生不同的領導者，影響力比其他個人的總和還要多。

被領導者與校長領導實踐

在擔任多年的校長實務經驗裡，我總認為校長不可能無時無刻與每一位教職員工同在，更不可能分秒監看老師的課程教學，不可能一直指導職員怎麼做。過去我們總是認為校長應具備各種知識、人際關係技巧、願景、策略，然而現今的決策環境更為困難，校長的責任也從全權掌控、發號施令，轉為分布領導的取向，校長要接受自己無法克竟全功的事實，才能與其他的學校成員專家合作，彌補自身不足。

學校成員是校長領導實踐不可或缺的另一元素，校長不只影響組織成員，也被成員影響，特別是老師們。這些依循著領導行動的學校成員，包含班級的級任老師、行政人員、職員等學校成員。不同的學習社群領導者不只是老師的知識領導，也在於開啟老師校務經營與發展的視野，這是構成領導實踐的獨特要素，因此校長不是只有讓老師完成某些事情，而是在校長與老師的互動之中，與教師專業學習社群的成員，一起定義校長領導實踐。

環境與校長領導實踐

校長領導者的作為，不只與被領導者進行領導實踐的互動，也與環境一起產生互動，環境包含日常的行事曆和工具，而校長的領導作為不一定直接在日常的例行工作上，而是採用不同的方式與環境互動。

行事曆上的計畫是每日作息的重要部分，因此，育林國小以每學期六次的社群發展活動規劃，讓每個老師都具有定期學習的重複循環之動態性，這樣的例行工作包含學生的創意評量、分析學生的反應、讓評量來定位問題所在、決

定教學策略。因此，例行工作具有多元因素的象徵，從學科領域的領導者到校長，專業學習社群例行工作就是學校生活的一部分。

其次，所謂的工具包括老師的觀察評估、課程計畫、學生的學科作業、學生的評量結果資料，這些工具促成各社群如何實踐，以及形成校長與老師在參與方式上的互動。校長領導實踐即是透過工具與環境來達成。

持續社群的發展

從文獻上發現，一些專家探究校長領導和教與學（teaching and learning）的關係，經常聚焦在狹隘的校長作為與教師班級作為的連結，然而校長的領導實踐可能是和教與學有一個非常不一樣的動態連結，直接關聯到學生、老師、工具，或者是這三類的結合。學校教育現場的行事曆規劃及所運用的工具，可以建立專業學習社群，發展老師的專業知能和技巧，領導實踐成為形成組織行事曆工作內容及工具運用的關鍵點，反過來說，組織行事曆的工作內容和工具運用也形塑不同的領導實踐。

我們看到學習社群就是分布領導實踐的系統，一個組織複雜實踐網絡的行事曆工作網，實踐的系統是由人和環境所構成，例如：政策、規劃、程序，每個月讓老師聚集討論有關他們的教學，促使老師分享以教學為本的專業知識及專業社群對話，並加以改進教學。

學校與家長會組織的界線 ◎◎◎

育林國小的家長會具有很強的行動力和向心力，歷任會長帶領著家長團隊，在校園裡不斷地改善孩子的學習環境，愈來愈多家長樂意並主動進入家長會，並且轉型成為具有公益理念和服務精神的家長會，積極協助學校發展的運作，此早已奠定了校園合作夥伴關係的良好基礎。

家長會的運作，會長是一個非常關鍵的角色，經常是每一任會長都秉持著參與而不干預的角色，才能結合關心教育的家長、志工、社區、朋友，充分利用社會資源，把資源與智慧引進校園中，親師生一起共築美好願景，用具體的行動實現教育夢想，塑造多元民主參與的校園氛圍，讓學校的社區子弟獲得最大的好處。當重新思考學校組織的界線時，發現育林國小校園裡的「咱們」與「他們」的感覺，早已經變得非常模糊，瀰漫於校園成員之間的界線，是愈來

愈難以分開，進而凝聚成為一種教育合作的社群夥伴關係。

家長會組織的形象

傳統家長會的組織形象，很難抹去一些政治操作的痕跡，家長會存在著地方選舉的另一種政治舞臺，民意代表經常成為家長會的重要人物，而被選出來擔任會長等職務；之後社會轉向工商業型態，則逐漸浮現功利發展的色彩，贊助學校經費成為組織最大的功能，也是家長會最重要的任務；直到晚近，隨著教育的進步，參與學校教育的活動內容，有錢出錢、有力出力，已經成為家長會成員的共識。

過去長期以來，家長會一直在學校扮演著啦啦隊或催化者的角色，更像個被動的旁觀者。但是，學校組織的參與不只是一種語言的定義，更是教育事實的描述，行政的官僚、教室的王國、學校與社區、家長與老師、校園的封閉與開放，這些現象傳達一種門檻的限制，一種內部事務與外部事務之差異，簡單的說，是一種彼此參與交流的阻隔，想要進入學校組織必須能夠予以跨越。

現代的家長會組織形象，愈來愈重視與學校之間的相互親近性，組織的價值是成員們不斷親身參與的過程，而不是參觀式的片面經驗。所有家長會成員皆是教育志工，而不涉及家長會成員其原本社會上正式的身分或者地位，家長會組織的形象，其顯示的是家長和社區對學生教育關心的程度，以及未來社區可能的發展願景。

家長會參與校務的陷阱

一般組織界線的區隔，來自於三種特徵，分別是人（people）的角色、參與成員的彼此關係（their relation），以及組織的活動（their activities）方式，我們可以從這三種特徵，發現家長會參與校務的陷阱。

由都市化過程中，引發現代社會的高度疏離感、互相彼此不聯繫、不同團體之間的強烈競爭，這種隔離已經產生了一種顯著的現象與問題，我們突然驚覺的發現，失去了數十年前鄉村鄰里間的水乳交融之社會生活，如同大型購物中心已經侵蝕了多數的社會關係，故鄉與他人的依賴感、環境中其他人所體現的親切感不見了。許多人離開故鄉到都市奮鬥，不但斬斷了故鄉的根，在都市的社區裡也看不到人們安身立命的歸屬感，似乎唯有透過學校的媒介，可以拉起學校、家長會與社區的聯繫，重新找尋回來故鄉的感覺。

但是，「現代社會」和「社群社會」是作為隱喻的兩個不同結構，代表生活型態、社會願景、思考模式、心中想法的不同兩種類型，前者被視為一種組織，代表的是狩獵社會到漁牧社會到農業時代，經過工業革命進到工業時代、商業貿易時代的現代社會組織，完全脫離原始社會的恐慌生活，擺脫外在環境、氣候、獅子老虎對生命的威脅，社會轉換的結果，是由部落變成組織，都市成為最大的組織體。具體的例子是，現代的公司就是一種組織，在公司之中，關係是形式化而冷漠的，依著不同角色職位和角色期望來決定關係。所以，家長會組織如果沒有進化到社群型態，將落入現代社會冷漠的陷阱，無法自拔。

回歸教育參與的組織功能

　　按照學校家長委員會組織章程，學校成立家長委員會之任務，主要是協助學校推展教育及提供改進建議事項，協助學校處理重大偶發事件及有關學校、教師、學生及家長間之爭議事項，協助學校辦理親職教育及親師活動，促進家長之成長及親師合作關係。

　　這一現代社會的家長會組織特徵，被看成是隱含社會進步的動力元素，家長會成員參與校務的多寡，變成學校教育在孕育未來社區公民的教學過程中，可以發聲的關鍵角色，也是家長會與學校共同體之間為學生而存在的基本價值觀，例如：在制訂學校的政策過程中，家長會和學校之間的合作是一致的，圍繞著學生的學習與成長，「共同體」的社群尤其強調，家長會組織對學生的總體社區公民發展和社區意識的關心，乃是參與學校中教育活動的基礎，如果能在某種合理參與的程度上得以實現，將會決定教育向上提升的氛圍。

　　為了形成這樣一種氛圍，學校和家長會必須參與制訂學校政策的過程，不管是出席校務會議、課程發展委員會，都能一起規劃出孩子每日生活的意義。校務發展的政策表述，必須發揮功能和受到家長會的支持，甚至為家長會所接受，唯有學校和家長會的共同參與，學校才能達成不止作為一個科層體制之下的公務機關，更是教育夥伴的共同體在發揮著教育學生的作用。

參與學校教育的再定義

　　如何參與而不干預？在育林國小的家長會組織發展歷程裡，我們可以發現從傳統到後現代的多元形式之組織結構，其中的共同體形式，使家長會與學校

因為多元的關係而成形，連結類似家人的關係與分享共同的空間，一直到分享價值之間而產生關係，這樣的心理社群提供了血緣社群和空間社群，成為夥伴認同與情感的基礎。

共同體組織概念的興起，進一步讓家長會與學校的社區夥伴之角色功能受到重視，學校組織的界線愈來愈模糊，加上許多不同領域的專業人士，在其專業之外積極參與學校，擔任教育志工，採用體制內或體制外不同的方式，帶領孩子實踐教育的理想，為學校的課程與教學注入新的活水，在正式的教改之外蔚為風潮，我們視之為寧靜的教育改革。

學校與社區是孩子未來回憶的基地，也是故鄉情感的歸宿，家長的參與校務經驗，勢必成為孩子學習成為社區公民的最好榜樣，因為他為孩子的學習、個人的發展和適應，以及在學校中工作的組織成員之存在感，提供了必要的支持、社會團體的感情以及歸屬感，例如：「這是我的班級」、「我的學校」、「我的鄰居」、「我的國家」等等，屬於「我們」的感覺。學校共同體的情感不同於家庭的親情聯繫，卻是形塑未來社區公民的凝聚力，成員或參與者享有共同的價值觀，相互接納和互相關心，家長會組織的形象乃是學校中孩子未來社區生活智慧發展的前提條件。

結語

今日的社會，是一個講求專業精神的時代，愈來愈重視專業的分工，沒有建立專業的標準，都可能會被質疑、輕視，或者淘汰，甚至於馬路邊的檳榔攤，也要掛著「專業」兩個字的看板，標榜「專業」就是告訴來來往往的人群，這一家檳榔的品質絕對比別家好。因為組織、個人、社群的專業連結與關係功能，使得在學校生活系統中，校長領導與教師專業學習社群具有緊密連結和互相影響的關係存在。

學校組織的新面貌，是由專業教育家和家長消費者之間的主導權力和影響力之重新配置而獲得，傳統中專業教育家扮演學校教育的主要角色，具主導力的師生關係，已經被有利於家長參與的親師生合作法則所取代，進入學校教育的合作權、關注學校發展的參與權、學校會議的發聲權，漸漸模糊了家庭和學校之間、學校與社區之間、專業人員與一般大眾之間的界線，如果說學校組織

具有內外部界線，充其量只能說是模糊。

　　具體而言，面對現代與後現代主義的兩面夾攻之下，校長領導的核心思想，主要在於對教育行政中價值概念的詮釋；其次，價值概念的實踐，是校長領導最主要的目的，領導者在面對不同種類的價值時，應該區分為三個階層，從「善」（good）的價值選擇，到「公正」（right）的價值思考，而不是只有表象的任務執行。在校長心情故事中，校長領導所碰到的問題，並不是表面上所見的「事實」或「管理」的問題，而真正癥結在於源頭的哲學思考和價值選擇的差異。教育行政者最大的壓力，來自於如何面對自己心中的那一把尺，亦即領導者如何做有價值的選擇和行動，不同的選擇將影響校務未來的走向，以及校園文化的形塑。當領導者面對不同層次價值選擇的壓力，其實是不容易解決的，唯有真正了解教育行政中價值的哲學思考，才能豁然開朗。

林忠仁校長小檔案

　　林忠仁，臺灣省臺南縣人，國立臺北教育大學教育學博士。曾任臺北縣九份國小校長，現任臺北縣育林國小校長。

29. 辛勤與感動交融的樂章

臺北市幸安國小校長　林騰雲

 前言

　　時光匆匆，轉眼間從忠義國小轉任到幸安國小擔任校長，迄今已有五個寒暑，而個人擔任校長職務也已有九年的歲月了。其中於 2001 年 8 月起在忠義國小擔任校長的四年經驗，已於林文律教授主編之《中小學校長談校務經營》一書中分享，因此本文試著將 2005 年 8 月之後，轉任到幸安國小擔任校長這幾年時間的校務經營，從內心的感受出發，探討與分享學校經營的點點滴滴，以及帶領學校同仁努力前進，在激勵同仁及學生們辛勤耕耘獲致成果之中，所感受到的感動故事。

　　如大家所熟悉的，校長是一校之長，帶領全校教職員工為落實教育目標而努力，其學校行政領導的角色與功能至為重要。然而，因為社會變遷急遽加速，教育發展日漸多元，校長也隨著社會變革的需要，轉型成為更多元的角色，也需要處理更多的校務經營事項。

　　因此常有人說：「現在當校長真是辛苦！」但個人倒不全然如此認為，個人覺得擔任校長雖然較為辛苦，尤其在校務經營中，時有人事物困境耗費心力。但看到自己能帶領學校穩步發展，學校在上級預算協助下，環境愈見舒適美觀、設備愈趨充實新穎、行政同仁兢兢業業、教師同仁愛心付出、學生學習豐富多元、家長社區鼎力支持，讓我不禁由衷的感動與感謝，即使身心疲累，也甘之如飴，不以為苦了。

　　以下謹就轉任到幸安國小這幾年時間的校務經營，如何於轉任後起步，以及一些難忘的經驗、感動的故事和獲獎的喜悅等點滴經驗，所共譜的辛勤與感動交融的樂章與大家分享。

轉任後的起步

凡事起頭難，尤其，學校經營經緯萬端，在學校經營的路上，如何在一開始就與組織成員做最好的互動，以有效達成組織目標是相當重要的。因此，秉持「好的開始是成功的一半」之精神，從 2005 年 8 月轉任到幸安擔任校長後，從了解學校經營背景、重視學校發展需求，以及把握溝通原則與組織成員交心等項逐步推進，茲臚述如下。

了解學校經營背景 ◎◎◎

幸安國小位於仁愛路林蔭大道旁，地處市中心、交通便捷、環境幽雅，自 1933 年 4 月創立臺北市幸尋常小學校，臺灣光復後於 1946 年 2 月更名為臺北市大安區板橋國民學校，1951 年 6 月改稱臺北市大安區幸安國民學校，直到 1968 年配合九年國民義務教育，更名為臺北市大安區幸安國小，並沿用迄今。目前班級數包含普通班 58 班，特教班 5 班，幼稚園 6 班，共計 69 班，學生合計約 1,600 人，校地面積 21,743 平方公尺。

走過 77 年的歲月，幸安是一所歷史相當悠久且頗具知名度的小學。學校教師教學認真，家長對子女教育頗為關心，在歷任校長和教職員工的努力經營下，將教育改革的理念由概念轉化為共同實際參與的行動。老師們常利用豐富的校園生態進行教學，行政方面也致力於改善環境，讓校園成為最佳的教學場所，也讓學校成為一個永續發展的優質校園。

由於社區環境及居民生活水準較高，學生家長的社經條件相對也較好，因此，對於學校的期望相對也較高。雖然，家長對子女教育頗為關心，能積極參與校務，且諸多的資源使學校教學活動更多元精彩，但家長對學生學習的期望也愈漸殷切，尤其學生聰明活潑、衣食無虞，但挫折忍受度低，也因少子化的關係，較為自我，需要加以指導。因此，本校除了積極爭取家長的支持，結合社區的力量外，也根據學校主客觀因素，包含師資條件、社區背景等，做整體的規劃，循程序、提計畫，爭取相關資源，改善環境設施，運用多元活潑的課程與學習活動，持續推動，以具體落實「進步卓越，幸福平安」的學校願景。

重視學校發展需求 ◎◎◎

依本校 94 學年度校長遴選意見彙整表，提列的重點包含「學校發展需求」、「學校發展特色」、「學校待解決問題」，以及「對新任校長的期許」等四項，其中「學校待解決問題」更是師生、家長所關注的重點，包含：

◎積極翻修老舊校舍，加速學校硬體設備的汰舊換新。

◎幸安西側門積極規劃學生專用走道，落實人車分道，以維護學童上下學安全。

◎幸安門面的美化，加強校園環境整潔與綠化。

◎所有工程務必於寒暑假期間進行與完工，並落實工程品質之驗收與善後處理。

◎專業師資需求孔急，不適任教師因此存在，應盡速研擬對策以因應解決問題。

◎籌建中央廚房，供應營養午餐，讓學童吃得健康又安全。

◎廁所環境與設備老舊，急需加速翻修改善。

◎校地有限，在教室不足情況下，研擬入學人口縮編或校舍有效運用規劃。

◎代課教師流動率高，應有比例限制，且不宜集中在課業壓力較大的高年級。

把握溝通原則與組織成員交心 ◎◎◎

基於前述 94 學年度校長遴選意見彙整表的重點，並體認本校優良的傳統文化，因此，除了重視學校待解決問題全力以赴，也研擬營造學校新風貌的具體策略，朝加強親師合作、廣納社區資源、力行校園民主、重視教師專業發展、規劃多元學習活動、營造安全溫馨校園、把握品質管理精神等方向努力。

因為校長是經由公開遴選產生，不但身負眾望，而且肩負學校發展之重任。而個人在個性上，親切和善、謙虛踏實，處事能廣納多方意見，領導則兼顧倡導與關懷。在特質上，凡事認真勤奮，任教職以來，各項工作績效良好，且曾獲臺北市教師組四百、八百公尺接力冠軍，多次破大會紀錄、臺灣區小提琴獨奏比賽入選、教師組羽球、越野賽優勝，具有省級游泳裁判、田徑基層教

練 C 級資格。因此,也希望以此特質,帶領學校邁向優質、多元發展。

在溝通協調方面,個人則把握以下原則與組織同仁交心。

以身作則

以「一分耕耘一分收穫」的務實精神,帶領團隊共同發展,任勞任怨,小有成果不居功,遭遇挫折不諉過,共同分享成果,共同度過難關。遇有困難,也於課後或休息時間,安排對話機會設法妥善處理,並保持與家長會、教師會密切合作的關係。

建立共識

重視同仁和家長的寶貴建議,只要符合法令、對學校願景達成與發展有幫助,一定整體考量,經共識討論後,採行最好的作法,以利學校的發展。

以同理心接納意見需求

以同理心接納同仁及家長所提的需求和意見,並適當的回應和誠懇的說明現況,以及未來可以努力的方向。

以願景理想引領學校發展

誠摯說明校長帶領學校邁向優質發展的願景與理想,而這一切理想與目標,都需要同仁攜手合作才可能達成,而大家的共同合作、捐棄成見最讓人感動,也是所有學生最大的福氣。

建立發言制度、做好危機管理

因應學校重要活動成果的展現,或學校緊急突發的事件,須有統一窗口對外發言,原則上由指定發言人統一對外說明,以收宣導效果,並降低可能的傷害。

落實職期輪動、分工合作

行政工作相當辛苦,不但任務繁重,而且工作時間也較長。為了平衡工作負荷,也為了工作歷練,增進彼此的了解與合作,因此採職期輪動,讓學校不斷擁有活水創意,並感謝同仁們在工作崗位上的傳承和付出。

難忘的經驗

接連颱風發現水患的問題 ◎◎◎

　　2005 年 8 月 1 日剛接任，才過了二天，氣象局就在 8 月 3 日發布馬莎颱風警報，而且 8 到 9 月之間，颱風一個接一個來。氣象局發布的警報包括馬莎、珊瑚、泰利、卡努、丹瑞、龍王等颱風接續而來，其中馬莎、泰利及龍王颱風風雨較大，學校行政同仁到校值班，也作好停車場開放和防災收容的準備。駐區桑督學也於馬莎颱風期間到校巡視防災準備情形，並指示做好防颱工作。颱風過後，吳清基局長也於 8 月 8 日親自蒞臨本校，了解學校概況並關心學校夥伴，讓同仁們相當感動。

　　由於學校有七十多年歷史，部分設施較為老舊，其中排水問題較令人困擾。因為下大雨時，雨水經常宣洩不及，積水會漫延到建築走廊，上學時師生走過走廊或放學時學生路隊在走廊行走，因為走廊積水，需要墊著木板或墊著腳才能行走，相當不便。

　　因為接連的颱風和大雨考驗，校長順便觀察積水情形，為了改善排水問題，因此利用暑假期間，就初步檢視的結果，計畫疏通水溝的事宜。因此，校長與總務處主任、組長、工友、校警同仁，全體動員共同合作，將水溝堵塞較嚴重且可疏通的部分先予清理，將厚厚的泥土從水溝中挖出，再以手推車運到低窪的花圃或適當的地點填土，如此循環工作了幾天，下雨時就通順一些。不過，仍有許多清理不到、水泥板蓋住或堵塞不順的地方無法清理。

　　其中通往學校東門的排水路徑，因為是校內水溝彙流的出口，相當重要，但其位置卻設在建築物下方，不但口徑太小、洩水坡度不足，而且總會異常回堵。經初步檢視，認為可能是人行道的水溝涵管堵塞。但因人行道權責不在學校，因此即邀請學區里長、蔣議員、新工處代表到現場會勘，結果發現水溝涵管被灌了一半的水泥，且學校圍牆的基礎鋼筋打穿了排水涵管，堵塞了水路，判斷是造成水流嚴重回堵的原因之一。議員主持會勘後，雖無法確切釐清責任歸屬，但認為確有改善需要，因此做了裁示；非常感謝新工處於很短的時間內，協助埋設一段新的排水管，解決了此部分的水患。而後續的處理措施部分，學校也於往後各年度的其他修建工程中，逐年編列預算改善排水情形。

風華再現的學校優質化工程 ◎◎◎

　　繼 2005 年 8 月 8 日親臨本校了解學校概況之後，非常感謝吳清基局長於 11 月 2 日在與本校家長會許會長和委員的座談中指出，教育局計畫提撥經費改善老舊學校之校舍，以提供學童更優質的學習環境。因此，本校於 2006 年做好規劃準備，依據師生家長的期待，提出「校舍優質化改善計畫」，由臺北市政府教育局和臺北市議會審議通過，於 2007 年陸續展開規劃設計及招標工作，並於暑假開始施工。

　　因為施作的範圍較大，因此影響的時間和範圍也較廣，為了讓家長們了解改善項目，因此，除了事先透過兒童朝會、學校網站和相關會議加強宣導，並於當期的「家長會訊」說明主要的施工內容如下：

　◎校舍外牆整修：包含仁愛樓、建國樓等外牆整修面貼磁磚，屋頂落水管改善，走廊洗手台整修並加設拖布盆，希望整修後讓校舍建築再現風華。

　◎廁所整修：除信義樓東側廁所外，其餘各棟大樓之廁所，進行全面性整修，改善完成後，提供師生衛生舒適的如廁環境。

　◎屋頂防水隔熱：以斜屋頂方式改善，確實做好防漏處理，並附設水撲滿，增加環境教育的功能。

　◎水電設備整修：進行電氣、電信管線整修、配電機房整修，以及總務處機電設備遷移更新。

　◎圖書室及會議室整修：改善會議室，增設陳列櫃、白板櫃、整修地坪牆面，圖書室設計舒適的閱讀空間，以多功能現代化設計，鼓勵師生使用。

　　不過，因為工程施作的範圍實在較大，無法在暑假完成，雖然總務處積極處理，也做好相關應變措施，但因時間和人力畢竟有限，難免有不週之處。因此，開學之初仍有諸多不良影響產生，如鷹架、圍籬、噪音、灰塵等，引起家長的關心和憂慮，以致有電視媒體前來採訪本校及其他幾所開學後仍在進行優質化工程的學校。因此，本校除了指定發言人審慎發言，也督導施工單位改善並加緊施工。10 月 12 日也接獲市民向市府全民督導公共工程專線陳情，指出有施工架及踏板不合規定、工人未戴安全帽之情形，該通報專線並要求學校三

日內處理完成，並通報市政府。此外，勞檢處人員也於 10 月 16 日到校檢查工地，要求營造廠商三件重要事項：鷹架要合法規、工人要戴安全帽、改善前要停工。接連的關注，本校除一一回覆外，也立即要求營造廠商儘速改善，並於通過複檢後順利復工。

如今校舍優質化改善工作雖早已告一個段落，施工期間的不便，也轉化成為溫馨舒適的環境。不過，還是要對大家共同的關心和包容，表示最高的敬意和謝意。

其中，特別要提出來的是在圖書館整修方面，非常感謝本校家長會提供人力及物力的協助，尤其家長會會長林慧玲女士捐資興學，捐助閱讀桌、班級書箱、低年級「閱讀班書」、單槍投影銀幕等，讓學校圖書館更加豐富美觀，相當令人敬佩與感謝。

「市長信箱」市民反映事項的處理 ◎◎◎

如果對各校推動工作產生較大困擾的事項做一調查，許多學校一定會表示「市長信箱」市民反映事項或黑函的處理，是較困擾也是負擔較沉重的事項之一。因為有些不實的內容或是冒名陳情的意見，都要依限予以回覆，真的是相當費時和費神，也占掉不少可以照顧學生或處理公務的時間。

就本校多年處理的經驗而言，市民曾申訴的事項包含：工程採購的問題，如施工的安全、工程採購招標等；教師教學的問題，如反映戶外教學未通知家長、反映游泳教練、反映請假頻率過高、反映游泳課教學等；場地使用的問題，如活動中心場地挪為新生入學報到使用，以致活動臨時被移到操場、反映暑假操場暫時停止對外開放不方便等；輔導管教問題，如反映某班有學生常有違規及打架行為、反映本校教師處理學生違規行為過當等；交通導護的問題，如反映校外導護事宜、反映上午東門交通崗吹哨子影響住戶安寧、反映家長要排班當安全導護等。

本校各處室針對市民所陳情的內容，均以積極正向的思考、精益求精的態度，加以查核了解後，進行書面答覆，如有不周詳，也願意再提供更詳盡的資料。

當然，除了這些惱人的申訴意見外，也有家長是相當窩心的，如感謝學校環境變得很好、學校社團、課後照顧辦理得相當豐富且有成效；也有家長連署

慰留一位已核准伺親留停，但對學生付出所有心力的好老師之陳情函，讓這位教學認真、有滿滿愛心、又對孩子們關懷備至的老師，留下來再多帶班上的孩子一年到畢業，相當令人感佩。

國家賠償事件的處理 ◎◎◎

　　以往校務經營並無處理國家賠償事件請求的經驗，但 2006、2007 年間，因請求權人王女士（化名），以其女小美（化名）因罹患白血病無法到校上課，經臺北市中正區強迫入學委員會同意在家教育，嗣因女童小美之父公職調派赴美，決定攜女赴美接續醫療，遂於 2003 年 5 月親至學校辦理轉出手續；小美於舊金山 UCSF 兒童醫院醫治至 2004 年 9 月間病逝醫院。請求權人王女士返國提出學生團體保險金給付，惟未獲理賠，為此於 2006 年 9 月間提出國家賠償請求書，請求國家賠償新臺幣一百萬元整。案經臺北市政府國家賠償事件處理委員會 2007 年 4 月委員會議討論決議：「本案無賠償責任，亦無損失補償責任」在案。

　　本案處理過程中，本校對於小美在美病逝深感不捨與難過，對於請求權人王女士喪女之慟，亦莫不感同身受，至盼能早日平復傷痛。其間，本校相關人員雖曾多次聯繫學生平安保險承保公司，就各項承保補償要件進行溝通，冀予請求權人最大之協助。此外，本校且多次參與教育局、市議會議員之協調會，希冀能在既合法又兼顧情理的情形下提供請求人協助，然結果仍一直未能如願，至為扼腕。

　　就本案爭點之一「學生團體保險」而言：查「臺北市學生團體保險自治條例」相關規定，小美於 2003 年 5 月完成轉學手續轉出至美國 30 日後已無本市學保資格；且小美轉學赴美後，92 學年度起（2003 年 8 月）連續三個學期未再辦理註冊，亦未續繳註冊費和學生團體保險費，故無法獲得承保之保險公司理賠。

　　本案歷經二年多次的協調會議以及國賠事件處理委員會審議，在相關人員辛苦處理後，終獲決議，個人感觸良多並有幾點感想：

　　◎多傾聽和體諒請求權人的感受和需求，並協助處理。

　　◎承辦人員熟悉相關規定並留存相關證明資料，對於爭議的處理有相當大的幫助。

◎應了解《國家賠償法》相關作業規定，並依相關規定辦理，例如：本案處理後需函復並說明拒絕理賠理由，應提示如不服拒絕賠償之決定，得依《國家賠償法》第十一條第一項規定，得向普通法院提起損害賠償之訴，並請留意《國家賠償法》第八條有關賠償請求權時效期間之規定。

 感動的故事

「好人肯定有好報」的激勵 ◎◎◎

　　教育「事業」與教育「志業」，距離有多遠？本校校警曹台民先生的例子告訴我們——「如果帶著一顆熱情的心，那只是一念之間而已」。

　　一般的教育工作者常以園丁自居，本校校警曹台民先生除了以服務的熱忱擔任校警工作外，更難能可貴的是，他雖然不是教育人員，但他卻以具體的行動，實踐了園丁默默付出的精神，即使汗流浹背，卻不以為苦；即使工作受傷了，卻仍堅守崗位，這樣的精神讓師生、同仁們都相當感動。

　　2008 年 5 月下旬曹台民先生於校警工作之餘，因為學校紀念碑上面的時鐘故障，鐘面上的時針和分針無法走動，受總務處事務組所託協助檢修，看是否能加以修復，以便讓師生和家長們進出校門時能看到準確的時間。

　　曹先生檢查後，於 2008 年 5 月 23 日值勤後的休息時間，以木製爬梯，架在高約三公尺的紀念碑上，攀爬到時鐘的位置，以便就檢查的情形，排除時鐘故障的原因。

　　在曹先生拆解檢修告一段落，正準備要下來時，驚險的事情發生了，原本固定好的爬梯突然滑開紀念碑，曹先生缺少了支撐點，頓時失去重心，隨即由高處墜落。在千鈞一髮之際，曹先生以左手緊緊的攀住紀念碑上方的小平臺，以這一隻手支撐全身體重，懸吊在空中，另以右手臂環抱紀念碑，待回過神後，才慢慢的滑落到階梯平臺，順利的回到地面。

　　剛回到地面時，曹先生仍心有餘悸，雖然沒有嚴重的撞傷，但有局部的擦傷，左手也覺得酸痛無力，經同仁協助就近送到市立仁愛醫院就醫，經核磁共振攝影（MRI）檢查，發現左側肩胛肌之肌腱斷裂需住院開刀治療，但曹先生與醫師討論後，決定暫時不開刀，先治療觀察一段時間，之後再以復健方式，恢復手臂的功能。

隔天，曹先生不但沒有因公受傷而請假休息，反而一早就像平常一樣準時
到校，開始各項忙碌的工作。事後同仁聽到這個消息都覺得相當感佩、相當驚
險，也都覺得「天公疼好人」，而這個意外真是不幸中的大幸。

誠如教育局吳清山前局長在國小校長會議中，提到對於天下遠見《好人肯
定有好報》一書的看法，讓我們深刻體會到「付出足以改變人生」、「也讓自
己的生命更有力量、更完整、更有貢獻」。而曹先生無私無我的付出，以及熱
忱努力的精神，剛好做了最好的佐證。因此，校長在感謝之餘，也親自加以推
薦激勵，並恭喜曹台民先生榮登「2009 臺北市杏壇芬芳錄」。

學習低成就兒童也有春天 ◉◎◎

目前政府當局，包含教育部和臺北市政府教育局，為了照顧學習成就較低
的學生，特別將班級成績落後的學生，列為接受補救教學之優先協助對象，積
極推動課後扶助計畫。自 2006 年底以來，本校接受教育局的指導，負責承辦
全臺北市國小「攜手激勵學習潛能計畫」的業務，包含受理臺北市各國小申請
開辦「攜手班」、「激勵班」，以提供學習低成就弱勢兒童，於課後時間實施
補救教學工作。因為是承辦學校，所以更能體會藉由結合攜手計畫課後扶助以
及國小補救教學機制，提升學生學習動機與信心、弭平學習落差的重要性。

以本校為例，幸安位處臺北市繁華的地段，家長職業多元，社經地位普遍
較佳，但在社會經濟不景氣的大環境下，學校也有部分處於弱勢環境及文化不
利的孩子，雖然增加的速率不快，但卻值得重視，也需要靠社會及學校教育的
力量。因此，本校結合師資資源，運用補救教學策略，以教育關懷的理念，給
予學習低成就兒童適時的協助。

此外，幫助學習低成就兒童，除了師生共同努力之外，家庭的配合也是非
常重要。有一次個人隨教育局的訪視委員，一起到士林區一所國小進行「攜手
激勵學習潛能計畫」輔導訪視工作，看到學校相當用心規劃，並且充分運用家
長人力資源實施補救教學。其中有一位擔任該校補救教學的陳媽媽熱忱又有愛
心，因為早年她父親變故，讓她感觸良多，因此長大後一心想要幫助別人，也
想發揮心理輔導的專業與愛心，提供給有需要的孩子。她表示去年帶的小朋友
來自加拿大，學生進步較明顯；今年帶的孩子是菲律賓回來的學生，她與孩子
互動有進步，但學生的課業卻無明顯改善。詢問孩子之後，卻發現是因為學生

要回家照顧弟妹，所以功課常沒寫。了解家庭情形後，陳媽媽甚至想幫孩子出錢上安親班，但家長不同意，因為學生要回家照顧弟妹，沒時間。讓人聽了後，一方面是受陳媽媽的愛心感動，但另一方面，對孩子因為家庭因素，失去成長的機會相當惋惜，由此也可看出家庭配合的重要性。

目前，本校與臺北市各國小均已參與「攜手激勵學習潛能計畫」，行政團隊及教師也都能配合適性教育的理念，共同關懷學習低成就弱勢兒童，期望達成教育無弱勢的理想，具體實現「把每一個孩子帶上來」的希望工程。本校也因對此計畫的用心推動，榮獲教育部 2009 年度攜手計畫課後扶助方案全國績優學校。非常感恩許多教師的熱忱參與及家長志工的協助，在大家共同努力下，誰說學習低成就兒童沒有春天？相信他們終能突破學習困境，也期待每一個孩子都能樂於學習、勤於學習，進而發展自我、發揮潛能，擁抱多元美好的人生。

用心做環保、幸安真美好 ◉◉◉

本校從 94 學年度起就積極參與、辦理各項環教活動，一步一腳印，逐步落實各項環保工作，包括配合教育部、經濟部推動的臺灣綠色學校網路夥伴、水土保持宣導和能源護照宣導，以及參與臺北市環境教育輔導團所推動的各項環教活動，例如：群組夥伴學校合作分享、「綠色生活地圖」繪製、愛護淡水河宣誓、水質監測成果分享，及各項環教藝文競賽等，並藉由參與這些活動，讓學校在推動環境教育時能有更豐富的資源。

歷經多年努力，本校重要的環保成果相當多，其中較為特殊及創新的環保事蹟，包含推廣「綠色生活地圖」活動、設置校園生態園、將清淨家園、淨灘、淨山等服務納入校外教學、成立「校園植物趴趴走」植物解說員，為校園植物進行解說、設置植物栽培區、堆肥區、水生池、解說牌等。此外，還有家長志工協助校園植物之植栽、管理、澆灌、修剪、育苗等工作。還有家長會魏前會長、資優班學生和家長，犧牲休息時間，利用假日到學校協助整理校園，相當令人感佩。

在全校親師生共同努力下，本校除了永續綠色校園營造之外，在落實生活環保方面也同樣重視，包含：資源回收、廢電池回收、省水節能、蔬食減碳等，希望幸安的孩子都有一顆環保的種子在心中萌芽、茁壯，從小就能培養舉

手之勞做環保的習慣，也涵養出愛護地球的情操。

其實，推動環教工作，就學校而言是一件日積月累的功夫，也是一件相當辛苦的志業。尤其在都市大型的學校裡，人員多，意見也較多元，如何配合課程融入教學、落實生活環保，在在都考驗著承辦者的智慧與耐力。在配合教育部、經濟部與環教輔導團的各項環教活動時，也增加學校承辦者不小的負擔與壓力，例如：參加臺灣綠色學校網路夥伴，承辦者（楊桂霞主任、林冠廷組長）為了提報分享本校辦理的環教活動，往往都利用個人下班後的時間填報資料，填報不順利時，忙到半夜也是常有的事。本校衛生組長林冠廷老師帶領學生繪製「綠色生活地圖」、參加愛護淡水河宣誓、水質監測活動成果報告分享等，也是勞心勞力、辛勞備至，相當令人敬佩，最後能夠支持我們無怨無悔付出的，是對環境保護的堅持與信念。今年本校在親師生心手相連、共同努力下，終於獲得全國環保有功學校優等的殊榮，感謝主辦單位辛苦辦理遴選，更要感謝訓導處及同仁們的共同努力。

🕮 獲獎的喜悅

本校於 2006 年提出「校舍優質化改善計畫」，經臺北市政府教育局和臺北市議會審議通過後，隨即展開規劃、設計、招標，從 2007 年暑假開始施工，並於 2007 年 12 月順利完工使用。

完工之後學校環境煥然一新，獲得師生和家長的肯定與鼓勵，並有多所學校蒞臨本校參觀。學校也將努力的成果，於 2008 年 3 月以「傳承與創新——營造優質學習樂園」為方案主題，提報參加 2008 年度臺北市優質學校之評選，由 3 月至 6 月，歷經初審、複審到決審，最後順利脫穎而出，榮獲臺北市 2008 年優質學校「校園營造」優質獎殊榮。校長與各處室主任、教師會王悅雯會長、家長會葉斯隆會長、席國仁榮譽會長、魏美蕙榮譽會長以及成泰老師，於 10 月 3 日上午在陽明山中山樓接受郝龍斌市長公開頒獎表揚。

此外，2009 年度本校再以「幸福平安百分百——多元學習在幸安」為方案主題，提報參加評選，本方案所有的學生學習活動，係依學校發展願景並參酌優質學校指標之「學生學習」向度內涵，以學生為中心的角度思考，綜合採取八大實施策略，包含：認知發展，培養多元智能；健康活力，擁抱幸福平

安；深化品格，落實生活教育；多元社團，發展優質校隊；綠色學校，推動環境教育；尊重關懷，營造溫馨校園；探索體驗，引導終身學習；深耕鄉土，拓展國際視野。每一策略主軸，含括一個統整的學習系列活動，各有定期、不定期的年度計畫貫穿，執行項目計有 42 項，學習活動計有 256 項，以長期開展，並精進創新幸安的學生學習活動為主。方案歷經初審、複審、決審的過程，再次榮獲臺北市 2009 年優質學校「學生學習」優質獎殊榮。

2010 年繼之再以「涓滴細流匯成河——資源統整在幸安」為主題，提報申請參加評選，本案主要參酌優質學校指標之「資源統整」向度，從「資源取得」、「資源分配」、「資源運用」、「資源效益」等四個項目指標研訂方案計畫，從分析「基本現況」、研訂「優質目標」、擬訂「具體作法」、到展現「優質成果」，積極落實各項工作，並以務實的思維和創新的作法，展現優質的資源統整效能，讓幸安的孩子們能在優質的環境中有效的學習、快樂的生活、適性的發展，達成培養全人發展 21 世紀優質學生的理想，並再次榮獲臺北市 2010 年優質學校「資源統整」優質獎殊榮。

對此，要感謝教育局長官及駐區督學的協助和指導，也要感謝初審、複審及決審各階段評審委員的肯定，更要感謝各處室主任的用心規劃，全體教師、職工夥伴的辛勤努力以及本校教師會、家長會的全力支持和協助。

優質學校的獲獎，就本校朝向優質化的發展是一大鼓勵，也提供本校繼續追求精進卓越的動力。當然，在學校持續發展的過程中，仍有許多挑戰需要突破，需要凝聚同仁的智慧與創意，以便能朝向優質學校的理想繼續邁進。期勉所有夥伴，一步一腳印，繼續努力，讓教師的教學更勝任愉快，讓學生的潛能充分發揮，以期精益求精、止於至善，共譜幸福平安、進步卓越的樂章。

林騰雲校長小檔案

　　林騰雲，出生於臺南縣北門鄉，1982 年屏東師專畢業後加入教育工作行列，曾服務於屏東縣、臺北縣、臺北市共約 28 年，前後擔任級任老師、組長，以及總務、訓導、教務主任等工作。在個性上親切和善、謙虛踏實。在特質上認真勤奮、精益求精，任職以來工作表現良好。

　　2001 年候用校長儲訓後，經遴選至臺北市中正區忠義國小擔任校長，為國民教育紮根而努力，2005 年再經遴選轉任臺北市大安區幸安國小擔任校長，持續肩負學校教育發展之重任。

30. 十年一覺校長夢

臺北市康寧國小校長　連德盛

回首來時路

　　歲月悠悠，時光湯湯，自 2001 年邁入「校長」這行業之後，一晃已進入了十個年頭。幾天前在一個研討會上，巧遇到一位師專的老同學，他在南部也當校長，當時我們幾乎無心開會，聊著聊著……，這些年來的校長生涯，不禁同時感嘆「少壯能幾時？髮鬢各已蒼」。

　　如今掩卷稍息、閉目養神，回想起校長的「來時路」，一幕幕的景象，一幢幢的閃入腦海裡，好比李白詩中所云：「卻顧所來徑，蒼蒼橫翠微。」走過的路，見過面的人物，雖然有些已經模糊，但絕大部分的景物仍舊歷歷在目、栩栩如生。歲月恣意的在我臉上刻劃紋路，卻同時在我心中蘊藏了酸甜苦辣的回憶，以及人生難得體驗的哲理。

為我　投下感動的一票

　　2001 年的一個酷夏夜晚，我沿著蜿蜒蓊鬱的山路，來到半山腰的雙溪國小，由於當時不熟悉學校環境，從正門進入拾級而上，繞行於節節高升的階梯，終於抵達校長遴選會會場。在會場上，我除了做例行性的學校經營策略報告外，也向委員們說了一個小故事……

　　　「在五年前的一個黃昏，我帶著兒子到學校附近小溪邊玩水，然後開車延著山坡繞繞，繞著……繞著不知不覺就走進了學校，那時已華燈初上，我們父子在半山腰的景觀花園，往遠處眺望，哇！臺北的夜色真是太美了！徐徐的微風吹來，夜涼如水，兒子拉著我的衣襟，興奮的說：『老爸！我好希望你以後可以來這個學校當校長！』童稚的眼眸閃著亮光。從那時候起，我開始立志當校長，我非常努力、非

常努力的通過層層關卡，今晚也一階一階的登上校長室的門口，我多麼想實現兒子的願望，但能不能實現兒子的願望？就看各位委員是否給我機會……」

之後，我聽到一陣一陣熱情的掌聲，很多家長委員都感動的站了起來。

當然，委員們為我投下了感動的一票！從那時刻起，我當上了雙溪國小的校長，從那時刻起，我每天徜徉於環境幽美的校園中，呼吸著清新無比的空氣、聽著學童琅琅的讀書聲。我非常感謝學校帶給我的快樂，也享受著當校長的那份榮耀感。我時常喜歡與朋友、同事分享這個小故事，也時常想起那個夜晚，兒子那雙充滿希望的眼眸。

📖 人小志氣高

雙溪國小位於士林和內湖交界的大崙尾山之山腰上，是一所小而美的學校。學校建築依地形而建，和環境整合為一。地理環境得天獨厚，一年四季山青草綠、蟲吟蝶舞，學校彷彿一座天然花園，置身其中有如人間仙境。學生人數不多，在當年有普通班 12 班每班約 17 人左右，另有幼稚園 2 班。老師教學認真，極力鼓勵學生多元發展；學生活潑開朗很愛表現，語文活動十分優異，尤其英語能力普遍超越一般水準。

2001 年前後那幾年的市長獎頒獎典禮，通常在頒獎儀式之中，都會有一段表演節目。近幾年來已改為擔任典禮伴奏學校的管弦樂表演，可是在當年還是以富有教育性、趣味性的語文、藝文表演為主。2002 年，就在市長獎頒獎典禮前兩個月的某一天，主辦單位說要給雙溪國小一個表現的機會，當我接到通知時，真是又驚又喜。心想，在那樣的場合表演，不是一向都由大型學校包辦嗎？我們這種小型學校，哪裡敢承擔？但繼而一想，這確實是千載難逢的機會，如果雙溪國小的孩子能站上那舞臺表演，是多麼光榮、多麼有成就感的事。我雖然在當下一口就答應了，但內心始終忐忑不安，不知如何向老師說明，甚至於有好幾次想向主辦單位推辭，畢竟我只是一個才當不到一年的菜鳥校長。

經過幾個晚上的煎熬、掙扎，我試圖先說服自己有參與的勇氣，並且列出所有的優點。好不容易在一次教師晨會上，我戰戰兢兢的宣布，我們雙溪國小

將在市長獎頒獎典禮中，由小朋友載歌載舞的表演英語話劇。此話一出，我眼光很快掃射了所有老師，出乎意料的，不但沒有任何一位老師感到錯愕或反對，反而大家表示樂於承擔這份使命、這份殊榮。

當然這是一樁艱鉅的任務，全校只有一位英語老師，而且他還是資訊組長兼系統師。但敬愛的蕭老師，他勇於接受挑戰，他說我們學校一、二、三年級的小朋友，英語程度已經相當好，且要載歌載舞的表演，就由他們來擔綱演出吧！接著，全校老師動員起來，有的老師分別協助訓練學生，有的老師幫忙製作布景、道具，甚至於很多家長也來軋一角。看著全校師生和家長這麼投入，我的內心真的好感動。

2002 年的市長獎頒獎典禮終於到了！我的孩子們興高采烈的在偌大的舞臺上盡情的表演，流利的英語、可愛的肢體舞蹈，贏得全場如雷的掌聲，大家刮目相看，原來這麼小的學校，依然可以站上這舞臺，做如此精彩的表演。

我在台下內心澎湃不已、欣喜若狂，感覺眼眶都濕潤了。不斷的、由衷的感謝所有雙溪的夥伴，願意支持我，支持孩子表現的機會。

每年市長獎頒獎典禮，身為校長一定會參加，每當聽到伴奏的樂團演奏聲，總會讓我想起 2002 年的那場饗宴、那場喜悅。

危機初體驗

好長的一段時光，我很安逸、很快樂的過著校長生活。心想，當校長還好吧！那有想像中的煩心呢？事實上，是我沒有警覺，因為危機已經悄悄的來到身邊了。

一個週三的中午，我帶著幾位主任去淡水參觀教授家長的藝文展，順便到當地各個景點遊覽一番，大夥兒正興致勃勃、附庸風雅的時候，我的手機響了。

「校長！我被王鈞仁（化名）打了！……」可怕淒厲的哭號聲，從手機那頭傳來。我聽得出是事務組長呂碧琴（化名）的聲音。

「碧琴！妳先不要哭，慢慢講清楚！」我試著安慰呂組長，其實她已泣不成聲了。

我飛快的趕回學校，馬上去了解到底是怎麼一回事？

呂組長猶帶著憤怒、難過的語調，敘述事情發生的經過。原來她利用午休時間測試警鈴，吵到了正在午睡的警衛王鈞仁（老兵退役後輔導轉任警衛）。呂、王本來就是「死對頭」，這下可糟了！老王盛怒之下衝到樓梯間，找她理論，當然瞬間暴發激烈的衝突，呂哭訴老王竟然對她拳打腳踢，她愈想愈不甘心……

我當下安慰呂組長幾句，但我認為他們兩人都是總務處員工，理應由總務主任先處理。於是，我要呂組長打個電話向主任報告。那時候，我真的以為沒關係了，隨後就回家了。

那晚，晚餐後輕鬆洗過澡，幾乎忘記這件事！哪知道大勢不妙了！一通電話讓我陷入這輩子最痛苦的一個晚上……

「喂！連校長嗎？我這裡是派出所，你們學校呂組長要報案……她說被學校王警衛施暴，有驗傷單喔！有……我有勸她，可不可以交給學校處理？她好像說校長不理她……」轄區的派出所主管打來的，這位主管還是學校同事的弟弟，應該好心勸過呂組長了。

「我哪有不理？只是叫總務主任先了解而已！唉！……」一時之間，我也不知道該說什麼。

「校長！呂組長已經離開派出所了！她臨走前還說要讓這件事上報，標題都想好了『警衛打組長　校長不理』……校長！你要趕快與她聯絡上，要不然的話……」我這時意味到了，不然的話後果會不堪設想。

我開始極盡所能的想與她通上電話，但是我失敗了！她關掉了手機，她的住處沒裝電話。我打給所有她可能去的女同事家，但都沒有任何訊息。最後，廚房玉蓮阿姨告訴我，呂組長是一個人住，個性不太會去找人吐氣……會不會愈想愈生氣，愈想不開……天啊！天啊！令人害怕的後果，又多了一項！

我在房子裡來回踱步。恐懼與懊惱，我兩手同時抓著。我無計可施了！

突然，我想起了一個人，學校另一位警衛的太太，那是我之前在無意間聽到她們很要好的訊息。謝天謝地！終於可以讓我間接與呂組長對話了。

「她明天起請假！」我當然OK！也請她多保重身體！

「她希望明天學校要召開考評會，懲處王警衛。」傳話者簡單明瞭的說。

「那也要等考評會開會後，如果認定是老王的錯，才能討論懲處問題……」我覺得還是要以審慎的態度面對。

「好！但她哥哥後天會去找校長談談！」雖然聽說她哥哥是個厲害角色，但該面對的時候，也不可能逃避。

當晚，經過一個晚上的驚嚇與衝擊，我兩眼睜睜的看著天花板，一直到天亮。

隔天，棘手的事情還等著，考評會連開了六個小時，沒有結論。老王始終不承認動粗，直說是呂組長自己跌倒的。會後詢問同事，全校竟然沒有一個人看見當時的情形。唉！一場羅生門，怎麼善了呢？

當然，呂組長的哥哥耐不住的跑來了。他理一個大光頭，身高180公分，美國電腦碩士，目前在高中教理化，寫狀子卻是一流，專告法官、庭長，且都勝訴。面對這號「高手」，我嚴陣以待、等他出招。

我想，本篇文字沒必要再敘述彼此的對話了。總之，這位大哥豪氣萬千，深明大義，我們兩人相談甚歡，他說一切交給我處理。只要老王寫個切結書，表示以後不要再犯，並且公開致個歉就好了。

事情急轉直下，演變如此，應該有豁然開朗、柳暗花明的感覺了！可是，老王真是個倔強的傢伙，十幾天都無動於衷，說寧可向我道歉，死都不肯向「那個女人」道歉。

最後，切結書是我與他「討價還價」寫成的，道歉也是我「恩威並用」逼他就範。

這椿案子，無論如何還是落幕了，但它讓我痛苦、困擾了整整將近一個月。事後我常常在想，如果當衝突事件一發生時，我的警覺性高一點，對於危機處理不要太拘泥於「分層負責」，或許事情也不致於發展到那樣的地步。

雖然這椿危機，讓我日後在領導上或在危機處理上，領悟很多道理、學習很多技巧。但每每午夜夢迴，想起來仍然有「椎心之痛」。

📗 康寧有情天地

校長任期一任四年，意謂每一位校長每隔四年就必須面臨一次辦學大考驗。感謝老天爺，也感謝兩所學校的老師、家長以及教育局長官的肯定，我兩次校長遴選都非常順利。

2005年8月我來到康寧國小。康寧國小位於內湖區的中心地帶，屬住商

混合區。誠如校名「康寧」是城市中又健康又安寧的社區小學，家長作風純樸、友善，家長會對學校更是完全尊重與全力支持，確實是校長辦學的一大支柱。學校氣氛充滿和樂，老師不但認真教學，對學生的照顧更是無微不至，親師關係互動良好，是一所洋溢快樂、讓人充滿幸福感的學校。

我是一個很喜歡「活動」的人，也是一個非常重視「情意」學習的人。我老是掛在嘴邊的一句話就是「把孩子帶出去，把資源帶回來」。我認為孩子的學習層面要廣闊，學習的文化要多元，學習的方式更應該著重體驗，讓孩子親身感受、產生情意，這樣的學習才有意義。

我來到康寧的第一年，就把孩子帶到南投的客家村、原住民的學校實施校際交流。我讓孩子們體會這些九二一大地震災後重建的學校，他們的小朋友是多麼勇敢的在艱困環境中成長；也讓孩子們體驗客家文化、原住民文化，學會和不同生活背景的孩子做朋友。

「從體驗中所學習到的比從書本獲得的知識更深刻、更可貴。」我的教育理念，很快的獲得全校老師與家長的肯定與支持，所以每年一到校際交流的季節，眼看著師生們為校際交流活動所做的準備，很努力、很快樂的樣子，我的內心就有說不出的感動。

我非常喜歡康寧，多麼希望在校長生涯中，能以康寧為舞臺，創造個人教育生命的最高峰；也期許自己可以帶領康寧的師生「再現風華」，永遠以康寧為榮。

難以置信的事

除了辦理校際交流活動之外，「暑期體驗營」也是我到康寧國小後，極力推動的活動。

2005 年我們在臺北縣石門鄉阿里磅生態農場，舉辦了三天兩夜的暑期體驗營，來自臺北市各公私立國小的小朋友，興高采烈的親近大自然，並且用感官去體會及觀察自然生態的奧妙。整個教學活動的過程不但生動活潑，團隊遊戲更是反應熱烈。我與行政同仁都異口同聲的認為，這是一次圓滿成功的暑期體驗營活動。

當我們滿心欣喜的回到學校，正想辛苦了三天，終於可以好好休息了。卻

在此時，主辦本活動的訓導主任跑來了。

「報告校長！○○國小的學生家長打電話來，說他兒子參加這次體驗營，睡覺時被擔任隊輔的大哥哥性騷擾，不！好像說是性侵害……」緊張的情緒，使得主任一時難以把經過說清楚，斗大的汗珠從他圓潤的臉龐滾下來。

「什麼？有這種事？怎麼這三天中都沒有人反應呢？」我知道，難以置信的事來了。

辛苦的主任臉色狀極懊惱，為什麼這三天當中，都沒發現任何蛛絲馬跡？真的有這回事嗎？可是那位家長卻十分肯定的表示，而且還說如果學校沒給個交代，只有上報了！

天呢！又是「上報」！看來，所有的辛苦不但將付之流水，還會讓學校蒙羞呢！

這個危機絕對要慎重處理，絕對要讓家長了解學校處理的誠意。我們需要明白真相，主任恢復冷靜，扮演起了「柯南」。很不幸的「難以置信的事」得到的答案是這樣，那個隊輔大哥哥確實在今天早晨五點多時，用手輕輕碰觸了小朋友的下體。我們隨即找來旅行社的總經理和當事者，在本人並不否認的情況下，我正式的要求總經理必須簽下永不再僱用這位隊輔的切結書。

我們非常誠懇的向學生家長道歉，也主動與該校校長聯繫，請他多予以協助輔導孩子。學生家長了解我們的誠意，也覺得事態並不很嚴重，當然最重要的是，一起參加體驗營的妹妹說活動辦得很好，所以就「體諒」我們了。

因為「體驗營活動辦得很好」，而化解了即將引爆的危機，我深深體會了其中的道理，但是發生那樣不好的事情，始終讓我感到非常遺憾。

自從那件「難以置信的事」之後，我誠摯的與學校老師溝通，今後辦理暑期體驗營時，請我們老師親自擔任小隊輔。非常感謝康寧的老師，往後的四年來，我們連續辦了四屆的暑期體驗營。每年都在炎熱的天氣下，老師們頂著大太陽，一次又一次完成了最有意義的體驗活動，並且多次獲得國語日報的報導。

常常聽到一句話「危機就是轉機」，我確實深刻的參悟也印證了這句話。

光彩亮麗的日子

2008年8月1日這一天，是我這一輩子教育生涯中感到最有光彩的日子，我學校的兩位主任「同時」光榮的要去就任校長。因為是同時，我實在無法分身，所以我請他們協調為一位下午三時，另一位下午四時就職。分別把兩個像兄弟一般的好夥伴「嫁」出去，雖然內心真的非常不捨，卻也讓我感覺無比的光榮（想到同時「帶」出二位校長，當下走路好像都有風呢）。修金莒主任就任辛亥國小校長，郭添財主任就任萬福國小校長。在他們就職典禮上，我非常得意的為他們祝福，在眾人面前我滔滔不絕的敘述他們的優秀，豎著大拇指稱許他們出類拔萃的地方。如雷的掌聲，為他們祝賀、加油！我以他們為榮，也以自己「陪讀」有功為傲。

回想起剛到康寧的那段日子，主任們與我相處融洽的時光。修、郭兩人都是謙謙君子、有識之士，在推展校務方面，因為得到他們的襄助，才使得康寧國小的校譽蒸蒸日上。他們對於教育，都懷抱著很深的期許與崇高的理想，也擁有「更上一層樓」的抱負。如今兩人有志一同，獲得大展宏才的機會，這不但是他們個人的成就，也是康寧的榮耀，更是我一生的光彩。

承先啟後、繼往開來，修、郭成功的典範之後，康寧國小又有三位夥伴效法「前輩」，同時參加主任甄選，全獲金榜題名，如今也都就任主任，各展長才了。

贏得杏壇芬芳名

撰寫此篇「校長的心情故事」，要我「回首來時路」，道盡其中「酸甜苦辣」，當然一時之間，實在無法「傾巢而出」。但細細回想，畢竟快樂甜美者居多，「快樂甜美」的果實，大致是全體夥伴為了教育、為了孩子，同心協力所栽種而成的。

在文章結束之前，我想再舉一、二個例子，與大家分享。本校於2009年度榮獲教育部頒發「品德教育績優獎」，因為這殊榮，讓我有機會被邀請到花蓮縣中小學校長精進研習的會場上，分享推動品德教育的經驗。去年度本校適逢建校三十週年校慶與校務發展總體評鑑，雖然全校忙得不可開交，但在全體

師生與家長會的努力下，我們整建了校史室、成立了校友會，凝聚了所有對學校祝福的人氣，整個校慶活動可說極為圓滿成功；同時校務總體評鑑，也榮獲九項指標全數通過的殊榮。2010年康寧再度榮獲教育部頒發「體育績優獎」，當我從「飛躍的羚羊」紀政國策顧問手中接過「火炬」的獎盃時，內心非常激動，那種充滿興奮與感激的心情，確實難以形容……這一切都是我與所有康寧夥伴，一起共同打拼的成果。

　　行文到此，忽然想起，杜牧有詩云：「十年一覺揚州夢，贏得青樓薄倖名。」而我就任校長一職，今年正好十年，我多麼希望能寫下這樣的詩句：「十年一覺校長夢，贏得杏壇芬芳名。」

📝 連德盛校長小檔案

　　我是連德盛，現在是臺北市康寧國小的校長，畢業於國立臺北教育大學教育政策與管理研究所。曾於 2001 年 8 月至 2005 年 7 月擔任臺北市雙溪國小校長。

　　我喜歡有事沒事拿起筆來寫點東西。幾年前，我與小兒子打「筆仗」，為了他成長過程中的那些「有的沒的」，寫著、寫著……寫成了一本書，叫做《爸爸的六十封情書》，還獲得了臺北市 2009 年度深耕閱讀推薦好書。我學校當年的訓導詹主任把此書當劇本，拍成了「品格小劇場」，結果學校的品德教育榮獲教育部頒發「品德教育績優獎」，想來平時喜歡寫點東西，還真一舉數得呢！

　　談到「校長的心情故事」，坦白說寫起來蠻有意思的，因為我到目前為止，覺得當校長還是快樂多於難過。我是樂觀看待教育的，我覺得有心最重要。「有心，就有力！」大家一起加油吧！

31.「教育愛、愛教育」—— 校長辦學的理念與實踐

宜蘭縣中山國小校長　陳銘珍

（榮獲 2008 年教育部「校長領導卓越獎」）

楔子——邁向校長之路

在國小教育現場，教師如有心走入行政，需經過數年的國小導師和組長的歷練，累績積分之後，始能報考國小主任和校長甄選。「校長」一職，是許多教育行政人員生涯規劃的目標。隨著九年一貫新課程實施，宜蘭縣國中小校長甄選暨儲訓制度大幅修正 [1]，依「宜蘭縣國民中小學校長主任甄選暨儲訓辦法」規定，除相關學經歷資格外，凡服務積分超過 70 分者皆可報名；甄選合格並儲訓完成者，列為候用校長並得參與年度校長遴選。

2001 年，個人教育生涯邁入第九年（包括國小教師四年，國小主任五年），適逢當年度宜蘭縣校長甄選。雖然當時年資、年齡均年輕，積分剛好過 70 分的門檻，但抱著學習的態度參加甄選，並幸運獲得錄取。隨即前往三峽國家教育研究院籌備處，參加第 96 期校長儲訓班培訓。同年 6 月份儲訓合格並取得候用校長資格，8 月份參加宜蘭縣宜蘭國小校長遴選，並獲聘為該校第 15 任校長。自初任校長至今（2010 年）已邁入第 10 年，期間在宜蘭國小八年任滿，2009 年調任宜蘭縣中山國小校長至今。以下就「教育生涯的蛻變——初任全國最後一所由女校改制的宜蘭國小校長」和「再展風華——接掌宜蘭縣歷史最悠久的中山國小校長」分別說明如下。

---

1 在省教育廳時期，宜蘭縣各國中小校長甄選，是採初選、複選兩階段辦理。縣政府教育局統計當年度各國中小校長出缺人數，並辦理初選；初選明訂積分表，由全縣具備校長甄選資格之主任中，採四倍錄取方式做第一階段篩選；入選者再進入第二階段筆試，並以最高分者為錄取。

教育生涯的蛻變──初任全國最後一所由女校改制的宜蘭國小校長

當時以九年年資考上校長，又獲聘為宜蘭市市中心學校的校長，造成教育界和媒體大篇幅報導和討論。以下依「以學生為中心的辦學理念」、「發展學校本位特色課程與創意活動」、「整合校園無障礙學習環境」、「完成創校90年學校發展史編著」，以及「榮獲2008年教育部『校長領導卓越獎』」，加以說明。

以學生為中心的辦學理念 ◎◎◎

宜蘭國小創立於1918年，初名為「宜蘭女子公學校」，全部招收女學童；期間數度更名，但招收女童之傳統一直延續至近代；1996年，為因應性別平等之和諧社會，該校始奉宜蘭縣政府核定，開始男女兼收至今；該校已是一所創校90多年，班級數超過40班的市區學校。個人初任校長，即擔任此一與宜蘭縣同名，具有悠久歷史傳統的學校而言，是一份榮譽，更是一份責任的開始。

自接掌校務之後，個人思考從教師、主任一直到校長之不同角色，過程中一直將「以學生為中心」作為個人辦學理念。2007年，個人接受自由時報專訪時即明確指出：「學校應以學生為中心，家長、老師與校長就算各有立場，只要回歸學生這個天平，就能達成共識[2]。」在以學生為中心的辦學理念下，我認為：校長是決策者，權力愈多責任愈重，要擔負學校成敗的責任，而教師是教學主體，家長是學校教育的合夥人，學校凡事以學生為「天平」，應站在學生學習的角度思考，當學生家長、學校老師和校長有意見不同的時候，只要回歸學生為中心的思考方向，什麼問題都不難解決。服務八年期間秉持上述的理念，在上級的肯定、社區的支持以及全體親師生共同努力下，除營造溫馨和諧的學習環境，並展現豐碩的教育成果。

---

2 引自游明金（2007，7月3日）。陳銘珍　站在學生角度思考。自由時報，宜蘭新聞 A14版。

發展學校本位特色課程與創意活動 ◉◉◉

　　宜蘭國小是全國最後一所從全部招收女生轉變為男、女兼收的學校，因此特色課程也從女校時期的傳統刺繡和縫紉，轉變為依學校特色發展之「學校本位特色課程」；並適時舉辦校內外各項體育與教學之創意活動。以下依「學校本位特色課程——社區探索的學習步道」、「以學生為主體的學生朝會」、「永生難忘的暑期娛樂營活動」、「結合傳統與創新的畢業典禮」、「圖書館改造工程與生日捐書活動」，以及「晨光閱讀與校長有約活動」等加以說明。

學校本位特色課程——社區探索的學習步道

　　本校位於宜蘭市中心，社區歷史建築、文教設施、社會福利機構、圖書館和各級機關如步道般環繞的校園四周。2001 年九年一貫課程實施之後，為考量課程設計與社區發展方向，經過全校師生、家長和行政人員共同討論，將「社區探索學習步道」定為學校本位特色課程，納入年度課程計畫。各年級學生除了一般教學活動之外，結合「社區探索學習步道」的特色課程學習活動，讓學生一面學習，一面認識自我所在的社區環境。茲將宜蘭國小一至六年級特色課程學期總主題呈現如下表。

宜蘭國小 96 學年度全校特色課程學期總主題彙整表

年級	學期總主題	單元主題
一上	美麗的校園	1.認識師長；2.校園巡禮；3.校園探索
一下	校園大探索	1.花草樹木；2.昆蟲；3.可愛的動物
二上	綠色好鄰居——百年宜蘭公園之旅	1.我的樹朋友；2.拜訪動物的家
二下	「鄰鄰」總總——百年宜蘭公園之旅	1.尊重生命——(1)紀念碑(2)防空洞　2.健康快樂過生活——(1)露天舞臺(2)健康步道
三上	心靈饗宴（一）	宜蘭圖書館之旅
三下	心靈饗宴（二）	宜蘭演藝廳之旅
四上	濃醇懷舊情（一）	家鄉特產——宜蘭酒廠參訪活動
四下	濃醇懷舊情（二）	歷史建築——宜蘭設治紀念館
五上	生命的采歌	1.浴火赤子情——消防隊；2.溫馨志工情——認識志工
五下	掌握經濟的脈動	1.傳統與現代的對話——南館市場；2.證券公司的參觀
六上	人間有情天（一）	人間情理法　鐵道逍遙遊
六下	人間有情天（二）	「社」身處地「福」至心靈　醫院裡的春天

資料來源：宜蘭國小 96 學年度學校課程計畫書

以學生為主體的學生朝會

宜蘭國小自女子國小時期，每天第一項活動是學生朝會的升旗典禮；至今典禮之精神與儀式依然隆重，方式則逐漸修正。為加強學生自治能力，及早參與民主法治教育，指示學務處著手規劃「以學生為主體的學生朝會」。活動方式為：由當年度六年級各班分別推薦當週學生朝會之學生主席、司儀，以及每天上午課間操示範同學。升旗典禮開始，由學生司儀掌控程序，學生主席的位置與校長並列，並第一個致詞；課間操時間鐘聲響起，由選定同學負責示範。實施之後發現，學生之間互動增加，學生主席由初期的靦腆而逐漸落落大方，學生司儀由緊張變成口齒清晰，課間操示範同學台風則日益穩重，其成效明顯立見。目前，實施方式雖然因時代變遷，學生朝會改為每週一和週五各一次：週一全校參加升旗，週五只朝會不升旗，但原規劃以學生為主體的目標仍未改變。

永生難忘的暑期娛樂營活動

1980 年代當時陳定南縣長提出「跨出教室、超越課本、接近自然」的理念，帶動了宜蘭縣在教育上不斷的創新求變。宜蘭國小在此時即著手規劃五年級下學期讓學生永遠難忘的「暑期育樂營活動」。學校每年在 5 月份即籌組規劃小組，以校長為召集人兼營主任；事先的場地踏勘、參加人數調查、計算和收取費用、過關活動安排和車輛的租用等，皆由帶隊師長包辦，幾乎是畢業旅行前的暖身，過程雖然辛苦，但真正達到「跨出教室、超越課本、接近自然」的活動目標。

結合傳統與創新的畢業典禮

畢業典禮代表學習的結束，也表示另一個學習階段的開始。宜蘭國小早期的畢業典禮仍承襲傳統方式，莊嚴的典禮會場，學妹的送別詩歌，學姊的叮嚀與祝福，溫馨與別離場面總令人難忘。時至 2000 年，教學創新的九年一貫課程理念，讓學校教師腦力激盪，如何能辦一場結合傳統與創新的畢業典禮。

2002 年 6 月 18 日，本校舉行 90 學年度「宜蘭國小第 83 屆畢業典禮──火車之旅」，場景從校園拉到宜蘭火車站，校長戴著代表宜蘭站站長的大盤帽，站在剪票口發畢業證書，學生盛裝領取畢業證書代替車票搭車，象徵從今

而後踏入人生另一個旅程。當屆172位畢業生之一林宇均同學說：「搭火車畢業，打破了傳統制式化的畢業典禮，是一種創新、給人清新的感受，喜悅之餘，多了一層心靈的體悟。」

2004年6月18日，學校舉行92學年度「宜蘭國小第85屆畢業典禮——彩虹的約定」，當年度156名畢業生在老師的帶領下，各自寫下五年後的心願，裝在小瓶子裡，再封埋在校園角落，相約五年之後再回母校開啟「瓶中信」，看看當年所留下的心裡話及願望。學生們都說：「封藏瓶中信，讓畢業典禮更有意義。」

這兩場結合傳統與創新的畢業典禮，讓人印象深刻，同時開啟了宜蘭國小今後全新的畢業典禮模式。

圖書館改造工程與生日捐書活動

2000年，宜蘭國小四期校舍工程進行之際，加上班級數眾多，致使學校圖書館僅縮於行政大樓三樓之一隅，約半間教室。此時適逢閱讀運動推展之際，個人深感圖書館經營與閱讀活動之重要性，隨即展開圖書館改造工程和生日捐書活動。

2002年，四期校舍完工，即責成教務及總務處，利用已搬遷的音樂教室空間，將圖書室擴大為兩間教室的規模。至於內部設備方面，因學校與家長會互動良好，承蒙家長會張桂崇會長支持，即商定由家長會出「錢」，學校出「人」，一同完成。2003年，適逢政府「擴大就業人員服務」申請，學校可申請三個名額，其中即聘用具木工專長者一名，將圖書室書櫃採訂製方式一次完成，成為圖書館現今規模。但櫃子有了，如何增加圖書館藏書則成為下個目標。

2004年，為增加圖書館館藏，由教務處規劃，再與家長會合辦「2004年咖啡、音樂、書香宴」活動，透過家長會林秀錦副會長捐助的咖啡，學校弦樂團現場的音樂表演，邀請學區內各大書商參展並鼓勵捐書，獲得熱烈迴響。活動過程中，個人與家長會張桂崇會長發起「生日捐書」活動，鼓勵全體同仁和學生，每逢生日當天，除了一般的慶祝方式外，可以捐一本書給學校圖書館，捐贈者在學校提供的精美書卡簽名並題字，由圖書館永久收藏，這活動一直到現在還在進行。

晨光閱讀與校長有約活動

　　圖書館改造工程之後，如何培養學生閱讀的習慣和興趣，又成為下一階段發展目標。2005 年家長會改選，由楊佩芬會長接任，在學校與家長會積極配合下，「晨光閱讀」與「校長有約活動」即展開。

　　該活動由教務處規劃，家長會贊助各班級圖書，每週擇訂兩日不舉行學生朝會的上午，以輕柔音樂播放，鼓勵老師指導全班小朋友，放下手邊的工作，用最輕鬆的方式師生一同閱讀。另一方面，透過圖書館負責的同仁，教務處林東慶主任和設備組潘顥元老師的規劃，舉辦「校長有約活動」之說故事時間，由校長採「固定時間」和「開放預約」兩種方式，為小朋友講故事。「固定時間」以每週二下午在校長室，由各班級任老師推薦一至四位同學，每次一個學年約 20 位小朋友，校長為他們講解繪本故事和學校歷史傳承。「開放預約」則由班級導師依該班空堂時間，校長親自對全班說故事，同時與小朋友互動，並聽聽他們的想法。各班級小朋友有到過校長室的，或校長有到過班上的，都和校長成為好朋友，沒有到過校長室的則充滿期待，甚至問校長什麼時候輪到他（她）們來。整學年和孩子的接觸之後，個人有很多感觸和體會，也更肯定「以孩子為中心」的教育理念。

整合校園無障礙學習環境 ◎◎◎

　　2002 年 8 月，學校第四期校舍（卓越樓）完工之後，徹底解決長期以來普通和專科教室不足的問題，學校各階段的建築主體至此皆已完成。但由於各棟校舍預算編列皆屬分年分期完成，造成各棟整合上的困難。因此即針對各行政、教學大樓，和校園空間需求，積極爭取經費，改善並充實各項設備，包括：「第四期校舍增建工程及變更設計」（2002 年 7 月），完成後將學校現有五棟建築的各線路、系統完整連結；「活動中心舞臺、天花板、校舍樓地板整建工程」（2003 年 10 月），完成後將解決活動中心舞臺蟲蛀、天花板掉落和二期校舍露臺龜裂問題；「宜蘭國小校史室櫥櫃定製工程」（2004 年 12 月），完成後宜蘭國小校史室正式掛牌，讓校史文件有妥善儲藏空間；「改善無障礙校園暨電梯工程」（2005 年 11 月），完工後將達到真正友善的無障礙校園環境；「學生活動中心獨立電表工程」（2006 年），完成後將解決長期

以來用電不足的問題，以及「改善運動場設施工程」（2007年），整修教職員停車場，並新建後操場沙坑和跳遠跑道，讓學生體育或教學活動課程有適當空間；「內操場改善工程」（2007年）徹底解決內操場遊戲軟墊老化龜裂問題。此外，2008年爭取教育部150萬「內操場改善後續工程」款，將內操場鋪上標準球場的壓克力漆，並將臨民權路之側門空間一併改善，真正達成整合校園無障礙學習環境的目標。

完成創校90年學校發展史編著 ◎◎◎

　　學校教育的成效，是由歷任校長、教師、家長、學生暨社區人士共同努力，所共同發展而成的。在宜蘭國小服務期間，除了一般校務經營外，一直思考著如何透過校史的編著，尋找學校發展歷程的歷史脈絡，探究不同的時代背景，以及歷任校長、教師、家長、學生暨社區人士投入學校經營發展的歷程，讓用心辦學的校長、努力教學的教師、熱心幫助學校的家長以及社區人士，讓他們的努力有所彰顯，更能讓從學校成長茁壯的畢業生們，重新拾起記憶，再度展現對學校的熱情與關懷。而這個目標也在2007年7月16日，結合個人的碩士論文，由國立花蓮教育大學國民教育研究所吳家瑩教授指導，完成了「宜蘭縣宜蘭國小學校發展史之研究（1918～2007）」論文，全文共分五章：第一章緒論，說明研究動機與目的、研究對象與方法、論文架構與限制；第二章：奠基與發展——宜蘭地區第一所女子公學校（1918～1945），將學校成立、校園環境與制度、日治時期的校長、教師與學生分別介紹；第三章：傳承與創新——宜蘭市女子國民學校時期（1945～1968），探討教育政策與學制、附設幼稚園的成立、校園環境與課程變動，以及國民學校時期的校長、教職員工和學生生活；第四章：成長與茁壯——全國最後一所女子國小（1968～2007），探討教育政策發展、校園規劃與課程發展、附設幼稚園的經營、特殊教育的發展、國小時期的校長、教職員工、學生，以及熱心助學的家長會；第五章：結論，則探討過去的成就與傳承，以及未來的挑戰與回應；全書共計16萬餘字。宜蘭國小學校發展史的完成，除了為學校留下歷史的註記，更作為個人為學校創校90週年校慶的一份獻禮。

榮獲 2008 年教育部「校長領導卓越獎」 ◎◎◎

　　宜蘭國小自「女子公學校」到「宜蘭國小」，歷經八次更名，近 90 年的成長與蛻變過程中，個人有幸恭逢其盛，帶領全校親師生共同努力下，八年（2001～2008）任職期間屢獲上級肯定，特別是：2005 年 4 月 20 日榮獲「宜蘭縣政府評定 94 學年度校務評鑑特優學校」、2005 年 12 月 1 日榮獲「教育部評定 93 年度執行學生事務及輔導工作績優學校」、2006 年 11 月 17 日個人榮獲「教育部 94 年度獎勵友善校園學生事務及輔導工作國小組優秀人員獎」，以及 2007 年 6 月 26 日再榮獲「教育部評定 96 年度性別平等教育績優學校」等殊榮。

　　2008 年，個人在宜蘭國小服務即將邁入第八年，適逢教育部「校長領導卓越獎」評選，個人特將在宜蘭國小近八年之校務經營成果加以彙編，並以「全國最後一所女子國小的成長與蛻變」為主題，參加教育部評選，而榮獲 2008 年教育部「校長領導卓越獎」之殊榮。而這份成就也將成為未來校務經營與發展的最佳動力。

📚 再展風華──接掌宜蘭縣歷史最悠久的中山國小校長

　　依據「宜蘭縣國民中小學校長遴選作業要點」第八條規定：國民中小學校長之任期定為四年，連任以一次為限；第七條規定：校長任期屆滿或連任任期已達二分之一以上之現職校長，均得參加遴選。換言之，每位校長在同一所學校服務，最多可以二任共八年時間。其中任期屆滿第四年、第六年、第七年或第八年任滿，均得參加校長遴選。擔任宜蘭國小校長兩任共八年任滿，適逢宜蘭縣歷史最悠久的學校──中山國小校長出缺。2009 年 6 月 6 日參加宜蘭縣 2009 年度校長遴選，同年 8 月 1 日獲聘為該校第 20 任校長。擔任宜蘭縣歷史最悠久的中山國小校長，除深感榮譽之外，更有一份歷史傳承與教育創新的責任。除延續個人一貫的「以學生為中心的教育理念」之外，以下就「共塑學校願景」、「落實學校本位課程」以及「辦學成果展現」分別說明如下。

共塑學校願景——「蘭陽首學、優質中山」 ◎◎◎

中山國小創校至今（2010年）已超過110年的歷史，自學校前身——宜蘭國語傳習所於1896年8月20日創立，先後在羅東、頭圍設立分校，至1898年10月1日，「宜蘭公學校」正式創立，從此奠定中山國小在宜蘭地區的首學地位。1918年4月1日設立「宜蘭女子公學校」（現宜蘭國小），男女分開招收，原校女生移轉該校，中山則開始專收男生。1996年宜蘭縣政府再倡議，為因應性別平等與和諧，核定兩校自85學年度起，分別從一年級新生開始男女合併招生至今。

初掌校務，個人即研究上述校史沿革後，深感中山國小為本縣最早設立之現代形式國小（1898年），堪稱「蘭陽首學」。為呈現此一特殊歷史地位，開學之初即透過學校課程計畫編寫歷程中，在課程發展委員會之有效運作及全體親師生之共同參與下，依教育理念、學生需求、社會需求、學校需求、學習心理及學校發展情境的SWOT分析等六個向度，形成「蘭陽首學、優質中山」為學校願景之共識。展望未來校務之推展，共同再築學校願景及教育目標，聚焦以「世紀中山、創新卓越、永續蘭城、國際視野」為課程四大面向，研討規劃課程主軸內涵，據以實踐中山國小成為蘭陽地區優質之教育園地。

落實學校本校課程 ◎◎◎

中山國小位於宜蘭市區，鄰近宜蘭市立圖書館、宜蘭演藝廳等藝術文化社教機構，宜蘭市公所、宜蘭地方法院等機關團體林立，文教學風鼎盛。分析本校百年校史地位，以及學校週邊形成的特殊地理與人文教育環境。特整合全體親師生共同理念，在「蘭陽首學、優質中山」之學校願景項下，將「世紀中山、創新卓越、永續蘭城、國際視野」定為課程目標，完成了「中山國小學校本位課程架構」（如下圖）並落實實施。

中山國小學校本位課程架構

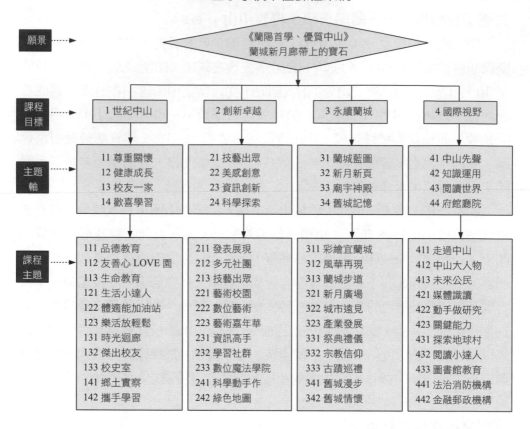

願景 ┈┈▶	《蘭陽首學、優質中山》 蘭城新月廊帶上的寶石		

課程 目標 ┈┈▶	1 世紀中山	2 創新卓越	3 永續蘭城	4 國際視野
主題 軸 ┈┈▶	11 尊重關懷 12 健康成長 13 校友一家 14 歡喜學習	21 技藝出眾 22 美感創意 23 資訊創新 24 科學探索	31 蘭城藍圖 32 新月新頁 33 廟宇神殿 34 舊城記憶	41 中山先聲 42 知識運用 43 閱讀世界 44 府館廳院
課程 主題 ┈┈▶	111 品德教育 112 友善心 LOVE 園 113 生命教育 121 生活小達人 122 體適能加油站 123 樂活放輕鬆 131 時光迴廊 132 傑出校友 133 校史室 141 鄉土實察 142 攜手學習	211 發表展現 212 多元社團 213 技藝出眾 221 藝術校園 222 數位藝術 223 藝術嘉年華 231 資訊高手 232 學習社群 233 數位魔法學院 241 科學動手作 242 綠色地圖	311 彩繪宜蘭城 312 風華再現 313 蘭城步道 321 新月廣場 322 城市遠見 323 產業發展 331 祭典禮儀 332 宗教信仰 333 古蹟巡禮 341 舊城漫步 342 舊城情懷	411 走過中山 412 中山大人物 413 未來公民 421 媒體識讀 422 動手做研究 423 關鍵能力 431 探索地球村 432 閱讀小達人 433 圖書館教育 441 法治消防機構 442 金融郵政機構

辦學成果展現 ◎◉◎

　　校務經營應以教學為先，而學校辦學成果的展現，則需要全體親師生共同努力才能達成。98 學年度初掌校務，為延續學校百年之歷史傳統以及未來校務發展方向，特整合「蘭陽首學、優質中山」之學校願景，以及「世紀中山、創新卓越、永續蘭城、國際視野」之課程目標，並在「學校本位課程架構」下，展現優質的辦學成果。茲依四大課程目標為主軸，將辦學成果分述如下。

世紀中山

　　為因應本校跨越百年之歷史傳承，特將「世紀中山」明訂為課程首要目標，本學年度除了校史課程規劃外，有關教學情境營造、校友會籌備處成立、

OA 教學暨辦公空間改善，以及校園空間改善工程等，均有成效。

※中山國小正門光廊（2009 年 12 月）

本校正門臨崇聖街，面對舊城南路。從學校正門往外延伸，以城市光廊概念，規劃正門柱的中山娃娃燈光圖像、馬賽克圍牆霓虹燈光，以及大型 LED 公布欄。未來從舊城南路往學校仰望，將有全新入口意象。

※「金龜樹」校樹教學園區

2009 年 12 月 2 日，輔導處結合生命教育活動，全校票選出百年「金龜樹」為本校校樹。寒假期間請總務處規劃完成「金龜樹周邊木構棧板教學園區」，未來將提供師生上課、休憩的最佳場所。

※「中山國小校友會籌備處」成立

本校創校至今畢業生已有 109 屆，人數超過二萬人，唯尚未成立校友會。2010 年 3 月 28 日，本校第 48 屆（1949 年畢業）之畢業校友，返校召開「一甲子的約定」畢業 62 年首次同學會，並成立「中山國小校友會籌備處」，期盼此次校友交流平臺之建立，透過媒體廣泛報導，促成本校校友會成立。

※「OA 教學暨辦公空間」改善工程

本校行政大樓和旭辰樓落成啟用已超過十年，一、二樓相關教學暨辦公設備均老舊。2009 年 12 月 10 日，感謝林建榮立委協助爭取教育部 72 萬元補助，將行政大樓一、二樓暨旭辰樓一樓教學暨辦公空間加以改善，提供全體同仁舒適的教學與辦公環境。

※校園空間改善工程

為提供全體師生完善的教學與學習空間，98 學年度完成了多項校園空間改善工程，包括：充實教學環境設備（2009 年 8 月 17 日）──教室防焰遮光窗簾工程，改善各班級教室和科任教室東、西曬問題；校園監視系統設置（2009 年 8 月 19 日）──強化校園安全管理設施；廚房鍋爐更新採購案（2009 年 8 月 20 日）；多功能視聽室音響和整合資訊桌工程（2009 年 9 月 22 日）；多功能 e 化教室工程（2009 年 10 月 9 日）──完成班班有單槍、班班有電腦、班班有 42 吋液晶電視和多功能電子白板等資訊整合設備之建置；日月星

大樓地坪改善工程（2009 年 12 月 31 日）——規劃一樓完整活動空間，以及承辦宜蘭縣 2010 年建築物耐震評估工程（2010 年 3 月 10 日）——協助中山、育才、凱旋、黎明、南山、四季、大同等七所學校，共十棟建築之評估作業。

創新卓越

現代教育強調多元智能理念，學校為提供學童舞臺，展現教學與學習成果。在「創新卓越」的課程目標下，除九年一貫課程推動外，在資訊教育、健康促進學校、健康與體育領域、特殊教育和資優教育等方面，亦有創新卓越表現。

※資訊教育推動並接受遠見雜誌專訪

中山國小資訊教育推動素有績效，學校網路平臺建置完整，完善的資訊教育設備成為班級基本配備，在教學與學習過程中資訊自然融入各科教學。2009年 8 月 4 日，我和資訊組鄭文玄組長接受遠見雜誌專訪，主題為：「百年小學讓資訊融入孩子日常生活」，並於遠見雜誌 2009 年 9 月刊出，將本校資訊教育推動績效展現在國人面前。

※榮獲教育部「資訊科技應用於教學之創新教學模式暨典範團隊」表揚

98 學年度學校彙整現有資訊教育成果，於 2009 年 10 月 1 日代表宜蘭縣，參加由花蓮縣主辦之宜花東地區資訊團隊選拔，榮獲「資訊科技應用於教學之創新教學模式暨典範團隊——東區優選」。2009 年 10 月 16 日再代表宜花東地區參加全國賽，再度榮獲教育部主辦之「資訊科技應用於教學之創新教學模式暨典範團隊——全國優選」。吸引了桃園縣楊光國小（2009 年 11 月 9 日）等多校資訊團隊蒞校參訪。

※推動「健康與體育領域及健康促進學校活動」

98 學年度學校持續推動「宜蘭縣健康促進學校計畫」，並舉辦健康促進學校之龍潭湖健行活動（2010 年 3 月 21 日）。健康與體育領域攸關學童身心健康，學校特舉辦校內健康操比賽（2009 年 12 月 18 日）以及躲避球賽（2010年 1 月 6 日），優勝班級和選手再代表學校參加全縣競賽。2010 年 3 月 17 日二年仁班榮獲「2010 年宜蘭縣健身操比賽低年級組創編韻律操特優」，三年忠班榮獲「2010 年宜蘭縣健身操比賽中年級組創編韻律操特優」。2010 年 3

月 29 日本校躲避球代表隊再榮獲「2010 年宜蘭縣躲避球錦標賽——女童甲組冠軍」和「2010 年宜蘭縣躲避球錦標賽——男童甲組亞軍」之榮耀。

※榮獲「宜蘭縣 97 學年度身心障礙類特教班評鑑」特優

本校設置特殊教育身心障礙類資源班一班、啟聰班一班。在師生共同努力下，2009 年 11 月 1 日榮獲「宜蘭縣 97 學年度身心障礙類特教班評鑑」特優表揚，並提供本縣五結國小等多校蒞校參訪與分享（2010 年 1 月 6 日）。2009 年 12 月並協助承辦「2010 年宜蘭縣特殊教育交通車招標工程」，為本縣身心障礙學童提供上下學接送服務。

※承辦「宜蘭縣資優教育資源中心」業務

本校為推展資優教育，除設有資賦優異類藝術才能美術班四班以及資優資源班一班之外，宜蘭縣資優教育資源中心亦設置於本校校區，由本校兼辦相關行政業務。美術班提供學童精緻多元課程，98 學年度由尤聰鵬先生接任後援會會長（2009 年 10 月 8 日），領導後援會會務運作，並協助美術班作品集之出版以及歲末嘉年華活動。在資優教育方面，除協助宜蘭縣資優白皮書初稿撰寫，2009 年 9 月並協助辦理「2009 年宜蘭縣資優班師資培訓計畫」，我並率團參訪臺北市民生國小（2009 年 11 月 18 日）和臺北市建國中學（2009 年 12 月 15 日）之資優教育現況，以提供本縣資優教育的運作參考。

永續蘭城

「學校社區化、社區學校化」是學校辦理重要的理念之一。為整合學校與社區資源，在「永續蘭城」的課程目標下，推動友善校園計畫、承辦宜蘭縣綜合領域中心學校、承辦宜蘭縣各國中小教育儲蓄戶中心學校、協辦宜蘭市建市 70 週年活動、宜蘭文學作家等系列活動，以及美術行動列車巡迴展等活動，均有所表現。

※榮獲宜蘭縣 2009 年「友善校園學生事務與輔導工作（學生輔導類）國小組優等」

友善校園計畫一直是本校學生輔導工作重點，在全體師生共同努力下，榮獲宜蘭縣 2009 年「友善校園學生事務與輔導工作（學生輔導類）國小組優等」（2009 年 12 月 18 日）。輔導處並結合生命教育活動，全校票選出百年「金龜樹」為本校校樹，並開闢校樹教學園區，提供生命教育最佳境教空間。寒假

期間特舉辦「中山國小星心學苑寒假課輔品格營」（2010 年 2 月 5 日）為弱勢家庭學童提供服務。學期中每月舉辦「中山好兒童」選拔，上學期得獎同學並參與「校長有約」活動，與校長共進午餐。

※承辦「宜蘭縣綜合領域中心學校」

九年一貫課程之綜合領域較貼近社區，親近學生生活。98 學年度本校繼續承接宜蘭縣國民教育輔導團綜合領域中心學校，協助本縣九年一貫課程之綜合領域業務，並推動多項活動，包括：2009 年 8 月 5 日至 6 日承辦全縣教務主任、教學組長研習。並吸引桃園縣國民教育輔導團綜合領域各校（2009 年 12 月 17 日），以及本縣大洲國小到校參觀（2010 年 3 月 24 日）。

※承辦「宜蘭縣各國中小教育儲蓄戶中心學校」

兒童是未來國家主人翁，為服務貧困或家庭變故兒童，避免學習中斷，教育部特推動「教育儲專戶」計畫。2010 年起本校受縣府委託擔任中心學校，為全縣各國中小學童提供最佳服務。

※協辦「宜蘭市建市 70 週年——宜蘭小吃勁好吃」系列活動

2009 年適逢宜蘭市建市 70 週年，2009 年 10 月 20 日本校美術班六位師生，協助宜蘭市立圖書館彩繪「宜蘭市小吃勁好吃地圖」，除了推廣宜蘭市區的小吃文化之外，更展現美術班教學成果。2009 年 9 月 18 日再度與宜蘭市立圖書館合作，邀請兒童文學作家林煥彰老師，舉辦「我一直在蛻變——當文學家走入課本巡迴講座」，讓學童感受到書中童詩童話作者親臨現身校園的驚喜，以及體會跟作家面對面分享交流的難得學習經驗。

※美術班與鐵路局宜蘭站合辦「美術行動列車」巡迴展

為推動社區藝術教育，提升美感教育品質，2010 年 4 月 21 日本校美術班與鐵路局宜蘭站合辦「美術行動列車」巡迴展，四班小朋友合計提供超過 40 幅畫作，在宜蘭站月台地下道通廊展出，這是學童難得的作品展示經驗。

國際視野

隨著科技進步，地球村逐漸形成，為提升學童國際觀，本校特將「國際視野」納入課程主題。98 學年度除了相關課程設計與教學外，並促成「新加坡

文園小學蒞校國際交流活動」以及參與宜蘭市立圖書館「星空探索——慶祝人類登月 40 週年影像展」。

※新加坡文園小學校蒞校國際交流活動

2010 年 4 月 9 日新加坡文園小學由黃靜儀副校長帶領四位老師和二十三位小朋友，蒞臨本校進行教育文化國際交流活動。為迎接此次難得的國際交流機會，特別安排管樂團 A 團序曲演出，美術班五年信班參與接待，兩校教師針對兩國不同的教育制度交流與討論，過程精彩豐富；兩校並訂定未來繼續交流聯繫之約定。

※宜蘭市立圖書館「星空探索——慶祝人類登月 40 週年影像展」

宜蘭市立圖書館設有美國圖書專區，提供學校師生教學和閱讀使用。2009 年 11 月 10 日特舉辦「星空探索——慶祝人類登月 40 週年影像展」，當天本校六年級各班參與該活動，透過參訪與交流，增廣小朋友國際視野。

 結語

> 教育是一項紮根的工作，只為孩子提供最佳舞臺。
> 教育是一生投入的志業，造就孩子同時成就自己。

此次以「『教育愛、愛教育』——校長辦學的理念與實踐」為主題，撰寫擔任校長前後辦學的理念與實踐歷程。過程中曾多次下定決心，也曾多次放棄，原來寫作本身也是一種心情故事。

從踏入教育界，初任教師、邁向行政、一直到擔任校長，「以學生為中心的辦學理念」始終如一。在撰寫過程中，也讓自己有機會回顧教育歷程的歡樂和辛苦，尤其擔任校長之後，更深刻體驗到身為學校領導者和一份子，應擔負起學校歷史傳承的任務。學校辦學的成功，除了校長之外，曾經辛苦付出的師長、學生和社區家長人士，感謝一路相挺的夥伴們，大家都是一同為學校寫歷史的人；而所有的辦學成就，也將成為學校未來持續發展的最佳動力。

陳銘珍校長簡介

陳銘珍，1964年生，宜蘭人。1987年退伍，適逢全國九所師範專科學校改制為師範學院。隔年，決定重拾課本，並考取國立臺東師範學院語文教育學系。1992年畢業，即以第一志願返回故鄉宜蘭。至今共服務過宜蘭縣新生、湖山、光復、宜蘭和中山等五所學校，歷任級任導師、事務組組長、人事管理員、總務主任、教務主任以及宜蘭國小校長等職務，目前擔任宜蘭縣中山國小校長。服務教育界近20年，總將「以學生為中心的辦學理念」列為首要；其校務經營強調以教學為先，教學則為提升學生學習成就。期間曾有以下多項特殊教育經歷。

年資最輕的主任

1995年，教師年資服務滿二年，邁入第三年，即通過宜蘭縣國小主任甄試並儲訓合格，1996年分發至宜蘭縣湖山國小總務主任。1996年之後，主任甄試資格修正，改為服務年資滿五年以上，因此此項紀錄不再出現。

年資最輕的校長

2001年，教育年資服務滿九年（含主任年資五年），即通過宜蘭縣國小校長甄試並儲訓合格，同年即獲聘為宜蘭縣宜蘭市宜蘭國小校長。宜蘭國小是一所創校近九十年的市中心學校，前任校長屆齡退休，新任校長則是年資最輕的校長，交接當時地方媒體多方報導。

教育部性別平等教育委員會委員

2005年，擔任宜蘭縣友善校園學生事務與輔導工作「性別平等教育中心學校」，後經宜蘭縣政府推薦，獲聘為「教育部第二至三屆性別平等教育委員會委員」，協助全國性別平等教育推動，並擔任輔導區新竹縣市和苗栗縣委員。此外，亦兼任「臺北市98至99年度優質學校評選委員會複審小組」以及宜蘭縣「特殊教育學生鑑定及輔導委員會」等多項委員會委員，協助臺北市暨宜蘭縣教育業務之推動。

2008年教育部「校長領導卓越獎」

擔任校長期間，除落實各項校務推展外，2005年曾榮獲「宜蘭縣94年度校務評鑑特優學校」，同年再榮獲教育部「94年度獎勵友善校園學生事務及輔導工作國小組優秀人員獎」。2007年完成「宜蘭縣宜蘭國小學校發展史之研究（1918~2007）」碩士論文，為學校留下創校90年之歷史註記；2008年，特將宜蘭國小初任校長八年期間，所有校務推動之歷程彙集成冊，參加教育部評選，榮獲教育部「校長領導卓越獎」之殊榮。

32. 春風傳愛　鐸聲悠揚

臺北市福林國小校長　李月娥

從心出發

　　現今的校長面臨多重考驗，校長領導較過去更為艱困，關鍵時代校長要如何關鍵的領導，才能於關鍵時代中屹立不搖、開創新機，這是我常思考的問題。有人把校長工作比喻成「行者、智者、癡者、仁者」，也有人把校長管理比喻成「道家、儒家、法家」，這都說明了校長的角色定位。有別於其他教育行政管理者，學校管理中校長更重要的是「經營人心」，人的思想只能碰撞、呼應、激發、感召，校長要小心翼翼的呵護使其凝聚、增效，用真誠吸引真誠，用激情激發熱情。

　　Maxine Greene（1991）曾說：「唯有當教室裡的孩子跟老師是彼此心靈上的朋友時（friends of one another's minds），真正的教育才有可能發生。」所以什麼是「好的領導」？簡單說就是「心」甘情願，而非「薪」甘情願。要做到讓別人「心」甘情願，就必須要讓大家從心底接受你，所以領導沒有什麼大道理，就是「領導等於做人」這六個字而已。

　　以下就個人初任校長時的心情故事，有過生氣與無奈，大部分是感恩與歡喜，也有棘手的問題及解決後之歡暢，及經過四年離開學校後，做了些什麼，而為學校、為學生又留下了什麼有意義的事，以及轉任後校務經營及校長領導的歡樂心情寫真，與大家分享。

美夢成真

　　有人說夢是虛幻的、不實的，但在我的生命中，夢總是如此真實，而且每每都美夢成真，這或許是老天爺的安排與祝福吧！在擔任校長之前，我共參加了三次校長甄選，第一次沒考上的放榜當天晚上，我夢見自己被白色的布條綑綁，要被送往斷頭台及被人從懸崖推下，那個夢境好可怕，沒想到沒考上校

長，在當時對我是多麼殘酷的事。隔了二年第二次參加考試，前一天晚上，我夢見前面的路很暗，只有一輛挖土機在一盞微弱的燈光下，一鏟一鏟的挖土，後來放榜時榜上無名，我告訴自己還要再努力、再耕耘吧！第三次考前夢見我走向有光的隧道，及拉著牛搭上電梯，還夢見遠方有高山綠樹，果然這次金榜題名，我自我解夢，夢見有光的隧道是前途光明如入寶山，連牛都可以搭上電梯，只要踏實的做事就有機會，夢見高山就穩若泰山，安啦！

後來個人以候用校長身分參與臺北市校長遴選，當時粥少僧多競爭激烈，遴選前夢見有位資深校長給我黃袍加身，巧的是那位校長後來卻擔任遴選委員，我也在那年順利遴選成功。四年後我選擇轉任他校，轉任遴選前我夢見一隻金色的鵬鳥於天空迎面飛來，而身邊四周則有五色彩龍騰躍，並在園內不斷迴旋盤繞，之後我順利轉任福林國小。而在福林四年來，果真如夢境所呈現，一片祥和、校務經營卓然有成，我們榮獲了愛心志工團隊金鑽獎、臺北市教育111標竿學校認證通過、師生參加國際學校網界博覽會獲國際白金獎，榮獲馬總統召見表揚、2009年校務評鑑九項全數通過、InnoSchool 2009全國學校經營創新獎榮獲「行政管理組」優等獎。四年來更獲得老師們的支持與社區家長全力相挺，每天都懷著感恩心與歡喜心到校，這八年來的校長生涯，充滿了感恩快樂與歡喜。

在現實生活中，我們常祝福別人美夢成真，實現夢想，我深刻的體會，一個人只要心念正向積極且常存善念，連老天爺都會幫忙你，遇到困難之事也能峰迴路轉，柳暗花明。

初任校長的心情故事

生氣與無奈——老師於校務會議提出退出交通崗事件 ◎◎◎

交通導護人力不足，教師是否要站交通崗，學童交通安全教育如何規劃，家長又該如何配合交通安全等問題，一直都是各校須面對的問題。過去以鼓勵的方式要求教師執行交通導護工作，並給予微薄的導護津貼，但因時空環境的轉換，有部分教師認為教師站導護並無法源依據，有一天原本你認為願意付出的老師們，卻在校務會議中提出，老師不再站交通崗執行導護的議題，老師將這難題丟給了校長與訓導主任去解決及面對，身為校長的你怎麼辦？你要生氣或

無奈呢？你要為學生安全把關，又要考慮多數老師的意見及家長感受，校務會議要讓它通過或不通過，當時我選擇於校務會議中，暫不決議並列入下次專案會議討論。而我是個做事過於認真的人，一週後我就邀集教師代表、家長代表、行政代表三方共同研商，可以想見會議中一定公說公有理、婆說婆有理，只有把三方關係弄僵仍無法取得共識。事後我回想，其實此專案會議，校長不必獨攬解決，應讓教師會自己去主導，主動向家長說明取得諒解，當然校長仍需面對問題，想出解決策略，或回歸教育問題思考，讓家長能體諒教師站導護時，分身乏術無法兼顧班級經營的難處，家長們在時間許可下，到校幫忙站交通崗，讓自己及他人子弟都可以平安快樂上下學，也是一件有意義的事。

在硬體上，如學校周邊路口是否全面設置黃燈警示閃燈，提醒車輛減速慢行，學校附近通學巷路面是否加裝駝峯路面，減低車速維護學童安全，學校圍牆四周是否已規劃 3.6 公尺法定人行步道，方能提供學童安全無虞的上下學環境。

在教育上，放眼目前本市各國小學生，每天上下學通過交通崗時，在愛心家長層層保護下，有些孩子過馬路時根本不需看交通號誌，只要聽到哨音便往前衝，反正有愛心志工爸媽的保護傘，孩子們已經忘了馬路如虎口，過馬路要「停、看、聽」，所以提供真實情境，讓小朋友從入學的第一學期就應該要學會，不必愛心家長在路口指揮交通，也會自己看紅綠燈安全過馬路，這才是重要的生活教育課題；愛心志工站交通崗時，應該是指導孩子如何配合交通號誌安全過馬路，而不是像母鴨帶小鴨式的過度保護，讓孩子減低生活力。

事件省思

本次事件對校長來說，剛開始是有些生氣與無奈，但校務經營遇到任何問題，若能回歸教育本質的思考及找出解決方案，問題反而是良方，只要多用心，其實沒有解決不了的事。

校長帶動募款也募心 ◉◉◎

現在的校長除了要做好行政領導、課程領導、教學領導、整合領導外，還要學會募款，以提供學生更多教育資源，回想 2002 年 8 月到任華江國小，短短不到三個月的時間，我已募得前門穿堂整修款四十多萬元，及校慶敲愛心鑼

募班級套書將近三十萬元，其他如成立弱勢兒童助學基金七十餘萬元等，除了自己首先響應捐獻外，感謝當時歷任的家長會長、里長等全力支持，為了募款也募心，我也親自拜訪了歷任會長或社區仕紳；初任校長那份為學校、為學生一股熾熱的心，我想是感動他們捐錢的動力吧。

萬華雖然是老舊社區，但也是非常有人情味的社區，記得校長交接典禮的餐會後，社區的前後任理事長，握著我的手說：「日後學校有什麼困難就來找我，需要經費也不要客氣。」這句話對當時初任校長的我，及初到一個完全人生地不熟的地方，是多麼大的溫暖與安慰，你更將把持7-11的精神，為學校、為社區盡全力的服務。

事件省思

要募款先募心，校長平日就要多走動並與社區家長等建立友好關係，不要想到募款時才去登門拜訪，其實那年在新上任前的暑假中，透過前任林校長及里長的引薦，我早就社區走透透了，也在短時間內建立了人脈。當然捐錢的用途明確、計畫能打動他人，日後的執行也要有嚴謹的流程，及每年對捐獻者公布收支決算表，才能讓捐款者放心。

感恩的人　難忘的事 ◎◎◎

在華江的四年初任校長任期中最讓我感恩的人，是當時的家長會曾忠義會長及他的夫人，學校任何一次需要出錢或出力的時候，他們夫妻一定率先行動或默默支持，當時在我任內成立的扯鈴隊、籃球隊等，幾個社團都由他們夫妻認養，提供金錢資助或提供精神支持，他們夫妻倆為學校、為學生實在付出太多了，在我的校長生涯中，有如此支持我、給我力量的幕後功臣，這也是上天的恩賜吧！

例如：2003年5月SARS疫情蔓延，以及萬華區華昌國宅大理街封巷事件，震驚全國，當時全校同仁及本校家長會，也全力投入共同對抗 SARS 病毒，無非是要給孩子們一個健康、安全、快樂的學習環境，當時感謝家長會曾會長雪貞夫人，帶領家長愛心隊主動協助學生量體溫、整理校園環境、進行消毒工作，這樣量體溫的工作不是一、兩天，一量就是幾個月，而師生每天一踏進校門，他們就像守護神一樣，看了就叫人放心。回想在那時遇上SARS如此

世紀病毒，事件剛發生那幾天，大家人心徬徨、充滿無助，家長會想求得神明賜福消災解厄，於學校大門前燒了成堆的金箔，那一把炙熱的熊熊烈火，如今已經過了八年，那景象仍在我心中難以忘懷。

事件省思

　　於校門前燒金箔雖是迷信也不環保，但校長也要入境隨俗，順應家長，讓他們安心放心，也無不可。還好當時天天敘寫防疫日誌，學校危機處理做得滴水不漏，現在大家仍平安健康也是最大的安慰。

最棘手的問題及解決後之歡暢 ◎◎◎

　　有人說臺灣的校長難為，除了行政工作繁雜外，內有教師會，外有家長會，都要理性和諧共處，還有總務工程建設等，更要費盡校長不少心思，於初任校長為了履行遴選時的政見，要為同仁想辦法解決幾十年來無停車位之苦，我想盡辦法向教育局申請了年度預算整修費，也請了建築師完成利用現有地下室修建停車場之規劃，也經年度預算議會審查通過，但到了規劃發包施作階段，卻碰到少數不理性的家長，只要一兩位你就會被他搞慘，處處從中作梗，找出千百個理由甚或拉攏家長會、里長、社區議員，就是要讓你工程停擺，甚至說為何要為老師停車位問題而浪費公帑，而學校被卡在中間左右為難，做也不是、不做也不是之窘境，學校硬是要做，他揚言要發動拉白布條，或找相關嚴苛法條來壓得你喘不過氣來，不做則學校將失去此得來不易的經費，還要負起年度預算執行不力之責任，那年從6月到9月此項工程嚴重延宕，而那幾個月也是我初任校長四年中最感無助、最棘手也最無奈的時候。

　　還記得召開社區工程協調會那晚，你要面對砲火甚至被質詢、被羞辱之語氣，而身邊的主任、老師被社區無理性之士也被威嚇得噤若寒蟬，看你校長隻身奮戰，我不解的是我正在為大家爭取利益時，老師們為何還如此冷漠？當晚是我人生中最感焦慮與無助之時，那陣子為此事真的心力交瘁、百感交集。之後我找出對策寫好公文，親自到教育局請示長官，才找到解套方法，長官一句話，公文也不必再發函了，後來停車位由地下移到地上，短期內重新規劃設計，終於於年底完工，解除焦慮，心情倍覺歡暢。

事件省思

　　學校年度修繕工程，讓家長的介入與參與要特別小心，除了要加強對總務主任工程督導及進度控管外，校長遇到問題要多方請益，不要悶著頭做，上級長官或督學也是你最好的後盾，平日更要多與家長或社區溝通，尤其那些好勇鬥狠喜歡逞英雄者，你更要和他們搏感情，這就是校長難為之處了，有時難為也得為，才能減少問題或遇到問題迎刃而解。最後我想說，老天有眼總會幫助用心做事的人。

揮一揮衣袖，當你任期屆滿離開時，你留下了些什麼 ◎◎◎

　　校長任期制經過四年或最多八年，當你離開學校後，你做了些什麼，而為學校、為學生又留下了什麼有意義的事，我想這是身為校長者常要思考的問題，你是留下了一堆的問題，或留下了有意義的事，足供列入優良校史紀錄一筆。現在回想起在華江四年任期離開後，個人最感欣慰的是，當時自己為弱勢學生發起了助學基金專戶，專款專用，到現在已經離開華江四年了，每遇到老師或里長，他們都非常肯定與感謝我當初為學生所做的事。

　　2004 年 11 月由我親自發起，成立「華江兒童慈心教育助學基金」以照顧弱勢兒童，由個人拋磚引玉並透過社區家長響應，於年底即募得近七十萬元基金，讓弱勢兒童有「愛」無「礙」。本基金當初在成立之時，我便思考這要是個能可長可久的方案，不能因為換校長或換主任而中止，所以一定要納入學校會計程序處理，並由學校發文社會局申請成立專戶，希望「把這份情傳下去」，讓華江弱勢兒童永遠懷抱愛與希望，而且善事要大家共襄盛舉，讓家長及社區大家一起來響應捐款。有時一念心，尤其是一念善心，總有想不到的成果，我會如此執著的想成立此助學基金，除了個人從小家境清寒，深刻體驗弱勢兒童需求，及在校長遴選會場時，有一位委員問我一個問題，他說：「你當主任時在富裕的天母社區服務，而你現在要到萬華弱勢區當校長，你能適應嗎？你又要為他們做些什麼？」其實在遴選前我早已心中浮現一個善念，若要為慈濟捐善款，為何不直接捐給學校，對！我可以為孩子們提供最實惠的金錢資助，雖然當時這個意念我不便於遴選會場表達，但我心中早有定見，我將會為他們做得更多。在遴選後上任校長前，有些校長會買新車慶賀，而我想的只有嗷嗷待哺的學生。

在華江四年裡除上述幾件特色外，其他如對教師專業成長的堅持，營造學習型並勇於分享的團隊，及在閱讀活動的推展，成立愛心家長讀書會等，也正影響著華江今日的良性發展。對於改善學校軟硬體環境讓學校煥然一新，個人也付出不少心力。四年說長不長、說短也不短，有時也真不敢相信自己竟然可以做不少的事，凡此，一路走來，雖費盡心思，但結果卻是甜美豐碩的，頗有一番酸甜苦辣滋味點滴在心頭，含淚播種必歡呼收割，當然最感謝華江全校同仁的付出與家長的支持。

事件省思

　　校長經營學校照顧弱勢及帶好每一位孩子為首要任務外，更要具前瞻思維與價值領導，當時在弱勢社區推動閱讀活動，及帶動家長志工讀書會，是我覺得在華江留下最有意義的教育投資。

轉任福林後校務經營及校長領導的歡樂心情寫真

　　2006 年個人由華江轉任福林，深刻感受福林優質文化並引以為榮，尤其全校老師的用心，及每位老師都願意為學校、為學生無所求的付出，最讓我感動與欣喜，明星學校要靠明星老師，而福林每位老師皆能以「明」師自許。美中不足的是本校部分校舍老舊，校園寬廣卻百廢待舉；活動中心與教室相隔及分散分離，就像海峽兩岸，教師及各處室互動受限，校地廣大需加強人力資源管理，並因應人力日漸緊縮，更需積極開發社區資源或專案委外經營等，及結合社會公益團體，創造資源整合發展。2010 年個人也順利連任，回首來時路，蒼蒼橫翠微，內心充滿無限感恩與歡喜，以下就這四年來校務經營及校長領導的歡樂心情寫真與大家分享。

世界咖啡館在福林 ◎◎◎

　　學校要經營出特色，必須全體成員有其共同目標與方向，校長如何凝聚成員共識，如何透過輕鬆有效的方式，找到學校的目標與方向，讓大家願意彼此同行；很巧的是，在暑假中本校辦理閱讀教學研討會，有一位老師介紹了《世界咖啡館》這本書，看完後我便著手籌劃「世界咖啡館」的活動，選定週三下午進修時間，邀集家長會、學校行政、教師會等全體教師與家長代表，共同規

劃「世界咖啡館在福林」的活動，藉由溫馨、開放、民主、尊重等過程，討論學校特色與未來發展，激勵同仁智慧的火花，提供校務計畫與經營之參考。

「世界咖啡館」是彼得・聖吉教授最推崇的討論方法，「咖啡館對話是我所見過最能幫助我們體驗集體創造力的一種方法」，舉辦一場世界咖啡館的流程並不困難，但要提醒的重點在於：世界咖啡館它不該被當作腦力激盪的代用品、不該處理大家都很肯定有答案的問題。世界咖啡館適合探討有深層意涵的事情，它比深度會談容易，可以用來深挖題目的意義，透過一回合又回合的「大風吹」，參與者有機會不斷反思自己上一回合的談話表現如何、有沒有遵循一些好的溝通原則，下一回合可以做得更好，對話與分享是咖啡館的精神。

什麼是特色學校？你認為福林國小的特色是什麼？要如何發展？透過討論過程中深化及連結團體觀點，要大家再次確定 vision（願景）與 action（行動），以及實現福林特色學校的願景與行動方案，經由全體成員大會談，再小組上台分享。那個下午全校同仁及家長代表，在校長及家長會長的主持下，我們沉浸在濃濃的咖啡香中，找到了共同的方向與願景，我想大家都會期待下一次的「世界咖啡館在福林」的到來，最近各處室與學年老師，也正為校本課程、學校行事活動及綜合活動領域課程瘦身，有很多的討論尚未凝聚最好決議，或許「世界咖啡館在福林」的活動又可再次啟動，讓我們找到教育的最佳策略與共識。

見樹成林：植希望之樹　讓夢想起飛 ◉◐◔

福林是個不到一千人的學校，卻有 3.4 公頃的校地，我好高興有這塊大福田等你去耕耘，四年來我種下了 60 棵以上的大樹，計有：27 棵緋寒櫻、4 棵吉野櫻、3 棵楊梅、3 棵肉桂、1 棵朴子樹、1 棵羊蹄角、6 棵火焰木、1 棵黑板樹、5 棵玉蘭花、1 棵加拿大落羽松、3 棵臺灣黃檜（黃金檜）、7 棵臺灣紅檜、1 棵梅花、2 棵垂梅、1 棵五葉松、1 棵流蘇、1 棵黃金果。在校園綠美化上，我要讓校園變成公園，見樹又見林，以上珍貴樹種全都是社區家長及學校老師等捐贈。

有一天校內一位老師說：「那棵新栽種的加拿大落羽松是誰捐贈的？好漂亮、好高貴像個貴婦，旁邊原有一排不起眼的油加利就如村婦。」我說：「旁邊那兩棵青楓風情萬種，不就像情婦？」又有一位老師說：「對對對，那天地

震時看見兩棵青楓盪來盪去不就成蕩婦了嗎?」啊!認真去欣賞校園中的一草一木,並給每一棵大樹或花木擬人化,真是一件快樂又幸福的事。

　　學校一片綠草如茵,大樹成蔭,花木扶疏,我把校園中各角落除綠美化、精緻化外,更為它命名賦與生命力,例如:校內「福林園」綠蔭楓香,美麗樹屋孩子最愛,入口意象古色古香,更可為拍婚紗之勝地。「福林大道」二十幾顆櫻花及高聳的大王椰子,美景如畫。「福田園」蔬果飄香蝴蝶飛舞。「寬心園」內小橋流水瀑布水車,配合蜜園植物美不勝收。棒球場旁的「福志園」日式庭園花圃造景,賞心悅目。教務處前的「蘭馨園」蘭花盛開,小徑清幽。訓導處前的「志成園」有由家長捐贈,來自奧地利的維納斯女神大理石雕像,我把它取名「幸福天使」,另一邊還有「一條龍」流水潺潺、繁花似錦。幼稚園內的「幸福園」一片綠地花香,乃學生學習之樂園。操場之綠地終年一片翠綠,以上這些美景透過亮麗整修更新計畫,多美的學校、多美的社區呀!

　　在全球暖化日益嚴重的今天,節能減碳、愛護地球,是我們必須面對的共同課題,多種樹更是抗暖化的良方,因為樹是大自然賜予我們的最好朋友。

　　2010年4月23日,對福林國小及本屆畢業生而言是個特殊的日子,因為這一天在校長的安排下,每一班在綜合球場旁種下了一棵希望之樹,學生將個人的心願寫在卡片上,裝入希望之瓶,與未來大樹的神木家族「臺灣紅檜」一起種下,並相約在20年後,福林70歲校慶生日時,師生一起回校開啟希望之瓶,實現我們的夢想,讓夢想起飛。十年樹木,百年樹人,今日我們種下了六棵紅檜(幼稚園「幸福園」內還有一棵呢),期待數十年或百年後,小樹已長成大樹,見樹成林,福祐福林。

　　我們何其有幸,可以置身於美景如畫、大樹成林的福林國小,我們的校樹「麻六甲合歡」,終年屹立於前校警室,守護著所有福林人的平安與幸福,電動側門前一排大樟樹,每到秋天抖落了一地的果實,散發出清香四溢的樟腦味,福林大道如雨傘般的小葉欖仁,四季都有不同的風貌,還有高挺的大王椰子隨風搖曳、婆娑起舞,「福林園」內稀世珍寶的楓香,在她的懷抱下多麼溫暖與甜蜜。

　　記得三月中的某一天,除去了多日的陰霾,陽光溫暖的灑落於校園中,我與輔導室的志工媽媽,於「福林園」內楓香樹下,我坐在那頭石造的水牛上,剪下一首隱地的詩平放在地上,靜靜的欣賞著,感受到詩與大自然彷如合而為

一，那情境美得令人難以忘懷。

　　我也希望同學們，能找個時間好好的欣賞校園內的一草一木。老師們則希望大家多把孩子們帶出教室，走入校園學習，讓音樂課、作文課甚至數學課或其他課程，在教室外一起享受情境式的體驗學習。當然要特別感謝這四年來，不斷捐贈高貴樹種的家長及學校老師們，因為有您們的愛心，福林才得以繁花似錦，見樹又見林。

事件省思

　　「卻顧所來徑，蒼蒼橫翠微」，詩仙李白曾寫下這意境優美、氣氛濃烈的田園詩，詩中生動描繪了月光下，景色如畫的田園和與朋友相聚，不亦樂乎的瀟灑與真情人生。而我們福林國小的老師們、家長們、社區鄉親們，從大家不斷的付出、不斷的奉獻與感恩中，似乎也深深體會了這種陶然共忘機的甜美、豐碩之校園綠美化與教育成果，令人可喜可賀。校長能為學校多種樹，並能帶動學校家長或同仁，共同響應種樹植福，真是一件非常有意義的事。

擁抱生命　愛在福林 ◉◉◉

　　因為「福林有心」，讓我在教育的路途上不曾猶豫；「福林有愛」，讓我在教學的生涯中不曾孤獨；「福林有情」，讓我在教師的角色裡盡情發揮，這是本校王純姬老師曾說過的一句話。本校參與臺北市 2008 年優質學校評選，以「擁抱生命，愛在福林，用心用愛蘊育真善美的福林文化」，榮獲初審通過，12 月 28 日邀請富安國小蔡富美主任於知新時間蒞校分享，他說優質學校敘寫內容「要能先感動自己，才能感動別人」，就因為這句話，讓我更加堅定福林優質學校文化的分享與傳承，因為福林有太多令人感動的人、事、物，足以串聯成一幅幅動人的學校文化篇章。 在敘寫過程中，廢寢忘餐，甚有衣帶漸寬終不悔，為伊消得人憔悴之感，過程雖然辛苦，但內心卻十分歡喜，因為校長就是要創造優質文化，成就老師、成就孩子、成就學校，校長更是學校文化革新的舵手，怎能在優質學校文化中缺席呢？榮獲優質學校初審通過之學校大都具有以下特色：合乎格式、符合評審標準、文表圖並茂、學校創意經營、具有特色、言之有物、績效具體、 效益顯著、能持續精進規劃。可見榮獲初審通過，已難能可貴。

事件省思

　　學校革新須從學校文化改造著手，優質學校所呈現的圖像應是：學校成員的共同合作、教師組織的配合協助及家長社區的全力支持；優質學校文化必須能夠獲得傳承，學校經營如能持續關懷師生福祉，重視學校相關人員的意見，鼓勵創意，激發熱誠，將可使優質的學校文化永續發展，發揚光大。

贈畫餐會　感謝有您 ◉◉◎

　　我在 28 歲青春年華時，因平日缺乏運動而腰酸背痛，便立志開始學習網球，沒想到如今網球已是我生命中之最愛，也因為自己愛運動，所以我所帶領的學校，也將帶動全校運動風氣，成立運動多元社團，讓全校親師生都沉浸在運動的樂趣中，藉以建立終身運動的習慣，鍛鍊強健體魄。有機會於網球風氣興盛之福林國小服務，更是如魚得水，藉此機會與福林社區網球會夥伴們，打成一片，這般如家人、如好友的情誼，此生難得；學校如有經費不足，球友則義不容辭慷慨解囊，或每年自動捐獻學校基金提供優質辦學。有一天則更讓我受寵若驚，其中一位球友請來了一位知名畫家，為學校校景嘔心瀝血完成數幅畫作，並選定一個良辰吉日隆重的辦理贈畫餐會，當音樂響起，拉開紅色布幔並揭開畫作當時，我幾乎感動得流淚，老天爺實在太厚愛我了，置身於如此幸福之林——「福林」，這將是我此生最大的福分，謝謝社區球會夥伴全力相挺，學校資源有限，社區資源無限，我想每一個人，只要你真心待人，用心做事，並專心於本業，將如同每一幅多彩的畫作，必呈現多彩與歡樂的人生，有你們真好！

完成高壓電塔地下化之艱鉅任務 ◉◉◎

　　個人於 2006 年 8 月由華江國小調任福林國小，2010 年榮獲全數家長及老師支持通過校長遴選連任，於福林任期四年中完成最艱鉅的任務，就是讓矗立於校內近五十年的高壓電塔地下化成功，及為學校爭取相關工程復舊、綠化美化校園的經費。本案經社區各單位近十多年的努力，終於在 2007 年 11 月個人於校長任期內全力奔走，讓台電完成本案發包施工作業，期間已召開至少十餘次相關公聽會或說明會，本校在同意台電地下化管線通過本校部分圍牆及校

地，也經學校行政會報、校務會議、家長委員會等相關會議報告，但仍有部分家長藉學校學童安全為由，全力反對電纜管線通過學校周邊及其所住之巷弄，學校尤其校長需遭受各方壓力、多方協調，並要以學童安全為第一考量，也要盡量爭取學校部分設施損毀，函請台電補助進行復原工程，並由學校公開招標依會計程序辦理。

過程中也曾因附近居民對電磁波的安全質疑，及強烈抗議管線通過校地，到校門口拉白布條或透過報紙、媒體、週刊等各方角力，各方因利益不一，看法當然不一，有些居民甚或透過總統府、教育局等各單位給學校壓力，學校需於第一時間回覆，並召集各相關單位及民意代表等，召開工程協調會取得共識；部分家長及居民對地下化後之電磁波也有疑慮，學校則請台電允諾由各單位代表協同台電人員，於學校現場及電塔地下化已施作之地點，現場測量電磁波數值，並列出其他已施作之學校與本案相同之相關數據，提供學校及家長、社區等參考，以解除疑慮。十年樹木，百年樹人，因地下電纜管線埋設，造成本校數十年之大樹須被迫移植或移除，學校則請台電需請樹木專業人員移植，並保證存活率至少九成。

好不容易於 2010 年 9 月，終於看到矗立於校園內近五十年的電塔消失了，遠方天天天藍，學校也因爭取到台電的補助款，讓學校的網球場、棒球打擊場、幼稚園的「幸福園」、後校門廣場、「寬心園」透水磚等校園煥然一新，個人內心十分歡喜，四年來凡辛苦耕耘必歡呼收割。

事件省思

高空電纜地下化不僅是時代趨勢，也是國家政策，但其間經歷開工、停工、復工等無數繁瑣過程，個人抱持如果地下化是趨勢也比現在好，就應該去做，今日不做，何日才能做。為學校、為社區、為整體環境就是再困難的任務，身為校長也要堅忍其志，只要信心、毅力、勇氣三者兼備，則天下就沒有做不成的事，不是嗎？

標竿福林　止於至善 ◎◎◎

本校於 2009 年 12 月，通過臺北市教育局教育 111 標竿學校認證，這是全體親師生共同努力的成果。國民中小學是教育的基石，在孩子的發展過程中，

如果基礎穩固，將來不怕挫折與風雨。本市教育 111 標竿學校（一校一特色、一生一專長、一個都不少），結合了人文主義、多元智能理論、鷹架學習理論、社會學習理論及重視教育的公平正義和學生的學習權等，其所秉持的價值與信念，也是學校辦學的目標與信念。

各校標竿學校得獎團隊之具體作法與成果，教育局也已出版專刊分送各校觀摩與分享，教育 111、福林 999，福林溫馨和諧的校園氣氛，福林多元創新的學生學習，福林快樂自信的優質團隊，福林資源共享的整合發展，透過教育 111 的實踐，讓我們期許福林學子「會讀書、愛運動、有專長」。

2010 年 1 月 11 日那天，於教師中心參加教育 111 標竿學校頒獎典禮，本校有幸得獎，備感榮幸與歡喜，團隊多年的努力獲得了肯定，學生的學習成果也獲得了保障，我們也將更加用心與努力，把每個孩子帶起來。感謝吳清山教授在擔任局長時，雖然時間短暫，卻能創造出教育不朽的永恆價值，並創造真正以學生為主體的教育政策，教育 111 的方向與價值，將讓臺北市的教育發光發熱，更讓臺北市的學生展現生命的活力與熱力。教育 111 標竿學校認證，個人覺得，這是歷年來教育局推展各項教育活動中，最好與最棒的一個政策，吳局長的前瞻思維與務實行動，及照顧好每一個弱勢的慈悲胸懷，開創了「公義創優質，優質展公義」的臺北市教育之春天，令人喝采。

頒獎典禮那天，感謝教育界大師級的教授們蒞臨勉勵，大家收穫良多。本方案創辦人前教育局長吳清山教授，於大會中祝賀全市高國中小 31 所學校得獎，開創歷史，也是臺北市教育的成就，並期勉大家當校長、當局長也要有專長，更要有創意與執行力，並以滿心歡喜與感謝、不能沒有你的精神，吳教授感謝大家用心努力與實踐，最後送給大家三個 111：一生為教育、一心為學生、一意為眾生。

吳明清教授則有三賀：一賀教育局政策正確，領導有方；二賀中心執行有力，成果斐然；三賀得獎學校經營有成，實至名歸。青山依舊在，教育 111、回首來時路，一步一腳印、展望新里程，大步要向前、協力親師生，學校999、虎年震威風，優質創新猷，期待各校繼續創造高峰經驗。

臺北市立教育大學林天祐校長說：「學校像家庭，孩子進來學校，我們應該像迎接新生兒全心全力照顧他、呵護他。」林校長期勉大家創造臺北市活力學校，延續學校歷史，創造學校特色，更上一層樓。

劉春榮副校長致詞時，肯定得獎學校獲獎關鍵：學校具有足為人道的特色；具體推動藝術與體育專長；以「成就」顯現學生專長；滿足「一個都不少」的四個項目；學校有強烈企圖心。至於為什麼沒得獎，是因為：弄不清楚何謂標竿學校；校內尚未有共識；遭負面形象干擾，如體罰事件；書面資料與現實有落差；沒有能在時間壓力下，有所作為；核心團隊的運作尚待加強。

劉教授並指出，「一生一專長」的操作定義為：學生藝術與運動成就（非僅是教育目標）；因學校教育而得（非天生就會）；有標準性參照（常模參照）；具有年級差異（非全校同一標準）；80%以上學生達成（以人為單位）；學習證照（有成就記載）；學校具體推動。掌握方向，同心協力，確實做到。

鄭崇趁教授致詞時，闡述教育111的時代性意涵與論述：充分反映教育政策與核心價值，並以人文關懷為根基，均等適性為歷程，邁向優質卓越；有效引導優勢學習方案，透過經營策略、行動方案，創造特色並帶好每一位孩子；透過認同、勵行、承諾，活化教育智慧資本的積極策略；交互作用，整合發展的一首教育詩篇。

事件省思

至於本校得獎心得個人省思如下：任何好的政策或理念，校長要能帶頭向前行，積極推展、主動策劃、隨時掌握進度，並可透過校內網路公用磁碟，隨時公布及更新資料與掌握最新訊息。教育111各項計畫與實施內涵，要能結合學校課程發展，才能顯現成果與永續發展。教育111創造學生生命的永恆價值，校長要有帶動並落實推展的決心。

在「一校一特色」的規劃上：選擇特色項目，最好能結合學校歷史人文等，配合時代潮流，顯現教育核心價值。特色項目，教師要能全面參與，家長普遍認同，團隊願意落實執行，而且能展現學生特殊成果，如全國性比賽得獎，或報章雜誌特別報導。

在「一生一專長」的規劃上：至少要有五項認證項目；認證項目也要能結合課程發展或列入校本課程，才能確保學生認證通過率達80%以上；一定要有學生認證紀錄表，定期記錄學生認證結果；學生專長認證，要能訂出獎勵辦法或配套措施，才能可長可久；認證專長項目，要能結合或列入學校期末或平

時團隊競賽，鼓勵推廣。

在「一個都不少」的規劃上：一個都不少，把握四項內涵，及校內無中輟學生，並絕對避免體罰事件，校長要定期宣導零體罰政策；對弱勢學生或族群要有妥適照顧，全面進行輔導機制，需訂出具體標準，可用表格或百分比統計圖等呈現；對學習落後之補教教學措施，需訂出完整的實施項目與內容，如能呈現輔導成果更佳；整合發展善用社會資源，為弱勢學生努力籌措經費，或專案捐款專款專用；建立個案或對弱勢學生「專案管理」，檔案資料明確詳實，尤其升上三、五年級新年段，能有詳實之銜接紀錄與說明，讓每一位需受照顧與關懷的學生，都得到最好的照顧。

標竿學校，止於至善，持續發展學校特色，並落實學生「一生一專長」的有效執行，並建立尊重、健康、樂於分享的學校，塑造創新、卓越、高品質的教育效能，更是日後努力的目標。

結語──春風傳愛，鐸聲悠揚

「春風、傳愛、鐸聲揚」，是個人為今年臺北市特殊優良教師主題甄選，所設計及獲得特優之作品；春風吹來，帶來溫暖的氣息，老師就如春風般溫暖孩子的心田，讓幼苗成長茁壯。適逢今年臺北市舉辦世界花卉博覽會，處處充滿彩花，片片芬芳，每一片花葉，如同每一位孩子，都是一份期盼與一份祝福，藉由大愛良師，春風傳愛，杏壇芬芳。花博會主題為：「彩花、流水、新視野」，而「春風、傳愛、鐸聲揚」，則可與花博會主題相互輝映，相得益彰。

新任臺北市教育局康宗虎局長提出「以愛為核心，讓愛活出來」的教育理念，偉大的老師總是發揮教育大愛，牽引無數迷途的孩子迎向光明的人生，不管是良才或是平庸之才，良師總是如春風般，發心立願，因材施教，作育英才，在杏壇上留下永遠的芬芳，教育大愛，代代相傳。個人也願以春風傳愛，鐸聲悠揚，期勉自己，校長領導能以學生為主體，教師專業為先，用心用愛，創造教育園地永恆不變的最高價值。

李月娥校長小檔案

我是李月娥，記得剛從師專畢業時，任教一年級，學生把我的名字寫成「李月兒」；今天的月兒校長，人如其名，臉上總是充滿春風般的笑容，如月亮般給人溫暖，給人歡喜；而愛與助人則是我此生最重要的功課。

個人奉行「養樂多」哲學：

「養」成良好生活習慣，感恩、歡喜、蔬食、每日運動。

「樂」在工作，樂在學習，並時時保持好心情。

「多」思考、多傾聽、多服務。

有人說要成為好女人有三個條件：一要物慾低；二要樂在工作並能獨立運作；三要有向上、向善的精神追求與成長，而很高興我做到了。走過35年的教育生涯，其中有整整十年的期間沒有給自己放過暑假，從大學暑期部四年、輔導二十學分班、碩士學分班四年、碩士學位班、校長培育班等等，老公說我度過十年寒窗，終於有成。

這幾年來，於假日期間個人也積極參與社會公益團體活動或自費進修，如參與慈濟教師聯誼會活動、福智文教基金會生命營、圓桌教育基金會培訓課程、菜香耕伊能心靈成長活動等等；自我修練，每日精進，追求智慧人生，是我畢生努力的目標。

期許自己在校長專業領導上，用心用愛，追求標竿，止於至善。

33. 校長行無怨悔——
精耕雙園、風華石牌

臺北市石牌國小校長　張淑慧
（榮獲 2009 年教育部「校長領導卓越獎」）

 情在雙園　深深祝福

邂逅雙園 ◎◎◎

　　記得 2002 年 4 月間，在黃家懋校長的引薦之下，第一次來到雙園，認識了彬彬有禮、風度翩翩的家長會長黃阿木先生，因為，敬愛的黃校長已榮退，我便把握機會，極力的行銷我自己，遂將個人的教育理念、辦學理念、校務經營計畫、相關著作以及得獎紀錄等，介紹給雙園家長會，希望能得到善意回應。之後，音訊全無，因為在遴選的過程中，候用校長被安排在第二梯次，必須等到現任校長轉任與第一梯次遴選之後的出缺學校而定，令人欣慰的是，輪到我參與角逐之際，雙園仍然出缺，於是 2002 年 6 月 15 日在東門國小的相見歡，是我與雙園國小的家長、老師與行政同仁的第一次初相遇，因無任何承諾，心情難掩失望與落寞，但我並不沮喪。最後，歷經幾番波折，亦感謝諸多貴人相助，在 6 月 27 日遴選委員會的加持之下，終能順利出線，一圓校長夢。接踵而來的是責任與挑戰的雙重壓力，鞭策淑慧務須發揮專業領航的效益，期許自己不負眾望。

閱讀雙園 ◎◎◎

　　當大勢底定，接掌雙園將成事實，於是我便開始閱讀雙園、探索雙園、搜尋雙園。學校雖位處老舊社區，但學區人文薈萃，鄉土資源豐富，在歷任教育先進、所有老師與社區賢達仕紳的戮力經營之下，已奠定良好之根基，在臺北市的教育發展，占有一席閃亮的地位，尤其學校組織氣氛溫馨和諧，在人情味濃郁的氛圍中，散發出尊重與關懷的人文氣息與親和特質，而這股人文氣息與

親和特質，是促進雙園邁向精緻與卓越的主要動力，可說是，在傳統中保有創新的活力，在變革中擁有穩健的績效。

禮讚雙園 ◉◎◎

雙園四年，由於老師的用心投入、行政的積極規劃、家長的支持配合、社區的熱誠參與，雙園國小猶如蛻變中的彩蝶，閃亮飛舞，眾所矚目。其效應的核心價值便是：在傳統裡創新、在變革中堅持。創新的是：卓越教學的典範移轉，課程與教學的精緻研發，學生學習的全面啟動，多角經營、多元發展，以建構多元智能，形塑多元明星為鵠的。堅持的是：所有雙園人，對於教育愛的發揮、教育績效的展現，不遺餘力、淋漓盡致，令人感佩，更是他校所不及。尤其，「以學生為中心」的教育理念，是營造雙園國小優質校園文化，以及溫馨和諧的組織氣氛於不輟之關鍵因素，更難能可貴的是，每一個尊敬的雙園人，皆能以形塑雙園國小成為一個「人人以雙園為榮、時時以雙園為耀、處處以雙園為傲」的 21 世紀魅力學校為己任。

典藏雙園 ◉◎◎

「凡走過必留下痕跡，凡努力過必定讓人感受得到」，細數雙園四個寒暑，由於你我的努力與投入，讓雙園的人、事、物產生了不少的變化。

時間飛逝，日月如梭，一轉眼雙園已經屆滿 70 歲了，為了迎接這歷史性的一刻你我仔細思量，集思廣益，腦力激盪，沙盤推演，匯聚眾人智慧，戮力催生「優質雙園卓越七十」，作為雙園國小 70 週年校慶的主題，為了成就主題意涵所富予的實質意義，我們選擇了一系列的智慧行動來豐富主題意涵，例如：校歌、校徽、校旗的製作與徵選，校樹票選、校史室的規劃、傑出校友的訪問、校慶音樂會與教學博覽會的構思、硬體設施的整建與改善等，尤其，牆面瓷磚馬賽克的拼畫，融入了雙園人彼此之間共生、共存、共榮的歷史情感，藝文走廊涵泳雙園親師生的藝術氣質，更打破了學校與社區的有形距離，這所有的努力可說是「一切愛雙園、愛雙園的一切」之期許，典藏雙園，直到永遠。

永不幻滅的美麗回憶 ◎◎◎

　　鳳凰花開、蟬聲高鳴、驪歌響起，催促著感傷季節的來臨，在靜謐的校園中不免增添了幾許的離意。揮一揮衣袖，不帶走一片雲彩，卻帶著教育夥伴們無限的祝福，轉眼間，即將離開雙園四載的教育生涯，內心萬般不捨、無以言喻。

　　回憶起 2006 年 5 月 16 日在濱江國小校長遴選說明會的會場上長官的一席話：「……一個校長，在一所學校奉獻了四年，相信他一定竭盡所能的將個人的創意與理想抱負發揮的淋漓盡致，那麼，就應該讓他把這樣的理念與作為，帶到別的學校繼續發揚光大，進而影響與造福更多的學子……。」

　　猶記得第一次在與雙園人闡述個人的教育理念與治校藍圖時，在場的所有老師與家長對於淑慧那份殷切期盼與關注的眼神，讓我難以忘懷，亦是驅動「我愛雙園」全力以赴、鞠躬盡瘁的支持動力。

　　每當想起，即將要辜負了所有敬愛的雙園夥伴對淑慧的期望，揮之不去的是隱藏在心靈深處，理性與感性的循環煎熬所交織而成的滿心歉意。雖然，大勢底定，淑慧必須交棒了，然而，映入眼簾的是這一千多個日子以來，您我共處的美好回憶，不禁令人悲從中來，淚水亦不聽使喚的潸然而下，千千萬萬的不捨之情隨即湧上心頭……。

　　不捨的是，雙園的一景一物、一草一木，在您我的用心妝點之下，變得更為鮮活與亮麗；不捨的是，孩子們的一顰一笑、一舉手一投足，在您我的關懷呵護中，變得更具智慧與愈臻成熟，長廊間、操場上、教室裡、泳池畔，不時傳來孩子們的笑聲、歌聲與讀書聲，竟是如此悅耳，真可謂餘音繞樑，三日不絕啊；不捨的是，在校長有約午茶時間，感受到孩子們懵懂的雙眸隱藏著滿足、自信與善解人意，尤其，收到孩子們寫的卡片：「校長希望您能永遠留在雙園。」真是讓我無言以對，這是您循循善誘與諄諄教誨的成就；不捨的是，校園溫馨和諧的組織氣氛，孕育出一股親和與尊重的文化氛圍，而這一股親和與尊重的文化氛圍，不但可以緊扣彼此情感於不輟，更可凝聚組織力量的昇華，亦是促進雙園邁向精緻與卓越的核心動能，

　　時間像一縷輕煙，消失在您我的指縫間，回顧雙園四年的閃亮歲月，感謝各位老師、所有家長、行政同仁、志工團體對於個人的支持、疼惜、包容與肯

定,尤其,映綺老師帶領著靜珍、貴莉、美英、美珍、吟菱、淑清、瓊儀、俊賢等教師會理監事,在校長室的盛情邀約;美惠會長領導的家長團隊,長久以來對淑慧的高度信賴與期望,行政團隊的一路相挺,以及阿木會長漏夜趕工完成的紅布條……,淑慧衷心感恩、永銘不忘。感謝上蒼讓我與雙園結緣,能與各位相識、相知、相依、相惜,是淑慧終生最大的榮幸與福氣!別了!敬愛的雙園夥伴,您我的相聚已駐足於永恆,蘊藏在心底深處的是永不幻滅的美麗回憶。

愛在石牌　夢想起飛

驚豔石牌 ◉◎◎

　　一通電話,顛覆了原先的計畫以及對於雙園國小所有親師生的承諾,當然,也決定了石牌與我,相依相惜,不離不棄,永遠共生、共存、共榮之不解之緣。即便是長官的徵召與拔擢,我的心理仍然戰戰兢兢,如臨深淵、如履薄冰,無法釋懷;2006 年 5 月 20 日,是我與石牌家長夥伴的第一次相遇,「既期待又怕受傷害之心情,瀰漫在彼此心中」,但在「學校與家長建立親密關係」的會場中,隱約感覺彼此之間,心靈的契合已漸形成;尤其,讓我深切感受家長們對於石牌新校長的期許與厚望,頓時之間,一股莫名的壓力隨即湧上心頭。

探索石牌 ◉◎◎

　　接掌石牌將成事實,於是,我便開始探索石牌、搜尋石牌。石牌國小已經84 歲了,是一所歷史悠久,有制度、有特色的典型傳統之大型學校,在臺北市的教育發展已占有一席閃亮的地位。在綠意盎然的老榕樹下,蘊藏的是歷屆教育先進用力耕耘、用心經營的優質文化軌跡,壯麗的校園、嶄新的大樓、e化的教室、專業的老師、智慧的兒童,以及熱心支持校務的家長,由於這一股愛的力量,領航石牌邁向優質與卓越。

亮麗石牌 ◉◎◎

　　2006 年 8 月 1 日當市長頒贈聘書時,無異是穿著責任與挑戰的袈裟,背

負著愛與榜樣的神聖使命，不忮不求、無怨無悔、勇往直前，來到石牌，感謝李玉惠校長、呂淑對會長、譚家珝會長，以及所有石牌國小的行政團隊、教學團隊與家長團隊，對於淑慧的禮遇、接納與肯定，雖是初探陌生環境，仍然令人備感溫馨，此時此刻，我將衷心默禱，營造石牌國小成為一個「人人以石牌為榮、時時以石牌為耀、處處以石牌為傲」的優質學校，這將是首要任務。

璀璨石牌 ◎◎◎

2006 年 11 月 25 日，石牌國小張燈結綵、擊鼓鳴炮、人山人海、喜氣洋洋，因為，這一天是石牌國小新建教學大樓啟用剪綵，以及體育教學成果發表與師生聯合美展的良辰吉日，金副市長與吳局長特別蒞臨指導，與石牌夥伴共同見證這歷史性的一刻，帶給石牌最大的鼓勵與最高的肯定，感謝所有愛護石牌的老師、家長與社區仕紳熱情參與，尤其當您熱烈的掌聲伴隨著希望氣球緩緩飄起之時，也是成就每一個石牌的莘莘學子，夢想起飛之際。

📚 闡揚教育的價值──擘劃明確的教育圖騰

教育是「百年樹人」的大業，也是「教人成人」的希望工程。學生是學校教育的主體，因此，淑慧一直抱持著「學生第一」、「教學為先」、「行政支持」、「家長參與」、「社區共榮」的教育理念，學校的一切教育措施與教育作為，均以學生的興趣、能力、需要為考量，尊重學生的個別差異，重視適性化教學，讓學生能快樂學習、健康成長，讓每一個孩子都能「學會做人、學會做事、學會相處、學會如何學習」，並以生命教育為基礎，透過體驗學習、完全學習的歷程，達到全人發展的目標。

淑慧秉持著堅定的毅力與專業的領航，展現傑出的領導效能，帶領學校超越環境不利與少子化的困境，將學校打造成臺北市的「優質學校」，並榮獲教育部「教學卓越獎」之「金質獎」，頓時之間，全校教師士氣大振，教學的熱忱與用心更憾動家長，學校經營獲得社區家長高度認同，淑慧認為，學校領導要有「跟隨者」，因為優質學校無法單靠個人來完成，必須眾志成城才有可能使學校魅力四射！然而，計畫趕不上變化，變化趕不上局長的一句話，正值淑慧深思雙園未來如何再精進之際，亦獲長官肯定而榮調北投區石牌國小，由

32 班的學校轉任 98 班的大學校,抱持戒慎恐懼之心情,如臨深淵,如履薄冰!細數八年校長之路,茲將淑慧治校之心情點滴與領導心得臚列於后。

📚 符應生命教育的契機、暢達完全學習的歷程、邁向全人發展的目標

學校是因應學生學習的需求而存在,是故學校裡的每一位教育工作夥伴都應該齊心戮力地以「打造起一座座孩子學習的樂園」為職志!

「許孩子一座快樂學習的優質學園」,這是淑慧校務經營的堅持,為了幫學生闢建一條多元、自信的學習之路,淑慧堅信只要我們能給足孩子環境與機會,孩子的興趣與潛能就能得到適性的發展,而「群龍教育」的教育願景便愈有可能實現。以下是淑慧在校務經營的核心價值。

多元學習 ◎◎◎

淑慧認為,人類的智能是多元的,人類的學習也是多元多樣的,學校教育對學生學習的指導,可以「認知體驗、悅納自己、尊重別人、負責做事及生涯發展」為學習指標,期許學生能達到全人的發展。

賞識孩子 ◎◎◎

淑慧認為,學校要能夠協助孩子「發現優勢、發揮優勢、發展優勢」,透過各種管道來賞識孩子、肯定孩子,創造每一個孩子的經驗。

體驗學習 ◎◎◎

淑慧認為,學生學習可以不要侷限在課堂裡,還應該要能走出教室、走進社區、放眼國際,並能與生活結合,引導孩子在生活中準備生活,讓孩子更能得到真實的、帶得走的能力!此外,這種學習模式也具有恢弘氣度、擴大視野的效果!使孩子能自信地成長!

環境造人 ◎◎◎

「環境造人」主要強調二個意義:第一個意義是「人們美化環境,環境也

會美化人們」，以校園的美化來涵養學生的氣質與美感；另一個意義則是「有情有義」情境的營造，例如：「雙園一百點」、「石牌新大樓」每一個點，每一個環境的改造與蛻變都有令人感動的故事。在校園的許多角落會有小朋友學習與成長的故事，也會有孩子參與環境設備改善的歷程，運用「賦予意義」的策略，讓孩子能在「有情有義」的環境中學習與成長，他們將更懂得珍惜與愛惜，此舉對於形塑人性化的校園大有裨益。

　　為了成就上述校務經營的核心價值，幾經思量，淑慧主要以引進企業界的「找到對的人、做對的事」與「注意力經濟」二項領導理念做為校務經營的方針。在「找到對的人」部分，以魅力領導吸引學校成員成為「對的人」；而在「做對的事」部分，以道德領導、專業領導、教學領導、課程領導、校園營造、資源統整、品質領導等七大主要經營策略，為實現「許孩子一座快樂學習的優質樂園」來奠基；至於「注意力經濟」部分，則將注意力聚焦於「學生學習」的要項，務使學校之經營成效在「學生學習」向度上，能有優質、卓越的表現。

🔖 找到對的人──合適的人才是組織最重要的資產

　　「人才」的選拔和培育，是一個企業成功的核心關鍵。淑慧以為「優質的學園」要想實現，關鍵亦在人才，學校裡的學校成員能否跟隨？能否從旁觀的「一般人」，轉化成參與其中的「將才」、「英雄」，促成「優質學園」的實現，其關鍵繫於校長領導是否能吸引其跟隨。因此第五級領導的核心關鍵：「謙沖為懷的個人特質和不屈不撓的專業堅持，是校長領導的基本要件」，故校長必須能展現「活力的校長、關懷的校長、專業的校長、參與的校長、資源的校長、品質的校長、專注的校長、服務的校長」等外顯行為，才能讓幹部認為「這樣的領導者值得跟」，讓老師認為「這樣的校長夠專業」，讓孩子認為「我喜歡校長、我喜歡學校」，讓家長認為「這樣的校長有品質！我放心」，讓社區認為「校長好友善！學校好友善！」這八個魅力泉源係源自於教育研究及淑慧自行整理所得，分述如下。

　　充滿活力的校長是親師生的典範。倡導走動式管理：校園中經常可以見到校長與教師、學生、家長互動融洽，每日一大早校長便巡視校園周邊交通導護

與志工話家常，並駐足在校門口迎接老師、學生道早安；校長甚至爬上屋頂關心漏水與雜草的問題。

全面關懷的領導可以打開成員的心窗，深入了解問題核心，以凝聚共識！包括：關懷學生、老師、家長、弱勢與社區；學生有卓越表現時，必定盡可能到場加油、獎勵！每季為同仁舉辦溫馨的慶生會；「學生午茶」活動的設計；與畢業生有約等。

校長的課程與教學專業是教師追隨的泉源；行政專業化能力則是行政團隊忘情工作的動力，而能參與學生學習活動及教師的各項會議、研習、研究與發表，一起參與各項評鑑與訪視的準備，與同仁水乳交融。淑慧親自領導參加全國課程標竿學校「標竿 100」的評選，並親自領導參加全國教學卓越金質獎的評選終獲肯定；同時參與優質學校評選的各項準備工作與會議。

校長是師生最信任的支持者，善用時間資源（減課）、人力資源（社區、校際合作、學院資源）及爭取經費資源等，使每一個孩子進行優質學習。除了爭取每年修建工程經費之外，更以卓越的執行力爭取統籌款資源，亦能有效提升環境、設備品質。教育局統籌款共爭取到了「一樓教室地坪整修工程」、「泳池過濾系統工程」、「莒光路藝文走廊整修工程」及「主機機房整修工程」等，並與龍山獅子會、西門獅子會、永福扶輪社保持合作關係。

倡導品質理念與作法，並注重精緻與創新。我是臺北市立教育大學第 22 屆教學類傑出校友、第 25 屆行政類傑出校友，國立臺灣體育學院 2003 年傑出校友。我也提倡顧客滿意的服務品質，建立不適任教師處理機制、成立不適任教師輔導小組、建構校園不適任教師認定規準；在學校行銷部分，有聯維、教育電台、NEWS 98、正聲廣播、陳光教育再出發、聯緯有線電視「環抱知識」之合作績效。

引進評鑑或辦理活動先從理念溝通作起，給予孩子體驗學習機會與成就孩子贏得掌聲的機會是承辦活動的基本信念。

做對的事——專業的堅持與謙沖為懷的個人特質

秉持第五級領導人的特性——謙沖為懷的個人特質和專業堅持的意志力。謙遜的態度、體諒他人、強烈的企圖心、不屈不撓的毅力，無論面臨多大的考

驗，決心盡一切努力，以塑造一個卓越的組織為職志。以下分別從道德領導、專業領導、教學領導、課程領導、校園營造、資源統整、品質領導等加以論述。

道德領導 ◎◎◎

以德服人，使人心悅誠服，以身作則，擺脫威權，發揮影響力，能親自參加教師各項教學討論會，參加家長會各項會議與座談會，也為學生辦理「與校長有約」、「校長說故事」活動，同時，也與教師合作參加「教師行動研究」，獲得佳作的成績。為了推動「教學輔導教師制度」，淑慧與教師一起上陽明山受訓，獲得輔導教師的認證。為了要建立成員義務感、責任心與正確的價值觀，為組織目標而奉獻，共謀組織的永續發展，所以特別重視觀念的溝通，強調從「心」領導，成員有困難時表達誠摯的關懷，誠懇傾聽成員心聲，同仁家中發生變故必定前往關懷，也為每一位同仁辦理慶生會，營造組織溫馨的親和氣氛，化解疏離，拉近組織成員彼此之間有形與無形距離。

專業領導 ◎◎◎

倡行組織改造，活化組織應變能力；引進外部評鑑，以發現盲點，包括各項評鑑、競賽與展演等活動之參與；講求知識管理，有效管理學校智識資產；引進優質學校指標，指引校務發展計畫的方向；內部進行標竿管理，擴大表揚模範人員與事蹟，向外則力行標竿學習，固定每學期帶領學校團隊至標竿學校進行標竿學習，成果豐碩。

教學領導 ◎◎◎

一到學校服務便自己上場辦理教學演示；倡導「零體罰」不遺餘力；引進教學輔導教師制度，再引進教師專業發展評鑑方案；成立並參與學校創意體育教學團隊；引進教育大學集中實習的資源，並引進創意體育教學，無形中活化了學校教師的教學，提升了教學的品質。

課程領導 ◎◎◎

校長領導將品質管理納入校本課程發展機制，研發出課程品質屋；擔任九

年一貫課程群組中心學校，領導群組學校落實課程評鑑；領導三位一體校本課程——「艋舺鄉情、游泳教學、融合教育」，成效卓著；於學校網站開闢「雙園兒童線上投稿平臺」，讓學生有發表文字創作與圖畫創作的舞臺；推動創意課程經營，規劃以「變形蟲課程組織」帶動學校「系統性課程規劃」、「數位化課程資源」、「實踐性課程評鑑」、「創新性課程研發」、「分享式課程交流」等課程經營面向。

校園營造 ◎◉◎

　　對於校園的改造，除了強調要尊重專業，也要有親師生與社區的參與才好！校園是大家的，透過縝密的活動規劃將可以提升成員的認同度與境教的效果，所以無論是水池的整建還是圍牆的整修，都有著你我的參與和共同的記憶。秉持著「環境造人」的信念，戮力推動「雙園一百點」的規劃，搭配校園裡環境與景觀持續改善的故事，配合圖文說明，還將其中的教育意涵加以闡述與發揚，此舉希望孩子能充分認識、珍惜與愛護校園，裨益於打造百分百的人性化校園！經過這樣「賦予意義」的教育策略，親師生共同營造的是有情有義的學習情境！很自然的，校園裡原有的塗污、毀損與縱火等破壞的行為就愈來愈少，到最後已鮮見破壞行為！

資源統整 ◎◉◎

　　家長、社區和公益團體等的資源，對學校的經營日益重要，必須加以有效的整合與引導，才能充分發揮正向的助益。志工資源方面有導護志工、圖書志工、環保志工、說故事志工、園藝志工等，社區與學校合作的有媽媽教室、元宵燈會、耶誕晚會、中秋晚會、志工茶會、志工旅遊、艋舺盃書法比賽等。

品質領導 ◎◉◎

　　以「績效獎牌」強化學校的品牌管理，以學校摺頁進行內部與外部行銷！淑慧認為，無論是行政同仁或是教師，都必須充分了解學校所服務的對象與他們的需求，才有可能提供優質的服務。此外，運用行政會議與同仁分享提升品質工具，如魚骨圖、PDCA 循環、SMART 原則、6W1H 原則等。同時，也提醒每一位同仁應該及早體認服務品質的信念——有形的、可靠性、反應性、保

證、同理心等五個構面，並將之落實在工作中。

讓「學生學習」更美麗

「少子化」時代，每一位成員必須具備危機意識，必須時時思索「學校因學生而存在」之因應措施，由於學校位於老舊社區，家長社經背景普遍較為弱勢，對學校教育期許甚多，因此淑慧希望能提升學校教育之附加價值，讓每一個兒童在學校裡都能學到一項才藝。

淑慧將注意力聚焦於「學生學習」的要項，務使學校之經營成效在「學生學習」向度上，能有優質、卓越的表現。由於學生是學校教育的主體，學校為了讓每一位學生的學習成效更為亮麗，因此自 91 學年度起，乃積極規劃一個以學生為中心，融入課程、融入資訊，並且與校本課程、彈性課程、綜合活動相結合的學習內涵，從「師資」的聘請、「場地」的尋覓、「時間」的安排、「經費」的籌措、家長「觀念」的溝通，以及學生「展演平臺」的規劃等多方面著手；為求滿足學生不同的需求，乃開設體育類、音樂類、語文類、資訊類、民俗類及其他符合學生興趣、需要的「美麗處方」，略述如下。

理念 ◎◎◎

◎腦力＋體力＝競爭力，培養允文允武的現代兒童。

◎群龍式的教育，讓每一個小朋友都有學習的機會，而不是明星式的教育。

◎學校的一切措施與規劃均以學生學習需求為考量，並以達到全人教育為目標。

◎社團≠校隊，讓學生自由選擇參加，以「一人一社團」為目標。

◎五育並重，學生社團活動以不影響各領域課程的學習為原則。

目標 ◎◎◎

◎充實學生學習生活，讓孩子快樂學習、健康成長。

◎藉由社團活動的體驗學習，發揮孩子的潛能，培養孩子帶得走的能力。

◎經由社團同儕間的互動，培養良好的人際關係。

◎規劃多元多樣的社團，滿足孩子不同需求以達適性的發展。

◎培養孩子具有休閒活動與終身學習的興趣與能力。

◎藉由學習成就感及自信心的建立，以提升學生在各領域學習的成效。

總之，本方案的推動務求能讓學生於社團活動中達到「學會認知體驗、學會悅納自己、學會尊重別人、學會負責做事及學會生涯發展」的學習指標。

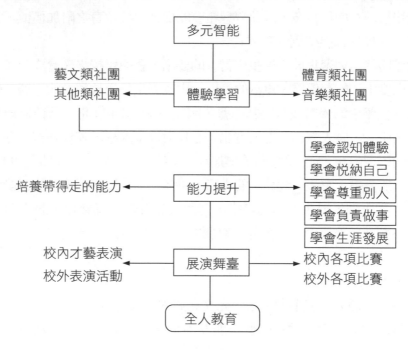

全方位社團活動架構圖

成效 ◉◉◉

拓展學生校內外展演平臺

倘能提供學生成果發表的機會，將是滿足學習成就感以及增強自信心的重要策略，因此多方提供展演平臺是不可忽視的重要項目；除安排學生於兒童朝會、才藝表演活動、體育表演會中表演之外，並辦理多項班際比賽活動以及參加多項校外辦理之比賽或表演活動，讓學生得以一展身手，展現學習成果。

達成「一人一社團」之目標

　　成立社團共 28 個，學校學生人數 861 人，而參加社團為 680 人，占總人數的 78%；由於低年級學生能參加的社團數量較少（因招收年級的限制），因此參加的人數亦因而減少，扣除少數可能重複參加不同社團以外，及各社團活動時間大部分都相同，保守估計中、高年級學生「一人一社團」的目標已超過九成以上。學校的社團活動，又屬於學生自由參加的性質，因此蓬勃發展的社團活動，不僅是全體社團指導老師以及行政單位費心規劃與支持的結果，更是卓越領導的成果與績效。

學生參加校外比賽屢獲團體殊榮

　　語文團隊、美勞團隊、合唱團、躲避球隊、射箭隊、樂樂棒球隊、籃球隊、桌球隊、合球隊、武術隊、排球隊、游泳隊、田徑隊、健身操、象棋社等各項比賽優勝。以 95 學年度為例，學校所領取的獎勵金更高達 130 餘萬元，可說是創臺北市之最。

學生各領域學習成效長足進步，普獲家長肯定

　　由於小朋友的各項表現可圈可點，因而家長對學校各項活動、措施以及教師教學，均日益肯定與支持。

學生數不斷增加，降低面臨減班的壓力

　　許多家長聞風將孩子轉來本校就讀，因而近年來班級學生數並沒有流失，反而不斷增加，降低了面臨減班的壓力。

📚 優質領導再出發

　　轉任石牌國小以來，整合了學校行政、教師與家長的能量，抱持「一個中心——以學生為中心；兩個目標——卓越的石牌與優質的石牌；三大方向——專業的老師、智慧的兒童、璀璨的社區」之學校經營藍圖，全力以赴，亦獲致令人欣慰的經營成效，略述如下。

暢達溝通管道，開啟教師對話的窗口 ◎◎◎

石牌國小是臺北市的大型學校，初到石牌，保持戒慎恐懼之心情，如臨深淵、如履薄冰。由於石牌國小歷經 2000～2006 年六年的「校舍興建工程之辛苦階段」，長期校園空間的圍籬與區隔，分化了同仁彼此之間信任與尊重的校園氣氛，再加上教職員工眾多互動不易，各自專注於個人的象牙塔之中，因此校內疏離的氣氛更形濃郁，所以除了兩週一上午的行政主任會議之外，每兩週一次的工程改善會議與每兩週一次的學年主任會議，是暢達溝通管道，開放教師對話的開始，也是同仁間彼此信賴的破冰契機。

教室裡的「不速之客」 ◎◎◎

利用透過致送生日卡片，親自送達老師的教室，一方面要認識老師，一方面要關心學生上課，一方面要引導學生尊師重道，雖然是教室的「不速之客」，但卻帶給老師另類的驚喜與感受。

積極開展學生學習及展演平臺 ◎◎◎

成立學生多語文團隊、辦理學生社團活動展演、校舍命名、學生美展（專輯）與多元學習成果展、辦理創意科學EASY-GO！科學魔法秀、參加 2007 年中小學運動會大會表演團隊、參加臺北市兒童節活動「童心飛揚、臺北好 YO-UNG！」等活動，開拓學生校內外展演平臺。

活化校園組織氣氛 ◎◎◎

透過正式與非正式會議，宣導尊重與信任之可貴，凝聚共識及扭轉組織文化；協助鼓勵教師會辦理卡拉 OK 大賽，成立教師合唱團、英文歌唱表演，藝文教師示範展演，校長親自帶領週三研習及鼓勵組織教師參加各項教師課後社團，從「快樂運動」做起，促進「健康生活」，試圖帶動組織成員融洽互動，以及營造尊重與信任的校園。

扭轉大未來，良師在石牌

　　教師是教學的主力，也是學生的貴人，更是家長信賴與關注的焦點。因此，「教師專業成長、班班有良師」是石牌國小的重大特色。

　　在教師專業成長方面，推動石牌教師教學圈、一教師一創新──「石牌國小私房書」、精進教師課堂教學能力──「說故事老師培訓」、教學輔導教師制度等專業成長等活動。

推動「超級教師──石牌國小教學圈」 ◎◎◎

　　發展教學特色及精進教師課堂教學能力：激勵學習潛能及精進教師課堂教學能力，由跨領域教師主動參與有興趣的主題，組織成教學圈，彼此分享課堂裡的教學策略，配合小組討論時的腦力激盪，獲致教與學的有效策略，其將做為未來學校全員參與，持續發展聚焦推動發展教學特色的重要基礎。教學圈的運作成果豐碩，共計分享發表 51 場次，主要分享發表教師達 46 人，發表率（分享發表教師／教學圈人數）達五成以上。體現「學習金字塔」的意旨及促進教師社群展現「學習型組織」及「標竿管理」的成效，大幅提升教師研習效果。

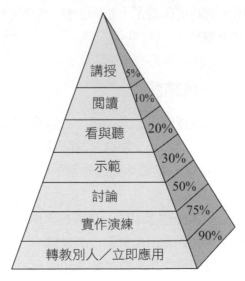

講授　5%
閱讀　10%
看與聽　20%
示範　30%
討論　50%
實作演練　75%
轉教別人／立即應用　90%

圖 1　學習金字塔

資料來源：引自國立臺灣大學教學發展中心，http://ctld.ntu.edu.tw/ls/learninggate/lecture.php?index=21

老師說故事——說故事老師研習工作坊 ◎◎◎

聚焦各領域教師說故事之能力，以提升學生學習興趣與成就，增進親師合作，強化學生學習的效果，提升教育品質。結合學校「石牌愛閱」校本課程和學校裡為孩子說故事的志工媽媽和爸爸，攜手合作辦理「說故事老師研習」，共計八場 24 小時，培訓學校裡的說故事高手——老師愛說「故事」，讓每一堂課都精采！

石牌品質，堅若磐石

穩定先於突破、整合優於創新。天時、地利、人和，「石牌品質，堅若磐石」，這四年來，由於行政用心規劃、教師認真教學，班級經營成效卓越，再加上深獲教育局長官肯定，挹注大筆經費執行各項硬體建設改善，讓石牌國小更形美侖美奐。環境改造了，人與人之間的關係也顯得更加密切，同時促進班級經營與親師溝通之良性發展，減少親師衝突事件。由於社區及家長的高度肯定，96 學年度起一年級與五、六年級學生額滿，98 學年度小學部三年級由 16 班增為 18 班，附幼招生報名人數亦大爆滿，超額幼童高達 93 位，99 學年度獲增一班，盛況空前，同時更印證了「石牌品質，堅若磐石」之具體願景，顛覆了「少子化」的威脅魔咒。

省思與展望——代結語

淑慧以為，校長領導要從轉化心念做起，心念改變態度就會改變，態度改變行為也會跟著改變，所以從「心」領導至為關鍵；接著採用趨勢領導策略深刻剖析學校內外情勢的轉變，凝聚共識以勾勒學校經營「求生存」、「再出發」的途徑。

從全國金安獎、全國課程標竿學校、全國教學卓越金質獎、InnoSchool 全國學校經營創新獎特優，到臺北市優質學校的榮耀，這些績效都需要領導者的支持、參與和關懷！優質領導的作為雖然能激起成員的跟隨，但在所有獎項評選的過程中，難免會有一些辛苦和挫折，身為校長就必須適時的給予指引、支援和關懷，如果能參與其中，並身先士卒，將使跟隨者的信心更加堅定。

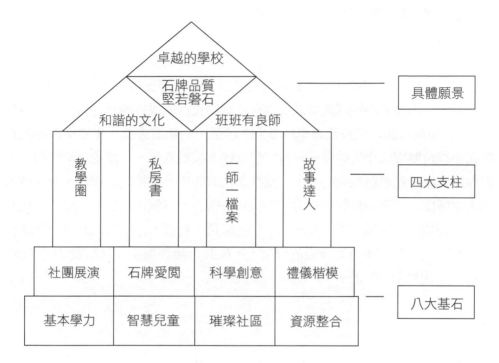

石牌國小教學品質屋（The House of Quality）
（全品質屋，House of Total Quality）

「品質與卓越是一種習慣」，而淑慧現今服務的石牌國小，在全體親師生與社區的通力合作下，學校的經營成效也漸漸開花結果，在學生通學、校園安全、多語文競賽、美術比賽、深耕閱讀、各項體育競賽、科展、課程計畫、讀報運動、學生展演、社區互動、教師專業成長等各方面都有不錯的成績，這已經讓家長、學生、教師、社區與關心學校的人士都充分感受到學校的進步與成長。以下為親師生與社區對於校長領導的感受：

◎家長會蔡美惠會長：優質的領導學校求新求變！以兒童為中心，設立多元社團，讓孩子發揮自己的長才，展現自信！

◎一年五班級任導師張淑惠老師：有執行力、以身作則的領導風範，令人感佩！身為學校的一員，追隨校長的治校理念，責無旁貸！

◎李智聰里長：有了淑慧校長的領導，學校教學有活力、有朝氣，設備整建完善，值得肯定！

◎總務主任王章嘉老師：校長領導的毅力令人感動！不屈不撓果敢的決心，部屬感受至深，起而效法之。

◎三年三班王延中小朋友：校長很慈祥！每次跟校長打招呼，校長總是笑嘻嘻的回答我，讓我心裡很高興，我很喜歡校長。

◎社區發展協會郭助娘理事長：積極整合社區資源發展，讓家長能有更多的機會參與學校活動。對學校更了解，也更加支持！

最後，淑慧要特別感謝臺北市政府教育局長官的拔擢與肯定，舉薦淑慧參與 2009 年教育部「校長領導卓越獎」之評選，而榮膺獲獎。更要深深感謝石牌國小以及雙園國小的夥伴——有您們真好！校長八年，一路走來始終如一，淑慧願意以一顆奉獻教育的心，一雙推動教改的手，秉持嚴以律己、寬以待人的人生態度，發揮敏銳的洞察力、明快的決斷力，以無比的愛心、耐心、決心和信心持續再接再勵，與全校同仁、學生家長、社區人士，共同經營一所蘊含德、智、體、群、美五育兼備的學校，「校長行無怨悔」，為培養 21 世紀優質的健全國民全力以赴。

張淑慧校長小檔案

　　我是張淑慧，非常感謝林文律教授給我機會，讓我成為中小學校長心情故事的作者之一，個人深感與有榮焉。

　　自 2002 年 8 月擔任校長至今，淑慧經常思索的是：校長的角色是什麼？是學生的偶像？是老師的支柱？是家長的希望？還是社區的典範？為了扮演好校長的角色，淑慧不斷的在專業表現上用心經營與尋求突破，親自帶領老師參加教育部「教學卓越獎」而榮獲「金質獎」，頓時之間，全校教職員工士氣大振並獲得家長們的高度肯定與信賴。除此之外，參與InnoSchool 全國學校經營創新獎榮獲特優（2006 年）、GreaTeach 全國創意教學獎榮獲特優（2008 年）。由於同仁的努力與付出，2009 年淑慧有幸獲臺北市教育局長官之推薦而榮獲教育部「校長領導卓越獎」，要特別感謝雙園國小以及石牌國小的夥伴們，淑慧永遠以您們為榮。

　　「品質決定尊嚴、專業形塑地位、態度影響成敗」，「有怎樣的校長就有怎樣的學校」，身為學校的領導者，個人認為校長應掌握四多一少之原則：

　　多看：力行「走動式管理」之領導模式，校務經營、運籌帷幄、全盤了解、操控自如，事半功倍。

　　多聽：「傾聽不同的聲音」，廣納建言，包容異己，有助於各項決策之客觀性。

　　多想：在「行動中反思」，一直是我擔任校長以來每天必做的功課，期許創意的靈感可以帶領學校，邁向更亮麗璀璨的明日。

　　多做：「施比受更有福」，「滿招損謙受益」，凡事以身作則，設身處地多為師生著想，就能獲得掌聲。

　　少說：多言必失，以行動和默契來建立溫馨和諧的學校文化。

　　「以誠待人、以德服人」是淑慧校長生涯的座右銘，期許能堅持理念為教育的明日全力以赴。

34. 蛻變化蝶

臺中市大墩國小校長　謝秀娟

　　從小只有二個志願：一個是當老師，另一個是嫁給軍人；幸運的是長大後
二個願望都實現了。在擔任教師的過程中，受到許多貴人的支持與鼓勵，一路
順利考上主任、校長，2002 年遴聘至位於大度山腳下的文山國小擔任校長。
位居臺中市邊陲民風純樸的文山國小創校 50 年來，我是第一位女性校長，一
開始社區家長表明並不歡迎女校長，更何況是當年臺中市最年輕的校長，然而
歷經七年的努力經營，社區人士及家長都給予正面的評價，肯定一個女性校長
對教育的貢獻，這其中有許多心酸、甘苦，當然也有許多成就與喜悅。

文人名山慶五十

　　履新之後開始拜訪地方的里長及社區人士，里長一句：「校長，今年文山
50 週年校慶，妳打算怎麼辦理？」心頭一驚，遴選前怎麼完全不知道這件事？
此時方知擁有嶄新校舍、年輕教師群的文山國小，已蘊藏了 50 年的悠久歷史，
因此一上任就緊鑼密鼓籌辦 50 週年校慶，短短三個月讓社區耆老陪我走了一
趟「山仔腳」的鄉土之旅，也和歷任校友悠遊於文山 50 年的回顧之旅，這樣
的收穫是始料未及的。

　　辦理大活動少不了要向各界募款，除了校友及企業外，家長會也是重要的
募款來源，因此負責籌辦的主任邀集所有前會長聚餐，酒酣耳熱之際，這些會
長希望我能陪他們喝酒，滴酒不沾的我有些為難，但盛情難卻，再加上學校主
任在旁幫腔，於是鼓起勇氣喝了二杯白葡萄酒加蘋果西打，不到五分鐘馬上全
身起酒疹，被同仁護送回校長室休息了幾個小時才開車回家。當天的餐會順利
募到了經費，但從此以後任何聚餐場合再也沒有人勉強我喝酒，這也是另一個
收穫。

　　50 週年校慶，學校以「文人名山慶五十──懷舊感恩、薪傳創新」為主
題，舉辦一系列熱鬧的慶祝活動，整個活動呈現的是學校整體的團隊精神：教

務處規劃了師生藝文展及校慶專刊之製作，訓導處主導校慶運動會及園遊會，輔導室配合臨時郵局和老舊照片展，並負責與校友聯繫，總務處則包辦了所有的經費收支、採購、場地布置等大大小小的雜事，級任老師們則帶領了全校小朋友盛裝迎接校慶。因為校內每一位同仁做好自己份內的工作，更因為社區熱心人士及全體家長的熱心參與，順利完成這次佳評如潮的 50 週年校慶系列活動。忙完了這個大活動之後，這才有空思考如何經營學校。

降低教師流動率

初來乍到，人事主任告知每年教師調動時期，校內教師幾乎會走掉一半，有些班級一年就換老師，甚至還有二年換三個老師的情形，家長對此頗有微詞。分析原因，原來文山地區自 1994 年辦理自地重劃之後，推出一系列建案，集合大樓林立，學生人數逐年增加，因此每年都增聘十幾位老師。但由於地處偏僻，重要道路又常常塞車，老師們上下班不方便，每年也會有十幾位老師申請調動。人事不穩定，學校如何推展校務？我開始思考怎麼樣才能讓老師願意留下來？怎樣的學校才能讓老師覺得值得留下來？

為了深入了解學校狀況，傾聽老師的聲音，我時常在校內走動，故意和學校教師會理事長在校園中不期而遇聊上幾句。在巡堂時看到沒課的老師也進到教室跟她們哈拉二句，藉此拉近彼此的距離，同時也聽到老師們的心聲。了解狀況後我開始採取一些措施。

多讚美、少責備 ◎◎◎

每週二次的晨會時間，我不斷肯定大家對文山的付出，學生需要鼓勵，老師也是需要鼓勵的。愈稱讚他們，老師的表現就愈好，這是一種善的循環。在文山七年，我很少在公眾場合指責老師，即便是希望老師要改進的，也儘量透過舉例或是以分享故事的方式來達到目的。

多運動，聯絡情誼 ◎◎◎

鼓勵同仁成立運動社團，利用下班後大家一起運動，兼顧健身及聯誼。風氣最盛時，學校教師運動的項目包含羽球、籃球、壘球、扯鈴、健走、瑜珈、

有氧舞蹈等，幾乎每個老師都參與了運動團隊，在運動中不僅讓同仁身體健康，並能紓解壓力，更促進了同仁間的情誼。

寫下對老師的祝福 ◎◎◦

　　每年教師節我都親手寫卡片送給每位教職員工，本來的想法是任職第一年寫下對同仁的祝福，但有了開頭似乎停不下來，於是成了每年9月的功課。有位經營書局的家長知道這件事，於是每年的暑假便準備好卡片給我，一直到我離開文山到新學校，這位家長仍為我準備卡片。在資訊發達的時代，賀卡都已電子化，但九年來我堅持親筆寫下給每位老師的祝福，許多老師都很感動。

重視各項聯誼活動 ◎◎◦

　　學校每年都會辦理許多聯誼活動：輔導室定期辦理教師的慶生會、人事室辦理全校性的文康聯誼活動、各處室輪流舉辦新春團拜等。除了這些全校性參與的活動外，每位老師結婚時我一定到場祝賀，每位同仁弄璋弄瓦時，我也會跟主任們前往家中祝福。最令大家難忘的是學校資訊組長因為太投入工作，任職於附近學校的女朋友一直遲疑不敢答應跟他結婚。為了讓這段交往11年的感情能開花結果，在兩校的秘密策劃之下，我帶著全校老師的祝福組成浩浩蕩蕩的求婚團前往女主角任職的學校求婚。對方學校藉故幫女主角慶生，在生日快樂的歌聲中，男主角捧著花束及戒指現身求婚，在眾人的見證下促成一段美滿的姻緣。

　　經過多方的努力之下除特殊原因外，大家以文山為家不再輕言調動，甚至還有許多老師相約要在文山退休，家長也逐漸信任、肯定老師，入學學生年年爆滿。

學校特色的持續發展

推展民俗體育 ◎◎◦

　　文山國小自1997年起發展民俗體育為學校特色，校內有舞獅及扯鈴二個團隊，孩子們平常認真練習、表現不俗。學校的特色發展不易，不應因校長更換而有所變動，因此如何支持發展學校特色是另一個課題，但市內辦理的相關

比賽太少,參加全國賽又必須要花一筆可觀的經費。於是我帶領主任向地方上的廟宇募集經費,如萬和宮、文昌公廟、保安宮等每年提撥經費贊助,讓孩子有機會參加全國比賽。

除了比賽外,為孩子爭取表演舞臺也是團隊繼續維持的動力之一。2003年臺中市元旦升旗典禮市府邀請本校舞獅隊擔任演出,在籌備會時我主動要求希望扯鈴隊一起上台。當天二個團隊孩子的表現驚艷全場,從此表演的邀約不斷,不論是機關、社團、各級學校都爭相邀請演出,每年表演的場次都超過20場。2005年更受邀國宴表演,不但打出知名度,同時表演的津貼也補足一些相關支出。同時也吸引許多學校前來參觀:包括屏東教育大學、嘉義大學、臺中教育大學及臺中市其他學校,2008年也經教育處推薦至公共電視台參加「臺灣囝仔讚」節目。

學校發展民俗體育為特色課程,其中扯鈴的指導老師自編教材,從一年級的體育課就開始教導扯鈴,在文山幾乎每個孩子人手一鈴。另外也拍攝教學影片,讓不會扯鈴的其他老師也能透過影片教學。為了推廣民俗體育,讓更多的學生能夠學習,我於2006年起接任臺中市體育會民俗體育委員會主任委員,任內辦理比賽、教學觀摩等活動,讓民俗體育在臺中市各校園更紮根落實。

發展生命教育課程 ◎◉◎

學校另一個校本課程是生命教育,這是由全校老師討論訂定,因此在這部分我開始辦理一系列相關的活動。

2001年正值九年一貫課程開始實施,全校共同訂定學校願景,並以生命教育作為學校本位課程,由老師編寫教學設計,融入各領域教學。

為了讓老師更深入了解生命教育,我邀請專家學者到校辦理一系列教師進修活動,包括紀潔芳教授、趙可式教授等蒞校擔任教師進修講師,安排系列進修課程,內容包含繪本教學、影片教學、歌曲教學、臨終關懷及如何與孩子談死亡等;其間也邀請港澳地區教師參訪團蒞校共同研習,促進經驗交流。

辦理活動是另一種課程的呈現方式,幾年下來陸續辦理了種下希望的種子系列活動:例如上任第一年我利用校園中的一塊花圃,一起和孩子種下向日葵種子,經過師生的細心照顧,幾個月後變成一片向日葵花田,孩子們也細心記錄了成長的過程。延續這樣的活動,當年的寒假作業是發給孩子植物的種子,

請孩子在家中播下種子，開學後將萌芽的種子種植於校內的各個花圃中。接著辦理植樹節植樹活動，並爭取家長會的經費建置生態園。當然，每學期一次的生命教育體驗活動更不可少，活動只是課程的一部分，最重要的是活動後老師必須透過和孩子的共同討論，方能達到成效。

培養閱讀的習慣 ◉◉◦

　　文山國小擁有一套全市最早建置的圖書館自動管理系統，但由於學生人數日漸增多，圖書館空間略顯不足，為了持續推展閱讀活動，爭取了文化局的巡迴圖書車每週到校一次，提供學生及社區人士借閱書籍的服務。

　　2004 年起推廣班級讀書會，全校購置 60 套以生命教育為主題的書籍供各班巡迴閱讀，為了配合老師們指導閱讀，我也在學校的百年榕樹下利用午休時間，每個月舉辦二次「校長榕樹下說故事」，以生命教育為主題的繪本為題材，學生們報名踴躍。幾個月下來主任們體恤我的辛苦，也加入說故事的行列，榕樹下說故事也成為學校固定的活動，一直到我離開文山仍然持續，更印證了好的課程及活動不因校長更換而改變，學校特色及傳統得以延續。

教學卓越的成就

　　資訊融入教學是學校逐漸穩定後發展的另一個重點，剛到任時，對於行政人員的公文都還以手寫相當不習慣，因此首先要求行政工作電腦化，所有資料一律電腦建檔；接下來向市府爭取經費架起全校光纖網路線，利用有限的經費將電腦教室汰換下來的電腦，整修後送到教室使用，實現班班有電腦的第一個目標。

　　2004 年起成立資訊教育小組，爭取成為資訊種子學校，從初階到進階推展資訊融入教學。在教學設備的部分，陸續購買手提電腦及單槍投影機供教學使用，並設置分組教學用的e化教室。從有限經費中，請資訊組長架設簡易的無線上網設備，實現了在校園內無線上網的目標。

　　在教師教學能力部分，除了辦理各項研習增進老師們資訊融入教學的知能外，更鼓勵全校教師參加臺中市初級及進階資訊檢測，幾年下來全校教師百分之百通過資訊進階檢測。在資訊小組的努力及全校教師協助下小有成果，因此

我鼓勵老師參加教育部「教學卓越獎」。學校老師雖然認真教學，但大部分希望平順就好，並且很客氣說：我們只是做該做的事，沒什麼特別的。為了鼓勵資訊團隊老師能夠願意報名，我請教務主任擔起執筆撰寫方案的工作，告知老師只要把平常的資料稍加整理即可，不會花費大家太多時間。不過在參選的過程中，團隊老師為了爭取榮譽，也積極主動卯足了勁各自分攤工作整理資料製作簡報，2006 年本校資訊團隊以「e 飛沖天──資訊破繭，教學化蝶」為主題，過關斬將榮獲 2006 年教育部「教學卓越獎」之「金質獎」。2007 年我以同樣方式再次鼓勵附幼的「文山附幼 101 團隊」報名，以「品格決勝負──品格扎根、勝利人生」為主題，再度獲得教育部「教學卓越獎」的佳作。

這是全體老師努力的成果，從此這個位處臺中市邊陲的學校從一隻默默無聞的毛毛蟲，蛻變為亮眼的蝴蝶，受到大家的關注及肯定。

有效的雙向溝通

學校校務能順利推展，有效的雙向溝通不可少，擔任校長必須和家長、社區人士及教師溝通，其中有自行摸索的創意溝通，也有向其他資深校長學習，以下就舉幾個有效溝通的例子做分享。

學校老師擔任導護工作議題 ◎◎◎

前幾年全國教師會提案要求老師不再擔任交通導護工作，引起各校老師們熱烈的迴響，當時和校內老師們討論此議題時，以農村時期農忙時農民互相幫忙收割為例，告訴老師因為只要學生在，老師就應該在校，但為了體恤大家不用每天那麼早到校，因此安排導護老師照顧學生，這是大家互相幫忙，每學期只要輪值一至二週即可，老師們也就欣然同意。接下來和愛心志工隊協調增加人力，讓家長接下交通導護的工作，老師們則退至校園執行校內導護，大家各司其職，沒有任何抗爭情事，圓滿落幕。更讓我感動的是，學校資源班二位老師因為資源班學生太多，每天必須從上午 8 點就開始上課，當時大家還決議這二位老師免去導護工作。

學校行政職務的安排 ◉◎◎

在諸多過去應有的校長權中，應該只剩下聘任主任了，為了順利推動校務，我鼓勵資深主任更上層樓考校長，使其更能實現教育的理念，二年內考上了三位校長，並順利遴選獲聘為校長；年輕資淺的主任，我鼓勵他們二至三年處室輪調，讓他們有更多磨練的機會。而組長聘任的部分，有老師建議是否能輪流擔任組長？但我認為組長的聘任權應交給主任，並舉校內曾是優秀的級任教師擔任組長並不適任的實例，告訴老師並非每個人都適合擔任行政人員，應該把對的人擺在對的位置才能做對的事。

親師溝通的小秘訣 ◉◎◎

每年小一入學新生座談會，我都會花一點時間告訴家長，孩子上課有什麼問題或對教師的教學有疑問時，請一定先和級任老師溝通，不要一下子就找校長，或投訴到教育局甚至教育部，因為繞了一大圈最後還是要找級任老師了解，既浪費時間無法及時解決問題，又對孩子幫助不大。家長們還滿認同這樣的說法，有問題時一定先找老師談，親師溝通不良時才由行政人員介入處理，幾年下來，我每一學期接到家長的「投訴」從二位數降到目前幾近於零的個位數。親師溝通融洽，受益最大的應該是孩子吧！

以孩子的利益為前提 ◉◎◎

各班的親師互動並非完全順利，也有溝通不順暢而導致家長希望換老師、換班級的情況，當家長來到校長室通常已經經過一段時間處理而家長還是不滿意，甚至已經到了非常情緒化的時候。我通常都會以孩子最大的利益為前提，和家長討論怎樣做對孩子的幫助是最大的，學期中換班級恰當嗎？老師真的一無是處嗎？行政人員如何協助老師？家長如何幫助自己的孩子？在經過討論後總能圓滿收場，親師生三贏。

依法行事的常態編班 ◉◎◎

在 2005 年教育部公文發布後，馬上邀集家長會、教師會說明政策的規定並討論編班的作法，大家建立共識依法行事。並且主動拜訪里長及關心的議員

送上市府公文影本、說明校內的共識，實施二年下來，除了少數家長在編班後仍不死心外，大家都依相關法令沒有意見。但最重要的是激勵老師發揮教師專業，當每位老師都在水準之上並有其特色，家長就不必挑老師了。

然而，並非所有的溝通都是有效的，在文山任內也有二次因為與家長溝通方式不當，導致家長情緒化的到處投訴，造成長官的困擾。最後還得勞煩長官以及民意代表出面緩頰，二次都是慘痛的經驗，也讓我有所體悟古人所云「見人說人話，見鬼說鬼話」的另一層涵義：並非對每個人真誠的溝通都是有效的，必須視對方的個性、動機及當時的情境有所調整，當然，如果是自己的說話方式不當或處理有誤，該道歉還是得坦承錯誤道歉才是上策。

建立校園形象

擔任校長時並非一路順遂，特別是上任時頂著「全市最年輕校長」的頭銜，更是有一股無形的壓力，菜鳥校長因為經驗不足，時常有不知如何決策或做出錯誤的決策，因此除了向其他校長請益外，幸好有優質的行政團隊時常提供各種方案供做決策的參考，幾年下來校務都能順利推行漸入佳境。文山在學校團隊的努力之下，除了保有原來的學校特色——民俗體育、生命教育外，校園內有一番大改變，這樣的改變都是平時透過雙向溝通、多元思考、共同參與一點一滴累積而成，讓學生家長、社區居民及各界長官提到文山時，莫不豎起大拇指稱讚，最好的公共關係之建立來自家長的口碑。這些年來親師生共同建立了文山優質的校園形象，每次對外簡報我總會用以下的說明來介紹。

民主校園——聽到親師生的聲音 ◉◉◉

依教育法令與政策確實宣導並執行，各項會議能運用多元管道，廣徵民意，發揮充分討論的功能，並訂定完整的規章制度；定期辦理學生幹部訓練、新建校舍命名、公共藝術票選、裙裝改款票選等，培養小朋友的民主素養。

辦理新生家長座談、安親班座談等暢通溝通管道；開放校長信箱、每週二上午「與校長有約」，提供更多溝通管道，聆聽校內教師及學生家長之意見，做為校務經營之參考。

溫馨校園──在穩定中持續發展 ◎◎◎

文山大家族，親師生一家親，辦理慶生會、教師節慶祝大會、新春團拜等活動，營造溫馨氣氛，學校同仁相處融洽。鼓勵老師成立班親會，協助班級事務；家長會參與意願高，成為學校校務推動最大的後盾。

愛心工作隊協助各項學生事務，成員各個願意犧牲奉獻，是孩子們的守護天使；學校教育發展基金會提供優渥獎金，鼓勵師生優異表現。整個文山國小教師、家長、學生與社區關係密切，就像個大家族，溫馨和樂。

知識校園──建立學習型組織 ◎◎◎

正常化的教學活動，辦理校內各項藝文競賽、雙語化的環境布置、晨光時間的讀經、班級讀書會的讀書聲，以及榕樹下的故事聲，聲聲入耳，交織而成知識校園。

積極推動圖書館電腦化作業，落實館藏流通、圖書證照制度。全校教師共同訂定學校願景及課程計畫，重視課程領導及教學輔導；安排專業進修課程、專業的教學團體不斷進修；建置教學平臺資源分享，教師用心組合而成學習型組織。

藝術校園──營造美好學習環境 ◎◎◎

規劃人文藝術空間，提供美的賞析情境，在有限的空間設立了「文山藝廊」，定期展出師生作品；學生彩繪精采豐富的圍牆，讓校園更顯生動活潑；總務處致力於校園美化綠化，搭配中庭的親子雕像，營造優質的教育環境；希望能提供師生更舒適的學習環境，並達到境教的功效。

規劃校園公共藝術空間，例如：關懷樓的壁畫、公共藝術「風洞」的陶燒集體創作，兼具欣賞及休憩之功能；南側圍牆筏子溪生態壁畫、新建人行天橋的扯鈴步道等，提供學生美的賞析。

友善校園──看到孩子們的需求 ◎◎◎

為了讓孩子們能在無憂無慮的環境中學習，因此營造友善的無障礙環境，辦理性別平等教育，落實零體罰、零霸凌、零中輟；推動人權法治及品格教

育,強化學生生活教育;隨時關心弱勢族群學生並落實高風險家庭通報;增進教師訓輔能力之在職進修,強化教師輔導知能。

另外校園中有一群特殊的天使,他們融入在普通班上課,在老師的努力下達成零拒絕的融合教育,師生們都能敞開心胸接納這些天使。而其他來自各種不同背景的孩子之受教權皆受到重視,在文山,我們有教無類。

榮譽校園──阿克拉我願盡力 ◎◎◎

結合生活教育、品格教育推行榮譽制度,配合榮譽貼紙、榮譽獎狀、與校長合影的榮譽榜,最後得到榮譽徽章是小朋友努力的目標。

不管校內外的比賽,能夠在朝會時間上台領獎則是小朋友努力的另一個目標,鼓勵孩子有正向優異的表現,為爭取個人、班級及學校榮譽而努力。因此各項校內外的比賽屢獲佳績,也得到家長的支持與肯定。

健康校園──朝氣、蓬勃、有活力 ◎◎◎

健康是學校遠景之一,我們希望孩子有健康的身體、優質的體適能,訓導處辦理各項班際比賽,包括健身操、樂樂棒球、躲避球、籃球等比賽。每天晨光時間操場有扯鈴隊、舞獅隊、籃球隊、游泳隊、樂樂棒球隊等各項體育代表隊的練習,持續推展民俗體育成為學校特色。

課後則有國術、跆拳道、直排輪等社團,並運用社區資源進行游泳教學。持續推動健康促進學校,推行師生健走、班級運動社團及各項健康觀念宣導,讓校園充滿健康活力。

生命校園──體驗生命的價值 ◎◎◎

生命教育是學校本位課程,除了將生命教育融入教學中,每學期並辦理生命教育體驗活動,讓孩子們透過體驗、班級討論及學習單的寫作,能更認識生命、尊重生命,進而珍惜生命。

而家長會補助建置的生態園更是認識生命的另一個教學環境;定期舉辦校外教學參觀特殊教育學校──啟聰、啟明等;每學期出版的輔導專刊刊登生命體驗活動心得,讓學校師生都能一起分享。

資訊校園——從無到有的努力成果 ◎◎◎

在有限的經費下努力讓班班有電腦，每間教室皆可上網，建置校園無線網路，辦理電腦繪圖暨網頁製作比賽；學校網站內容豐富，並提供教學資源，班班有精采的網頁，學校活動資訊隨時的更新，資訊融入教育的推動，這些都是資訊團隊多年努力而來的成果，因此文山 e 蝶團隊榮獲 2006 年教育部「教學卓越獎」之「金質獎」，可說是實至名歸。

社區校園——社區及家長的支持肯定 ◎◎◎

學校與社區互動密切，學校不但是社區居民運動的好場所，更提供社區居民需要的親職講座或電腦研習，學校暨社區運動會更是地方上的大事，而社區亦捐贈教學設備供學生使用，充分展現了學校社區化、社區學校化的理想。

學校能在穩定中成長、能夠從優秀到卓越，應該是擔任校長最大的心願，我常說自己很有福氣，擁有優秀的行政團隊、卓越的教學團隊，讓校務運作更順暢；有明理的家長，熱心的社區民眾，引進非常多的資源協助學校。其實帶人無非帶心，當我願意從老師的角度去看問題，溝通就更順暢；當我重視家長及社區民眾的意見時，家長的意見就愈來愈少了。即便在各項校務推行中有不同聲音出現，但我勇於面對，不斷與同仁尋得平衡點，在不斷的溝通、討論、多元的思考下，能夠順利的面對問題做出明確的決定，相信在這樣的氛圍下，必能共創行政、老師、家長三贏的局面，受惠最大的就是學生了。

另一個責任承擔

2007 年底承蒙教育處指示，開始籌劃七期重劃區內的一所新學校——大墩國小，接到任務時我又開始思考：我要籌辦一所怎麼樣的學校？我要給孩子的，是怎樣的環境？這是一項新的挑戰，但我珍惜這樣的機會能夠從無到有設立一所學校，能夠有另一個機會實踐自己的教育理念。

為了從愛中教孩子感動，讓孩子能樂在學習，我以「LOVE」為創校理念，「LOVE」是以四個英文字母的開頭組合而成：

◎Life（生命）：打造一座學習的快樂天堂，讓孩子能在一所充滿愛的學

校學習，懂得珍惜生命。

◎Opportunity（機會）：透過知識的傳授，培養學生面對當前挑戰與未來變遷的能力，為人生創造無限機會。

◎Value（價值）：營造正向價值的學習情境，透過師長身教言教，潛移默化建立學童正確價值觀，在品格的學習上，精進成長。

◎E-Learning（資訊）：充實資訊軟硬體設備，致力培養資訊科技能力，讓學子連接全球智慧，自信的迎向全球化。

依循這樣的設校理念，負責設計監造的姜樂靜建築師將校園每個角落設計得充滿童趣，希望每個大墩學子踏進校園後，在學校每個角落都會發現不同的驚喜，讓孩子愛上學校、喜歡上學。而為了創造一所永續校園，大墩國小的建築設計也完全符合綠建築的標準，精緻的規劃與設計讓大墩國小榮獲2010年的國家卓越建設獎最佳規劃設計類金質獎。

此外，為了進行e化教學，大墩國小36間普通教室每間均設有觸控式電子白板、短焦單槍投影機、個人電腦等設施。普通教室內設有資訊角、閱讀角、展示櫥窗、可調式課桌椅、學生置物櫃、省電日光燈及電風扇，希望提供學生優質的學習環境。另外結合星巴克及誠品書局設計風格的圖書館，是推展閱讀教育及英語教育的最佳場所，在各項經費運用下，逐步打造一座學習的快樂天堂。

經過三年的規劃、設計及興建，大墩國小於99學年度開始招生。前二年我身兼二所學校校務有點分身乏術，98學年度我離開任職七年的文山國小，遴聘至大墩國小擔任首任校長，這時才能更專心督導校舍興建及創校的各項工作。我是個很念舊的人，離開經營七年的學校心中非常不捨，但是在大墩國小有另一個責任需要我去承擔，未來，大墩國小將在全體教職員工的努力下，實踐「樂活大墩、優質校園、多元學習、適性發展」的學校願景。

努力總是有成果的，這座學習的快樂天堂在各界的協助之下順利誕生了，我也期勉自己能夠帶領新的團隊寫下歷史的見證，更期盼大墩國小能以「大地良師開新風追求卓越，墩園學子富創意大展宏圖」，很快能成為臺中市優質的標竿學校。

謝秀娟校長小檔案

　　出生在彰化鄉下，是典型子女眾多的農村家庭，從小就有個願望，希望長大後能夠當老師。幸運的是長大後不但願望實現了，還在諸多貴人的協助指導下，五年內參加主任、校長甄試都一試中第，跌破了許多人的眼鏡。

　　擔任教職 24 年，1986 年臺東師專畢業後即分發到臺中市西區中正國小，在中正 12 年間擔任四年級任、四年科任、四年組長，還完成了結婚生子的人生大事，更利用八個暑假持續到國立臺中師範學院取得學士學位，以及國立彰化師範大學輔導研究所進修四十學分班。88 期主任班儲訓合格後，於 1998 年調到西屯區新設立的上石國小擔任四年主任，在上石前二年擔任總務主任，完成了校舍工程的驗收以及各項設備採購，這些經驗都成為日後籌建新學校的重要資源。

　　96 期校長班儲訓合格後，於 2002 年遴聘至南屯區文山國小擔任二任校長，共七年，上任當年僅 36 歲，這樣的年齡對其他縣市而言，也許是件稀鬆平常的事，但對於校長平均年齡超過 45 歲的臺中市而言，卻是件大事，「最年輕的校長」這個頭銜也跟了我好幾年。而位在臺中市邊陲的文山國小，50 年來第一次出現女性的校長，對社區及家長來說都需要一段時間來適應，所幸七年的經營，他們都給予我正面的評價。

　　2009 年遴聘到位於七期重劃區新設的大墩國小，這是教育處自 2007 年起賦予我的重任，經過三年的籌備興建，在 99 學年度正式招生。這是我完成的另一個新的挑戰，對未來我也充滿期待。

35. 懵懂跑躂校長路
跌撞行來終無悔

臺北縣興南國小校長　李春芳

男人當一輩子老師，會被人笑死！

　　我是怎樣當上校長，且轉眼就邁向了第八個年頭？個中緣由請先容許我叨敘流水帳一番。

　　把時鐘撥回 1985 年，問我要當校長嗎？我一定會大聲的說：「當校長？別傻了！我一輩子都不會想當上校長。」因為，在當老師之前，我已經不只一次的質疑就讀師專時，老師們所給的鼓勵與叮嚀：「有機會，一定要到臺北去，因為那裡有很多的機會可以進修，你們的許多學長現在不是法官、律師，就是高考及格在中央部會當官，要不然就是督學、教育局長，或者博士當教授。不要一輩子當小學老師，一定要進修。尤其是你！成績這麼好，是讀書的料子，一定要到臺北去，尤其是中、永和，過了橋就是臺北了，什麼都方便，加油！不要一輩子當老師！」

　　雖然讀師專從來就不是第一志願，尤其是對於工專的興趣始終沒有抹煞，對機械的喜好從來沒有減低。但在師專陶冶了五年，聽從了「良師興國」的校訓與期許，即使總懷疑老師們提供的學習內容，沒有多少直接關於小學教育及教學實質幫助的學問與技巧，但總認命的以為自己既然是個師專生了，就一定要努力學習，在畢業後當個稱職的好老師，而這些以教授我們成為小學師資的老師們，固然苦口婆心期許我們努力往上爬，怎麼會鼓勵我們不可以一輩子當老師呢？難道培養出一輩子當老師不悔的學生不是師專的立校目的？年輕反骨的我，始終不贊成這些說法，雖然終究還是到了臺北縣新店市有著一百二十幾班的大豐國小任教，成為全校最年輕的男老師，卻始終不肯違背自己當時的發願，輕易離開教師行列，也沒有許多企圖去進修、爭取積分。

　　誰知，隨著同事間日漸熟絡的感情與長官對我辦事能力的肯定，許多貼心的話開始說出來了：「阿芳啊！男人不要一輩子當個老師，會被人笑死的。」說話的是我敬如母親且確實待我如子的范主任。袁友冠校長和其他主任、資深同仁們雖沒有說出口，卻也隱隱有這種意思。聽到這句話，反骨如昔的我依然不信！我只想要好好地帶班，把孩子們帶好，讓他們感動、讓他們成長、讓他們跟著我到博物館、美術館、動物園，浸潤在美的情境當中，彌補我從小無緣親近這些場館的遺憾；我深知這些孩子如果沒有我的帶領，一輩子是不可能進入這些場館的，即使生長在臺北。

　　事情的發展總令人無法預想，也總是與個人意願背道而馳。身為第一屆實習完才入伍的實驗品，退伍後第一年依然帶班，卻被賦予了國樂團的指導任務、再兼補校老師、家長會幹事。隨著任務的不斷增加，或者是長輩們的刻意栽培，從級任老師轉換成了各處室的組長，歷任訓導、輔導、總務各處組長，當然樂團、童軍指導、補校教師、家長會幹事更是不得免之。其中，國樂團是最讓人喜歡的工作，和孩子們徜徉在音樂的喜悅之海、與家長們建立了濃厚的感情、以玩票者身分結交了一群音樂界的名師，培養濃厚情誼至今；獲得歷屆音樂比賽績優之外又出訪了美國與菲律賓，不僅拓展國際視野，更享受了人生的高峰經驗。又接續獲得新店市模範青年、臺北縣師鐸獎榮耀。慢慢地，隱約知道，自己這輩子不可能當個單純老師了。尤其在行政生涯中，接辦了地方、縣府的各類活動，更不自覺的累積了許多人脈與無法言喻的經驗資本。

　　1992年，順著長輩主任的心意考取了主任，1993年到十分國小、1995年到深坑國小服務，分別接受陳順振、蔡明利、張華基等校長指導，承擔了許多重要的縣級、國際級活動任務；辦完深坑國小的百年校慶後，因為兼辦了四年的社教工作站業務聊有貢獻，獲鄉公所推舉得到全國社教有功人員表揚之殊榮。范主任也在1999年幫我鋪好了回大豐國小的路，順利接替她退休後遺下的職缺擔任訓導主任。重回原校服務，同事情誼依舊，卻也挑戰重重。面對新校長的領導風格，新同事考驗與舊同事情誼之間，勢必要有不同的方法因應。還好傅育寧校長是個勇於承擔、大器寬容的領導者，充分授權、絕對信任。第一學期就接辦了本縣派合唱團赴美國辛辛那提市與美國、日本、委內瑞拉等國學生合辦「World Song世界合唱嘉年華會」的任務，從聯繫、企畫、執行全憑一己之力順利完成，並成為美國辛辛那提市兒童合唱團的海外委員迄今。

慢慢地，隨著處理平常事務接辦大型任務的次數增加，一些不自覺而擁有的能力與氣度開始累積在自己身上，外人對我個人的看法與期許也不同了。雖然心裡面依然對自己成為校長的可能性打著問號，但旁人似乎都不曾懷疑過。終於，2001 年在校長與主任們的慫恿下，順利成為臺北縣自辦校長儲訓第二期的學員並取得校長候用資格。看來，我非得成為校長不可了。

📖 如果不借調到局裡，他一輩子別想當校長！

成為候用校長後旁人看待我的眼光與期待不再等同主任，但參與第一次遴選並不成功，即使傅校長動用了他舊時人脈與關係，並期望我能重回他任教過的學校，仍然無法順利推舉成功，何況還有其他因素干擾著我的校長之路。遴選不成，心中也沒有多大的不滿與不平，只怨嘆著教育界裡難道要如此廝殺，只為了一股可能淡淡存在著的「瑜亮情節」？教師同仁間竟要如此掣肘？罷了！當不了校長，心裡其實還有點高興，因為手邊帶著的國樂團剛剛成立，如果能領著他們好好的玩二年音樂，一起再創造出高峰經驗，那是多麼快樂的事情？

不意，傅校長依然為我不平，認為他有責任幫我踏上校長之途。適逢教育局社會教育科湯碧美校長遴選成功，又與傅校長是舊識，連續二次電請傅校長邀我借調，甚至武課長親自打電話，但我始終無心去爭奪或靠任何關係來取得任何職位。即使校長多次鼓勵，我仍是拒絕，畢竟國樂團操絃弄管的魅力、和學生共同玩弄音樂的快樂，勝過於擔任任何行政職位。不當校長又何妨？

然而，命運似乎早已安排，因著 2000 年同往美國辛辛那提市 11 天的相處緣分，教育局侯副局長深知我有點反骨的個性，存心栽培，撇了一句話：「如果不借調到局裡，他一輩子別想當校長！」幫武課長打了電話給校長，校長轉達並說副局長都說話了，豈能容我再拿翹？於是乖乖地懷著忐忑不安的心情，到了教育局服務。至於侯副局長與我，自那時迄今竟沒能再碰頭，因我才進到局裡他就另有高就了，而且也從未因促成我進入局裡服務而另有後話。

教育局業務異常繁忙，與學校行政迥然不同。那時還在縣府舊大樓的擁擠空間裡辦公，早出晚歸不在話下，頭個月忙於熟悉業務、了解運作程序、認識同僚，竟因此突然高燒血尿一個星期，查無任何病因，還以為自己要陣亡於

此。還好,武課長包容且親切指導、同仁支持,迅速了解業務掌握狀況,順利上手。彼時負責社區大學業務、2003年全國運動會博覽會籌備。要在議會質疑、社區大學自主、預算法規限制的夾縫中求取平衡點,要籌畫一個前所未有的全國運動會博覽會,跨課面對二位課長的不同領導風格,著實令人頭痛。還好,憑著牡羊座、B型血、屬蛇的人格特質,義無反顧勇往直前,敏感而積極的行動力,終能順利穿梭周旋於十個社區大學與議員之間,來往於各運動協會、體委會與藝術家之間。中期換了徐課長,又接了藝術與人文教育資源網的規劃工作。有時與徐課長討論籌畫,在會議室白板上塗抹激辯竟夜,返家時已凌晨一點多。

一年借調期間瞬間即逝,社區大學預算雖被議會刪除,然縣長透過議員配合款協助依然給足補助,各社區大學負責人亦與我交好至今;2003年全國運動會順利展開、博覽會締造成功經驗;藝術與人文教育資源網規劃大致底定。又到了遴選時節,干預掣肘一如預料來臨,幸賴長官及委員們支持,順利通過遴選關卡。我,終於成為一個真正的校長了!

校長,我們都知道你是無辜的

2003年8月1日我成為金山鄉某校第四任校長。當時班級規模是26班,以初任校長而言,似乎略顯太大,一般初任校長分發到偏遠的六班學校是應該的。我運氣似乎不錯,只要開車從新店交流道上北二高,開45公里左右,就可以飽覽山光海天一色的風景,一路暢快到學校。也的確如此,每天清晨,陽光領著我上高速公路、穿過隧道下基金公路,進入濱海公路,豐富多變天寬地闊的海天風光,總能舒散我心,長途如斯的車程,竟也不嫌疲累的每天通勤來往於新店金山之間。

稍具規模的學校總有一些陳年問題要解決,在前一波縣議員涉及的採購弊案當中,該校不幸牽連其中,前任校長與現任某主任纏困於司法訴訟,早已對學校形象與校務推動產生影響,偏又遇到某議員率領媒體殺將來校踢館要揭發弊案。雖與該名議員為舊識,且在某校已有類似交手經驗,仍不敢大意。還好議員一下車即問道:「ㄟ~怎麼是你在這裡服務?」頗有放手之意,然隨行媒體順著議員質詢方向,好似禿鷹見著腐肉一般豈肯鬆手?幸好地方許議員與學

校交好，早已電話拜託當日同來面對媒體，並請其約制同僚，切莫擦槍走火、逼人太甚。

這招果然奏效，在不看僧面看佛面的效應下，加之先前交手經驗，該議員略有鬆手之意。然攝影機既已出動，麥克風已上手，記者豈有佛心來著？只見兩位議員談笑風生間刀鋒略顯，記者緊迫盯人、咄咄逼問。苦只苦在雖為前任校長任內所生之事，然不能大喇喇在媒體上兩手一攤謝謝指教，推託皆為前任所為與我無干，請您明天再來！當下決定概括承受，絕口不提前任校長事蹟。順著媒體要求，將所謂弊案之物，各標二十幾萬以上之化石兩顆展示桌上，任其拍攝，並順其要求攜回棚內供名嘴們大加批伐一番。當時想法，純粹認為我乃一校之長，豈可凡事推諉，唯有當下承擔方是正途。

坦然接受採訪當時，霎時靈光乍現，且有家長代表從旁推波助瀾，想想媒體在側又有兩位議員蒞校，此時不藉機轉圜獲得助力，更待何時？遂引議員與記者，下樓來到千瘡百孔、破爛不堪的操場與PU跑道，適逢霪雨綿綿、場地濕滑、PU泡水破損更顯，殘破不堪慘狀一一入鏡，難逃法眼。果然，當天晚間頭條新聞如此下標：「有錢浪費買化石、無錢修理操場」，且內容多所張冠李戴，橫將另所學校類似弊案併同本校一同報導，謂校長招標不實，購買人皮沙發、構建豪華警衛室，寧可花四、五十萬元購買不實用之「萬年海底化石」，卻不顧學子安危，放任操場殘破。

接下來幾天陸續有好奇遊客來校指名參觀豪華警衛室，更有媒體來校採訪，甚至誘導發言、斷章取義。只見我在媒體上侃侃而談，批評議員介入採購，而記者又營造我為非法徇私採購主角之印象。剎那間，許多關心電話紛至沓來，最重要的一通電話卻是教育局長官的關切電話，除了要求妥為因應謹慎發言之外，還附帶要求：「速提計畫、即刻撥款。」妙哉，此番因禍得福，殘破經年索援無著、改善無門的沉痾立時獲得解決。然，透過媒體全國播放的結果，我竟成了弊案的頭號戰犯，除了故鄉的父母、親友紛紛來電詢問，其餘關心者、懷疑者的言語讓人心頭亂紛紛，然萬般苦水只能肚內吞，但能立時解決校園大患，其樂則無窮。

事件鋒頭過後幾天，在住家附近黃昏市場買菜時，許多老師時期即認識迄今的攤販朋友們，見我提籃而來，紛紛給予關心：「喔！雖然電視新聞這樣報導，很多人都說你貪污，但是！校長，我們都知道你是無辜的。」快哉斯言，

誰說販夫走卒無識焉？他們比一般白領階級更識人性！另外，前任校長亦來電感謝，曰因我概括承受，讓他不必再次面對尷尬。倒是，前提來校關心挺我的許姓議員，因我受訪媒體斷章摘節之語而有誤會，認為我過河拆橋，影射他也是個干預學校採購的民意代表。幸喜地方家長及頭人了解我的為人，輾轉透過管道向其解釋，終獲諒解，並一路支持該校發展至今。

離開該校後二年，歡喜聽到前任校長與主任所涉採購弊案之官司蒙法官理解，宣判不起訴處分。至此，該校擺脫不良形象，校園亮麗可人，而人員也都重回軌道各安其份。「爭一世、不爭一時」、「概括承受，到我為止」之名訓果有其功也！

當火星人遇上土星人！

「課級務分配」議題，總在每年的 4 月、5 月間紛擾於各校，輕則行政人員頭痛煩惱，重則校園氣氛凝重、同事相互猜忌、衝突不已。本校也不例外。

也是個性使然，見不得所謂不公平之事。2007 年到任新職，見本校課級務分配辦法內容諸多不公，主以校內服務年資之積累來分配職務。不論個人獲得多少獎勵與著作發表，又排斥服務他校年資，行政調動空間十分有限，且優先保障不適級任職務之同仁轉任科任。致使高年級導師皆為年輕資淺者，科任則有迭遭家長反彈、同仁怨怪者。另有因來校服務前年資橫遭腰斬、資格不受接納者，連年反應，企求正義。凡此，在在令我不安，如果不能在任期內將這制度改換，豈能安心？

然現實環境多所限制，這所學校規模更大、歷史更悠久，長我者眾，一股安定的力量盤據校園內，讓年輕同仁們「習得無助」，不敢造次。因此，前面兩年只能透過平時發言，或多或少的製造一些討論氣氛，灑出校長想要更動辦法的空氣。自以為一定能夠說服一些同仁支持，或引起廣泛的正向討論。我天真的以為教育工作者都是秉持公平正義、道貌岸然、極富愛心、循循善誘、堅持理想、支持正向價值的人，一定會秉持著平日教導孩子們要寬容、公平、民主、愛人等等道理的態度，來面對這一關係到自己與他人權利義務的重要制度之討論。但後來發展的結果是證明我真的太天真了，且讓我灰頭土臉、兩面不是人。

話說，98 學年度下學期，我自以為已經來校服務三年，看看校園環境、掂掂自己的份量，認為自己付出了很大心力，不但已經改善校園環境、充實教學設備、獲得家長與社區的支持，也成功帶領同仁保守住學校的傳統，更創造了一些特色，得到一點輝煌的成績。對同仁們的了解與認識也有了一定的基礎，相信他們應該把我看成是學校的一份子，可以認真好好地來談一些敏感的事情。不過，心裡也有著即使如此也不保證能夠馬上被我說服，今年就改變制度的準備，能夠讓大家充分了解、充分討論，逐漸凝聚共識就很了不起了。

因此，要教務處排了四個午餐會報，從學期初開始，分頭約了科任、低中高三個年段以公關費買了便當，希望在輕鬆愉快的氣氛下談一點嚴肅的事情，包括六年級畢業旅行的檢討、課級職務的分配辦法。我心中盤算著，在有預設立場卻沒有預設要達到任何成果的態度下，老師們應該能夠感受我的誠意，願意拿出民主的態度來好好的討論（或思考）一些制度面的事情。餐會中，我再三叮嚀只是提一提、談一談，希望不要造成對立或分化，今年只是談一談，並沒有要立刻更改。可惜，我高估了自己溝通以及同仁們理解的能力。

高年級的餐會結束後，六年級的老師們很受傷的以為校長在責備他們沒把畢業旅行辦好，沒跟廠商劃清楚界線、家長們在挑老師毛病。事實上，我要表達的是，我們的畢業旅行愈辦愈好，老師們都很盡責的願意冒很大的風險辦理隔宿外埠旅行，校長很肯定也很感激大家、家長委員會的質疑愈來愈少。只是得標廠商沒有掌握某些界線，讓老師們背了一些黑鍋，比如，用餐時學生和老師分桌分廳而食，即使菜色相同，也會讓隨團而來卻與學生同桌吃飯的家長們狐疑；但老師們好像沒能聽懂我的表達，一徑兒的認為校長在責備他們。還好，經過解說之後，他們理解了，只是白白受傷了好幾天。

至於課級務分配辦法的討論，就沒這麼幸運了。老師們普遍感受到校長的「敵意」，竟至校園裡掀起軒然大波，隱隱然要聚眾甚至動員起教師會力量來和校長對抗。

原來，因為課級務編配工作在即，「大表作業」要在 5 月下旬開始，每個人都很在乎自己下學年的職位，因此急著要有一個遵循的辦法。卻忘了，校長在午餐會報以及課級務分配小組會議中一直強調不急不急，只是談談，而且也回應了某學年主任的提問：「急速的大變動將會帶來災難。」亦即，即使校長很想更改制度，也不會在今年實施。校長在意的是，老師們願不願意推己及人

的為學校發展來訂定一套公平合理、可長可久、兼顧資深資淺者需求的制度來。他們一頭熱的以為就是要趕在今年大表作業前訂出辦法，而且以為校長的意見就是非通過不可的版本。

事實上，我非常希望他們能夠逐條討論，逐條列舉並形成一個多選項的問卷，透過全體老師的思考、勾選，統計之後，具體成為一個可供依循的辦法。甚至雞婆的忘掉自己是校長，重拾幕僚本色，細心的整理幾次會議共識，將原辦法逐條評析、條列各項建議，做成問卷原型，發給各學年討論，希望他們能有所增刪，最後統整成問卷，方便大家表達意思。結果呢？他們以為這就是校長的定見，議論紛紛卻又不敢纓其鋒。竟至私下群起抵制，會議氣氛其僵無比。

所幸，有人將意見轉達，又有人居間協調。終於我恍然大悟！原來是我這個火星人在和一群土星人對話，雞同鴨講啊！

恰巧，某晚載著二個女兒從苗栗北返，么女內急，遂停歇關西休息站。因顧慮時間已晚，且么女急切，就近停靠入口處廁所，交代其先上廁所，待我停好車輛便來接。女兒應好隨即離座，等我停好車子，來到廁所卻久等不見其出來，十幾分鐘過去了，又不便進女廁尋找，在外頭喊了數聲不見回應，只得返回車位，喚起大女兒令其入廁找人。可驚了！前後搜尋幾回仍不見人影。天啊！暗黑夜色中，國小六年級女生可不要出事才好。眼見枯等不是辦法，遂令長女就地等候，自己前去服務台要求廣播，才到服務台前十幾公尺呢，就見到么女在前要求廣播尋父。原來她依照舊習逕自跑到商店區旁的廁所，沒聽見我交代的就近解決。此一景象，與我跟同仁們的討論何異？各自盤算，依照習慣來討論事情，以為了解彼此，卻又誤會至深。於是我利用某次朝會，據實向同仁報告此一親子故事，哄堂大笑之餘，也順此向同仁們致歉，遂解了當時彼此誤會、扞格之窘。

📓 校長，我沒有耽誤公務！

新學年將開始，照例在下學期的 5 月、6 月間，各處就要覓妥組長人選。我一貫的立場是尊重主任的用人權，不給予任何指導與干涉。唯某組長不獲主任續聘，還是惹我好奇。利用巡堂時機，就近和組長攀談，不意惹起淚眼漣

漪，趕緊收束話題，速速閃開。召了主任到校長室詢問，卻又是一些人際相處以及處事態度與技巧的問題。主任早已覓妥接任人選，我不便插手，遂簡單建議幾句，希望能夠「好聚好散、買賣不成仁義在」，多看優點少看缺點，不要就此偏廢了該組長未來發展的可能。

當晚，接到該組長的長篇e-mail，盡訴萬般委屈，並極言：「校長，我沒有耽誤公務！」原來，年輕人啊！正在進修，週末都要到學校上課。這本是好事一樁，鼓勵支持都來不及，何來苛責？而事情緣由乃因某日我到該處，見她埋首公案，讚她幾句，並謝謝其在承辦某活動時出力甚多，成果不錯。唯我又多嘴，見她兩眼下方眼袋略重，曾提一句：「讀研究所很辛苦喔！像我都讀不完，今年要休學了！趁著年輕趕快讀一讀，不要像校長這麼老了還在讀，很累呢！」原本意在體恤、鼓勵，雖然年輕但已嫁做人婦，家庭、學校、課業三頭奔忙的她堅此百忍，好好撐過這段苦日子，並且注意身體健康，以後就不會像我這麼累了。

哪裡知道，她信中謝我肯定她投入公務的用心，並說做事情能得到校長的一句感謝就值回票價了。但是她以為那句話是我在「虧」她、責求她要以公務為重，不可以只知道念書。這又是天大的誤會，讓我想到「金星人和火星人的對話」，也想到了，即使自己從來不以校長地位為尊，「校長」這兩個字對於老師們來說還是非常沉重的。誇獎多了，不曉得後面校長還會要求做什麼事情？閒話多了，害怕校長話中有話，也怕成為同仁眼中的「保皇黨」；略有詢問，動輒歸咎於自己是否引起校長不悅？

呼！已經當了七年的校長，似乎還抓不準分寸，或者還在和自己心中原來不想當校長的我難分難捨，不懂得「演什麼像什麼」的道理。對於認真如她卻又與主任無法取得共識的人，我只應以行政的立場來對待，而不應在兩者之間表達過度關心。因此除了和主任談一些行政甘苦、領導心得之外，也趕緊回信給這位組長，再度肯定與感謝她對校務的投入，並援引自己兼顧工作、家庭、學業的辛苦，申明自己發言的原始動機，唯蓄意模糊她對主任相處間的微詞。事後，她也能體會我的本意，且更相信我是關心她的。99學年度上學期教師會改組，新任理事長邀她擔任總幹事一職，她堅拒並回以：「校長待我很好，我不方便和你們一起對抗。」樂哉斯言，能獲得老師的信任與肯定，何等大樂！

📖 衣帶漸寬終不悔

「當校長」、「學校長」、「校長學」、「長學校」，似乎就是我的教育生涯不歸路了。忝為當年師專全校第二名畢業的學生，沒有如老師期望繼續深造、參加高考，成為教授、官員；也沒有待在第一個服務的學校，一路陪著孩子們玩國樂團終老。目前為止生涯的發展，好像都在依循別人的期望而行，卻與自己的志趣相違。

因為個性使然、命運造就，懵懵懂懂走上了校長這條路，即使心中從來沒有因為當了校長而有太多的喜悅或尊崇感，只感受到無盡的責任和使命壓身而來。然而走到這個地步了，也當了七年快二任校長，已經沒有任何後悔和回頭的餘地。即使，心裡面那個不願、不信、不屑走行政路途的我還藏在心裡，不時撼動著我的心意，但只要還沒退休，我依然會在校長這個職位上努力工作，直到終老。

這個職位，擁有社會及傳統賦予的尊崇與地位，是擺脫不了的金箍咒，更是貫徹教育價值、實踐教師本職最佳的名器。校長有責任要帶領教師同仁基於教育良知、發揮教育大愛、執行教育專業工作來成就未來國家的領導者、實踐者。這條路途有各種的酸甜苦辣滋味、有各種的挑戰與任務，更有完成任務、通過挑戰、實踐責任之後的莫大快樂。

「當校長」雖不是初衷，卻已是無可推託的天職，要當好校長這個職位，除了隨時自省，更努力學習觀摩其他的校長，汲取前輩與同僚的長處，虛心地向同仁請益、不憚認錯與改過，也隨時參研、體會校長學這門學問，盡力做好校長這份工作，希望能夠做到「長學校」的目標，希望凡我走過者，必因我的服務而有所成就。

回望過去 25 年的服務經歷與所得成就，我明白了，當老師固然可以實踐自我、成就學生，當了校長更可以將老師的志業擴而大之，完成更多的教育使命，成就更多的學生。這點，將是我「衣帶漸寬終不悔」的最大原因。

📖 後記

2010 年 9 月 27 日受縣政府命令，和《親子天下雜誌》合辦「2010 年品格

教育國際論壇」，講者雷夫‧艾斯奎（Rafe Esquith）的來台記者會，9 月 29 日晚間辦理家長代表大會，二個場合裡，都放了一段我親自剪輯、配樂、字幕，長度僅四分半鐘的校務簡報。裡頭呈現了三年來，這所學校從骯髒破落到乾淨清爽，從校園淹水到操場整修、建物補強、圖書擴充，到取得局長首肯列入校園整建第一優先的過程，也看到了這段時間裡，努力保持過往傳統社團及學生優秀表現項目的努力痕跡，更看到了在手頭上振興的幼童軍團、新成立的古箏樂團、扶持繼續運作的管樂團，在各項比賽與社區演出的優秀表現。

　　再看到原本校方頭疼而扞格校務不斷的家長會，在林平發會長、江淑萍會長先後服務的三年內，逐漸轉型成「專業問政」、理性溝通、全心「衛」校、隨時支援的發展歷程。這屆家長會能文能武，不但要進班說故事、表演戲劇、參與教育論壇，還要能夠提筆為文、上網串連。更要隨時滿足校長所出的功課——指導學生編演並參與廣播劇演出、緊急編配短劇支援縣府記者會、迅速動員籌劃記者會、編輯出刊家長會訊、積極參與社區事務、與中和國中家長會結盟運作。家長會成員們，逐漸能夠展現大將之風，更能凝聚共識成為戰力堅強的學校後盾，這種進步與熱情表現，再再讓春芳感到歡喜與驕傲。

　　當校長很苦，尤其要和非友善社會氛圍及不同工作倫理觀與態度的同仁們相處，憑著熱心與真心顯然不足，因此常有「高處不勝寒」的落寞與孤單。但當校長也很樂，樂在能夠堅忍、樂在能夠領導、樂在能夠改變、樂在能夠影響，只要堅持、無私、熱情，終就能夠站在高山看雲海，天亦藍兮心胸擴。回首，終不悔。

李春芳校長小檔案

　　年屆中壯，坐四望五，頂上全禿，中矮身材，平時愛大笑，然主持會議、靜默寧思時，嚴肅面貌總讓人心驚。右耳幾近全殘，與人對談必須屏氣凝神全神貫注，仔細聆聽解讀唇形，予人嚴肅印象。

　　新竹師專1985年結業生，一離校門即投身臺北縣大型學校服務，成為全校最年輕的男教師。在生涯發展過程中，飽受長輩疼愛，賦予重任，逐漸調教、養成，從教師、組長、主任，終至校長一職。目前服務於臺北縣中和市某大型新移民重點學校，教師素質普遍優秀，學校傳統良好，安定中逐漸進步。

　　雅好音樂、單車、郊遊，雖原初不喜擔任校長，然一路走來，漸入佳境，敬領天命而認命，雖偶有突槌之舉，然仍積極檢討改進之中。企望在殘餘幾年的服務任期中，能儘快修養成功，學得輕鬆悠遊領導竅門，讓老師輕鬆歡喜、學生快樂進取。

　　至於如果沒有當上校長，現在會不會過得更好？對不起，假設性問題不予回答。

36. 如何悠閒的當個好校長
——密技大公開

臺東縣溫泉國小校長　吳正成
（榮獲 2008 年教育部「校長領導卓越獎」）

　　2010 年，我正屆不惑之年，擔任校長一職也屆滿八年。回顧這八年之中，我在 2007 年獲選縣級的特殊優良校長，在 2008 年獲頒教育部「校長領導卓越獎」，這些經歷，或許沒有什麼，但卻鮮少人能在這麼短的時間內達到。我如何作到？很簡單，因為我把工作當作服務業，我的服務對象是學生、家長及教師，心中只有一個簡單的信念：認真了解需求，努力滿足需求。在滿足了學生、家長及教師的需求之後，我開始動手打造一所符合我心中信念的學校，在這過程之中，我還加入了一些佐料：情義、理性及我的一些人格特質，就這樣的組合，成就了現在的學校氛圍。我覺得現在的我，就像某些企業的大老闆一樣，可以開心的開始享受先前辛苦耕耘而換來的收穫，而我，正是主角。我願意把這些密技分享給大家，希望大家也能複製、參考或改造這樣的經驗，成為一個值得大家學習的校長。

第一招：滿足他們的需求

　　我的第一所學校，是一所偏鄉小學。學生人數不到 80 人，六成以上是原住民，是典型的漢原混居學區。這類型的社區，沒有原住民鄉鎮的優厚福利，卻有著原住民社區的困苦與無奈。青壯年人口外流嚴重，隔代教養、低收入家庭等弱勢學生比率因此高達三分之一以上，對學校教育而言，面對這種社區背景的學生是倍加辛苦，要培養他們出人頭地的志向更是難上加難的任務。在學生心中，板模工、捕魚、務農似乎是他們未來「應該」世襲的職業，他們早已習慣這種社經地位，並正打算延續下去。

　　別以為學校跟社區相比會好到那兒去。我初到任時，學校辦公室裡的鐵製辦公桌因靠海而鏽蝕嚴重，甚至還有部分同仁的辦公桌腳要墊上二塊磚頭才能

正常使用。校舍嚴重斑駁，有幾間教室屋頂的水泥塊已大片剝落，鋼筋裸露在外且鏽蝕嚴重，顯見這種情形已存在相當一段時日，卻一直乏人問津，或是視而不見。我簡單訪查了一下才知道，這所學校已經很久沒有重大經費的挹注，原因不外乎地方政府以及歷任校長的忽視，以及長期以來社區家長及教師們心中「理所當然」的無助思惟，加上因「卑微」所以「無聲」的態度，讓學校成為了這個模樣，這個場景，帶給了我相當大的震憾。

「你們的需求是什麼？」我問社區家長及學校教師，他們答不出來，因為他們從來沒有思考過這樣的問題。當務之急，我只能把卡爾‧羅吉斯（Carl Rogers）的「同理心」應用在我的學校、學生、家長及同仁身上，先用我的思惟來先幫他們先解決當下他們覺得不是問題的問題。

對教學任務而言，首要解決的是教學設備不足的問題。俗語說：「巧婦難為無米之炊」、「工欲善其事，必先利其器」等常見的八股形容詞，正是我尋求解決這個當前需求的最大動機。縣府財政困窘，想要在短期中爭取到大筆改善教學設備之經費有著絕對的困難；加上時間不宜久拖，雖然一次到位是我的奢求，但我仍然必須一試。此時，我心中浮起二個關鍵詞：「趨勢、效能」，我打算藉學校因久未接受大型補助而要求「應予補償」來作為我的合理訴求，若將我的思惟更具體呈現，並進行效益評估，達成目標的機率應該不小，於是，我先設定優先補足學校資訊化教學設備。在當時，資訊融入教學是當前教育潮流與趨勢，加上資訊化教學對教師的「教」，以及學生的「學」具有相當具體優異的成效，且當時此類的經費補助較為充裕，申請相對容易，更重要的是，我還能藉由資訊化教學設備的導入，來提升教師教學與學校行政之效能，等於一魚多吃，一舉數得。事後來看，這個作法的確是學校學生及教師素質快速提升的關鍵，這個例子顯見校長在進行決策的當下，如果能夠明確的掌握需求，分析現有優劣條件，掌握契機，加上遠見並運用有效策略，展現積極的企圖心，將足為學校從麻雀變成鳳凰之關鍵。相反的，若當時我一昧消極的等待機會，任由命運來自然發展，無視學校發展需求之急迫性的話，這個學校的後來將不知何年才能重見天日，足見學校發展的成敗繫於校長的正確的需求評估與決策作為，不可不慎。

學生、教師、家長及學校行政的需求當然不只如此。時空的轉變，社會的變遷，政策的改變，再加上教育潮流的發展，這些需求都會一直不斷的改變，

但絕不會減少。然而，這些需求亦並非一昧無條件的滿足，需求亦需評估，亦需合理，在資源有限的情況之下，孰先孰慢？需要透過客觀及理性的判斷，並需要建立良好的公共關係，以及需要高度整合資源的能力，同時也考驗著校長在進行決策時的功力。但無論如何，要帶領學生、教師及家長朝向卓越這條路邁進，盡力滿足他們的需求是首要之門，如此一來，巧婦有米，工有利器之後，大家才能夠同舟共濟，一同為打造學校的未來而努力。

📕 第二招：做正確的決策

前面提到了校長做決策，這對一位校長而言是再也平常不過的事了。大到確立未來校務發展計畫，小到同仁請假都是一種決策，然而，卻鮮少有校長會去省思一下他的決策是如何產生的，但我就會。人們常說：「不只要把事做對，還要做對的事。」而如何「做對的事」？關鍵就在於做正確的決策。簡單來說，如果決策錯了，就別想把事做對。

如何決策？這可是一門大學問。

想要做出正確的決策，需要在事前進行大量的資訊蒐集，這是一個重要的前置工作，但有很多人常會忽略了這個步驟的重要性，原因就在於很多人認為這個步驟並不重要。而資訊是否能夠被完整的蒐集？人格特質是重要的因素，這也攸關著做決策的正確性。舉例來說，如果一個校長的人格特質是容易道聽塗說，喜歡聽順耳之語，心中容易對人事物有所成見，甚至校內有特定「國王人馬」，具有這種人格特質的校長，心中對大多的人、事、物均無法維持客觀看待的態度，如此一來，無形中便會阻擋了許多應知的資訊，資訊的管道就相對狹窄許多。加上具有這種人格特質的校長，學校同仁通常是人見人閃，不然就是惟恐避之不及，要與之對話，除非另有要事，否則能省則省。如此一來，校長能夠獲得學校的資訊就更少得可憐。

學校內，哪裡能夠獲得最豐富的資訊？答案就是：辦公室。行政辦公室及教師休息室是學校小道及八卦消息的交換中心，舉凡學生、家長，甚至是同仁與其他學校的資訊，每天大大小小的事都會在這個「新聞中心」進行傳播，如果校長的人格特質夠 friendly 的話，這些資訊就不僅會在同仁間傳播，校長也能夠得知。這些資訊重不重要？多數的確表面上無關痛癢，但若仔細整理，卻

能夠從中了解到學校目前的師生現況及同仁家庭狀況，進而了解同仁心中那塊說不出口的期望與需求，甚至了解到某些同仁個性，這些對校長的判斷與決策就相對重要許多。因此，如果校長能夠從學校的「新聞中心」獲得完整的資訊，甚至是「新聞中心」有人願意主動提供資訊，那校長就能夠掌握全校大小事，在做決策前資訊處理的準備工作就輕鬆搞定了。

當資訊都能清楚掌握之後，就到了準備做決策的關鍵時刻了。做決策，是要採用民主表決方式？還是校長集權決定？其實這都沒這麼單純與簡單。常見到許多校長，為了號稱自己是位「民主」的校長，任何大小事務都採用表決的方式，但有時表決的結果他又不能夠接受，便再找個理由翻案，目的就是一定要表決出他心中預設的結果。當然，有些同仁當然能夠臆測到校長這個「說不出口」的心意，下次表決就會順應一下，但同仁心中也會因此生起「假道學」的不滿，假民主之名，卻不行民主之實，因此產生對校長不信任的態度。

事實上，校長在做決策時，並不是所有的事都能付諸表決。例如：為配合上級教育政策之推展，或是配合學校未來發展而需改變之典章制度，必須增加教師或行政人員的負擔，甚至影響到他們既有之利益，但卻又勢在必行之時，如果採付諸表決，絕對難竟其功。此時，校長心中若已詳細評估過需求，資訊充份掌握，利弊風險能控制在合理範圍，如果不能夠取得相對多數同仁的認同，但又勢在必行的話，校長應該果斷行使「法職權」來進行決策，並開始進行遊說工作，嘗試讓同仁們了解你做此決策的立場與背景，相信多數同仁應能理解，雖不滿意但仍能接受這個結果。

有時，學校同仁（尤其是行政同仁）反而會希望校長是一個果決，甚至是帶著某種霸氣的感覺。帶有一點霸氣的校長，在某些關鍵的決定上扮演著專制者的角色，他會從眼中透露自信的眼神，堅定的表達他對某件事的看法及立場，擇善固執的堅持己見，那種勇者不懼的堅毅，反而讓同仁感受到一種莫名的安全感。從某個角度來看，這種校長並非走民主路線，但他卻因此深受同仁的信任。當然，這種的霸氣絕對不是一種匹夫之勇，或是突顯校長展現法職權力的一種行為，相對的，這種霸氣必須要具備足夠的法治觀念，以及能夠承擔責任的肩膀，還要有深睿的眼光，對情勢的判斷要快速且正確，如此一來，才能降低決策錯誤的機率，也才能夠獲得同仁的信任與託付。

綜觀上述，說穿了，校長就是要減少錯誤決策的機會，才能獲得同仁的信

任。而如何減少錯誤決策的機會？則就有賴校長平時是否確實做好應做的功課，累積足夠的經驗，培養睿智的思惟，以及明快的判斷力，如此一來，必能降低錯誤決策的機會，並做出正確的決策。

第三招：同仁優先

對我而言，同仁就像作戰時的同袍，衝烽陷陣時，我帶頭衝第一，但炮火連天時，我要保護他們不要處在火線之下，就算情勢如何嚴峻，不到最後關頭，絕不輕言放棄。簡單來說，同仁應有的利益永遠比我優先，不管如何，我的胳臂永遠都是向內彎的。

2003 年底，我學校一位同仁因為體罰學生而被家長提告，在這個鄉下地方，這個事件馬上就傳開了。站在法的立場，體罰學生就是不對，但我仍然選擇站在同仁這邊，親自站上火線替我這位已經六神無主的同仁來面對這位難纏的家長，甚至已準備替他找律師打這場官司。我心中深信我的同仁是出自教育愛心才動手打了這個學生，而這位家長明顯的目的就是藉機索錢，在心中衡量社會道德的價值，以及我面對同仁這個行為動機的同理心，在這個純樸的鄉下學校，我絕不允許師道受到這種家長見縫插針般的踐踏，也不允許我的同仁這種非故意的行為受到不符比例原則的懲罰，因此，我執意捍衛我的同仁，直到我無力捍衛為止。我立即尋求家長會、社區人士來支持學校，刻意營造家長應給予學校教師合理的管教權，相信如此對孩子的未來將會有益的氛圍，讓輿論一面倒的站在支持校方的處置方式。此外，學校並立即將這位學生的學習問題與輔導管教紀錄公布，以彰顯這位學生受到體罰管教的「認知合理性」，並取信於家長。這樣的捍衛終於逆轉局勢，最後這位家長撤回告訴，並表達對這位同仁管教行為的理解後，我才讓這位同仁與家長有正式面對面的機會，雙方握手言合，再度重拾家長與校方的信任關係。而這位同仁目前仍跟過去一樣同樣受到家長們的肯定，教學熱忱沒有受到絲毫影響，但我相信，在他的心中一定難忘這個曾差點令他失去教育熱忱的記憶，而我當然也看得到他的轉變，他變得更加沈穩，更加專業，目前他仍是我學校中的王牌教師之一。

這個例子的焦點並非在為學校中體罰行為合理化，而是要突顯我在這個事件中的立場、角色以及作為。在這個事件中，當我發現我的同仁需要我時，我

是毫無保留的為他衝上火線，扮演著生死與共的同袍角色，以校長身分來代替同仁向家長賠不是，向上級單位力保這位同仁的動機並非出於惡意，並向社區及家長會來尋求輿論的支持，並以朋友的角色來表達我對他的情義相挺，讓他感到同仁的人情溫暖，不會讓他孤軍奮戰，直到最後事件終於圓滿落幕。這就是我心中一直不變的信念：同仁優先。面對外界，我必須捍衛同仁到我不能捍衛為止；而面對校內同仁，事件結束之後我們要關起門來深切的檢討。對外我贏得了面子，對內我也贏得了裡子。從這事件的歷程，直接的告訴了同仁們我的決心，也把我的信念傳達在全校同仁眼中。

事實上，「同仁優先」的概念，必須是植基於拋棄部分既得利益之上的。身為校長，必然有許多受到禮遇的「既得利益」，這些禮遇是否必要？是否是理所當然？還是它只是基於形式？都值得校長來省思。如果校長能夠免除一些不必要的禮遇，甚至將它回饋給同仁，必然能夠減緩校長與同仁間的疏離感，拉近與同仁間的距離，那種「高處不勝寒」感覺便能有所改進。更重要的是，「同仁優先」能夠讓同仁知道校長永遠與他們站在同一邊，同仁有了安全感，校長也贏得了同仁的信任，這樣一來領導學校在各方面都會有著滿意的表現。

第四招：可犯錯，但不貳過

「人非聖賢，孰能無過」，這句俗語眾所皆知，但在目前法令多如牛毛的教育環境中，任何過失都有可能讓人身陷囹圄，讓許多教學及行政職務的同仁畏首畏尾，不是消極面對，就是矯枉過正，反而讓學校失去應有的效能。然而，行為主義學者桑代克（Thorndike）認為，學習的過程是一種漸進的嘗試錯誤之過程，因此，犯錯也是一種很好的學習經驗，如果能夠將犯錯的經驗強化成為一種追求卓越的動力，將能夠讓工作更加靈活且有效能。而這個轉化的關鍵，就在於校長是否能夠容許同仁有犯錯的機會。

身為校長，必有其過人之處。普遍來說，多數校長自律甚嚴，對本身及工作均要求完美，不容許任何錯誤閃失，因此才能成為人中之人，成為一校之長。這種一絲一苟，追求完美的態度在擔任校長之後，往往也是以同樣的標準來要求同仁，以期能維持學校的運作順利遂行。然而，同仁間存在著個別差異，並非所有的同仁都具備與校長相同的人格特質與工作能力，因此，校長在

領導時便要能適才適性，增權賦能，給予同仁合適的發揮空間，這樣才能夠激發出同仁的潛能。相反的，如果校長將同仁視為不會犯錯的機器的話，那同仁最終也僅是執行指令的機器，不會省思，不會判斷，更不會感恩，那就失去了教育應有的意義了。

在我的學校裡，我都會很明白的告訴同仁，只要不違背世俗道德，你們都有犯錯的權利，但聰明的人同樣的錯不會犯第二次，所以我會同時要求「不貳過」。因此，我的同仁能夠有機會去嘗試一些創意，落實一些想法，或是證明一些信念，在學校內這都是被允許的。事實上證明，在我學校的行政規劃，以及教學活動的設計上，常常可以看得到同仁不同的想法，一些天馬行空的創意，我們幾乎都能夠把它實現，當那種成功的驚嘆，還有團隊努力的成就感乍現時，團隊的爆發力實在難以言諭，這都是同仁發揮的動能所創造出來的，這個空間也造就了我學校一直受人欽羨的活力。

同樣的，台語俗諺說：「神仙撲鼓有時錯，腳步踏錯啥人無。」在前面已提到校長應作正確的決策，但畢竟校長也是人，總會有犯錯的時候，當您允許同仁有犯錯的權利時，同仁們也會理解校長也有犯錯的時候。因此，大家都能彼此體諒，同仁犯錯後可以累積經驗，提升效能；而校長犯錯時亦能有獲得諒解，還有台階可下，這種空間對大家而言相對彼此受益，在與同仁相處時，這種心胸是校長必要的修養之一。

第五招：適度的包裝

學校要適度的包裝，目的就是要作適度的行銷。然而，學校是非營利單位，為何要作行銷？主要的原因在於當前的社會之中，打造品牌學校是目前學校發展的潮流與趨勢，尤其是當下家長對學校進行選擇權的自主性行為，以及社會少子化現象衝擊學校規模的雙重壓力下，如何讓學校在這些壓力之下將衝擊降到最低，「打造學校特有的品牌形象」是一種有效的藍海策略，也是校長經營學校所必須面臨的挑戰。因此，當學校的經營漸入佳境，如何包裝學校，如何行銷學校，則是身為校長重要的課題。

在人生的態度上，我個人不喜歡過度的誇飾，因為我覺得不夠真誠。在我的哲學觀中，薄施胭脂的女人最美，素顏中又帶點裝飾，簡單且恰如其分。相

同的意涵，學校的作為如果能夠作一些適度的包裝，反而更能突顯這個學校的優質，但不誇張，以免虛有其表，遲早被人拆穿；要不含蓄，以免璞玉始終被塵土所覆，難以再見天日。從行銷的角度來看，這樣也才能讓產品（學校）受到外界的肯定，也是促進成長卓越的重要關卡。

要進行學校的適度包裝，首重企劃；而企劃的重點，則在於主軸明確。一個有制度的學校，必定有短、中、長期的校務發展規劃，這些規劃，也必定蘊含著一些想法、理念及哲學觀，這些想法、理念與哲學觀理應具有某種程度的連結，這個連結的架構，便是學校發展的主軸。因此，身為校長必須仔細思考您學校發展的主軸為何，它有可能只有一個主軸，也有可能是二個以上的主軸，找出這些主軸來之後，這些主軸才能夠成為學校的企劃內容，也是準備要加以包裝的內容。

其次，校長應指定合適進行包裝企劃的人選。這個人選由校長本身擔任亦可，但我會建議委由學校同仁擔任更佳，找個跟您默契十足的同仁，溝通能力佳，思惟縝密細心，高效能表現，如此您將會更得心應手。在我的學校中，我的主任是學校企劃的關鍵人物，身為我的左右手，彼此必定具備相當默契，也很明白我的理念與態度，且身為主任，思惟的深度與廣度亦足夠，與同仁間的溝通亦暢通無礙，因此相當符合上述身為學校企劃人員的基本條件。而我學校主任的工作內容，主要則在整合當學期學校的工作內容，並協調其他單位協同執行，同時，必要時並能身兼學校發言人角色，在一些學校活動舉辦時，會在事前與事後對外發佈新聞稿，甚至能安排媒體採訪，增加活動的效益。此外，在活動結束之後，還要能夠將成果彙整起來，將它作成一份檔案存檔，以做為日後辦理相關活動或計畫時的參考依據，或讓他校作為可複製之經驗。

最後，則是選定被包裝的材料。對學校而言，教學特色、學習活動、社區互動歷程，以及學生學習成果等，都是可作為包裝的材料，且處處可見。然而，這些內容還是必須受到審視，檢視它是否符合教育倫理；是否符合教育價值，以及是否符合社會對教育的認知性。就像寫作文一般，文詞華麗並不代表它是一篇好文章，還要看它的內文是否符合題意、論述是否合理，以及文章結構是否完整，如此一來，才能夠成為值得認可的素材。因此，如何選定被包裝的材料？這個問題，早在進行企劃之時就必須列入思考，並作為企劃的目標，這樣的包裝才能具有意義，而非華而不實，甚至落入「為包裝而包裝」的泥淖

之中，反而遭受到外界對學校任務的批判。

　　總而言之，要包裝辦學績效其實不難，但如何作有效的包裝，則才是學問所在。身為校長，應要學會如何包裝自己的學校，除要將學校塑造成一所具有特色的學習園之外，還應該要懂得如何把這塊璞玉原石變成美麗的和氏璧。過去校長們大多不善行銷策略，總是自己關起門來辦教育，只求對得起良心就好，然而面對社會發展的潮流，以及教師、學生與家長的需求，將學校作個適度的包裝，將可以為學校增加許多分數。

📚 第六招：建立法制，減少人治

　　校長在盡力滿足師生與家長需求後，領導上能夠力求以同仁為中心，營造和諧的氛圍，並能在正確的決策後有所績效，透過適度的包裝後開始朝向穩健成長之路邁進之時，身為校長應該要開始思考建立學校應有的典章制度，並配合社會發展潮流及組織文化的變遷，定期加以適度修正，朝向法制而非人治的管理方式，如此才能夠讓學校持續、永續的健全發展。

　　我常開玩笑的說：「校長是全校最閒的人。」這雖然是一句玩笑話，不過，校長真能作到如此境界，那肯定是一位值得學習的校長。校長想要清閒，但學校的行政與教學運作卻又動能充沛，有些功課是必須先苦心修鍊的，首要條件，就是學校必須建立合宜的典章制度。提到典章制度，幾乎很多校長們都會認為自己學校的典章制度已很完備，尤其是在這個法令規章多如牛毛，動輒觸法的公務環境之下，再建立典章制度簡直是多此一舉。然而，我認為學校裡合宜的典章制度，能夠讓學校任務更明確，讓在其位者能謀其政，也讓工作內容更符合公平與正義的原則。舉例來說：您的學校兼任行政職務的同仁是否有定期輪調？就算是六班的小型學校，您各級任導師的產生是否有合理的制度？您學校的經費使用，是否公開透明並合乎使用的精神？甚至小到行政文書的處理、同仁差假管理與校內福利制度……，如果沒有合宜的典章制度，這些小地方都足以讓學校產生管理上的大問題。

　　然而，典章制度的制定與落實，並非就只是單純的「依法行政」。法令是死的，但組織卻是活的。每個學校的內外條件不同，校內的成員成熟度也不同，如果死板板的拿著法令來要求校內同仁，甚至將生硬的將這些不夠適性的

法令作為學校的典章制度話,那衝突也將產生。因此,合宜的的典章制度,除了「法」的層次之外,還要顧及了「理」與「情」才行。所謂的「理」,指的是是否符合了動機原則,與立法精神。學校內有許多事務是必須藉由一些運作技巧與折衝才能夠順利遂行的,甚至面對了上級交辦的急件,想要有效率,且又要圓滿達成任務,有時就必須簡化程序,走一些捷徑才行。這樣作或許有違「程序正義」的原則,但卻符合了「實質正義」的現實,因此,學校若有這樣的需求,學校的運作制度裡就應該把「理」考量進來,適度的改良行政運作程序,讓行政的運作更有效率。

而「情」,這在行政科層體制(bureaucracy)中是最不應該出現的字,但在現實的環境中,尤其是學校這種並不完全的官僚體系中卻是必須納入考量的。所謂的「情」,指的是要考量人與人之間的互動模式與文化。學校中,教學與行政是二個幾乎獨立的系統,但大多的行政職務卻又由教師兼任,教師們可以獨立進行教學工作,也可以與別人合作完成行政任務。簡單來說。每個同仁幾乎都可視為獨立的個體,因此,想要學校運作順利,人與人之間的橫向互動模式便要加以考量。其次,每個學校都會因地理位置、成員個性及校長領導風格產生不同的文化,這種組織文化有可能是很 nice 的,但也有可能是一種不能被普世價值所接受的學校文化,因此,學校的典章制度若能夠配合學校內同仁與同仁之間的互動模式,以及融合學校內的組織文化來加以調整,就如同中醫利用「生」與「克」來達到一種運作規律的平衡,這樣的典章制度,除了能夠有效的規範學校運作的方向,還能夠達到「人和」的境界,最後當然能夠事事完滿且有效率。

「法制」與「法治」,是民主社會運作的基本元素,而追求公平與正義,則是維繫社會結構的重要精神。學校雖小,但它也是一個小型的社會,這些社會運行所應有的元素,學校也應該具備,如此一來才能長治久安,永續發展。學校是否能夠建立起這樣的「法制社會」,端賴校長是否願意犧牲一些既得的利益,來讓「法治」能夠在學校中成為大家願意共同遵守的價值,這是極為重要的。能夠建立法制,減少人治的學校,將會是一所得以永續經營的學校。

有感而發——代結語

　　我一直認為，教育人員必須具備先天樂觀的特質，才能夠給予學生正向的思惟方向；教育人員還需要積極的態度，才能帶領學生追求人生的卓越；教育人員更要有不畏艱難的決心，才能有教無類，作育英才。而我想，我應該是這樣的人。

　　從當前的教育環境發展來看，校長一職其實一直都是「責」高於「權」，也一直為校長們所垢病。在當前講求績效的功績主義社會中，校長辦學理所當然也會被要求必須有當然之成效，因此，學校評鑑或校長評鑑之制度便開始盛行於各縣市政府。從社會的角度來看，要求校長的績效責任是必要的，然而，攸關績效展現的最重要的二個因素——「人」與「錢」，卻是身為學校負責人的校長所難以掌控的；簡單來說，學校績效所展現之好壞結果，都難以直接歸因於校長的行政與教學領導成效，卻都必須由校長來負責，這種不合理的現象，則成為許多資深校長心中難以接受的事實。然而，身為校長，為何明知山有虎，卻又偏向虎山行呢？原因在於優秀的校長，早已跳脫計較「責」與「權」是否相符的層次，而到達了「教育良知」與「教育服務」的層次。說得簡單些，他們求的是服務更多人，服務更廣的層面，為更多需要他們服務的人而努力，這樣的辦學績效表現同樣亮眼，卻反而沒有「責」與「權」是否相符的問題。

　　我們的學校，需要這種思惟與態度的校長。

　　「信念」決定人的「行為」。身為校長，您對這個職務的信念為何？您是用什麼態度來看待這個身分？面對教育，您應該是怎麼樣的高度？這些都是您的信念，將會決定您在學校裡的任何決定與作為。如果校長能夠用謙卑的態度來將權力視為一種身外之物；如果校長能夠更寬廣的肚量來將教育視為一種服務國家棟樑的高尚志業；如果校長能夠追求更深遠的睿智來增進教育的品質，那我相信，您一定有資格可以獲得教育界所有的殊榮，也絕對值得師生與家長的尊敬，更足以成為大家學習的楷模與典範。如此一來，想要悠閒的當個好校長，絕對是輕而易舉的。

吳正成校長小檔案

多數人看到我，第一句話幾乎是：「好年輕的校長。」

對「校長」這個身分的刻板印象來說，我的確很年輕。寫這篇短文的時序是 2010 年，我剛滿 40 歲，進入杏壇剛好屆滿 20 年，我的校長資歷也邁入第九年。但在擔任校長之前，我已歷經不同職務的歷鍊，並分別取得教育行政及課程教學之碩士學位，對擔任「校長」這個職務來說，我很用心的在儲備我認為應具有的「基本能力」。

對於學校而言，我一直都秉時著企業經營的理念來辦學。我以服務業的角色來面對我的客戶（學生及家長），並放眼教育未來發展的潮流及趨勢，並依據學校條件來訂下短、中、長程的辦學目標，並一一落實完成。因此，我於 2008 年獲選臺東縣特殊優良校長，並於同年榮獲教育部「校長領導卓越獎」之殊榮。這些榮譽對我而言並非是一種「結果」，而是一種「過程」，讓我在扮演「校長」的這個職務上能夠更加稱職，而無愧身為杏壇一員的道德良知。

我在臺東縣服務，這裡是後山花園，也是全國教育弱勢的地區，這裡有著自然小校的優勢，卻也具備了相對弱勢的軟、硬體條件，以及「巧婦難為無米之炊」的無奈。但我把這當作是我的挑戰，希望志同道合的夥伴能夠相互扶持並不吝指教，讓大家能在「校長」之路更加多采多姿。

37. 灰姑娘到仙杜麗娜

臺北縣江翠國小校長　吳昌期

 ## 楔子——灰姑娘也有翻身的一天

灰姑娘是一個虔誠而又善良的女孩，因為後母的虐待，逼她被做艱苦的活兒。每天天沒亮就起來擔水、生火、做飯、洗衣，而且還要忍受姐妹們對她的漠視和折磨。到了晚上，累得筋疲力盡時，連睡覺的床舖也沒有，不得不睡在爐灶旁邊的灰燼中，這一來她身上都沾滿了灰燼，又髒、又難看，由於這個原因她們就叫她灰姑娘。

有一天王子為了選擇未婚妻，辦了一場盛大的舞會，灰姑娘的朋友小鳥從樹上飛出來，為她帶了一套金銀製成的禮服和一雙光亮的絲質舞鞋。灰姑娘穿上華麗的禮服之後，她看起來是如此高雅、漂亮、美麗動人。姐妹們都認不出她，以為她一定是一位陌生的公主，根本就沒有想到她就是灰姑娘，她們以為灰姑娘仍老老實實地待在家中的灰堆裡呢！

我的學校原本是灰姑娘，家長及社區沒有人看好，老師沒有信心，面對臺北市學校的磁吸效應，家長一個一個轉學，學校嚴重萎縮、減班；加上與社區關係不良，學校建設停滯。經過七年的變身，灰姑娘已經站起來，穿上禮服，不再是姐妹眼中的醜丫頭，而是舞會中人見人愛美麗的仙杜麗娜。

2010 年，我有幸轉換跑道，卸下這個曾經努力七年的擔子，面對另一所學校的挑戰，其中酸甜苦辣、心情轉折，實在筆墨難以形容；今日離開白雲讓我重新檢視過去七年的作為，並說一段從「灰姑娘到仙杜麗娜」的心情故事。

分離憂傷，椎心刺骨

愈靠近 8 月，我的心情日益複雜，平日嘻哈的我，最近似乎很容易讓淚水占據我的眼眶。6 月 21 日畢業典禮上，來賓盡是強調這一場也是校長的畢業典禮，讓我霎時不想被挑起的情緒，一下就被撩撥起來。節目例行進入歡送畢

業生，校長要帶領所有畢業生離校時，離別的情緒一時湧現，我已不記得是如何帶著畢業生走出會場的：只記得與畢業生一一握別，混雜著淚水，分不清一切，正如來賓所言，我真的將那天當成是自己的畢業典禮。看著周遭一切，也預告自己即將離開，離開自己耕耘七年的園地。

我一向是個很「ㄍㄧㄥ」的人，並不習慣讓自己情緒流露出來。記得多年前，一位學長在我耳旁「千叮嚀、萬交待」，身為一個領導者一定要記得四個字——「冷眼、熱心」，意即領導者在積極熱心推動校務之時，也要記得保持情緒的穩定，讓組織中的指揮系統，不會因為領導者情緒太過於起伏，而喪失了領導的能力。至此之後，我個人就不太讓情緒在團體面前暴露太多；七年來，校長總是擔任學校最後的穩定力量，讓學校同仁、家長及學生均可放心。所以，我很少會讓自己在大眾面前流露情緒。

7月3日的休業式上，是另一次讓我崩潰的場合。按往例，休業式的最後，校長會上台做有關寒暑假的生活提示；今年，最後輪到自己上台向小朋友說話，一向口齒伶俐的我，當天報告的顯得語無輪次、前後顛倒，因為我知道這將是自己最後一次面對白雲的小朋友說話，下一次這種大團隊集合的場面，校長已經換人；當我哽咽地向學生宣布「校長即將轉學」（因為我想用學生聽得懂的語言，用「校長轉學」，學生比較容易理解），我已淚如雨下，無法言語，面對我日夜掛念的孩子，回想七年來這麼多的努力，所為的就是這群可愛的孩子，今日我要親口宣佈離開他們，真是非常不捨，心如刀割。中間幾度哽咽，久久不能自已；此時，台下又傳來學生們齊聲高呼：「校長，我們愛你！」過去雖然辛勞，但也化成雲煙，我相信我的離開，是沒有遺憾，只有感恩和祝福的。

「送君千里，終須一別」，再怎麼不捨，我仍舊是要向白雲說再見，其實這早也是我校長生涯規劃中的一部分，只是千萬的不捨，終將面對分手的這一剎那，更何況白雲是我第一任校長的學校。回想七年前來到白雲上任之時，學校奇特的交接現象，到七年後白雲親師生做了盛大的安排；從七年前學校被地方所不滿而上報，至今地方讚許、社區認同；從七年前學生大量流失，如今還可以對臺北市招生，這中間的改變，以灰姑娘到仙杜麗娜來形容一點也不錯。七年前我曾撰寫「我與灰姑娘」一文，寫的就是我與白雲的故事。行文至此，回首前塵，至少可以安慰自己，這七年的努力沒有白費。

7 月 30 日與 8 月 1 日是兩邊學校對新卸任校長的歡送迎會，如果依學年度算起來，7 月 30 日將是我在白雲上班的最後一天，那天下午我就要離開白雲到江翠上任。30 日當天依往例，我很早就到學校上班，比較特別的是，我刻意到學校繞了一趟，因為處處都留下我與團隊努力的成果；每一個點都是心血的結晶，從一無所有，到現在「麻雀雖小，五臟俱全」，不但如此，還是美崙美奐、親師生的最愛。還記得 2003 年到白雲時，學校沒有一部單槍投影機、圖書館荒蕪其中、沒有禮堂、家長 DIY 的視聽教室，再再讓我不能忍受，一年復一年逐項充實之後，現在的白雲國小是一所令人待起來非常舒服的地方，也愈是如此，要離開時特別教我不捨。

　　30 日的中午，我收拾辦公室的細軟，其實辦公室的搬遷早在 7 月份已陸陸續續進行，只剩少許的文具。與耿銘校長（接任白雲的新校長）約好，共同前往江翠。當我一個人即將離開校長室時，眼淚就止不住地像水龍頭淅哩嘩啦，關也關不住，校長室的任何角落，都是我七年來非常熟悉的，今日我要離開這個熟悉的場域，那種椎心之痛，大概是我這輩子感受最強烈的一次。當最後離開向各處室同仁告別時，我是匆忙話別，幾乎不敢多停留一刻，因為我怕多停一秒鐘，就會讓我提早崩潰，後來教務主任還問我為何不多說兩句，跟大家告別，其實酸楚難以言喻。

　　8 月 1 日的中午終於到來，今天應該是耿銘校長大喜的日子，當我在三樓圖書室預備時，環顧這個來到白雲第一件的整修工程，也是讓白雲家長見識到我為孩子辦學決心的成果，後來一直是我引以自豪的圖書館。每個櫃子、每本書都是我精心設計、採購而來，我的心頭肉呀，今天就要離開你們了！真的要離開了！之後的歡送迎會，就不必我再贅述，只有一個「慘」字可以形容。我是從典禮一開始，一路哭到結束，自我有記憶以來，這段時間應該是我最愛哭的一段時間，連同主持典禮的朱會長也是淚眼相伴，許多家長、老師同我一起，大家都捨不得相處七年的情誼與共同努力的心血，但再怎麼不捨，離別的一刻終究到來，帶著大家滿滿的祝福，揮一揮衣袖，別了！白雲，讓我們在此告別！

痛定思痛，組織變革

2003 年 8 月，展開了我首任校長的旅程。2003 年 7 月學校上了報紙北縣版頭版，說的是學校校園開放的問題；因此，我還被體健課長叫到跟前特別交待，一到學校先把校園開放的問題處理好。我也在「我和灰姑娘」文中寫到學校經營的困難，與地方關係不良、社會資源進不到校園、家長會對學校的支持並不是學校所需，反倒是家長會做了許多學校該做的事情；前任校長告訴老師，不要跟家長走得太近，所以老師與家長缺乏聯繫、親師關係不佳。學校半年前才因為一件控案鬧上教育局，湊巧我還是承辦人。其實，任何一位校長來到學校，就是要逐步解決學校的問題，當然，我更要承擔起學校發展的重責大任。

學校已走到非改不可的地步，許多家長告訴我，他們是衝著換新校長才把孩子留下來，否則家長的忍耐程度已經到了極限，再不改變，學生將一個一個離開白雲。但是學校要做的事情千頭萬緒，我如何掌握學校變革的順序與節奏，將是考驗著我的智慧。

所幸，當時的我正在國立臺北教育大學教育政策與管理研究所進修博士班的課程，學理的探討對於實務工作的引導有很大的助益；正好我的論文寫的正是「變革領導」，我蒐集、閱讀了許多文獻，整理出組織變革的方向，所以我就一一拿到白雲來試驗。首先，是物理環境的變革，雖然當時的家長會長一直強調，學校教學設備不是最重要的，老師的教學品質才是家長最在意的。話雖不錯，從校長立場來看，要在短時間改善提升老師的教學品質是不容易的，如果從硬體的改革帶動軟體的提升還是比較可行，尤其物理環境的改變，不會招致反對，針對人的改革常會遇到許多阻力。以這次臺北縣推動活化課程為例，來自最大的阻力就是教師團體，雖然教師美其名打著為孩子爭取的名義，但真正的理由是老師不願多上一個下午的班，這才是主要的理由；當年，政府實施周休二日之時，就不見教師出來為孩子多爭取半天的課，如果今天換成臺北縣教育局是宣佈學生少上三節課，教師團體會反對嗎？可是今天是增加了老師工作的負擔，當然引起老師的反彈。

學校物理環境的變革，首先面臨的就是經費的問題，我初到白雲與地方上

也不熟悉，更談不上有什麼社會資源可資運用，所以我思考的出發點是，有哪些地方是不必花錢，只要整理就可以的。於是擬訂整理的策略與步驟，第一個被整頓的就是位在總務處旁的教師會議室。我觀察了許多天，發現原來做為電腦教室的會議室，堆滿未開封的電視、蒸飯箱還有一堆不知名的雜物，堆到天花板那麼高；如果把電視等電器設備放到各班去使用，這裡不就可以整理出一間會議室嗎？我曾經看過老師捨棄會議室，每次要風塵僕僕爬到四樓視聽教室去開會，何苦來哉，捨近求遠。但會議室的整理帶來一個意想不到的結果，總務處似乎與我愈來愈有默契，學校一處處骯髒、破舊之處，一塊塊被我逐一整理起來，我自己還列了一張長長的大表，把學校需要整理的地方，一項一項粗估出來，不到兩年，白雲的硬體建設已耳目一新，雖然談不上豪華，但至少小而美、小而便利是有的；更重要的是，藉由硬體的改善帶動了教學策略與方法的改變，才是最重要的。學校第二年蓋好了沙坑與鉛球場，至少老師會設計這樣的課程，如果沒有場地，老師連想都不會想，這就是硬體改變的重要性。

　　還記得在今年校長遴選時，一位遴選委員問我：「能不能對七年來在白雲的一切，下一個總結？」當時我給遴選委員的答案是：「心想事成。」這四字真的可以道盡我在白雲的一切，因為每一個想推動的計畫、方案，後來都一一的實現，有兩個例子特別值得說明。前面說到學校的校舍破舊，安全堪慮，我在無意間向民意代表說明，他特別撥了 30 萬元做為學校整修的費用，沒想到教育局承辦人一到學校會勘，便說明學校的狀況已不值得整修，教育局建議直接把這筆費用轉成房舍鑑定之用，在家長也是土木技師的協助下，學校校舍雖未達改建的要求，但建議應予補強。就這樣經費列入縣府 2007 年的經費預算下，白雲有了改頭換面的機會；校舍整個重新規劃分配，畫分出教學區、行政區與專科教室的配置；而且將位置最好的教室留給普通班做為主教學區，將東、西曬嚴重的教室，做為行政與專科教室之用，並將空出來的教室分配做為故事屋、社團教室等，白雲的校舍有了全新的風貌。從一位家長的轉述中得知，有一天小朋友告訴媽媽說：「我們學校好像知識的殿堂。」連學生都認同自己的學校，學校的辦學自然倍受肯定的。

　　另一個故事，也給我很大的啟示，校長領導學校一定要勇敢作夢，所謂：「有夢最美，逐夢踏實」。白雲位在汐止地區，汐止近年來雖然不再淹水，但下雨的情形仍然嚴重，當我在白雲開始第二任期之時，我就擬訂了一個最重要

的目標，我要爭取風雨操場的興建，因為學生不能老因為下雨就不能上體育課，有一個充足的場地讓學生可以盡情活動是非常重要的。當我提出這個構想，當時總務主任還笑我這是不可能的，我也不管這麼多，就投入籌備的工作。事實上高達一千三百多萬的大案子，光爭取經費就是一項艱鉅的任務。我準備好了一份說帖說明學校亟需風雨操場的強烈理由（我甚至還動用中央氣象局的資料，說明汐止地區下雨的情形），在民意代表到學校參與活動時，就一一向他們說明，請他們支持；果然努力還是有用的，從中央給了我一筆35萬的規劃設計費，學校就開始徵選建築師，正好一位議員在議會提案，我還親自到議會報告，所幸得到另一位議員（教育小組召集人）的支持，雖然沒有成案但至少錄案備查，風雨操場的進行總算邁進一大步，但經費在哪裡，仍然不知道。2009年是一個轉折的一年，周錫瑋縣長宣布全縣要蓋30座風雨操場供學校及社區民眾做為活動之用，我一見機不可失，立刻向教育局報告，白雲國小已完成規劃設計，只欠縣府經費，果然白雲成為臺北縣第一批核定興建風雨操場的學校之一，而且準時在2010年5月底完工，也讓教育局長親自剪綵啟用，完成了我對白雲鄉親與學子的承諾。

　　七年來對白雲的建設，是學校變革的第一步。七年前許多家長載著孩子從校門前呼嘯而過，連看都不看一眼，不要說家長，連我自己都覺得對學校有許多很不滿意。外牆斑駁、線路凌亂，家長自然走不進來，我把學校硬體上的問題逐項逐項解決，說穿了校長要有足夠的敏感度，覺察學校問題所在，放在心上等待機會，謀定而後動。有道是：「機會是留給準備好的人。」機會上門自然不放過；此外，校長的決心也決定了事情的成敗，我這人是很有堅定的執行力，一但決定要做，就一定要有結果不可，這也是每件事情能有成果的原因。組織變革我踏出了第一步，至於人心的轉變，待後續一一道來。

◆ 歷經艱難，谷底盤整

　　變革，是一條艱辛且漫長的路，而且短時間不一定看得到成果，對於這句話我有非常深刻的體驗。為了提升白雲整體的教育品質，重新建立家長對學校的信心，在白雲我推動了相當多的活動；像是爭取ISO／IWA2國際教育品質認證、教師專業發展評鑑，率先試辦活化課程，辦理各項學生多元展能的活動

等等，非常多的工作，對老師而言或多或少是額外的負擔；當然，私下的怨言在所難免。最令我難堪的是，2006 年（我到白雲第三年）有一位剛畢業來到白雲的老師，她向我說：「校長，我們做了這麼多，也不見學生回流呀！可見得你的方法不一定有效。」這句話確實一刀刺中了我，學校上上下下已經很努力了，盡力把每件事情、每個活動辦好，為什麼學生還是年年流失、減班，學校已經減到 13 班的關鍵，再往下減，處室裁併，學校規模愈來愈小，更做不了太多事情，我著急，但想不出方法來，或許是不是該承認變革的方法是無效的（那我的博士論文豈不就該重寫了）。

　　在所有變革的理論中始終沒有談到一件事情，就是「時間」的因素。原來任何的改革措施都需要一段時間沉澱、發酵，短時間是不容易看到成效的，但領導者必須堅持自己的信念，持續推動，才能逐漸看到成效，更進一步說，就是領導者必須耐得住性子，等待逐漸從細微處慢慢轉變。白雲就是一個很好的例子，前三年學校團隊雖然很認真，努力把工作做好，但是成效非常微弱，社區之間知道學校非常用心，但仍激不起他們將感受化成行動，將學生留在學區內的學校之中，當然我可以用少子化、家長上班順道把學生帶出去、他們離臺北市比較近這種很冠冕堂皇的話來安慰自己，但我覺得真正的原因是學校的吸引力不夠，不足以讓家長把學生留下來，這才是真正的原因。

　　所幸，事情終於有了轉變，第四年招生出現回流的狀態，主要原因是原來外流的學生變少了，另一個原因是學校的招生策略成功，適時的招收了一部分跨區的學生。事情的起因是本校學生必須跨區升學至臺北市誠正國中，這對於縣市教育局是很分明的管轄問題，要跨區就讀何其困難！有一次我在學區會議上提出了「縣市合作」的構想，就是本校學生畢業就讀臺北市誠正國中，臺北市學生也可以跨區就讀本校，促成所謂縣市教育資源共享的理想，同時也是家長教育選擇權的彰顯，這個構想得到在場人士的認同，是一種互惠互利的作法。此後，白雲可以跨區向臺北市招生，開啟教育的另一段歷史。

　　隨後，在策略上我們採取市場區隔的作法，刻意突顯白雲國小在辦學上，不以智育為唯一訴求，強調學生多元展能、全人教育的理念，我們的目的也在吸引理念相同的家長；這個策略果然引起一些對於體制內希望教育作為有所突破家長的認同，紛紛打聽學校的各項措施，加上學校的各項活動都對外開放，稚齡童軍、故事屋、社團成果發表會，家長都能走進來看見學校的作法，認同

者自然而然就進來了，所以近三年來，學校人數雖然沒有明顯回昇，但班級數卻慢慢向上反彈，所留下都是對學校認同度很高的家長，可見得策略成功，讓家長愈來愈支持學校。

經過三年的谷底盤整，白雲從第四年起跌深反彈，當我交接時，我又是全校 16 班交給耿銘校長。只不過不同的是，當年的 16 班是往下走的 16 班，如今的 16 班是向上走的 16 班。經過這七年的起起伏伏，我要補充理論上的不足，任何的組織變革都要加上時間的因素；「向上提升」是慢慢地產生變化的，但是如果是「向下沉淪」速度卻可以很快，這正應驗了一句俗諺：「由儉入奢易，由奢返儉難」同樣的道理。

忍辱負重，一切為校

雖然一切看起來很順利，但也有不為人知的辛酸，當校長最辛苦的地方，常常是有苦難言，即便是說給家人聽，家人也不一定體會其中的苦楚。就以學校爭取經費而言，在一向有計畫的安排、規劃下，大部分的經費都可以如期到位、執行。就在白雲的第七年，因為爭取風雨操場的建設，學校仍欠一條可以從教室通達風雨操場的通廊，為了避免讓學生淋雨，於是向議員及汐止市長共爭取了 125 萬元，其中的 50 萬元必須經過市民代表會的審議，就有民意代表因為之前活動認為不夠尊重他，執意阻擋預算，而造成經費的缺口，這件事情引發家長會及地方強烈的反彈，揚言要向民代抗議。

面臨這種衝突雖然大家都出自於好意，基於維護學校與學生的立場出發；但從地方和諧的角度出發，引發更大的衝突與對立不見得是一件好事。因此，也有一派家長主張與民代和解，緩和對立的氣氛，此時，端看校長的態度。主動去找民代化解對立，少不了一頓冷嘲熱諷、揶揄再加指責，因為明知這件事情就是衝著校長而來；不去，也不關我的事，反正再過半年我就要離開了，也沒有影響。最後，我的決定還是硬著頭皮去，反正大不了是挨一頓罵，民代只是為了學校活動沒有將民代的名字列上，而列了外區民代的名字，讓他覺得沒有面子而要修理我而已；至於，為什麼不把民代的名字列上，因為經費始終爭取不到位，還鼓吹其他民代不要把經費撥給我，結果自然是有配合經費的民代有列名，沒有配合經費的民代沒有列名，如此而已，挾怨報復。

事情就在一堆家長委員嘻嘻哈哈試圖圓場的情形下進行，而我呢？當然免不了一陣數落下，暫告段落；可是事情並沒有結束，後來地方上知道這件事情，民代當然非常生氣，質問市場上、街坊間為什麼都在傳言他在阻擋經費，打來學校因為我出差沒接到電話，電話輾轉由會長處理，會長拿起電話毫不客氣，痛責民代十幾分鐘，事後我問會長，為什麼你這麼大膽？他說「民主時代，選民最大」民意代表與公職是服務人民的，不是作威作福的。好一個民主時代，總算為學校爭回點顏面。

　　白雲家長雖然都很「理性」，但有些很「理想性」。我就曾為了學校要不要修剪樹木的事情與家長大打筆仗。家長的觀點學校樹木愈自然愈好，最好都不要修剪；而我的立場是學校是教育的場域，教育小孩就像栽培幼苗一般是「導其生長」，而非「任其生長」。這好像有點類似人文主義與杜威實用主義的衝突，所以我主張樹木要適度修剪，而因為學校經費有限，家長會也不可能為修剪樹木特別撥款；因此，只能拜託市公所清潔隊來學校修剪，事實上清潔隊修剪樹木的方式，不免引起一些民眾的質疑，認為太過於強力修剪，我事後曾請教園藝專家，他們修剪樹木的方式也同清潔隊一般方式，並沒有所謂不當的問題。但這對於白雲少部分理想性很高的家長而言，就是一件難以忍受的事情，甚至於發表在部落格上。有時候，我寧願與好面子的民代打交道，面對這種理想性太高的家長，反而難以溝通。以下摘錄一小段與家長的交鋒情形，為了不想暴露當事人的身分，姓名部分都予於化名代替：

　　家長在部落格的發言：

吳校長您好：

　　首先，想要請問：

　　照你所言，只有「柳樹需要修剪，榕樹需要斷根」兩項，但是從照片裡看起來，所施行的是整排樹齊頭式的修剪，並沒有完全針對問題處理，並製造新的問題，造成部分家長反彈。

　　修剪掉大部分的枝葉，對植物根部鑽進建築物底沒有任何幫助，你故意模糊焦點，整件事還是沒有辦法合理解釋。除了造成問題的樹之外，其他的樹，如果沒有經費或者沒有能力，寧可不要去動它，你的所作所為對樹造成的傷害太大。

你的學校要如何運作，由你決定，結果如何，自有公評，針對你個人的批評，也無需擴張到會「傷害學校的小朋友」。

對此事我不會再做發言，以免有損和氣。

○○○

20090424

校長的回應：

○先生您好：

因為我不想在網路上一直寫來寫去，至於對您的回應說明如下：

首先說一個故事，有一群老鼠，正在商討如何對付貓，大家七嘴八舌，有一隻貓想了一個辦法，說提議在貓脖子上掛一個鈴鐺，大家都認為這個意見很好，問題是誰要去當這隻掛鈴鐺的老鼠。

對於這幾位家長的關心，當然我們很感謝，你們所提的建議我也接受，問題誰去做這件事，我告訴家長如果哪位家長願意出錢出力，每年來整理學校的樹木，我們當然可以考量，問題是從來沒有一位家長做這樣的表示，在經費困難的情況底下，校長（或是您所謂的我）只好拜託別人來幫忙，請問○先生您，我錯在哪裡？

我說，許多事情外人因為不明瞭，會錯解學校處理的態度，舉兩個例子，柳絮和學校建築物被破壞的兩件事，因為您不了解，輕估了事情的嚴重性，從您以下的文字可以得知：

「柳絮飛滿人家家中時」：柳絮是指何物？有多少？飛多久？飛多遠？據了解只有一株柳樹，柳絮問題不是嚴重問題。

柳絮就是柳樹開花後的種子，隨著風飄進弘道街的民宅，二年前的5月，學校被一群弘道街的百姓抗議，因為柳樹開花，柳絮飄進了米粉湯的店家，造成店家無法做生意，因為顧客說，他們的米粉湯有加料。

老闆娘告訴我，她們全家是靠米粉湯維生的，求求學校給他們家一條生路；其次，弘道街的鄰居告訴我，柳絮飄進民宅，造成過敏現象發作，全家都要看醫生；又一位街坊鄰居說，他們家不敢開窗戶，因為陽台上佈滿了白色柳絮，像層地毯似的，至於造成這些情形有幾株，您不知實情認為只有一株所以事情不嚴重。

事實上您來學校看過了嗎？本校弘道街旁共有五株柳樹，每年開花季節（大約4月、5月左右，差不多就是現在這個時候），就會開花飄進民宅，造成居民生計受影響，健康打折（有過敏體質的人會引發過敏反應），您說來輕鬆請問這事不嚴重？

　　如果您知道事實，您還會再說，這事不嚴重嗎？

　　當民眾來抗議時，有人出來說，樹不可以整理，不可以修，你們過敏是你們活該的話嗎？

　　有人出來幫忙嗎？沒有，還是校長（或是您所謂的我）出來跟民眾道歉，臨時請園藝公司來修剪含清運，不囉嗦，二株一萬元，五株多少錢自己算，有沒有家長來出錢呢？您覺得這還不嚴重嗎？

　　您關民眾生計，生命還不嚴重嗎？如果您再說不嚴重，我也只好……

　　第二個例子，學校有多少樹鑽進了建築底下？您知道嗎？

　　也不嚴重只有近建築物的部分樹木，株數有限很好處理，不需將所有綠意盎然大樹砍鋸得一株不留。

　　我想告訴您是一整排，整個明心樓前的榕樹都鑽進了明心樓的底部，最少十株吧；此外，學校學生表演台被黑板樹撐壞了、運動場側的步道被榕樹的根壟起而破壞，如果我們都不處理，有一天因此而發生意外。意外對象搞不好是白雲國小任何一個小孩（還包括你們的孩子）這時誰能承擔這種意外所造成的傷害。

　　要再次聲明，我並沒有把所有綠意盎然大樹砍鋸得一株不留，這是誤會，樹事實上都在，一點我很堅持，請你們務必謹慎相關用詞，我會相當在意的。

　　環保、綠色校園這些理念我都懂，相關爭執點在修剪的方式，我找免費的資源，還要被你揶揄：「能力有限，還可以找到免費的資源，真是不可思議，免費的資源都是些什麼？大家都知道『天下沒白吃的午餐』。」請你告訴我，大家都知道的是什麼？什麼又是天下沒有白吃的午餐？你在影射什麼？要不要一次說清楚，您可以跳出來說話，為什麼不能把話講清楚？

　　基本上，我不怪大家，有些事情不講真的是誤會，學者會站在理想層面看事情，我懂。可是實務上該怎麼操作，學者不一定了解，大家都愛學校，可是採取的方式，對學校而言就是傷害學校。像您，您對整件事並不了解，

跳進來只會造成更多的誤會，在網路上有許多像您一樣的網友，乍看之下義憤填膺，跳出來說話，結果事實不是那樣。把校長（或者是您所謂的我）一陣痛批，結果受傷的是學校，是這個學校的小朋友，值得嗎？我相信您是一位有智慧的長者，這個道理，您應該明瞭。

　　我不會在網路上留言了，但我會注意相關的發言，必要時採取保護自己的指施。

　　再次懇求，有話當面說，用這種方式真的不妥。

白雲國小校長　吳昌期

20090425

　　有時，面對理想性的家長，實在一時很難說得清楚，邀請家長面對面溝通，又不肯，只得在網路上互打筆仗，最重要的是有許多的困難點像是學校影響居民的生計與健康，所面臨民眾的抗議，是家長所不理解，也始終迴避的地方，造成雙方對話沒有交集。從上的留言可以看出家長的火氣不小，而且已經失去理性討論的空間，對於事實不了解，完全只從幾張照片來判斷事實，這樣的家長，一時也很難溝通，這些誤解當校長只能承受，只是透過網路傳播，我根本無法一一解釋，這也是我希望家長面對面溝通的原因，可惜也沒有被採納。

　　上述的事件其實是非常特別的例子，每每令人氣餒。但在教育現場上確實有些問題必須解決：

　　學校未具備樹木修剪的專業：其實類似的事件在許多學校都發生過，縣府農業局除一味重申樹木保護的重要外，對學校並沒有任何的助益，也沒有給學校任何經費或技術上的支援。有趣的是，有一回農業局自己被檢舉，農業局也說適度的修剪是必要的，所以不同樹種應不應該修？怎麼修？誰來修？經費何來？這些都是縣府應面對的問題，否則學校窮盡心力爭取免費資源，不但換來一頓批評而被戴起有色眼鏡觀看。在這件事情之後，該家長曾向縣府相關單位反應，並獲得所謂「善意」的回應，同意協助各校解決修剪樹木的事情（包括經費），並得意地在網站上宣佈，結果呢？結果除了發公文重申樹木保護的重要外，什麼事都沒有發生過。

　　校園植物栽種問題：過往學校對於校園植物並沒有太多的深究，致使校園

植物亂種一通，特別高大的喬木類，更是問題所在。例如學校常見的榕樹、黑板樹、印度橡樹，這些樹種長得快、不太需要照顧，但對建築物的破壞大，這些問題不該視而不見。此外，植栽的間距、種類都應一併考量，不應任意栽種造成樹蔭過密而孳生蚊蟲（因地面缺乏日照），反倒是樟樹、楠樹這類好的樹種，不但應該大力推展，還要好好愛惜才是。

　　當校長被人批評是很正常的，當然當下的感覺並不舒服，尤其是不明就裡的人加進來討論，反而模糊了焦點。特別是只會動嘴批評對實質工作毫無助益的「理想性」的家長，有時反倒是將校長的精力「內耗」其中，卻沒有辦法坐下來一起商量。當然，就是校長個人的修為了；我也必須學習用幽默的態度處理他人不理性的行為，只要是為學生，時間終會證明一切，也會贏得多數人的認同。學期終了之時，一位老師因為不滿學校教學與行政工作的分配方式，在志願表上畫了排泄物與寫個「屁」字。我沒有生氣，也沒有找老師算帳，只有淡淡地說：「請各位老師，不要在志願表上隨便畫自畫像與簽名！」也許年紀愈大對於他人的挑釁，愈能沉穩、幽默以對，而不會動不動生氣，我想這是我進步的地方吧！

廣結善緣，貴人相助

　　在學校當然不全然都是不愉快的事情，事實上得之於人助者更多。事實上白雲的家長會一直扮演著重要關鍵，由於透過家長會向外連結的社會資源，更是豐富學生學習內涵的大功臣。像是與夢想社區合作的夢想嘉年華課程、與數位人文關懷協會合作推動的數位家庭方案等，如果沒有美玲、慧慧、鴻達、賢恩與瓊婉等家長會夥伴幹部全力的支持與配合，學校不可能一次又一次的躍上媒體版面，這些皆得利於家長會的全力相挺，也是學校成功的原因。

　　有兩件事一直是我記掛於心的，其一是為了獎勵校內清寒優秀的孩子，除了平日的午餐補助外，我一直希望成立一個能長期運作的獎學金，這個想法在與陳福長里長深談後，獲得里長的支持，他幫我找了龍泉宮、福山巖及汐止愛心會等三個單位，每年固定捐助學校成立勵志獎學金。後來又加入北后雲天宮，讓學生中位處天平兩端的孩子都被看見、被鼓勵，我也希望這些孩子記住曾經幫助過他們的人，日後也能有能力回饋社會。

第二件事起因學校的整修工作，因為經費不足，還差少許工程款沒辦法一併施作，總共大約欠了 25 萬元的經費，我跟當時的嘉雯會長報告，沒時間再等了，並開玩笑說，到時候錢不夠我們去跟銀行貸款，總之先做了再說。當時學校正逢四川震災發動全校募款，當日上午我才將善款 11 萬 8 千元交給慈濟師姊，下午就有一位家長抱了 25 萬現金到校長室，他還告訴我：「校長！聽說工程款還欠 25 萬，我個人能力有限，我找了八個人湊了 25 萬給學校，希望工程順利進行。」當時只能把嘴張的大大的，因為這事真的是太神奇了，所謂佛家云：「捨得」有捨才有得，我們的大愛被上天知道，立刻也回應了我們，讓學校工程順利完成。

在白雲就是這麼可愛，必要的時候就會有人跳出來幫忙或適時伸出援手，讓事情可以順利的推展下去，也不知是修了什麼福田，每每就有貴人相助。可能就如陳之藩所言：「因為要感謝的人太多，所以只好謝天了！」我想應該是廣結善緣的好果報吧！

創新作為，邁向卓越

學校變了，白雲可說是個人博士論文的實踐，當然，你問我變革是否成功？個人不認為變革是否有所謂的成功，因為組織的發展或變革是一個連續的歷程，他是不斷在變動的，而且隨時有新的因素加進來而干擾，產生不同的變化，唯有不斷掌握學校發展的因素，才能確保變革的成果。

經過七年的努力，白雲國小的各項作為獲得了學生、家長的支持外，更得到教育局的肯定。2010 年臺北縣第一次辦理卓越學校認證，全縣將近 300 所學校中，只有 18 所學校在 21 個項次中得獎，白雲很幸運得到「學生學習」項次的認證。這項肯定，是對學校七年來的努力作了一個暫時性的評價，也是我個人最大的榮耀，真的感謝團隊及家長的默默支持，讓白雲這個灰姑娘也有邁向卓越的一天。

曲終人散，情意長留

幕起幕落，江山代有人才出，過去七年的白雲給了我舞臺，讓我在台上盡情揮灑。雖然工作辛苦，不時要被指責、批評、甚至被誤解，這些都隨著我的

下臺暫時畫下了句點；新一代的演員自然會賣力演好下一齣戲，在其間的我，最大的收穫就是交了一群好朋友，他們或許是工作上的夥伴或是家長，但對我的人生歷程而言，他們都是成全我的主角；雖然我人將離開白雲，但我們的友誼將藉由白雲永遠彼此緊緊地繫在一起。再會啦！仙杜麗娜！

吳昌期校長小檔案

　　吳昌期，1968 年 5 月 8 日生，國立臺北教育大學教育政策與管理研究所博士班畢。2003 年 8 月至 2010 年 7 月首任遴派至臺北縣汐止市白雲國小擔任校長，經過七年生聚教訓、慘澹經營，於 2010 年 8 月改任臺北縣板橋市江翠國小校長。以「國小校長變革領導、組織學習與組織文化相關之研究」完成博士論文，事實上白雲國小就是作者實踐變革領導的場域，並獲得不錯的成效。相關著作有《大學生必修的 14 堂課》（心理出版社）、《教育全壘打》（翰林出版社）等，目前仍是國立臺北教育大學與國立空中大學兼任助理教授。

38. 寫好人生中的這一個篇章

臺北市興德國小校長　洪瑾瑜

話心情——當校長的人可以談點心情故事嗎？

講起來真是歲月不饒人！還記得自己被幾個四十學分班的同學慫恿領表送件去參加國北教大校長培育班報名的，在這個決定之前，曾經很羨慕幾位主任班同期同學考上校長且上任了，只是萬萬也沒有想到，如今自己也已擔任校長滿七年。也不過才進入第二任的任期耶！我竟然被歸類為現代版的資深校長。

過去——有萬年校長，有任職十幾二十年的校長，有當到 65 歲才光榮退休的校長；現在——校長年輕化了，才過 50 歲的我，竟然號稱有點資深。

當阿律老師邀請大家寫當校長的心情故事時，我先是愣了一下！也想很久，在天天面對公文及硬梆梆的教育行政工作時，當校長的我有何好心情可以寫成故事？

其實，我也常常有感性的一面，但是在做許多行政決定時，我必須故作堅強，決定或會議之後，冷靜下來的心情讓自己常常想找個人說說，此時卻沒有對象或機會。

也許當校長愈久，愈沒有好心情了，所以，心中即使有故事、也許有故事，也不敢多談了！此次，在阿律老師的鼓勵下，我努力的將自己在人生啟承轉合的階段，寫下當校長的這一個篇章，也對自己從培育班、初任校長到轉任校長這八、九個年頭做一個回顧。

談制度——為何當校長沒有回頭路？

當了校長以後才發覺「我只能勇往向前走，不能回頭」。因為在制度設計上，校長這一項工作似乎是教育工作位階的 TOP，當校長就是踏上不歸路，如果沒有把校長這個角色扮演好，就可能沒有機會轉任下一個學校，那就下臺一鞠躬——接受退休的命運；如果太年輕、不能退休，只好靠教育局安排去

路，可是，選擇回任教師一途，在整個社會的眼光中似乎就是失敗者。所以，當我聽到「天冷就回來」這首歌，心裡就很難過。

梁文福在作詞作曲中，寫著他對人生的一些無奈：「童年已經不在／媽媽說／別在風中徘徊／天冷就回來；朋友笑說／她從不相信夢／天冷你就回來／別在風中徘徊。天冷我想回家／年少已經不在。」但是當上校長，就沒有「天冷就回來」的條件。

有夢的人無法實現夢境，心情難過時，還可以回頭找家人或朋友慰藉；但是，寂寞的校長不能在風中徘徊，有的學校教師會、家長會如兇猛的怪獸，甚至讓教育環境已經不溫暖，這樣如天冷的環境，校長是不是也有選擇回頭的機會？也就是說，當了校長以後，如果發現自己有一些想要實踐的教育理想或者教育美夢，已經不如預期，可能也無法實踐，是不是校長也可以像「天冷了就回來」一樣，回任原來的教職？

縱使有人認為回任教師會讓自己失了面子，將來也有心理適應的問題，或者也有人認為是工作成就感無法滿足的問題，所以回任教師並不是最好的方向。但是，大學中有教授參與校長遴選後擔任了校長，後來任期屆滿後回任系上的教授一樣，也有部長級的長官卸任後轉任到大專院校擔任校長，為什麼他們就沒有面子問題？大家都可以接受這樣的巡迴與安排，為什麼國中小的校長回任教師，就被社會各界以不適任校長批判呢？

在民主機制下，校長當不好，就如同政務官一樣，會被拉下台、換人做做看，所以現在的校長與官員的任期就像迷你裙一樣──「愈來愈短」；年輕化的現代，培育中心年年培育出一堆等候上任的優質校長，所以「校長如商品」──掛在那裡可以選擇，各校就如顧客，每四年考慮換一個不一樣的、說不定更好的校長，這已然變成一種常態，但是教育如商品嗎？教育要用這樣的角度來衡量嗎？這是教育之福？社會之福？國家之福嗎？

因為培育一個校長的養成訓練時間很長，當他摩拳擦掌準備好要當一個校長時，我們卻只給他四年一任的時間，這會不會太短了？還記得校長培育班請政大秦夢群教授為我們口試，當時他問我們幾位：「在嚴謹的培育制度下，如果你可以當上校長，你準備當多久？」大家都有志一同的回答說：「一任」，因為沒有人對下一任有任何把握！

畢竟一個累積豐富的教育行政資歷且熱愛教育行政工作的人，一路走來要

花很多時間、精力，甚至要累積相當的年資才能練就成為一個好的行政長才，然後透過甄試、培育才具備當校長的各種實力與能力；遺憾的是，教育界如果只給這位校長四年的時間與努力的機會，那真是浪費國家與教育的資源呢！

 論緣起──一個機會開啟一個可能

我是校長甄試儲訓制度改變後第一批進了校長培育中心的人才。2001 年培育制度改至師範學院，正式掛牌成立校長培育中心，臺北市教育局給了師範學院開辦費，讓我們完整的走完國立政治大學秦夢群教授及許多教授與長官期待的培育方式──資審、甄試、培育、認證、儲訓、遴選。當時甄試通過，我們自己繳學費來求學，有別於過去校長儲訓制度，只有資審、甄試、儲訓，即獲得資格，最重要的是公假、公費儲訓，甚至更早的制度不但資格獲得保障，隨後也會由教育局逐批派任分發到職。改為校長遴選制度後，我們培育完成，雖也取得兩張證書，一張是學分證明，一張是完成校長培育的證明，但是要當校長還得透過校長遴選的機制，可以說「個個有機會，人人沒把握」。

改變培育制度之初，有人批評我們是花錢買官的第一批候用校長，我大膽的提出：那所有的人自費去考碩、博士班且就讀，是不是也是花錢去各大專院校買學問？買學歷證明或證書？

制度的改變與設計不是我們應考者的問題，因為我們充其量是政策實驗下的白老鼠，白老鼠沒有選擇被實驗歷程的權利。幸運的是我們紮紮實實的上了一年的培育課程，讓自己如「勁量電池」隨時充飽能量，這應該也是我們第一期校長培育班同儕培育者最自豪的事。

結業前，我自嘲：「我有兩樣不會。」雖然沒有誇張到「我『這樣也不會』、我『那樣也不會』」，但是這一年在校長培育之父──林文律教授及當時的國立臺北師範學院多位師長的魔鬼訓練下，「我確實『煮飯也不會、洗衣也不會』了」。在培育班上課的一整年，白天要上班、晚上要當學生上課，阿律老師與師長們傾全力教導我們，更使盡了他們的看家本領，不論是專業課程、同儕討論、筆試作業、實習檔案，幾乎把我們如軍中「合理的要求是訓練、不合理的要求是磨練」般的要求，使得我們被磨得不亮也光。其中，令人難忘的是張玉成校長常常過來關心我們上課的情況，歐用生教授與林文律老師

常常忘了鐘聲，忘了地球上有時間，忘我的上課上到超過晚上 10 點，所以，我一回到家就累癱了，我當然就成了「兩樣不會」的代表。

不過，我真的打從內心感謝國立臺北教育大學校長培育班，因為這一個培育的歷程，為我紮好深厚的校長學與各種領導的基礎，在自己當上校長後，不小心都會用到教授們傳授的秘訣。

談實踐──當了校長以後，我想要印證什麼？

在培育班，師長有時會引發我們發表個人過去或對教育的一些理想層面，我一直都沒有同學們積極，類似說自己從小就立志想當校長云云。只覺得自己是當了老師以後，曾經對行政提出一些不滿意的言詞，我又怕他們說我刁難人，所以如果有機會讓我接觸行政工作，我會想要證明自己的能力，是否我能或我可以改變過去行政的種種措施與作為。

這其實根本不算是一種對教育理想的堅持，其實只是我一直想挑戰自己對行政現狀的不滿而已！有時是心裡私藏一點點自己對教育不同的見解，我確實想要透過自己的一些力量與做法來改變教育場域的現狀。不過，過去的我，教育行政理論基礎很弱，讓我不那麼確定自己的想法對不對。

是當了組長以後，有時同仁會正向的讚美我說，開行政會報的時候你敢講出真實的話，我很欣賞。或者有人說你會積極的去做行政工作上的突破與改變，將大家過去向行政多次提的意見──「化不可能為可能」。同仁還誇獎我說，為什麼那些難懂的公文你都會批或轉化為可行的計畫？

被同仁形容得我好像沒有人教就懂那些難懂的行政工作，其實我只是台語說的「目色巧」而已，而這樣的行政理解能力讓繆亞君校長在她第一年任用我當設備組長時就鼓勵我去報考主任甄試，我真的是受寵若驚。

我只是比較像愛種花的園丁吧！因為早就知道種子會開什麼花，在我忙著將播種的時侯，腦中其實已經充滿花朵盛開的景像。這些想像是我已經看了包裝袋上的百花圖像而怦然心動了，所以才買下花的種籽的。

我被同仁鼓勵從事教育行政工作之後，這塊園地就有類似這樣的認知與沉迷，我會用想像與突破心態來做行政規劃與執行；所以，以前的資深長輩主任或組長覺得無法做到的事，我都會轉個彎去想──我認為不會呀！只要這樣做

或那樣想，就 OK 了呀！教育行政工作當然沒有當園丁的角色輕鬆，也可能沒有當園丁可以看到美好的花圃與園地，靠自己一個人的時間與能力也是不夠的，還需要人力與資源的整合。慶幸的是我當時服務的學校是超級明星又大型的北市仁愛國小，許多同仁以及很多的學生都是我的幫手，加上家長在人力與經費上的資源一直不匱乏，我只要善用與整合就輕鬆的完成很多艱困的工作。

「如何化不可能為可能？」這應該也是自己的人格特質，因為我從不怕做事，也不怕多做事，事情到我的手上，我就是會想辦法克服，也常常因為自己的個性已經挽起袖子做起事來，害怕做事的同仁早就閃邊去了，不過我們這樣的人總會感動一些人咧！樂意做事的人會自動歸類與加入，這其實只是「要感動別人之前，要先感動自己；要別人動手幫忙之前，要先讓自己的手已經忙得不得了」的智慧吧！「動口不如動手」的領導哲學與做事態度，讓我一直延續到當校長以後。

我當然想證明自己到底有沒有「能力」？更重要的是我有沒有「影響力」，當我一點一滴的對親師生發揮一些影響力時，我會偷偷的笑在心裡，內心也非常過癮，這和當一個導師只影響一個班級是不一樣的心情啊！

常鼓勵——校長要當啦啦隊長，必要時與夥伴在場邊跳舞激勵團隊

有人問國際知名的演說家齊格勒對「鼓勵他人上進的激勵手段」有何看法？他說有些人對於「激勵」這個問題的認識很膚淺，就像學校運動會上的啦啦隊一樣——「虛有其表」，他只能依賴精采的表演來吸引觀眾。」有些演說家能當場激勵現場的聽眾，但是第二天聽眾卻想不起來昨天演講的內容。

他的激勵策略是：「我會把火爐的火點燃，讓它燃燒一會兒；但是不久之後，你會發現火苗逐漸在消逝，甚至會全熄掉。我必須站起身、拿起火鉗，再把火爐中的木頭翻動一下，讓將熄的火苗再度恢復興旺。」

我想校長在激勵行政同仁與教師是否努力表現或參與一些計畫的執行或組成專業社群進行行動研究等，校長就是要扮演拿火鉗把木塊攪動一下的角色，這個動作會使得木塊互相引起一些搖晃與震動，在木頭之間造成一些空間，讓新鮮的空氣流進火爐，使爐火再度興旺。

　　如果校長連走上前去將火鉗翻動一下木頭，使木頭持續燃燒的動力都沒有，我想火苗會漸漸熄滅，更不可能再燃起同仁的熱情。

　　校長要激勵他人，重燃個人的上進心，自己需要扮演那個引燃者與發動者的角色。齊格勒常常辦理種種勵志大會，但他也發現這些勵志大會能煽動人心，卻無法改變人們的處事態度。所以他說：「激勵是一輩子要做的事，不可能有做完的時候。」

　　例如：每個月慶生活動，我會親自送同仁一份小小的禮物，讓他們有驚喜，每個月我會想一些點子，用不同的方式為他們慶生，讓大家樂一下，有時我做PPT檔，有時我會親自唱歌祝福，有時我讓大家猜一猜，讓大家有點期待。

　　有一次看到屈臣氏週年慶大打折時，場地中布置了許多布縫的太陽花，我心血來潮就去幾家同時搜購，隔天與四處主任一一到教室送給老師，借小朋友的手一起為老師鼓勵打氣，這也是我運用成功的激勵方法！

　　成功的人際關係和蝴蝶一樣。我們只能去感受、欣賞她的美、她的優雅和自由，因為我們沒有辦法刻意的去安排。這種令人喜悅的時刻無法延長，也無法將它釘在木板上永久保存。我們只能接受她、把握機會，享受她帶來的喜悅。很多人想要嘗到成功的果實，但是只有肯播下種子的人，才可能有收穫，才可能享受甜美的果實。我自忖：我應該有下過一點功夫。

📖 看童顏──孩子是校長心中永遠的牽掛

　　一個學校總有一個校長，很多人不知道校長的職責，會問校長到底都在做些什麼事？學生與家長說校長好辛苦，每天早上在校門口看校長用心的身影，校長要看很多公文、要開很多會、要做一些很難的決定。

　　批公文很簡單，只要恪遵法令與規定；至於開會、做決定也應該都很簡單，但是有些會、有些決定，卻愈來愈困難。坦白說，開會、開會、不開怎麼會？所以校長透過開會來引導大家，但是自從有教師會與家長會堅強的組織之後，大家開會，通常變成愈開愈不會，因為各路人馬、各持己見、不相上下，校長常常左右為難，本來校長的權力最大，但是現在的校長，只有一個人，不敵代表制中，一群一群小團體的合縱或連橫，使得校長沒有辦法做決定，但是大家對校長的責任要求卻愈來愈重，很多時候，大家不給校長決定的權力，許

多事都說要公開透明、建立機制，且透過各種會議讓大家共同決定，所以校長通常變得不需要做決定，等大家做決定，所以，無法透過會議決定的事，校長也很難為，只好故做輕鬆或樂得輕鬆。只是，當大家做不了決定時，大家又一起回頭看校長。此時，我會嘲笑自己、也嘲笑制度，從臉上擠出無奈的微笑。

有人戲稱「拍照坐中間，吃飯不付錢」，那個長官就是校長，但是，你以為校長喜歡嗎？其實我才不喜歡當這樣的官。

我喜歡和孩子接近，我喜歡說故事、帶團康、玩童軍、教孩子畫畫、和孩子互動，帶大家去野外體驗學習；尤其到幼稚園、低年級教室，可愛的孩子會圍著我、抱著我，問我東問我西，我好喜歡。有時用童言童語與孩子們聊童話，其實我們的溝通沒有障礙，多希望孩子都不要長大，讓我們這樣呵護，好開心。

為什麼我們大人的世界卻如此難溝通呢？

最不願意面對的是特殊家庭，當我知道有些孩子的家庭背景，常常會讓我心痛，加上如果我們又介入一部分的努力，後來可能又無力協助解決，此時，我會幻想自己變成警察，變成社工師、變成檢察官或變成律師，或者我把孩子帶回家當做自己的孩子教養算了，偏偏我又不行。所以當校長的人，不是都只會擺官架子，其實很多校長和我一樣心腸柔軟，我們為了學校的孩子會到處尋求協助，為孩子找窗口或出路。還好，當上校長的我，自己的小孩都大了，他們讓我沒有後顧之憂，才有時間多為這些特別的孩子想想，對照自己小時候，也曾面對貧窮，也曾因外在環境不佳，使自己也曾有學習上的困境，因此，當校長之後更會為孩子們設想！

談角色──掂掂自己有沒有神鬼戰士的鬥志與能力

企業經營成功的女性代表馬凱莉小姐說：「如果要考驗一個鬥士，就要看看他是否『在遭遇嚴重困難時仍能面帶微笑』。」

所以，當校長常常有機會面臨親師、師生、親生等衝突事件，甚至必須處理校園危機。在親師生與媒體面前，必須假裝自己心裡不著急，情緒很鎮定，還要面帶笑容，其實內心裡很著急，也百般不願意扮演這樣的角色。在處理起很多事情，我必須以校長的角色與位階來思考，其實有時候會遺憾的說那根本

不是真我。

從角色看自己，也可以體會一些政治人物或當紅的藝人的無奈，當他面對事情時，有時只好說一些言不由衷、身不由己的話。而當校長的人，也有這樣的機會，例如面對學校老師家長檢舉——體罰啦！教學不認真啦！對特殊學生沒有愛心啦！教學方法有問題啦！通常校長都會先四兩撥千金的帶過，甚至必須講一些違悖自己良心的話來搪塞。

原本，我也曾以為校長是百獸之王，登高一呼，大家的眼睛與協助的力量就會集中過來，讓自己有一呼百諾的感覺。事實上，校長常常登高一呼，回頭看卻沒有人有反應。甚至遇到必須對外戰鬥的事，校長常常是一個人上戰場，去應付千變萬化的狀況。校長必須訓練自己像神鬼戰士一樣的英勇與戰鬥力，才能面對各種狀況而不會被鬥垮！

 ## 談差別——領導者與被領導者的不同

容我先說一個印度的故事：

> 人類有時在安逸無味的蚌殼生活和精采刺激的老鷹生活中擇其一。他們要老鷹生活的優點，卻不願意付出相當代價。於是他們找了一種符合他們要求的動物「鴨子」。

> 單看表面，鴨子和老鷹確實有很多相似的地方。但實際上，它們卻是兩種截然不同的動物；如果你知道從何處切入觀察的話，你很快就會認出鴨子來。

> 兩種動物都會飛；但是老鷹在高空盤旋的同時，鴨子只能緊依在水面生活。

> 有一位男士幾個月前到亞特蘭大飯店住宿，手上已經有飯店的訂房及確認證明。但是當他到的時候，飯店已經客滿。接待處的小姐告訴他，他的訂房是無效的，因為飯店已經客滿。說完，她就讓這一位男士繼續站著。不過這一位男士要求他的權利。

> 那位小姐卻說：「飯店客滿了就是客滿了，我也沒辦法變出一個房間給你，嘎嘎嘎……」接下來那位小姐便不再理他。

> 這一位小姐顯然就是一隻鴨子。因為她不能做任何決定，接著這

一位男士要求見她的上司。她很不高興地說：「他也不會說不同的話。」她一邊說著，一邊正要消失在門後。這門後一定是個鴨子池塘，她一定會跟另一隻鴨子出來。但是這一位男士希望她帶隻「老鷹」出來。

「一隻什麼？」她想知道他在說什麼。這一位男士解釋道：「請你帶個能解決問題的人來。」她懂了。後來飯店經理出面，他真的是老鷹。

他直接了當的說：「我們這裡真的客滿了。一定是我們作業有所疏失，因此我得向您道歉！我會儘快想辦法解決這個問題。我馬上打電話幫你找個適合的旅館，到這個旅館的交通費理所當然由我們來支付。在找到之前我可以先請您用個晚餐嗎？」

你認得出老鷹嗎？老鷹會做事，鴨子只會嘎嘎嘎。鴨子嘎嘎嘎的內容不外是理由、藉口、沒意義的話和抱怨。總有一天，鴨子會被解雇。

如果公司有問題，他們一定是第一批被開刀的。接著他們會說：「真不公平，我想我的老板對我有成見。」反之，老鷹會得到支持。

很重要的一件事是當校長的我們不能像鴨子般，不做出個成果，只會嘎嘎地叫？我們要避免校內行政之間及老師之間有鴨子的存在。有些人認為我們可以給鴨子一些動力。但你知道結果是什麼嗎？頂多把他們變成有動力的鴨子罷了。

我們來看看鴨子和老鷹的不同之處：
◎鴨子說：「這我可做不到。」老鷹會說：「我如何才能做得到？」
◎鴨子是悲觀主義者；老鷹是樂觀主義者。
◎鴨子們互相敘述負面結果，甚至會為了這事由開個鴨子大會；老鷹大多報導正面的成果。
◎鴨子不到必要絕不做事，大多是連一次都不做；老鷹會多飛幾哩，他們付出的比要求的多。
◎鴨子工作緩慢。他們的準則是「我是來工作的，又不是來逃難的。」老鷹則是「儘快完成所有的事」。

◎鴨子光是一只嘴很會說，找藉口不做事更是一流；老鷹時時學習，努力做事。

◎鴨子很會找藉口；老鷹會找解決方法。

◎鴨子不敢冒險。老鷹也會恐懼，但他們還是去做，老鷹很有勇氣。

◎鴨子從上午10點工作到下午6點；老鷹從上午6點到晚上10點都在工作。

◎鴨子在每個機會裡找問題；老鷹在每個問題裡看到機會。

◎鴨子在人背後閒言閒語，他們要這樣做才會覺得快樂；老鷹忙得沒有時間加入閒言閒語的行列，老鷹只談正面的事，否則就保持沉默。

◎鴨子要花很久的時間做決定，做事卻只有三分鐘的熱度；老鷹果決行事，因為他對自己很有信心。

◎鴨子把精神都擺在問題上，而且只會空談；老鷹會把時間擺在解決方法上，而且會實踐。

◎鴨子會記恨；老鷹懂得寬恕。

◎鴨子等人餵，如果飼料不夠，他會大聲叫；老鷹懂得負責，他只取所需。

◎鴨子愛他所擁有的東西；老鷹設法取得所愛的東西。

◎鴨子一有小事就激動得不得了，還以為這樣做很好；老鷹不會做這種可笑的事。

◎鴨子的生活圈只有一個小池塘；老鷹可以登高峰。

◎鴨子責備不如意的事；老鷹改變不如意的事。

有一次，我對一位資深長輩校長抱怨說，以前我當組長主任的時候，都會設想把自己份內該完成的事做好，再送請主任校長給意見與指導，為什麼當我當了校長以後，有許多事卻要讓我一一煩心與擔心，甚至要親力親為才行呢？校長前輩聽了戲謔的說：「所以你有能力當上校長，他們就當不了校長呀！」

再對照鴨子與老鷹的故事，更了解自己的角色了，因為校長如鷹，被領導者就如同鴨子。校長經過那麼多的培育與專業養成，當然對政策方向有聽取與判斷的眼光，當鷹展翅盤旋高飛時，即目光炯炯望向遠方，但是只在池塘邊划

水的鴨子確實是看不見的，所以他們會眼光短淺、只會報怨目前的現狀。

領導者與被領導者是永遠不同的，愈來愈清楚自己的角色之後，我從此不再抱怨。

 ## 結語──當校長是人生中的一個篇章，是教育工作中的一個段落

蓋斯特說：「為了自處以及自己的需求心安。年復一年，我願仍如往昔一般，問心而無愧。我不願在生命的夕陽餘暉裡，悔恨平生的所作所為。」

從 1979 年畢業迄今，我從事教育工作也已超過 30 年了，期間擔任導師 9 年、專任教師 2 年、組長 6 年、主任 7 年、校長 7 年；算起來擔任校長一職約占占總時間的四分之一強，在此時，林教授要我試著以柔軟的調子用心情故事的方式來描寫自己從事校長工作的心得，當自己拿起筆來，還真的像要寫一篇文章一樣，有著起、承、轉、合之感，目前擔任「校長」的這七年時間，正好演到我人生的某一個段落，而這一個段落，當然有一群人陪我一起演出。只是不知道演得精不精采？那還得要戲外的親師生一起幫忙評鑑呢！

這一個篇章也許沒有明華園戲中的旦角或片段精采，我也用潘越雲唱的「情字這條路」來翻唱過「那ㄟ、那ㄟ同款校長這條路，你攏行到輕鬆，我行就甘苦……」，來形容當校長的無奈與從事校長一職的辛苦，但是我也很清楚的知道，當上校長以後，不要抱怨與後悔，誰叫我是校長？

我還有一個遺憾，那就是當了校長以後，老師與校長會漸行漸遠，校長與老師就再也不會是朋友，如果還有同仁情誼算不錯的了。從老師們私下聚餐，很不喜歡邀請校長，因為校長來讓大家不自在，這都可以看出一些端倪；還有當學校發生危機或衝突事件時，同仁個個噤若寒蟬，避之唯恐不及，要面對與處理的人當然是校長；校長必須異於常人，校長必須面對媒體與輿論的壓力，此時的校長，只能扮演好那個戲份非常重的獨角戲，因為回頭看，沒有靠山、沒有長官，校長只有自己的美麗與哀愁。

過去剛要上任，師父校長都會提醒，校長這一份工作，榮耀與快樂就在布達交接典禮的那一天就好，第二天開始就要進入校舍規劃、了解計畫、處理意見不合、解決觀念衝突、甚至常常要做最困難的決定等，當校長沒有天天快樂

的；校長工作更不可能浪漫。如何保有校長的尊嚴？態度上，要自己調適。因為校長只能給大家快樂、給大家浪漫的想像空間、給大家尊嚴……，自己的感受留給自己享用吧！

我曾期待老師對校長這一個角色也有同步的溫柔與理解，與校長一起營造校園的喜悅與快樂，那校長就會是笑長，校長講的話就會是笑話。讓教師愉快教書、學生也都快樂學習、家長也會跟著放心。

但是校長卻是「忙碌的人、疲倦的人、最孤獨的人」的合體，我已能深切的體認。不過「我仍樂於接受挑戰，鼓勵創新與作為」，希望忙碌是有目標的，不能當無頭蒼蠅；疲倦要想辦法克服，孤獨要想辦法放下，在當校長的每一天，要如學生期待下課十分鐘一樣的快樂，我會偶爾樂在校園與孩童的歡笑聲中，將勞碌與煩心拋諸腦後；期許自己寫好人生中的這一個篇章，更希望內容能精彩些，未來回憶與記憶時，自己會從內心發出神祕的微笑！

洪瑾瑜校長小檔案

我是本省人，父親翻開字典幫我取名「瑾瑜」，當時同學的名字裡大都是花、月或美的時代，很多人誤以為我是外省人。「瑾瑜」是美玉之意，但很難介紹。我通常介紹自己說「瑾」是民國女英雄「秋瑾」的瑾，「瑜」是三國時代周瑜的瑜，不過現代人對歷史人物很陌生，會霧煞煞的再次反問我是哪一個字。為了讓對方理解，後來我改口說瑾是「僅」有的僅，「瑜」是小偷的偷，兩字去人部改成玉部，大家都懂了！

不過我很後悔，幹嘛用小偷的偷來介紹自己呀？真是降格以求。可見大家識字不多，也代表我父親很有學問！

從前從前我的專長是美術，但是畢業後第一年校長錯用我當低年級導師，後來老天爺就常常與我開玩笑，常叫我做一些不符專長的事，例如：教我當設備組長、寫資優數學教材，九年一貫我參與綜合活動領域的召集與編寫，因而有機會全省跑透透去演講分享；當了校長以後兼任國小自然領域輔導團召集人，目前專長很自然；以後也許會改學體育，讓我學科平均且優秀，目前沒有多少人知道我會畫畫，真是遺憾！

39. 有夢最美，希望相隨——
創造永續「心」「新」校園

新竹市東門國小校長　黃美鴻
（榮獲 2007 年教育部「校長領導卓越獎」）

 概述

　　在我教育生涯中有機緣和一群志同道合的夥伴，攜手共創一個精緻、多元創意、可愛有趣、快樂的學習天地，讓一群孩子每天很期待上學，讓願意奉獻教育愛的老師開心、樂意的教學，讓科技高社區背景的家長們滿意、放心的把孩子交給我們，同時社區人士願意全力的把各種資源和我們分享，營造一個大家認同肯定的學習花園，我覺得這是一個多麼「有福報、有價值、有意義」的工作啊！

　　回溯科園八年前創校時，我真可以說是「初生之犢無畏虎」，以一個候用校長的身分竟然敢挑這個沉重艱鉅的擔子。當下，我覺得上級長官既然這樣肯定我的能力，我就義不容辭勇敢的接招，隨時提醒自己不能漏氣：「沒有給自己機會，你怎麼知道你不行？」更何況我對教育有一份不可言喻的執著與夢想：就是希望能實踐我心目中的教育藍圖和理念。打從遴選建築師、規劃、招標、工地破土動工、切除地下管線、一個樓層一個樓層的逐漸完工到使用。

　　2003 年招生運作，向科館局籌募經費和撥借土地、向台電公司請求電塔地下化、請求相關有力人士爭取架設通往安康社區的人行天橋，是為了方便及安全孩子的上下學步道。又向市政府申請經費，形塑豐富多元、婀娜多姿的生態園。以及體育館的規劃、營建、落成，以替代一個操場的功能性。又透過民代等有力人士的奔波，向市政府爭取緊臨學校旁邊 0.6 公頃的土地徵購案，地上可以闢為露天操場，地下則規劃為社區急迫性需要的地下停車場，解決社區嚴重的停車問題（增加市庫收入），這是三贏策略，終於 2009 年 6 月 19 日議會通過逐年編列預算徵購。總算應驗了「有夢最美，希望相隨」的期待，創造

五心級就是孩子「開心」、老師「盡心」、家長「放心」、行政「用心」、社區「同心」的新校園。

　　每一個過程我都把它當作學習新功課的態度來面對它，當然經歷的過程中有困苦、煎熬、冷嘲熱諷、碰軟硬釘子、流汗流淚、缺乏經費等的挑戰，但是我和團隊夥伴們都硬咬著牙根，抱著打落牙齒和血吞的精神忍耐，用意志力堅持，以行動智慧拼命找對策，最後也都能逢凶化吉，碰到貴人，事情一一迎刃而解，得到雙贏的策略。所有的辛苦都是為了教育理念的實踐，今天雖然學校運作獲得大家的青睞、肯定，呈現家長們爭相選擇敝校就讀的榮景，但我們並不因此而驕傲、滿足，夥伴們更深切的理解現在的家長是「逐課程而居」，更驅動了團隊夥伴們積極的朝優質、卓越邁進！

分享心歷路程

首先介紹我在運作或解決任何方案所用的理念、理論、策略 ◎◎◎

　　◎理念：以學生學習為核心，以老師教學為主體，積極創造空間、夥伴經
　　　　營、整合資源、展現願力、實踐創新。

　　◎理論：引進「企業管理高德拉特（Goldratt）TOC 制約法，以及彼得·
　　　　聖吉（Peter M. Senge）第五項修練——系統思考」提供親師生思考工
　　　　具。利用三個工具（三種圖）：Cloud 圖（疑雲圖）可以用來化解衝
　　　　突，創造雙贏；NBR 圖（負面圖）了解負面效應的發生，化解負面分
　　　　岐；PRT 圖（遠大目標圖）凝聚執行步驟圖、落實步驟執行、達成目
　　　　標，即可解決我們身邊大部分的衝突及問題。用簡圖說明流程：

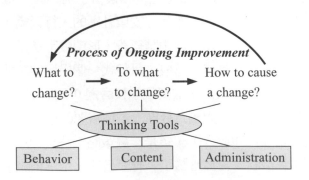

◎策略：茲以下圖來表達解決方案的策略模式。

優質經營團隊的建置與運作

確定挑戰困境的方向與範圍

初期　中期　長期

觀察客觀優勢，掌握成功契機

學生、教師、行政、家長、社區人士

- 校長行政創新轉型領導，以前瞻性和系統思維出發，勇於突破困境。
- 尋求管道，爭取經費，整合資源，夥伴經營，創造學校空間。
- 整合學校與社區資源，提升學校與社區文化氛圍，帶動學校與社區總體經營。
- 營造創意空間，創新教學美化綠化藝術化校園，提升教學品質，發揮境教功能。

營造快樂學習校園
培養學生帶著走的能力

第一個挑戰：針對初期學校本體工程艱鉅難纏不可能的任務 ◎◎◎

我的解決策略是：找對人、找出方法，用行動智慧突破困境

當校地丈量、探勘確定後，為顧慮滿足學校老師教學、學生學習活動功能性之基本需求，建築師的設計卻因為偏逢物價高漲，經費有限，使得我們整體工程（水電、土木）慘遭三次流標，但招生運作時間又迫在眼前，眼看再招標不出去的話，一切運作和機制就要泡湯和開天窗了。怎麼辦？乾著急，解決不了問題，我們團隊領冷靜下來思考解決策略，唯一能殺出血路的只有一個方法——緊急找「錢」，我們費盡心思，想盡辦法，找尋社區里長及相關民代等人士，浩浩蕩蕩的直搗市政府向英明有智慧的林市長要了 500 萬元，又向號稱「金雞蛋」的科管局說好說歹的要了 350 萬元，湊起來 850 萬元，總算皇天不

負苦心人,第四次終於標出去了。

正喘一口氣之當兒,校地開始動工,天啊!工地主任尖聲大叫:「報告校長,我們挖掘校地的底下,經過調查,真是不得了,竟是光籤電纜、瓦斯管由南到北必經之重地。我們必須停工和相關單位協商切除後,才能往下進行工程。」這如晴天霹靂的打擊,又再一次的挑戰我,這時我告訴自己:「沒有關係,要穩住自己,老天爺只是要來考驗我的智慧,不要氣餒,勇往直前吧!」時間雖然急迫,但我卻有一股堅毅不拔的力量去面對問題,妥善處理,和夥伴們一起交流討論,尋求支援、運用相關資源,一步一步耐著性子和堅定毅力的解決問題,等切除處理完畢,正式建構本體建築時,已經是 2002 年 11 月 8 日了,距離 2003 年 7 月 31 日限時完工只剩 9 個月又 23 日。天啊!廠商和我們團隊都處在高度的緊張和壓力中,白天和晚上我們都和工人搏感情,努力的超前進度,又要顧好工程品質,那是很艱難的工作,如人飲水,冷暖自知。

當樓層漸漸長高後,卻又碰到更離譜的問題,就是北側的電線和電線桿離教室太近,工人無法工作和對人體有傷害性,真是好事多磨。還好我們已經練得一身功夫,知道如何對症下藥,我們針對問題請相關人員組隊前往台電公司懇求協助,運氣很棒,我相信這個世界上只要肯去找還真的會碰上不少的貴人呢!就這麼短短的 80 公尺電線要它下地,竟然要花八百萬元,慈悲的台電高層人士為了教育國家未來的希望,還全額吸收呢!真的感人肺腑!

還好老天爺也知道我們的困境,很賞臉,工程進行時沒有刮颱風和下大雨。過程中雖然有社區居民的不斷抗議和告發,造成廠商工作的困擾,但我們校方團隊努力用心釋出最大的真誠和善意和里民溝通協調,最終還是獲得他們的體諒,讓我們的工程順順利利的如期完工。真所謂應驗了要成就一件事必須符合「天時、地利、人和」之條件呢!也讓我體驗了天下沒有白吃的午餐!

第二個挑戰:在校園矗立著已經數十年的高壓(16 萬 1 千伏特)電塔,如何讓它下地消失 ◉◉◎

我的解決策略是:勇於行政創新領導,成立規劃、營繕小組,以系統思維出發,勇於突破創新

幸運的我們,在創校時獲得交通大學系統思考實驗室的蘇正芬及李榮貴兩

位教授的支持，開始攜手合作在科園推行 TOC（Theory of Constraints，限制理論）系統思考教學，帶領科園團隊將 TOC 應用於日常教學、班級經營、行為輔導及行政運作，以建立持續改善的機制。在我們發現學校北側校園中的一座高 65 公尺 16 萬 1 千伏特的高壓電塔，占了校地不少空間，往往造成親師生們活動時有很大的不方便，同時不理性的人還「以訛傳訛」：聽說過大的電流壓會造成人體重大的傷害，讓我們團隊夥伴承受很大的壓力與焦慮。此時我們透過民主機制，充分討論，凝聚共識，找出適當策略，尋求相關人仕連袂到台電公司請他們地毯式的測量校地每一個角落的電壓是否符合生活之安全範圍，以杜悠悠之口，結果出爐了，我們真是杞人憂天，根本連吹風機和手機的電流壓都不如。同時我們很真誠的透過學校網路致信每位家長很鄭重的公告，無論如何請放千萬個心，絕對不會威脅生命。

但是話說回來，每年學校都要接受新生家長的質疑？解釋不完？等於問題還是懸在那邊沒有解決，還是要接受很高的挑戰，所以我們決定用 TOC 系統理論裡的 PRT 圖（遠大目標圖）凝聚執行步驟圖、落實步驟執行、達成我們要的目標，其實根本解決之道就是「讓它下地，消失在校園中」，消除任何人對它的存疑與威脅，也就是一勞永逸之策。但是這工程多浩大呀！簡直是天方夜譚嘛！大家都在疑惑的當下，我決定力挽狂瀾，堅持一個想法，沒有試試，怎麼會知道行不通呢？我積極鼓勵夥伴們開始找方法來解決這個問題——也就是一個階段一個階段很有耐性、很真誠的和台電公司的高層不斷的接觸與溝通，奮鬥、苦熬、忍耐了四年，最後台電被我們的「真誠和教育愛」所感動，他們終於點頭願意配合我們運作，這是很不容易得來的喜訊，我們所有親師生都喜極而泣，非常珍惜這難得亮麗的成果。

接下來我們趁勝追擊，和家長會努力的向社區人士及地方仕紳和議員先生小姐們及市政府林市長等貴人募集了二百萬元，規劃孩子的遊樂設施和別緻有創意的樹屋，充實孩子學習的內涵。可怕的「電塔怪物」終於不見了，換來的是孩子開心、喜悅的歡笑嬉戲圖像，這就是證明了我們團隊從「系統思維」出發，勇於突破創新，挑戰了不可能的艱鉅任務。

挑戰第三個困境：沒有一般傳統學校的運動操場，要因應家長質疑上體育課的困擾 ◎◎◎

我的解決策略是，要「擴充校地，向科管局及相關單位爭取社會資源」來擴大孩子學習活動的空間

所謂「創新」就是無中生有，有之中，精益求精。我們因為校地狹小又地型畸形，除了建構教室外，擠不出一個空間可以給孩子上戶外課，必須要到社區運動場上課，來回耗費不少時間和心力，造成師生極大的困擾和影響教學品質。就有這麼一天我漫步到靜心湖散心，突然靈光一現，發現緊臨學校到靜心湖之間這一塊六百多坪種滿美美的浪漫楓樹道路，是不是可以借給我學校使用，讓我們的校園延伸和開闢成戶外體育場！因為學校實在找不到可以給孩子上體育課的空間，在這急迫性之需求下，驅使得我不得不動這個念頭，反正「想」也不犯法嘛！回到辦公室後我和團隊們討論，卻換來了夥伴們的驚訝提醒：「校長，您想太多了！科管局寸土寸金，怎麼可能平白借你值一億以上價值的土地呢！」當下，的確我也自己認為有點癡人說夢話。但我是創校校長，所謂「為母者強！」沒有讓師生有滿足的上課場所是我的責任，更何況以長遠的角度來看孩子的「體適能」的確值得堪慮。

所以我堅持，還是一句話：大家沒有試試，怎麼知道不可能呢？所以我召集團隊說服他們：「只要我們有心，就有可能，大家勉其難一起來努力吧！」結果團隊們充分的討論後，決定用 TOC 系統理論裡的 Cloud 圖（疑雲圖）來和科管局溝通、討論我們的困境，希望獲得科管局的認同，創造雙贏。幾位智囊團規劃了嚴謹的腹案和強而有力的說帖，也就是「動之以情，說之以理」的文情並茂書，希望能打動他們的心。同時也想盡辦法請家長會及相關有力人士支援，透過不少管道向科學園區管理局懇求撥借，最後我認為應該是「真情感動人」吧！真是「得道者多助」，為了教育，為了學子的體適能，經過六個月：期間我們團隊到科管局有 12 次之多，最後二次出發前我心中的信念是：「國父革命十次成功，而我已打破他的紀錄，我是否再堅持，但想到孩子的期待，告訴我自己不可放棄，尤其要忍耐相關人員的冷嘲熱諷：『你看！要錢要地的團隊來了！』」但是團隊夥伴們發揮了卓絕的韌性和堅持的勇氣，持續奮

鬥和努力。

　　所謂皇天不負苦心人，科管局終於鬆口，這欣然許諾的訊息，解決了我們眉燃之急的困境。撥了約 0.2 公頃的土地，讓我們團隊及孩子們雀躍萬分，又積極的向市政府爭取經費，得到補助三百多萬的工程款，規劃了兩座標準規格的籃球場和躲避球場，及多元使用的羽球場和樂樂棒球場等，暫時滿足及解決各班上體育課之問題，也解決家長高度的質疑！

針對第四個挑戰：缺乏志工貴人的協助 ◎◎◎

我的解決策略是：整合運用豐沛社區資源，帶動學校社區總體營造

　　本校位處於科學園區旁，家長 80%以上是科學園區及工研院高科技的上班族，是屬於高社經背景，所以平日非常忙碌，當然沒有閒暇參與學校的運作，而且他們認為學校是屬於公家的，應該有充裕的經費運用，人手也應該不必擔心。但是我們是新成立的學校，由無到有，創業維艱，這份艱難只有身歷其境的人最清楚。因為社區家長們都是年輕出來打拼事業的人，個人本位主義非常濃厚，要憾動他們的思維還真需要二把刷子。

　　團隊夥伴們為了要讓學校圓滿順利的發展，每個人亦步亦趨，除了努力備課、用心教學，把每個孩子帶上來外，還不斷專業成長、教學創新，建立優質口碑和品牌，更利用課餘時間綿密殷勤的和家長溝通討論，釋出我們最大的熱忱和教育愛。當社區家長們看到孩子的成長與進步後，也就開始關注學校的發展需求，認同我們的教育理念，同時也找到了溝通的平臺，有機會搭配共同實踐學校的願景。團隊夥伴們更引進 TOC 系統理論裡的 NBR 圖（負面圖），了解負面效應的發生，化解負面分歧，共同建構正面、積極的策略，解決碰到的任何困境。

運用各種多元機會，激勵社區家長正面參與學校教育，組成堅強志工團隊

　　依課程及活動需求，整合本校及社區人力資源，積極招募熱忱的志工，志工團隊成立後，夥伴們積極投入的精神，很令我佩服及感動。尤其每天早晚交通志工們細膩、溫馨、安全的護送孩子上下學，圖書館志工們埋頭苦幹，花了很多心力，協助指導孩子們借書、還書及閱讀，故事志工、生命教育志工們及文字讀書會志工們等，群策群力用心的鑽研技巧、精緻的做道具，設計有品質

的課程，全心全力參與故事志工的專業進修及規劃設計，默默付出給寶貝們的是最好的陪伴與學習，「用心去帶心」、「用生命去感動生命」，有這樣優質的教育夥伴互相搭配，形塑一個有品質、溫馨、和諧的校園氛圍，多令人欽羨呀！

和社區家長夥伴蒐集在地的資源和攜手營造本地社區文化的客語學習走廊，一起輕輕抓住孩子學習的焦點，豐富學習鄉土文化的內涵

本地金山面是新竹市最大的客家庄，家長和團隊夥伴們討論激盪出非常好的創意點子，建立共識後，我們決定想辦法找經費建構有客家特色的情境，因此每個家長分頭去找古老時候使用的生活器具，包含食、衣、住、行，及種田操作所使用的農具等，彙集起來裝飾在櫥窗裡，擺放在孩子喜歡奔跑的走廊上，將它妝扮成古色古香有客家特色的藝文走廊，藉以留駐孩子的腳步，更可以做有深度母語生活文化的學習，也就是希望課程能融入在地文化，立足本土，胸懷國際觀。

「每年學校團隊都會和里長及社區發展協會理事長等挖空心思、用心的設計別緻有趣的主題校慶活動」——社區里民和孩子們共襄盛舉的交融很令人感動

創校開始，校慶活動內涵都是透過親師生及社區里民共同縝密的規劃，每年的校慶都有令人驚豔，很有趣味而且是別開生面的不同主題活動，孩子在過程中有很多的學習機會和親子的交流互動，可以培養「多元能力」外，尤其可以挑戰孩子的挫折容忍力，最重要的是要培養他「勝不驕，敗不餒」的觀念與態度，尤其社區媽媽、老奶奶和老爺爺等都會秀出他們最拿手各國風情的舞蹈和客家山歌。

最另類的是社區媽媽們的「展現願力」，他們會提供手工製作的QQ軟軟入口即化的「麻吉」，讓來賓們讚不絕口。還有香氣四溢的「麻油雞」，更是令人齒頰留香。還有脆脆的「酸菜鴨肉湯」及色香味俱全的炒米粉等，讓所有的來賓大快朵頤，印象深刻。我們也請社區文史工作者吳慶杰先生來為孩子們做鄉土文化的深度解說，趁這個機會讓孩子了解本地故事。

發揮「轉型領導的魅力」——給團隊夥伴們積極關懷與授權，領導發展精彩課程，鼓勵夥伴學位進修及研發創意教學，提升同仁教育專業能力及充實孩子學習內涵、培養帶著走的能力 ◎◎◎

充分利用聚會的時間和同仁夥伴分享經驗、學校願景、建立教育理念共識。從家族團隊意識出發，大家是兄弟姐妹，結緣同船渡與共修，為學子做功德而努力付出，慈悲喜捨，扮演孩子生命成長歷程中的貴人及推手。在一個團隊裡難免有一、二個成員有另類思維，讓人難以相容，但在科園氛圍裡，每個夥伴皆釋出菩薩心腸，拿出最大的包容和量度給對方機會，把誤解、敵視、交相指責的「隱形牆」拆除，凝聚一股交融的力量，使團隊夥伴在心智上由「普通燈炮散漫的光」轉化為「雷射光」般強大而持久的凝聚力，以及建構心靈上的高度默契。

當然這人性的光明面發揮到極至和產生友善的文化氣氛，不是一天二天就形塑的，而必須是行政團隊有策略的引導，經過細水長流的過程才能慢慢累積能量和每個人付出努力耕耘的結果。平日行政人員和教學級任導師必須綿密的互動及真誠溝通，心存善念為解決問題而討論和交流。充分授權讓每個人發揮自己所長，有質感的完成自己的任務。更要積極關懷夥伴們的日常生活大、小、公、私事，有需要時傾全心力的協助他們解決問題。

尤其 21 世紀是知識經濟時代，建立每位同仁要有終身學習的共識，同時要培養自我第二專長的概念，要有特色的創意教學必須有深厚的知識背景，所以為了提升教育品質，精進教學能力，我身先士卒，於國立新竹教育大學台語所的博士班進修，目前本校已有五位夥伴在研究所進修畢業，有四位正在進修，陸陸續續到 2009 年已有 15 位夥伴跟進考研究所進修，風行草偃，讀書文化已蔚成風氣，孩子看到老師這麼用功唸書，他們不讀書是很難的，所謂身教重於言教！

「創新」是本世紀競爭能力的指標，沒有創新意識的老師，哪來創新的學子，基於這個需要和理念，我積極鼓勵同仁夥伴用心思考本位課程之外，我們還可以給孩子什麼？其實只要有心，方向搞定，「路」就不遠了。老師挖空心思，同儕專業對話，果真有意想不到的創意作品出現，夥伴們不斷的探索、修

練、學習，讓參與的夥伴履次榮獲創意方案佳績，本校常常被教育局指定為參訪指標性的學校，自創校以來國內外約有七十幾個團隊來校訪問，同時也被邀請到校外分享學校運作和優異方案課程發展之歷程，「知識」也因為分享而更有價值性，何樂而不為，這是我們的榮幸！

推展「科園新教育──圓融生命，發揮人性之光與熱」：我們提出「心」教育～行政用心、教師盡心、家長放心，我們以「心」教育為藍圖，建構科園國小的教育願景，用心帶好每個孩子，誠心面對每一位教職員，並且把每個孩子都帶上來，提出三「新」的科園新教育。

◎新觀念：每一個孩子都可以受教，每一個孩子都應該受肯定，功課好的孩子固然值得被獎勵，功課不好的孩子也應該有他們發揮的一片藍天，只要找到興趣，我們應肯定每個人的「多元智能」，只要肯努力，人人都應有機會成為「多元明星」。我們更不要讓學校在教育改革的過程中孤軍奮鬥，沒有家庭教育配合的學校教育不會成功，新教育是學校和家庭密切配合，觀念一致的「完整教育」。

◎新學力：知識成等倍級數增加，知識永遠記憶背誦不完，擁有知識、掌握知識的「能力」，更重要，澳洲教育改革提出「關鍵能力」，我國九年一貫新課程提出「基本能力」，日本最近提出「新學力」的觀念，新學力即是：知識＋能力。我們期望科園兒童擁有基礎教育的「基本基礎」知識，更擁有解決問題的「能力」，換句話說，我們不只給孩子魚吃，更要教他釣魚的方法。

◎新倫理：我國是最講倫理道德的民族，但時代在變、講倫理前要先講「道理」，就以「孝」來說，我們絕不可以把它丟掉，但要隨時代的演變再重新詮釋，其他倫理道德亦然。「弟子規」、「三字經」、「論語」、「孟子」、是非常好的做人處事倫理道德教材，我們從一到六年級系列的推出，利用零碎時間慢慢引導孩子熟記它，最重的是能身體力行的實踐它。

分享甜蜜成果

這八年來所有的科園團隊大家齊心打拚，用「愛」累積希望，用「心」實踐學校「健康、樂群、人倫」願景，用「創意」許孩子的未來，用「意志力和耐力」面對問題，想出最佳的策略衝出困境！配合教育改革與國家重要政策同步邁進，別人做不到的地方，我們遊刃有餘，而且挑戰不可能的任務，達到我們預期的目標，具體績效如下。

福地呈現，到處有創意空間 ◎◎◎

高壓電塔下地後，現在已經變成孩子們最愛的遊樂區，而且到處都有創意的空間呈現，校園綠美化，節水省電，2004 年榮獲經濟部全國節約用水特優獎。2005 年 InnoSchool 全國學校經營創新獎榮獲特優獎。在這樣優質環境的陶冶下，學生的表現是很有禮貌、熱情、優雅與尊重，常把「微笑」掛在臉上；當我們師長們經過遊戲區時，孩子們會和我們分享他們的故事或表達情緒，同時也是生活的高手，2004 年榮獲教育部學生事務與輔導工作績優學校。

孩子有帶著走的多元能力 ◎◎◎

在這個創意情境中，陶冶孩子具有顛覆傳統的反思能力、創意思維、美學欣賞、語文表達閱讀與寫作、扮演戲劇等能力，並於 2005 年全國客語話劇比賽榮獲第一名哈客金獎、2006 年學生參與全國寫作比賽榮獲特優獎，以及 2009 年學生有 60 篇寫作榮登國語日報和人間福報。

促進健康，增強體適能 ◎◎◎

原來是屬於科學園區的道路，如今是科園孩子展現體能及遊戲追趕跑跳碰的運動場，看到孩子們展露天真無邪、燦爛、歡喜的笑容，我覺得辛苦是有價值的，是值得大家放心和喜悅的。小朋友參與全國跆拳道大賽榮獲全國第二名和第三名之佳績！2010 年榮獲體育評鑑優等之佳績，同時孩子也養成了運動的好習慣。

產出「展現願力」的熱情家長志工團隊，扮演孩子生命中的貴人和心靈捕手 ◎◎◎

家長志工都非常樂意奉獻及支持學校，參與導護站崗護送孩子上下學、晨光時間說故事及運作繪本、文字讀書會和生命教育，也因此榮獲教育部「閱讀推手獎」之殊榮及午餐監廚等工作，他們以能參與科園志工為榮，以孩子能念科園國小為傲，樂於服務與付出是學校最佳的教育合夥人，營造學校與社區良好的互動與發展。

優質校園文化教學卓越，獲獎不斷 ◎◎◎

學校具有親和力的人本、溫馨、和諧之優質校園文化，推展策略學習、有效思考，學校是一個典範的學習社群，尤其老師發揮卓越專業能力與態度，積極創新，提供更多元學習機會，激發學生潛能：2004～2010 年榮獲新竹市課程創新教學方案得獎 70 件作品。2006～2008 年 GreaTeach 全國創意教學獎榮獲特優獎，2007 年入選參與亞洲創造力發展國際論文研討會之殊榮。2008 年榮獲教育部「教學卓越獎」之「銀質獎」和教育部閱讀「磐石獎」之殊榮！

少子化年代的總量限制管控校園 ◎◎◎

在這少子化的當下，本校目前是新竹市惟一總量限制管控的學校，歷年來的觀察統計：由新生入學登記、報到的數據可以證明我們團隊的經營是得到很多人的認同和肯定的，想起第一年時社區家長抱著觀望、質疑的態度，學生人數招生不足，紛紛選擇到明星學校及附近穩定的大學校就讀，當下真的造成我們團隊的尷尬與恐慌。但我堅信：「事在人為，分析原因，找正確的策略解決。」接下來選擇我們學校的人數愈來愈多。到今年第八年學生比預計入學人數多了兩倍，羨煞了左右鄰居學校。

📚 結語

要衝出困境，創造永續「心」「新」校園，並非一蹴可幾，必需遇到好的夥伴，用對的策略，有恆心、有毅力，堅持到成功才放手的精神。而「創意

作為」就是要找尋相關社區資源，以有限資源，創造無限可能，來支援我們老師教學及促進學校發展，推動任何方案都先要建立共識及有縝密前瞻性的規劃，尤其要讓親師及孩子們有感動的地方，他們會更願意接受、肯定而追隨你。你不必說大道理和理論，而你只要「用心去帶心，用生命去感動生命」。大家團結一致，共同朝「學校願景」邁進！

　　本校創校已邁入第八年，我深深感受到創業維艱，過程辛苦、煎熬，但夥伴們及社區家長團隊堅持信念，有心、有願力，同甘共苦，逆來順受，凝聚成堅強使命感的情誼，只要有創意點子或碰到困境，我們都會站在教育的本質，勇往直前，結合資源與找尋最適合的策略，最後都能迎刃而解，逢凶化吉，實踐我們的願景：真所謂「有夢最美，希望相隨」。經過我們的打拚，有許多的「不可能化為可能的驚豔奇蹟」！尤其你絕對不可能想到在科園已經有數十年的高壓電塔，用我們的「毅力」可以讓它下地而消聲匿跡，雖然有點俗話說的是「乞丐趕廟公」，但因為它確實是我們最大的劣勢和壓力。你也一定無法料到別人珍貴的土地會變成科園學校使用的校地，我會用企業角度來想，如何讓別人口袋的錢跑到您的荷包呢？當然你必須「找對的策略」，得到貴人相助，更要讓人看到您的精緻產品和誠意信用度。再說二百多位忙碌的科技人家長願意請假當志工，這也是很高難度的挑戰。從系統思維出發顛覆傳統文化，開創有品質的屋頂學習平臺及許多的創意情境，更是令人不可思議。我還是堅信：成功來自於努力付出，一步一腳印，凡走過的必留下痕跡。

　　由於夥伴們同舟共濟的打拚，克服了新創校四個很大困境的迷失，也打破了一般人認為到新學校上班是苦差事一籮筐的魔咒，現在科園已經是「五心級」的學習城堡，就是「學生開心、老師盡心、家長放心、行政用心、社區同心」同時擁有特殊之優質氛圍和情境：充分創造學校空間有創意國際觀、多元新穎、童趣、綠美化的優美環境；有智性、民主、開放、藝術人文氣氛的校園文化；有健康、自信、人倫、惜福感恩、快樂的學生；有專業、熱忱、愛心、認真負責的老師；有品質、創意、敏捷的行政；有主動參與熱心協助的家長。

　　在科園因為克服了困境，才有以上之優勢條件，成為遠近馳名的卓越、績優學校，所以每年新生的總量管制，讓許多想要來唸本校的新生及家長們向隅。如今，我因為任期關係已遴聘至東門國小，東門國小雖是百年老校，但它有悠久文化、純樸校風，位居市中心；我仍秉持教育熱忱、優質教育理念和東

門團隊夥伴同心打拚，本著教育概念，洞燭機先，掌握學校經營之藍海，引領優質團隊，價值創新，永續發展，拿出毅力、理性、智慧，結合社區力量，凝聚共識，挺出魄力，「再創東門風華——永續『心』『新』校園」。做好自己，上行下效，隨時鞭策自我，創新領航，讓夢想飛揚。更要實踐教育理念就是：

營造教育彩虹：點亮孩子的心燈，熱情擁抱生命，讓孩子喜歡上學。
蘊釀教育思維：給孩子活水源泉，培養多元智能，讓孩子接受挑戰。

黃美鴻校長小檔案

小時候的夢想是當老師，等我稍為成熟了，就想影響更多的人跟我一樣喜歡、陪伴小朋友，而且能為他們建造一個像城堡一般的快樂學習樂園。就在 2003 年 2 月有一個機緣，銜命籌建「科園」國小，這正是實踐我夢想的好時機，帶著一群有相同教育理念的夥伴，共築「科園夢」！

在科園八年半的三千多個日子，和夥伴們一步一腳印，共體時艱，開創科園的春天，如旭日東昇，名聲愈來愈響亮，也讓我「因校而貴」，2007 年榮獲教育部「校長領導卓越獎」，2008 年榮獲教育部「教學卓越獎」之「銀質獎」、「閱讀磐石獎」之殊榮，2009 年很榮幸被《天下雜誌》及《商業周刊》評選為百大特色小學、焦點學校。

在辦學之餘，我仍在國立新竹教育大學臺灣語言與語文研究所博士班進修及兼任中國文學系講師，平日喜歡塗鴉，也常帶領老師參與課程教學創新競賽及國內外論文研討會，拙作有：臺灣客語「頭」字語法化的研究、臺灣客家話「個」字初探、臺灣海陸客家方言「係」字句探究、全國童詩佳作：遮花，細雨聲、渡台悲歌史詩研究等等。

在教育界耕耘、付出、陪伴是一件很有價值的功德事，生命真正的喜悅，源自於為一個自己認為值得的目標，付出無限心力的時刻。我堅持在教育福田永續耕耘下去，讓社會舞臺不斷的湧出清流、活泉！

40. 飛燕浴火記

臺北縣北峰國小校長　黃鈺樺

故園舊事成夢境

接掌母校的時候，正值多事之秋，阿燕四十啷鐺歲。

在長官與好友高唱聲聲「慢」的勸阻，及故園已如斷梗飄萍的殷殷呼救相互拉扯中，阿燕一如撲火的飛蛾，將眾人的祝福吊在雙翅上，奮力向目標飛撲。

悲壯中不忘流露出俠女視死如歸的豪情，幾番折衝，撞進故園大門。

鏡頭從接任掌門人時她臉上那「捨我其誰」的堅毅線條不斷縮小、放大……放大、縮小……拉前、退後……終止於賓客的祝賀聲，漸漸迴盪、模糊……。

鏡頭再後退至更早回歸故里的時候，是 17 年前。

拗不過親情與鄉情的聲聲呼喚，負笈在外多年的她，在闖蕩江湖一圈後重投故里、特別是那個位於渡船頭、讓她從小可以練武習文、灑潑縱情、號令群雄的故園懷抱。

顧不了可不可為，橫豎就是心頭那一抹惜情的溫熱、潛意識中那絲衝鋒陷陣的決心，她第四度還巢。

沒有近鄉情怯，亦無暇想什麼衣錦榮歸，交纏雜遝的心思，一如小時候在田間煨花生吃「用火鉗鉗出、剝殼、剝衣、去心、入口、燙熱、軟糯、土香」。慢慢嚥入胸口，香味中摻雜丁點苦澀，嘿，真夠味！

風雨飄搖燕歸來

故事，從阿燕到教育局向武林盟主拜師修練更上乘武功開始。

孰料即將學成下山的當兒，驟然傳來故園殘破的惡耗，四起的狼煙已讓複印在心版上那幅純樸和樂的畫面蒙塵，阿燕心頭劃下的一道道口子，一如那層

層灰煙。

摸不透是捍衛正義的保衛戰，還是爭權奪利的大反動……烽火肆虐過的故園連隻哀鴻也不見（套句行家的說法，當真是死的死、逃的逃）。

為撥亂反正，阿燕只好速訪遺賢，並向外徵求能士，雖倉促成軍，幸能偃平刁聲惡氣。經過個把月的勵精圖治，終於把故園已然乾瘦的身軀餵養得日益白胖起來。

然而，先知先覺們隱憂的「在地包袱」，一如千年魔咒，在阿燕硬踩第一枚地雷後，接二連三引爆……既要扶持故園才剛吐出新芽的幼苗，又要小心翼翼滅火，算算有兩、三年，阿燕忙翻。

為摘沉疴惹殺機

乖乖隆地咚！當真是怪事年年有，那年特別多。

話說某年議壇流寇橫行，流彈竟然掃到杏壇，阿燕沒來由的被「虎頭幫」（某團體）活生生的打成黑五類。

想阿燕自小就是「領頭羊」，三不五時就跟「冠」字結緣，壓根兒不懂得「寇」字怎麼寫。自此，阿燕不喜歡「11」這個數。

阿燕回過頭來細想，回到故園實措辦了不少事——建校舍、汰換設備，美化校園、造福師生、敦睦鄉里……堪稱行事周密。哪想到盡責如斯，因著「故人」的挾怨，差點面目模糊地消失在不明就裡的批鬥下。

說白了，就為了職級務、差假及某職員挨家長告等事，當事者一狀告進虎頭幫，阿燕便成了惡虎反撲的那隻「羊」。

就在烏雲罩頂的當兒，說時遲那時快，腦中閃過當初尚未下山之前，恩師惠贈的八字真言：「勿再生心，接受就好。」阿燕一直揣在心頭，沒敢忘。

不管明槍還是暗箭，施展自幼練就的「草上飛」看家本領，乾脆來個乾坤大挪移，通通給它「船過水無痕」，還不忘時時保持優雅。（不得不佩服自己，燕語。）

雖非銅筋鐵骨，倒也能「舉重若輕」，極少皺眉，偶染愁煞，也是引吭高歌，狠狠一咬牙，又操刀上陣。好樣的談笑自若，全無苦相。

為了驗明自個兒的五臟六腑是否異於常人，阿燕特別投帖敦請幾位素孚眾

望的杏壇大老來把脈。大老們的眼鏡鏡片雖厚，但鏡片背後都有一對尚未老花的慧眼，瞧阿燕依然身輕如燕，除了不小心洩露了黑眼圈，丁點看不出剛與高手過招，一看便知是個「善」類，可造之才。

大老們雖感嘆這年頭不變「熊貓」就稱不上掌門人，還是好心提醒阿燕不要為校務鞠躬盡瘁，熊貓家族早已「貓」滿為患，不需再去湊這個數。

殊不知阿燕是體質過敏使然。

幸經武林盟主查證，一切罪名子虛烏有。讓等著吃「烤乳燕」的虎頭幫扼腕，深知不妙，噤若寒蟬。阿燕步韻有力，眼觀四方，真的是昂首闊步，傲視雞群。可憐那幾隻原本趾高氣揚的的小公雞，從此改名「騙雞」（閹雞），看見丰姿不減的阿燕在前只能乾翻白眼。

吃苦當做吃補，身子骨反倒精壯。也是燕爸燕媽調教得好！

但阿燕感謝虎頭幫的抬舉，不然人家還真不知道阿燕辦學的「豐功偉蹟」哪！

小鳥有大量，阿燕就當虎頭幫分不清「冠」字和「寇」字的差別，不懂咱飛燕幫的規矩。有道：「不知者不罪。」姑且當做一時「道不合」，阿燕還是想跟他們「謀」一「謀」，誰叫阿燕總是有著佛祖般的慈悲心腸。（不要命的樂觀？！）

📖 機關設盡必殺技

阿燕從小在草原上自由自在飛翔，哪懂世道險惡！

扮「羊」食虎，阿燕一戰成名，從此成了虎頭幫眼中的「嬌客」，偵騎四出、寸步「盯梢」。天羅地網的獵殺。

面對虎頭幫的窮追猛砍、冷嘲熱諷，阿燕依然死命抓住故園這棵良木不放。自認是不折不扣的良禽。

有日，氣氛肅殺，縱然阿燕有極嚴重的鼻竇炎，也嗅得出風雨前的火悶。眾人悄聲示警，告之：「阿燕不走，留下操兵！」眾人驚愕，心想：有這樣了得的女兒家。

山窮之處待雲起，危崖旁側覓坦途。置之死地而後生。

如雨絲追來的毒箭似乎未能沾上阿燕的身，再次滿懷水波不興的溫柔、掏

心挖肺的曉以大義，虎頭幫登時傻眼。在場的英雄俠女何曾見過此等身手，直看得目瞪口呆，口水垂吊到心窩都不自知。不可置信，頭卻不停點著、心裡不停喊著：「佩服！」

一雙雙關懷的眼神像聚光燈照得阿燕通體雪白，彷彿穿透烏雲的曙光。

終於，到了決戰關頭。能否繼續留守故園，端看此役。

兩軍相遇，虎頭幫殺手立即提高聲響：「有請！」表面友好，實質是「看我的」！飛燕幫當然也不能失禮、也大聲，但態度謙讓。

殺手架勢一擺開便拳風虎虎，阿燕並未錯愕驚惶，不忘打躬作揖說：「獻醜啦！」雙方激戰數回合，殺手盔甲已飛脫，落入仲裁者手中。阿燕立即收拳上前，巧笑倩兮：「承讓啦！」——風度。

轉身飛離之前，還是漾出一個嫣然的笑。回眸是否有百媚生，阿燕不知，倒是那殺手看阿燕一臉無邪，頓時眼神浮現出良心發現的善意，就在那一刻，阿燕直覺虎頭幫不盡然是敗類。一笑泯恩仇。特好。

事後方知該殺手於武林大會中依然要將阿燕趕盡殺絕，若非各門派通力搭救，只怕再也見不到阿燕的「鳥」樣兒了。

至此，幡然頓悟，殺手壓根兒就沒有「心」。搖頭，對自己的天真。

這玩意兒危險，武林盟主很快就禁了。虎頭幫只敢在旁虎視眈眈。

沒死。當然。但阿燕從此怕電，怕被虎頭幫「電」——不對，是怕對人性僅存的那絲信心徹底蕩然無存。那才是真正的浩劫。

寵辱不驚，看門前花開花落。去留無意，望天上雲捲雲舒。

連任——不是棧戀，是心願未了。

自此四方順服，四海昇平。阿燕趕命重建故園。

🔖 綴補奠基起高樓

剛返故園組織「義勇軍」時，阿燕自認有識人之明——當然是帶種的才行，貓哭狗叫的可不成。他（她）們雖年輕，但滿腔熱忱，做事麻利乾淨，不但阿燕滿意，滿園的人都稱許。——他（她）們幾乎每日勤奮地幹活，慣常披星戴月回家。有這樣盡心的伙計，焉能不興旺？！

總覺唯有自個兒不斷高飛，方能帶給故園的「師傅」們更廣闊的視野。阿

燕一批批載著他（她）們到他校取經，不行，再一批批帶著去；如仍做不好，就聘請高人蒞校指導，苦心孤詣，換來罵了句：「這是哪門子的課程計畫？」

狂妄無明，大抵不能怪他（她）們，要怪，怪掌門人多事、怪社會（凡有人學壞或做錯，不是習慣都來一句「別人的錯」嗎？）

「師傅」們又說：「死，有了鄰近新學校，以後別指望有家長看我們一眼。」燕說：「他們是人才，咱們也是人才。不要滅了自己威風。」果然，還有一半家長看中我們。

阿燕就像細心的媒人，輕輕煽動葵扇。是「點火煽風」，非「煽風點火」。百煉鋼終成繞指柔，「師傅」們漸漸力爭中游，已近上游。

別看他（她）們在堂上侃侃而談，舉重若輕，沒配備充足子彈，用什麼來侃、侃侃？

三年的狂風驟雨從開開合合的天窗處，瓢潑似的灑進來。阿燕一如急流中的孤舟，歷經千辛萬苦，終於安然靠岸。

思緒不由得穿越時空，再次停格在原本充滿生氣的大宅，荒蕪散失在荒煙裡……真有無限唏噓。然而只需將故園過往殘破不堪的校舍，與此刻光亮雅緻的廊簷相比，便知存在明顯的「新舊差距」。

只是，這除舊布新的過程卻是驚險萬分。話還是得從數年前說起。

好不容易盼到體育館動工，才蓋一半廠商倒弊了。工程延宕，外界撻伐紛至遝來，成了「廠商不殺阿燕，阿燕因他而遭殃」。好個屋漏夜雨。

阿燕見勢色不對，但立場毫不動搖。別看阿燕柔情似水，面臨生死關頭，那可是比誰都「硬頸」。

鋌險出去與各路人馬周旋，學著記者們的技倆，依樣葫蘆寫了一封言詞剴切的「自白狀」昭告天下，再一次次溫情喊話，大有「不達使命，以死謝罪」的慷慨激昂。（沒這麼誇張，燕白。）

果然靈驗，只聞一浪一浪的惡聲雜步過去，再也沒有拍門叫囂。顧了校方面子，也顧了贊助者裡子，有驚無險地避過了幾番腥風血雨。

那時，月兒依然明亮，卻伴著滿天晚霞，殷紅如雪。令人百感交集，但逐漸淡化、淡化……消逝於靜謐的夜空中。

📚 忍辱負重和血吞

返鄉是認真的。認真辦學、認真做事、認真做人——直至如今，阿燕仍當一回事。

只是故園裡的人、事、物窩藏著過多弊端，在阿燕回來之前就已陸續爆發。許是之前多位掌門人宅心仁厚，對某些人心存希望，總想點化他（她）們。證明，奢望。（誰叫中國人什麼都主張以「和」為貴，燕想。）

事實上，有些人是要撩一撩、撩兩撩的，你不撩，他（她）不知自己是「化」外之人，不知團體規範為何物。不是沒善意提醒，即便有家長反映也沒用，每次見他（她）都木木的，理兩下也不甩了，蟬過別枝。啥事也沒發生改變。

粗略一計，自阿燕十餘年前回巢，某統管學生保健的大嬸已然被炮轟連連。阿燕回來擔任掌門人之前，遠遠的便已聞到火藥味，武林盟主飛鴿傳書阿燕須盡速清理門戶。阿燕只好來個軟硬兼施，「軟」的是苦口婆心規勸，還不惜利誘——為其添購設備、敦請數位高人指點其武功。「硬」的是強迫她一定要再拜師學藝。（實是「拜託」，這年頭什麼都只能「拜託」。）

乖乖，大嬸十餘年只練就一招「磨牙」功夫，其他的，一副天塌下來「干卿底事」？旁人幫忙收拾，倒不曾聽她把糧餉分給旁人過。眾人敢怒不敢言，可憐。

端看她操著高八度、說起話來彷如「快刀十八斬」的模樣，連「孫大娘」都要閃一閃她。當真厲害。

正當阿燕為她的改邪歸正而自覺功德無量、竊喜，她又被群起而攻。究竟是爛泥扶不上壁，還是阿燕指導無方？霧煞煞。

雖無先前學生受傷，她未完善處理而致「半殘」情事，但家長對她依然推委塞責而氣憤填膺，不說小朋友一到保健中心就被她的連珠炮轟得狗血淋頭，視見她為畏途，嚇得連受傷了也只能回家「糊牛屎」。

可好，家長具狀「十大罪名」要武林盟主主持公道。

此刻，「手下留」不了「情」，阿燕只得趕忙再次懇託各舵舵主提點她。不料她竟認為阿燕蓄意找碴，速召五毒教殺手對阿燕一再施壓，宣稱：「絕不

讓阿燕有一天好日子過。」從此，阿燕經常穿梭於如雪片的「黑函」中。

據探子來報，大嬸家人原本已邀集牛鬼蛇神欲將阿燕撕吞，幸經正義之士查明阿燕「身家清白」，不應殘害忠良，阿燕遂免遭受荼毒。

大嬸雖未能將阿燕驅逐出境，依然嗆聲：「我後臺很硬，不怕妳能把我怎麼樣？」燕知，不硬，哪能橫著走這麼多年？

或許也是阿燕命不該絕，某長老的及時解危，暫時終止了這場惡鬥。

是緣份。阿燕與長老非親非故，他稍加研判案情，即知是非曲直。不愧是長老。一照面，阿燕就有一種莫名其妙的親切感。救星到了──阿燕直覺向來很靈。

他亦應有同感，否則不會把阿燕看作「落難公主」般。他召集各大門派長老及大嬸家人研議切結，請大嬸期滿另覓出路。

唉！多年積習焉能一夕「轉性」，明著不行，就來暗的，大嬸一再在故園攪起一池「污」水，雖沒把阿燕淹死，但有些「師傅」們對阿燕的誤解著實讓阿燕背了好一陣子黑鍋，走在滿佈荊棘的故園裡更是舉步維艱。

誰叫咱們當掌門人的只能罵不還口、打不還手？！

大嬸賴定不走，當然，偶爾還是會來幾張「黑函」侍候，武林盟主知阿燕無辜，一律免責。感謝盟主英明，盟主萬歲。

說真格的，阿燕要的不多，不就是故園老小受到好的照顧？並不想與她為敵，對她的迫害也就不著意，只盼她能早日放下屠刀。

蛇鼠一窩惹事端

鏡頭一轉，浮現眼前的是遴選戰場。阿燕只隱隱約約聽得什麼「辦社教影響學生權益」，什麼「對教師會成員打壓」、「主任抽籤乃領導無方」……。

社教活動明明在夜間及假日舉辦，用的也是閒置教室，何來影響學生權益？

對某團體成員打壓？阿燕更不解。該團體不乏能手，雖不是大才，卻勝似小家碧玉。虎頭幫有這麼多打手，足夠嗜血者掌痛。阿燕頭痛。

東家安排的事情，客人卻要求須先徵得其「首肯」；甚者我行我素，全然無視於「東家」的存在，一不順其意，動不動就「造反」一下，是誰在打壓

誰？不懂。複雜。

罪不在該團體，在加入虎頭幫的潑皮。燕想。

談到主任抽籤一事，也是大嬸事後不認「垓下盟約」，打死不走留下的後患。

阿燕為免大嬸繼續殘害民族幼苗，只得找人睄著她。慘的是沒人想招惹她，學務主任與衛生組長乏人問津。多次徵才，依然從缺。

行政人員難產，校務陷入泥淖，徵得眾人同意，抽籤。不料抽中者事後反悔，反將阿燕一軍，請出武林盟主及虎頭幫興師問罪。眾人見那廝抵死不從，惟恐阿燕棄守，疾呼：「何能因那廝爽約而失了當家威信？」

為顧全大局，阿燕當眾宣稱：「就放生吧！」——此言既出，虎頭幫幾隻等著看好戲的潑皮當下跌落椅子，怎麼一場好戲還沒開演就落幕？眾人同感錯愕！

阿燕自忖：強迫蠻牛飲水，只怕濺得周遭人一身濕，還是另覓種牛（帶種的牛）。管他黑牛白牛，只要會耕田的，都是好牛。

阿燕的快刀斬亂麻，雖讓少數正義之士覺得便宜了那廝，但於了解阿燕不想動搖校本的苦心之餘，毅然挺身而出，瞬間解除燃眉之急，以迅雷不及掩耳之姿將一場即將發生的災難消弭於無形。

精誠所至，勇士自來，果然個個帶種。押對寶。賓果。

握住一點點，放開獲無限。誠然！

對簿公堂為差勤

「憲法賦予老師請假的權利，校長無權不准假。」當某師振振有詞，阿燕迅速在電腦（不，是大腦）搜索，遍尋不著這一條，不知他看的是哪一國憲法？

然，那廝自認請假為其天賦人權，難怪多年來視部分應盡職責為無物。管她掌門人批不批准，依然堂而皇之奪門而出。全然無視於他人對其行徑早已側目。

導火線是首次的全區共同進修，那廝公然拒絕參加，阿燕「紆尊降貴」去懇託，被拒。

　　多次我行我素，更難息眾怒，阿燕不得已召集園內長老共商對策。

　　虎頭幫殺手亦聞風前來說項，阿燕希望那廝知錯、能改，遂同意予其「寬限期」。惟期滿那廝依然堅持故我，「人事」大人只得依法究辦。雖經同門勸導，那廝依然不為所動。終於，走上對簿公堂之路。

　　至此，阿燕成了「偵騎隊」追隨的目標，簡直比武林第一高手還紅。為查阿燕是否中飽私囊，特支費也要攤在陽光下，任何蛛絲馬跡都不放過。結果，不僅查無阿燕作奸犯科實證，還意外抖出阿燕為了校務曾數次自掏腰包萬貫這檔事兒。阿燕原本無意張揚。

　　無端的構陷接踵而至，人性的陰狠，阿燕算是領教。

　　公堂上，阿燕處處「口」下留情，那廝一出手便做殊死戰，虎頭幫殺手亦前後夾攻，前仆後繼。阿燕只是見招拆招，絕不出重手。得饒人處且放生。佛說。

　　怎料那廝已居下風，仍思扳回一城，冷不防使出殺手鐧，意圖再對阿燕人身攻擊，立被仲裁者制止，轟出門外。

　　對錯立判，連虎頭幫殺手都不敢護短，無法裁決，只得留待下一屆武林大會再審。

　　公堂上，阿燕依然一派溫和，那廝照舊想做困獸之鬥，最後欲對阿燕致命一擊。怎知技倆早已被仲裁者識破，不待其施展詭計，直接轟出門外。

　　那廝被判敗訴。再向「全國申評會」申訴。

　　為求免脫，那廝無所不用其極羅織阿燕罪名，誆騙幾位不明就裡的同門連署做為呈堂證供。事後，有人了解實情急速抽腿，並與那廝劃清界線。

　　匪夷所思，「全國申評會」竟然未與阿燕、相干人等及那廝照面對質，僅憑其片面之詞，逕自將曠職時數降為一半，僅對那廝施以薄懲。據阿燕從側面了解，理由竟是：「校長權利宜限縮，不能任其日益坐大。」

　　校長權利是「坐」大的？聞所未聞。好笑，但阿燕笑不出來。

　　武林盟主問阿燕是否「不服」？可再上訴。

　　足矣！不欲再玩，累。阿燕想把心力多為眾生謀福。生命浪費在少數幾個「水昆兒」身上，不值。

秀才庸兵難對決

「秀才遇到兵，有理說不清」——不知是否就是這麼回事。

話說某阿姨與某師不對眼，於是，不是黃狗打黑狗就是黑狗打白狗的戲碼輪番上演。阿燕看了一齣已夠難耐，還齣齣來，真是！只得自認不懂欣賞。

某日，某師不慎被逮到小辮子，阿姨死咬不放，非要置之死地。雖然阿燕三番兩次充當「和事佬」，也請其多位死黨幫忙疏通，阿姨從頭到尾一字不改說：「叫她滾！」

阿姨自幼失學，平時操著臺灣國語，冷不防還會夾雜幾句「國罵」，這三個字發音倒是特別標準。

阿燕如果有那麼大權利叫誰滾、誰就得滾，她也不會到現在還杵在這邊。

阿姨殺紅了眼，按鈴申告。武林盟主特派大使前來調停。

經過一整天的斡旋，阿姨似乎未將來使看在眼裡，當眾趕人。想那高高在上的使者何時吃過這種排頭，挫敗之餘，由衷的對阿燕說：「掌門人，妳真的是秀才遇到兵啦！」言下之意，似乎在為不該一到校就先 K 了阿燕一頓而致歉。

當下，阿燕有著一股遇到知音的感動，心裡舒坦不少。

大使前腳走，阿姨後腳來「命令」阿燕，外帶威脅。眾人好說歹說才把她勸回。不是縱容，是怕一時找不到人來煮飯給小朋友們吃。

半夜正想喘口氣，奪命鈴聲一聲急似一聲響起，令人膽顫心驚。電話那頭傳來模糊不清的臺灣國語，是阿姨，劈頭對著阿燕一陣臭罵。電話這頭似乎可以聞到漫天的酒味，怪不得說起話來這麼「酸」、這麼「臭」，不會喝酒的阿燕差點被熏昏。

阿燕力持清醒，一再好言相勸，阿姨還是要「以死明志」，聲稱已吞下 50 顆安眠藥，並已換上紅色內衣褲，準備今晚到故園五樓……阿燕一時會意不過，心想阿姨何時對紅色偏愛？正想問她是否需要阿燕陪她到五樓賞月？

阿姨一句：「我要死給妳看，做鬼都不放過你（妳）們。」原來阿姨認為阿燕和幾位長老們袒護某師。冤枉。

阿燕當她說醉話，不與她計較。經過一番「催眠」，阿姨終於肯放下聽

筒。相信她會一夜好眠。開玩笑，50顆安眠藥哪能睡不著？！

阿燕驚魂甫定才冒汗，只差那麼一點點，豈不變劊子手。

經過一天的鏖戰，阿燕眼皮本已重到連牙籤都撐不住，經她這麼一嚇，眼皮反倒闔不起來了。扯，忘了跟她要一顆安眠藥來吃吃，不知會不會睜眼到天亮？

所幸，阿燕通心雪白，照樣有本事睡得地北天南，雖然偶爾醒來不知身處何方。

免不了有好事者幫腔，這兒咬咬、那兒咬咬，彷彿不來這麼一下就稱不上是朋友。只知朋友，不問是非。危險。這個年頭都這樣。

上頭來盤查幾次，例行公事。阿燕見怪不怪。

該處理的，阿燕秉公，其他的，順其自然。猴兒變不出新把戲，死心。

故園漸漸風停雨歇……說是「大喜過望」，倒不如說是痲痺。好事。

誰願意輕易離開已建立深厚情感的老巢？縱然粗獷如阿姨，也有老粗的「真性情」，不然怎會感情用事。念在她沒有功勞也有苦勞，阿燕決定還是不與其計較。惜情，也是阿燕的罩門。

人情雖可貴，輸贏價更高，若為退休故，兩者皆可拋。阿姨雖誆稱：「不靠這點薪水過活。」──她老娘不吃眼前虧，還是為退休金折腰。經過這麼一折騰，阿姨彷彿變得「文明」一點了。

危機就是轉機，此話半點不假。

阿燕無暇置評，但求廚房不要斷炊就好。

📓 假面告白識炎涼

阿燕自幼持守庭訓，「誠」字待人。與各路英雄豪傑雖不講究「來者歡迎，去者歡送」這一套，自出自入，總真心以對。眾人因感阿燕回饋鄉里的一念初衷，莫不荷擔迎漿，千里輸誠，鼎力助阿燕重建故園。阿燕當真銘感五內。

奈何故園位居海陸要津，自古乃兵家必爭之地。當各黨各派想爭奪教主寶座，莫不將此地視為心頭好，不容他人瓜分。

雖說阿燕向來嘴刁，對「嗟來食」敬謝不敏，還是有誤食而消化不良之

時。縱然有時也得學學「有點料的」，灑點沙糖，橫切，見者有份。對吃。對笑。終究還是有分不均的時候。

話說某衰衰諸公施恩望「報」，當下不是阿燕「獨自」徬徨，而是眾掌門皆徬徨。阿燕正遭傾軋，一時不敢妄動，卻惹來該公一陣怒斥。阿燕被震懾得不敢聲張，事後是驚訝多於恐懼。何以該公平日信誓旦旦，人前的「樂善好施」於人後竟有如此大的跨度。阿燕終信：天下果真沒有白食。

想阿燕雖只是一隻小小小小鳥，好歹還有「鳥」格，哪知一不小心誤蹈「羅網」，猛不迭由誤入叢林的小白燕一下子成了小白兔——拉了一肚子淅的「兔崽子」。好慘！

是非，何謂「是非」？——阿燕本來瞭然於心，被這麼一罵，反倒困惑，難不成是該公的「己所不欲，逕施於人」？辯也枉然……那屈辱、著力且撕心的吶喊，在呼嘯寒風中翻捲盤旋，暮色蒼茫裡一字字化成沉重的喟嘆，凝結在故園榕樹的葉隙中，令人窒息。

雖經數位「公親」緩頰，但阿燕自此不僅對施捨上門的「美食」更加挑剔，也不輕易主動向某些自稱「為民喉舌」者開口。寧願瘦身也不要虛胖。

論回饋故園，阿燕向來盡心盡力，絕非一時討巧。但求告慰鄉親，「了卻心願就好」——燕囈語。

破繭而出為視導

現在叫「教學視導」不特別。那時，要人家切磋，不要命。理念的不對盤，或許該說是彼此的互信不足，形成之後數年與同事視導關係的膠著。

過去的教學觀摩就像是幫破碗補丁，就算神奇，但真的用起來，有多彆扭。不就是做做樣子？

總不能讓同道笑話咱是銀樣鑞槍頭，中看不中用。誰願自認低威？

何況爛了沒得賠，誰受你玩？

師道淪喪把人變成鬼，教改想把鬼變成人。虎頭幫一起，人鬼都不是。

眾人對著這般歪風，後面火猛，前口跟著冒煙。明明是好事也把人熏黑。要得到認同，難！無人鼓掌，阿燕有點騎驢看唱本的況味。

更甚的是，「教學自主」肆虐的今天，是有提倡用「同儕視導」，但倡者

自倡，教者自教，一聲「反對」——共飲一江水，口水。

　　正因不甘就此罷手，阿燕那死性的「擇善固執」不時蠢蠢欲動，伺機一探虛實。果然發現「師傅」們原來也有「疾」，也有似她每天大門一開七件事的煩惱。更激起她為其排難解憂的「母性」。

　　既然「男兒當自強」，難道不是「女人當有奶」嗎？——當下，阿燕發誓要當個有「奶水」的掌門人，好好餵養他（她）們！

　　蹲下，是為了更高遠的躍起。

　　不知道誰說：「明者因境而變，智者隨情而行。」阿燕稱不上明者、智者，只是靈光一閃。順勢。——推展教學視導可以嗎？一定可以，看準了。

　　前車之鑑，事前，必要「師傅」們舉三指說「我願意」，才來。——有徵詢好過沒徵詢。「師傅」們心裡說：「有這個必要嗎？」，頭卻點了兩點。

　　禮多人不怪，無壞。

　　說是見活幹活，幹這活兒要有心思。於是阿燕想先單拳，後對打，男女老少都有，讓他（她）們個個秀秀十八般武藝。（如果有的話。）

　　這麼一來，即可名正言順在各房巴望著獨家絕技大開眼界。希望笑聲四溢。

　　果不其然，阿燕一下子變成了麻雀，「雀」躍了好一陣子，好像什麼都改變了、新鮮了、校園裡那道橫阻多年的牆倒了、多年宿願得償了、不再遺憾了……

📕 顛倒眾生愛社教

　　阿燕幹起活兒來不推不拖，許是武林盟主認為「經久耐用」的原因，這一用就是 20 年。摻雜幾件小事，主要推展「社教」這個大事，只此一家，暫無分店。因是風雲際會，為願奔馳，投入後很難自拔。

　　「社教」這玩意兒是一場硬仗，需要身子骨好、中氣足，外加過人的毅力，叫現在的人做，很可能會氣絕身亡。不知是阿燕天賦異稟，還是百煉成鋼？氣運丹田，聲震不到九里也震到六里……從此，江湖上多了阿燕這號小人物。

　　阿燕心思靈活，經常贏。光贏，什麼甜頭也沒有——只有掌聲，有時熱烈

有時不太熱烈。阿燕依然樂此不疲。

八成是武林盟主知道阿燕與長輩特別投緣，再將「老人樂園」設在故園，方便阿燕可以「老吾老以及人之老」。

特別的機緣，到海外文化交流，一者「天空任鳥飛」，地闊任你操；二者「向有志者招手」，並向他族展示實力。──「人生幾見月當頭」，有幸遇上，叫老大哥、老大姊們出來遇遇，齊齊在月光下歡笑。不是單打，陣線一擺，眾人三兩下就搞定，眾樂樂，樂。

人嘛，不論老男人還是老女人，始終要美化一下。橫豎看了看：像樣。連老外都豎起大拇指。稱頭。

阿燕一站上舞臺更型，浪漫、性感、尊貴、華麗的舞衣，配上迷死人不償命的陽光笑容，搖曳生姿，不知殺死多少粉絲。（可能需要調查一下，燕想）

她不殺，愛他（她）們。「愛」是上天送給阿燕的一份禮物──這是她日後樂於回饋給大眾的引子。

眾人起鬨，看著這位青春活潑、舞得陶然忘我的動人女子，誰也沒有辦法。眾人說：阿燕不像校長，舞臺上。何妨？！

琴醫書畫詩酒花舞餚茶，外加深情的歌唱，阿燕樣樣都喜歡。

「樂齡」，像一朵香花。有風、吹哪那香，無風、依然香氣盈門。阿燕愛煞。

友誼成了阿燕的記憶，快樂成了阿燕的行囊。成功。哈哈哈。吹喇叭。

阿燕不豔羨他人的一帆風順。人生的曲折自有其絕美之處，起碼似她自己，堅持做她自己。

嘗試以浪漫的方式向生活敬酒，勇於以激情的感覺向生命乾杯。超爽。

後記 ── 燕語呢喃

多年掌門生涯，這水裡來、火裡去的，幸喜無恙。

故園裡的跳樑之輩盡皆立地成佛，萬幸。

懷想──萬點紅塵傲古今，千古幽情亦宛然。

看慣殘破，生命的本質得以依然保持最真實的鏡面。

看盡車聲人潮，看盡樓起樓塌，也看見自己依然獨行踽踽。

然而卻情懷不變，痴心不改，讓自己的心境

一切　還是　完整　亮麗

終盼——

悠游世上惜福緣，休將名利掛心田

等閒倒盡十分酒，遇興高歌一百篇

物外煙霞為伴侶，壺中日月任嬋娟

他日功滿身何處，直駕雲峯入洞天

阿彌陀佛，善哉善哉！

黃鈺樺校長小檔案

　　黃鈺樺，小名阿燕，國立臺灣師範大學社會教育研究所博士班畢業。生性雞婆、熱情；興趣廣泛，什麼都喜歡，特別是吃喝玩樂；好像沒什麼專長，但十八般武藝皆通，也鬆。其實通不通有啥關係，高興就好！歡迎同掛的各路英雄俠女放馬過來！

41. 校長的戀人絮語

臺北市五常國小校長　翁世盟

「如果你睡覺前，躺在床上還要想學校的事，你乾脆去睡在學校好了。」這看似嘮叨的話語，卻已真實的呈現出我以及我這個校長的生活。

學校事務如心中戀人，總如影隨形不由自主的浮現腦海，就像羅蘭・巴特所形容：「無數片段的話語，一有風吹草動就紛至沓來。」不是我要思索，而是那校長生活情境，已成為身體的一部分，酸甜苦辣、喜怒哀樂的深刻片段，在呼吸中湧現與進出，浸潤著身體、思緒與行為。於是我決定模仿巴特，為這七年的校長生活，寫下一些斷裂的絮語，從 A 到 Z，從緊張到勇敢，從禁錮到突破，從自信到掛心，更有的是，從擔心害怕到感動安慰。

A：Action 行動——從主任到校長

會成為校長，自己曾仔細追溯過來時路及那根源點，很確定的事是希望能把想做的事情做出來吧。如同創作，惟有行動與實踐，才知那最後的結果與面貌。

於是行政工作一路走來，我取得了候用校長的資格，並且在 2003 年 6 月參與初初施行的校長遴選。

「我們家長會已經鎖定人選了，你太年輕，我們需要一位較強勢的校長來帶領這所學校。」

6 月份的校長遴選，只要有送件表達意願想去的學校，都會邀請面談，而後告訴你他們的結論。此時是家長會強勢主導與有較大決定權的時代，這是一座超級戰場，戰期也相當長。近則看你近二、三年的表現；遠者，看你擔任教育生涯所留下的足跡是否亮眼到足堪擔當重任，勝過其他候選人。既是遴選，各種力量的運用介入、各種是非耳語的傳播運用，都會籠罩在你身上，像是覆蓋了整片天空。這是一段相當嚴苛的考驗歷程。

遴選當天，從上午 9 點開始進行，從出缺的大學校到小學校依序進行。我

因為報名三所學校，所以幾乎從上午 8 點就已到達會場準備，熟悉各校情形及問題，並試著將自己的口條做最順暢的準備。前兩所 48 班及 18 班的學校皆未上榜，所以到第三所學校（已是最後一所），一所 6 班的小學時，已是晚上 8時許，還有九位候選人同台較量。

晚上 9 時遴選結果揭曉，科長叫我進去向委員致謝時，提醒我這所學校有較為複雜的問題。

副座特別勉勵我好好安慰家長浮動代表及家長會長。

家長浮動、委員淚灑會場，並於會場中質問科長為什麼是這結果。

科長說：「翁校長雖然在前兩所學校未選上，但都進入前三名第二輪投票的名單中，委員對他相當肯定，並且對他的毅力、企圖心和教育作為，與對問題的深入見解都大表稱許，留下深刻的印象，覺得再不讓翁校長出線，會相當可惜，因此，翁校長上了。」

於是我陪著二位傷心的、事前並未支持我擔任這所學校校長的未來重要夥伴吃晚餐，我知道，我的校長工作已開始了。

夜晚 11 點道別後，踩在已漸趨安靜的街道上，我已踏上校長之途。近三個月來的競合與紛擾，終歸平靜。

回首瞭望這過程，那嚴苛的考驗是必然的，遴選的各種挑戰是校長工作的縮影，是自己想追求的，便沒什麼好不能接受的。因為對教育工作的熱情與企圖，才明知眼前漩渦的威力，卻仍然毫不猶豫的往下跳。知道自己從來就不願是站在岸邊的旁觀者，而是深切相信並擁抱「參與、投入、行動、力量、改變」等等此些實踐性的詞句，於是我追求並擁抱權力，想看見理想並期盼不斷發現實踐理想的力量，我從主任的位置踏上校長的教育路途。

■ B：Boldness 勇敢──從溪山到玉山

2004 年 5 月，第一年擔任校長舉辦的畢業旅行，畢業班導師初初規劃這樣活動時，五年級的導師非常不以為然的嘲諷說：「今年登玉山，明年我們不就要上喜瑪拉雅山。」而家長雖然在多方溝通說服後同意，但總是擔心安全。

15 年前我已登過玉山，也知道目前登玉山已是大眾化的國際登山流行路線，相當安全。我相信，它會是深度豐富生命經驗的旅行，是值得去實踐的教

育活動，而不僅僅是登山而已，它是臺灣教育中欠缺的登山教育。當然一切的未知仍會讓你費心思量，畢竟這是帶著學生，而不是個人的登山而已，是要為所有的家長及學生負責的。因此該做的體能訓練及安全上的維護可是一樣都不能少。於是外聘登山嚮導加上想要參加的親師人數，與畢業生的人數比例幾乎是一比一，也規劃歷時近半年的體能訓練及統整性的課程。

或許是初生之犢不畏虎，也許是天生的樂觀與熱情，心中從來沒有擔心過。但別人眼中這趟高難度的畢業之旅，卻大大為溪山打開了知名度，各大報及電視台都有大幅度報導，為校長生涯的初旅，留下深刻難忘的回憶，也為自己的教育足跡踏下美麗亮眼的旅痕。

有人說：「未曾登上玉山，不算認識臺灣。」長期浸潤於山林之美的溪山孩子，為了更加認識臺灣，體驗欣賞臺灣高山的壯闊美麗，親近高山的自然與生態環境，決定以「登玉山」作為畢業旅行。

5月24日從學校出發，當晚夜宿標高2,600公尺的東埔山莊，讓同學逐步適應高山的溫度與變化。25日清晨7時從塔塔加鞍部登山口開始攀登，層層相疊的山景，伴隨大夥的汗粒與喘息，忍不住高歌歡唱起來。約下午1時30分到達排雲山莊（標高3,400公尺），當晚夜宿排雲山莊。隔日凌晨1時30分起床，2時30分出發登主峰。此刻夜色深重，更加襯出滿天星斗的美麗。大家不約而同的驚呼，讚嘆星星的多又美，是此生僅見。

隊伍在黑夜中，在蜿蜒崎嶇的山路上蝸步前進，每走一百公尺便需休憩調息。高山症所帶來的不適與頭痛，讓隊伍踽踽前行。在大家互相協助、彼此鼓勵打氣的激勵聲中，同學們發揮最大的耐力、毅力與意志力，鼓起勇氣繼續前進。天色漸亮，大家奮力在碎石坡上抓住鐵鍊向上攀爬。清晨5時30分，終於登上玉山主峰，欣賞東亞最高山——玉山的日出。

在曙光初露的壯麗山景中，舉行簡單的畢業典禮，當場頒發畢業證書，並邀請隨隊教師、家長和一同攀登上玉山頂峰的山友同胞，擔任畢業典禮的貴賓與見證人。以玉山為背景，留下美麗的登頂影像。並以此作為向玉山管理處申請登頂證明的影像紀錄，為生命中留下深刻難忘的畢業旅行。

C：Change 改變──從盒餐到桶餐

2009 年 8 月，我來到了位於市區的中大型學校任職，初探校務，已知午餐的供應方式──盒餐，是需要改變的。因為每次的供應，總會製造八百到九百個紙餐盒垃圾，和較大量的廚餘。從食物的品質、用餐習慣的培養、學生健康的照顧、垃圾的減量與廚餘的運用等，似乎桶餐皆優於盒餐，也是家長們所期盼的。但改變的時間點和機會點在哪，需要多些感受與尋求，而校長的主導與非達目標不可的意志和堅持，似乎是突破此一困境的關鍵。當然詳盡的行政規劃與充分的論述，尋求廠商及家長的高度配合，探詢積極度與認同度較高的教師團隊合作，是改變能否成功的局面。

「我們家長有 90%以上都支持贊成改用桶餐，為什麼學校還是要用餐盒的供餐方式，既浪費食物又製造大量垃圾。」

「低年級學生不會自己打菜和舀湯，提桶餐的過程中如果被燙傷怎麼辦？誰來協助？安全的責任誰負責？」

「學生的餐盒要怎麼準備？在學校洗或在家裡洗？沒有帶怎麼辦？」

「根據初步的調查，臺北市八成以上的學校皆已採用桶餐的午餐供應方式，我們可以學習及觀摩他校的經驗。而且校內有許多同仁從他校過來，亦有指導桶餐供應的經驗，可先由有經驗及意願的班級試辦。」

「桶餐的供應不僅提供給學生較可口衛生的食物，培養學生環保的用餐習慣，未吃的食物和回收的菜餚更可充分運用。」

午餐供應委員會議上正反意見交鋒，真正的問題與似是而非的問題交雜呈現，要達成目標，似乎困難重重。

「這是一定要改變的，我們的教育決定不能與重要的價值背道而馳，有問題解決問題，而不是讓問題阻撓我們，讓有價值的教育措施做不出來，長期形成對學生、環境及學校的負面影響。請訓導處就動線、低年級送餐等問題做好安排，請廠商全力配合做各項措施的搭配，從下個月起，開放邀請有經驗的老師參與試辦，逐月實施，到下學期開學全面實施。」

以逐月自願參與實施方式，用時間換取討論、觀摩及輿論整合的空間。

改變的結果有相當正面的迴響與評價，桶餐的供餐方式，非常受到親師生的好評，感受到這是踏實、有價值的教育作為與決定。三個月後，全校已全面性的實施桶餐供應。

　　從開始的衝突與抗拒，到結果的充分認同與參與，我們在困難中跨出了成功的一大步，相信也為未來的各種改變立下好的氛圍，過程中所承受的壓力，似乎又有了新的意義與價值。

D：Determination 決心──從 A 到 A$^+$

　　心裡想著的就是想把事情做好，把學校帶好，小學校要求生存，大學校要穩住發展的局面。領導者的決心在每一個當下展現，就如同品質的定義，是一種習慣，一種信念，是你身體的一部分。這是我之所以擔任校長的初衷。

　　魔鬼都在細節裡，但要求必會帶來抗拒與埋怨，耳語順勢而出。

　　「校長好像要把四年的工作都在這一年做完。」「上一件工作都還沒完成又交辦新的事情，操很大。」「昨晚做到凌晨 1、2 點，還要挑出毛病來修改，真是龜毛。」「天蠍座的人是所有星座中品質要求最高的，真是準。」「應該請家長會長鼓勵校長去渡渡假，輕鬆一下，我們也可以輕鬆些。」「校長不要那麼硬嘛，軟一點，大家會舒服些。」

　　不經意的聽聞如此這般的言談，默默而笑，這是領導者必然的宿命。提醒自己不要讓似是而非的談論，影響你應該要走的方向和步伐。環境中的荒謬與不足，是要幽默以待的，才能於其中發現多元質地的美感，而尋找到新鮮感與力量，更加大步的往前邁進。抱持決心帶領學校追求從 A 到 A$^+$，將能容忍接受各種批評，永保熱情與勇氣。

E：Enthusiasm 熱誠──從汽車到腳踏車

　　2009 年，經營了六年的小學校榮獲《商業週刊》2009 百大特色小學及《親子天下雜誌》2009 三百大特色小學，得獎的原因是體驗學習：充分運用社區資源，進行藝術人文及生態教育，並以「玉山上的畢業典禮」、「馬祖戰地文

化與太鼓交流」、「澎湖海洋文化體驗學習之旅」、「鐵馬三百里，送書到苗栗——單車環騎北臺灣」為主題進行畢業旅行體驗學習，培養學生視野及耐挫力。

朝著理想的長期經營需要意志力、熱情、堅持、耐力、毅力與抗壓力，要善於規劃，更須有效溝通與確切執行。六年來的特色畢旅，能步步為營，不斷實現，需要承擔的勇氣，更須由衷的對教育抱持樂觀與熱誠。書寫 2009 年的特色畢旅：「鐵馬三百里，送書到苗栗——單車環騎北臺灣」，為我的離開道別，為六年的挑戰，畫下微笑的句點。

長期浸潤於山林之美的溪山孩子，為了響應世界地球日，選擇以環保健康、古典素樸的旅行方式——「騎單車遊北臺灣：鐵馬三百里，送書到苗栗」來進行畢業學習之旅。透過身體大量的勞動和克服面對未知的恐懼，鍛鍊自己的體力、毅力、耐力以及挫折忍受力。以身體力行、完成高困難度的旅行目標，開闊學習心胸，擴大生命視野。在團隊合作、彼此加油打氣的過程中，親身體驗臺灣的美麗。

4 月 28 日：微雨的清晨，告別祝福的全校師生，從學校旁的至善路往下騎的時候，心中滿滿的興奮，我們終於出發了。未來五天的旅程到底會是什麼情況，一切未卜。但未知的旅程與存在的冒險，似乎是一股強大的吸引力，讓人更加奮力踩起踏板，快速前行。風雨迎面而來，沁涼的心意，激得人真想高聲喊叫，感覺自己好像要帶著同學們飛起來一般，想像著我們這一列腳踏車隊正騰空飛越臺北市的上空呢！

從三峽跨出河濱自行車道進入臺三線時，雨都停了。天公作美，期盼接下來的幾天都是涼爽、有點小太陽的好天氣。從三峽到大溪，常遇車水馬龍的擁擠路段，車輛從旁呼嘯而過，但貨車司機搖下窗對我們比起大拇指、檳榔攤的阿嬤抱著孫子對我們熱情的招手，那影像是勇氣信心與會心的甜美微笑的美好記憶。

4 月 29 日：自助總得天助，集結眾緣得以成行，團隊的願力總能帶來好運道。陰涼的好天氣，最適宜騎車。今天上下坡多，臺三線寬闊，大卡車常快速奔馳而過。但有時卻也是筆直空曠的大馬路，陪伴我們踽踽獨行。寧靜的午後，大氣直喘、汗水直流。踩踏的腳漸蹣跚，師長們高喊加油。

北埔老街的花生糖師傅現做花生糖招待大家，欽佩同學們的勇氣。意念工坊的木工藝術家，決定帶著他現在三年級的女兒，在三年後，鐵馬走讀臺灣。

4 月 30 日：參訪完貓頭鷹之家，將書送到永興國小，是此行的另一重要目的。讀萬卷書，行萬里路，集結好書與九二一災後重建的學校和孩子們分享，更加深化鐵馬畢旅的意義。楊玉鳳會長的好構想，讓油桐花項鍊掛進了兩校親師生的心扉，美味的客家小炒與滷竹筍，讓我們飽滿胃口與身心，一下午的滿足，力氣滿滿的騎上東西向縣道到竹南。

5 月 1 日：一大早大家看著自由時報、聯合報及中國時報三大報報導溪山與永興的鐵馬送書交流。孩子們看到自己成為媒體報導的對象，心中不知是何感想，有機會要一探究竟。天氣炎熱，海濱景觀獨特，主任抓住機會介紹香山溼地與風力發電，阿婆剛從溼地採上來的貝類食物成為關注的焦點。但第四天的狀況比較多，未保持車距而小碰撞、在車輛呼嘯的鳳鳴隧道內滑倒及車輪爆胎，都讓大夥稍微鬆懈的神經，再次上緊些。

5 月 2 日：期待的日子終於到來。會長說：當車隊來到雙溪公園時，終於可以放下心。我想，這感受是可以充分領受的。五天的痠痛與考驗，用長長的鞭炮與美麗的玫瑰，有全校師生的列隊掌聲歡迎和豐盛的茶點來慶賀與紀念，是值得了。辛苦與美麗交織的此刻，讓人珍惜，也難以忘記，要放在記憶裡喲。此次夢想的完成，讓我們更加凝聚情誼、珍惜共同的記憶。當然，也為溪山的學習成長歲月，創造出深刻艱辛但卻美麗而動人的生活質地。

F：Faith 信心——鍛鍊出來的信心

不經意的，在與一位教師的深度談論中，她質問：「你能確信你所做的每個決定都是正確的嗎？」校長帶領團隊，這是好問題。

以教育為志業，且長此以往，苟日新、日日新、又日新，鍛鍊再鍛鍊，時刻歷事練心，期盼在寬廣的視野中做出精準的判斷。植基於學生學習與教師教學的判斷條件，把握品質與公義的觀點，在法令、制度與結構中，以多元的面體觀照，充分分析評估，時時做好準備，所以有足夠的信心，做出對的事，把事情做對。

G：Gift 禮物——從微笑到感動

校長要在校園中不斷促發的事是：將生活與故事緊密互動連結，讓校園情境與空間充滿影響人心的正面談論與力量。讓孩子在好的情境、美善的身教言教浸潤中，學習成長。而這都需要敘事的能力，因為生活與故事間的互動連結，讓孩子和我感受在學校生活及相處的美好，這是教育的力量，也是孩子帶給我的禮物。

清晨的校園一片翠綠，空氣清新喚人朝氣。認真打掃的同學們，總是高聲的相互問早，給人一抹飽滿而真摯的微笑。而心裡，總常在這樣的氣氛與招呼中，湧起一股新鮮而美麗的精神，帶來一天的蓬勃生氣。嗨！那是孩子們帶給我最好的禮物了。

當國旗在藍天襯托下飄揚，教學大樓灰白素樸的洗石子牆面，與翠綠的龍柏相互交融得更加和諧了。下課的鐘聲帶來生氣盎然的嬉戲，奔跑追逐的身影，讓人感動於這上天的賜予，多想重新拾回那樣的年紀，那渾身精力的身體。此刻的思緒，似藏在大冠鷲下的羽翼，隨之遨翔天際。真是機緣難得，讓我重新回味那童年的記憶。啊！那是孩子們帶給我最好的禮物了（是威威在幫我找記憶嗎？雖然我還沒成為一個失智的老人）。

沉靜的午後，水柳樹隨風搖曳，樹屋下的點點光影，是天地的交集。直笛聲陣陣傳來，略顯稚拙。但細聽，這稚拙生澀的合奏，卻是生動悅耳，另有一番天真引人的趣味。光影下這稚趣的體會，似乎打開了心底這座日漸僵化的籠子，忍不住的讓人微笑起來了。呀！那是孩子們帶給我最好的禮物了。

放學後的校園，空曠的夕陽遍地，涼風習習，沁人心脾。籃球架下鬥牛一場，期得伸展身心、揮汗如雨。孩子們輸贏不計，只求激烈有趣，在花招百出的笑鬧中，抖落一地的壓力與鬱抑。在逐漸清醒卻又無法控制的嬉笑中，我知道，那是孩子們帶給我最好的禮物。

在親子共學英語的結業典禮上，拿著吉他和大家一同歡唱「You Are My Sunshine」，此刻的校園，夜色濃重，但空山人語歌聲響。一次 20 小時的夜晚教室，透過歌聲連結學習成長的辛苦與快樂。而我，總是會特別感動於在困難中仍把握學習機會的人與事，尤其是身在都會區看著溪山的孩子們，這感動

如同這夜色一般深重。但孩子們，總是輕鬆自在的、適時的帶給我生活中的禮物，如同校園中穿過重重烏雲的陽光，帶我這顆自我蒙蔽的心穿透心底那層層的迷霧，引領我看見清朗與清明、自在與幽默，在層層的烏雲下，彼此相互輝映，甚而閃耀著金邊呢！「You Are My Sunshine」，那是你們帶給我最好的禮物了。

 ## M：Mission 使命——從無到有的作業調閱

「學校已經有八年的時間沒有進行作業調閱，難道我們要一下子就實施全校性的作業調閱嗎？而且校長，我們是六十幾個班的學校，不是您之前六班的學校，全校性各領域的調閱您看得完嗎？」

「組長說暴風雨要來了，校長您確定要實施嗎？」

「作業調閱是例行性的事務，平常心待之，過程中一點都不會影響老師的教學，只要大家在排定好的時間，填妥課發會充分討論過的自評表，送到教務處，兩節課之後，工友會將作業送到您教室，相當簡單。所以，大家要做的只是正常教學，而後在表訂的時間，將作業送到教務處即可。」

於是請教務處安排：一天排一個領域，國語、數學、社會、自然、英文、作文，共六天完成本學期的作業調閱，全班都送。

「如果有班級就是不送作業那怎麼辦？」

「依照規劃實施就是，如果真有此情形再個案處理。」

「為什麼一定要實施作業調閱呢？」

「這是專業的作為與歷程，在課程與教學的實施過程中，總要導入評鑑的內涵，讓我們充分了解教師教學與學生學習的面貌，看見優點，改善缺點。」

教學組二次於教師朝會清晰詳盡的簡報，讓大部分同仁的疑慮降低，接受度相對提高。但對於實際執行時到底會出現何種個別狀況，確實有莫大壓力。教師會會長兩次到校長室表達教師們的焦慮和壓力，強烈建議暫緩實施。我一貫保持平常的心情不動怒，亦請教師會長平常心看待，並提出緩衝空間：如果不能繳交的同仁，只要向教務處提出自評表，在其中說明原因，便可不用繳交。並於教學組於教師朝會報告，提醒大家：以專業角度看待，如實進行，平常心待之。

　　校園中，有些緊張和不安的氛圍，似乎籠罩著彼此間。我總是在行為舉止、打招呼間，以慣常的微笑主動招呼。

　　調閱當週，事情進展相對順利，整體繳交率達 98%，除國語、社會及作文等三領域，有極少數班級未交。調閱結果呈現出較嚴重的問題是：少數作業呈現教學進度落後，且未敘寫的狀況，且有些單元雖已完成但未批改，讓人擔憂。重要的是發現兩個學年有部分班級的國語課，有二至三課是採用略讀的方式，並未完整教學，而加以更正。當前語文領域只有十二至十三課，已無略讀的方式，讓全學年的教學完整性一致。

　　從中也具體給予回饋指出優點，例如在作文教學方面，作文繳交完整，並皆呈現四篇的作文教學。每篇作文，皆依文章體例有適切的引導內容與評選表。教師指導與回饋相當豐富，作文本多元有創意，運用國語日報的文章引導，或是照片的情境引導，皆是相當好的作文教學。當然亦要相對指出待改進之處，例如有近四分之一的簿本未寫上批閱日期。

　　從抗拒、一片譁然，經過不斷的溝通與積極有效的行政作為，一方面建立清晰的流程與評鑑內涵，一方面以平常的心情看待，下功夫多方溝通呈現應有之氛圍，終得順利完成，並從中提升整體教與學的品質，也為後續的作業調閱建立制度及執行模式。這一切的努力無非是因著那股教育的使命。

📚 O：Opportunity 機會——化危機為轉機：媒體的互動

　　當前學校的經營須緊扣基本面、特色面及行銷面。三個面向相加相成，好的績效與品質才能形成特色，並帶來口碑。每日的課程與教學都是基本面、特色面及行銷面的連結。每天都是學校發展的機會，抱持敏銳、善意、靈活與彈性，掌握良好的互動關係，危機會化為轉機。

　　「校長，我是中國時報記者S。我們經由教育局提供的資料知道，你們今年的畢業生是全臺北市最少的。學校會被廢校或併校嗎？為什麼學生人數這麼少？可以請你提供相關的資料讓我們進一步確認嗎？」

　　「沒問題。我們會盡量提供。」

　　「那我們會 20 分鐘後到貴校採訪，是否能請畢業生接受我們採訪？」

「沒問題，我來安排。」

20 分鐘後，五報記者（含四大報）全數到齊。而我們也已準備就緒，在停車場等候。我帶著學校簡介特色書籤及 50 週年校慶專刊，主任帶著畢業生的人數與資料，畢業班導師帶學生進行慢跑後，全數於樹屋下集合。

寒暄交換名片後，我立即遞上每人一份書籤和專刊，並介紹學校特色及學生優秀表現，呈現出雖然學生少但個個都有其專長的基調。而後請學生表現其優勢的能力，例如：扯鈴、繪畫、直笛等。

過程中，從滿足其採訪需求及焦點呈現優勢能力來引導，雙方賓主盡歡。

隔日各報的地方教育新聞版面圖文並茂同時報導出來，標題內容呈現積極正面肯定的訊息：「學生人數少，個個有專長。」

原本擔心的負面新聞，卻成了優勢正面的內容，因為誠實以對，積極準備，多方滿足與引導，是可化危機為轉機的。

戀上教育工作，可以為其廢寢忘食。如同在心中常有的念頭：俯首甘為孺子牛，無怨無悔。七年多的校長生活，每天的局面都是新的開始，歷事練心，盡心盡力而為。以平常心看待成功與挫折，在穩定而踏實的步伐中，肯定自己的付出，享受充實的內在感受。校長的戀人絮語，句句動人。

翁世盟校長小檔案

一個在校長交接典禮上痛哭流涕道再見的人，也會在忘年會上大聲吹口哨的人。

校內老師曾傳著報紙說，校長果然是天蠍座的，報紙寫得多準：是要求標準最高、工作投入到簡直是在自虐的主管。

家長寄來e-mail說：校長做事超人一等、和藹可親、不斷努力以赴、求新求變，與同學互動充滿親和力，深受學生喜愛，是學校的好爸爸。

學生的祝福卡上寫著：您在我們眼中，永遠是跳健康操最有活力與朝氣的人，您非常大方又開朗，總是會與我們一同參與活動，每次升旗時，總會讀報給我們聽，希望您在未來，天天HAPPY，身體健康喔！

我的老師曾告訴他的博士班學生、也是校內的行政夥伴說：世盟校長頭腦非常好，辦學很有創意又很有方法，是我很佩服的人（真是感謝老師鼓勵，我會加油的）。

我，真是一個多重面貌的人。

42. 我將我的心倒入每一杯咖啡之中
——談文昌國小的教師專業發展

臺北市南湖國小校長　蕭福生

　　這是一個專業創新的時代，這是一個充滿熱情與夢想的地方。

　　臺北市士林區文昌國小自 1981 年 8 月 1 日由曾活賢校長創立，歷經鄭雅文校長、楊月陽校長、蕭道弘校長、吳年年校長及全體教職員工秉持教育良知，實踐教育理念，培育出許多傑出優秀的人才，在各行各業都能頭角崢嶸，猶如文昌校名之含意「士子如林、文風昌盛」。

　　文昌人不敢懈怠，最近幾年在各處室主任馬世驊、王格忠、林映杜、林秀勤、王純姬及陳佩雯主任的用心規劃及所有同仁的用心實踐下，這幾年成績斐然，擦亮文昌這塊金字招牌，打造出一所兼具優良傳統倫理美德與與卓越優質的現代化小學。

「我將我的心，倒入每一杯咖啡之中
我將我的情，融在您我的接觸之中」

　　美國知名企業星巴克（Starbucks）總裁霍華・舒茲（Howard Schults）指出成員的心（heart）是公司具有生命的關鍵。他說：「我將我的心倒入每一杯的咖啡之中，我的同事亦如此做。當顧客感受到這樣的誠意時，他們亦會如此回應。假如您注入您的心到工作中，您將能達成別人認為不可能實現的夢想。」

　　自 2003 年初任校長到文昌國小即是抱持著這樣的理念，恰巧我也是個咖啡喜好者，於是好東西與好朋友分享，平時校園巡視時就是提著一壺咖啡一一倒給同仁享用，於是在舒茲總裁的話後面我又加了「我將我的情，融在您我的接觸之中」，就這樣與同仁之間分享著快樂的園地與溫馨的咖啡。在校園中常常有這樣的畫面：有時我會煮好咖啡一杯一杯送到教室請老師享用，孩子們看到了很羨慕說：「這麼好，老師都有咖啡可以喝！」我就說：「對啊！老師們

都很認真、很辛苦的教導你們，所以校長要謝謝老師啊，如果你們表現很好，也可以請老師帶你們到校長室來喝鮮奶茶喔！」這時小朋友就好高興的跑去找老師，一邊跑一邊高興的喊著：「老師……老師……校長要請您喝咖啡喔！」語氣中夾雜著愉悅和幸福，因為他們可以與老師分享這一份深深的感謝與祝福。我也常常請老師到校長室喝咖啡，不論是單品的黑咖啡，還是畫了音符的拿鐵咖啡，都感受到我願意分享的熱情，所以我也在校長室的門口創作了一幅對聯，請陳右昇先生書法寫成對聯（右昇也是我在文昌的咖啡好夥伴），上聯是：「千錘百鍊成為黑咖啡」，而下聯則是：「酸甜苦澀才是真人生」，橫批則是：「阿福校長咖啡真好喝」。的確，人的一生就如同咖啡一般，要將生豆烘焙成熟豆必須經過高溫的烘烤才會散發出迷人的香味，人自出生到成人的學習道路上，也必須經過挫折險阻才會有所成長，也才會到達圓滿成熟的境界。而在這樣的過程中總會有高興、喜悅、痛苦、哀傷、生氣、抱怨，這些都是人生中必須經過的過程，也是一定要面對的課題，真正的人生是必定得如此的，所以一定要到校長室來喝喝阿福咖啡，品嘗酸甜苦澀的人生滋味吧！

　　我將咖啡的情境帶入學校中，也可以發揮學校領導力，進而塑造學校的文化，其關鍵在喝咖啡時的人際互動之情況如何？彼此所交換的話題是什麼？倒咖啡的方式、表情、心態如何？以及喝咖啡的感受怎樣？學校成員在校長的願景帶領下，將「心」倒入每一杯咖啡中，用心服務，每一次接觸都融入了感情，如此，學校的老師、職工、家長、學生以及社區人士都感受到這樣的熱情，那學校所追求的價值，建立優良的學校文化，就能共同為所承諾的願景努力。

📖 校長專業領導的理念與實踐

　　「具備有效領導理念的校長，才能把學校經營好。」因此學校必須要有好的領導者來經營，才能發揮其影響力，執行正確的教育理念，嘉惠莘莘學子，進而提升整個社會對教育的價值感與期許。故西諺有云：「有怎樣的校長，就有怎樣的學校。」因此，當校長經營一所學校，其領導方式、領導作為、領導風格，也深深地影響到學校的表現與發展，更影響到學校同仁工作的滿意和績效。鄭彩鳳（1999）[1]認為，學校的行政人員，尤其是校長乃是一個學校的靈

1　引自鄭彩鳳（1999）。**學校行政——理論與實務**。高雄市：麗文文化。

魂人物，正是負有學校行政領導的重任，必須透過計畫、組織、指揮、協調、溝通及評鑑的管理歷程，就人力、物力、時間等資源加以妥善運用，以遂行學校教育的目標。由上述可以得知，校長個人的專業領導行為與學校的績效或是效能的良窳有著極密切的關係。根據陳信君（2005）[2] 將國內外三十餘位學者的研究，彙整出校長的專業領導行為層面包含：專業發展、公共關係、行政領導、教學領導、課程領導、政策執行、個人修養、組織氣氛、危機處理、事務管理等等，又以專業發展、公共關係、行政領導及教學領導等四個向度最為重要。鄭端容（1999）[3] 認為，校長應營造學校為學習型組織，校長必須具備自我改造和營造集體學習的意識和能力。學校優質文化之凝成，當然不是校長一人、一時可以成就。但是既然校長是這個組織的首長、是領導者，則校長確實具有酵母的功能。若不幸形成墮落的文化，責任亦然。文昌是一所只有 18 班的小學校，但似乎每一項活動都有績效，分析起來最大的因素是，每一位老師及職工同仁秉持著教育的良知，為孩子共同努力，個個都有十八般武藝。校內沒有抗爭、沒有惡鬥，只有咖啡香、只有教育愛，校內最大的特色就是每一個年級的三位老師共同為孩子規劃設計教學活動，同一年級的老師都認識班群內的孩子，而家長們也是三個班組成班群家長會，選出一位總召代表，家長的任何支援也都是為同一年級的孩子共同規劃，因此學校氣氛和諧，從溫馨、和諧、安全、互助的基礎上出發，邁向專業、自主、多元、精緻的境界。有以下幾點作法提供經驗分享（參見下頁圖）。

　　學校教師專業發展最重要的因素是：提供教師一個專業對話的知識平臺，引導教師思考反省。因此學校營造一個溫馨、和諧、安全、互助的校園環境，將教師隱藏在腦中的知識資訊，藉由教學觀摩、領域會議、學年會議、研習進修、協同教學等同儕學習專業分享，成為學校的核心能力，也成為學校的核心競爭力。

---

2 引自陳信君（2005）。國民小學校長專業領導行為與學校效能關係之研究。國立中山大學教育研究所碩士論文，未出版，高雄市。

3 引自鄭端容（1999）。小學校長營造學習型學校的具體策略。教育資料與研究，**27**，22-26。

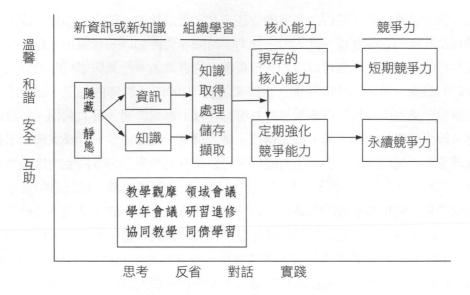

圖　組織學習、核心能力與永續競爭力相關

資料來源：修改自 Helleloid & Simonin (1994)[4]

形塑班群協同教學促進團隊合作 ◎◎◎

文昌國小在教師環境的建構上是以班群方式建造，所以硬體空間有助於教師討論。教師們設計主題教學與範圍、撰寫領域教學計畫與進度，設計教學實施型態，以協同合作方式進行教學與學習評量，並彼此支援教學工作的進行，將教學過程進行自我省思與檢討，製作教學檔案文件。

實施主題統整教學發揮專業教學 ◎◎◎

主題教學實施方式是每學期以一至二個教學設計為原則，規劃於綜合活動學習領域中。掌握教育政策發展脈動，適時研發新興課程，教師根據教學計畫，與生活經驗相結合，設計創新教學活動。課程內容關注知識與技能、過程與方法，以及情感、態度與價值觀的連結，能與其他學習領域之相關教材相互整合。

4　Helleloid, D., & Simonin, B. (1994). Organizational learning and a firm's care competence. In G. Hamel & A. Heene (Eds.), *Competence-based competition* (pp. 213-240). NY: John Wiley & Sons.

發展正向學校相互溝通本位文化 ◉◎◦

正向的學校文化包括同事之間的合作性、學校是否敢於嘗試、對教學的期望、信任與信心、實質的支援、對知識的追求、欣賞和諒解、關懷讚揚和幽默感、決策的參與、維護重要的理念、傳統、誠懇和開放的溝通。校本發展就是要發展正向學校文化，文昌風格就是彼此包容、相互協助、共同成長邁向專業發展成熟圓融境界。

建構專業分享的知識平臺園地 ◉◎◦

專業網絡是教師發展的關鍵，需建立校外或跨校的專業網絡。校內的專業網絡不但有助於老師降低孤軍作戰的感覺，更可加強同事間的交流，促進校內的教學研究活動，使學校對培訓做出承擔，並使教學的創意獲得支持。校內教師可透過教學觀摩、領域會議、學年會議、研習進修、協同教學、同儕學習等，新時代強調組織創新經營、流程掌控與管理，學校即應採用新的管理作法，跟隨組織學習與知識管理之腳步，提倡員工之知識分享，將顯性、隱性知識結合，運用資訊科技有效儲存知識，建立組織之核心智能。莫爾定律（Moore's Law）點出知識成長之半衰期只有十個月，現今學校教學模式、學生學習方式、教師自我充實方式都應該迥異於以往，知識經濟所強調創新經營、知識分享、外部環境經營、新科技的運用以建立學校經營願景，並達成學校目標，正是學校領導者的中心要務。

教師間的教學觀摩或專業分享 ◉◎◦

目的並不在於監察或評核，而是讓同儕之間的協助得以展開，使經驗交流。因為每人均有長處，各取所長，促進合作打破教學上的孤軍奮戰。讓教師間的同儕指導營造正面學校文化和氣氛，讓學校成為相互學習的社群，本校教學觀摩的方式讓專業分享成為一種常態，只要是文昌人皆有權利及義務貢獻所長，而本校開放空間的型態也有助於教師平時進行專業分享與教學討論。學校整合教學觀摩與教學研究會之模式，建構學校本位的教師學習社群。結合教學觀摩和教學領域小組研究會，例如以級任加科任形成的班群教學團隊，擔任協同教學演示者。在進程上首先為群組教學前專業對話歷程，其次為教學時觀摩

及進行團隊分享與回饋，最後將創新教學研究成果彙編成冊。最主要就是塑造教學專業對話文化。

實習教師與輔導教師的相互學習 ◎◎◎

本校極力邀請師資培育機構與學校之間的合作，讓在職教師透過反思他人的教學而進階到個人的教學，是一種互惠的專業發展模式。感謝本校每一位老師都是專業輔導教師，感謝每一位實習老師都是學校的助力及推力。首先讓實習教師了解實習學校之實務運作，其次藉由實習的機會增進各領域的教學能力、班級經營、學生輔導的能力，最後能增進表達及人際溝通能力，學習親師溝通的方式及技巧。文昌國小自校長、行政乃至教師都非常愛護實習教師，在盛況時每年都有二十幾位實習教師，幾乎每一班級都有實習教師，對學校能量的增加，對學生照顧的層面都有非常大的幫助。實習教師的教學觀摩發表，每一場校長及教務主任都親自參與及檢討。

人人參與行動研究建構自我能力 ◎◎◎

行動研究首先確立研究的起點，訂定行動的計畫，繼而蒐集資料並加以分析、詮釋和反思，最後與同事分享。行動研究的方法是一個由模糊的問題到模糊的方法、到模糊的答案，再到較清晰的問題、方法和答案的循環過程。這幾年老師們都有深刻的收穫，連續幾年的成績都得到臺北市團體乙組第一名的好成績，這些成果對於老師在申請研究所進修時經常有很大的幫助。

甄選參加師範院校學位進修制度 ◎◎◎

教然後知不足，教師在教學之後發覺自我的教學能力不足，在參與行動研究的作品後，發覺自己的研究能力不足，構成教師進修研究的動力。因此透過師範院校研究所學位的訓練，可加強基本教學及研究能力的提升，尤其本校教師在行動研究及檔案教學或是學生指導方面都非常有成就，教師經常以平時所表現的檔案及卷宗參加推薦甄選且獲得研究所的錄取，2003 年本校只有兩位研究所畢業的同仁，到 2010 年則有二十幾位同仁，成長了十倍，有碩士學位的教師占本校三分之二。

參與教學輔導邁向專業發展評鑑 ◎◎◎

以專業成長團體的方式辦理焦點經驗分享及專書閱讀方式進行，結合同儕視導、相互觀摩學習，提供回饋與建議，在過程中教師參與教學檔案研習、行動研究研習等。後續接著參加專業發展評鑑，經由系統性的檢視發覺自我的不足，成立教師自我成長團體、校內成長專業社群團體，例如：語文領域的「語眾不同」，數學領域的「獨數一格」及自然領域的「順其自然」等專業社群。

善用社區資源擴展充實教學場域 ◎◎◎

文昌國小地處雙溪河畔，延伸堤岸綠帶擴展教學場域。利用雙溪河地緣關係，以建築主體延伸之聯絡天橋整合為雙溪河自然生態主題，提供廣泛的學習機會與自然體驗。自然生態資源包括：雙溪河濱公園動植物生態、芝山岩自然教室、士林官邸自然生態展示區、陽明山國家公園等；科技教育資源包括：天文館、科學館、東吳大學、陽明大學等；文教機構林立，包括：郭元益糕餅文化博物館、故宮博物院、新光醫院等，與鄰近文教機構建立合作關係。這些資源都在教師的課程設計下成為教學活動的場域。

觀摩、師徒制等項目都是提供專業分享的機會，而行動研究則是讓教師檢視教學理論，在實踐、調整中學習，社區資源提供教學時的養分及資源，換句話說，這些都是實踐、經驗的主導，透過經驗作為改善教與學的機制。校本的正向發展文化便是使教學創造力得以萌芽的基礎，專業平臺的建構則是保持以致促進創造力的泉源。發展性教學輔導系統幫助教師成長，而經由專業發展評鑑的專業發展社群則成為自發性的成長組織，再透過學位研究所系統性的整理知識，如此一來就成為優質專業的教師。教師專業發展之後就是要回饋在學生的身上，因此也可以說老師要幫孩子加值，引導孩子的潛能，發揮孩子的優勢，展現孩子的自信，提升孩子的能力，如此一步一步就成為社會的有用人才。其實不只是老師要為孩子加值，父母親更是領導孩子成長的榜樣，更是要為孩子加值，於是老師與父母親共同營造良好的成長環境，一起為孩子加值。

學校績效的具體表現與成果

文昌國小只有 18 個班級，每一位來文昌參觀的來賓都感受到文昌的專業與活力，都體會到文昌的熱情與溫暖，都驚訝於文昌的班級數這麼少可是卻有這麼大的能量。在優質學校的評審會議上有位評審委員問我：「為什麼文昌可以展現這麼多優質成果，可不可以用一句話來說明？」我說因為文昌國小人數少，所以大家「團隊合作齊力同心」共同為孩子的學習努力。以下列舉一些夥伴努力的成果與績效：

◎2003 年榮獲輔導評量特優，本校親師生積極協助弱勢孩子的學習。

◎2004～2008 年連續五年獲選為臺北市推動兒童深耕閱讀工作有功團體特優獎。

◎2005 年榮獲「健康金學園」士林區第一名。

◎2005 年榮獲教育部「標竿一百——九年一貫課程推手」學校團隊獎。

◎2006～2008 年臺北市環保局公廁總評鑑，榮獲國小組第一名。

◎2006 年度參加全國交通安全教育評鑑，總成績榮獲國小組金安獎。

◎2007～2008 年參加臺北市精進教師教學檔案與學生學習檔案比賽榮獲學校團體獎第一名。

◎2007 年參加臺北市優質學校評選，以「整合團隊力量，創新教學品質」為主題參選，榮獲「教師教學」優質學校獎。

◎2006～2008 連續三年參加「臺北市中小學及幼稚園教育專業創新與行動研究徵件暨成果發表會」，榮獲國小學校團體乙組第一名。

◎2008 年參加臺北市優質學校評選，以「卓越團隊，專業創新」為主題參選，榮獲臺北市「專業發展」優質學校獎。

◎2008 年參加「臺北市教學卓越獎」評選，榮獲優選教學團隊。

◎2008 年參加 InnoSchool 全國學校經營創新獎，榮獲「課程與教學領導組」特優獎。

◎2009 年榮獲臺北市政府教育局「臺北教育 111 標竿學校」認證。

◎2010 年以「熱情、整合、開展、永續的資源統整，開展孩子的大未來」，彙集校內外資源，創造孩子的學習，榮獲臺北市「資源統整優質

學校獎」通過初審。

◎2010 年以「健康、自主、國際觀──培育多元體驗的未來公民」，榮獲臺北市「學生學習」優質學校獎。

本校教師每年都進行各種領域的統整性課程設計，鼓勵學生進行創造思考的教學活動，也就是教師們透過課程的內容設計與有計畫的教學活動，在支持性的環境下，激發及助長學生創造行為的一種教學模式。就教師而言，是鼓勵教師，因地制宜，變化教學的模式；就學生而言，是啟發學生創造的動機，鼓勵學生創造的表現，以增進創造才能的發展。因此彙集教師團隊教學研究成果，編輯成冊，並善用經費資源印製發行，分送與推廣至各國小、教育機關與教育界專家學者，分享同儕、供社會各界參考，塑造優質學校良好形象與口碑，推展學校公共關係。在短短七年出版了十本研究專輯，這些成果專輯有助於教師專業的提升，這些初任的老師也因此成為優質專業的老師。

◎《精緻與創新的總合》：輯錄 23 件本校教師於 93 學年度教育專業創新與行動研究之成果彙編，內容分類有四大章節：學校本位課程；教育專業經驗分享；創新教學活動設計；教學觀摩分享與回饋。

◎《專業，創新》：輯錄 22 件本校教師於 2005～2006 年度教育專業創新與行動研究之成果彙編，包括：行動研究論文發表類、教育專業經驗分享類、創新教學活動設計類、教材教具實物展示類。

◎《創意學習 優質文昌──培育多元體驗的未來公民》：輯錄 25 件本校教師於 2007～2008 年度教育專業創新與行動研究之成果彙編，包括：行動研究論文發表類、教育專業經驗分享類、創新教學活動設計類、教材教具實物展示類。

◎《經典文昌 精緻創新──筆記書》：涵蓋八個主題：最專業的文昌、最創新的文昌、最活力的文昌、最快樂的文昌、最溫馨的文昌、最人文的文昌、最藝術的文昌、最休閒的文昌等。每個主題輯錄八篇短文。

◎《熱情‧活力──綻放文昌新傳奇》：本書為紀念本校 25 週年特刊。內容記錄文昌歷經了海砂屋搬遷與重建工程、納莉風災重創與復建，以及文昌優良事蹟等重要紀事。收錄歷屆教職員工、師生校友的影像記錄，邀請校長、家長、老師與學生發表感言等。

◎《十九個驚奇》：本書為 96 學年度實習教師教學觀摩檔案成果彙編，

蒐集19位實習生教案設計、活動照片、教學觀摩檢討會紀錄以及觀摩紀錄表。

◎《文昌情、世界心》：本教材榮獲第七屆「教育專業創新與行動研究」教材教具實物展示類——優選獎。本教材教學單元主題有三個單元：我家住在八芝蘭；士林的變遷；美麗新世界。教材包含學生學習手冊、習作與教師應用手冊。

◎《雙溪水、文昌美》：本教材榮獲第八屆「教育專業創新與行動研究」教材教具實物展示類——特優獎。藉由認識雙溪流域的地理、生態，產生對雙溪的情感；進而探索如何更加具備休憩功能；最後以社會行動課程的理念，引導實際付出行動，來改造河濱公園。

◎《魔幻屋之夢》：本書榮獲2007年臺北市立教育大學教育學系主辦「優質教科書編輯」評選，榮獲優選。課程編排包括有兩個部分：教師手冊、學生手冊（含學習單）。單元有三：開啟夢想大門；前往甜蜜基地；打造魔幻小屋。適用年級為一、二年級。

◎《種子與孢子伊甸園——文昌蕨美》：本書為申請教育部推動國民中小學活動校園空間暨發展特色學校方案計畫，運用學校剩餘空間活化為蕨類植物教材園——如同雙溪旁的綠寶石。

願做一名協助親師生「加值」的學校領航者

全球最有影響力領導大師約翰・麥斯威爾（John C. Maxwell）於2008年6月來臺進行一場國際領導力的演講會，他說：「領導者的天職，就是為別人加值。」領導人的天職，就是發覺他人的價值，展現感激、欣賞、認同，激發他人的潛能，這就是為他人「加值」。因此，在校園中擔任行政工作的夥伴，就是幫老師們「加值」，幫老師加值，就是提升老師的專業發展。學校教師專業發展最重要的是提供教師一個專業對話的知識平臺，引導教師思考反省。因此學校營造一個溫馨、和諧、安全、互助的校園環境，將教師隱藏在腦中的知識資訊，藉由教學觀摩、領域會議、學年會議、研習進修、協同教學等同僑學習專業分享，成為學校的核心能力，也成為學校的核心競爭力。教師專業發展之後就是要回饋在學生的身上，因此，也可以說老師要幫孩子加值，引導孩子

的潛能，發揮孩子的優勢，展現孩子的自信，提升孩子的能力，如此一步一步就成為社會有用的人才。其實不只是老師要為孩子加值，父母親更是領導孩子成長的榜樣，更是要為孩子加值，老師與父母親共同營造良好的成長環境，一起為孩子加值。

　　校長就如同掌舵的船長一般，除了要考慮我們本身的目標需求之外，還得時時注意水流的變化、河道的曲折與風向的改變，也要時時注意及掌握船頭航行的方向。非常感謝大家對我的肯定、鼓勵、支持與建議，我們就如同坐在同一條船上的家人，彼此關心扶持，一起邁向共同的目標與願景。除了對大家的感謝外，唯有更多的工作投入來回饋大家的厚愛。校長考試時口試委員問我：「你為何想當校長？」我說：「我喜歡我的同事，我喜歡我的朋友，我希望我的同事朋友都能快樂，我希望有機會為別人帶來成就與快樂。」有次輔導研習，輔導員問大家，感到最愉快的場景是什麼？我說到：「我希望的場景是我的同事、好朋友及家人一起聚會，大家很快樂的交談，臉上充滿了愉悅的神情。」因此我最希望的是：每一位同仁都能被了解與欣賞，彼此相互尊重，發現內在的聲音，發揮自我的潛能，獲得專業上的成長與進步，實現自我，幫助個人與組織邁向精緻與卓越，也就是帶領每一個兒童邁向未來良善學習的道路。

　　在此有幾件事可以與教育夥伴分享：

◎2008 年推展單車活動，辦理教師文康活動，利用週三研習進修時間全校同仁騎單車到淡水活動，並於兒童節辦理全校親子騎單車活動，有幾百位親子共同參加，留下許多精采的畫面。並於暑假帶領同仁進行十天全省單車環島一千公里活動，不只是參與的同仁突破了自我，有許多同仁隨著所居住的城市，沿途借宿，有的提著飲料來加油，有的請我們吃大餐，有的送加菜金，我每天晚上就將行程及心情感受用簡訊傳送給全校同仁，就像是全校同仁一起參與一般。

◎注重全校同仁身體健康，平時組成校內教師體育社團，例如男老師打羽球，每年都參與臺北市教育盃教師組羽球賽，女老師辦理瑜伽社團。此外參與臺北市政府衛生局 2009 年度「市府好健康，easy 量血壓」推動計畫，學校的護理師鄭木金小姐非常重視全校師生的健康服務，積極幫每一位同仁量血壓，上網登錄，因此還榮獲全臺北市團體績優獎，於臺

北市政府各局處首長會報中由郝市長親自頒獎。

◎文昌團隊不只是團體獲獎無數,個人也得到許多榮譽,可說在各層面都有傑出表現。校長的使命就是讓每一位夥伴都是特殊優良教育人員,例如,以下同仁所獲得的獎勵都是全國性及全市性的最高榮譽:

連世驊主任榮獲特殊優良教師行政類(行政)

吳欣悅老師榮獲特殊優良教師導師類(導師)

陳佩雯主任榮獲臺北市教師會 SPECIAL 教師(行政)

紀鴻章老師榮獲全國交安績優導護教師(導師)

陳金和先生榮獲臺北市杏壇芬芳錄(職工)

王惠玲老師榮獲全國幼鐸獎(幼教)

高彩蓉老師榮獲全國特教有功人員(特教)

 結語

在文昌這片教育園地耕耘七年,建立了深厚的感情,實在捨不得離別,因此以卸任時寄給同仁的一封信作為文末的結束,以及對同仁的感謝。

親愛的夥伴們,我真的要離開文昌了。短短的這句話在我嘴裡繞了好久就是說不出口,因為我對這裡有太多的感情與不捨,這七年來我們帶學生校際交流的足跡到過花蓮、臺東,也到過離島的馬祖、澎湖,老師們揹帳篷、提睡袋、睡草地,在烈陽下、在海邊就是為了讓學生進行不同的文化體驗活動。老師們每年進行不同的主題課程設計,因應課程進行不同的協同教學,參與教師教學創新與行動研究的評比,每年文昌的成績亮眼,連續好幾年都獲得團體第一名,我們也得到臺北市優質學校教師教學及專業發展的優質獎。由於老師們每年都有許多的創新教學活動,讓學生的學習活動多采多姿,各處室的職工阿姨布置文昌校園的花草樹木,維護著環境的清潔乾淨,所以我們也得到學生學習的優質獎,還有臺北市教育 111 的標竿認證。我真的要謝謝夥伴們的支持,每一位來文昌參觀的來賓都感受到文昌的專業與活力,都體會到文昌的熱情與溫暖,都驚訝於文昌的班級數這麼少,可是卻有這麼大的能量!我要告訴家長們文昌的夥伴是最棒的,謝謝您們。

我也要謝謝夥伴對我的支持包容,當我肚子餓的時候餵我吃東西,我常常

收到蛋糕、甜點、飲料、奶茶，讓我有今天的身材，從型男變成肥佬。我也要謝謝夥伴們的毛巾，當我生氣難過、沮喪挫折時，總會適時的遞上毛巾，不知是要讓我擦眼淚，還是要讓我咬毛巾的；聽說今天要送我的禮物中就有一打毛巾，有人說毛巾太小了，要送毛巾被才夠。在這裡我特別要感謝我的父親，因為我在文昌就職時他抱著虛弱的身體來參加，父親總是非常掛念我在學校服務的情形好不好？壓力大不大？學校有沒有好的表現？在父親臨終前的幾個月，因為洗腎的緣故，意識不是很清楚，有一天我陪伴在病床前，父親突然清醒著關心問我在學校好不好啊？父親過世一段時間了，學校在全體同仁的努力之下得到了許多全國及臺北市的榮譽，父親在臨終前告訴我的最後一句話就是關心我在學校服務的情形，勉勵我當一名好校長，我想告訴父親：「我很認真的在學校當一位校長，我每天都很認真，學校的表現也都很不錯，要請他放心。」我更想告訴他：「我真的很想念他！」我要感謝父親給我的勇氣與智慧，讓我在人群中前進而不致迷失方向；感謝父親給我善良與溫暖，讓我有能力去關心照顧別人，除了感謝還是感謝，再來就是無盡的思念。

　　謝謝今天好多好朋友的蒞臨，讓文昌備感榮耀，讓我更有動力在教育的使命下賣力向前，謝謝大家。

**　　離別是情感的延續，離別是力量的擴散。**

蕭福生校長小檔案

蕭福生，1963 年 7 月 1 日生，新竹師專 1983 年畢業，國立臺灣師範大學衛生教育學系 1997 年畢業，國立臺北師範學院課程與教學研究所 2002 年畢業。

擔任臺北市教育局視聽教育輔導團及自然與生活科技輔導團，對於自然科教學及媒體運用有所研究，喜歡接觸大自然，擔任陽明山、玉山及雪霸國家公園義務解說員，並參與自然領域教科書的撰寫編輯。

先後服務於花蓮縣富里國小、臺北市力行國小、臺北市健康國小，在健康國小擔任總務主任及教務主任期間，協助校長開創了臺北市開放空間及課程創新的新紀元。2003 年初任臺北市文昌國小校長，與全校親師生共同打拚，塑造學校文化，提升教師專業，增加學生體驗，創新教育績效，對於一所 18 班的學校而言誠屬不易，靠的是全體同仁的「團隊合作、齊力同心」。2010 年轉任臺北市南湖國小，秉持著為親師生加值的教育理念，共同帶領同仁為教育努力。

43. 校長開門──
深探校長成長的內心世界

臺北縣雙城國小校長　李智賢

> 一切有為法，如夢幻泡影，如露亦如電。
>
> ～《金剛經》

📔 著妝篇──紛亂日子的開始

有一句廣告台詞說：「我是當了爸爸之後，才開始學當爸爸的！」同樣的，當校長其實也是如此！在未當校長時，其實也要學著做好如何當校長的準備，才不會一上任就手忙腳亂，糗態百出！

不斷做決定的日子 ◉◉◉

在陽明山接受校長儲訓的期間，不管是講師們或是有經驗的前輩校長們，抑或是實習的階段，師傅校長們都會說：「當校長沒有什麼，只不過要不斷做決定而已！」當我讀過《校長辦公室裡的那個人》一書，也曾請教初任校長的前輩：當校長前與當校長後有什麼差別？有什麼不一樣？她就跟我分享她的經驗。她說：

「以前當主任，只要顧好自己的處室，不必也不用自己花很多腦筋，有什麼事只要跟校長報告，校長就會有指示下來，或是召開會議來討論，很快就會得到結果，不需要額外花很多時間和精力就可以完成一項或是數項工作。

可是當了校長以後，不但主任會找校長商議事情，組長、老師、工作同仁及小朋友和家長也都會來找校長商討事項。校長雖然不必上課，可是所有的時間都被會議和會談占滿了，再加上教育政策層出不窮，地方也積極發展特色，學校校長都需要配合和推動，因此，計畫

和說明會也逐漸增多，相對的出差的機會也變得更多，所以在學校的時間也會被壓縮變得較少。基於此，校長就必須在很短的時間內，不斷的做決定，如此才能讓學校正常的運作下去。

但是，在這樣匆忙有限的時間中所做的決定，如果十件事有八件以上能符合既定目標的結果，而且有一半以上能有中等以上的決策品質，就很不錯了，接下來還需要處理下錯誤決定的收尾工作！有時候，收尾還比一般情境累呢！」

我又請教她第二個問題：在這麼短的時間中，您又是如何抉擇？如何做決定的呢？她又說：

「要做決定真的很不容易，不過總有跡可循，我們可以照著『有法依法、無法依則、無則依例，無例只好依經驗，假如無經驗則只好創造新案例』的方式，參考現狀來做決定。不過現在教育環境和法規變化很大、也很多，很多事情是無法當下就能完整而周詳做決定的，這是需要經驗累積的，也不能說何種決定一定是最好的，只能說是較好罷了！因此無法告訴你怎樣的原則才是一定的法則！將來等你當校長就知道了。

至於究竟何時才需要做決定，我必須告訴你，當校長是責任制，沒有所謂的上下班制，只要學校、學生、老師、同仁有事，校長都需要處理，是無法置身事外的，只要有需要，那麼隨時隨地都必須要做決定！因此，我建議你時時讓自己腦筋獲得充分的休息，以便在面對狀況時能做出好品質的決定。」

經驗傳承的抉擇（誤闖叢林的……）◎◎◎

常常在與前輩校長討論，一位初上任的校長，是「新官上任三把火」好呢？還是「蕭規曹隨」好呢？這對於新任校長來說，是既迷惑又為難之處，想要做事，卻又怕無法揮灑、甚至掣肘不前，空有理想而無法施展的困境，可是問了不同的前輩，卻給予不同甚至相反的觀點，以下輯錄部分所言：

甲校長：「既然能當上校長，就要發諸理想，盡力去完成想要做的事，對於用人與處事，只問是非對錯及是否可用，用的位置對不對，不必傷太多腦

筋，老師們自然會調適適應的，而且此時不換人，制度不改變，以後人事混熟了，礙於情面就很難改了，所以趁著新上任，不妨就大刀闊斧的調整一番，一新耳目。」

乙校長：「到了一個新學校，人與事都是新的，相信前任校長的安排應該都有其道理與顧慮，更何況大都是深思熟慮的結果，最好先不要更動，觀察一年以後再慢慢改變較妥，人事的調動也是如此，這樣校務的經營可能較能得到眾人的支持，緩步向上。」

丙校長：「我們熟悉權變領導理論，進到學校後，只要因地制宜，慎選與你個性合的部屬當幹部即可，其他的事交給幹部即可，校長只要專心做策畫的工作，不要太去管人事的糾葛，時間久了也就習慣，要塑造文化的改變不是一件容易的事，先發揮理想及要做的事才是本務。」

聽了這麼多前輩的經驗談，總是得自己上場試煉。在我出任校長時，採取的是乙校長的建議為主，以丙校長的建議為輔，於是在第一任期內的學校就任，雖不敢說有很大的建樹，但至少在穩健中求進步，並把前任校長未竟之事一一完成，且在既有的基礎上加上自己想要做的事去開創，得到的結果雖不敢說成果豐碩，至少完成階段性的任務，讓學校持續往前、往上發展。而第二任期的第二個學校，則採丙校長的用人法則和甲校長的處事方式，嘗試不同的治校風格，以比較校務經營的成果和事務推動順暢度的異同，結果發現各有千秋。不過最大的不同處，則在於初任校長所具有的權威性和領導性不足，較需要透過不斷的溝通和協調以輔助專業性的說服力。

可是如果你要問我，是否有「誤闖叢林的兔子」的案例，我的回答是：「有的！」我就曾看過一個實際的例子，有一位校長年輕氣盛，剛到一所學校雖然沒換幹部，但是卻將前任校長種種的校務擘畫棄之不顧，甚至改弦更張，形成「昨是今非」的現象，不但引起校內的反彈，也引起社區的群起反對，導致之後校務推動事事不遂，自身心情大為抑鬱，最後只得黯然離開，選擇赴任他校，重新再展抱負。

📖 登堂篇——名與利的抉擇

胡適博士曾說：「要怎麼收穫，先怎麼栽！」同樣的，想要當一個怎樣的

校長，在您一開始的設想中，其實也就逐漸形塑爾後您會是怎樣的一個校長了！有的人愛名，有的人慕利，有沒有第三種選擇？「什麼？兩種皆可拋！」這樣的傻子去哪裡找？那麼捫心自問，你呢？

堅持＆承諾（看似簡單卻不容易）◎◎◎

有一位師傅校長曾殷殷期盼我們後輩，說：「當校長要有校長的格調，要時時以學生學習為念，以老師專業為要，以學校的發展為主軸，創造出一個有文化特色的學習校園環境；讓學生學習專心，老師教學用心，家長對學校教學安心，長官對學校辦學放心！」

這段話，其實點畫出校長辦學的職責和辦學的目標，以及辦學的策略；更重要的是告訴我們當一個校長應如何進退，須堅持的內容與方法在何處，把校長所處的座標刻畫得清清楚楚。

另一位師傅校長也針對校長的作為提醒我們：「當校長是很孤寂的，雖然我們有很多的區域同儕和同期的校長班同學，甚至還有各種校長讀書會的夥伴，可是每個學校的狀況不同，不可同日而語，甲校的作法無法完全移植到乙校，同樣的，乙校所因應的危機處理模式，也不見得可以沿用至甲校，只可參考而已！因為人事時地物的背景和條件都不同，各項的歧異也不小，內外在的結果歸因也不盡相同，所以只有各依各校的狀況來因應處理。當然教育局也有一些標準化作業流程（SOP）可供參酌，不過眉角（閩南語）還是要自己掌控的！」

在我擔任兩任的校長後，發覺其實要推動事情，校內不乏優秀人才，經過商議後，大家可以一起來將事情做好、做出成果。但有兩項原則卻必須始終如一，不可輕易改變的，假如這兩項原則改變了，那麼校長的威信將蕩然無存，爾後的校務將很難再推動下去！

第一，每位校長上任後，都會對新任職學校的經營提出未來經營的理念和短、中、長程的計畫，這些計畫大都是與幹部、或與老師們一同討論商議後的結果。因此，校務的推動上應該據此計畫時程逐步的落實與實踐，之後視每年實施的結果做為是否微調的檢討，如果能夠持續下去，相信校務的推動能夠步步落實，紮實前進。但若有人反對，或是有一些重大的工程，或是重大的事件發生，而必須做大修正時，則必須找尋如何融結的方式，讓經營的方向朝著最

初預設的目標，努力地使其開花結果，而非放棄最初計畫，轉而全盤改弦更張。否則很容易落得被人認為：「計畫不如變化，有變化就不如不計畫！」的標籤化印象，對校長的堅持度和信任度大打折扣，這對校長辦學能力會是很大的打擊。

第二，每位學校的同仁，基本上對於校長的校務領導，皆抱著相當尊重的態度，因此對於校長的一言一行也高度期待。所以即使對校長的玩笑話也會當真，因為大家把校長當作是「君子」，而「君子一言既出，駟馬難追！」以這樣的高標準來期待校長的結果，致使每個校長必須很謹慎的說出每一句話，而我們此時說出口的事和承諾的事，就必須無可打折的做到！（這是因「人無信不立」，但是其他同仁卻可以不必然信守此一原則，這種不對等的期待，拉大了人與人間互動和信任的基礎，往往容易形成校園中紛亂與衝突之源。）是故，當校長者必須學會不輕易當下許下承諾，最好待弄清事情始末後，再下決定較妥，以避免後續的衝突和困擾，才是上策！

移風易俗至少要三年 ◎◎◎

我時常反省自己的個性，總感覺自己不管是責人責己，都太多！常常要告訴自己放慢腳步，不要想著經營校務會有立竿見影的績效出現，「慢」有時反而比「操之過急的快」還「快」！經常提醒自己要按捺著急躁的脾氣，忍耐著等待開花結果的一天，因為只有繼續堅持做對的事，才有望達成校園文化慢慢轉變且形塑的可能，畢竟漫長的等待是最磨人的，有的人可以用四年或是八年來達成，以「慢工出細活」的悠活姿態展現出，這是我所不及的，也是我要學習的。以下，我有兩個實際的小故事要與大家分享。

其一

17 年前我剛當上主任派任至一所偏遠的小校服務，那是一所風景秀麗的觀光區學校，校園裡有一個 30 公分深的水池，可是裡面是空的，什麼植物也沒有，更沒有魚，當然也沒有流水淙淙的瀑布和孩子爽朗童稚的笑聲。我與另一位主任就請教校長這是怎麼一回事，校長告訴我們，去年他來到此地時好不容易修建了這個水池，希望能看到孩子因為環境的優美而提升學生的品德和氣質，可是水生植物種下沒多久，假日時就被遊客帶走了，池中的小魚也被學校

中的孩子在放學後，來學校撈光了，實在不曉得該如何處理！

於是我們二位主任商議後，向校長報告，我們願意負起這個責任，一方面從制度著手，拜託警衛於假日宣導遊客不要撈取水生植物，另一方面在兒童朝會宣導愛護校園的重要性，不要撈魚，我們相信人性是本善的！只要有被撈走水生植物或是池中的魚，皆由我二人負責補充，不再花公家任何一毛錢。在當時也不曉得會不會成功，也沒想太多，就這樣第一個月池中物全被撈光，我們負責補充；第二個月還不錯，只被撈走了一半，我們就再補充！第三個月奇蹟似的不但沒有被撈走，老師們也發出聲音了：「主任你們放養的魚種不對，應該要放養本土的魚種，才能配合教學觀察。我們會帶學生至河裡捕捉，建置適合本校的水生植物池。」之後，池中之物不但沒有減少，反而透過全校小朋友在假日的守護，個個都成為推動校務的小幫手！連接下來在每間廁所設置衛生紙的運動，也都獲得全校和遊客的支持，非但沒有增加辦公費的支出，還因此獲得家長會及社區的經費支持，成為當地辦學的特色之一（從這我體會到：解決大家的不便，就是給大家和自己方便）。

其二

初任校長時，任職的也是一所小校，由於剛從教育局歷練出來，局裡的長官給的禮物，就是讓我們多做事、多磨練，這其實是給初任校長們表現的機會，本是對校長的一番美意。但任職一、二年後，任務也隨之更多時，這時老師們不免就會發出：「校長夠了吧！是不是該向局裡長官反映一下了，學校同仁快要受不了了」的倦勤聲。

為此，我還和行政同仁們一起開會研商，看看有否方法可因應，因為對局裡的美意不好拒絕，每個人都面露難色，實在想不出什麼比較好的辦法來應對！於是我決定在教師夕會中，向老師們坦承現今苦衷，希望大家一起來想想因應的點子。原本認為可能會招致老師們的訕笑與不屑，沒想到卻有一位老師說：「我們都知道學校想積極引進各種資源的用心，但可以思考嘗試用『減法』的方式，統整學校的資源，先做出部分成果後，再逐步往下推進，否則學校的運作就容易落入『樣樣有，卻樣樣鬆！』的窘狀。」如此，透過校園中良善的討論氛圍，激盪出智慧的方向，據此委婉地向局裡表達學校目前情況，懇請長官酌思下情，果然順利地解除了學校不斷加壓的窘態！

　　以上兩則小故事，要提醒的是，想將校園中的舊文化澈澈底底的改變，並非一件容易的事，切勿天真的以為校園文化經一、二年時間即可轉變，若想做到真正的改變，尤其在習慣方面，更難！您不會想到，這可能需要花上三年以上的時間。以我推動全校的禮貌運動來說吧，就整整花上近三年時光，現在全校學生才會主動向師長打招呼，老師間也才會彼此互相打招呼！看似容易的事，卻要歷時這麼久，才有一點點的改變，令人覺得訝異吧！但我得承認：這就是事實！所以我奉勸各位，還是得按捺著您的性子，尤其是日常生活習性方面的改變，慢慢進行吧！

成功不必在我、扎根須在我 ◉◎◎

　　身為一位校長，經常會將學校的成果，當作是自己任內的成績單，歸功給自己，以彰顯自己辦學的成績！未能期期以老子所言：「為而不有！」的闊然大度，瀟灑姿態自許，反而陶醉在「自我感覺良好」的情境中，不斷地放大自己對教育的貢獻程度，忘了自己當初「奉獻教育」的職志！話說回來，有多少校長在短短的任期內，能為學校的未來發展，進行多大的改革，可能有，但是為數並不多！

　　一般而言，多數的校長率依政府的政策結合學校的發展方向，順風駛船。整理前一任的校務發展成果，留強汰弱，加上未來的可行性，以創新的手法包裝後再出發！站在前人的肩膀上，一棒接一棒的傳承努力並發揚光大，績效容易顯現。少數的校長另闢蹊徑，以自己獨到的見解，進行校園文化和校園景致的全盤更新，其績效雖也豐碩，但往往由下一任校長接手後，無法將此文化傳遞下去，使得校園文化又回到了原點。於此，我們要反思的是，「教育是百年樹人的事業」，教育講求的是：永續發展的傳承遞移，而非人去政息，況且文化氛圍的傳承是否確實儲備好，都繫之於新接任校長，其對校園整體規劃的思維。我遇過的長官有傳統權威的校長、無為而治的校長，也遇過事事創新求變的積極型校長，但是他們都囑咐我同一件事。

　　他們說：「智賢，你將來如果治理學校時，要記得不論你用什麼方法進行校務經營，不要忘記學生和老師是學校的主體，沒有學生就沒有老師，沒有老師就沒有主任、校長，要時時以學生為念，不要只逞自己的能耐，拿一些花拳繡腿的招式來眩人耳目，要做真正為學生和老師好的事情，要關心家長和社區

民眾的需求！『自己的名聲事小，教育扎根的工作事大！』可能這一輩子都無法被人家給看見你辦學的用心，也不見得能獲得任何掌聲鼓勵，但是，當我們看得到學生長大後個個有成就，這才是我們真正的辦學成功！所謂『鐵肩擔教育，笑臉待兒童，不爭一時、而爭千秋是也！』切記！切記！」

當時我很訝異，這些前輩校長們（都已退休了）思考與方法各異，語句不盡相同，但意思卻一致，這個教育思維也深深影響到爾後我在校務經營的作為。我在任期中以兩方面來進行校務的發展，一是以學生和家長即刻性的需求出發；二是解決學校長久以來的歷史沉痾，例如：土地、校舍老舊問題，景觀再造等等，逐一改善不再讓下一任校長為難，能讓未來校務經營者專心辦學為重。

入戲篇──計畫趕不上變化

近來郭台銘先生和金溥聰先生，針對經濟與政治現狀，相繼針對「計畫趕不上變化」這句話延伸其義，蔚為社會大眾新的流行順口溜：「計畫趕不上變化，變化比不上一通電話，電話比不上老闆一句話！」學校的校務經營景況亦是如此，事先無論有多縝密的設想，往往會因為天時、地利、人和的因素而起很大的變化，有時會減低預期成效，但有時卻會有大驚奇的發生！

種豆得瓜的驚奇（餵豬肥、狗也肥）◉◉◉

我們在經營校務時，經常會遇到教育改革的大旗，有時往左揮、有時又往右揮，以前認為對的、很好的，今日可能會遭受到質疑；從前認為落伍的、過時的，今日有可能卻成為最夯的、最流行的趨勢！就以現在服務的學校來說，很多的學校因應九年一貫課程的實施，課程的設計無法兼顧社團活動的推展，慢慢地就較不注重社團的實施和發展。當政策關注在學生全人教育發展的結果，每個孩子通識的能力或許有提升，但在現實的情境下，並非每個家庭皆有能力讓孩子的優勢能力得到充分發展的機會！在新接學校之際，雖然計畫了很多，是否能全般依照目標進行，或為孩子們做些什麼，我也無法肯定。但從一件事上卻讓我的計畫產生了很大的變化，出乎我意料之外的成功，以下是這段歷程概述：

　　三年前新任職的學校，原本校內附設有社教站，進行社會教化的功能，有許多社會上的優秀師資。我藉此機會與學校同仁及校外師資的懇談，原本的目的只是單純要給雙城的孩子學習才藝的機會，於是整合學校原有的社團，如：田徑社、兒童樂團、南管樂團、舞蹈社，我邀集田徑社的鄭家詮教練（本校校友，目前就讀國立體育大學博士班），協助體育組長推展體育校隊的訓練，提升了本校田徑、拔河、躲避球、籃球運動等競技的成績。此外，還聘請本校創作才女胡淑慧老師，及北市交第一打擊首席游千請老師指導兒童樂隊，並在北市交名指揮許雙亮老師的指點下，本校學生的表現可圈可點，近三年來不但榮獲北縣及全國優等外（目前是全國前三名的常勝軍），今年更榮獲全國特優的殊榮。樂隊經常受邀至各地表演，比如說，前年雙十節曾應教育廣播電台的邀請，在植物園進行聯合演出。定期與桃園縣大竹國小進行「城竹在胸」的聯合公演，一致獲得好評。又如本校的舞蹈社在蔡月娥、寶爾基老師的用心指導下，不但年年獲得本縣優等，更獲得全國優等與甲等的好成績！還有南管社團是本校的一大特色（南管被世界教科文組織列為世界文化遺產），經過三年來的整合，在陳貴強老師的指導下和本校志工團南管媽媽的協助下，年年獲得本縣國樂比賽的優等，這支團隊目前也是本縣最大的一支樂團（我們擁有從國小二年級到高中三年級的聯合堅強陣容）。

　　原本只是單純的目的，因為有了成果，讓老師及家長們的視野打開了，紛紛向學校提出許多良善的建議和改進方針，譬如：針對學生參加社團加練時，如何建立學生校園公假制度、輔導補課方式；當學生擴大參與社團，有沒有可能以學生興趣為導向，打破參訓學生的年齡和年級的界線。結果除了田徑社現行參賽有年齡限制外，其他的社團都開放至二年級以上即可參加甄選進入本校的三大社團（準校隊中）！這些榮譽都獲得家長及社區的肯定，也獲得長官的支持。接下來學校與家長會密切合作，將社團活動的成就更推廣至週二晨光社團活動，聘請專業的志工老師開設 16 個社團（學校家長會只提供微薄的車馬費），讓五、六年級的孩子免費學習自己喜歡的社團才藝，由於深得學生及家長的高度肯定，我們決定自 99 學年度起更擴展至三、四年級，而一、二年級

則繼續由故事媽媽團隊，為他們說故事，讓學生才藝與智慧雙修！

家長會的轉型改造 ⊙⊙◎

　　學校的經營一定要三頭馬車齊頭並進，意即學校行政、教學團隊和家長團體的配合，才能有大的發展，此缺一不可的！在前一任期的學校，有一個非常健全的家長組織，學校的運作獲得家長會充分的支持與配合，讓校務推展得很順利。到新學校後，第一次家長大會讓我印象很深刻，各班被選上的班級代表出席非常不踴躍，只有寥寥五十餘人左右，以一個接近五十班規模的學校，怎麼會有這個現象？令我有些不解。經詢問主任及一些資深的家長會委員才了解其間的緣由，他們的意見綜合如下：

> 「以往加入家長會的組織，都是需要家庭經濟比較寬裕的賢達，來協助家長會的運作，給予學校建設與發展上強力支持，做為學校堅實的後盾，所以學校家長會組織的成員，慢慢會走向階層化，形成由固定模組社交圈型態的成員組成。於是有些極具熱誠的家長礙於經濟的因素，逐漸退出可以貢獻的行列，再加上近年來全球性經濟大海嘯的侵襲，很多家長深受惡劣經濟環境之苦，無法在事業奮鬥與社會公益付出上二者兼備，致使學校家長會的運作與組織逐漸萎縮，落得要每位家長會的老幹部，為了家長會的傳承，必須動用自己個人的人脈，邀請目標性家長加入或參與家長會組織，所以今日參加學校家長大會的成員，大部分是受邀而來，一般明瞭此情況的家長，在衡量自身的經濟條件下，是不太可能參加今天的會議的！」

　　在清楚這個現實情境下，參酌前一個學校家長會運作的模式，當下我做了一個很大膽的決定，我跟原有的會長及副會長們商量，家長會的組織成員可否採取修正的模式，徵求願意為校服務的家長，一部分是既有的家長會組織成員，另一部分則是有時間願意出力投入的成員，一視同仁的情況下廢除職務捐，改由個人名義捐款給家長會，轉而向各級民意代表請求經費上的協助幫忙。很高興這一提議蒙受所有家長會成員的支持，三年來，家長會在會長、副會長、常委和委員的支持下，學校組織日益健全且茁壯成長。當然期間還接受宏達電文教基金會的協助與支持，辦理卡內基的教育訓練課程，提升本校家長

會自律與品質決策的效能。每月召開家長會議，學校幹部無不抱著兢兢業業的心態參與，因為，在開會前家長會都做好事前的功課。例如：每月有主題、有大綱，會議前還有會前會，開會時，討論熱烈且方法有效可行。同時還抱著兩項最高的原則，要每位委員恪遵：「一是家長會的宗旨為監督和協助學校推動校務，參與而不干預，不造成學校運作的困擾；二是不得承攬學校有關利益之事，包括：工程、合作社、校外教學旅遊事項以及自立午餐供給業務。」

　　在這種有錢出錢、有力出力的正向組織引導下，本校家長會逐步營造出口碑，讓區域和縣及相關組織都對本校家長會讚譽有加。如今，本校家長會成員的參與愈來愈熱烈，因為所有的付出都是為孩子營造一個優質的教育環境。家長們的想法是：今天我當委員雖辛苦付出，但不僅是我的孩子受益，學校的孩子也受益，甚至區域環境受益，因為文化水準提高，社區價值提升，相對的房價的隱形價值也跟著提升。在學校、社區、社會三者都獲益的情境下，這種三者皆贏的作為，自然大家都樂在其中。

📔 謝幕篇──為他人作嫁衣裳

　　當校長的日子，雖然責任與負擔很沉重，但是其中的樂趣也不少。當看到一件件事情皆能按照計畫進程與進度完成，學生的學習成就與老師的生涯規劃都能一一實現，這是一件再快樂不過的事！我時時以瑞典教育家裴斯塔洛奇的墓誌銘──「終身盡瘁他人，自己別無所求！」自勉，期待為教育盡己棉薄之力。

完成不可能的任務 ◉◉◉

　　校長的學習經歷久之後，教育局或是校長組織往往會賦予其較多的責任和任務，這時校長必須先做好學校經營安內的工作，才能接下外務順利推動。絕非老師們所想的：「這個校長經常不務正業，喜歡包工程回來做；既然愛做，就讓他一個人做！」這是不可避免的，也是無法推託的責任。其實學校的進步，固然要靠群策群力，但是免不了的，校長仍然是學校中的靈魂人物，但當任務到學校中，相信各個校長必須得做好安內的工作，才能接下額外的工作。有時這不是像外人（非校長者）所說的：「都是這個校長不務正業，喜歡包工

程回來做；愛做，就讓他一個人做！」表面上校長的權責很大、很風光，事實上，校長所承接的這些額外工作，很多是非自願性的，是承接長官任務的交付！因為，校長是準公務人員，比老師們的廣義公務人員定義，更接近實質的公務人員。在任務的交付上，校長較沒有說「不」的權利，基本上在這方面的自由度是較低的。所以，每一位校長的付出，其實是應該獲得社會上更大掌聲鼓勵的！在這裡就舉自己近三年來的一個實例與大家分享：

臺北縣在三年前升格為準直轄市，教育局擴充編制成立新移民文教輔導科，此科的業務與責任相當重大，所做的事情不比一個局處少，但是人員編制卻很少，所以需要很多的學校幫忙，以承接多項縣府和教育局交付的任務。以我來說，就接到一項很辛苦的工作，那就是需邀集國內知名兒童文學作家和插畫家，共同創作一套十本適合從幼稚園至高中層級，以七國語言文字載寫，由教育局出資印製出版的新移民繪本書籍（另一個學校團隊負責DVD動畫光碟製作，兩個團隊必須相輔相成）！並且要編輯教師手冊和教具供老師使用。

連同招標、開發、印製二萬套、發送全縣公立幼稚園至高中以及全國的圖書館，必須在短短的一年內完成！各位試想，學校本身要運作，又得承接這項等同於出版社的工作，有可能在短短的一年內完成嗎？無前例及經驗可循，沒有校長願意承接這項艱鉅的任務，大家都說這是一項不可能的任務，我也認為這不可能，於是不敢承接。後來局裡實在找不到學校願意承接，就跟我說，我學校只要負責發包就好，當時心想如果只發包就單純多了，可是哪知道，工作最後仍然不斷的增加，根本不給我們說不的權利，我只好硬著頭皮做了！幸好找對了團隊（新店、中園、雙城國小的編輯成員），選對了兒童文學作家（林秀兒、周姚萍老師）、作家兼繪者（楊麗玲、賴馬老師），書籍及DVD光碟排版、印製和發送的廠商也是一時之選，再加上局裡、縣裡長官們的全力支持，很高興第一套東南亞新移民繪本、教具及光碟終能準時出版完成。有了第一套的經驗，緊接著又交付第二套東北亞新移民繪本、教具及光碟開發任務，更要求朝向部分立體書籍製作的水準邁進，幸皆能依時程出版完成！同時這兩套書籍不但榮獲

國內兒童文學獎的肯定，還得到國家優質出版品入選的肯定，並獲得新聞局及文建會肯定推薦部分繪本書籍代表我國，參加波隆納世界兒童文學童話書大展的榮耀。

在這個經驗裡，我學會了一件事，就是「凡事不要先說不可能！應該要說，我不一定能完成，但我願意試試看！」如果沒有深入的去了解與投入，怎會知道評估與實際的差距究竟有多大？光是用「想」，就無法將「不可能」化為「可能」！

甘即苦、苦即甘（達成理想須付出代價）◎◎◎

「當校長」是這麼苦的差事，為什麼每年仍然有這麼多主任，願意報考校長、參加甄選儲訓以取得校長任用的資格，甚至還借調教育局實習歷練，再出任學校執掌校長一職。究竟是有何魔力，讓這麼多的人願意前仆後繼朝此目標前進？這不是如同「飛蛾撲火」般，往前投身犧牲的一條不歸路嗎？這些人是不是頭殼壞掉了，腦筋秀逗了！我們來瞧瞧：

一般人的工作條件和薪資報償大概都希望：「錢多、事少、離家近，而且低風險能永保安康！」如果以這個標準來看校長這個工作來說，校長是「錢不多（加給只比科任多八千元，還有萬元左右的特支費）、事不少（學校中發生的任何一件事都跟校長有關，校長須負全責）、離家也不一定近（任期制及任務需求所限）、風險也不一定低（全校親師生及志工的安危皆須承擔與關心）」。所以每位校長肩上的無形壓力是相當沉重的！也有部分的校長因忽略自身健康和家庭照顧，造成憾事，令人唏噓、感嘆與不捨的事件時有所聞。是故，想要擔任校長須事前做好生涯的規劃，惦惦自己的斤兩，是否可以承受這些有形損失和無形壓力的能力，再決定是否投入這個行列。

但是，辛苦付出沒有獲得嗎？其實除了清譽外，實無其他特別的額外收穫，只有一點倒是所有校長都同意的一件事，那就是：當校長者都有一股傻勁，一股教育理想的堅持，願意為自己所設的教育藍圖打拚，這可能就是為達成馬斯洛需求理論中最高層級──自我實現的滿足而戮力以赴，也許這就是教育人的堅持吧！不過當你達到或是完成自己階段性的任務時，那種滿足和實現的成就感，可能就讓你很容易忘卻之前的辛苦，又再次地投入下一階段的任務

或工作。

如果有人問我說，擔任校長究竟是苦？是樂？我不曉得其他校長的觀點是否和我一樣，但以我個人來說，「有得必有失，得失其實就在於個人的取捨罷了！不過個人榮辱事小，可是學生的學習事大！只要心中有學生、老師及家長，抱著一顆赤忱無私與感恩之心，相信『天助自助者』，天時與地利及人和三者的助緣會源源而來，那麼何愁事之不成呢？如此一來，視苦為得到樂的途徑，就容易樂在其中了！」

李智賢校長小檔案

李智賢，一個從小喜歡纏著大人們問「為什麼？」的孩子，讓大人都感到十分頭痛。外祖母因答不出我的問題，還曾經訓斥我：「囝仔人，有耳無嘴，閃卡開哩！（台語）」心中一直存有許多未解的疑問，直到經歷師專、師範學院、四十學分班、研究所，涉獵的領域較多、較雜，學習到追求學問的方法，而逐步得到解答。

曾經預官英文考試因拚命答題，又不諳倒扣威力，結果英文獲得零分，著實是個慘敗的經驗。十餘年後借調北縣教育局，長官指定承接英語文業務的推廣，她開玩笑說：「因為你的英文最爛，所以最能了解學不會英文者的痛苦，沒有人比你更適合推動這項業務囉！」因此而用心推動業務，致奠下目前臺北縣英語文教育推動的模式。更意外的是，八年後竟然還到國立清華大學教育學程中心與英文系和研究生分享臺北縣英語文教育推動的現況，此等際遇鮮少有人經歷。

自小立志能當一位好老師就心滿意足的我，沒想到意外的走上行政，一路從組長、主任至校長。期間雖酸甜苦辣、五味雜陳，但也豐富了我的生命！想想，人生有許多的不確定性，但也有很多的可能性！朋友們，加油吧！

44. 無限風光在險峰——
領導者逆轉勝之道

臺中市信義國小校長　曾金美

前言——浪裡行舟，無限風光在險峰

在人生長河的航行裡，我一直是一帆風順，伴著沿途繁花似錦，欣賞兩岸風光無限；直到成為學校掌舵者以後，才開始經歷一些驚濤駭浪。

浪裡行舟，無限風光在險峰。回首那些波濤洶湧的日子，有暗礁，有漩渦，也有絕妙奇景。我屢屢在身陷險境時，以智慧及魄力逆轉勝，讓生命峰迴路轉。也因為有這些驚濤駭浪，我的視野更加寬廣，氣度更加開闊，生命更加豐富多彩。但有時我會想：如果當時做不一樣的選擇，會不會更好？未來遇到一樣的問題，我會不會還是像當初一樣？可惜，生命是不可逆的化學反應式，這些假想現在都無法得到解答。只知道，儘管曾經「兩岸猿聲啼不住」，酸甜苦辣都嘗盡，但如今卻是「輕舟已過萬重山」，也無風雨也無晴。

領導者何必凡事掛心？是非對錯，功過留予後人評斷；一片冰心，時間是最好的證明。今不揣淺陋，讓陳年故事出土，心情翻曬暖陽，是為告解，也為布道。

有為與無為——領導者的價值選擇

從擔任校長的第一天起，我就面臨著一項困難的價值選擇——如果我只能選擇做一種領導者，我是應該做一個無為而治的好好校長，還是做一個積極有為的校長？

好好校長不管事，喝茶看報平順過日，雖無特別貢獻，但也無災無難、無煩無憂到退休，豈不愜意？因為一切只求 60 分，對教學品質或辦學績效也不要求，自然討老師們喜歡。而想要有一番積極作為、改變學校平凡保守文化的

校長，一定會給人帶來壓力，也就注定很難讓人人都喜歡。

有時候想，難道我只能在非此即彼的兩端做選擇？難道我不能在理想與現實之間找到平衡？我曾試圖著做一個學生喜歡、老師歡迎、家長推崇、長官稱許的「超完美夢幻校長」，但發現，那很難，也很累，因為基本上，這數者之間認定的好校長本就有某種衝突。當各方意見紛雜，順了姑意，拂了嫂意，行政作為陷入「父子騎驢」的困境之際，想兩面討好，只有苦了自己。

後來想開了。既然怎麼做，都會有2%的人不能認同我，那就為那98%的人和自己的教育良心，放手去做吧！至於那2%的人，如果我夠好，我就能慢慢「渡化」他；如果我還是影響不了他，那就彼此祝福吧！

尊嚴與尊重──領導者的容忍底線

學校事務不外「人」與「錢」。「錢」的問題好處理，一切依照預算及會計程序處理；「人」的問題，就比較棘手了。

有一年，因學校減班，科任人數減少，校內某位科任 A 老師須於新學年度調整為導師。因 A 師過去教學較為鬆散，從未被安排擔任過導師。為協助其妥善接任新班級，我及教務主任於暑假中多次提供課程、教材、學習單、班級經營等資料，指導其於開學前充分備課。奈何開學後，部分家長仍無法滿意 A 師之教學及班級經營，醞釀更換導師。

我在接獲家長投訴並多次巡堂了解後，即依法啟動不適任教師處理機制，依觀察期、輔導期等程序，安排資深輔導教師協助其班級經營。我也多次私下與 A 師晤談，提供班級常規管理妙方，增強其親師溝通、應對能力。然因家長壓力，使 A 師身心難以負荷，故教學進步情形緩慢，無法符應家長要求。此期間，我指示教務主任多次與該班班親會會長聯繫溝通，允諾若一段時間輔導無效，會另有安排。惜班親會會長不耐學校依法處理程序，且認為主任「層級不夠」，於某天早上糾眾到校欲「堵校長」，以遂其換班目的。

當天學生合唱團參加市賽，我正巧要外出為比賽師生加油，莫名其妙被攔下來，還有人鼓譟，誣指校長要「脫逃」。待了解家長來意後，我耐心安撫、說明，但少數家長情緒激動，言語挑釁，難以溝通，且仗著人多勢眾，提出資遣老師的強烈訴求，強迫我接受。個人受辱事小，全體教師尊嚴豈可任人踩

踏？對方已踩到底線，我還能低聲細氣嗎？我義正辭嚴的把帶頭的家長訓了一頓，因為搞群眾鬥爭只有激化對立，無助於解決問題；且「薄師者，必無好子弟」，家長以幾近集體暴力的方式解決問題，對孩子是做了最壞的示範，將來孩子如何學習理性溝通？又如何懂得尊師重道？我句句反問，家長個個啞口無言，火勢當下迅速消滅。

事後反省，當時衝冠一怒係為尊嚴，但「尊嚴」雖是自己的，「尊重」卻是別人給的。若不是我的領導管理讓家長不滿，家長也不會無端挑釁。想透了這一點，更覺得自己的 EQ 仍有待修煉，不該三言兩語就被激怒，而失控罵人。

但當時驚天一怒，卻也十足的發揮了「鎮暴」的效果，因為事後該名家長為當日糾眾圍堵的不當舉動親至校長室道歉時，告訴我：「校長，那天我們都被你嚇到了！平常看你非常親切、活潑開朗，總是面帶笑容、有求必應的樣子，沒想到罵起人來居然這麼凶悍！」我笑著說：「哎呀，糟糕，我苦心修練二十幾年的淑女形象都破功了！拜託，請幫忙保守這個『秘密』，因為連學校老師也都不知道——原來我是這麼『恰北北』的校長……」

這是我人生當中，第一次為了捍衛尊嚴發那麼大的火，事後想想，也不禁懊惱。若不是平日認真辦學的形象還算值得家長尊重，單靠發火怒罵想要服眾，恐怕只會掀起更大波瀾。這種險招，還是用過一次就好！

公義與私誼——領導者的道德兩難

姑且不論前述家長抗爭的手段是否合理，A師幾近不適任的教學及班級經營情形，長久無法改善，也讓我日日承受著內心教育良知的責難！這是我一直覺得自己實在無能、愧為領導者的地方。

當我看到凌亂脫序的教室常規、空白或錯誤百出的學生作業，我的心很痛！我實在不捨一群乖巧純真的學生讓這樣的老師教到，白白浪費了他們最黃金的學習時光；也不捨一個「個性還好相處，但身心有狀況、教學能力又太差」的老師承受著這麼多的家長壓力。基於同事情誼，我應該胳臂往內彎，鄉愿式的保護他，但基於校長職責，我不能漠視家長的心聲；做為一個有良知的教育工作者，更不能犧牲孩子的學習權益，讓孩子成為白老鼠！

憑良心說，如果我是企業老闆，像這種達不到績效、無法讓客戶滿意的員工，我會馬上 Fire 掉，不會讓他拖垮公司的形象。但在教育界，校長無人事實權，無法壯士斷腕。所以我們花了很多時間、動用了很多人力、運用了很多方式幫忙他，希望「No Teacher Left Behind」，慢慢把他「帶上來」，但這社會不可能忍受不適任教師尸位素餐，家長也不會有耐心等待不適任教師慢慢變好。

其實，校園裡的不適任教師雖然極少數，但問題一直都存在，這是很多學校的共同難題。只是，誰去捅這個蜂窩？有些老師教學不力，有些老師身心有問題，校內同仁大家心知肚明，也知道不處理是犧牲學生權益，但卻沒有人有能力且願意解決，長期下來，人人皆成了姑息劣師的共犯結構之一。而最有能力解決的人是誰？校長！但是為了保障教師工作權，不適任教師的處理機制有層層關卡，政府並未賦予校長快刀亂麻斬的尚方寶劍。而且，就算校長有這把寶劍，又要怎麼砍得下去？兔死狐悲的微妙心理，加上校園裡多的是「理盲」而「濫情」的好人，有多少人能體諒校長「揮淚斬馬謖」的心情，支持「大義滅親」？大多數人無法認同理解，反而讓「校長濫權、無情」的指責聲浪掩蓋事實真相與問題本質。君不見有些前輩校長冒險捅了這蜂窩，但結果呢？劣師依然在校園遊走，反倒是校長負傷走人！

A師的事，後來因為他請長期病假，我另調度科任老師擔任該班導師，家長均十分滿意而暫時落幕了。但 A 師不到退休的年齡，難以資遣；他自己不願調離，學校也無法以超額教師處理；再說，把燙手山芋丟給別所學校也不道德，所以我們只好繼續秉持著鴕鳥心態安排他教科任，好「疏散」被學生及家長投訴不適任的「風險」。但以後呢？這個「歷史共業」要如何處理？

學校是「鐵打的衙門」，校長是「流水的官」哪！這問題的答案，在茫茫的風裡……

🔖 天理與法理──領導者的義無反顧

同樣處理不適任教師的問題，同樣陷於兩難，但這次，沒有家長的集體威逼，只有一封學生捎來的血淚書信，卻讓我痛下決心，不再瞻前顧後，火速的揮起俠客的劍，義無反顧的斬了！

話說 B 師從他校調入，擔任高年級導師一段時間後，我便陸陸續續接到多人反映B師言行怪異，如：對男同事表達愛慕，時常深夜電話騷擾男同事；經常以關心的名義對男學生不當觸摸；偏心男生，對女生差別待遇……等。我向原校查詢他過去服務情形，方知B師疑似有戀童癖傾向，年逾半百仍未婚，因疑似性騷擾男童案，被迫調至本校服務。然原校並未向我校通報，好讓我們提高警覺，如今 B 師原性不改，有再犯的疑慮，我必須密切注意防範。我請主任積極對該班學生進行調查，但因 B 師對學生言行箝制極為嚴厲，學校難以蒐集具體人證物證，只能加強對該班學生宣導辨識性騷擾、防範性侵害的方法，以及遇害求救與申訴管道，同時商請該班科任老師、隔壁班導師共同注意該班動態，並請他珍惜轉換環境、重新建立形象的機會，嚴守師生分際。如此密切「關照」之下，倒也「平安」過了年餘。

　　但 B 師對學生的喜憎程度兩極，不當管教方式已嚴重影響學生受教權。凡受他疼愛的男生，享有各種福利及處罰豁免權；被他嫌惡的，則罰寫超量課文，使學生身心俱疲；且經常以連坐法不當處罰，使其他學生終日惶恐，影響心靈甚鉅。

　　最可憐的是班上的弱勢學生 C 生。該生中年級時我曾教過，聰明伶俐、溫和有禮；因父母離異，他兄代母職，照顧弟妹。但畢竟還是孩子，自己課業及生活起居也乏人教導，而引B師嫌惡。B師經常對C生奚落、責罵、刁難，並唆使同儕排擠，使他在班上得不到尊嚴、關懷與溫暖，終致喪失學習興趣，多次逃學中輟，流連網咖，甚至結交損友，沾染惡習。

　　我指派訓輔人員多次輔導 C 生返校，並鍥而不捨與 B 師溝通，希能接納C 生，然 B 師斷然拒絕，反要學校將 C 生轉班。幾經協調，C 生返回原班上科任老師的課，但國語、數學等導師的課則另由學校安排老師於行政辦公室進行個別教學。幸好 C 生本質尚佳，在行政人員及愛心媽媽關懷指導之下，課業和品行算是救回來了，但直到畢業前，B 師均未曾關懷過C 生。

　　B師枉為人師，卻缺乏責任和愛心，傷害學生身心，真是令我沉痛！疑似戀童的騷擾行為雖疑雲重重但暫無實證，也猶如未爆彈般，令我憂心！如此人師，天理、法理難容，但徒具形式的考核制度和聘任制度卻奈何不了狡猾的他。因此，我只能以柔性的勸導，希望他能發揮教育良心，善待學生，並經常對他描繪退休美景，鼓舞他趕快辦退休享受人生。多次「洗腦」後，他果然心

動，提出自願退休，我大大鬆了一口氣！但後來又因議會有「外縣市調本市教師除重病、不適任外，滿七年方准退休」之特別規定而退回，退休案只好再等兩年。

兩年？我雖如坐針氈，但也莫可奈何。直到畢業典禮後隔天，收到一封B師班上應屆畢業學生具體署名、吐露長期受到疑似性騷擾的書信，說明當初因老師以扣押成績及同儕相互箝制等手段恫赫，所以在學校調查時不敢說真話，甚至為老師辯解，如今畢業已無壓力，挺身而出只希望不要再有其他學生受害。我私下約談幾位畢業生，加上其他教職同仁、家長的具體證詞，才讓我痛下決心，要立即終結讓狼師有再度犯行的機會。

我連夜寫了一封沉痛的報告，附上相關證據，一早到市府面陳高層長官。或許我為學生權益的情真意切和完整具體的陳述打動了長官，三天後，市府即破例以專案迅速核准了B師的退休案！

當B師歡喜準備接任新班級時，我卻火速幫他辦了一個風光的退休歡送會！戲劇化的轉折，全校詫異，B師更是錯愕！但他仍十分感謝我運用「特權」讓他平順的退休，而我也終於放下心中的一塊大石頭。對曾經受到騷擾的孩子們來說，我這擎天一劍，雖然無法撫平他們心中的陰影，但對於來者，也算亡羊補牢了！

《史記・司馬相如列傳》有云：「明者遠見於未萌，智者避危於無形。」千里之堤，潰於蟻穴；當斷不斷，反受其亂。對照後來其他學校發生過的性騷擾、性侵害案件，紛紛擾擾，引來社會撻伐，我不禁也為自己、為學生捏了把冷汗！當年相關法規及通報處理機制未臻健全，此類事件發生時，學生、家長因投鼠忌器而隱忍，學校查證不易，很容易輕估形勢、未及時處理而釀成更大災禍。幸好我對B師密切防範，才使他不敢輕舉妄動，但百密仍可能有一疏。因此，日後儘管只是「疑似」，也要先完成法定通報，再啟動調查處理機制，不能為了校內和諧和學校名聲而錯失處理時機，畢竟學生身心人格發展及安全優於一切，絕不容許有任何傷害。

📚 公平與公正——領導者的三角習題

進入「後遴選」時代，威權的「萬年校長」已從地球絕跡，一種較進化的

新物種──「短命校長」應運而生。短命者,「短期任命」也;另外,凡「職務生命週期較短者」亦屬之。稱「短命校長」係相對於安居樂業的老師而言,因為校長每隔四年就要像遊牧民族一樣逐水草而居,而且還因為某些結構和制度因素,無法擇良木而棲。此外,校務經緯萬端,處處暗藏危機,稍有不慎,責任即無限上綱,所以校長也算是「高風險」行業之一。

短命校長的另一學名是「三明治校長」。三明治校長既是帶著跛腳權威的最後一代,也是被市場商品化選購的第一代,說他是「短命校長」,一點也不為過,因為夾心餅乾實在不好當。難怪近幾年校長的折舊率、耗損率、汰換率奇高,有些縣市因為「量產」不足,新甄選出爐的候用校長還來不及鋪貨上架,就被搶購一空。但也有縣市「庫存」太多,造成校長遴選明爭暗鬥,惡質選風令人搖頭。

擔任校長以來,深深體會當「三明治」的滋味。別人總以為校長位高權重責任輕,其實校長上有公婆的教育政策要執行,下有兒媳的民意要遵從。壓力和抗力之間,三明治要如何保持鬆軟可口?況且,三明治校長的問題不只是在「上、下」之間夾心,或「內、外」之間交迫,更多時候,是在「左、右」之間為難。

主任是校長倚重的左右手,處室分工合作才能克竟其功。學校行政業務雖然分組設事,主任、組長領一樣的職務加給,但實際上各處室、各組業務量還是有些差距;加上每個人做事的態度不同,工作品質自然不一。有人兢兢業業,處處惟恐不夠完美周延;有人得過且過,事事能閃就躲,所以,要做到勞逸平均實在很難。

平常各處室各司其職,倒也相安無事,偏偏很多時候,有些業務必須互相合作,一些摩擦就產生了。有一次,D主任替他的D組長來向我抱怨E處室的E組長敷衍了事,影響D組長要彙整的成果。D主任雖然出面跟E主任協調,但E主任袒護自己的組長,未積極改善。認真的D組長只好把大部分工作承擔下來,但是他愈想愈不甘心,邊做邊抱怨,最後還怪自己的主任沒擔當,只會以和為貴,不能替他爭取權益。他覺得為這樣的主任做事「很窩囊」,不如歸去。D主任說到E主任和組長,愈說愈激動,大有「校長如果不能主持公道」,他跟組長「不惜同進退」的味道。

我放下手邊的公文,耐心傾聽主任的抱怨。然後,先同理主任的心情,肯

定組長的認真，再花一些時間開導他。其實，擔任行政工作就是要沉得住氣、耐得住煩、禁得起操。不能一點小事就抓狂，或處處跟別人比較。一旦心生比較，就會覺得：「為什麼別人都比較清閒？」、「為什麼我要做這麼多？」

當組織裡有人開始這樣抱怨時，領導者最好趕快協調溝通，將業務做一些調整。如果只是安慰他「能者多勞嘛！」，鐵定讓他恨死自己的「能」而已。因為這種負向抱怨的情緒就像感冒病毒一樣，會使人罹患工作倦怠症：初期否定自我價值，末期則完全喪失了工作的意義感，失去衝勁與熱情。抱怨的病毒如果沒有馬上消滅，就會在辦公室狹小的空間裡迅速傳染給其他人，使整個團隊分崩離析。

如果業務分派實在無法做到完全公平，那麼就要在工作環境裡定期噴灑正向積極的能量香水，時時強調工作的意義與價值，肯定部屬的能力與貢獻，並鼓舞他們向未來的人生「下訂單」，為生涯的進階做準備，以增強他們對情緒病毒的免疫力。

人心不平，猶如路面。處室之間好似妯娌，校長扮演公婆的角色，必須運用智慧化解糾紛，撫平人心，組織才能和諧、齊步，朝著共同目標繼續邁進。

堅定與堅持──領導者的智慧勇氣

「堅持」，需要的不只是「堅定」的方向意志，還需要忍受孤獨、嘲諷和質疑的勇氣，以及化解阻力的智慧。

在發展學校藝文特色的路上，我走得很辛苦。起初是自己背負著能不能領導成功的壓力，然後是發現老師們也對自己的能力缺乏信心，長久安逸穩定的教學生涯更讓他們缺乏追求卓越的動力。老師的信心挑不起來、熱情也燃不起來，怎麼辦？總不能校長自己唱獨角戲吧？

睜大我的「慧眼」仔細觀察，其實，很多「自甘平凡」的老師骨子裡潛藏著「渴望卓越」的基因，但長久平凡保守的文化使他們變得消極、退化，最終也被環境同化。當領導者發現日日在馬廄裡兜圈子的，原來是千里馬，怎能不趕緊牽牠出馬廄？可是，難就難在千里馬已習慣了小小的馬廄，如何讓他們願意跨出勇敢的第一步？我相信這些認真踏實、各具有領域教學專業的老師，就像散落一地的珍珠，只需有人用一條線串起來，就能成為一條耀眼的項鍊。

就讓我來做那一條串珠的線吧！剛開始，是支持音樂老師辦理各班的班級音樂會，再從班級音樂會中挑選具有潛力及特色的節目，加強指導、排練後，舉辦畢業音樂會。從多次的支援教學活動中，建立與音樂團隊的良性互動。接著是辦理各項藝文研習，為老師增能；並藉著參加創意偶戲比賽，整合音樂、美勞和語文的人才成為陣容堅強的指導團隊。過程中，我不僅負責編寫、潤飾劇本，也「撩落去」幫忙訓練學生聲情、口白和操演，幫忙補修操壞的戲偶，還負責錄影剪輯演出實況。比賽前，籌措一切經費資源，讓老師無後顧之憂；演出後，捲起衣袖，跟著老師學生一起拆卸戲台、扛道具。因為校長身先士卒，所以團隊裡沒有「剩閒」人。

　　雖然胡志強市長曾說「壓力」是「越壓越有力」，但那是強人適用的法則；對凡夫俗子來說，擺脫壓力最快的方法，就是「放棄」。面對比賽指導的壓力、教學工作的壓力，團隊裡有些老師應付不來，曾經委婉的、試探性的希望我同意放棄。但放眼望去，社會上各個領域中的佼佼者——運動明星、企業霸主、技藝高手、學者專家⋯⋯沒有人是第一天就浮出水面的；禁得起長時間在水面下屏息悶氣，才能擴大我們的肺活量。

　　我從善如流，在人力上做了一些調整，也培養接手編導的人才，但繼續「溫柔」的「堅持」發展的方向。歷經四年晨昏磨劍、南北征戰的辛勞，終於創下年年蟬聯全國學生創意偶戲比賽特優及最佳編劇獎的佳績；也因為長期的、全面的、紮實的深耕藝文，連續榮獲教育部 2008 年落實藝文素養指標績優標竿學校（全國僅 12 校），及 2009 年教育部「教學卓越獎」的肯定。至此，老師們才相信：「Yes, we can!」

　　雖然積極發展藝文特色，但我深知：彩虹之美，在於多色共存；再好的交響樂團，也不能獨賴優美的薩克斯風演奏。學校需要創建品牌特色，但學生更需要均衡的發展，因此，我希望各領域的老師都能「動」起來。但如何讓老師願意「動」起來？這才是領導者最難著力的地方。

　　有了扶植藝文團隊成功的經驗，我激勵學校老師見賢思齊，在各自興趣及專長的領域鑽研，並傾盡所有資源全力支援，長期耕耘下來，遂漸有令人驚豔的成果。其中，最讓我感動的是 F 老師。

　　F 師原本十分孤僻自閉、抑鬱寡歡，教師晨會總是不願跟同學年老師坐在一起；有時卻又暴躁易怒，甚至故意對抗行政，不肯把學生帶下樓來參加每週

一次的學生朝會，校慶運動會時也曾經為細故抵制訓導處，故意不帶全班學生進場，一度令行政很頭痛。

我仔細觀察他的班級和網頁，發現大家眼中的「怪咖」老師其實班級經營做得很好，教學部落格也很用心。我在教師晨會大大的讚賞他、肯定他，讓他臉上開始出現一些笑容。

他曾經擔任過體育組長，勇於任事，但由於跟之前的主任理念不合而掛冠求去。這種「懷才不遇型」的老師，我相信只要給予尊重、給他機會，必能導回正軌。所以，我默默的支持Ｆ老師發展體育長才，鼓勵他取得裁判教練證，並給他公假出外擔任比賽裁判，磨練實戰經驗，甚至推薦他獲選為本市推展體育有功人員。漸漸的，他變得開朗起來，而且積極熱情的訓練班上學生參加拔河賽，從班際、校際、市賽打到全國賽，一路過關斬將，勇奪佳績。

比賽凱旋歸來，我歡天喜地的請師生大啖牛排，也看到 Ｆ 師臉上散發前所未見的光彩，心中真是深感欣慰。我們常說，要找到學生的亮點，讓他們發光發熱，其實，老師更需要施展長才的舞臺，他們的努力更需要被肯定、被看見。

📚 短空與長多──領導者的困難決策

校長常要做決策，做決策是領導者最重要的任務。有些決策雖然「短多」，但卻可能帶來「長空」；有些決策看似「短空」，未來實則「長多」。校長四年一任，做「短多長空」的決策，容易！做「短空長多」的決策，難！因為前者討好民意，能夠立即加分，而後者未蒙理解，先遭責難。要做怎樣的決策，但看校長是否能有長遠的眼光和足夠的擔當，能夠排除萬難。

但，在保守的校園裡，改變是困難的，也是危險的，因為改變往往會造成短空，帶來抗拒和阻力。當校園裡陷入一片理盲而激情的氛圍時，領導者應該如何化解危機？是該有見風轉舵、順從民意的「柔軟智慧」，還是要有「橫眉冷對千夫指」的「鐵漢硬頸」？面對學校的現在和未來，校長要如何做出最有利的決策與改變？

身為學校領導者，背負著許多教育責任與社會期待，我一直希望能帶領老師改變心智模式，走出學校與教室的象牙塔，去看看教育生態環境產生了什麼

變遷，想想我們能為家長和學生多做點什麼？面對著教育市場競爭的白熱化，為了讓學校立於不敗之地，更需要全體同仁共同努力，提升教學品質、建立「長多」的學校特色和加強學校行銷。

然而，校園裡總有一、二位激進的「意見領袖」不能認同這種理念和做法，甚至無視社會觀感，拋棄教育責任，罔顧學生權益，串連煽動同仁，以挾持民意，逼校長妥協。試問，當「意見領袖」成了「偏見領袖」時，我們是否還要認同這種「民意」？

不知是命裡犯沖，還是我時運不濟？說來真巧，任內二次掀起對立，引爆我的領導危機的「意見領袖」，一個是教師會理事長，一個是合作社經理，偏偏兩者是同一個人；而兩次也都是為了合作社業務起衝突：一次是學生午餐，一次是學生簿本採購。更奇怪的是，當初水火不容，勢不兩立，後來這位 G 老師居然成了我非常倚重的主任，真是跌破大家的眼鏡！

猶記得當時教師會慫恿教師拒辦學生外訂團膳午餐，且散發黑函危言聳聽，聲稱「合作社若代辦午餐業務，理事老師會像以前便當案一樣，被調查局叫去問案……」云云，致使校內人心惶惶，醞釀聯合抵制，欲解散合作社，將學生午餐的責任丟回給家長自行負責等。我見校內教師集體非理性行動，恐有損教師形象，影響學生權益，且有負家長期望，故積極奔走，協調溝通，但許多同仁已深受危言影響，無人願意配合，我的低頭四處「拜託」也被怒指是對老師的「壓迫」，瞬間成了千夫所指的獨夫，心情十分沮喪。

為了打開僵局，我做出了一個困難的決策，這決策對行政人員來說，是增加工作負荷的「短空」，但對學校的發展來說，應是穩定的「長多」。我情商主任組長承接業務，順利供應學生午餐無虞。歷經一年辛苦的整頓與經營，終使瀕臨倒社危機之合作社起死回生，轉虧為盈。其後，G 老師肯定本人領導作為及團隊經營成效，主動接手經營合作社，續辦學生午餐。雖然後來又一度因誤會而掀起拒絕代購學生簿本的風暴，但民意已不再那麼容易操弄、隨之起舞了，因此第二次事件很快的平息。

誰真正為學生著想？誰真正為老師服務？誰忍辱化解阻力，維護學校的和諧與進步？正義終究站在無私的這一方。時至今日，本校合作社仍為全市國中小碩果僅存「設有門市及專人服務」的績優合作社，學生午餐業務也於 2008 年榮獲全國績優。至此，我才有苦盡甘來的感覺，深覺當初衝突非末日，危機

即轉機；度得過崎嶇的短空，就能迎向平坦的長多。

在兩次意見衝突之中，憑藉著一個「理」字，我從被孤立打擊的谷底，重新站上制高點，贏回發球權。退一步想，我也十分感激與欣賞衝突對立者最後能以學生為念，捐棄成見，相忍為校。庸才尚可造就，人才不易馴服。我總相信，人才都是比較有想法的，如能引導他們站在不一樣的高度看事情，或許比較不會走偏鋒；而且，真正的人才是值得等待的，我願用最大的誠意以及軟磨硬泡的功夫耐心相待，期待頑石點頭，人才孵化。緣於這股對人才的疼惜期待和對敵人的包容尊重，我慢慢的將偏見領袖拉回正軌，並充分授權賦能，使他成為身邊得力助手。昨日的仇敵，今日共同攜手合作，為學校發展而努力，您說，命運的安排、情勢的逆轉，是不是非常弔詭而有趣？

 ## 怒目與低眉——領導者的柔軟身段

然而，不知是不是老天爺不想讓我這校長當得太輕鬆？令人頭痛的 F 師和難纏的 G 師變好了，人人稱許的 H 老師卻開始讓我頭痛了！這次，我遇到更棘手的難題。

H師溫文儒雅，認真教學，曾擔任組長，頗受校內女老師歡迎。我曾經幫他申請教育部科學教育專案經費補助十餘萬元，從事蝴蝶飼養研究，獲得極佳的成果，也因此獲得特殊優良教師表揚。他將出版社幫他印製的蝴蝶專書送給我留念，彼此的互動可謂相當良好。

但平時溫和善良的他，不知何時開始變得偏執、衝動起來。前述午餐風暴事件中，他受人慫恿，散發信函攻擊我「獨裁、鴨霸」。那封信函著實讓我嚇了一跳，也開始注意到他的性情已大有轉變。

此後，H師的言行更是乖離、與行政對立。某次在教師晨會上聽到不合他意的報告，便私下鼓譟、衝出去大力關門。突兀的動作讓大家都嚇了一跳，議論紛紛。晨會後，我趕緊前去關心他，探究他為何會突然有這樣激烈的反應，不料他卻情緒激動的以政治語言罵我「陳○扁」、「貪污腐敗」、「禍國殃民」，我真是被罵得一頭霧水。

冰凍三尺，非一日之寒。事後，我逐一訪談他身邊的好友，才知他政治立場極其鮮明。但再怎樣深藍或深綠的色彩，也不至於錯亂到把政治污染帶到校

園來吧？一個溫和的老師怎會有如此大的反差？我百思不解。

校內有三位具有靈異體質的老師悄悄告訴我，他們在 H 師身上感應到某些不尋常的「東西」在作怪。據民間的說法，校長是「官」，有一股浩然正氣，邪魔歪道無法侵犯，但這些「東西」會透過某人乖張異常的行為製造紛擾不安，強烈的警示領導者要好好幫「祂們」安頓，如果領導者不理會，將會有更大的傷害，使領導者遭受無妄之災……

校園裡有鬼？！這真是駭人聽聞的說法。子不語怪力亂神。校地徵收及建校過程我參與過，清楚知道校地很「乾淨」。我常在學校加班到很晚，還曾經數次為了製作校務評鑑簡報獨自在校熬夜，從未發現校園異狀，所以絕不相信此說。我寧可相信，是自己的領導作為有偏失，宣導溝通不夠，或者是同仁的家庭和身心有狀況，才會使得一個好老師走了樣。

「鐵齒」又篤信科技文明的我，覺得關心和溝通最重要，所以並未接受老師們的好心建議，請法師到學校來驅邪。但其後發生了一件更詭異驚人的事情，讓我不禁頭皮發麻！

期末有一天下課，H 師突然抓狂沿路狂奔，邊嚷著：「我要殺人！」大家聞聲趕緊出來制伏他，帶到辦公室安撫。原來，近日 H 師異常的言行使得許多原本喜歡他、視他為偶像的女老師很擔憂，大家束手無策，不知如何是好。後來可能有人好心打電話告知他家人，希望家人多關心他，不料 H 師卻因此發狂。

他趁我不在時，到校長室查對我的專線電話撥出紀錄，我事後知曉，雖然不悅，但體恤他當時已失去理智，故並未追究。為了安撫他，我還立即派人調閱學校各出入口監視器，並通知電信局協助調閱電話通聯紀錄，然皆無所獲，只好安慰他：「同事並無惡意，只是做法不當，我會公開譴責。」請他釋懷。

隔天期末校務座談會即將結束前，他走到前面來，強烈的要我查出此案，給他個交代。我觀察到他當時說話已呈歇斯底里狀態，趕緊請旁人安撫他，並當眾一再跟他鞠躬道歉：「不管何人所為，一切過錯皆由我承擔，希望活菩薩放下，不要再紛紛擾擾，讓同仁惶惶不安。」但他已失控，不斷當眾對我叫囂，幾位有特殊感應的老師皆當場莫名嘔吐不止，我也驚恐的發現：堂堂男兒身的 H 師，眼神、聲調、舉止剎那間都變得十分「狐媚詭異」，完全變了個人！六月天，熱氣蒸騰的會議場所，我卻突然背脊發涼，不寒而慄！

H師中邪之說不脛而走。同事們多人替他懇求：「校長，他一再衝撞犯上，請不要跟他計較、追究，其實那真的不是他。」我想起之前三位老師的警告，不禁有點半信半疑。但身為校長，豈可帶頭迷信靈異之說？我研判他疑似有躁鬱現象，所以拜託幾位老師陪伴他看醫生、帶領他接觸宗教。經過暑假一段時間沉澱後，H師表面上似乎恢復正常，但惡運並未就此終了；他的不穩定情緒，更讓我十分苦惱。

開學後，有一天，兩名渾身刺青、惡狠狠的流氓到學校找我，說H師在外開車撞傷人，不但報假名、留假電話，還冒稱自己是低收入戶、失業勞工，企圖逃避賠償責任，事後又對傷者不聞不問。對方經多方追查，終於找到他，知道他的真實身分，但他還是避不見面，不肯負責，對方只好到學校找校長，要我給個交代（又是給個交代！）。聽了這一番話，我簡直不敢置信！

我找H師欲了解原委，但H師對我仍有敵意，不肯吐實，只說他要自己處理。我只好關心安慰，並請律師協助他處理車禍調解的事宜。

沒想到隔天，記者的電話就來了，說要到學校採訪H師。試想：「如此身教！○○國小教師為德不卒，駕車撞人報假名企圖逃逸塞責」，如此的新聞標題會有多麼聳動啊！如果教師的私事會損及學校形象或使他身敗名裂，我就不能袖手旁觀，任他自己處理了。我趕緊動用了一點與媒體高層的交情，先把新聞壓下來，再找H師了解詳情。沒想到，H師辯解說他報的不是假名，是在補習班任課的「藝名」，還拿補習班給他的薪水袋證明他的藝名。

雖然早有耳聞他課餘在某知名補習班任課，但念在他家有病妻及幼女，經濟負擔重，我也睜一眼閉一眼，不擋人財路。如今看到薪資證明，眾人當下傻眼！如此「天真無邪」的老師，我真的輸給他了！我心想，車禍糾紛處理不當也就罷了，意外自爆校外補習的案外案，鐵定會毀了他的前途、他的家庭。儘管他平時處處跟我對立，根本不把我當校長看，但他確實是個教學認真的好老師啊，我怎能忍心不救他？

「法、理」當前，我毫不猶豫選擇了「情」。我當下斥喝他：「學校三令五申，你難道不知道教師不得在外違法補習？收回薪資證明，我『什麼都沒看見』！」

經此教訓，H師收起過去對我的狂妄態度，接受我及律師代為處理車禍調解事宜。調解之前，我先私下與調解委員沙盤推演，「溝通」一番，設定合理

的賠償底限，以免對方掐住 H 師私德問題獅子大開口。經一番折騰，總算圓滿解決。

回到學校，H 師特地再到辦公室跟我說謝謝，這一次，他誠心的跟我握手。而這一握，我的淚水差點奪眶而出！我看到，從前那個知書達禮、溫文儒雅的 H 師又回來了！那感覺，就恍如雨過天晴，豔陽高照，多少恩怨情仇，瞬間都如冰雪消融了。

望著他離去的背影，我悲喜交集。曾經多次對我怒目的他，現在終於低頭了，而我，卻沒有勝利的喜悅，只有無比深沉的感觸。我不懂！老天爺為何一再用 H 師來考驗我，挑戰我的極限？如果領導者的胸襟要用部屬的發狂和不幸來證明，那我真的希望這一切都沒有發生過……

提起與放下──領導者的胸懷

擔任校長以來，積極帶動全體教職員工改變保守心智，揚棄平凡文化，致力向上提升。上任幾年，已粗見成果：學校從原本平凡保守、毫無特色，逐漸蛻變為朝氣蓬勃；學生參加語文、藝文各項比賽成績遍地開花；溜冰、拔河、足球等體育競賽連戰皆捷；特殊教育、品德教育、交通安全等各項校務評鑑無不績優，辦學績效普獲認同，成為「比賽必勝客，績效達美樂！」

就在我覺得一切柳暗花明，生命晴空萬里，開始收割成功的榮耀、享受幸福平靜的喜悅時，一封未署名的黑函卻宛如巨大浪頭，迎面打來！

黑函發送市府各局處、議員、地方人士，捏造事實，羅織罪名，指陳我在校務經營領導上的種種缺失，不適任校長云云。幸好平日一點一滴儲存的認真辦學、親和清廉形象，以及種種依法行政的書面資料，累積成為一本豐厚的「信任」存摺，在關鍵時刻「提領」出來，接受公開檢驗，不僅悄悄的、迅速的化解了危機，於我毫髮無傷，還獲得了更多的支持、肯定與鼓勵。

其實，許多卓越的前輩校長被黑函攻擊的事件，我們看多了、也聽多了，時時引以為鑑，處處戒慎恐懼，相互提醒：「不聾不啞，不做翁姑；委屈求全，莫犯小人！」謹守著諸如此類卑微的「校長生存之道」，奉行不渝，然而最終還是無法倖免，中了這記冷箭黑槍。

欲加之罪，何患無辭？我感嘆著：身為學校領導者，既在孤峰頂上，亦在

紅塵浪裡，若要做個跑在前頭的人，迎風面大，阻力必然亦大，莫非這就是追求成功者的共同命運？而樹大招風，人紅遭忌，古有明訓，我卻在春風得意時忘了物極必反、持盈保泰的道理。

所幸，萬里浮雲遮天日，人間處處有餘光。長官及同事們透過簡訊與電子郵件傳來一些掌心的溫度，加上天生積極樂觀的個性和平日累積的一點自信，我很快的撐過這漫長、失溫的心情永夜，並用行動宣示：「我已生還！」

駱駝不掉眼淚，是因為牠知道眼淚的可貴。我告訴自己：「親愛的駱駝啊！你是天命使者，必須忍辱負重，絕不能讓一根稻草壓垮你所有的信心和熱情！」我相信：飄風不終朝，驟雨不終日；波瀾起伏是生命的常態，忍辱息瞋是領導者的基本修為。對於生命，我們永遠有選擇更好版本的機會與能力！所以我選擇原諒、選擇放下；決定快樂、拒絕受傷！

我總相信，校園是人間淨土，不會有人性的陰暗面。然而，一個領導者終其一生，夠「幸運」的話，也會像我一樣遇上這種宛如熱鐵烙膚的慘痛案例。面對這種「人禍」，領導者要如何自我療癒，迅速從災後重建？這關係到校長是否有應對黑函冷箭的金鐘罩、鐵布衫和「復原力」。我的體會是：

首先，要鎮定。不在盛怒下做決定。想清楚：要不要反擊？反擊會不會更激怒對方，讓事情更難以善了？要不要公開澄清？解釋澄清會不會愈描愈黑，反而對號入座？而沉默呢？選擇沉默不予理會、不隨之起舞，是否真能讓清者自清，謠言止謗？如何畫出火線，防止火勢蔓延？如何迅速止血、降低災損？最好在第一時間立即向上報備，避免長官誤解，或媒體議員責問時無法應對。

其次，要寬心。「馬照跑、舞照跳」，像諸葛孔明一樣，即使兵臨城下，仍然焚香操琴，一派談笑風生、怡然自得模樣，讓敵人氣得牙癢癢。尤其要照樣吃、照樣睡，保持心情平穩，才有體力鎮妖除魔，跟看不見的小人長期作戰。

然後，要幽默，要自我解嘲——人紅是非多嘛！不紅的人哪有這樣的特殊待遇？突出的釘子被鐵槌，不遭人忌是庸才。

接著，選擇不讓自己受傷。絕不灰心喪志！敵人就是要看你血流如注、傷重不治；看你慌亂無措、寢食難安；看你一蹶不振，從此消沉、無所作為。須知：外在形象因為黑函污衊而一時受損無所謂，因為路遙知馬力，日久見人心，辦學的績效是有目共睹的，絕非一封黑函就能全盤抹殺，但內心對教育的

熱情、理念與堅持卻不能輕易放棄，對人性更不能失望。

　　再來，要轉念，要自我激勵：「想要成功，你需要的是朋友；想要非常成功，你需要的是敵人。」感謝小人！中過病毒不死，會更增強身體的免疫力。

　　最後，要悲憫、要寬恕。原諒那躲在暗處放箭的人吧！他狹隘的心，一定充滿著傲慢與偏見，才看不到我們的好。試想，一個心中住著魔鬼，時時算計別人的人，他的日子怎麼會快樂？他怎能睡得好？這樣的人實在令人同情！

　　心中有事世間小，心中無事一床寬。我始終相信：生命裡，沒有過不去的火焰山，平靜堅強就是我的芭蕉扇。身為領導者，難免要面對某些批評聲浪，即使深感委屈，也只需要虛心面對，不必過度反應。試想，如果連校長都無法承受外在的批評，而負氣、喪志，又如何要求旗下的教職員工具有抗壓性？況且燕雀、鴻鵠視野格局大不同，領導者只要俯仰無愧於天地，又何須在乎跳樑小丑的興風作浪？

　　「寵辱不驚，看庭前花開花落；去留無意，望天空雲卷雲舒。」面對一切榮辱，平和、淡然處之，這是領導者要修煉的真功夫。

結語：承擔與承受──領導者的天命

　　未成為領導者之前，總是仰望著遠處雲霧縹緲的山頭，著迷於登上成功的最高峰以後，是什麼樣的人生風景？

　　一步一腳印，努力登上高處以後才知道，領導者的悲哀，就是沒有後路可退。你必須更努力，因為成功永無止境。而所謂的人生風景，除了「快樂」和「尊榮」以外，其實最多的是「承受」與「承擔」，這是領導者的天命。

　　閒來總愛吟詠鄭愁予的詩句：「是誰傳下這詩人的行業／黃昏裡掛起一盞燈……」我想著：教育應是帶給人幸福、幫助人成功的行業。每一位校長都是天命使者，要勇於任事，不必憂讒畏譏；不怕燈光的渺小和提燈的辛勞，讓我們在昏暗的世界，為孩子們高高掛起一盞明燈吧！

　　（p.s.本文關鍵部分均經「馬賽克」處理，如有雷同，純屬巧合，請勿對號入座。）

曾金美之「產品說明書」

原產於省立臺南師專，1983 年出廠；國立中興大學中文系、國立臺中教育大學學校行政碩士班加工製造。2004 年型號改版為「校長」掛牌上市，現服務於臺中市南區信義國民小學。

性格成分包含：三分精明幹練，二分迷糊懶散，五分幽默積極樂觀。外觀設計則是色彩豐富，造型多變，令人目不暇給。大半時候，華麗與簡約風格混搭，呈現新潮與端莊的衝突美感，偶爾走裝可愛或邋遢路線。體型會隨著季節及工作壓力熱脹冷縮。

本產品能說、能唱、能演，偏好藝文與資訊科技，適合做為吉祥物，隨身攜帶，能適時製造聚會歡樂氣氛；時有新奇創意的想法，能協助客戶解決疑難雜症。主要材質彈性奇佳，「重壓」不會凹陷，「摩擦」不起毛球，核心元件則十分浪漫、柔軟、多情，極易受環境氣氛影響而莫名感動。工作性能則為親切、雞婆、乾脆，好為人師；耐煩、耐操、耐磨，能多工操作而不當機。前進時，遇有創意性、挑戰性的路段容易亢奮；停下時，則完全放鬆，很難啟動。

使用方法：本產品思考迴路設計精密，語音文字感應力超強，以撒嬌或拜託的語調最能迅速啟動本產品各項功能，使之全自動化運作。使用中如有能量耗散現象，適時對之發出讚嘆聲，即能為本產品迅速充電。中央處理單元設有保暖及散熱裝置，環境過熱或失溫時均會自動調適，使用者無須操心。

相處警語：重視形象，請勿餵食；需要尊重，嚴禁拍打。

45. 打狗第一公學校
旗津首位女校長

高雄市忠孝國小校長　劉秋珍

 ## 傾聽觀察世界變化、重塑學校組織文化

　　繁忙的生活中，偶爾能夠偷閒、放任一下自己，回味自己的過去，也思考自己的未來，是一件無比幸福的事！在這幸福的氛圍裡，揮灑我的心情故事……

　　每天早上，我一定步行巡視校園一周，呼吸新鮮的空氣，感受清晨的清新、舒暢。走在路上和迎面而來的小朋友與家長打招呼，或是和「樂在服務」的志工夥伴聊天，都讓我感受到新的一天的開始是多麼的美好、多麼的充滿希望！無論是枝頭上唱歌的鳥兒、樹上綻開的花朵，處處展現出旺盛的生命力。

　　感恩有此一福報和榮幸，能夠取得校長資格，享受生命中難得的酸甜苦辣！回想這六年來，能將自己的教育理想化諸行動，營造出不同學校的特有風格，感覺真的很棒！也實踐、體現了 1989 年初任主任職務時的師傅校長——方永川校長，總是笑瞇瞇地用「校長是不錯的行業」這句話，來鼓舞年輕、後進的校長敬業樂業、向前邁進。也不斷地自省著：身為教育領航員的我們，應該如何去思索和鋪排，以因應著未來這條不可預知的教育興革之路？自己該懷抱與堅持著怎樣的願景和夢想，才能實現教育目標並完成自己的理想抱負？

發展 e 化創新、把學習活動「解放」出來 ◉◎◎

　　臺灣未來學校國際顧問團首席執行委員 Michael McMann 表示：在擔任教師生涯當中，看到無法享受學習樂趣的學生，是最讓他困擾的事！因此，他為了讓學生能快樂學習，Michael 在九〇年代初期就開始引進網路的新穎科技，嘗試讓學生的學習更輕鬆、更有趣，把學習從教室的牆壁「解放」出來！

　　Michael 指出：過去，說到教學總是老師說、學生聽；老師主動、學生被動，但在未來e化創新學校，這樣的情況很可能會改變！因為，資訊科技的進步帶動教育工學的發展，使老師和學生可以輕鬆混搭炫麗的 3D 動畫設備，立體化、真實化的教材，各學習領域以及跨科際的知識，都會在彈指一瞬間獲得；而且在未來e化創新學校的教學中，包括數學、自然、社會等都會有明瞭且趣味橫生的動畫影片教材，大大提升學生自我學習的容易度。

教師專業社群、改變思維創新學習 ◎◎◎

　　為了達到這個目標，除了資訊基礎環境的建置外，教師團隊的組訓、未來e化創新學校概念的導入與專業激盪、學生的教育和實作，都是建構e化創新學校重要環節。而協助教師成長的第一步，就是「建立社群，相互學習」，因此，設立 e 化學習空間，成立創思教學團隊，循序漸進地協助老師和學校成員，獲得進一步發展與成長的策略。

　　學校經營是多面向的，如何讓自己帶領的學校優質，是每一位校長審慎思索的問題。如何了解學校優勢、劣勢、威脅與機會點，將其弱勢轉化為優勢，永續發展出學校的特色；如何讓主任、老師更主動積極、有熱情及創意，校長都須在宏觀的角度上去規劃各項校務推展工作，多加思考自己經營的理念與學習各種教育理論。

📚 尊重多元文化、轉化弱勢創造優勢

　　初任校長來到位處高雄市偏郊、但卻是高雄打狗開發的發源地——旗津島最北端的「高雄市旗津國小」。履新沒多久，行政會議上輔導主任即報告某廣播電台，預約要在本校舉辦新移民座談會；某在地的有線電視台，請學校協助拍攝新移民家庭互動情形；週二晚新移民成長班舉行開幕式，……哇！事前只知旗津地區有不少新移民，卻沒意會到本校有這麼多有關新移民的活動！進一步了解，原來本校新移民子弟比例竟高達全校學生人數的六分之一，而且來自許多不同的國家地區，真是讓學校面臨了許多新的挑戰！歷史的巨輪再次迴旋，使得數百年前移民天堂的旗后，幾經滄海桑田又來到一個新移民墾荒的歷史發軔點！而我，竟然是咱們旗津國小設校百餘年來，第一位女性校長喔！

此後，新移民的教育議題，一直在我心中盤旋著，「如何協助新移民成長，轉換弱勢、創造其優勢」的問題，也成為我在旗津學校經營中的核心課題。而新移民家庭又多數屬於社會中的弱勢群體，加上新移民在家庭地位、教育程度、社經地位、語言溝通、親子關係等方面均處於不利的地位。

　　96 學年度的幼稚班新生入學條件中，改變為新移民子女能優先入學，因此造成一班 30 人的幼兒中，本地人僅占少數幾位，家長抗議聲源源不斷。除了向教育局反映需再改變招生條件外，也讓我深深覺得應該強化此區塊的教育規劃，宜整體考量、規劃並全面實施，並透過學校課程和教育活動，來培養親師生多元文化的正確態度，重視多元文化、關懷新移民，協助學生了解並尊重不同族群與文化，建立尊重與包容的友善社會與支持系統，將其納入學校經營、課程規劃與實施的重要課題，成為與社區紋理結合的校本課程。

學習成長、落地生根 ◎◎◎

　　有一天清晨，家長娜娜（新移民）迎面而來、突然向我提出：「校長，我不知道怎樣教導我的孩子？」的求救訊息，讓我強烈地感受到她的無助和無奈，更讓我感受到她們殷切的期待和渴望，頓覺責任重大，亟需認真加緊腳步來協助她們。

　　新移民來臺灣除遭逢語言溝通、生活適應等問題外，重要則係面對不同文化、社會的衝擊，隨著其子女進入校園，更覺心有餘而力不足，無法指導孩子的課業。為了協助新移民能適應新的生活環境，規劃辦理識字班、生活適應班，學習本地語言，了解在地的風俗習慣及文教機構，養成生活基本能力。

　　為加強多元文化與新移民家庭教育，辦理親職教育活動，藉由活動、影片、參觀等方式，強化新移民教養子女的知能與親子互動技巧。也提供新移民家庭展現個人才藝或呈現其母國文化特色的機會，鼓勵新移民與他人交流互動、擴大生活圈、認識臺灣社會，增進自信與自尊，快樂學習成長。

　　學期結束前的成果發表會，看見姐妹們端著自己拿手的家鄉菜，彼此分享、互動活絡，靦腆地訴說著對師長及校長的感謝，心中感覺欣慰無比。

快樂展能、學校幫手 ◎◎◎

　　新移民家庭在臺灣逐漸增加，從小教育孩子多元文化的觀念，有助於培養

孩子包容、尊重的品格。為了讓孩子多習得一種語言能力，學校積極爭取資源，延聘講師授課，帶領學區南洋姐妹在生活適應、識字輔導及文化學習上一同成長，這一群姐妹們就是在不斷地參與中累積能量而成為學校異國母語教學志工。

學校規劃晨光時間，進行異國母語教學，讓師生學習簡單的外語對話，姐妹志工們就成了老師進到教室擔任兩國的文化橋梁。小朋友既好奇又興奮地學習日常生活問候語；繪製手工故事繪本，描述家鄉童話故事，至各班擔任志工進行繪本說故事，帶領孩子接觸多元的世界觀。異國姐妹們也從教學中建立信心及成就感。

目前已是「南洋姐妹協會」會長的秋娥，每次碰面總是滿懷感激地擁抱我並告訴我：「謝謝校長，把我們當成一家人看待，讓我們有機會在孩子面前表現！」從她們的臉龐和喜悅的笑容裡，看見了她們與日俱增的成長喜悅，也看見了擁有多一分的自信，以及不斷提升的榮耀與幸福感！

異國風情、文化交流 ◎◎◎

以寬容、尊重的胸襟面對來自世界各地的移民、欣賞他們的文化，結合運動會、畢業禮讚辦理異國文化季，透過服裝走秀、異國美食、童玩、藝品園遊會，將原生國籍服裝文化與音樂及特殊節慶活動表演呈現出來，展現多國特殊風土，提供新移民擔任領導角色之機會，指導學童體驗世界文化。

透過話劇、印尼舞蹈及壁畫的呈現，結合校園景觀營造多元文化人文氣息，體會多國文化、世界一家親的溫暖感受。開班授課異國美食調理，酸辣的風味有別於在地美食，與在地媽媽相互交流，打開一扇友善之窗；教室裡她們的身影穿梭其中，指導孩子南洋美食製作；透過手工書呈現家鄉的點點滴滴，是老師的好幫手，也是最佳的教育合夥人。

「讓世界走進來，讓臺灣走出去！」在世界地球村的競合時代，大家都期待孩子們擁有國際觀和全球的視野！才數年的光景，旗津親師生團隊創意地規劃，轉化弱勢、開創優勢，善用新移民人力，讓孩子有機會提早接觸來自不同國家的種族和文化，點燃學生多元文化學習的熱情，更相輔相成、相得益彰地讓異國的姐妹們蛻變展能，運用學校教育的平臺走出一片天，共創友善校園、共好共榮的嶄新氣象。旗津真的很棒，旗津團隊做到了！

旗津機器人團隊勇奪世界冠軍

　　旗津國小因地理位置和地緣關係，是一個較為偏遠封閉的地方，因此，給人的印象是資源不足，文化刺激缺乏的區域，對孩子的學習確實較為不利。但在 2007 年 1 月臺灣區 FLL 機器人決賽中，竟然變身為黑馬、出其不意獲得冠軍，取得臺灣區參加國際賽的代表權；同年 5 月參加在挪威舉行的國際 FLL 機器人歐洲公開賽，因為第一次出國參賽、缺乏世界大場競賽的經驗，導致未能發揮既有實力、鎩羽而歸，未能獲得任何獎項。雖然黯然返國，但是團隊卻因而更具凝聚力，毅然決然積極準備隔年的比賽！

　　2008 年 1 月捲土重來，參加臺灣區 FLL 機器人競賽，過關斬將、勢如破竹而蟬聯冠軍，再一次跌破專家眼鏡，取得參加國際競賽臺灣區代表權，讓在場評審及與賽人員嘖嘖稱奇、刮目相看，各大媒體爭相報導。4 月參加美國亞特蘭大 FLL 機器人國際公開賽，不負眾望下榮獲機器人操作組冠軍，返國時接受高雄市陳菊市長接見表揚，成為臺灣之光、高雄的榮耀！

百年老校、再現風華 ◎◎◎

　　因為這樣的事實與表現，不禁讓人想進一步探討了解，到底是什麼驅力，讓從未接觸過機器人創意課程的老師與學生，喜歡去探討學習而有豐碩的成果？

　　高雄市因推動創造力教育頗有成效，因而在 2006 年引進機器人教學，第一次在外子服務的學校──陽明國小見識到機器人的魅力，心想如能讓機器人教學帶入校園，或許可讓旗津國小再現風華，於是回校在教師晨會極力鼓吹。機器人教學的優越發展性與潛力無窮，如能投入將可展現教師的另一專業，果然有幾位教師隨即參加研習投入教學，讓機器人課程在旗津資優班播種萌芽。

　　第一年取得國際賽代表權，大家相擁雀躍不已，學生也驚訝自己真的有機會出國比賽，身為校長的我只高興了十分鐘，緊接著而來的是出國比賽的經費如何籌措？又如何讓從未出國比賽過的孩子能在國際賽場中大方表現而不怯場？

課堂上沒教的課 ◎◎◎

幾番掙扎後毅然決定分頭進行募款,老師和家長帶著孩子們利用春節期間在旗津海水浴場展演機器人來募款,校長則尋求當地企業界及善心人士的贊助,經過三星期的努力,加上校友會的支助,終於籌足出國比賽經費,可以圓孩子們第一次出國到挪威比賽的夢想。

生平第一次向別人募款的經歷,學會誠心的展現,也感受到社會的溫暖,更看見善心人士對教育的熱誠與友善;過程中也體驗到家長無理要求的困擾,如何善加處理圓滿解決,都是我們學習的課題,也是一種經驗的累積。

學生經過三個月的加強指導,終於踏上國際賽場,因為準備的另一台機器人的程式結構略有改變,而與獎項無緣,讓我們失落許久。但看見孩子們從畏懼到比手畫腳,最後敢用簡單的英語與外國朋友互動交流;感受到外國教練在戰場外毫不藏私的分享技術和外國朋友的友善;也親身體驗到中國的無理——不許我們掛國旗,但是我們愈挫愈勇,堅持在開幕式及閉幕式進場中讓臺灣的國旗飄揚飛舞。對孩子們來說,行萬里路出國比賽是一次最佳的學習,能學習到許多課堂上學不到的經驗,也許是人生中成就的動力。

第二年再次取得代表權,因為有過經驗,準備較從容,學生的表現更出色,能落落大方地用英語發表專題研究及結構設計,更能在熱絡的加油聲中,很有定力地在時間內完成機器人闖關,贏得滿分榮獲機器人操作組冠軍。兩年的參賽經驗中,讓我們更覺語文、創意、團隊合作的重要性。

培養孩子成為未來世界等待的人才 ◎◎◎

世界是孩子們學習的教室,也是未來工作與生活的場域!語文能力是適應環境的最佳利器、最關鍵的競爭力!臺灣英語教學多使用制式教材,以講授為主且流於考試導向,缺乏生活實際應用的學習,雖有十年的英語學習經驗,仍懼怕、不敢開口用英語表達,導致無法與國際順利接軌。

從紐西蘭、芬蘭等成功的教育經驗:學生沒有課本,不用背書和默寫,透過做專題(project),讓學生創意發想,發表意見、尋找答案、完成任務。著眼在刺激學生面對、解決問題的興趣、啟發獨立思考、獨立判斷,並培養學生勇於發言、組織統整、有創造力以及願意與人合作等帶得走的、終身學習的能

力。親師合作努力地引導孩子去傾聽自己內心的聲音，尋找與生俱來、與眾不同、屬於自己的優勢，讓孩子們自己有能力去觀察世界的變化，找到自己的舞臺、強化未來的競爭力。

品格教育推手學校

　　我接任了第二所學校——高雄市鹽埕區忠孝國小，是一所市中心老舊社區的小型學校。無時無刻都思索朝著「營造溫馨校園・帶好每個學生」之辦學理念，極力推動品德與生活教育，期能透過教師班級經營及親師生合作等方式，並採取鼓勵好行為的正向管教方式，灌溉培育本校的「品德希望樹」，希望學生能見賢思齊、陶冶學生良好品德，讓品德希望樹在本校成長茁壯，繁衍成茂密的森林。因此，營造高品質、有創意的教學環境，讓全校親師生發揮團隊共好的多元力量，一起力行實踐忠孝國小的教育目標：健康成長、適性發展、快樂學習、修己善群；實現學校的教育願景：培養新世紀全人教育的兒童。

美德大使表揚，茁壯品德希望樹 ◎◎◎

　　提倡正向管教，帶領師生推動品德教育，校長以身作則是很大的助力。建置本校「品德希望樹」，遴選「美德大使」學生，由校長親自頒發獎狀及別上榮譽胸章，並將獲選代表表揚於「品德希望樹」中，邀請參加「與校長有約」（茶敘）活動，享用精緻茶點，增加榮譽感鼓勵向上。

　　落實生活教育，透過每週整潔、秩序、禮貌三項競賽，頒發獎牌，鼓勵學生優良之生活習慣，凝聚班級向心力及發揮團隊合作的力量。啟發學生自動、自發、自治的精神，培養學生們愛整潔、守秩序、有禮貌之美德。

　　組訓「學生自治市府團隊」，提供全校各類服務，賦予學生榮譽與權責，培養學生民主法治的情操與運作模式；將民主法治教育融入各科教學，涵蘊優質公民素養。舉行「班級幹部座談」讓學生表達並參與相關事務或活動的討論與規劃。

珍愛生命、尊重多元、關懷服務社會 ◎◎◎

　　透過講演、體驗、愛心捐募及志工服務等活動，讓同學體現並實踐生命教

育意義；建置生命教育輔導網路平臺，關懷高風險家庭學生。尊重多元、性別平權，建立各項處理機制，辦理教師性別平等教育研習，提升教師相關教學與輔導知能，發揮教學效能。

鼓勵學生從事校內外志工服務──糾察服務隊、小護士、環保等服務隊，支援協助學校各校活動服務工作，參訪老人院引導學生關懷社會，激發其悲憫情懷，養成樂善好施、行善助人的美德。

校長必須有教育專業的堅持，才能將對的且有價值的事持續做下去。兩年來踏實的推動品德及生活教育，著實看見小朋友愛校的表現，不再破壞校園，教師班級經營輕鬆許多。在親師生一步一腳印的努力下，終於榮獲《親子天下雜誌》所舉辦的品格教育推手學校，真的讓忠孝的「品德希望樹」成長茁壯。

開放的校園、民眾的素養

開放校園一直是資源共享的公共政策，但是身為校長的我，每逢週一巡視校園時，總會感到氣餒：民眾的公民素養到底何在？經過週休二日的校園，星期一的早上總是特別的髒亂，滿地的飲料罐、垃圾及檳榔汁，還有開放的公廁更是髒得恐怖，打掃的小朋友時有怨言，老師更得陪著小朋友賣力地清掃。偶爾的週休二日適逢下大雨，民眾無法到校，那個星期一早上的校園顯得特別乾淨清爽。讓人不禁感嘆，難道校園一定得緊閉門戶，才能維持起碼的乾淨嗎？

更糟糕的是，有些民眾趕不及去倒垃圾，就把家裡的垃圾往校園一拋。甚至把家裡不要的大型廢棄物，如櫃子、桌椅、花盆等雜物，堆在學校的通學道上。在學校，師長總是殷切地指導孩子如何打掃環境、如何做好保潔工作、不讓垃圾落地，讓自己有個清新乾淨的環境，進行一天的快樂學習。反觀大人給了孩子們什麼樣的示範？當孩子整天耳濡目染的是大人的這類行為時，我們又如何祈求孩子能主動為我們生活的環境盡一份心力。

校園環境是誰在打掃呢？當然是我們的孩子！看到每週一孩子們打掃得那麼辛苦，真的會讓人心疼，為他們叫屈，燃起想把校園運動設施暫時關閉的念頭，但又不符合校園開放的精神和教育原則。真心期望使用這個環境的民眾，能把學校當成自己的家一樣的愛護，疼惜學校的孩子如同您的親人一般，還給孩子一個乾淨無負擔的快樂學園。

我們臺灣需要人格精神的重塑，需重視精神層面的美學、情感和品格教育，而不是只有知識的傳授，這樣才能找回自己的心。但是，如果孩子生長於雙薪家庭，每天長時間接觸電視和網路、缺乏陪伴和教養，加上許多不健康的影響，孩子如何長大成為有良好品格的人呢？以學校和家庭的現況而言，確實都面臨了嚴苛的挑戰！

　　臺灣微軟公司本於 CSR（企業社會責任）不斷關注臺灣社會及學校教育的發展，每年選擇關鍵的教育議題舉辦「教育高峰論壇」，引進他山之石並集思廣益探究解決的策略，積極協助學校教育策動新基能、展現新風貌，進而造福莘莘學子！

　　其於 2009 年盱衡世界教育思潮、臺灣社會變遷脈絡及企業用人和選才焦點，擇定「回到教育原點──品德教育」為主題，乃源於長久以來，發現學校習慣於固定的模式：安靜、不要亂動、好好讀書記筆記、考試評量等，如此，只照顧到頭腦，並沒有照顧到人與孩子的情緒及品格！因此，學習需要新的學習方式，擴展自信的技能、關懷能力、參與事務的能力，發展我們的良知，……讓夢想付諸於實現。

劉秋珍校長小檔案

　　我是個平凡中平凡的人，生性羞澀，自小沒上過幼稚園，放學後喜歡到田園中玩耍，忘記寫功課而常被老師處罰的小孩。臺南縣善化人，國中畢業後即在外地求學、工作、成家立業，獨立性強，喜歡無拘無束的生活。有著Ａ型女的典雅溫順、心思細膩，有責任感，也凡事要求完美；還有獅子座的樂觀、光明磊落、心胸開闊。不過也會有頑固的時候，尤其是對教育理想的堅持。喜歡旅遊、蒔花園藝、觀星賞鳥；偶爾學學老公的創意發想、悠游自得，享受夢想酣暢樂趣！

　　現在服務於高雄市鄰近愛河，與真愛碼頭、駁二藝術特區為鄰的忠孝國小，喜歡帶著學校夥伴學習時代新課題——創造力、機器人及數位e化，樂見學校迸出優質的展現——全國人權小檔案優等、學校創新經營優等、機器人世界冠軍及親子天下品格推手學校，享受那份成就感。

　　曾擔任教育部人權教育諮詢小組委員、受邀擔任縣市校務績效評鑑委員。但生平無大志，除了團隊榮譽之外，從未參加、也曾婉拒個人獎項，導致未獲得教育有關的個人獎項，卻曾被推舉而意外地接受「模範婆媳」的表揚！歡喜清淨自在，喜愛扮演一個容易被遺忘、但偶爾又有美麗的火花讓人驚豔的角色。

46. 鄉下女孩的教育夢想與旅程

臺北市明道國小校長　謝素月

楔子

　　我所在的學校三十多年來一直承載著「弱勢學校」的刻版印象，學區來自安康平宅[1]的學生約占三分之一強，低收入戶、原住民、新移民人數眾多，家長社經地位偏低，單親、繼親及隔代教養，造成管教上的問題，致學區內其他的居民孩子越區就讀，學生入學情形一直不理想，教師除了正常教學之外，必須承擔父母功能失調學生的生活照顧，負荷也因而較他校沉重。

　　上任前，我就已經知道這是一所非常難經營的學校，但是真正進入校長的生涯中才知道，其實比想像中還要困難，常常會遇到難以處理的問題或者是受到委屈。雖然如此，天生樂觀派的我，每天上班時，我還是懷著愉快的心情。

學校文化營造的困難

　　營造學校溫馨和諧的氣氛，是校長要做的最重要的事，沒有和諧的學校文化，任何的學校績效都無法持續和永久。學校的老師分為好幾派，有些是積極努力派，有些是得過且過派，有些是消極應付派，有些是挑撥離間派，有些是乖乖牌，有些是大嗓門，這麼複雜的社會結構在校園中屢屢可見。校園中沒事時，大家相安無事，若涉及有關個人或小團體權益之爭時，校長便成為那位「需要出來主持公平正義的人」。

　　任何事情的處理，總是無法做到絕對的「公平」，有時候為了學生的受教權著想，在做決定時，常常會希望另一派人員接受另一派的意見，做完決定之後，總以為事情會很快平息，回到正常的狀態。但是，教育現場的對象是「人」，人的世界永遠沒有辦法用「量化及規則」去草率的處理，因此，一波

---

[1] 臺北市安置低收入戶的集中住宅，全校的學生有三分之一來自於此。

又一波的角力戰還是持續在校園裡，處理大大小小的紛爭用掉了很多時間，最後，怪罪校長「不公平」，沒有主持「公平正義」。夜深人靜時，當大家都睡著了，我的眼睛雖然閉上了，但是還在反覆思考：「今天這件事是否真的妥當？」、「明天要不要找張老師再對他說清楚，免得他誤會了……」、「林老師的作為真的太過份了，我要不要提考績會？或者原諒他？再讓他有最後一次反省的機會？」身為校長，為了營造良好的學校文化，常常輾轉反側，輒不成眠，這是我的苦啊……。

📖 教師專業引領，漫長的等待

近幾年來，政府積極推動九年一貫課程，校長除了行政領導之外，還必須是課程與教學的領導者，舉凡課程發展委員會的運作、課程理念的共識、課程設計、課程實施、課程評鑑等工作，都必須要具備專業的知識和實務的經驗。

課程與教學是我的專長，但是不一定有這樣專長的校長，學校就一定可以發展這一個特色。有些是學校師資的問題，有些是設備的問題，有些是家長結構的差異，所以，針對教師專業成長的這一部分，我可以做的部分就是以身作則，先從自己先做起，再等待教師的成長。2004 年開學後，我先進行二個月「教學觀摩」提供教師自由觀摩，從教學設計、教學實施、現場錄影、提供教學觀摩回饋表等，均一一細心的準備，教學後衷心的聽取教師們的回饋意見。做完之後，我並沒有馬上要求老師跟進，僅以鼓勵方式常常在正式或非正式的場合提醒老師：教師專業發展必須要具備「教學觀摩」的能力。幾年下來，成效有限，有零星的老師群進行「封閉式」的同儕教學觀摩與學習，有新任教師及實習老師的「教學觀摩」，但是大部分的老師卻沒有進行「教學觀摩」。

2008 年開始，校內教師的「專業理念」已經較為成熟，於是我又親自進行第二次的教學觀摩，做完之後，我便要求校內教師每一個人都要輪流進行教學觀摩，從主任開始，接著組長、教師依序輪流，教授科目及時間由每位教學者自行決定，每一學期至少要去觀摩學習別人的教學兩次，並提供評鑑與回饋，最後的教學觀摩表僅給當事人做為改進教學的參考，不會拿來比較或做為考績評分的依據。這項訊息宣布之後，學校的教師會理事長便到校長室找我談，談來談去就是希望最好不要做教學觀摩，因為他們覺得壓力實在很大。我

以誠懇的態度與他溝通很久，告訴他這是教師專業成長的一環，且這件事情是教師們應該做的事情，最後他終於勉強的答應。

於是，從 2008 年下學期開始，本校的教師開始了「教師專業成長——教學觀摩」的旅程。從抗拒到接受，到真正落實在教育現場，我看到老師準備教學觀摩的用心、其他老師到場觀摩並給予同仁鼓勵的熱忱，看到教學評鑑回饋表的專業與成長，聽到其他家長及外賓的驚訝，他們褒獎學校老師們為什麼如此主動積極，且參加教學觀摩時，每一個人都笑容滿面毫無勉強，這種情形看在我的眼裡，真是讓我感覺有如倒吃甘蔗般的甜蜜與欣慰。

這是一件非常累人的事情，把不容易做到的「教師專業成長——課程與教學」的學校帶上來了，連我自己都非常佩服自己可以堅持教育理念的落實與實踐，然而其中的溝通協調，引領時的說明、對話，受到老師們誤解時的辛酸、不確定是否可以做到，焦急長久的忍耐與等待教師成長的心情，真是不足為外人道也！

🔖 實踐品格教育，辛苦的推動

廁所是我們每天必須使用的場所，長久以來，掃廁所的工作都是學生的夢魘，分配到掃廁所的班級學生常常抱怨：「怎麼這麼倒楣，要我們去掃廁所！」部分聲音甚至建議：「廁所外包給外人打掃。」

我就任校長後，有感於廁所的整潔問題日益嚴重及學生不願意打掃廁所的錯誤觀念，腦海中常常盤旋的是：「我們到底要教孩子什麼？」、「孩子在學校要學習的只是智育嗎？」、「身為老師，身為家長的大人們又做了哪些身教示範？」、「如果連最基礎的勞動教育都不能教給孩子，我們還奢望未來的孩子能服務人群嗎？」

想到此，頓時感到這是一個很重要且要及時教導孩子的課程，培養學生「難行能行，難忍能忍」的品格，應該從基礎教育做起，掃廁所就是一種很有價值的勞動教育，掃廁所讓大家有個舒爽的方便場所，掃廁所能克服怕髒及愛整潔的習性，對個人的品格成長是很好的基礎，也是一項很踏實的體驗學習。

於是，我親自帶領主任、教師及同仁，進行「啟動基礎勞動教育，改變學校廁所文化」之教育行動研究，希望在教育現場進行一場基礎的品格教育，親

師生一起攜手合作、同心齊力，從最基礎的「掃廁所」開始，讓掃廁所成為「一種美德、一種服務、一種榮譽」，積極推動學校的「廁所文化教育」，讓掃廁所成為學生「最驕傲的事」，讓保持廁所整潔成為學生「最重要的事」，讓美化廁所成為全校「最關心的事」，以培養學生高尚的公民習慣，達成最優質、最卓越的教育目標。

我怎樣做呢？透過下列幾個行動，去實踐品格教育的理想。

行動一：勞動教育觀念之宣導 ◎◎◎

觀念溝通形成共識

利用每週一、四的教師晨會進行觀念的溝通與宣導，請老師們針對「學生掃廁所」的工作進行意見交流，在意見交流的歷程中，我特別列舉許多企業高階主管動手掃廁所的心路歷程，並且告知全校教職員工「示範和指導」的重要性。

利用集會加強宣導

請訓導處訂定「改變廁所文化計畫」，朝會時加強對學生的宣導，從觀念的啟迪到榮譽心的增強，都給予學生正面的增強和鼓勵。另外，利用校務會議及學校日時，向家長們宣導「改變學校廁所文化」的行動理念，讓全校親師生們都認同這樣的教育理念，並請家長們鼓勵孩子能重視「親身體驗，學習勞動，服務他人」的教育理念。

以身作則、身教言教

社會學家班都拉（Bandura, 1925- ）提倡觀察模仿學習論，認為教育最重要的是要提供學習者「楷模學習」的典範；他認為「學習得自觀察與模仿」，「學習行為的產生並非繫於強化」，而是在於學習者的自主性[2]。因此，在教導學生打掃廁所的時候，我們不用「強迫或命令」的方式去推展，學校提供學生「學習的楷模」，讓學生由觀察成人們的示範或演示而學到相同的經驗。

---

2 引自張春興（2003）。教育心理學──三化取向的理論與實踐（頁 191-193）。臺北市：東華。

行動二：勞動教育之示範 ◎◎◎

任何教育理念的驗證，都必須透過實際行動，才能落實在教育現場，沒有「行動」就沒有「教育意義和價值」，教育學生的最佳方式就是採取「實際行動」！

示範與講解

我親自於 2006 年 2 月 14 日、2007 年 4 月 16 日、2008 年 5 月 21 日三度帶領主任、導師、衛生組長、工友及自願參加的家長，針對學校最髒亂的廁所進行清掃示範，請學生在旁觀摩學習，一邊打掃、一邊講解「掃廁所」的正確方法，宣導「掃廁所」的益處與貢獻，增強有價值的廁所文化。

觀摩與學習

學校布告欄張貼美化綠化廁所的案例及海報看板，讓學生有觀摩學習的機會，適時表揚掃廁所成效較佳之班級。

現場實際操作

校長與主任、老師們示範掃廁所之後，就由負責掃廁所的學生開始執行「掃廁所」工作，請督導的教職員工到場指導，並指導學生於每節下課輪流巡查廁所整潔、補充衛生紙，隨時整理，以保持廁所整日之清潔及乾爽。

行動三：鼓勵與增強 ◎◎◎

獎賞與鼓勵是教育學生的手段，用獎勵的方法使學生在良好行為之後，增強他的印象，肯定他的行為，鼓勵他繼續表現好的行為，是最佳的教育方法。因此，學校進行廁所美化綠化比賽，利用公開場合表揚優秀班級，適時的給予孩子獎勵，對於指導掃廁所表現優秀的指導老師，則給予嘉獎的鼓勵。

行動四：學習與回饋 ◎◎◎

英國學者皮德思曾就教育活動提出三個規準：任何教育活動的執行都必須合乎認知性、價值性和自願性[3]。在讓學生「認知」掃廁所的益處及價值的觀

---

[3] 引自載國明（2005）。教育原理制度與實務（頁 10）。臺北市：高等教育。

念之後，要知道學生是否真正了解「掃廁所」的意義；想了解「掃廁所」是否能成為學生「自願性」的行為，我便設計了「學習回饋心得」及非正式的訪談方式，詢問孩子的想法及態度，以做為未來改變教育行動的參考依據。結果讓人感覺欣慰，學校的廁所不但改頭換面：乾淨、無臭、明亮、整潔，人人喜愛上廁所，小朋友還爭相爭取掃廁所的機會呢！

行動五：省思與成長 ◎◎◎

　　想要改變廁所文化的想法醞釀在我的腦海中已經有很久了，「教育是不喊口號，教育是身體力行」，2005 年寒假的最後一天，我做了「掃廁所讓學生觀摩學習」的決定，開學後，我帶著主任與老師，示範掃廁所給小朋友看，讓他們有學習的「楷模與榜樣」，讓他們「從做中學」。驚奇的是，在短短的幾個月中，我們看到家長對於這個行動的支持，孩子們在觀念上的轉變，在行為技術上的進步，這種改變讓我體會到：教育場域中任何艱困的事情，只要用心、只要努力去實踐，就有無限的可能性！

📚 校長遴選過程的委屈

　　阿律老師在我們校長培育班結訓時，送了大家一句勉勵的話：「當一位好校長，當思如何使學校進步，以及如何透過老師，把每一位小朋友帶上來。」在我新任校長當日，我把阿律老師的這句話打字影印，放在我校長室辦公桌的玻璃墊下，每天一進辦公室我就會看到這一句話，六年來，我沒有對不起阿律老師的期待和國家的栽培，六年來，學校從一個窳漏且外界觀感不佳的形象中改變了。

　　校長六年，我辛苦的帶領學校創造許多令人刮目相看的佳績，成功的扭轉弱勢地區的教育，改變窳陋學校的刻板印象，使學校成為臺北市 2009 年度行銷卓越學校、2008 年度、2010 年度優質學校、2010 年教師中心標竿學習學校……，無論是軟體的行政績效、課程與教學成果、教師的專業成長或是硬體的優質化工程、陽光城堡的優質校園營造成果，都令外界眼睛為之一亮！改變窳漏成為優質學校的經驗，成為我校長生涯中優質的學校經營品牌！

　　校長是落實教育理想最基層的領導者，一位有理想、有抱負、有作為的校

長，並不見得為所有的教師所接納，有時候我們在處理學生教育議題或者是協調學校事務或引導教師教學問題時，往往是要扮演吃力不討好的角色。第一任校長期滿，我原本想轉任到離家較近的學校，以免每天往返 50 公里，非常辛苦。但是家長會全員熱忱的留任，通過百分之百比率的留任票數，讓我不得不選擇留下來連任。然而，在教師會這邊，卻因為我「希望他們進行行動研究」而有超過半數的人投反對票，而到了校長遴選委員會上，除了教師會那一票之外，所有的委員都支持我，而教師會理事長事後了解「反對校長鼓勵教師專業發展」這個理由不被委員會接受，自知理虧，向我道歉，但是，傷害已經造成。一個優秀的校長（2007 年度我獲得了臺北市特殊優良教師校長類師鐸獎、2008 年獲得臺北市教育大學教育行政類傑出校友、2009 年獲得國立臺北教育大學教育行政類傑出校友），盡心盡力的為教育付出，卻被不公平的、無情的、無道理的「投反對票」，那種心中的難過與委屈，是不足為外人道的。

📚 尾聲

今年，我的校長生涯步入第七年，學校已擺脫窳陋之刻板印象，正處於展翅遨翔之起飛期，教師專業成長展現成效，學生獲得優質學習，家長肯定學校辦學，各項佳績屢創新高，優質校園文化逐漸展現，到此為止，我已初步完成了自我的人生期許和國家交付的責任。

此刻，正是暑假炎熱的午後，孩子們放假去了，少數值班的同仁在自己的辦公室工作，我靜靜的坐在校長室，看著校園中庭的梅花池，凝望池中蓮葉搖曳生姿，檢視當初帶著的教育夢想，一路走來雖有心酸與委屈，但是我仍然無怨無悔，我已將這趟教育旅程中的經驗與心得告訴你，等待出現一片蔚藍的天空，當東風再起，我們將邀請熱愛教育的你一起同行，再向下一個優質的教育夢想挑戰！

謝素月校長小檔案

　　我是個鄉下長大的傻女孩，認真勤勉，以勤補拙，國小五年級的時候，還光著腳丫到學校呢。國中三年苦讀，考上臺北女師專後，一直都非常的努力，43歲擔任校長，47歲拿到國立臺北教育大學教育政策與管理研究所教育學博士。沒有想到我會讀到博士，也沒有想到我會當上校長，我覺得自己當得不錯！這些都要歸功於從小到大父母的辛苦教誨和許多恩師的認真指導。

　　校長的生涯雖然充滿著酸甜苦辣，但是擔任校長一職是我此生的最愛。我天上的父母也許此刻都在微笑，雖然他們在生前看不到我獲得博士學位和擔任校長的模樣，看不到我2007年榮獲臺北市特殊優良教師（校長類）師鐸獎、2008年榮獲臺北市立教育大學第27屆傑出校友、2009年榮獲國立臺北教育大學第14屆傑出校友的殊榮，但是我一直覺得他們都在天上對我笑，給我鼓勵和支持的眼光。

　　每天，天還沒有亮，我就迫不及待的想到學校去，不知道為什麼，我渾身上下充滿了教育的熱忱，不知道是看到孩子天真浪漫的樣子？還是聽到孩子愉悅的笑聲？我沒有去想這個問題，我只知道擔任校長這段期間是我畢生最愉悅的日子，因為我用心又勤奮，因為我善良又樂觀，因為我堅毅又積極，因為我永不放棄實踐教育理想的可能……，這些我好像都做到了，我會持續努力，站在教育的園地上，讓自己發揮小小的光芒，影響更多的老師，將每一位孩子都帶起來，讓他們成為社會上有用的人！

47. 敘說尋求「優質學校」的心境思路

國立臺北教育大學附設實驗國民小學校長　林進山

 緣起

　　當首任被遴選為臺北○○國小校長時，就思維如何「以心帶心，心境輝映」和「集體領導，整體帶動」共創教育價值，延續教育命脈，發展教育契機，展現學校存在價值感和成就感。學校不再是單一的「知識賣點」，更不再是唯一的「教育場域」。學校要如何把範圍變大，教師要如何把情感融入，家長要如何參與學校事務，學生要如何創能學習，成為我辦學的心境思路。

　　有人道之，當今的校長有三權，即「有責無權、赤手空拳、委屈求全」。但仔細思量，只要將「領導職權」轉換為「同儕情感」，領導者就不再孤單無助，而蛻變成一股「集體塑義」和「共創願景」的教育熱潮，有其整體動力和教育活力。因此，教育領導的歷程可由「改變－轉變－應變－蛻變」，改變思維、轉變觀念、應變發展和蛻變創新。同時，讓「生活教育」轉為「生態教育」再化為「生命教育」，使教育在「生活－生態－生命」的歷程中，尋求生命力、延續力和創造力，肯定教育的真實感和價值感。

　　在領導一所學校邁向優質教育或卓越學校時，我認為要將自己的生命情感和教育價值融入於辦學情境中，讓親、師、生皆感受到校長的真誠，感動到學習的價值。因此，經營一所學校應實施「願景領導」，將學校名稱定位。例如：我服務於臺北縣○○國小時，便把學校定位為「生態教育學校」（eco-education school），以求適合在地文化的發展和生態課程的規劃，讓生態與課程結合，發展學校特色課程，形塑校本課程，以喚起「師生心靈」──教師願意教，學生願意學的互動情境。而服務於實驗小學時，為了配合學校教育願景「專業發展學校，展現專業行為，帶好每一位學生」，而將學校定位為「專業發展學校」（professional development school），讓行政能創新經營，教師能創意教學，學生能創能學習。延續過去實驗小學的招牌（signboard），形塑現

在優質學校的品牌（brand），再創未來靈性卓越的名牌（nameplate）。這個名牌將突破──不再追求「失去靈魂的卓越」，而是讓親、師、生懂得「尊重關懷」具有生命價值的情懷，展現高度品德情操。因此，在「招牌－品牌－名牌」的辦學歷程中，喚起生命的價值感和情意的真實感。以下就我服務於「生態教育學校」的心境思路和「專業發展學校」的蛻變歷程，加以敘說。

📖 形塑「生態教育學校」（EES）的心境思路

當漫步於校園中，思索如何讓校園空間活化，教育歷程動化，學習進程律化，賦予教育生命。辦學的目標不只形塑品牌名稱而已，而是要讓課程設計，教學計畫活絡起來，促進教育生機和律動學習契機，全校的工作夥伴都能貢獻己能，整體帶動。而生態教育學校就是要如何使「生態工法」變為「動態課程」，如何把「教育情境」變為「品德意境」，讓校園的教育生態轉變，破除陳舊與迷失，跳脫舊思維，建樹新作為，改變工作夥伴的觀念。因為「觀念決定行為，行為決定命運與前途」。茲就「人員革新的動盪與價值」、「生態工程變教育課程的激盪與創新」和「臺北縣第一所產官學合作生態教育農場的困境與突破」等三個案例，敘述如何追求教育的性靈美及其間的艱辛、掙扎，進而轉化為自豪，建構辦學的教育價值。

人員革新的動盪與價值 ◉◎◦

擔任校長期間曾發現學校教職員辦學積極度不足，突破與創新不夠，組織中有成員欲掌握學校運作大權，挾在地參與優勢，偶爾也未按時上班。同時，學校行政人員經驗不足，屢出狀況，學校組織成員有派系之分。在思索之餘，感受到學校從過去到現在有其傳統包袱，如欲改革須從人員著手，但歷年來歷任校長在擔心棘手的困境下，無人動手改革，讓舊有包袱繼續運轉。在此情此景之下，個人困惑不已，是讓歲月繼續流失，祈求自然淘汰，還是進行突破，尋求教育真正的價值？在百思歷程中，決定「只有非常破壞，才有非常建設」，也只有突破瓶頸，方有教育願景，力求重建學校運作制度，其歷程如下。

善用教師朝會，敘述改革決心

強調學校組織成員的價值和工作效率，任何人有其不可替代的價值，不可隨意請人代班，自個兒未到校。更不可隨意離校，須依上下班時間在學校工作，善盡職守。當時有人感受到校長新官上任三把火，校長與教職員工氣氛緊繃，尤其是當事者，似乎有點僵持不下，以前沒有此規定，為何現在要如此作為。

放出實施作為，記錄實際行為

學校成員無故未到校或先行離開，有早退遲到多次，一一加以詳細記錄，並透過行政人員轉知，校長希望當事人依規定上班。但當事人依然我行我素，以在地人的想法——看你奈我何，公然挑戰行政規範，視之不見，依然固我。

勸導改變行為，引導準備退休

當事人行為無法改變，每天到校晃一下就不見人影，開會也未到。因此，再度請其尊重學校制度，不可隨意不到校，否則請其退休。

家人辱罵反彈，到校興師問罪

當事人家人到校長室，辱罵校長，指責說：「過去歷任校長都接受我們指揮，你是外地人，敢如此大膽作為，你等著瞧，我們大不了退休。」當時氣氛火爆，難以形容。

校長順水推舟，盡速批准簽文

校長立即召開全校教職員工會議，敘述整體事件的來龍去脈，再度宣稱須改變行為和工作態度，否則尊重其退休，並讓全體與會人員簽下決議事項，作為佐證。同時，表明學校是會給予機會，不是逼退，是期許改變，是要有制度，不允許過度荒謬。事隔幾天，文簽退休乙案，順水推舟，准予退休。

結合社區家長，阻擋學校運作

上述當事人結合家長會和社區人士，欲以家長連署方式，逼迫校長就範，但未獲得社區家長的支持。此外，進行哭訴與阻擾行政單位補助學校經費運作，做出與學校行政抗衡，甚至割破校長的座車輪胎等事件。但校長堅持「做對的事」，使學校繼續有效運作。

透過校長評鑑，蓄意影響結果

當事人與評鑑委員有某種關係，故透過評鑑委員放聲「此事尚未了結」。該評鑑委員在評鑑過程中都以負面批判，與其他二位委員有很大差異，對學校影響頗大，彷彿學校行政人員和教師優秀的表現都被列為缺失，有失公允。但在其他委員的眼裡，學校依然獲得正面的肯定，終究為全校同仁與校長打了一針強心劑。

主動說明原委，獲得社區肯定

校長主動說明，讓社區家長和行政長官及民意代表了解原委，而獲得行動讚許，只要學校有活動，幾乎所有學生家長和民意代表都到校支持與讚助。也促使學校繼續往前邁進，而獲得許多獎項，包含教育部綠色學校、全台有機校園和生態教育學校等殊榮。

再創教育價值，揚名國際聲響

日本、韓國、東南亞等國家皆到校參訪，並獲得東南亞評比為有機校園學校，頗獲讚許，身感學校再創教育價值，提升辦學績效。

從「改變」到「蛻變」，從「人員」到「人心」的改革是棘手的、辛酸的。其間甚至想要放棄改變，但在不平靜的環境中，終究蛻變而生，再創教育價值，卻是欣慰的。更證明不要輕易「放棄改革」，把事情做對，更要做對的事，有其生命的價值與辦學的意義。

生態工程變教育課程的激盪與創新 ◎◎◎

工程是靜態的，課程是動態的；建築是硬體的，教育是軟體的。如何把靜態工程變為動態課程，硬體建築變為軟體教學；學校的生態工法，如何有效轉變為學校的生態課程，進而形塑學校的特色課程。上述思維一直縈繞在腦海的思緒中，於是想透過課發會，推動學校生態特色課程，但其間的阻力、挫折、激發、重建到展能，是多麼艱辛與煎熬！茲就其突破與創新的歷程加以敘說之。

形塑生態學校，發展生態課程

延續學校過去「開放教育」和「小班教學」的精神，再經過「特色學校」

和「遊學課程」，把學校定位為「生態教育學校」（EES）。因此，想藉著生態工法，發展生態課程，進而建立學校的特色課程和校本課程，讓老師有能力撰寫生態課程計畫，並善用本地的生態教學，喚起對生態的了解。同時，促進學生藉由「生態課程」，產生「人與自然」的互動，習得尊重生命、善處生態、歡喜生活。值此之故，便以領導者引導教師開發生態教育課程。

教師回應生態，不願撰寫課程

教師團隊能回應生態教育、溼地教育和環境教育，表面上願意接受生態教育理念，但實際上不願意撰寫生態課程計畫。當行政團隊召開課發會審查校本課程計畫時，有些教師出席，但沒有撰寫，有部分教師撰寫，卻應付了事，更有極少數教師就在學校宿舍裡，不願意出席，讓教導處和校長不知如何推動，甚感挫折與失落。

教師請假對立，以不撰寫為由

教師接受生態教育課程，但不撰寫課程計畫，強調前任校長並不要求撰寫課程計畫，為何現在要寫計畫，徒增老師工作量。同時，在召開課發會審查各領域課程計畫時，部分教師就請假，不參與審查，讓教導處為難，較難推廣學校的生態教育課程和學校特色課程。

善用綜合課程，年段撰寫計畫

九年一貫課程原先以彈性課程發展校本課程或特色課程，但其後彈性課程被其他領域課程塞滿，已無彈性可言。因此，善用綜合領域課程發展學校特色課程。而學校特色課程，以生態工法形塑校本課程。同時，利用年段教師撰寫計畫，讓教師協同完成生態課程計畫，減輕教師負擔，教師願意撰寫，並能將「生態工程」變為「生態課程」教導學生學習。

激勵師生參賽，建立成就價值

鼓勵教師參加各項生態教育、環境教育課程研習進修，甚至參與臺北縣環境教育種子教師，讓老師至各校發表生態課程和經驗分享，促進老師成就感。同時，鼓勵同儕教師一起參加撰寫課程計畫競賽，促進教師責任感，並指導學生參加行政院或教育部（局）的各項生態活動競賽，使全校師生樂於生態教育課程，主動教與學，讓早先的對立成為助力，尋回教師教學的價值觀。

訓練學生解說，實施生態認養

全校生態池、濕地、植物養護區，都建立認養制度，從校長到教職員工都須認養。建立「愛校服務、生態互存」的品德教育觀。同時，訓練「小小解說員」分組分站解說校園生態，讓學生達成「教－學－演－問－思」的內化思維教育，真正落實「工程變課程」（engineering changes curriculum）。

結合暑假作業，進行生態解說

把暑假作業結合生態課程和人文藝術課程，讓學生配對分組，進行藝術創作裝扮，於暑假期間至校歡迎遊客，主動導覽解說學校生態環境，讓生態教育內化到學生的知識領域，同時透過「人與人」、「人與藝術」、「人與生態」的互動過程中，習得應對進退和溝通表達能力。在完成導覽與解說後，請遊客在其作業上書寫勉勵的話，其暑假作業即告完成，真正達成「生命－生態－生活」的教育課程。

從「生態願景」到「教師對立」，期間對辦學能力深感低落挫折、心灰意冷，甚至在「法職權」和「專家權」及「參照權」間的掙扎與迴盪，是往前推動還是往後收縮，是放棄創新還是勇往直前，在如此擺盪的過程中，「和諧改變－創新出路」不斷湧上心頭，於是以「毅力和智力」進行思維。如何喚起教師同仁的贊同，讓生態工程變成教育課程，「在協力撰寫、激勵參賽」，「生態認養、訓練解說」和「結合作業、成就價值」的關鍵理念下，達成原先的「生態教育願景」（eco-education vision）。

臺北縣第一所「產、官、學」合作生態教育農場的困境與突破 ◎◎◎

當今教育受到少子化趨勢影響，偏鄉教育（rural education）如何轉型經營，再創教育生機，尤其在學生人數少於十人以下，更應思維如何透過「產、官、學」的運作機制，活化校園空間，讓學校再創契機。而我任教於臺北縣○○國小時，該校○○分班僅剩兩位學生，如何讓學生兼顧發展個性與群性，刺激學生學習和同儕互動，成為當時的窘境。同時，如何讓校園活化應用，轉型再造，有效經營學校，再創教育價值及文化傳承。尤其是偏遠地區，在資源有限，人口稀少環境下，將如何突破與改造，加諸時間性，須立即解決，極為棘手，茲就其困境及突破歷程分敘如下。

裁校當地反對，學生不願就讀本校

分班僅兩位學生，繼續辦學困難度高，縣府又要求裁校，但當地居民極力反對，認為「學校是社區的文化中心，社區是學校的資源教室」，裁校後社區文化更加式微。更強調保留學校，延續學校文化。同時，提出學生至本校就讀交通不便，希望學校能繼續辦學。

保證接送學生，承諾學校改造模式

逕行與社區家長、村民、民意代表溝通，兩位學生由學校每天派車接送至本校就讀，說明學生多元參與和群體互動的重要性。並承諾改造校園模式，將結合社區發展，開拓教育資源，讓原本校區更加活化。同時，帶動社區發展，製造更多就業機會，創新經營永續營造。

結合生態願景，爭取各項資源支援

首先將分班結合本校生態願景，預期開發「生態教育會館」，並加以尋求社區各項農業資源，企圖把社區農產品和周遭農地結合，發展生態教育農場，開拓教育新資源，活化整個校園，讓校區不因裁校而沒落。

爭取經費投資，形塑「產、官、學」的理念

主要和當地農會簽約，共同推動「學校生態教育，農業生態會館」，在地農會尋求農會體系，爭取各項補助經費。學校則向教育部和教育局爭取永續經營、持續改造經費，共同改造校園面貌，營造「產－官－學」的學習契機。

推動生態教育，辦理假日遊學活動

每週一至週五由當地農會辦理生態教育農場和生態教育會館系列活動，展示農產品和行銷當地特產。週末假日由本校辦理親子假日遊學活動，充分應用場地。一開始在有限的經費下，無法全面更新各項設施，參與的團體或遊客較少，起初以為無法完成校園改造，有些灰心和失意，甚至不知下一步如何運作，於是召開「產學會議」決定加強投資，結合行銷傳播掛牌營運。

正式掛牌營運，結合生態民宿活動

校園裡除了整理花卉外，復育「艷紅鹿子百合」、種植「山藥」、開闢「教室民宿」、改善「盥洗設備」、設置「童軍營區」。並與老街、煤礦博物

館、家鄉菜餚、土窯厝、犁田插秧合作，進行體驗學習。同時，正式掛牌為「臺北縣○○國小○○分班生態教育假日學校暨○○農會生態教育會館」，可提供民宿、用餐、開會和活動休閒。當天掛牌時透過臺北縣政府教育局官員、當地農會理事長、總幹事、各民意代表、各村村里長和居民及全校親師生共襄盛舉，提供各項農產品和生態，帶動整體社區觀光，提升社區商機，成為第一所「產、官、學」合作成功的生態教育農場，讓學校繼續營運，永續經營。

網站教育行銷，延續校園社區文化

掛牌營運後，並設網站部落格及沿路廣告指示生態教育會館，目前辦理假日學校、童軍活動、民宿休閒、天文生態和景觀生態，延續裁校後的校園社區文化，讓空間更加價值化和意義化。

從裁校的困境，到改造的衝擊；從當地的反對，到創新的承諾；從營運的窘境，到永續的發展，深深感受到擔任一位教育領導者須有前瞻思維、勇於擔當、突破創新和改造再造的能力。惟有不斷改變、創新思維、尋求資源、發展特色，肯定「自我存在」的價值，必有所作為，營造更有價值的教育契機。

📖 尋求「專業發展學校」（PDS）的蛻變歷程

學校要有定位，辦學才有方向，教育方有願景，教學才有目標。尤其是教育大學的實驗小學，更應朝向專業發展方向邁進，使行政創新經營，教師創意教學，學生創能學習。因此，在專業的辦學歷程中，校長應有專職專業領導，教師應有精進專業學習，從「行政－教學」律動專業發展。是故，將學校定位為「專業發展學校」，其主要透過「專業學習社群」（professional learning community）、「專業發展評鑑」（professional development evaluation）和「教師行動研究」（teacher action research）三個主要面向（dimensions），來尋求「專業發展學校」。惟在推動歷程中，有其沉重包袱，尋求改變已有困難，何況要促動學校整體蛻變，更是難上加難。茲就「實施全校教師專業發展評鑑的迴盪與挑戰」及不要追求「失去靈魂的卓越」之艱辛與代價，敘說如下。

實施全校教師專業發展評鑑的迴盪與挑戰 ◎◎◎

2006 年教育部試辦「教師專業發展評鑑」（teacher professional development evaluation），本校採教師自願參與方式，參加人數約四十餘人，為全校二分之一強，到了 2007 年參與人數相差不多，實施方式以「班級經營與輔導」為主，並利用週三或週五辦理進修，停留在專家學者的演講或座談，形式上的教師進修大於實足上的專業發展。我當時思索要如何真正落實教師專業發展，於是將自己的思維，利用教師朝會宣導學校定位為「專業發展學校」，全校教師要實施「課室觀察」和「回饋會議」，並責成研究處擬訂整體實施方案。當時受到相當的迴盪和挑戰，茲就形塑「專業發展學校」推動「教師專業發展評鑑」的迴盪和蛻變歷程分析如下。

全校實施評鑑，教師針對「評鑑」迴盪不已

教師聽聞全校實施評鑑，認為是否與教師績效考核相關，尤其原先沒有參加教師專業發展評鑑的老師，更是持反對與觀望態度。甚至有部分教師不願意參加，也不願意參加學校所規劃的「教專研習」，以請事病假抵抗，讓學校行政原先計畫停擺，無法全校全面實施。

實施課室觀察，教師無法接受反映不一

全校教師要進行「課室觀察」，並實施「課程設計與教學」及「班級經營與輔導」兩個面向。教師團隊提出要如何分組，如何進行同儕輔導，及如何安排「課室觀察」及「觀察前會議」和「回饋會議」的共同時間，而極大部分的教師都認為滯礙難行，反應消極，似乎無法向前推動「教專活動」。

設計「教學檔案」，認為徒勞無益浪費資源

為了促進教師專業發展，研究處設計規劃每位教師應有「教學檔案」。其內容應涵蓋學校教育願景、教學目標、教師教學理念、教師教學計畫、師生互動活動、學生學習評量、同儕視導回饋和教師教學反思，讓教師透過教學檔案製作，能提升教師專業教學能力，改變教學技巧，達成教學目標。但一般教師認為教師需要的是「休息」而不是「研習」，不必額外製作教學檔案，影響教學時間或進度，和行政大相逕庭，堅持反對，使行政無法推動，朝向專業發

展。而當時反詰，那要如何才能提升教師專業能力，展現教師專業行為，帶好每位學生呢？教師亦人云亦云，無法聚焦，反正就維持現狀即可，讓我與行政團隊不知所措，要如何做才能推動，真正邁向「專業發展學校」的教育願景，頗為挫折感和失落感。然教育又不能一成不變、故步自封，否則教育的價值又在哪裡呢？

堅持做對的事，全校實施教師課室觀察

學校既定位為「專業發展學校」（PDS），又為實驗小學，一定要提升教師專業能力，而要提升專業能力，就要從現場教學著手，方能提高教學品質。值此之故，校長透過研究處規劃，全校分組或分領域進行「計畫前會議」、「課室觀察」和「回饋會議」，同時分配「同儕視導」（peer supervision）和「同儕教練」（peer coach），讓教師團隊透過同儕學習和同儕激勵，彼此溝通與建議，進而分享實際的教學技巧，共同提升教室內的教學品質。同時，校長尋求經費資源，將「觀察前會議」和「回饋會議」利用放學後時間召開，並提列「加班費」給教師，讓教師感受到學校行政真正要推動教師專業發展，而落實於教師教學，反映於學生學習上。

精進學習社群，律動教師專業發展成效

為了提升教學品質和教學素質，除了透過「課室觀察」和「同儕視導」之回饋分享外，更以「精進學習社群，律動專業發展」為主軸，鼓勵全校教職員依興趣和需求，分組成立學習社群，形塑「學校學習文化」。並激勵教師參加學習社群競賽，同時編列預算補助各學習社群，透過專業學習社群（PLC）活絡教師專業發展能力，以達成「精進教學，律動學習」的效果。

專業發展評鑑，蛻變「專業發展學校」品牌

從教師自願參與教師專業發展評鑑，利用週三和週五下午的專業對話，到全校實施「計畫—觀察—回饋」（plan-observe-feedback）的歷程，雖充滿了對立和激進，卻也由「對立轉變為對話」、「激進改變為衝勁」。教師自認為改變自己的教學方法，能獲得同儕教師的指導，提升教學品質。學校行政團隊和教師教學團隊能彼此互信互勵，形塑「教師教學品牌」，也獲得 2010 年臺北市「專業發展」優質學校獎。

全校實施教師專業發展評鑑，期間充滿挑戰及迴盪，教師聽聞評鑑（evaluation）心裡就充滿排斥。因此學校行政團隊以「發展性建議」不談教師評鑑，而以「發展和觀察」（development & observation）取代，讓全校教職員同步實施專業發展，含學校行政人員、級科任教師、幼稚園教師及職員皆以「專業發展」為進修研討的主軸，終於在第四年全校實施教師專業發展評鑑，簡稱「教專」。同時為推動「教專」的核心學校，也使學校更清楚的定位為「專業發展學校」。

不要追求「失去靈魂的卓越」之艱辛與代價 ◎◎◎

一位經由首任遴選的專任校長，在踏入實驗小學時，感受到校內有三位同仁與我競選，他們都在職，觀看新任校長的作為。當時我一直思索，要如何放掉「追求失去靈魂的卓越」，校內行政人員和教師團隊參與校際互動較少，大部分以「實驗小學招牌」沾沾自喜。然而臺北縣市教育局及學校皆不斷創新發展，永續經營，舉凡校園營造、創新教學、撰寫特色課程計畫、實施電子白板教學、規劃未來教室和奈米科技教學等，以形塑創新學校（InnoSchool）和優質學校（excellence school）。值此之故，我當初主動要求參加臺北市校長會議和參加優質學校選拔，其目的在尋求性靈美的卓越教育。茲就其艱辛的歷程和付出的代價敘說如下。

行政人員未定位，工程繁雜被誤解

當獲選為實驗小學校長時，有三個處室主任因各種因素於校長遴選前已提出無法續任，雖經過多次的請託，依然無法如願。為了安定處室主任，方能安排教師職務，只好從處室的組長晉升為主任，所幸很快尋找到主任，卻被傳為新任校長將資深主任更換掉，雖非事實，卻也默默承受。於此特別感謝留任的二位主任和三位新任主任，願意與我共同組成行政團隊，一起推動校務。而在年度結束前僅剩下四個多月，卻有風雨走廊工程、廁所改建工程、教室粉刷工程、防水防漏工程、電源改善工程、永續發展工程等，其間又有建照問題，而且並非單一建照，更是全校全面檢討，加諸總務主任又是新任。同時，遇到○○建築師事務所被調查局調查，學校的相關案件也一併調閱。尤其其中有非建築師設計，未辦理請照，也有非專業營造商，須辦理解約，再重新設計與招

標。其中風雨走廊工程，因牽涉到連接三棟校舍問題，如要申請建照，須做通盤檢討其他建築物，而這些老舊建築物，過去有些未申請建照或使照，因此需一併處理。相對的，此工程就會延宕無法如期竣工，其複雜度和高難度非筆墨所能形容。而當我在教師朝會向全體教師解釋相關過程，卻有人認為我是在怪罪前任校長未做好份內的事，並扭曲事實告訴前任校長，破壞彼此的和諧關係。幸好我能當面向前任校長解釋與說明，方能平息此誤解，何況現任校長本應概括全收，承擔一切責任。所幸我有採購證照和建過多棟教室的總務經驗，方能逐項一一的克服各項困難及工程進度。

行政作為未謀合，觀念思為難轉變

臺北縣市教育局在課程規劃、教學設計、校園營造、永續發展、生態教育等各方面皆走在前端。而實驗小學已褪色，未具過去承擔課程試驗和教學觀摩的功能，但外在的教育思潮和教育變革已臻成熟，實驗小學的招牌，如何再創造佳績，成為我的重要思維。為了突破教學瓶頸和開創特色課程，於是請教務主任一道去圖書館評估，如何發展圖書館利用教育，如何發揮課發會的功能，卻被主任回嗆：「校長，你認為我們都沒有在做事嗎？」當時心情感受到，過去我擔任主任時，哪敢對校長講這種話，於是回答她：「難道您不願意讓學校更好嗎？況且您以後也可能當校長。」當無法和主任達成共識，行政彷彿無法推動，有心辦學的志向，似乎又跌到谷底，更遑論教育理想和辦學願景。

家長會主導學校，教育部也難招架

首任以他校校長被遴選為實小校長一職，到教育部開會就有部裡的長官問道：「你們換人了沒有？」當時我認為是否在問換校長了沒，就直截了當的回答：「換了，現任校長就是我。」當長官再問時，我才恍然大悟，原來是問家長會長換人了沒。其原因在家長會長幾乎每天打電話給教育部，詢問學校家長會組織問題及其他相關事宜，從司長到科員都難以招架，連承辦人都調職，不願在其位工作。

當家長會長改選後，原會長未獲選，僅當選副會長，欲下指導棋，想掌控新會長的作為，弄得新會長擔任一個月就辭職不做。同時，上法庭提告新會長的秘書，弄得學校雞犬不寧，何況學校校慶即將到來，學校總不能沒有家長會長。因此，我立即召開家長委員，主動說明學校的堅決立場，如果家長會無法

協助學校推動校務，反而製造更多的繁雜事，校長會宣布解散家長會。於是其中就有委員提出立即辦理改選，讓新會長產生。新會長雖然產生了，其（原家長會副會長）依然不停提告，尤其在百年校慶期間，新的家長會為了籌措經費，辦理百年校慶紀念衫義賣，卻也被有心人士告到教育部說是學校在進行非法募款。一位借調教育部的老師，就以上級長官的口吻詢問我：「難道你不知道學校不能募款嗎？你校長是怎麼當的。」當時，我只能默默承受的說：「我會去了解家長會的運作，再向您報告。」經過詢問才知道家長會是在義賣，而不是在募款。同時，義賣所得是歸家長會統籌應用，並非捐給學校。當時就有一位家長委員推測一定是〇〇人，真想找他單挑，其後由我加以勸阻，一切由校長承擔責任。而學校在行政團隊未能極力配合推動行政業務，家長會又彼此內訌，讓當時的我，彷彿內憂外患，曾一度和家人討論立即向教育大學辭掉校長一職，其心境之複雜，難以形容。最後我思考一個問題：「如果一所學校都很順利，那需要校長做什麼？何況我是被遴選出來的，更應有責任和擔當，至少也要做完一任。」因此，逐一和其他委員討論解決的方案，並結合社區里長和教師會理事長及新任家長會長，表達自己的辦學理念和改革決心，而獲得他們的支持和肯定，終究面對問題一一解決，也獲得教育部的肯定。

發展各處室特色，展現靈性卓越學校

在「適才適所」的思維下，重新安排各處室主任，以專長展現專才，並透過專業對話，改變心智模式，讓各處室主任有自己的教育理念和處室的核心價值。同時，由主任自己選擇組長，建立處室團隊，尋求發展特色。我藉由行政會議說明「展現靈性卓越」的辦學方向，並讓處室在一個月內提出「一處一特色」，共同超越過去實驗小學的招牌，再形塑教育品牌和開創辦學名牌，使實際的辦學經驗和教育行銷契合，尋求真正靈性卓越的辦學契機。

我勉勵同仁「用知識創造優勢，以經驗儲備能量」，打造優質的行政團隊，並親自分享行政經驗，舉凡公文的書寫、計畫的撰寫、知識的管理、活動的創新、時間的調配和處室的聯繫及能力的展現，皆一一的舉例說明。因此，教務處提出「以閱讀為核心，貫穿整體圖書館利用教育」，推動「閱讀護照」。學務處以「愛在北小 Just Do It」推動品德教育系列活動，並實施「品德護照」。總務處提出「校園整體營造，活化空間教育」，並輔以「生態教育

的溼地景觀」，展現永續校園發展。輔導室則以「生命教育體驗學習」為主軸，並配合「融合教育」的資源學習網，打造全人教育的生命關懷。而研究處則以「精進學習社群，律動專業發展」為主題，輔以「全校教師專業發展評鑑」和行動研究，亮麗展現創新開展研究的新契機。使全校透過學生生活經驗，貫穿整體「生活、生態而生命」的學習態度，真正拾回教育的名牌，展現靈性卓越的辦學績效。

結語

　　領導，不但要有影響力，更要有生命力去貫徹執行力和移動力，以激發學校組織的競爭力。辦學的歷程是艱辛的；辦學的突破是困難的；辦學的績效是堅持的。學校領導者在辦學的歷程如遇到挫折、困難就退縮，學校辦學就沒落，甚至是凋零。因此，我認為學校校長不但要把事情做對，更要做對的事；不但要做正義堅持，更要堅持到底，期間遭受的謾罵、指責、指控、反對都應加以反思（reflection），自省如果是錯誤的策略應立即尋求改正、修補，再重新整理尋求共識，重新建構新措施。如自省是對的，有建設性、有前瞻性、發展性，應加以堅持，並尋求資源與支援的協助，共創教育契機。

　　教育要有願景，辦學才有績效，因此，領導者（校長）應評估當地的教育情境和教育訴求，綜合教師的意願、學生的需求、社區的文化和家長的意見，然後將學校定位。有了定位，學校才有辦學的方向，再參酌學校本身的人力和物力的資產，整合教師專長，發展學校特色。而辦學特色須足以彰顯學校的績效，這種辦學績效須建立在同儕教師的共同成就上，讓教師展能，學生智能，方便蛻變新的辦學契機，再創教育價值。

　　從縣小到實小兩所迥然不同的校園文化背景和社區社經地位，讓我感受到親師生對辦學需求的迥異，努力方向的不同。但最真誠的辦學思路在於「同儕的教育情感」，有相同觀念和教育理念的行政團隊和教師社群，推動學校事務自然順暢無阻。同時，當學校行政或教學事務遇上困難時，也能透過專業對話，尋求解決之道。我就辦學的心境思路，提出幾點個人的終究思維：

　　◎領導者（校長）要真誠辦學，真誠對待每一件人事物，讓教育夥伴能感
　　　受到校長的認真而願意付出。

◎領導者（校長）遇到辦學上的困難，須堅強以對，針對事情尋求支持，力求圓滿解決。

◎領導者（校長）要有前瞻性的思維，各方面的經驗要具足，值得教育同仁讚許，更要做經驗分享，讓教育經驗傳承不息。

◎領導者（校長）要做正義的堅持，堅持做對的事，不輕言放棄，放棄堅持，等於放棄教育的核心價值，就無法達成辦學績效。

◎領導者（校長）要堅持改革，讓學校能透過「改變—轉變—應變而蛻變」，學校教育才能符合教育潮流，開拓教育新契機，永續發展。

林進山校長小檔案

　　我出生於臺灣的五臺之一——臺西。常以「臺西小子」自稱，並以「臺西小子如何成為優質學校的校長」自詡。

　　學習進程始終如一——北師的忠實情人。隨著北師的改制，律動學業進階。省北師專改制為省立臺北師範學院時，進修學士；改制為國立臺北師範學院時，進修碩士；改制為國立臺北教育大學時，進修博士。

　　主要的辦學理念係將學校定位後，以「集體領導，整體帶動，精進教學，律動學習」為主軸，開創學校新契機。

48. 化雨春風路　協志和心行

臺中市協和國小校長　蕭月卿

 楔子

　　不曾想過在尚未退休前，會有機會寫下自己在校務經營的心情點滴，尤其是在校長全民國防教育打靶耳朵受傷、聽力受損就醫的這段時間，因為在校時間減少，更顯得像多事之秋——少子化的衝擊，必須面臨老師超額問題的處理；炎炎夏日的來臨，也讓學生較顯得心浮氣躁；兩隊足球隊教練又在期末才向我報告想帶兩隊球員分別出國參加友誼賽及上奧盃分齡賽，又需張羅大筆經費才能讓小將們成行；新學年度的各項事務也需緊鑼密鼓規劃定讞；加諸就醫繁煩，在校的時間相對減少，人事及親師生互動的問題就多了幾件，最後仍得由月卿出面解決，才能圓滿落幕。事情一件件、一椿椿，實在是無閒暇、無心緒寫下自己的心情點滴，但感佩於阿律教授對本土教育領導學的情痴，雖在身體欠安的情形下仍無法忘情於此。也因阿律教授對後學的殷殷企盼，讓晚輩自慚形穢，心中無法不時的記掛著此事。誠望一枝拙筆加上不是十分安定的時刻、不甚平靜的心情下，所記錄下的心情點滴，不致讓人大失所望才好。

人生有夢　築夢踏實

實現一個夢　育人育才育樑棟
耕耘一畝田　栽桃栽李栽春風

　　教育是百年樹人大業，希望的工程。「讓春風滿校園」這個教育大夢，是月卿對教育工作所懷抱的理想與熱情，是月卿常與教育夥伴相互勉勵、彼此鞭策的目標，也是月卿一路走來不變的初衷與堅持。

　　曾聽校長前輩說過：校長可以改變學校的制度，但想改變學校文化是難上加難。雖如此，月卿還是認為：唯有改變校園文化，從體質改善起，才是永續

經營之道，不會因為主事者更迭而回到原點。五年多來，月卿在打造優質校園文化的隱性工程上著力甚多，也相當慶幸自己所帶領的「協和」團隊，是用心、投入、又具可塑性的一群工作夥伴，我們一同建立了「協力同心，和諧溫馨」的組織文化，朝著教育目標、學校願景一起努力。五年中，我們營造了「友善校園」，建置了「人文殿堂」，打造了「快樂園地」，提供了「多元舞臺」，也締造了許多全國性及全市性績優學校的殊榮。月卿曾跟同仁說：「初到協和，每次校長聯誼會中各項全市競賽成績的頒獎，月卿有八成以上是在為他人鼓掌，現在，則是八成以上接受掌聲，這些輝煌的成績，是月卿與所帶領的一群不斷精進教育理念、提升專業素養與秉持對專業的堅持態度之協和團隊所共同努力的成果。」

以行動宣誓理念　以堅持貫徹執行

2005 年 8 月初任校長，中旬的編班作業完畢，我馬上就得處理落實常態編班的後遺症——民意代表的壓力。過去未徹底要求常態編班前，某里長的請託不曾落空，新校長到任後卻無法如願，著實讓該里里長覺得臉上無光。他央請了議員出面，議員在電話中口氣嚴厲的問我：「校長！妳能確保學校裡沒有不適任教師？」我回覆：「校長的功能就是讓學校每個老師都能勝任。在老師都還沒教這個學生前，就先否定老師，這對老師不公平，我會盡我的職責，努力讓每位老師都適任，讓每個老師都成為家長心目中的明星。」我也找了家長會會長、副會長及校友會理事長等地方仕紳表達學校的立場。當然，校長最後一定得出面，拿個臺階給里長下。在我做了「如果是老師的因素造成孩子適應不良，我一定會為孩子做最好的安排」之承諾下，化解了長達一週的危機。事後證明該班老師的教學沒有問題。此一事件傳開，也讓往後每年的編班相當順利，完全杜絕了關說的麻煩。因為大家都知道學校完全落實常態編班，「關說」沒有用；以捐款為名，行挑選老師之實也無法如願。而老師也感受到校長是一個有肩膀、不畏強權、不懼壓力，能盡力維護教師尊嚴的人，對校長的領導更有信心，打從心裡信服校長。全體老師也更努力往校長的辦學目標——讓自己成為稱職的老師，成為家長心目中的明星。

2005 年 8 月 2 日，上任後上班的第一天，見到操場上足球隊的孩子們正

用心的練球。待校長走近，全體孩子以響亮的聲音，九十度的鞠躬禮道聲：「校長好！」讓我感受到愛運動的孩子也是可以教得彬彬有禮。從教練口中得知，孩子們的比賽成績在全國排名非一即二，但多年來苦於無法募得經費，所以無法有機會讓孩子參與國際性的賽事。不知是否因為孩子充滿期盼的眼神讓我心軟，還是「初生之犢不畏虎」的精神，我從未想到即將面臨何種困難，當場告訴孩子：「如果你們在禮貌、學習態度及行為表現上皆能成為全校的典範，校長會想辦法讓你們出國比賽。」孩子有了努力的目標，各項表現更傑出。當然，校長一言既出，就一定得做到（從小到大，我就不願、也不曾失信於人，或許是這個因素，在我的字典裡有著和拿破崙一樣的堅持，就是沒有「難」這個字，遇到困難，總會用心思考、勇於突破）。對於初任校長來說，這是一件艱難的任務，在落實「常態編班」下，有目的的家長不再擔任委員，我既不能讓家長會的捐款減少，又需多籌措約兩百萬的經費才可讓孩子出國比賽。所幸，皇天不負苦心人，在家長會會長、副會長幫忙奔走及各界協助下，不但家長會捐款沒短少，出國比賽的經費也足夠。當我向全體同仁宣布：「募款經費已到位，足球隊可順利出國比賽了！」此時，全體同仁莫不歡欣鼓舞。事後有同仁對我說：「校長！我們相信校長沒有什麼事情做不到。」我問：「從哪裡看出來的呢？是從足球隊出國募款嗎？」同仁說：「是的。別人做不到的，校長做到了！校長為了圓孩子的夢，整整辛苦了一年，雖然我們幫不上什麼忙，但整個過程我們都看在眼裡。」我想，同仁們看到的是我從教育的本質出發，幫孩子圓夢，也讓孩子學習感恩；一旦設定目標就勇往直前，不因初任校長人生地不熟，可能會遭受滑鐵盧而心生退卻。這一件事讓同仁們看到了為達目標、鍥而不捨的精神與堅持——執行力，對往後各項校務的推動助益頗大。而小將們在歐洲的足球王國中比賽，雖只能捧回個季軍盃，但在球場上的表現可圈可點。更值得驕傲的是：我們展現出臺灣最佳的軟實力，促進了成功的外交。在賽程中，威爾斯市市長及大會主席、當地記者對我們所饋贈的墨寶印象極為深刻，對小將的表現也讚譽有嘉（2010 年再征上奧盃，我隊是唯一獲威爾斯市市長頒贈紀念盤的隊伍）。

　　而球員們在賽後的幾天文化之旅中，讓奧地利為我們服務的兩位司機先生讚歎不已，他們宣稱：「載過世界各國那麼多的孩子團，只有這一隊臺灣來的孩子，是非常特別的一團，有禮貌、愛整潔又守秩序。臺灣的教育真的是做得

很好，能把孩子教得這麼出色。」從奧地利司機先生的讚美聲中，我深深感動，又覺得榮耀。作育英才這條路，過程中雖有許多困難需一一克服，但這卻也是一條最有意義的人生路。

「有教無類」是公平，「因材施教」是正義

在擔任校長前，月卿在特殊教育領域耕耘了十年，對於特殊兒童或行為、適應需要特別關照的孩子，我定會安排適配的老師來教導他。學習或行為特殊的孩子，在先天上已居劣勢，需要更多的資源與關照才能學習得好，這才是真正落實公平正義的教育舉措。這樣的理念，我經常藉相關會議宣導，而同仁們也在耳濡目染中，漸漸的調整了觀念。我會在常態編班作業前先做好特殊需求學生的安置，採由老師以其專長來認養學生的方式，期能讓孩子有最適配、最願意幫助其學習的老師來教導他們。當輔導組長在編班前的特殊兒童安置會議後告訴我：「校長！您還沒到協和前，特殊兒童的安置大部分都要用抽籤決定，今年大家搶著認養，沒有一個是抽籤的。」看到老師們所展現出的教育大愛，月卿深深感動。教育場域，充滿著許多擁有教育大愛的工作者，更覺教育的未來是充滿希望的。

剛到協和的第一年，有一位新生從開學起學習適應的問題即層出不窮，且有日漸嚴重之狀況，該班老師很認真「教書」，可是對於「教人」就顯得力有未逮。對於特殊行為問題的處理及班級經營、常規的建立，能力顯然不足，家長及學校輔導室的同仁皆十分憂心。幾個星期的觀察，依我過去輔導與特教的經驗判斷，這個孩子若不及早安置到一個教學及班級經營能力皆佳的老師班級，行為問題勢必惡化。但「轉班」是各個學校的禁忌，深怕開了先例，成了變相的家長選老師。因此，一年級老師心有抗拒，一方面是同儕的壓力，一方面又擔心孩子轉至他班，行為若無明顯改善，反而對他班教師造成壓力，該班的教學也將面臨挑戰。月卿深信只要是「對的事」，絕無解決不了的；也深知「強摘的果實不甜」，若非老師真心接納這個孩子，就不是最好的安置。月卿於是私下先徵求分校（還好協和國小有兩個校區，有時反而可以有像是兩所學校的互輔機制）兩個班級老師之意願，分校兩位老師的熱情讓校長覺得「足感心ㄟ」。之後月卿再召集學年老師舉行安置會議，會中月卿告訴同仁：「其

實，特殊兒童的安置可以很簡單，只要輔導室擬個簽呈，校長批示孩子安置在哪一班就哪一班，校長根本毋需如此大費周章，還要徵求老師的同意。其實校長只是藉這個過程來觀察老師對教育的理念與態度，當然若非校長肯定的老師，我也不輕易將孩子安置在該班。」最後，孩子安置在分校，技巧性的「轉校」（由本校轉到分校），而未觸及「轉班」的尷尬。孩子也因為有愛心又有能力的老師教導，各方面能力均發展得很好，現已就讀六年級，完全沒有原先擔心的行為問題。由這事件的過程中，月卿要傳達的訊息是：為孩子做最好的教育安置是教育工作者應有的堅持。當下，老師才知道校長寧可繞了那麼一大圈，原來是在觀察大家，了解同仁是否把學生的「受教權」擺在第一，並從中尋求最圓滿的解決方案。未來老師在面對學校問題時都知道，任何老師的福利或權利，只要有一丁點兒影響到學生的「受教權」，老師連提都不敢提，因為他們深知學生的「受教權」才是第一順位。而老師們也漸漸知道，為了孩子的最大利益著想，沒有什麼是無法突破的。

專業是老師的臉譜──校園因文化而美麗，教育因專業而卓越

有感於教育之良窳，第一線的教育工作者其實有著舉足輕重的影響力，也唯有不斷提升教師的專業素養，才能讓教育更卓越，因此，月卿特別重視教師的專業成長。除了規劃優質的進修活動，讓老師因有實質的收穫而更用心於學習成長，以促進良性循環外；月卿更重視模範的示現，以帶動教師，並激發教師內在的學習動力。

教育需要持續的改革、精進，方能不斷提升品質。2007年，月卿毅然帶領協和夥伴參與教育部教師專業發展評鑑試辦計畫，參加人數從一開始的50人，增至60人，到2009年的全員（95人）參與，成為教育部辦理此計畫100%參加的「核心學校」。希望除了讓老師由內在看見自己、改變自己之外，也希望能在教育工作者的心湖中，激起漣漪或水花；提供教育工作者有更深度的省思，為教育注入更多的活水，為未來的教師評鑑，提供第一線教育工作者的意見。也因為老師的精進態度與文化的建立，五年多來，每年約有10%的老師考取博、碩士或出國進修，也產出了兩位校長、五位主任，及許多在教師專業

學習社群的第一線領導人，教育部的講師、分享教師、輔導教師等，並首開臺中市研習中心所辦理的班級經營工作坊由一個學校團隊擔任講師之先河。

推動教師專業發展評鑑，月卿所秉持的是尊重、校本、漸進、同步、分享及回歸學生中心等原則，加上相關的推動策略：

◎尊重、接納、包容、關懷：打開耳朵，傾聽老師的聲音；敞開心胸，接納老師的想法；動動腦筋，調整老師的觀念；睜開眼睛，發覺老師的亮點；激勵鼓舞，提高老師的自我期許。

◎掌握行政推動要點：加強溝通宣導，形成共識願景；掌握學校特色，訂定校本計畫；暢達溝通管道，形塑對話氛圍；建置優質文化，建立夥伴關係。

◎發揮專業與魅力的領導：校長是幕後的推手、設計藍圖的建築師、掌握風箏線頭的人，對於尚未參與的教師，應予接納、包容與關懷。播下種子，然後，……，耐心等待。並善用具影響力的兩權——專業權與參照權；教學領導優於行政領導，高關懷勝於高倡導。深植優質文化的隱性工程，從改善體質做起——展現專業熱忱、專業態度與專業倫理等內隱性的專業素養。

◎營造利於教師專業發展之氛圍與機制：營造「安全的」氛圍、建立「信任的」關係、建置「支持的」環境、秉持「尊重的」態度、運用「激勵的」措施、張開「善意的」眼睛，使組織成員能平等對話，深度匯談；讓組織發展能從優秀到卓越。

◎運用現有學年會議、教學研究會、課程領域小組會議等機制，轉型並建立教師專業發展平臺的機制，深化夥伴對話的文化與默契。以質的提升取代量的堆砌，避免外加時間、增加教師負擔。活用假期與週三時間，規劃優質的進修成長活動；安排共同時段，利於專業學習社群的發展。建置 FTP 網路平臺、教師部落格、教師專業發展評鑑網頁、各項專業對話紀錄數位化，促進知識共享。教育專書研讀、教育影片賞析與專業對話。善用非正式溝通，每學年分別與各處室及各學年進行一至兩次「coffee time」，溝通教育理念、建立共識願景。並辦理全校性的文康活動，增進成員之情誼，凝聚組織向心力。

◎落實教學輔導：打開教室王國的大門，讓同儕與教學輔導教師走進教室

進行教學觀察。善用教學輔導教師，發揮教學輔導功能，除新進教師、代理代課教師、實習老師配對輔導外，在「不標記」的情況下，讓教學輔導教師每人認養一個學年，協助有提升的必要但又礙於面子難於啟齒的教師專業成長。更感佩的是有資深教師也在校長及同仁的鼓勵下，放下身段，主動申請教學輔導教師協助其專業再提升。

◎將專業發展內容應用於教學現場，讓評鑑與專業成長相結合，依據評鑑結果，規劃符合全體教師需要之校內進修、專業學習社群；依教師之個別需求，薦送教師參加相關之進修研習活動。安排教師專業相關議題或專業心得分享於學年會議、教學研究會、領域小組會議、校內進修時間等，以進行專業對話與探討。

◎以行政服務教學，提供教師必要的各種資源。重視教師的回饋與反應，讓每一個聲音都可以被聽到。適時獎勵老師，爭取績優學校教師敘獎、贈送專業書籍、餐敘茶會聯誼等，以激勵士氣。並為師生搭築更多肯定自我之發展舞臺。

初辦教師專業發展評鑑也是幾經波折。宣導說明會投下了不確定彈，「答客問」讓老師心中的疑問，有了進一步的了解，但多數老師仍是「霧煞煞」、「丈二金剛摸不著頭腦」，還好月卿有極具熱情的主任，走入一間間的教室說明釋疑，也在校長囑咐下，讓有意願、有交情的人立即簽名，避免次級領導人串聯，很容易的就達到教育部的試辦門檻。但在臨時校務會議的前一天，教師會前幹部洋洋灑灑的寫了一張A4大小的文字，跳過行政同仁，發給了全校老師，所言不外乎全教會的立場。臨時校務會議當天，該同仁也帶著可愛的笑容對校長說：「校長！如果參加教專的人數太少，校長面子會不好看。是不是要嘛我們就全參加！要嘛就全不要參加！」同仁口才之佳，讓我深深欣賞，我不認為她是為反對而反對，只是因為她曾擔任過教師會幹部，知道全教會的立場，她認為自己應該選擇站在全教會的同一陣線上。我回答了她：「謝謝妳這麼為校長的面子著想！不過校長的面子只跟我有沒有擦粉有關係，跟人數多寡無關。何況，不管是全部參加或全部不參加，都有違教育部教師專業發展評鑑的試辦精神——自願原則。所以，沒有人會被勉強參加，至於想要參加的人，我希望大家給予尊重。是否參與試辦，就看參與人數是否達到教育部的試辦門檻，達到就參加，未達到就不參加。」表決很順利的通過了，這位為校長面子

著想的同仁，也在表決通過後表示願意參與。

本校自參與教師專業發展評鑑至今，在教師專業精進上倍受各界肯定，頻獲他縣、他校校長及老師蒞校參訪或獲邀分享，老師們也從中找回了教師的尊嚴與熱情。但讓許多學校覺得納悶的是：協和國小這所大型學校為何能全體參與且樂在其中？究竟校長是如何說老師的呢？第一年說服同仁參與，我告訴同仁一句話：「躬身入局，才有希望。」自有教育改革以來，只有這一波與我們切身相關，未來必須面對的教師評鑑是把「發球權」交到老師手上，我們不可輕易放棄發聲權。第二年擴大參與階段，就是要讓同仁覺得參與教師專業發展評鑑對老師是有幫助的，學習成長之路可以更多元、更豐富、更有收穫，也更符合需要；並透過相關的激勵鼓舞措施，創造機會、搭築舞臺，讓同仁更有成就感。第三年全員參與階段，我告訴同仁：「教育部徵求『核心學校』，未來『核心學校』的辦理經驗會特別被重視，聲音容易被聽到。但要成為『核心學校』，小型學校容易，大型學校難，以後小件衣服給大孩子穿，鐵定不合身，因此『大型學校不能缺席』。」

校長的底線在哪裡？校長的能耐有多大？

剛到一所新學校，組織成員難免會想了解主管，測試主管的底線在哪裡？能耐有多大？光是開學前的擴大行政會議及校務會議，同仁們就拋出了有關學生緊急聯絡資料的建檔期限、停車方案的提案等問題。當下快刀斬亂麻、圓滿果決的處理方式，臨機應變的能力，同仁都深覺滿意。私底下聽同仁傳言：「我們校長好厲害，有好幾把刷子。」

我也跟同仁講過：「校長得隨時準備接球，雖然也會有好球（讚賞、鼓勵、加油、打氣、溫暖、關懷、分享……），但多數時候仍是壞球居多。在接壞球時，我有三個原則：第一，不能讓壞球傷到自己（自己受傷了，就沒得玩了），往後校務推動就有困難了；第二，不能讓它波及無辜（沒有人天生活該遭受無妄之災、池魚之殃）；第三，對於投出壞球的人，我當然也不希望他受傷。因為有時投球的人並不是存心投壞球，而是因為技術不好才變成壞球。對於這樣的狀況，投球者已自責不已，何需再多言？若是存心投壞球，既傷不了人，仍不斷投壞球，不會太無聊、太惹人厭嗎？」

雖如此，但當與自己的利益有關係的事情發生時，人性的弱點自然就顯現出來了。校長還得把許多壞球接過來，儘量讓它朝向最圓滿的方向解決。

　　2006 年 4 月不到，校園就充滿著山雨欲來風滿樓的詭異氛圍，許多六年級老師想要在下一學年擔任低年級老師，而協和國小老師任教學年段本來就少有異動。偏偏在月卿尚未到協和任職的前一次校務會議有老師提案，高年段老師優先選任教年級，提案也順利表決通過了。就月卿了解所知，當時通過只是低年段老師為了安撫高年段老師的情緒，不想此事會成真。低年段老師在當時是炙手可熱。為了化解校園氣氛，月卿分別邀請各學年到校長室做客，藉 coffee time 調伏老師的情緒、調整老師的觀念。壓根兒也沒想到第一個被我邀請來的年級，自從安排 coffee time 時間後，整整緊張了一個禮拜，有同仁告訴我，過去如果被請到校長室 coffee time，就是聽校長訓話，人人如坐針氈，真是苦了該年段。我特別請該年級的同仁傳達當日的愉悅經驗，讓後面各學年帶著輕鬆愉快的心情到校長室作客，敞開胸懷聊心事就好了。藉著 coffee time，雖化解了同仁的情緒，但事情並未解決。於是，我在教師晨會告訴老師：「老師任教年段的安排是校長的人事權，不是可以給老師提案表決的。如果在你們提案時，是由我主持會議，我不會讓提案成立，因為校長的決策權絕沒有是由老師提案表決，而由校長埋單的。我可以否決你們，因為這不是我擔任校長時的決策。但為了讓你們以後在提案表決時能先思考，校長不想完全否決此案，我將採取折衷的方式，一半異動，一半留任原年段傳承，你們可以填志願，校長會在通盤考量全校的需求下，儘量讓大家如願，如有特別需要，不論是於公於私，校長願盡力成全。」幾年的行政職務及年段的輪動下來，同仁們也漸漸了解行政及各年段的酸甜苦辣，無形中去除了本位思維，也較能彼此體諒。

　　本校向來採中標授課，並酌減指導特色團隊的發展及學生之教師授課時數。2007 年面臨低年段仍是熱門年段，高年段沒有老師有意願擔任的窘境，在市場機制的思維下，只有朝向低年段採高標授課，高年段採低標授課的機制。但低年段老師難免心裡不服氣，感覺好像是低年級的老師比較輕鬆，讓他們頗難釋懷。趁著二年級邀請我參與他們的期末聚餐，一方面讓他們抒發不平之氣，一方面我也提出了另一種思維，我告訴低年段的老師：「不同年段所要面對的壓力不同。愈小的孩子，家長的關注愈多，來自家長的壓力就特別大，這是低年段老師所需面對的。高年段的孩子雖然較懂事，也較能幫老師的忙，

但相對的，翅膀也硬了，問題行為也增加了，管教上的壓力相對就較大。而低年段老師一週有三天的完整半天可備課或處理事情，高年段的老師，只要學生在校，安全就是很大的壓力。這是不同的壓力，不代表教高年段比較辛苦，教低年段就比較輕鬆。」聽完我的一席話，二年級老師說：「校長！您講的話有道理，讓我們佩服，我們願意接受高標。但我們話已經講出去了，週三晨會就要表決了，怎麼辦？」我說：「如果你們真的覺得校長的話有道理，校長再教你們怎麼做。」老師齊聲問：「該怎麼做？」我說：「校長預估如果採取表決的方式，你們一定輸，還是得接受，這種感覺會很不舒服。你們可以在週三晨會表決前，派一個代表表達體貼高年段老師學生在校的安全壓力及辛苦，同意低年段採高標，高年段採低標。高年段老師也會感激你們。而任教年段也在輪動中，你們也許在輪動後也立即可享受低標了。」低年段老師照做了，友善校園的氛圍充斥校園每個角落。

當退休八五制將組長年資列入規劃時，校園裡又傳出另一種聲音，期末校務會議要提案：已經當了七年以上的組長應該下來，讓其他老師有機會，這樣才不會影響到退休金。頓時人心惶惶，有些組長根本無法安心做事，畢竟在和諧的團隊中工作是件快樂的事，而協和的行政更是許多人想爭取的位置。為消弭影響工作士氣的聲音，月卿只好在教師晨會時表達：「聽說今年有許多人想擔任行政職務，校長聽了很高興，因為我用人的空間增大了，有更多人才可以選擇。當然在選擇人選時，平時的表現就是校長用人取才的第一考量囉！再次謝謝大家對行政的肯定與支持。」藉此除了安定軍心，也再次表明人事權在校長，而非老師提案表決，讓老師能因此漸漸了解，需經校務會議通過者法有明文規定，除此之外，皆是校長的權責。當然，只要在不損及學生的「受教權」及造成以強欺弱的情形之下，我願意與老師分享決策權。

本校在尚未有超額危機出現時，月卿就已充分表達對於超額辦法訂定的理念，不能採「後進先出」制，一定要落實考核，要讓肯努力的人有機會，這樣才符合公平正義的原則。當然月卿也深知落實考核的難度相當高，因為品質難以量化，且會造成更多的不安定感。最後採取了折衷的「積分制」，含年資、考核、獎懲、進修四大項，以確保「活水長流」，而非甘於平庸、不求精進的學校文化。也因為優質的積分辦法，讓學校各項辦學績效卓著，校務蒸蒸日上。

回首來時路

　　初到協和，並非沒有稜角銳利的人物、個性孤僻的怪咖、桀驁不馴的野馬……，但易道的「以柔克剛」、道家的「無為而治」、太極的「四兩撥千斤」，輔以陽光笑臉與親和力，友善校園、春風園地已然成形。曾有同仁跟我說：「校長！真的很感激您！給了我們一個和樂的大家庭，有些同事以前我們連跟他說話都不敢，一定得溝通時，又都全身發抖。現在，這些同事都改變了，彬彬有禮，感覺很棒！我們都很愛現在這個大家庭。」這些話，讓月卿覺得窩心，也看到了努力耕耘的園地已在開花結果中。

　　雖如此，校長還是有許多不為人知的苦處，不能為外人道的辛酸。甚至多情總被無情傷，深知自己最大的弱點是心太軟，絕不傷人，也不會恨人，但仍會招致惡意的攻擊，此時不但得忍受孤獨，有時還得像耶穌聖人一樣接受那杯苦酒；即便被人打落齒牙都得和血吞，帶著傷口也得擦乾眼淚向前行。尤其此番受傷，在同仁面前仍需強自振作、帶著笑臉，除非細膩貼心者能看見校長身體的極端不適，此時卻仍有人落井下石，暗箭傷我，實感身心俱疲。還好，總有許多貼心可人的好夥伴忙著進出校長室，安慰校長，為校長療傷；或以簡訊，為校長打氣！加油！或紅著眼眶，擒著淚水，抱著校長，與校長哭一場，說：「我們希望常常看到校長，但希望看到的是健康充滿能量的校長，而不是忍著病痛、強撐著身子的校長。校長！要放生！放自己一條生路！好好把身子養好，當校長身子好了，就沒有人敢作怪了！」月卿不德，卻能得到這麼多的真心，著實衷心感恩！

　　回首來時路，有陽光，有小雨，偶爾也會飄來一片雲。所幸學校的底子已紮實、文化已深厚，總毋需花費太多時間就能撥雲見日。布袋和尚不就留給我們一首意喻深遠的詩嗎？「手把青秧插滿田，低頭便見水中天；六根清淨方為道，退步原來是向前。」凡事退一步想，總會海闊天空。若再問自己一句話：「如果重新來過，會是什麼樣的選擇？」我的答案是：「重新來過，我仍舊會選擇教育為一生的志業；如果因為堅持教育理想，仍有讒言謗語，我依然走對的路，做對的事。」

蕭月卿校長小檔案

　　蕭月卿，於 2005 年 8 月初任臺中市西屯區協和國小校長迄今，曾兩度榮獲教育部「友善校園」及「輔導新體制」優秀人員；數度獲頒教育部「友善校園」、「輔導新體制」、「教訓輔三合一」、「春暉專案」、「正向管教」、「品德教育」等績優學校、閱讀推手團體獎及親子天下品格教育推手學校等榮譽。2007 年帶領教師加入教師專業發展評鑑試辦計畫，為教育部本計畫中全國最大型百分之百參與績效卓著之核心學校。同仁們稱我為「陽光校長」，不只因為我臉上隨時帶著陽光般的燦爛笑容（鐵肩擔教育，肩頭雖重，還是得以笑容迎眾生），更因為我是教育園地的「傻瓜」，不計一切，用心辦學。但天公總是疼「傻人」，每當學校要辦大型活動，帶同仁出外旅遊、辦理文康活動等，不論是前一日風雨交加，或當日仍然雨漣漣，等到活動開始，太陽公公就出來了。

　　當然，忙碌的生活需要調劑，而聽音樂、彈古箏（閒時曾出一古箏輯──「瀟湘夜雨述箏情」，CD 已贈罄，故將專輯已轉成 MP3 檔掛於校長室綱頁，以饗同好）、戶外踏青、蒔草拈花、插插花、做做組合盆栽、押花小品，自娛贈人兩相宜，這就是個人最佳的身心調理處方。近年來則喜將同仁在專業成長中的美言佳句做成押花書籤，與學校同仁及各縣市參與教師專業發展評鑑的夥伴分享，以相互勉勵在教師專業的路上攜手並進。

49. 初任野柳校長千日記

臺北縣野柳國小校長　曾秀珠

振衣千仞岡，濯足萬里流。

～左思《詠史詩八首》之五

序曲──感謝有您

　　當初選擇野柳並沒有什麼特殊原因，純粹是交通考量。在發布校長之前，僅到過野柳地質公園參觀，對學校的認識或了解，都僅止於書面資料或他人的描述而已。然而，基於 15 年的行政歷練，兼任過許多重要任務，包括：臺北縣終身教育資源中心執行秘書、校外協會的秘書長、副執行長、理監事等，累積了許多工作經驗，加上國立臺北教育大學二十六學分的校長專業培訓課程，就這樣，抱著初生之犢不畏虎的雄心來到野柳。

　　即便如此，還是要感謝在我初到學校，幫我引薦地方仕紳的人──張明錫老師。張老師是我原服務學校的同事，曾經在野柳服務多年，對野柳學區生態非常了解，和地方人士也很熟悉。校長遴選結果發布後，我們拜訪了漁會理事長、漁會總幹事，社區發展協會理事長、總幹事，野柳保安宮主任委員、監事主席，野柳村村長、家長會會長、志工隊隊長等人，奠基日後校務經營的重要人脈。

　　直至今日，野柳校長任期已屆滿四年，都一直持續與地方人士保持良好的互動，參與大大小小的事情，就像個野柳的在地居民，我也早就把大家都當作家人看待。千餘日以來，還是難免有些事，需要努力和處理，然而，「校長不要走！」、「如果你調走了，我會哭喔！」、「很感謝校長你把心放在野柳國小。大家感受得到！代表野柳！感恩！！」等語，大家這樣說，其中深摯的情感早已不言可喻。初次張帆的校長航程，我也要說，野柳，感謝有你。

🔖 空間改造，轉變文化

以現今的校園文化來看，校長初到新學校時，在不甚了解學校和社區文化的情形下，不該「新官上任三把火」，並且不可胡亂「點火」，以避免燒到自己，然後「出師未捷身先死」。該做的是，應該是增進彼此的認識與了解，建立良好關係以獲得信任，奠基校務推動的實力。然而，關係建立需要較長時間，短時間要看得出校長對學校做出貢獻，我個人認為透過空間改造，讓環境「無聲的語言」，透露經營者的理念、觀點與心意，是比較直接有效的作法。

2006 年 8 月暑假，初到野柳不到滿月，即動員同仁進行閒置宿舍環境清理，隔年元月即以校園開放、場地租借名義正式對外開放，搭配學校的特色——遊學課程，成為媒體爭相報導的「野柳國小民宿」。目前每年營運收入約有數十萬元，已成為學校充實設備、環境維修，以及外聘支援人力等經費的來源。有趣的是，在外租屋的同仁們也紛紛回籠，讓二樓十個房間一度客滿，我的心中是暖暖的，因為：人氣的聚集，正象徵著老師對學校向心力的凝聚。這該是一種好的轉變！

接下來，像是戶外集會方向的轉換，廚房空間進行改造，學校圍牆拆除美化，興建風雨走廊舞臺，以及教室、辦公室遷移等，逐次進行我的空間改造。

首先，開學後發現，師生面向東邊列隊，全體面對刺目陽光，於是改換成南北向。動作很簡單，無須多費時間訓練，結果也很圓滿，一改多年集會的困擾。改變思維方向，常能收到意想不到的效果。

其次，學校廚房正中間，被故障多時隧道式洗碗機占據了大部分的空間。找來工人拆除之後，整個廚房豁然開闊，採光通風都變好了。重新規劃各區：清洗區、切菜區、烹調區、洗滌區、消毒區等，標示清清楚楚，確保飲食衛生安全。現在，學校廚房可是標準而專業。

接下來，給野柳社區感覺最大不同的，就是圍牆拆除重建。舊圍牆經年受海風侵蝕，鋼筋裸露，有安全疑慮。感謝建築師的規劃設計，融入野柳女王頭、海豚及海生動植物等在地元素，改為彩色穿透式的圍籬，拆除了一米八的高牆，尤其深獲對面店家讚許，說是不再有「撞牆」的感覺。直到有一天，自己坐在對面餐廳，突然明白：我又做對了一件事！

校舍一樓的風雨走廊，經常做為集會、運動等多功能使用，包括校長交接、學生畢業典禮等重大集會都在這裡，狹長型的空間，觀眾視線受阻，導致效果不佳。今年畢業典禮前夕，新設舞臺完成，還布置了童話情境的背景，效果非常好，受到家長、社區和來訪者的稱讚。

為了校務運作順暢，強化行政同仁的效能，我們另闢一間教師休息室，將原來的集中辦公轉換成行政辦公室，加大每位行政人員的空間，最後再遷移並美化校長室。對同仁而言，感覺上只是教室搬遷；然而校長、行政同仁和教師之間，透過空間的層次感，呈現其職位上的差異，這是小學校大家庭常忽略，卻需要學習的「行政空間倫理」，我認為這裡面很有學問。

這些作為都不是短時間完成的，光是教室和辦公室遷移，就整整等了三年，校長室也在任期的第四年完成搬遷。同仁們都知道，校長以計畫積極爭取經費，所以學校的操場地坪整修、遊戲器材更新，還有投籃機、手足球機、乒乓球桌、九宮格等「樂活小站」也進駐校園。不論學生、老師、職工或社區民眾，都見證了學校的逐日轉變，不僅是硬體環境的更新，還包括校園氛圍的轉換，野柳國小亮麗了起來。這樣的空間改造，還會在我的任期內持續。

在地經營，發展特色

還記得前任校長囑咐：教育局撥給三萬元要辦理特色學校。「特色學校？」初到野柳，真是茫然；只得趕緊閱讀相關資料，規劃完成各項特色遊學課程，隨即展開野柳的特色遊學。

關鍵人物，帶出社區活力 ◉◉◎

小校資源不足，人力資源尤其缺乏，全校教職員工不及 20 人，要辦理全國性的活動，還要兼顧學校的正常教學，在在需要仰賴家長、志工和社區人士的支援，才得以順利進行。

◎關鍵人力槓桿作用：學校遊學課程的主力，是由教導主任吳炳霖、幼稚園主任陳姿伊和志工隊隊長李梅芳三位，分別帶領學校教師和志工團隊進行。六班小校，最令人佩服的就是志工團隊人數，有班級數的五倍之多，他們平時各自忙於工作，還定期接受北觀處和學校的培訓課程，成

為實際執行特色遊學的主力。野柳號稱全年無休,都是靠這一群在地的
「老師」。

◎社區動員實施校本:班級實施校本課程,只要透過行政或自行聯繫,野
柳社區都會提供最佳的服務,像地質、漁村、漁業、漁產介紹解說,還
有海洋教育的鯨豚表演、出海捕螃蟹──從海洋看陸地等學程,不論是
野柳村哪個單位、哪些地點,只要是野柳國小師生全部免費。這是野柳
國小的特殊禮遇,遠優於其他參加遊學課程團體。

特色課程,豐富學習內涵 ◎◎◎

其實對推動「遊學」課程,教育界同仁也表達不同意見,「遊學就像火
花,炫麗而不實,無法助長學生學習」;校內也有異音「為什麼要讓校園與遊
學團體分享」、「教好課本裡的知識才是本職」等少數抱怨。但我堅信「活動
課程化」,從建置學校本位課程,並逐年充實學習內涵,一定能讓本校學生透
過在地化的活動,學到生活的實用知識和能力。

◎五系列 17 項課程:對學校教育來說,「課程」是核心內涵。野柳有得
天獨厚的世界地質景觀,有鬼斧神工的大自然石雕,還有鄰近的野柳漁
港、野柳元宵保安宮「神明淨港」民俗活動、早期課本的捨己救人「義
人林添禎」、野柳海洋世界、野柳海王星碼頭、核二廠等相關資源皆可
設計為教材。還有潮間帶、濱海動植物、過境野柳岬的鳥類等,特色小
組成員彙整在地環境資源,規劃出多元豐富的各項套餐之遊學課程。

◎校本課程奠定根基:對我來說,校本課程就是學校學習的靈魂,學校必
須建置並努力規劃實施。我認為:如果功能和他校完全一樣,學校就可
以被取代。所以,野柳國小每月召開課發會,研討學校課程教學相關事
宜,由全體教師共同參與,四年來從不間斷。校本課程在第一年完成架
構,第二年完成教學活動設計,並公布在網站上提供大家下載使用。

◎學習社群累積資產:除了每月課發會落實檢討,每年度不論再忙,我都
會邀約同仁,組織學習社群,實施實驗教學。目的在於藉學習研討的機
會,凝聚同仁的情感,累積教學資產,促進教師專業成長。這些年包括
教育部數位教學「野柳地質小小解說培訓」、海生館的「野柳海洋學
校」,近年來,「女王的宴會──國語文」、「野柳寶貝海洋──自

然」、「愛要及石地質教學——綜合」、「有你真好，溫馨祖孫情——幼教」等方案，皆榮獲 GreaTeach 全國教學創新獎等榮耀。

畢業傳薪，承襲淨港文化 ◉◉◉

學校最具特色的校本課程就是高年級的海泳和獨木舟。平時，上學期 9 月、10 月，下學期 5 月、6 月每週五下午，在北觀處閒置的海王星碼頭上課；畢業前夕要進行「划船出海、跳水渡港——獨木舟傳薪」的活動。6 月中旬的週五下午，當天野柳漁港淨空，海上有在地的舢舨船、北觀處野柳一號、金萬區救難協會海上摩托車、家長會長的遊憩船擔任護航，陸地上有海巡所、消防隊、學校志工隊、體大教練救生員等戒護，務期落實全體師生的安全。

對野柳國小而言，這項活動與學校每年的運動會、畢業典禮並列為年度的重頭大戲。地方單位幾乎全員出動配合，安全人力比畢業學生還要多好幾倍，歷年來廣獲媒體重視，還有數個節目全程實況轉播，提供全國民眾可以認識野柳的特色。然而，我們更在意的是要培養孩子勇於接受挑戰、不畏艱難的精神，透過這樣的課程，將「野柳元宵神明淨港」這項全國獨一無二、在地漁村的宗教活動，可以一代代傳承下去。

或許是觀念宣導，或是外界的肯定，部分有疑慮的學校老師和家長，態度上也由觀望轉為支持。所幸，野柳國小的特色遊學經過層層考驗，榮獲「2008 全國創意遊學經營」特優獎、教育部「2009 全國十大經典特色遊學學校」、「2010 臺北縣校務評鑑」特優獎、「2010 臺北縣邁向卓越學校認證」資源整合組通過等項殊榮。這些年來，無論是學校知名度與獎助經費的提升、志工家長解說能力與實質收入的增加、社區各項資源的整合、豐富師生教學等，在在贏得好評，校長的校務經營尤其受到肯定。

📚 整合資源，轉化不利

小學校教師員額少，難以達到師資結構完整、各領域教師專長授課之目標。因此，除了以專長領域開缺教師方式；另外，還申請許多教學方案計畫，外聘「技術專長」教師，結合校內「教學專長」教師協同教學，彌補教師專長領域不足之窘況。對於學生的課後輔導或多元的學習社團，不遺餘力，要轉化

不利情勢，讓野柳的孩子具備未來競爭力。

師資不齊，尋求替代方案 ◎◉◉

英語師資缺乏是偏遠學校最大的困擾，我初到野柳的暑假，一連四次甄選，好不容易應聘到大學英語科系應屆畢業生，一學期之後，該師另有生涯規劃離校，寒假期間繼續辦理教師甄選。2007年以後，野柳國小每年增加一位正式合格英語教師，目前擁有三位優秀師資。

回顧2006年以前沒有英語師資，導致畢業生有人不識26個字母、學生氣走英語代課教師等情況，現在配合臺北縣實施活化英語課程，部分時段採「英語分組教學」，藉此改善雙峰現象。在英語老師的努力付出下，2008年學校還榮獲全縣讀者劇場特優獎。接續的幾年，野柳國小學生在英語競賽也都有優異的表現。

另外，偏遠地區教師數少，很難達到各領域師資齊全，以野柳而言，最缺乏的是藝術與人文領域專長教師，尤其是音樂、美勞、表演藝術等，至今都沒有專任教師，是學校日後努力的重點。學校推動「藝術深耕」方案，引進外來繪畫專業師資，與原授課教師「協同教學」，學生學習成效良好，還辦理學生畫展，這個方案受到來自親師生和社區廣大的迴響。

閱讀寫作還有來自基隆故事協會、臺北縣動態閱讀協會、臺北市師鐸獎退休教師等人士，前來協助指導學生閱讀與寫作。在日積月累的練習下，學生在聯合報作文比賽榮獲滿級分，囊括臺北縣七星區中年級組特優，各項相關競賽也多有獲獎，足以顯現藉助外來專業人力的成效，使得學生的程度得以逐年提升。

然而由於新進教師離家太遠，或另有生涯規劃，異動頻頻；外來師資又有經費期程限制，無法久留。小校每年人員異動頗大，造成學校甚大困擾。為此，學校透過申請「組織再造暨人力規劃方案」，鼓勵在地不具教師證書之教師，進修教育相關研究系所，取得教育學程資格。這樣播種生根的作法，期望為學校留下永續在地服務師資。方案效益，還在持續評估中。

文化不利，爭取校外資源 ◎◉◉

由於野柳的家長多從事與漁業有關工作，加上觀光地區假日忙碌，家長教

養孩子的責任，多仰賴安親班課後補習。學校一方面尊重家長的安排，也請老師與安親班保持暢通的溝通管道。由於家庭教育功能不彰，學校積極扮演補充角色，爭取來自各方的資源，不論是生活教育的指導，或是學生學習內涵的充實，學校要致力於改善文化刺激不足的情況。

學校還積極尋求資源，開辦學生的學習社團，包括：舞獅團、田徑隊、節奏樂隊、桌球隊、直排輪、籃球隊、陶笛隊、跆拳道、繪畫班、書法班等，培養孩子多元的興趣和技能。2006年學校引進《天下雜誌》資源，成為全台二百所「希望閱讀學校」之一，連續四年，每年持續獲贈閱讀書籍、閱讀護照、獎勵學用品等資源，並舉辦教師閱讀寫作專題講座等，結合企業志工「怡客咖啡」說故事，讓學校師生家長都有收穫，逐漸培養終身閱讀的好習慣。

對於弱勢學生無力補習者，學校爭取非常多的課後學習機會，包括教育部「教育優先區」、「攜手計畫」、「夜光天使」、「永齡小學」等課業輔導措施，寒暑假期間還有大專校院學生，到校帶領育樂營隊活動。「閱讀推廣」、「讀報教育」、「藝術深耕」等專案學習計畫，學生都可以打破偏遠的限制，免費參觀國家音樂廳、歷史博物館、市立美術館、故宮博物院等處，擴展學生的視野。

資訊科技學習除了每週一節資訊課，還有搭配「數學網路奇異國」的資訊融入教學，寒暑假期間，結合「數位機會中心」，也有大專志工的資訊營。學校為低收入家庭學生申請國民電腦，全校班班有電腦、班班有單槍投影機，全校全區無線上網，2010年還獲選「行動教室」方案，六年級每生配發一部筆記型電腦。野柳國小要走在時代前端，藉由資訊科技，打破時空的限制，要讓野柳的孩子具備未來競爭力。

導正偏執，形塑校風

學校教育成效關鍵人物在於教師，教師們的教育理念、性格心態與行動作為，對於學生未來各項發展影響甚鉅，尤其是學生的價值觀念，在國民義務教育階段，更受到啟蒙教師的深刻導引。為此，校長需要具備教育的敏感度，導正偏執的觀念，營造積極向上的校風。

行政三不，轉化正向參與 ◎◎◎

偏遠學校老師一旦落地生根，就不太願意轉換環境，常存有「故步自封」的心態：「不出外開會、不出外進修、不辦理活動」，這是可以理解的。不論會議、研習或是活動，結束之後，回家又是一段長遠路程。要扭轉這現象，校長的態度很重要，近期野柳國小常被賦予重要任務，這樣的情形是有改善。

研習的部分，多採校內辦理或主動接辦，節省教師往返時間，強化教師參與進修的意願。近年來，由於臺北縣設置教育研究發展中心，提供許多教師專業發展方案，於是邀請教師必須參加一定時數的研習，才能擔任某種教學工作，例如：國語文閱讀、寫作初階、進階研習、健康與體育領域師資研習等，以及分區舉辦各領域教材教法分享，有助於提升教師專業知能。

接辦活動，目的在於提升學校團隊夥伴的執行能力，透過工作分配與分工合作，讓行政團隊各有所司，了解標準作業流程，讓每位同仁都知道自己所扮演的角色與任務。截至目前為止，行政同仁們都已熟悉相關流程，做來得心應手，未來將逐漸擴展到教師同仁，透過參與服務學習，強化教師班級活動規劃的另類專業能力。

溫情治校，輔以法理制度 ◎◎◎

野柳國小同仁目前夫妻檔有四對，加上正在交往的，超過學校教職員工的一半。1+1=2 是常態，因為期待落地生根，延續學校教育發展；讓 1+1>2，難免期望過高，不能盡如人意。然而，卻常常發現 1+1<2 的情形。一人去開會另一人要請假搭載；校內投票選舉時，也常會影響選舉結果。更棘手的是，教學上發生問題，學校行政要處理，另一人表達不滿甚至干預。情感問題難以排解，只有用「法、理」為之，再做觀念的導正。

其次，基於「小學校、大家庭」情誼，資深教師會邀請同仁不定期餐敘，尤其對新進同仁更是熱忱以待，私下傳授在校生存機巧：課程計畫一字未改或同仁代寫，分析班級學區家長的「特性」，甚至傳出告知代課老師可以力挺其留任等，因此經常獲選為重要委員會成員。學校行政樂於保持良好情誼的傳統，靜觀其行維持「師傅制度」，另一方面則須慎防違反法令或行政規範等情事發生。

對於班級學生管教的爭議行為，例如：好老師就是聽任學生的無理要求；考試時，教師在旁不斷地「善意提醒」，製造好成績的假象；遇高風險家庭或家長抗議事件，刻意隱瞞行政人員，尋求私下解決情形……。這些行之有年的「陋習」，在學校與社區家長建構的良好關係下，由學校行政人員持續介入處理，務求導正孩子具備肯負責、有品格的價值觀。

　　然而，轉換學校風氣並非容易，每個人都同時擁有不同角色，還有不同的人生階段，交友結婚、生兒育女、子女成家等，難免對於每個人有所影響，生涯規劃自有不同的考量；還有，資深同仁擔心自己地位不保，資淺同仁期望能夠獲得同儕友誼等錯綜複雜的因素，身為校長希望營造積極校風，還需要持續克服很多難處。

📚 申設三 C，總體營造

　　我個人參與臺北縣成教、終教輔導團工作接近 20 年，於國立臺灣師範大學社會教育研究所進修時，在學期間參與教授組成的「教育部學習型社區宣講團」，巡迴各縣市培訓社區人才，對社區總體營造有深入的認知與體驗。曾經有人認為：校園圍牆裡才是自己的責任，社區不是學校或校長應該要負責的範圍。也有教育人員表示，學校教的，回到家裡、社區，又全部還給老師了。此足以顯示社區整體力量的重要性。

　　個人認為：不妨發揮「玉米田精神」，除非在無菌室生長，否則還是要將好花粉傳送給附近農家，自己的玉米田才會維持好品種。野柳國小計畫爭取經費設置學習中心就是基於這樣的理念；自 2007 年起，向教育部申請一年一中心，「數位機會中心」、「新移民學習中心」、「樂齡學習資源中心」相繼設置，提供各種學習管道與機會，並進而期待藉由「競值架構」的組織理論，促進學校與社區達成「合作」（Cooperation）、「創造力」（Creativity）與「競爭力」（Competitiveness）的三 C 的文化價值。

DOC 中心，降低數位落差 ◎◎◎

　　2007 年野柳國小成為北桃連地區第一所設於學校內的「數位機會中心」（DOC）。DOC 的任務是實施「弱勢輔導」、「產業行銷」、「數位典藏」

相關課程，野柳 DOC 日夜間都開放使用，持續辦理各項學習課程。中心由「中國生產力中心」擔任輔導團隊，並由「康寧護校」和「真理大學」大專輔導志工協助，還設有專任的駐點人員。因此，DOC 在野柳的執行績效頗佳，尤其是冷凍漁產商家「鴻利漁產」張永耀先生透過全家參與學習，現在商店已經通過 GSP 優良商家認證，並於 PChome 商店街、農業署漁業局建構網站成為優良廠商，張先生還因此榮獲 2009 年當屆獅子會會長楷模。野柳國小榮獲「2009 教育部數位機會中心經營楷模獎」，而校長個人也榮獲「典範經理人」之殊榮。

新移民中心，學習多元文化 ◎◉◉

　　野柳社區新移民子女比例偏高，全校新移民子女數超過三分之一，低年級更達二分之一，幼稚園也達到三分之二之多。於是在 2008 年，學校向教育部申請設置北縣首座「新移民學習中心」，積極辦理各項新移民媽媽和子女的學習課程與相關活動，同時還規劃生活適應、中文識字、優生保健、親職教養、機車考照、就業服務等課程，並帶領全體師生共同認識、理解與欣賞多元文化之美。因此榮獲 2009 年教育部新移民中心評鑑全國第二名，2009、2010 年校長、教導主任分獲第一、二屆推動國際文教有功個人獎項。

樂齡中心，營造代間融合 ◎◉◉

　　臺灣人口結構除了少子化、異質化以外，也面臨高齡化的問題。按照世界衛生組織（WHO）的標準，凡年滿 65 歲人口數與總人口數比達 14%，即屬高齡社會。在教育部「一鄉鎮一樂齡」的政策下，2009 年學校又開辦了「野柳樂齡學習資源中心」，負責推動整個萬里鄉的樂齡教育。在這裡，除了樂齡學習，還有代間教育課程，營造世代融合社區。尤其是野柳社區的七、八十歲阿公、阿嬤從不曾拿過畫筆，現已經辦畫展、出畫冊。辛勤耕耘，總會歡喜收割，2010 年榮獲臺北縣樂齡學習資源中心評鑑第一名。

　　誠如非洲古諺，撫育兒童是整個「村落」的責任。美國國務卿希拉蕊也在《同村協力——建造孩童的快樂家園》（*It Takes A Village*）中文版一書引用這樣的理念說：「每個孩子，都需要一個守護者；每個家庭，都需要部落的支持。」我個人非常認同「同村協力」的教育觀點，在我個人的校務經營裡，也

透過學校的努力，積極營造學校成為社區的學習中心。我深信：「只要終身學習，絕對有助於適應未來環境的改變，促進個人與社區的整體發展。」

 ## 維護校產，永續經營

校長要經管的事項繁雜，不僅包括校內，同時也包括校外，在我校長的第一任期，約略知曉校地被占用情事，但礙於對於學校整體的經營與時間能力都需要考量，為避免引起不必要的困擾，影響校長的聲望，因此，校地占用問題，包括野柳地質公園、後山老榮民的眷舍，以及海巡所宿舍，都等到第二任（第四年）開始，確認留任且經過教育局的支持與協助，才逐步進行處理。

丈量土地，洽談校舍租用 ◉◎◦

野柳國小部分校地被野柳地質公園占用，只因為數年之前，野柳地質公園還歸交通部北觀處管轄，公家機關間只有借用關係，2006 年 1 月 OT 之後，學校土地管理機關就產生權責問題。學校經土地丈量實際占用面積後，提出權益問題，委外廠商很有誠意，補助學校經費，然而，只是非關廠商責任，我只期望白紙黑字，為學校的永續經營，爭取應有的權益，不因校長輪調而有所改變。野柳地質公園與學校一牆之隔，即便沒有校地占用問題，回饋地方嘉惠學子，也是應為。占用校地一事，北觀處和觀光局互踢皮球，看在眼裡，只覺痛心。不過，身為校長，還是要積極處理，期待有好的結果。

拆除房舍，整建後山園區 ◉◎◦

野柳國小有 0.8 公頃校地，卻有一大半在後山遭眷舍占用，近年來老榮民逐漸凋零，眷舍周遭益發凌亂，影響環境衛生，且有礙校園景觀。在獲得教育局的支持與經費補助，會同家長會會長拜訪後山眷舍僅存的兩戶老榮民，經其同意之後，拆除其他傾頹的房舍，整建後山，開闢為生態教育園區。學校留下防空洞，增設後山環山步道、教學農園、蝴蝶生態區與師生休憩區，做為教學之用。看著後山環境逐步改善，自己的心中百感交集，也備感驕傲，有機會完成長期以來學校該處理而未完成的事情。

收回校地，爭取委外 BOT ○○○

野柳國小另外的一塊被占用校地，位於野柳地質公園售票口的正上方，地點好、景觀佳，站在那裡可以遠眺野柳海洋世界和野柳外海。原來在十年前，已經補助軍方辦理遷移，不過因為學校沒有即時處理，儘管房舍鋼筋裸露、斑駁不堪，目前仍暫由海巡弟兄繼續使用。此次再談，很快地就拍板定案，校地歸還學校，學校也立即僱工敲除危險之眷舍。近期，開放大陸旅客赴台觀光，野柳風景區因享盛名，陸客絡繹不絕，野柳探索館空間嚴重不足，這塊地可以共用，就可以發揮最佳的使用效益。這一切都還屬構想階段，就等著積極洽談，期待著這些想法都能夠落實，創造野柳國小在野柳、全國與世界，另一個新的教育方向與價值。

這些事或許對教師教學與學生學習的關聯性不高，但對於學校爭取經費、改善空間環境，卻很有助益。我何其有幸，恭逢其時，才能夠有機會處理這些事情；我深切的期盼，在第二任校長任期結束前，可以看見這些事情逐次完成。

📖 續曲──我願盡力

同仁們常說，校長精力旺盛，怎麼做都不累。如果問我的家人，肯定會說「在外一條龍」，在家裡呀，都是家人照顧我的多，尤其是我的娘家父母、妹妹給我最多、最大的支持，才能讓我無後顧之憂地去實現我的理想。

回想得之不易的校長身分，我會格外的珍惜。曾經，雖然自己奮力走到候用校長資格，卻因為有所疑慮受到阻撓，落得求助無門的困境，遴選那年，各方人馬角力，深刻感受人情的冷暖。所幸次年，許多貴人紛紛出現，才得以順利遴選成功。這些歷程讓我刻骨銘心，這些人、這些事，我都會永遠放在心上，做為校長之路惕勵自己的動力。

「目標導向」、「積極心態」、「自我激勵」是我內在性格裡，最珍貴的資產；一旦確認目標，一定全力以赴，抱定正向積極的態度，相信自己的能力，努力奮進不鬆懈，即便沒有別人的掌聲，我還是會為自己加油，直到目標順利達成。我的母親因此常說我應該身為男兒，從小就有不認輸、不怕難的性

格，也一定堅守崗位，挑起自己角色應負的責任，這也是自我的期許。

「高處不勝寒」，因為隸屬關係，學校行政和教師間，常因為權責問題，難免處在互相對立的角色。以現今教育生態環境來說，學校重大決策事務、人事任用、考評都採委員制度，但校長卻要一肩挑起全責。校長們畢竟身為少數，經驗與技巧都需要彼此相互交流、策略聯盟，以形成網絡資源，增益校務經營之道，讓校長之路因為互相提攜，共同成長，更加順遂。

看著諸多校長前輩為校務經營勞心勞力，相較起個人的粗淺經歷，真是微不足道，這都是個人需要借鏡學習之處。換算自己的年齡，將來還需要歷練的恐怕還不只一校，未來要接受的挑戰更甚以往。不論是「既來之、則安之」，或是「明知山有虎，偏向虎山行」，身為校長，一個團隊的領導者，無論如何，都要隨時俱進，勇於接受挑戰。

感謝這一路來一起打拼的夥伴，因為有你們，才能成就所有的美好。未來無論到哪個學校服務，都是一種責任的交付，教育的職位儘管來來去去，但教育的志業卻是長長久久！我將許下莊嚴的承諾：我願盡力！

曾秀珠校長小檔案

　　我從小生長在大家庭裡，母親為添男丁，以順從長輩的期待，連生了五個女兒後才如願得子。身為長女的我，對此頗不以為然，為改變「女不如男」的老舊觀念，於是我認真念書，積極尋求表現，成為名列前茅的模範生。國中畢業，同時考上北一女中和北師專，為了減輕家裡負擔，毅然決然選讀師專，也一圓從小的夢想——成為作育英才的老師。

　　師專五年，課業成績保持水準之上，四年級擔任國語文研究社社長，五年級畢業實習擔任教務主任。原以為畢業後擔任教職，可以相夫教子，成為賢妻良母，哪知自願回母校服務，實習期間即被賦以重任，擔任事務組長，自此又踏入行政這條不歸路。

　　認識我的人，都會覺得我很幸運，從主任甄試、遴選校長，乃至於進修大學、碩博士班，似乎一路順遂，經營學校也著有績效。其實，只有自己最清楚，這一路來自己的努力與付出。另外加上天時、地利，和許許多多貴人的從旁提攜指導。

　　擔任校長後，更深深體會身為領導人的責任重大。任一決策的推動執行，都可能對孩子的未來產生深遠的影響。雖然近期校園內民主風潮勃興，教師自主意識高漲，校長權責無法平衡，難免有「生不逢時」之嘆，然生性喜愛接受挑戰的我，還是會持續堅持理念，朝著自己的目標邁進。

50. 校長築夢軼事

桃園縣楊心國小校長　葉春櫻

📚 校長來時路，沉澱領導信念

打從我進入社會，有了人世間是是非非的紛擾後，「天公疼憨人，憨人有憨福」的古人生活智慧始終銘印我心。八〇年代的初派主任，「上山」——奉派到偏遠學校是宿命，讓當時已有兩名幼子的我心裡備受煎熬，深怕不能學校與家庭兼顧。然而，該年本縣初任主任的分派，居然史無前例的，將我派任到康安鎮中心的大型學校——安安國小（化名），且離家僅 15 分鐘車程，這首次印驗了「憨人有憨福」的古諺。

📚 苦「師」所苦

初派任教於彌勒鄉郊區 12 個班級的平平國小（化名），在此校任教印象最深刻的是，初到校就被分派編排訓練 30 週年校慶的大會舞；還有和同是音樂組畢業的賴同學，兩人一彈一唱的組了個合唱團。但隔年賴老師投筆從戎，合唱團只好獨撐「邊彈邊唱」。然而，上台比賽總不能「邊彈邊指揮」吧！只好請託國中同學幫忙伴奏，並幸運榮獲彌勒鄉國小合唱比賽第一名；進而參加縣賽，也榮獲第二名。如此的佳績，不僅是平平國小創校以來的最高殊榮，也是該鄉兒童合唱團比賽成績最好的一次。

這是喜悅的回憶，卻也伴著苦澀記憶。因為不管鄉或縣合唱比賽的所有事宜，都得自己一肩挑。尤其參加縣賽當天，一群四十多位小朋友的合唱團，必須走過半公里路的產業道路，才能搭公車赴賽。無奈天公不作美，一早斜風細雨出校門，搭了近半小時的公車才到站，然而，甫下公車便來個傾盆大雨，而好戲還在後頭，因為還得走約莫一公里的路才能到達比賽會場。當時可真是「含著眼淚，帶著微笑」出場比賽。現在回想起來，還覺得有夠「悲情」！但這刻骨銘心的體驗，讓我在主任生涯中，更能多體恤一些充滿幹勁的老師，且

提供必要的支援與協助。

苦「師」所苦的寫照於我初任訓導主任期間。當時延攬了一位充滿衝勁與才華洋溢的李老師擔任訓育組長，李老師於5月間籌組直笛隊，而同年8月李組長卻到他校出任主任。然而，學生直笛都已備妥，為了不讓學生期待落空，當下身為直屬主任的我，暑假期間便以現學現賣方式展開直笛暑訓，終於，皇天不負苦心人，幸運榮獲該年度國小直笛比賽甲等。有了得獎的激勵後，才吸引了有音樂底子的老師願意投入直笛隊的訓練。此時可謂所有行政支援盡出，個人除每天參與指導學生練習外，賽前更打點經費、禮聘名師指導，於比賽期間更是瞻前顧後，讓指導老師專心培訓、安心比賽。經過兩年的努力，終於獲全國直笛比賽特優，甚至進錄音室錄製CD與巡迴演奏，而曾經指導直笛隊的三位老師也都陸續考上主任，也成為該校人人稱頌負責認真的好主任。

📖 苦「主任」所苦

八〇年代中晚期，教學環境的改善、制度的更新、課程的改革，以及教學的精進、資訊科技的發展都在此期間蓄勢待發，不僅是臺灣教育變革的萌芽期，也是教育世代交替的分水嶺。當時安安國小的校長與三位處室主任，均屬父執輩的教育前輩，而我卻是本縣最年輕的女主任。在安安國小接任兩年的總務工作，完成大大小小五十餘件標案。接任教務主任期間又適逢九年一貫課程改革，所有業務除了需面臨撼動教師既有的慣性挑戰外，也要兼顧突破與創新。其中，引領教師心悅誠服的接受新的教育思維與順應教育趨勢，則是我在教務工作上最大的成就。

八年後所調任的樂樂國小（化名）校齡逾百，僅一年的總務工作量相較於安安國小更是不遑多讓，期間林林總總完成校舍更新的標案計達四十餘件。依稀還記得當時總是向同仁自我解嘲道：「若看到披頭散髮飛奔於教室廊間或晚間匍匐於辦公桌前的飄忽身影，請勿驚慌！」然而，好不容易完成了所有校舍整修工作，建好廚房後，自以為輪調至輔導室，理應可喘口氣，殊不知輔導工作除普通班輔導工作外，還得負責幼稚園、資賦優異才能班與特殊教育資源班之業務，且該年時運特好，因尚屬新進人員，必得兼任合作社經理。

甫接掌輔導主任的業務繁雜已夠忙的了，誰知校長一聲令下，在午餐考核

之際，得隨即接手兼任午餐執行秘書，雖午餐運作已有些時日了，但午餐業務檔案資料卻付之闕如，當下可真啞巴吃黃蓮、有苦說不出。然而，在「接受現實解決問題」信念的支持下，隨即開始沒日沒夜的生活，即使當時還正在攻讀博士學位，面臨博士資格考的挑戰。

　　咬緊牙根努力了半個月，當同仁看到午餐考核卷宗檔案的建置規模後，無不豎起大拇指，認為這位輔導主任真是不簡單！現在回想起樂樂國小三年的青春歲月，可算是我人生中，過得最慘澹卻又收穫最多的學校。同時，也讓我深刻體認到「天下沒有累死人的事，只有嘔死人的事」。主任之苦我領教了，所以今天學校的經營與領導，我將更能體察主任的苦，領會主任的心，盡我所能給予最大的鼓勵、支持與支援。

歡喜築夢田

　　雙喜國小（化名）是我第一志願初任校長的學校，因鄰近臺灣海峽，常年受海風吹襲，學校花草樹木成長不易，「風剪樹」一面倒的景像，即成為學校逆風成長的最佳註解。七個班級的學生 170 餘人，其中符合教育優先區的指標人數高達 42%，共計 70 餘人，由於雙喜國小臨海地處偏遠，學生家長社經地位並不高。整體而言，雙喜國小是一所偏遠、文化不利、居處弱勢的學校。教師雖具高度教學熱忱，但受限於學校規模與教師員額之編制，學校缺乏英語及藝術人文專長之教師。因學校臨海，校舍經年海風侵蝕已略顯斑駁，而簡陋的圖書室則位於學校最高（二樓）、最偏遠處，圖書室閱讀之功能尚待加強。因此，建構優質的校園環境與提升孩子的學習品質，揭起「個個有表現，人人有舞臺」的序幕，讓雙喜國小成為孩子生命智慧的花園，即是我築夢的理想。

築夢三部曲

逐夢一、奠基學生英語力 ◎◎◎

楔子

　　雙喜國小學童的英語學力評估成績能進步九分之譜，不但改寫往年低於鄉平均六分之多的紀錄，且破天荒的高於本鄉平均值近二分左右。現在回想起來

還有點不可思議。而在雙喜國小任內,能榮獲本縣學校發展特色認證的殊榮(英語教學特色認證)、學生英語學習表現大躍進,乃致於獲得上級長官與社區家長的肯定。此得歸因於英語學習資源的引進與引領教師英語教學的投入。

契機

　　能夠引進英語學習資源的機緣,係當時教育處以韓國英語村的概念推展英語教育,除首創全台以縣府預算編列,籌設南北區各一座英語村外,尚且再籌設一座 BOT 營運模式的英語村。而為力求經費管理的公平與公正,兩造皆希冀由第三者法人基金會負責。因此,教育處長於某日的午後,召集了三十餘所國中小學校長,發布 BOT 英語村營運管理模式,並希望由已設有財團法人教育事務基金會的學校來負責。校長最重要的任務,即是讓出所有的董、監事席次,並將原有的教育事務基金會改組,而該校則享有縣府經費編列一名駐校三年的外籍教師,與雙喜國小學童免費遊學英語村的待遇。而有意願的校長得於次日下午四點前回覆。會議結束後,回到雙喜國小已傍晚時分,而當翻開教育事務基金會董事會名冊時,艱鉅的挑戰才開始。

挑戰一:財團法人教育事務基金會改組 vs. 歡喜釋兵權引活泉

　　首先,鼓起勇氣電告教育事務基金會董事長釋出風向氣球,探測「釋兵權」之可能性後。當晚除緊急通知所有教育事務基金會委員召開臨時會外,尚且熬夜研究教育事務基金會之運作與沙盤推演董事可能提出的問題。

　　次日下午,臨時緊急召開的董監事會議,除清楚傳達上級長官的訴求外,尚且將凌晨整理好的資料具體逐項分析、報告利弊得失,經過三個小時的解釋遊說,才讓整個董事會釋去「將好不容易所成立的基金會拱手讓人」的疑慮,以及放下「基金會財產不保」的不安。而當董事會因對我的信任,願以學生福祉為優先,退出所有董事席次時,心裡可真是百感交集。爰此,當日下午約四點多,拔得頭籌回報消息給教育處,而從此展開苦難與喜悅交織的歲月。

挑戰二:英語村業務包山包海 vs. 歡喜做甘願受沃福田

　　對於初次接受此開創性任務的我,低估了一個財團法人設置的複雜性與英語村運作的困難度。剛開始天真的認為基金會成員改組只要有書面記載即可,殊不知組織章程、董事成員與基金會財產皆須變更,且透過法定程序、經法院

通過後始能運作。另也錯估情勢，認為負責英語村經費管理應僅是單純帳務的處理，孰知最主要的任務係籌設開辦英語村。因此，除基本經費管控外，大至英語村情境設備的規劃與採購，小至外籍老師的日常生活用品，皆須身先士卒打點。另舉凡英語村開辦前所有業務，包括基金會務處理、記者會的召開、廣告 DM 的設計、行銷策略、人事管理、接待外賓事務等，皆不能置身事外。這包山包海的英語村業務，係屬前所未有的開創性業務，其中辛酸實非三言兩語可道盡，唯抱持著歡喜做甘願受的信念，才能甘之如飴。

挑戰三：引進外師活水 vs. 灌溉英語夢田

　　當基金會啟動運作尚處於摸索期的同時，很快地被告知外籍教師即將來臺，當時心情可說是既喜亦憂。喜悅的是孩子的英語學習有著落了，擔憂之一是對外籍教師的背景與經驗所知無幾，外籍教師有無異國兒童英語的教學經驗？對我國學童英語的學習了解有多少？擔憂之二是雖然對於校本英語課程已有腹案，但畢竟外籍教師進駐學校只有三年的時間，如何減少本國教師與外籍教師協同教學的磨合期，讓校本英語課程方案能迅速上軌道、孩子能有效率的學習英語，這才是最重要的。

　　當引領企盼的外籍教師Eric，頂著花白頭髮、踏著略顯蹣跚的步伐進入校長室面試後，熱切期待的心頓時涼了一截。因為整體狀況與我心中所預期的落差頗大，Eric雖貴為博士，但以他的學經歷任教高中以上的學生較為適合。然而孩子的學習不能等待，復又已開學，若要求仲介公司再重新從國外徵聘外籍教師，恐曠日廢時。因此，在雖不滿意但能接受的情況下聘用Eric。同時，以善用外籍教師英語口說的優勢，強化本國教師協同教學能力的策略，推展校本英語課程。

　　首先，建構學校本位英語課程：商請留學美國的英語輔導員詹老師擔任校本英語課程顧問，除架構各年級英語學習目標與內容外，亦調增學生英語學習節數，低年級每週兩節、中年級每週三節、高年級每週四節。另安排班級導師授課，以讓孩子英語的學習能更有效率與效能。

　　其次，打造主題式英語學習情境：為提升學生英語學習興趣與架構英語學習階梯，每間教室都有英語主題意象的情境布置，例如：一年級是以動物園為主題，整間教室的情境布置以常見的動物為主軸，並配上英語數數學習的設

計。由導師隨機教學，孩子在經年累月耳濡目染下，便能輕易口說英語動物名稱與英語數數；另亦隨著年級學習的深度而訂定不同英語學習主題。理想上，從雙喜國小畢業的孩子，應都能熟悉六個英語主題的字彙與內涵。

再者，充實英語教學設備：為因應英語課程的再建構，除了爭取經費建置英語專科教室外，亦添購各年段具銜接性的補充教材、增購各類英語繪本與大書，以及有聲圖書。

第四，蓄積本國教師英語教學能量：依據法規，外籍教師不能單獨從事英語教學，必須與本國教師共同教學。復又，外籍教師對於本國學生的英語學習狀況了解有限，因此，本國教師在整個英語教學活動的角色是相當重要的。而為了讓校本英語課程的實施能快速到位，培訓本國教師英語教學專業知能乃首要之務。因此，教師英語教學能量的蓄積，以導師英語教學需求出發，除從基礎的英語發音開始，乃至文法、繪本教學、各類英語教學技巧與評量等，皆延聘專家學者蒞校指導。

第五，開辦英語假期營隊：語言學習最主要之目的是能與人溝通以及應用於生活。第一次的英語夏令營，除將英語學習場地移到超市賣場與郵局，讓孩子應用英語所學購物與寄信外，還安排學童由大園搭乘剛開始營運的高鐵到臺北 101 大樓，完成與五位外籍人士對話的任務。第二次的雙語冬令營與第三次的品格英語夏令營，則爭取永光化學企業的資源與引進私立美語學校，以志工服務形式，讓孩子從歌唱、戲劇、律動、韻文與大地遊戲中，親近英語與學習英語，進而培養學習英語的興趣。

第六，搭建學生展能舞臺：學習是感應內化與行為外顯歷程的循環，所以提供孩子展能舞臺，展現孩子所學，創造孩子高峰經驗，讓孩子有成就感，是激發孩子學習動機的不二法門。雙喜國小全體師生在英語教學成果展中的表現，不論是英語採訪秀、英語合唱、英語律動或美式舞曲等節目表演，均博得滿堂彩，而學生以英語採訪外籍老師的橋段更堪稱一絕。另畢業典禮中，學生以英語致謝辭與歡送辭所展現的英語能力，更讓畢業典禮的嘉賓稱頌不已。

逐夢二、深耕閱讀築夢田 vs. 打造誠品級圖書室 ◎◎◎

楔子

　　倘若閱讀是站在巨人肩膀看世界；那麼圖書室就是通達巨人肩膀上的階梯。位於雙喜國小二樓角落的圖書室格局陳設簡單，復又缺乏整理，以致於圖書室功能不彰，此對偏遠文化不利的雙喜國小學童而言，無益於雪上加霜。其實當初也不知哪來的勇氣，居然立下了要蓋一座誠品級圖書室的宏願。現在還依稀記得在深秋時分，帶領全校老師和家長會會長造訪三所當初圖書室規劃頗負盛名的小學，藉此圖書室參訪活動，除讓老師們走出象牙塔外，亦希望將「打造閱讀築夢田」的理想具體化。

契機

　　有些個人理想的實踐可以靠本身的努力就可達成，然而「打造誠品級圖書室」理想的實踐，則不僅個人的努力需受肯定認同外，尚且需二百餘萬經費的投入方可達成。二百多萬經費的籌措，對於市區家長社經地位高的學校，可能較容易些，而對於 170 餘人的偏遠學校而言，可真是筆大數目。第一年，當我將這個理想訴求於民意代表時，都碰到軟釘子。到了第二年，教師的努力與學生的學習表現逐漸嶄露頭角，例如：該年學生英語能力評估不但成績大躍進，且高於鄉平均分數近二分之多；另在老師們認真指導學生閱讀與寫作下，全校學生投稿國語日報與其他報刊，一年刊載篇數達七十餘篇，居平均全國之冠；且數位學生在武術表現勇奪全國武術比賽前三名，而這些老師與學生的努力都成為學校爭取經費的奇特因子。

挑戰一：龐大經費籌措 vs. 沿街托缽了心願

　　有了上述矚目的成績後，依序爭取教育處 80 萬經費、鄉公所 50 萬，而其他 69 萬的經費，可真得憑本事沿街托缽籌募了。

　　此話怎說，一般而言，當學校要籌措特別大筆的經費時，都會請家長會會長共同籌募。然而，基於尊重原則，邀約藍領階級的家長會會長與擔任村長的前任家長會會長參與經費籌募行動時，無奈二位皆礙於工作與職務限制不克參與，所以，不足經費之籌措得自己想辦法。當時也不知哪來的衝勁？校長個人

單槍匹馬，一一致電聯繫拜訪將近十家廠商，其中，雖與七家廠商素昧平生，但其主管看了「打造閱讀築夢田」的簡報後，皆對於學校老師的付出與學生的表現給予相當大的肯定，因而給予二至十萬不等的經費捐助，奔走二個月後終於籌得 69 萬元。其中，永光化學公司與大同重工廠區的經理與國聯石化的廠長、德昌皮革廠的副理，給我個人的加油打氣，以及給學校的支持與協助最令人難忘。

挑戰二：蜚短流長 vs. 校長當自強

在數年前任職主任階段時，曾有過「沒有累死人的事，只有嘔死人的事」之體悟，其實在圖書室經費籌募時，這種感覺又湧上心頭。話說當校長拋頭露面沿街托缽籌款時，家長會長與民代酸葡萄「看校長會有多厲害？廠商拜訪都一個人去」的話語，卻傳到我耳裡。當時可真是啞巴吃黃蓮、有苦說不出。還好心裡夠堅強，否則真的會得「內傷」。然而，一旦款項湊足了後，在任一個公開場合中，我都會把募款的功勞歸功於家長會會長，而家長會會長聽多了後也會很覥腆的補充「其實是校長籌募的」。爾後心情就如雨後陽光乍現，所有委屈皆煙消雲散。

挑戰三：真心換來不領情 vs. 使命感的營造

一般而言，校長治理學校，大多秉持共同參與原則，學校營繕與採購也都以「小組」成員參與居多。但當聽到資深老師語帶輕鄙的說：「學校設備我們都不知道何時購置與為何購置。」此番話讓我警惕，校長對於資源的引進與運用宜審慎；免得校長低聲下氣，為了改善教學環境的經費四處奔走時，卻換得老師對經費應用的質疑，那可真是「真心換來不領情」。所以，從這次的圖書室改建和陸續的營繕與採購，我都會保持訊息暢通且廣徵意見後，再做共識決。且從圖書室搬遷地點討論開始，即體會到這種決策模式的好處。

話說找來的第一位建築師，在預算規劃時，光是將舊有圖書室改裝成普通教室就得耗資 80 萬元，以致於圖書室改建預算需三百萬之譜，面對此龐大經費，也許建築師評估計畫實踐的機率不高，延宕了半年之久後便聲稱身體違和，無法接受委任。而當我將此問題拋出討論後，卻意想不到的從老師們你一言我一語中，找到了非常完美的規劃，也就是將舊有圖書室區隔成二個空間，一為校長室，一為鋪有地墊與落地鏡的音樂與表演藝術教室。而至此縮減了三

分之一經費後，當委任了第二位建築師後，「打造誠品級圖書室」的理想才逐步展開。而從圖書室位置的選定到視聽與閱讀區域的規劃，以及內裝細部的規劃，皆請建築師蒞校說明討論，乃致於階段性工程的完成與驗收也請老師們參與。爾後，值得欣慰的是，當校長第一任期滿，與總務、教導主任全調離雙喜國小時，已完成規劃僅待決標的電源改善工程，校內老師都知道工程的範圍性質與該工程需特別注意的事項。

在我經營學校的認知裡，舉凡校園裡的設施與活動都必須富有教育意義與教育價值性，否則任何一種措施皆屬勞民傷財之事。而對於這些共同努力付出完成有教育意義與價值性活動的人員，除揚善於公堂外，若能具體永恆銘記於校園內，那份與有榮焉的參與感與成就感將更加鮮明。

雙喜國小的圖書室後來經小朋友票選命名為「悅讀居」，「悅讀居」是由兩長排落地玻璃帷幕搭建的。因此，學校中庭「後花園的秘密」，四季不同的秀麗景觀可盡收眼底。「悅讀居」內部區分為高架木質地板資訊檢索休憩區與平面圖書閱讀區，而為增加圖書室空間而外搭的玻璃屋更顯造型突出。佐以白紗落地窗簾，讓經過此廊間的人都忍不住想進來瞧瞧！而為了讓孩子們能夠永遠感恩曾經為「悅讀居」努力奉獻的人，我們以感恩紀念的活動課程出發，讓曾經為「悅讀居」出錢出力的人士與全校教職員工以陶板拓印了他們的手模，並逐一於「悅讀居」開幕啟用時，鑲嵌在「悅讀居」外牆的腰間帶部分，象徵著「悅讀居」的落成乃眾人之手所扶持而成的，而當這些曾經出錢出力的人看到他們的手印與名諱時莫不驚喜與感動。

逐夢三、共築飛羽精靈王國 ◎◉◎

楔子

初上任的雙喜國小，設校 47 年的校舍建築設備多已斑駁老舊，因地處偏遠與教師員額編制的因素，學校缺乏視覺藝術專長的老師，因此限制了雙喜國小孩子視覺藝術的學習與發展。此對處於先天文化刺激不利，後天學習環境不良情況下的雙喜而言，無疑抹煞了孩子們與他人並肩競逐的機會。

然而在這些斑駁的粉牆中，仍可依稀看出前幾任校長欲就雙喜國小地理環境打造海角一樂園所努力的痕跡。由此綜觀，多元的濱海自然生態應是雙喜國

小得天獨厚的寶藏,尤其在秋冬交替之際,絡繹不絕來自異鄉造訪雙喜的候鳥,更成為打造孩子創意舞臺的靈感來源。因此,巧用濱海自然生態資源活化課程,注入生活美學人文藝術活水,共築「飛羽精靈國度」,讓孩子能銘記「快樂童年」的美好回憶,預約未來生活的美麗遠景,便成為我努力的方向。

契機

「飛羽精靈王國」的發想,源自於創造力教育競爭型計畫的申請,計畫內容以陶鳥藝術創作課程為主,爾後透過媒體行銷讓企業界社會人士看到雙喜國小的努力,而願意傾聽與認同「飛羽精靈王國」的建構,進而投入經費來協助「飛羽精靈王國」的完成。

挑戰一:視覺藝術師資不足 vs.俯首即作品,校園即展覽館

因地處偏遠與教師員額編制的因素,學校缺乏視覺藝術專長的教師,所以長久下來,孩子的美感教育相對於其他領域的學習更為迫切。因此,人力資源的引進,即以視覺藝術方面的人才為優先。而因緣際會下,邀請社區藝術工作者陳先生,以及臺北市立教育大學教育裝置藝術家陳教授協助指導,並經由多次的對話與磨合後,全體師生共同打造「飛羽精靈王國」,現在「飛羽精靈王國」中,觸目所及都是學生的作品,如下所述。

※捏陶版刻藝世界

每間教室前的陶鳥版刻是每個孩子的處女代表作品,原本不起眼的素陶,經過上釉燒製後,不僅個個造型突出,繽紛亮麗,當陽光投射時,這超炫麗的展示區,將藝術帶入了校園和孩子的心中。而最令孩子和家長感動的是,陶鳥版刻都留下了孩子的名字與畢業屆數,這將成為永恆美好回憶的印記。

※創意布置現鴻爪

經過了校鳥班鳥選拔活動,每班都有屬於自己的圖騰,而陶塑的班級牌上,除了有該班的班鳥外,班級別的一筆一畫也都是由小鳥形塑的。其中,由校鳥——翠鳥所鑲嵌的「校長室」,更是學校特色作品之一。

※校名柱展風華

原豎立於巷口標示校名的水泥柱,經過歲月的侵蝕,校名已斑駁難識,經

由改造，校名柱頂端有巨型雙喜國小校鳥——翠鳥座落。翠鳥票選校鳥掄元，乃經過全校小朋友激烈票選所產生的。而校名柱的三個立體平面上更鑲滿了學生的陶藝作品。不管是誰經過都會被其吸引，雙喜國小也因其展現的耀眼風華而有了新氣象。

※飛羽亭樂陶然

因年代久遠，油漆斑駁已古舊的涼亭，給了我們一個揮灑創意的空間。全校師生將所捏塑的陶鳥作品安置其中，這不但為飛羽們找到新家，也為涼亭找到新生命，目前飛羽亭棲息了全校師生親手捏塑的180餘隻飛羽精靈，隻隻型態不同、或蹲或坐或跳躍或飛翔的陶鳥。在綴有琉璃的星空中，展現出趣味盎然的新風貌。

※飛羽鈴動伴書聲

結合藝術與人文課程，發揮孩子的創意所製作的鳥陶鈴，錯落於教室窗間隨風搖曳，讓雙喜國小的校園充滿書聲、鳥聲與陶鈴聲，好不愜意。

※後花園的秘密

學校的後花園原本雅緻，因一面支離殘破的塗鴉牆而顯得雜亂。經由全體老師與陳教授多次激盪對談後，「後花園的秘密」於焉誕生。這「後花園的秘密」不但是學校校鳥與各班班鳥的後花園，更是孩子表演展能的舞臺。

挑戰二：教師興意闌珊 vs. 身先士卒領頭羊

現在置身於俯拾即作品、校園即陶藝展覽館的「飛羽精靈王國」中，對於當初很多煩心的瑣事多半已不復記憶。唯對於「尋回我的小精靈」這個活動的印象最為深刻，這個活動的產生，乃補救陶鳥作品未標記作者名字的措施，為了讓這個補救活動寓以教育性，我以解決問題為導向的觀點設計學習單，編擬短篇擬人化的故事，除了請小朋友協助小精靈尋回小主人外，還要小朋友設計自己專屬的名牌，並說明材質。當時適值期末考結束放假前，心裡盤算著，推這個活動老師應該會很高興吧！因為學習單已設計好了，所有流程也已安排妥當，孰知忙著算成績的老師並不領情，希望下學期再進行。

自己滿腔熱血而獲此回應，當下可真有點心灰意冷。然而，基於學生目前還對其所捏塑的陶鳥作品尚有印象，若放了寒假，學生記憶可就模糊了。所

以，當下身先士卒，除編導自治鎮幹部以短劇方式引起動機揭開序幕外，並提供校長到班指導的服務，而當時有五個班級是由校長親臨指導的，從引起動機故事敘說開始、引導學生如何幫陶鳥小精靈找到小主人，並將名牌正確嵌入等問題解決步驟的引導，以及名牌圖樣的設計，逐步帶領學生完成學習單。然後再訓練每班三名作品優秀的同學，以單槍投影介紹其作品。

當全校師生看到這些名牌設計作品時莫不驚艷，復又看到一年級的學生都能很完整的發表其作品時，也都讚嘆佩服連連。當「尋回我的小精靈」活動圓滿落幕後，讓我深刻體悟到，當主事者欲推動一項極具意義，迫於時效且又非做不可的開創性活動，卻處於組織成員配合度不高的情形下，領導者就得要有捨我其誰、身先士卒，雖獨行亦能竟其功的心理準備。

 ## 校長築夢續航

離開曾經深耕過的雙喜國小，到名聞遐邇的樂樂國小已一年有餘。由一所海邊偏遠校齡近半百的學校，調任至市中心頗具規模的新學校，其間差異頗大。然而不管面臨什麼挑戰，不變的是我始終保持初任校長的「初心」與堅定的教育信念，希望樂樂國小全體師生「人人有舞臺，個個有表現」，讓樂樂國小不僅是教師專業尊嚴盡顯的舞臺，也是孩子生命智慧的花園。

葉春櫻校長小檔案

　　打從小學起，立志當老師的願望始終如一。而以老師為志願的作文也寫了不下十篇，直至成為國立臺北師範專科學校七四級的畢業生後，才確定達成了從小立定的志向。而好為人師如願地站在講臺上的那一刻，是我第一次感到人生美好莫過於此——從此我都會和學生一樣有寒暑假。

　　直至目前為止，25年的教育生涯中，不論是教師或是主任、校長的教育生涯都各經歷了二所學校，而所經歷的每一所小學都提供了我淬鍊人生與成長學習的機會。25年來除了恪遵職守教育本分外，也很稱職的扮演為人妻與母的角色。而學生的角色，則自 2009 年取得博士學位後才告一段落。

　　若是在學生時代即認識我的人，得知現在的我是一校之長又取得博士學位，應該都會跌破眼鏡。因為在求學過程中各方面的表現，最貼切的形容詞就是「普普」兩字。今天會有如此鮮明的標記卻是我始料未及的，但卻又覺得這一切皆是水到渠成來的、自自然然的。因為「盡人事，聽天命」是我的人生哲學。

51. 天空的一片雲

高雄市民權國小校長　葉麗錦

**驚嘆號下的驚嘆！——
天空的一片雲，偶爾投影在這驚歎號下！**

緣份牽引著，校長遴選來到這個小而美、純樸又可愛的學校。原本設定一個穩定又適中的學校，適合我這初任無經驗的校長。

愈琢磨愈發現鼓山的美與潛力無限，尤其在文化資產上，擁有諸多的歷史古蹟。如擁有高雄十個第一，擁有眾多的傑出校友——在各行各業上。於是就如讀一本珍貴而塵封已久的歷史古蹟，去尋找她的歷史——日本第一高等小學。

有謂：「不識廬山真面目，只緣身在此山中！」或謂：「近廟欺神（台語）。」這些都是在暗示，「入鮑魚之肆，久而不聞其臭」。因為久居其中，而忘了她的美味，因為她的存在，而不會引以為傲。

當我一個外來者，進入這個環境之後（鼓山國小）才發現：猶如蒙上灰塵的珍珠，乍看之下，是那麼的不起眼，微不足道。然擦拭後（仔細的去翻閱、去研讀時），才發現那是多麼的耀眼與珍貴啊！她不愧是一塊瑰寶，更是驚嘆號下的驚嘆——鼓山國小。

記得高雄的發跡與全盛時期的高雄，就是源於此——哈瑪星。擁有全台二個第一及高雄 22 個第一，這些歷史記載，都在在的證明，當時的哈瑪星全盛時期，可謂是最閃亮的一顆南方之星；猶如今天的首府臺北一般。然自 1984 年漁港遷至前鎮區後，隨著就業機會的遷移，哈瑪星就此落寞了！迄今，有幾人還會在乎她的存在？又有幾人會去記得當時的她啊？

唯獨，當有人提起她，談起當時的盛況，就會有人此起彼落的應和著，自各地方、各行業、各個角落……。

「當時日據時代，全班都是日本人，只有三個臺灣人，我就是其中的一

位,我記得還有一位姓郭的將軍後代。而學校內有游泳池,還有動物園及兩棵令人懷念的老榕樹。而今,已然面目全非,毫無當時的遺跡,真是可惜……!」

「當時的棒球隊是揚名國外的,曾代表遠東區參賽,因為哈瑪星唯一的綠地運動場,就屬鼓山國小的操場。所以,放學後、假日,大都會聚集在此運動或打棒球,也因此,棒球就是當時的熱門運動之一。洪一中、林益增、林偕文……都是當時的鼓山學子。」

「當時……」、「那時候……」很多記憶的長廊,就在你一言我一語中,再度浮現在眾人的眼前,那種共同的回憶,是你、我鼓山人才會擁有的通關密語,其中也夾雜著以往的情懷與驕傲!讓我這過客,不斷發出驚呼聲,當年的貴族學校、第一個擁有游泳池的學校、第一個擁有動物園的學校、棒球隊揚名國際、排球、足球,也都是全國赫赫有名;另外在科學教育上、航空模型展都屢獲佳績。當時的六年級,即有十四、十五班,約計七百多個畢業生,全盛時期全校約有 92 班,學生總計約三千多人。而今在各行各業都有卓越的表現。

不僅在體育界有輝煌成績、政府的重要官員(如前交通部長林陵三、前立法委員羅傳進、前國大代表蔡定邦……等)、企業界的大老(如前中鋼總經理陳源成、慶富造船廠陳慶男總裁、旅居香港的林俊杰董事長、旅居美國的陳素珍博士……等)、教育界的領航者(前交通大學校長張俊彥、前淡江大學校長趙榮耀、前四維國小校長莊銘聰、美國 MBI 的陳瑞錦……等)、醫界的大老(如高醫肝膽權威張文宇、臺北國泰醫院副董事長陳楷模……等)等,均是鼓山的傑出校友。

看那多少的社會翹楚與棟樑,皆是在她的孕育下發光發亮!更是首創兩位天子(明治天皇與陳水扁總統)親自造訪的學校。

📚 從校友中聯繫起感情,串起一串串的愛校情懷,整合出一籮筐的學校資源

一個個、一粒粒、一串串地串起同心圓,想從百週年校慶起始,藉助歷史記憶,找回昔日的丰采,奠立起明日的希望。

序幕 ◎◎◎

　　自 2006 年 8 月上任後不久，即帶領六處室主任暨家長會總幹事，拜訪剛辦完百週年校慶不久的「苓洲國小」黃玉幸前校長和其團隊，以及「成功國小」陳建銘前校長等團隊，一對一對談完再全體經驗分享；並藉由舊城國小林桂雲前會計主任的經驗分享，勉強拼湊出一些百週年校慶的樣貌，接下去，2007 年 3 月是嘉義縣梅山國小一百周年校慶，經由網站也吸取一些他校的經驗。直至暑假參加圓桌家庭，有緣認識臺北縣淡水鎮新興國小張崇仁校長，親自開車（因坐車帶不了這麼多資料）帶著一大箱的資料檔案（之前已寄來一大箱），遠從臺北來分享他去年才辦完的乾華國小百週年校慶，讓全校師生與本校百週年校慶籌備委員歐瑞耀副主委讚賞不已，畢竟辦得好是因為籌備得很豐富且具教育意義，無怪乎縣長滿意稱喜，且辦完後馬上調往縣中心的明星學校，顯現對其辦理成果的肯定。至此，可謂對百週年校慶，至少有個大概的雛形與約略的想法。

　　然屈指一算，距離 12 月僅剩三個月，千頭萬緒中又不知從何做起？於是，帶領學校各組長以上幹部，拜訪百週年校慶籌備委員吳梅嵩校長（中華藝校校長，生於斯、長於斯、游於斯的鼓山學子，其父母也均是鼓山國小的退休老師，對鼓山國小有一股濃濃的情懷），以其辦活動之拿手與對大型活動之經驗豐富，提供諸多的建議與點子，讓我們返校積極籌劃；然過了一週後，吳校長再詢問進度後，發現不如預期，儘快地又宴請（不僅提供智慧，更破費宴請同仁，真是不好意思）各處室主任等主要幹部與其校（中華藝校）呂惠美董事長會談，逐一盯緊進度，並再次確認進行方向與召開記者會等重要細節。因此，也促成了日後成功地展開系列的百週年校慶慶祝活動，此幕後的重要推手，吳梅嵩校長居功厥偉！

心手相連，眾志成城 ◎◎◎

　　或許老天憐我孤零零一人來到鼓山，因此，家長會總幹事葉秀麗老師，熱心地且不辭辛勞地（以年近七旬的高齡，每天下午 2 點準時由校門口出發），陪同拜訪九里里長；接續拜訪地方仕紳及大老，希望藉由社區的參與，點燃鼓山國小百週年校慶的聖火，並喚起昔日的哈瑪星風華！

或許哈瑪星的繁華沉寂多時，因此，大部分的人都只默默在自己的崗位上辛勤的工作著，對於籌組鼓山國小校友會、歷任家長會長聯誼會、退休教職員聯誼會或鼓山國小百週年校慶都沒有很大的興致，幾經奔走，終獲幾位地方仕紳及大老的認同，終於成立了百週年校慶籌備委員會，選出了熱心公益的籌備會主任委員陳慶男先生擔任，及具行動力與效率的副主任委員歐瑞耀先生，與熱心參與的王江柱先生、張來喜先生、呂英洲先生、王在福先生、王武雄先生、吳梅嵩校長、柯永森先生、張緒中先生等八位委員。歷經八次的籌備會議、兩次的校友聯誼會（分屆分年段辦理）、歷任家長會長聯誼會等，一步一腳印的走過來，從學生想探望老師，老師想探望校長的心，將之一個個牽連在一起，終於如期完成了這次艱辛的百週年校慶大事。

這其中最感恩的是，第一次捐助學校五萬元的張來喜校友，掛出校友回娘家的布招，馬上就有校友打電話詢問相關細節。第一次答應擔任校友會籌備會主任委員的陳慶男先生，在我們熱心寄出二百多封校友籌備會通知時，原以為二樓視聽教室（只容納 120 人左右）一定容納不下時，我們旋即轉至四樓活動中心（私下與行政團隊成員模擬著）。隨著時間的迫近，晚上 7 點、7 點 20 分、7 點 30 分……隨著時間的消逝，然卻僅僅出席了個位數的幾位，連工作人員都比出席者多；當晚我落寞的回到家，心想：是哪裡出了錯？為何讓校友們這麼冷漠以對？為何他們不關心自己的學校？而我這外來者又何必這麼一廂情願（俗謂拿著熱臉去貼人家的冷屁股）？……一連串的疑問與冷漠，不斷的襲湧而來，而這一夜讓我失眠了！

因此，當家長會總幹事葉老師帶著我暨歐瑞耀董事長夫人（其大哥與陳主委是好友）及學務林秀真主任、輔導黃意華主任一同前往拜會陳主委時，從學校到旗津（陳主委公司）的路上，我們模擬著如何引導、應對，好讓這位熱心公益，但又不願公諸名字的校友，願意挺身而出，協助籌辦這次百週年校慶。就在你一言、我一語，半推半捧之下，終於獲得首肯願意登高一呼，幫忙召集籌備，並捐出一百萬當作首禮；後續再積極協助籌備。當下，如吃下一顆定心丸，一切均豁然開朗，猶如美麗遠景即將實現般；而葉老師這一路陪著我走來，也感嘆的說：「這真是太好了，我真想一路吹著口哨、跳著舞回家呢！」而歐董夫人，更為我們達成任務，馬上至華王飯店慶賀（不僅藉助其人脈關係，更讓她破費宴請，真是出力又出錢、盡心又盡力）！

還有第一次陪我上電台，廣召校友回娘家的張來喜先生與前鼓山國小陳漢順校長，在警察廣播電台岳翎小姐的拔刀相助下，不僅成功的錄製老校長、老校友的訪問，並協助剪輯成一、二分鐘的工商服務短稿，呼籲全台各地校友回娘家，不僅高雄朋友聽到，連遠在花蓮的校友也因為警廣的廣播，主動回校慶賀（這也省下近十萬元的廣告費）。陳校長不僅上電台陪我宣導，更主動陪我拜訪地方大老——張文章老先生（當年與陳校長搭檔的家長會長），而兩人相見歡下也慨然捐出 20 萬元。當籌劃中、募款中碰到負面的回音時，陳校長也耳提面命的鼓勵我、支持我，勉勵我做我該做且有意義的事；就因為有陳校長一路的勉勵與提供在鼓山經營十年的經驗讓我參考，才能始終如一的一路順暢往下走。

執行力與效率的展現——毆瑞耀副主任委員 ◎◎◎

具行動力與執行力的毆瑞耀副主任委員，在一切人脈的拜訪與公關運作上，他積極策劃與執行，藉由他豐沛的人脈（賞鳥學會的理事長）與辦理大型活動之靈活經驗，規劃出一系列百週年校慶的活動細節！當有問題或面臨困擾時，他都快刀斬亂麻地及時處置，讓我也學到外面企業界講究效率之快又準。每當偶發事件出來，馬上應變處理，找人脈找資源，可謂快又具效率。每週五，與學校團隊召開籌備會議，檢討進度與實施困難，陳主委不能每週到或每場到，就委託歐副主委全權決定，直到辦完百週年校慶，歐副主委可謂將公司全部轉移至鼓山國小（連續兩個月沒到公司上班），投入之深，不禁令人感動！小至會場布置、大至迎賓住宿車輛接駁、當天報到流程管控安排等，均一一叮嚀、囑咐，可見其辦活動之經驗豐富。而此次百週年校慶系列活動得以如此順暢與成功，幕後最大的推手，非他莫屬，可謂其功不可沒！

幕啟幕落 ◎◎◎

2007 年 12 月 15 日及 16 日兩天，遠從各地返校的校友、或來自新加坡、美國、日本等地，均陸續回來參加母校百週年校慶系列活動，可謂盛況空前！

首先在三信家商樂儀隊的前導下，踩街老社區，回憶兒時！然後展開系列的慶祝活動。第二天在陳水扁總統的祝福下，並頒授傑出校友 20 人的獎章，來自各行各業的傑出校友，均是鼓山之光！系列的慶祝會中有校友兼慈濟江陳

師姊贊助的感恩茶會，讓遠從日本而來的校長女兒（出生在哈瑪星，今年老大高齡90歲，老二高齡80幾歲）溫馨滿懷，當在校史室看到昔日六年級時與擔任校長的父親一起拍團體照的相片，不禁情緒激動得站不穩，並潸然淚下！此情此景，可想而知，當時情景之深！

繁華過後，幕啟幕落，一百年前曾經風光過，一百年後的我們，更應秉持著前人的腳步，兢兢業業發揚當時的精神與傳統。接下來是校舍的改建，以及學生表現的再創風華。讓這塊地靈人傑又富饒歷史軌跡的哈瑪星聖地，屹立不搖，讓鼓山學子的表現在世界的舞臺上，占有一席之地！

在每一個臨界點的良心交戰

在鼓山國小校舍的改建過程中，為了爭取經費補助、改良筏式基礎，與原物料漲價之因，導致發包不順，工程進度嚴重落後。在品質需求與順利發包的壓力之下，我走過了教職生涯二十多年以來最辛苦、最感慨的一段歷程。

自 2007 年 9 月第一次公告之後，鋼筋價格就開始飆漲，一日三市之下，一直發包不出去。為此，於年底時，還得跟著全台所有工程進度落後的校長，從高雄搭高鐵到臺北教育部親自報告落後原因與解決之道，共兩次。大禮堂擠滿了全台各地，包含離島的金門、澎湖外島的校長，當時的「盛況」，真是令人咋舌！

十幾次招標失敗，我的心都涼了 ◎◎◎

當時，我私底下比較了各校的報價，覺得我們的開價不差，應該是標得出去；沒想到原物料卻仍一路飆漲，等建築師將減項部分做完整體評估後，重新畫完圖，鋼筋又漲了！從一噸鋼筋兩萬六，一直漲到至高點一噸三萬九。我們只好減項再減項，務期快快發包出去，解除進度落後的重大壓力。因此，原本兩層樓的建築物，打通成一樓挑高的多功能教室，後面則拿掉幾間教室，剩下四間及二樓一間教師辦公室，再發文呈報教育部，核可後再重新上網發包。

其間，2007 年學校就公告六次之多，總是乏人問津。甚至當價格從高點下滑後，依然標不出去。廠商的說法是，雖然報價跌，但他們沒辦法這麼快地反應市場機制；因為前面的物料是高價進貨，總要賣完了，才能進新低價位的

鋼筋，這些落差是必然存在的。協助輔導我們校舍工程的高雄市教育局重大工程諮詢小組，成員裡有新工處的專業人員、有工程經驗豐富的資深校長等，包括教育局的科長等，也都認為鋼筋價格已經跌了，發包價格不能再調高，否則審計處會追查。最後歷經十多次招標失敗，我的心都冷了，到底要聽誰的呢？發包不出去受處份的是我們；若依市場價格調整，即使發包出去，被追查的也是我們，不禁使我啞然？

　　還好第 14 次招標有兩家廠商來，終於標出去了（也創下了高雄市校舍流標最多次的紀錄），那是歷時二年招標發包中記憶最深刻的日子（2008 年 10 月 14 日）。而期間，7 月 30 日的公文也下來了，我及承辦單位的總務主任被記申誡兩次，還有其他人連帶處分，理由是工程發包進度嚴重落後（發包不出去）。第一次申覆時，失敗了！不忍心看著隨我一路辛苦扛負發包重任的總務主任，每次準備發包文件與不斷減項做說明的文書往返，苦勞無限卻被處分，我不為一己，但也要為第一線的工作同仁爭個公道是非；於是再次申覆。終於第二次申覆成功了，當時是 10 月 17 日，是市長室秘書打電話來告知的。時間點的巧合，不禁令我懷疑？是因為剛好發包出去所以不懲處了？抑或有人了解到我們的努力且並非故意而取消處分的呢？

上級的心態是輔導，還是只看結果？ ◎◎◎

　　被申誡時，校長協會也力挺我們、力挺學校，約好時間要一同發聲，面呈局長，呼籲不要單憑結果論斷我們。一向以來，教育的理念也是這樣的，我們不要只單看孩子的結果評價，總要看他中間的歷程進步多少。當我進度落後，我聽到的只是「別人標得出去，為何你標不出去」，一味只是要求我趕快發包，只要發包出去就好，讓我心底很落寞。如果我為了發包出去，而大大的刪減很多需要的東西，我會覺得良心不安。因為，鼓山國小這麼多年來，歷經前任校長的努力經營，好不容易爭取到這一筆經費可以蓋校舍，在這個重要關鍵點，可以多放一些東西，讓孩子進去就讀的時候，就擁有舒適的讀書環境，我為何不多放一點點？

　　如果為了發包出去，把需求用力砍掉，孩子進入後沒有黑板、沒有桌椅，我情何以堪？我能夠多放就會多放一點，這樣十幾次招標之後，我的「於心不忍」好像變成「對自己的殘酷」，在這種良心交戰中，我面對一次次的挫敗，

總是懷疑自己的判斷是對還是錯？但在最後一次發包中，我發覺到：好像又刪多了！因為，竟然還有剩餘款。或許，我的評估是錯誤了。

至此，我承認經驗實在很重要。而在上位的長官們，是否也應該以輔導的心態來協助我們？那麼即使跌得滿頭包，我們仍然信心滿滿地，願意再承擔下一次更重大的教育考驗，而我相信，再一次的考驗，成果一定比第一次更好；而若只是以結果論斷，還有誰敢去碰這些原不是教職員的專業、也不是我們可掌控的工程案件呢？這恐怕只是打擊基層的教育工作熱忱罷了！

「腳路（台語）不好」，儘管預算比別人高，廠商還是不來 ◎◎◎

事後，我曾經探詢廠商為何不來標此案？他說因為我們這邊「腳路」（台語）不好，工程車進出動線很困難，而且水泥車要進來時，居民一定會抗議。果然發包出去後，車子第一天運土進來，隨著電話立刻進來了，抱怨塵土飛揚，要求學校趕快去澆水。居民意識高漲，只為自己，不顧你工程需要；另外廠商也擔心這裡地層不穩的問題（之前捷運施工曾坍蹋）。鼓山區水位高，只要挖十公分水就浮出來了……，這些工程的不可預期性都讓大家很擔心，所以寧願放棄，而選擇較穩固的地區去承攬工程。

另外工程總價低（幾千萬而已，非上億），然要做的事一樣多，也是原因之一。教育部主事者告訴我們，可以合併發包。然這種方法，我們也試過，想跟附近內惟國小的廠商合作，因為至少是同一條線路，然最後還是失敗了；雖然想盡各種辦法，但仍不見成效。可見，學校本身的特殊性是很明顯的，當時某國小一坪平均 4.8 萬就標出去了，我們一坪高到 6.1 萬，廠商還是不來投標。地理位置、土質問題、居民的接受度等等，都是廠商卻步的原因之一。

教育是要往前進的，不能因為經費有限就往後走 ◎◎◎

理想與現實之間來回的掙扎，給我們很大的壓力。建築師設計校舍原是充滿期待與理想的，但也可能設計得很美而忽略了我們的實用性需求，甚至超過原來的預算。反過來說，蓋一個四四方方的房子或許很快可以順利發包出去，但那是我們要的嗎？然而設計變化多一點，稍微有曲線些，就認為難度高不好做，人力與工資損耗多、不划算，這些都是現實的問題，也是發包出去與否的關鍵點之一。

　　教育是要往前進的，要更精緻化的，硬體建設如此，當然老師們的進修與行政的管裡等，亦都如此。當下認為既然要蓋教室，我們可以蓋得很普通，也可以蓋得不一樣！就看我們願不願意努力。孩子進到一個童話故事屋跟進到一個冰冷的水泥屋，其學習效果大不相同，而環境教育的影響更是教育者不能忽視的。教學的氣氛應該是朝21世紀的方向走，而不是因為經費有限就往後走。所謂：「窮不能窮孩子，窮當然更不能窮教育啊！」於是一切後果就要自己勇於承擔！

盡量不刪除設備預算，預留管線等將來有錢再做 ◎◎◎

　　我的原則是設備盡量不要刪，但也有很多事必須妥協的，例如：飲水機本來是每間教室都有的，最後只剩下一台，放在老師辦公室，然而管線都預留下來了，希望以後錢夠的話，再把燈光、廣播系統、飲水機等補上去。更希望以實用為主，保住「設備」，讓教室設備完整，可以不減就不減，讓老師搬進新教室，可以馬上上課。

　　我們先把裝飾用的及外觀上比較不重要的刪去，然後再從材料的成本來看，比較花錢的就拿出來討論。原則上是改成比較實用且花費較少，將材料與建材的層次往下調降，但一樣能做得活潑有特色，只是不一定要用昂貴的建材。另外要求規格化一點，比較容易發包，但建築師則堅持要有變化，因每個角度或光線不一，則必須有不同規格，因此彼此之間便會有衝突，而廠商承做意願也相對降低。

　　新校園的規劃，讓我們見識到了校園空間不再是四四方方的盒子，學校除了要重視教學品質之外，硬體建設也很重要。透過張強建築師規劃的設計，鼓山國小校園所呈現的發展遠景是美好、開放的。配合著本地的文史，與地理位置、風向的循環對流，建築師做了很多後面的長期規劃，比方第二期工程會有假日廣場的設計，連接到武德殿等，希望能表現出地方文化館的設計概念；到第四期五十年後，運動場又回到了前面，重溫日據時代，老校友記憶中的學校操場。但目前的經費只夠做第一期的建設，期待下期的經費可以在接續的努力中實現。

　　截至2008年10月14日，歷經14次的整體校舍規劃與第一期校舍新建工程發包，終於順利發包出去，並於當年10月30日辦理動土典禮，11月24日

正式開工，預計 300 個日曆天完工；爾後將又是蛻變後的另一番哈瑪星新風貌迎接著我們。

隨著鼓波街通學步道三分之二的完成，接連前面早已完工的登山街通學步道，再等待第一期校舍完工，與前面捷運通車的造街計畫完成臨海二路及鼓波街所剩的三分之一之通學步道，美麗的願景，幾乎可勾勒看出其美麗的雛型。這一切的努力與傳承，都是承繼著前任劉城晃校長與前總務陳秀玉、吳世民主任，前瞻地擘劃出整體校舍的前景，並遴選出設計師張強建築師；而參予規劃設計的是高雄大學曾梓峰教授，首先率領其學生先做社區踏查，再依社區特色做一理念說明後，供建築師設計競圖遴選出。而後提出社區說明，做參與式規劃設計，最後細部審查土木與水電，經由專業團體的討論，既兼顧設計理念又符合實用原則下，最後終於敲定完成圖。經過公開招標，由振雄營造有限公司承包本工程。希望，在傳承與接續中有創新也能融合在地豐厚的歷史文化，形塑出另一番哈瑪星的風華再現。而更不能忘記的是：秉著前任教育工作者的辛勤耕耘，一步接續一步的努力向前邁進；若沒有前人的努力耕耘，哪來今日迎面撲鼻香？

有夢最美，希望相隨，寄語新建工程的前夕，藉由此次校舍的改建與捷運的通車，使得鼓山國小成為社區的文化堡壘，且能為舊社區注入新活力，讓昔日繁華的哈瑪星風華再現！讓這曾經擁有三千多學子的學校，培育出諸多傑出校友的百年老校，可以再締造出棒球上、科學上、足球上、舞蹈上等傲人的成績，甚至青出於藍，勝於藍，再締一番教育新猷！更希望哈瑪星人能引以為傲，為這塊美麗的土地付出一些公民的責任，去愛護她、保護她、傳承她，甚至發揚她！

📚 法令與人情，徵收與歷史建築，老一輩與新一代的代溝

不打不相識，從諸多的不滿與不信任間，邁向相知相惜的好友！

從一開口就滿懷抱怨到能稱讚與體諒的歷程，是歷經兩任校長、三任教育局長後所換來的結果。或許，被拆戶的委屈，並不是一件公文、一份賠償金即可平撫的；老人家的一份執著與惦記，絕非年輕一代的你我能體會的。很多的禁忌、很多的規範，是你我不知且不懂的（因沒人傳承告知）。經過衝突、談

判、磨合、互相體諒、容忍、到最後的相知相惜，為共同的目標而努力，最終發展出革命的情感；直至緣分一到，又要各自分離努力！

　　這是四海之家歷史建築公園在校園一角的紛紛擾擾；從最初的徵收對抗，到後來的承認事實，維護殘存的古蹟圍牆，到尊重被徵收戶的意願下，又能結合公共建築完成學校校舍的一環，其中的折衝與磨合，常常耗盡彼此的精神與體力，然一覺醒來卻仍須面對彼此歧異的意見。或許此時，在可以的範圍內，退一步為對方想，並讓一步；至此，不覺海闊天空，原來另有一片天！

　　至此，很多的時間，都會倒轉思考，或許時空倒轉，徵收的過程……、拆除的程序、平撫的動作等，多一些關懷、多一些將心比心，或許就不會造成今日諸多的報怨與遺憾！或許行政程序上的作業，可以多一些的思考與調和，或許……，諸多的或許，都有待日後事件重演時，再去印證之或修正之；只是目前的傷痕與裂痕，唯有盡力去彌平與安撫，並記取其中的教訓，供日後作為的參考。

葉麗錦校長小檔案

　　葉麗錦，來自臺南縣楠西鄉小鎮，就讀楠西國小、楠西國中；隨著大哥、二哥相繼就讀師範、師專下，也跟著進入嘉義師專就讀。印象中的大哥，師範畢業回鄉任教，即擔任我高年級導師，每次同學找我玩，總要隔著遠遠的馬路中大喊我的名字，因為老師就在我家啊！沒人敢進來！尤其犯錯時，老師打的總覺得比別的同學還重，回家哭訴媽媽，媽媽勸我說，總要做得公正，讓人無話可說啊！這個亦哥亦師的大哥，在我人生諸多抉擇中，總給我最中肯的建議，包括對於我另一半的決定。

　　就業高雄後，依著自己的興趣與志願，繼續在職進修，從國立高雄師範大學教育學系畢業後，又取得國立屏東教育大學教育行政研究所碩士，2004 年繼續進入國立屏東教育大學教育行政研究所深造，2010 年獲得博士學位。在資歷上，歷經小學教師 8 年、四處室主任共 17 年、校長迄今進入第 5 年。

　　初任校長所接的是歷史悠久、依山傍海的小型百年老校。一任四年後，轉任至剛滿 12 年校史，方歷經兩任優秀校長用心經營的新學校，較之前者，有截然不同的校風與環境。不管是校史上，一個歷史悠久、一個年輕；社區環境位置上，前者依山傍海是口袋型的腹地，而後者卻是高樓大廈林立中的一塊森林綠地；文風氣息上前著是保守、純樸，而後者卻是活潑、多元；……在在顯示各有特色。

52. 校長生涯不是夢

高雄市壽山國小校長　陳郁汝

坐看雲起時，教職生涯的轉變

每天清晨迎沐春風欣賞壽山的清晨之美，開車沿著山路向前，沿路看到許多的傳統商店，接續轉到蜿蜒小巷道上山，在綠意盎然的半山腰，映在眼前的是一所坐擁山林的森林小學——壽山國小，它擁抱著壽山豐富的自然生態資源，仰頭即可見到壽山的綠意迎面而來，校園中臺灣欒樹與紅姬緣椿象，恆春厚殼樹與巢蛾幼蟲、鳥類構成食物鏈，校園景觀讓人覺得有心曠神怡的感受；槎枒的老榕樹與黑板樹之間，常看見麻雀、五色鳥、白頭翁、綠繡眼、樹鵲的蹤跡，此外尚有昆蟲、蛾類、蝴蝶、赤腹松鼠、斯文豪氏攀木蜥蜴等呈現多樣性之生物物種。學校基於地理環境的優勢，環境優美的校園成為一個培育孩子夢想的搖籃，教育應回歸「以人為本」的全人教育觀，關懷每一個孩子， 啟迪多元智能，建構優質的學習環境，經營專業服務的社群，形塑人性化的校園倫理，整合資源以推動學校社區化 。

面對突如其來的人、事、物——心情的轉折 ◎◎◎

美國20世紀非常著名的哲學家和教育家杜威，是美國前進教育（Progressive Education）奠基的功臣，他提倡「從做中學」，有「經驗主義之父」之稱；胡適先生曾云：「要怎麼收穫，就怎麼栽。」印證了杜威的論點；我將「從做中學」視為我的座右銘，一直深印腦海中，從當老師、轉任主任到擔任校長，凡事邊做邊學，每天持續成長，不給自己設限，歷經主任12年期間，在港都市中心的明星學校修鍊行政的功夫；校長遴選後，擔任一所超級迷你的森林小學，面臨人生中第一次困難的考驗。

從擁有許多資源的明星大學校主任，到偏僻靠山的小學校擔任校長，不管是人力資源或是經費資源都少的可憐，每一件方案的經費，都需斤斤計較每一

塊錢，讓經費能發揮最大效益。初任校長第一年，根據前輩校長的經驗是「蜜月期」，只要觀望，「蕭規曹隨」；事實不然，我必須積極執行前任校長未完成的三個專案：全市防災教育實驗學校、全省活化空間特優學校，以及後山坡防治崩塌工程，所以積極閱讀相關的專案與法令規章，從工作中學習，以便在初上任的職場上，發揮自己的專業能力，抓住問題核心，思考解決的策略。

校長為了跟得上時代潮流，需隨時與全校親師生進行觀念的磨合、行動方案的溝通，歷程是艱辛的……，由於人們固著於「習慣領域」，當要改變作法之前，須先溝通理念想法；幸好個人的專業背景中，有輔導學理與技巧的先備經驗，運用無條件積極關懷及傾聽的技巧，處理突如其來的偶發事件。每天到學校四處走動是我的例行公事，和家長寒暄話家常，陪學生作活動，關懷每位學生，親自帶領生涯輔導專案：變！我變！我變！變！變！在很短的時間內，了解全校學生的家庭背景與特質，作為 SWOT 分析的起始點，分析優劣勢、機會點與威脅點，引用陳木金[1]所提出，校長必須盡好專業責任，對於學校目標之完成須具有使命感、責任心及承諾感；校長必須增加參與學生學習活動的時間，也就是多利用時間和學生們進行良性的互動，除了舉辦一些增進互動的活動之外，也提供許多機會，讓學生對學校領導者的努力可以更加了解。

為了營造溫馨的校園氣氛，透過技工友會議與擴大行政會報，了解同仁的工作情形與遭遇的困難，並替他們解決問題，提供必要的行政資源；透過學年段會議，傾聽教師教學經驗與個案輔導情形；週三則進行個案研討會議，全校老師齊聚一堂，提供自己獨特的輔導經驗，在腦力激盪下，往往會激發出更多的想法與見解，順其自然就把問題解決了。

校長任職第一年，雖然採取觀察與調整，但是制度面既存的「任期制」，仍舊會給自己壓力，記得師傅校長曾經說過：「新官上任三把火。」他的意涵是比喻當政者會有許多的作為與創新措施，會希望在任內積極推展，好像是「鐘擺」一樣，盡力的擺盪到最高點之後，就會慢慢回到常態。

由於個人的特質緣故，我比較喜歡營造溫馨和諧的學校氣氛，所以在第一年時，和同仁建立真誠的友誼關係，學校文化會隨著校長的更迭而轉變；在學

---

1 引自陳木金（2004，12 月 8 日）。校長專業套裝知識的解構與校長現場經驗知識的復活。載於國立教育資料館舉辦之「第六次教育論壇——從後現代看校長專業能力」。臺北市。

校變革歷程中，需要比較強勢與主導的領導方式，讓學校在最短的時間內建立制度與穩固核心價值；當學校已經有穩定的基礎後，則須放慢腳步，深耕藝術與人文氣息，讓行政與教學更優質化。因應人力短缺的緣故，我們每年定一至二項主軸，為發展學校特色。

而學校待解決的事項有：首先，土地及硬體設施方面有二筆國有土地、五筆市有土地，經調查遭數十戶民宅占用及公務單位興建物使用迄今，尚未完全解決；其次，校舍老舊，學校維修經費不足，極需經費更新重建；第三，後山土地待爭取經費，施作水土保持及設置生態教學園區，以符合本校生態教學發展願景。

📚 不適任教師的輔導與處理

根據 Argyris 和 Schön 於 1974 年提出的論點：領導反思即批判性的反省思考，它是一種內在的專業發展活動。反思（reflection）也是一種行動前、行動中與行動後的主動思考，針對人的處理闡述如下。

行動前的反思 ◉◉◎

善用輔導技巧處理人際的衝突，經由個案的分析與了解，善用相關的人力與資源，找尋家屬、校長協會、教師會、家長會的協助，向上級報告處理流程，其中有許多的細節都需要校長撐起責任，引導行政運作方向。

當事人（老師）不甘願受到主任的行政霸權，述說自己的無奈與被欺凌，調查小組需要超然中立客觀的記錄事實，初任校長更須以全新的角度看待當事人，其中校長需使用行政裁量權與專家權的運用，讓教評會會議的進行，符合民主程序與法令規範，故我在開會前都需做功課，自己上全國法規會網站與人事行政局，下載不適任法令或是請教前輩校長，期盼會議進行能順暢無阻。

記得有一次，教評會表決停止或是延續「不適任教師的申訴案」，投票時同意者與反對者票數相同，當時主席（校長）有權決定投票，但是衡酌整體行政與教學的運作，校長批示下次會議再進行，請調查小組進行後續的觀察與輔導，由此事件，自我反思，校長的角色難為，但需順勢而為，善用人性領導扮演組織成員激勵者、衝突事件仲裁者、教育改革催化者。校長在決策時，需廣

泛傾聽各方意見，才能周延客觀的看待事理，選擇最佳的決策，解決行政上的問題。

行動中的反思 ◎◎◦

籌組觀察小組進行觀察記錄與輔導，「當事人」一直走不出過去曾經考列四條二款的陰霾，小組成員必須引導其了解現在的事情，檢討申訴的相關勢力與理由，逐步調整行政運作的缺失與盲點；持續地透過行政會報與主任、組長溝通觀念，強調面對面的溝通協調，俗諺：「見面三分情。」有什麼意見大家開誠布公坐下來談，一起朝向「我好！你好！大家好！」之互助共榮的角度處理與解決問題。

行動後的反思 ◎◎◦

學校若能正常運作，沒有「人和」的問題，方能家和萬事興；初任校長第一年就須面對一位不適任教師的申訴案，處理過程有家長會強力的介入，校長只能順勢而為，遵循前一年教評會的決議執行後續作業，最感到繁瑣的是常常要召開攸關當事人的考績會與教評會，過程中都要錄音與錄影，還要指派相關的人員記錄或是校長需要親自撰寫省思札記與觀察記錄；學校在這一年中，一直在內耗，行政人員與老師都對開會產生厭倦心態，當然，當事人也願意接受觀察與輔導，她採取平和的態度，配合相關的行政工作，較少見到過去爭執、對立與抗爭的現象。

歌德言：「快樂是享受工作過程的結果，幸福來自平安，平安來自心平氣和。」對事情的處理需運用智慧創發制度，以制度解決問題；對人的處理，用智慧善解，以慈悲包容。時間飛逝，自我省思與檢討本年度內的確做了許多的事件，除了三個專案執行外，還處理不適任教師的案件，開過無數場的考績會與教評會，從事件的流程省思：初任校長必須多方聽取意見，充分掌握事情緣由，方能掌握最佳解決策略。校長的領導必須「順勢」，當情勢不是自己可以掌控時，必須掌握有利多的層面思考問題，「兩害相權，取其輕者」，當多數的評議委員有意見時，必須遵循多數人的意見，尊重少數意見，就如同主任督學所言：「行政領導是一門藝術，勿因為減小火而引來更大的火，自己都無容身之地。」

營造公共關係──對家長的宣達與溝通

　　沁涼的山嵐吹襲，讓人心曠神怡，蟲鳴鳥叫的山中小學，培育著一群可愛的學童，壽山──濤之島，暖了、亮了，感謝您們！有您們真好！學校在全體同仁、家長會、義工團及社區人士的大力協助下，從遊學中心的建置、前棟廁所改建、全校排水溝整建加蓋工程、雙語、健康體衛、節能減碳學習步道的設計、運動場整建更新工程等，均已陸續順利竣工，嘉惠全校師生、家長與社區民眾。家長會是學校經營的後盾，提供教學與行政的資源，歷經數位榮譽會長與現任會長均對於學校優質的環境建設付出貢獻，例如：操場新建工程、後山水土保持工程、現代化廁所、蝶心園與生態教育館、風車城堡、童子軍活動、運動會、期末溫馨感恩活動、兒童節、畢業典禮的禮物等，出錢出力、無私奉獻；尤其是運動場的整建工程，現任會長是土木營造的專家，當學校找不到足夠的修繕金額時，他願意站出來承攬操場周邊落差的工程，全家總動員，連老媽媽都一起來攪拌混凝土，會長太太與三個孩子都參與整修工程，夕陽西下，我準備下班時總會聽到操場的另一邊，傳來夯石機「轟隆！轟隆！」響個不停，原來是會長一家人為了讓操場周邊更平整，帶領員工與家人還在加緊趕工，令人敬佩，我請警衛先生送去茶水並親自到場表達感謝之意，當時，會長滿頭汗水，臉上還洋溢著燦爛的笑容對我說：「校長，我們一家人都是校友，學校就是我的家……。」我被他這一席話感動了，打從心裡由衷的佩服他們一家人……。

　　涼風吹動了校園的彩虹風車，轉動了生態水池風帆，校園充滿著孩子的童顏笑靨，金色的童年夢想飛揚，校園內的眾多花草樹木爭妍鬥豔，充滿了生命力以及和諧的春風，正在壽山──濤之島群溫馨的吹拂著……

　　有一年的秋天，校園裡秋蟬響徹雲霄，秋天應是豐收的季節，但是守護壽山濤之島的常青樹──也就是我們最敬愛的愛心志工，為維護小朋友上學的安全，在服勤的途中，不幸被汽車撞倒，因而撒手人寰，這也是我在初任校長任內所遭遇最深的痛，那時候全校師生都籠罩在「悲痛不捨」的思緒中，志工阿姨把學校當自己的家，又因為擔任家長會的總幹事，常擔任學校行政運作與家長會之間扮演穿針引線的人，她的爽朗笑聲，化解許多人際間的衝突，她是人

人口中稱讚的好人，古道熱腸，只要有她在的地方，就充滿笑聲，她的突然離去，印證了她常說的一句話：「人生無常，必須把握當下及時行善。」由於她的熱心參與，使學校整體運作更順暢，當她離開大家時，頓時間，學校許多的活動出現缺口，年輕的主任在行政運作方面比較沒有經驗，校長需親自承擔與家長會溝通聯繫的橋樑，並且請會長再找尋家長會幹事的替代人選，在這青黃不接的歷程中，校長需以教導型領導方式，帶領教學與行政團隊，引導、說明與示範行政的流程，從旁協助校務的推動，繼續向前邁進。

📖 欣賞自己的特質，悅納自己的缺點並自我指導

教育是「百年樹人」的大業，也是「教人成人」的希望工程。以古為新，意寓「悅納一切生命的美好，與生生不息」。原詩意指水色花木各有新奇，在大自然裡，我們虛心接納大自然所有的美好，面對孩子的成長，要能善用古人的智慧，並加入自己的體會與創見，在體認出不同的人有不同的特色之後，學會欣賞所有人的優點，進而隨時衍生出新的體悟：「生命有限但是生機無窮；發展潛能促進自我實現。」

引用真誠領導的涵義，透過故事化詮釋，帶領全體教職員工能保持人生向上的曲線，把握金色童年、親師為伴，推動多元學習。《道德經》十七章中提到：「人法地，地法天，天法道，道法自然」，讓個體順其自然的行事或開展自己。依此理念，個人隨時都是抱著真誠的態度與同仁溝通並激勵團隊合作，改善校園景觀，拉近學生及家長與學校的距離，重拾對學校未來發展的信心，創造生態教學環境，以利自然生態本位課程之實施。誠如沙拉斯特曾言：「人人都可以成為自己生命的建築師。」鼓勵多元參與，創造生命的春天。

📖 故事之一：尋訪山中的春天

邁入第二年創發期，這一年巧遇政府擴大內需服務方案的實施，學校來了一位替代役與一位大專生輔導就業方案的文書人力，多了這兩位人力，學校有如虎添翼一般，行政的運作更順暢，如久旱逢甘霖，各處室積極推動過去執著不前的業務，整理塵封數十年的人事與文書資料；辦公室更新OA辦公家具，讓辦公處所現代化；在校門口增添大型跑馬燈，行銷學校辦學特色與績效，品

質決定尊嚴、專業形塑地位、態度影響成敗！積極鼓勵行政與老師參加全國創新管理與教學發表，在這一年中榮獲高雄市創造力標章學校、節能減碳特優學校、全國創新管理與教學發表績優學校等殊榮。

運用策略執行引導成員方向 ◎◎◎

　　主任是校長的左右手，也是校長的分身，首先，了解學校同仁，深入問題核心，使用新進人員，激勵新點子，強化執行力；實事求是，執行力是核心所在，校長需採務實的態度，主動出擊，自我行銷，明確設定推動校務重點項目與優先順序：激勵參與以凝聚成員向心力，運用知識管理，發展學校願景與學習型組織，學校組織有利於發展出知識分享的文化，建置資訊科技架構之知識管理的平臺，透過知識蒐集、儲存、整理、整合、分享與創新的歷程，促進知識的外顯與流通，並發展學校組織的核心價值。

建立標準化作業流程 ◎◎◎

　　全校的行政與教學運用資訊建立標準化作業流程，讓工作明確化，透過工作分析與標準化作業流程（SOP），讓每個人的工作明確可行，有效落實個人工作分析與尾端管理，提升工作績效。團隊「專業對話」是壽山團隊省思歸零、相互學習的最佳時機，透過教師晨會、週三進修、個案輔導會議、課發會、學年會議、特推會與擴大行政會報等，溝通觀念建立共識，尋求平衡與支持，校長則擔任協商整合角色，經由「專業共享氣氛」來形塑校園文化，才能在教育改革的歷史脈絡裡，不斷的反求諸己、追求卓越，達成優質創新的學校遠景。

　　記得每年的畢業生系列活動，點點滴滴都成為小朋友童年時光的美麗回憶，到後山的空地焙土窯，實際體驗動手造土窯的樂趣，在大自然的洗禮下，享受田野的樂趣；此外，辦理傳承盃樂樂棒球對抗賽，五、六年級的小朋友都非常喜歡，大家在老師的指導之下勤練球技，在球場上比球技分高下，校園充滿了歡笑聲，展現青春的活力。

　　吃西瓜大賽是今年幼稚園創新的活動，邀請全校親師生參加，透過趣味化、童玩化的設計，小朋友分組比賽，有個人賽與團體賽兩大類別，學生包含特殊教育的孩子，看到他們純真的笑容，盡情的都樂在其中，天真無邪展露無

遺;家長熱心的切西瓜、端西瓜、收西瓜皮,忙進忙出的;吃最快的獎品是大西瓜,吃最慢的人或是團隊,必須接受大悶鍋或是戳破水球水灑全身的懲罰,配合打鼓與音樂增加熱鬧氣氛,過程既刺激又十分地有趣。

我常告訴老師「教育的主體是學生」,我們的一切努力都是在提升學生的能力,這個理念深深印在同仁心裡,從此次的畢業系列活動,看到行政與教學團隊的同心協力,家長會與學校老師更是融為一體,活動流程順暢,小朋友們在開心的參與下圓滿畫下句點。

每一個心靈的甦醒,都是每一次因緣的契機,「閱讀」是讓心靈甦醒與通往美好未來的必經之路,在浩瀚的知識大海中快樂閱讀,從閱讀中孕育未來的夢想和希望,涵詠書中精華,翱翔知識天空,締造優質生活,成就生命廣度;閱讀讓我們——掙脫心靈藩籬,超越思想稜線,成就生命深度,俗語云:「貧者因書而富,富者因書而貴。」有鑑於此,學校每年都善用社區資源,邀請附近圖書館的行動列車,行動圖書館的志工媽咪,帶來富有意義且生動活潑的行動劇,寓教於樂,例如:「叔公不見了」、「找朋友只要兩塊錢」等,不但啟發了小朋友的智慧,同時示範了一場生動活潑的教學方式,老師們在歷程中都擷取一些教學所需要的說故事技巧或是溝通技巧。此外,每年都申請藝術家駐校展演經費,聘請尚合歌仔戲團、豆豆劇團到學校展演,讓學生認識鄉土文化,拓展視野。

📖 故事之二:美麗的校園——活化空間再利用

「山不轉,路轉;路不轉,人轉」,小校有被裁併的問題,一定要建立特色,爭取各方資源,證明它有存在的價值,同時也是為關懷弱勢發聲,讓這裡的弱勢家庭與學童能享有更優質的資源。於是積極寫計畫讓多餘的閒置空間活化利用,發展特色創新學校價值——高雄市唯一的山中首府;教學團隊體認到學校的困境,雖然學校各項外在資源與條件均完善,但在面臨少子化及學生不斷流失的情形之下,只有因地制宜創造自己學校的特色,才能留住學生。因此,發展屬於壽山地區的在地自然生態教學課程、觀光旅遊路線與套裝遊學課程,營造學校特色,遂成為壽山國小教學團隊努力奮鬥的目標。

校長的立場有時處於兩難,希望學校永續發展不被裁併,但又需考量教育

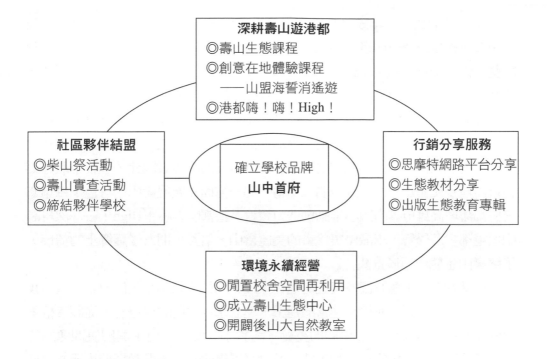

整體政策面，撙節教育預算，這兩個角色是相互衝突的，校長需要為莘莘學子發聲並替他們找尋教育資源。本校的家長約計三成五是弱勢家庭，除了向中央教育部與地方爭取公部門的經費外，還需要自籌經費，向企業或是善心團體募款，這些人情包袱最後還是校長需要買單，需選擇適度的時機給予回饋，撰寫感謝函、在公開的場合頒發感謝狀以表達感謝之意，校長需要適度的經營公共關係，整合人脈網絡，當機會來臨時，各方的資源才會源源不斷，持續挹注經費，成為最佳的經費後盾。

故事之三：深耕壽山遊港都，展現壽山的特色

　　學校上方是壽山登山步道口，又鄰近中山大學，方便就近諮詢生態資訊，因而本校積極善用壽山之大自然教學資源，營造自然與人文環境並重的永續校園，建立生態校園，培養學童珍愛自然、永續經營之觀念，更積極規劃營造壽山國小成為高雄市之壽山生態教學園。

　　唯有「親師攜手」合作一途，讓學童及學校一切的「改變」成為可能，協

助孩子保留他們在童年成長軌跡下的點滴脈絡，運用文件、紙本、錄影、錄音、資訊科技以及一切檔案系統，真實保留學子們的童顏歡笑成長記憶，因為這些真情赤子無偽的生命紀錄，將是來自個人思維的奠基，也是人們一輩子最美好的記憶。學校全面發展e化系統，辦理的活動皆留下影音文件系統，並分享於專業發展網路平臺資料夾中，提供教師與行政團隊進行知識分享與創新。

學校的學生有三分之一是弱勢家庭與高關懷家庭的孩子，因為文化不利的弱勢，所以極需要培養他們的自信並提升各方面的能力，因此，學校爭取專案經費辦理多元體驗課程，讓他們來學習。另一方面為展現壽山的特色，每年寒暑假都辦理高雄市壽山國小推動創造力教育「港都嗨！嗨！High！──深耕壽山遊港都」遊學營，認識優美珍貴的美麗壽山，培養小朋友愛護鄉土的情懷，了解壽山生態與地形景觀。

邀請對自然生態有濃厚興趣的退休主任，回校培訓小小生態解說人員，我常陪他們一起上課，並給予適當的建議，建立學以致用的自信心，從觀察椿象與蝴蝶化蛹成蝶了解自然生態的奧祕，培養小天使獨立自主與解決問題的能力，體驗與他人合作的精神和方式，並且將學得的知能來帶領全校小朋友與參加遊學活動的其他學校學生，提升口語解說的能力，讓知識走出書本、讓能力走進生活。

遊學活動已經辦理第三年，學校行政與教學團隊發揮團隊互助合作的精神，結合地區資源、山海景觀、自然生態、人文遺產等，提供優質多元化的參觀與體驗活動，逐步深化高雄人文、自然環境之在地學習成效，參加學生在學校夜宿一晚，有營火晚會，當夜深人靜時刻，校園裡吹來沁涼的微風，享受山居悠閒的愜意。運用大專青年學子活潑的熱情與幹勁帶動學校老師，在整過流程中，大家互相激勵與學習，他們好像是一池活水，帶給學校新活力。

📚 故事四：小而美、小而能，再造佳績

學校規模雖然小，但「麻雀雖小、五臟俱全」，我們常在尋找符合學校生態特色的專案來推動，同時證明我們小校有存在的價值；在推動節能減碳專案方面，歷經三年皆獲得績優與特優學校，藉由邀請公益團體外聘講師進行節能減碳宣導，讓學生了解地球暖化問題的嚴重性，例如：南北極冰山融化、地球

氣候異常、臭氧層破裂、地球生態環境遭受嚴重污染等問題，進而增進師生節能減碳的正確相關知能；並邀請專家學者至各班進行宣講，鼓勵師生及學童共同簽署節能減碳十大宣言，進而建造低碳的校園。本校建立資源與能源之再生利用，使用環保素材，維護校園植物多樣性、原生種，增加透水鋪面，力行回收節能，以減低溫室效應；結合學校本位課程與社區資源相連結，養成力行環保的生活態度及綠色消費習慣，將節能、省源、污染、減廢的觀念實踐於生活中，並以身體力行，從小建立學生的環保意識及概念，並能將觀念具體實踐於生活中，實為當務之急。

推動方案的獎勵措施是持續推動的關鍵，行政團隊與教學團隊透標準化作業流程，明確追蹤與檢核執行的成效，確實登錄廢電池的回收紀錄表，表揚績優的班級，因為是小學校的緣故，我們可以全校總動員，大家一起動起來，沒有推託之詞，學校老師能與行政配合；校長的責任是如何整合各項資源，讓老師與行政都保持平衡運作，以歡喜的心面對工作的挑戰，會議中我常分享一些個人處理事情經歷的小故事，告訴老師或是主任，事情若是換個角度與逆向思考，往往可以找到出路，不一定要鑽牛角尖……。

故事五：迎接 50 週年校慶

50 週年對一所學校來說有它歷史的意義，全校親師生歡欣鼓舞迎接校慶，所以事先需召開籌備會議，訂定計畫集思廣益，期望能編撰出一本值得懷念的紀念專輯。

找資源經費 ◎◎◎

學校約有三分之一的弱勢家庭，家長的資源少得可憐，校長與主任必須積極招募善款，慶幸有企業界善心人士，肯定學校在節能減碳方案的努力，挹注了許多經費。

找尋校友回娘家 ◎◎◎

俗語云：「吃果子拜樹頭。」從校史的整理中，尋找曾經在這裡的人、事、物，從泛黃的學籍卡，建立歷年畢業的校友、教職員工、主任、校長與會

長名錄，從里長或是會長記憶中，找尋傑出校友，動員老師、家長與學生，點點滴滴、鉅細靡遺的逐步蒐集資料。

籌劃溫馨的校慶系列活動 ◎◎◎

以一年一度的校慶運動會為例，可以有以下思維和作法：

為訂定溫馨有創意的 50 週年校慶主題，讓全校師生票選，經由多數人的智慧結晶，定案為「大手牽小手、歡欣迎五十」，所有相關的藝文活動都以此為主題，延伸至課程融入與成果展示。改造整體校園場景，一進校門口之動線安排與布置彩妝，到主題舞臺的規劃呈現，都經過行政會報仔細討論，形成共識，將以大型布招彩繪呈現學校遠景與學生活動，從頂樓垂掛而下，展現學校菁英教學團隊的教學成果，主題清楚，以達到行銷目的。創新的作法有結合科技影像圖檔，大量設計客製化紀念品，此外，規劃引人入勝的主題，包含動態表演、工藝品 DIY、師生文藝展示、有獎徵答。多樣化體驗活動如超級變裝秀、親子體能大競技，使學生難忘之身歷其境經驗。

由於小校人力不足，經費也很有限，許多企劃案都需由校長主導，帶領主任去執行，以彌補主任經驗之不足；因此，校長常要扮演穿針引線的角色，有時候需擔任多元的角色，自己常常會覺得像老牛拉車，很辛苦，這時就需要善用社區與人脈資源。

討論紀念專輯的內容，一起腦力激盪，形成共識，融入今與昔對照的學校風情畫，歷任校長、歷任會長的祝福與期許，表揚「壽山之光」傑出校友及展現今日～森林小學努力的成果，例如：創意樂學in壽山遊學方案、創意方案、防災方案、生態體驗方案、創意團隊、學生團隊；此外，為了保留傳統優良的文化，將學校文化之人工製品，包含：校徽、紀念品、海報設計、戳章、文件檔案與活動照片等，以上的資料都是在敘說許多動人的故事。

📚 結語——架設自己專業的基地台

校長生涯不是夢，反思自己從心情、思維的改變到處理事情的邏輯，有進一步的成長。從心情的改變以了解自我，海倫凱勒曾言：「教育的最高境界是耐心。」任何事先處理「心情」，再處理「事情」，校長的耐心，反應著自己

處理事情的功力與個人專業的操守，具備堅忍個性，排除故步自封。

廣納資訊以化解矛盾與衝突。 ◎◎◎

學習是為了發掘潛能，行動是為了發揮潛能，因此，我在面對抗拒疏離、衝突與矛盾，需要善於發揮協商整合的能力，從行動中學習，廣納資訊、反思與回饋檢核，以化解衝突。

加速磨合領導方式 ◎◎◎

學校的教職員工會觀察校長的實際作為，校長應有所堅持與抱負，我體會到成功的要素包含面帶微笑、友善真誠，「笑」具有神奇的力量，有如陽光驅散烏雲，有如春風驅散寒意，注重衣著塑造自我，改變自我形象；培養自我檢視習慣，把握領導的核心價值，對別人的優點與長處真誠讚美，進行實事求是的肯定；透過溫馨的領導帶人帶心，真誠的關懷部屬，大家建立革命情感。

參與過程專注投入 ◎◎◎

以大自然為師，突破慣性思維，參與學校的活動，過程中專注投入，多接近家長與學生，表達關懷與謝意。生活留白虛心學習，讓家庭與工作取得平衡，所以勿把時間的規劃排得滿檔，讓自己放慢腳步，有沉澱反思的時間，放慢腳步與家人、同事相處，所謂：「滿招損、謙受益。」透過正式或是非正式的對話，增進彼此的了解，在未來工作的推動上，有積極正向的功能。

處理事情思維邏輯的改變 ◎◎◎

從後現代主義的「人多」、「事雜」、「速度快」的場景，校長在學校經營現場的感覺真的是酸、甜、苦、辣、鹹五味雜陳，成功的扮演校長並不是一件容易的事，必須要有細心、用心及關心，訓練自己通過「手忙腳亂上戰場」、「按部就班心不慌」、「觸類旁通多變化」之多階段的進化，才能讓自己化蛹成蝶，並且從經驗當中不斷改造、重生。

初任校長三年中，發生人、事、物的點點滴滴，都是在考驗與磨練自己的專業能力，也使教育理論在學校實務現場之知識復活，校長使用理論（theory in use）的結果，驗證理論的真與偽之外，同時，也建立自己的領導哲學與

領導理論模式。期待自己能建構一所讓社會大眾對學校教育品質有信心的學校，讓校園成為莘莘學子們圓夢的搖籃，全面提升學校經營之品質與效能。

陳郁汝校長小檔案

陳郁汝，國立高雄師範大學成人教育研究所碩士畢業，國立屏東教育大學教育行政博士肄業。歷任國小教師、主任，現任高雄市壽山國小校長。對教育充滿熱情，願意成為國民教育的園丁，以「要怎麼收穫，先要怎麼栽」為座右銘。不給自己設限，盡情享受探索與學習的樂趣。2002 年曾榮獲高雄市特殊優良教師。

53. 孩子問我：
您的自信從哪裡來？

臺中市重慶國小校長　劉淑秋

前言——靠著教育的力量讓大家更好

　　我蠻相信緣分和天命，但首先要務實並運勢。想起在校長佈達儀式代表致詞時，因為演講台太高，台下的觀眾看不到我，在一陣騷動之中走到講台旁邊，好讓貴賓們看得見我，事先準備的稿子也不好拿出來唸，有了克服這種窘境的經驗，下次準備演講時，腦子有綱要就好，不要逐字背稿才好應變。

　　記得當時佈達致詞的尾聲，引用汪廣平先生「教育一甲子」的格言互相勉勵：「一樹蓓蕾，莫道是他人子弟；滿園桃李，當看作自己兒孫。」我是靠著教育的力量幫助自我成長，靠著教育讓我擁有一份讓人羨慕的工作和溫馨健全的家庭。我希望要好好辦教育，把自己的經驗和人分享，讓更多人可以減少錯誤的路，更有自信去努力屬於自己的成功，擁有幸福，讓我們的孩子、下一代比我們更好。

校長沒有千手觀音的佛法，但要懂得帶領團隊、激勵老師

　　校務推展有賴堅強的團隊，因為校長沒有千手觀音的佛法，但要懂得帶領團隊、鼓勵老師。而主任是校務推動最重要的四根柱子，所謂「用人不疑」，「人對了，事情就對了」，因此充分授權，把主任做大，讓他可以發揮。談到我第一次親自聘任的主任，當然他是有許多重要他人推薦優秀的人選，即使未謀面的初任主任也得晉用。當時他考上研究所，希望能每週請一天公假讀書，我以不影響校務運作為前提，同意他在職學位進修，這二年他認真做事，因另有生涯規劃，取得碩士學位後即調校，一開始雖然讓我擔心日後校務的運作，事後我學會放下，審慎評估老師在職進修的方式，應運用學生不在學校的時間

進修才恰當。不過值得慶幸的是,另一位資深有熱忱的主任調入本校,加上代理主任考上正式主任,陣容更堅強,反而有塞翁失馬的心情,暑假也帶同仁歡送他去新學校,祝福他步步高升。

我會與老師們分享教育理念和處世方法,如訂閱《商業週刊》或討論研習進修的心得和人生經驗;有時則帶大家參觀其他學校。希望以對方最好及對學校發展、孩子最佳學習狀況的最大公約數做為取捨等。分享愈多,愈覺得「好為人師、不藏私」也是自己優點的一部分。

學校發展順利與否,「人和」是很重要的因素。對教職員採行動管理、服務領導,尊重激勵。把握感謝、表揚的時效,如服務滿十年的教職員和志工家長會在校慶會公開表揚,每次辦完活動或參加比賽,除了主辦者和指導者,連同協助者和配合的全校老師一起感謝,有老師透露這一作法讓他們覺得備受看重。教師教學觀摩時,除市府獎狀外,準備小禮物,及時寫下尊重感謝卡;檢閱學生作文簿後,對認真付出的老師也比照辦理;同仁會蒐集慶生卡,所以是親自簽名,無論卡片形狀、內容每年不一樣。在重慶退休是超隆重的:校長寫一頁、全校老師每人寫一句話的畢業紀念冊,舉辦畢業旅行或歡送儀式、家長會辦理退休餐會致贈紀念品、退休老師聯誼會會辦迎新餐會。

📚 在民主時代做決策,無法「快決、快斷、快執行」

當你願意做一件有意義的事時,要說服自己,也要讓別人贊同。辦理畢業生急救教育及 CPR 認證活動,是最快獲得老師和家長認同的一項活動。但對某些法令及政策的推行,如果太過民主確實不易施展,例如:收停車費、午餐費、請假辦法等只能依規處理。但並不是每件事情都能很快去執行,例如:響應節能減碳,全校師生中餐每週一次為蔬果無肉餐是我們的目標,看似簡單,但要做時,卻有不同意見。畢竟飲食習慣每人不一樣,葷食人數畢竟比蔬食的人多,不能行政下一道命令說每週一蔬食,全校就得都吃。於是採漸進式宣導,並將老師的意見轉換為做決定時的參考,下學年度第一學期發給學生的午餐調查表,錯開每次吃蔬食的日期,不是採固定的每週一或每週五吃,每個細節細心規劃,逐步實施,家長和老師支持的人數反而增加,有民調基礎的方案,反對的聲音小,就更容易成功的推動。

📚 最掛心、做完之後覺得最值得的事──好緣歹緣，好好了緣

事務人員的管理是一門學問，除了核實考核外，要恩威並重，管理和關懷兼備。事務人員不健全，老師擔任事務組長的意願更低，因為市府採總量管制，每位工友的背後都有來歷，校長無聘用權，卻需要負擔全部責任。某位事務人員移撥到學校一年多來，他很早到校，做事勤勞，舉凡修剪花木、油漆、拔草，缺點就是喝酒、抽菸，如果看到口袋有酒瓶，當天就會要求他請休假。十幾年前就認識他，之前學校校長很仁慈，考慮他的家庭生活，沒有因喝酒的問題解聘他，但是近幾年的考績連續乙等或丙等。

他每天很早到學校，身上常有異味，還好對學生客氣有禮，做事還算認真。考量服務年資未滿 25 年的他，既不能退休也不自願離職，當校長非常為難，又要兼顧他的家人，只好懇請學校同仁們發揮彼此關照的力量，讓他好好做工作。於是除了個別關心他的近況或召開事務人員會議正式叮嚀外，也請家長會撥慰問金，進行家訪、關心他的家庭生活狀況。

直到有一天，他主動來說因酒駕罰款無法繳清，法院已經要強制執行，請校長幫他辦理退休。於是我趕緊委託民意代表，並和長官陳情，市府同意以急件辦理資遣，此時才理解為什麼學校多年來都不解聘他的難處。性情中人的他，離職後回到學校來看我，原以為會責怪學校資遣他，沒想到是自己多慮，原來是回來致謝並敘舊，得知他已把離職金交給前妻，心中的擔心也才算放了下來。

📚 最有成就感的事──和藝術結合，學子歡慶

提升學生藝術涵養，這些年做了一些努力。雖然在別人看起來，這些事情有主任或老師做就好，校長不用參加研習，但對我們不懂的領域，更需要積極學習，不管是當做鼓勵老師或帶頭領導也好，只要有正當性，先感動自己，才能發揮激勵的作用。

最美的故事從迎賓前庭的校園陶版牆和畢業生瓷版牆的故事開始。感謝家長會每年編列施工費用，由廖老師設計的「希望列車」畢業生瓷版牆，榮獲臺中市政府校園新視界璀璨未來組的佳作，隨著希望列車開進校園，迎賓前庭的

「鳥語花香」陶版牆映入眼簾,由劉美英老師結合校景設計燒製,感謝林主任退休捐贈。由校內老師設計的愛牆、活力牆及海洋牆,感謝陳老師退休贊助海洋牆——在有限經費下,順利完成永恆的感動。陶、瓷版牆不僅把老師和學生的集體創作留下來,而且美化了油漆剝落的伸縮縫牆面,提升校園藝術文化。莘莘學子畢業後,回到學校會從這面瓷版牆開始,細數過往的故事和童年回憶。

初次辦理「發現臺灣樸素藝術之美——2009 巡迴主題畫展」,這是一個由研揚文教基金會贊助的活動,感謝仁美國小的邀約,我和主任、老師、家長一起參加在畫展首展的開幕典禮和蘇教授的研習活動,從觀摩學習中,把熱情和美的感動帶回來,在全校老師協力推動,教務處及教學組在課程規劃的配合,輔導主任、圖書室館長、愛心志工和退休老師共同擔任參觀的講解,結合祖孫作品展,配合主題發揮祖孫傳情的成效。畫展配合校慶運動會開幕,同時邀請街頭藝人曾老師,友情贊助替貴賓們素描,藉由動態和靜態的搭配,給學生很好的藝術欣賞及學習機會。預計 2010 年的「兒童繪本——2010 巡迴主題畫展」,會獲得更大的迴響。

學校每學年會申請音樂社團到學校表演,正巧外子參加的臺中市國樂團要來本校演出,他及樂團帶給社區民眾和學生美好的音樂饗宴。在週日辦理國樂團巡迴校園藝術表演,雖然當天一整天大雨不斷,愛樂的幼苗們在家長的陪同下,出席踴躍,顯示宣傳所用發榮譽卡和小禮物奏效,樂音在社區飄香、豐富了休閒生活。

📖 因應教師超額問題,共同面對困境,視危機為轉機

從 96 學年度初任接篆校務,連二年鄰近新設長安和惠來二所小學,加上學校面臨少子化減班的困境,班級數從 36 班下降到 30 班,老師擔心超額的壓力,加上縣市合併後,因超額所衍生的問題,增加老師的擔憂,老師這二年處於低氣壓的氣氛特別凝重,當校長一方面要面對教師超額問題的衝擊,另一方面要安排教師職務,同時想辦法帶領老師發展學校特色,努力招生,創新經營突破困境。

根據 97、98 學年度學校處理超額教師的過程中,除了「後進先出」的原

則外，考量學校整體發展及排課需求，還兼顧「專長保障」、「行政職務保障」。這兩點讓老師討論很久，老師從惶恐、擔心、害怕的心情調適，到做好心理準備，進而接受，在這過程中，老師能處理自己的情緒問題，認為老師的超額和學生無關，有共識要正常教學，不會對學生有任何影響的表現，誠難能可貴啊！

對初任校長而言，在教師超額問題的衝擊之下，還要推動教師參加專業發展評鑑是不容易的。等忙完了校務評鑑之後，和老師討論如何視危機為轉機，形塑學校老師專業成長的形象，讓外界看得見老師的用心。運用友情贊助或是義氣相挺的策略，同時說明參加推動教師專業發展評鑑，才能申請教育部教師專業學習社群及相關教學設備的經費補助，未來才有更多的優勢面對超額問題和學校的轉型，於是和教務主任分別和老師個別邀約，每位老師都一一邀請並說明，終於有 20 位老師加入，等到校務會議通過那一刻，內心非常喜悅。

深刻體認第一次辦理教師專業發展評鑑只許成功，因為只要停辦，以後要再重新參加的機會非常渺小，於是第一年謹慎行事，讓自己投入，全程參加所有會議及研習，而我還是堅持以身作則並積極鼓勵教師朝向專業成長，積極推動多元、活化及創新的教學活動，至少要推動二至三年後才會看得見成果，於是掌握讓教師專業發展的精神，不在「評鑑」，而是「專業成長」，因為教師的專業才是推動成功教學的活泉，所以真的要謝謝這些參加及支持的老師們，連續二年加入「教師專業發展評鑑」辦理學校，共同成長並邁向專業、卓越。

📚 傻事還會繼續做下去

我每年會贈送老師一本書，辦理教師共讀心得分享或提供老師運用。第一年贈送《老師怎樣和學生說話》給本校教師及臺中教育大學集中實習的學生每人一本，第二年贈送教師一本《晨讀十分鐘》，利用晨會時間和週三教師進修時間辦理教師專書共讀心得分享，並贈送心得分享的老師一份小禮物和感謝卡。

當然並不是每位老師都很樂意心得分享，有位老師當天他完成那一章節的報告後，同時表達他個人的想法：「送書就不要請老師報告，而且書最好是自己選。」這話我聽起來很直接，但為了要推動共讀的理想，對他和已完成分享

的老師，我還是用鼓勵的方式。如果學校要推動「晨讀十分鐘」，事先透過不同學年的老師分享班級的作法，確信會激勵老師的熱情並凝聚推動策略的共識，全校推動起來更有意義。

第三年選書時符應老師的心聲，不用作心得分享，直接贈送教師一本《品德教育書》，提供老師說故事參考，配合學校品德教育核心價值（中心德目）及具體行為準則，並請總導護加以宣導。而在 99 學年度，結合教師專業發展社群模式，採分組進修的不同組別，添購各類專業成長的書籍，既符合教師需求，又能達到專業成長的目標。

堅持守護這一個小小的信念，讓下一代生命更美好

今年暑假中榮幸接受第 123 期主任儲訓班的行政實習。本校各處室主任、友情贊助講座的陳候用校長、即將到本校服務的李主任，都熱忱的把自己寶貴的經驗和大家分享，不僅給自己、同時也給團隊一次整裝出發的省思和進步機會。

在主任儲訓班的經驗分享中，特別提到在國立臺北教育大學進修的故事。希望初任校長走得更順暢，打算週日到國立臺北教育大學修習學分，於是藉由看兒子的名義很快就獲得外子的首肯了。這一年的學分進修中，體認一位人師的重要，對林文律老師奉獻教育的執著令人欽佩，有幾次老師身體並不好，即使前一天從急診室出來，隔天也來上課。當自己如有鬆懈或抱怨時，一想到林老師的精神，便讓自己振作，為了下一代更好的目標，努力守護這一個小小的信念。

今年有機會受邀在私立靜宜大學辦理生命教育研討會中，分享學校和彩虹生命教育協會合作的成功案例，學校老師登上彩虹生命教育協會雜誌創刊號的封面，同時接受創刊號採訪，這些是無比的殊榮和難得的體驗。感謝彩虹志工在學校扮演著支援生命教育的角色，彌補弱勢家庭功能的不足，給正常家庭教育加分，給學校教育注入新的活泉，讓生命更美好而努力。

臺中的颱風假曾是我的最愛，但是當總務主任和校長的可不喜歡，都要來學校巡視災情，並做第一時間搶救和填報災損。前庭有一排挺直的小葉欖仁，宛如神奇的魔術師，為教室添了綠窗。其中最瘦小的一棵，在 2007 年強烈颱

風的肆虐下，樹幹再次斷裂。經過請來園藝專家細心的救護，又站了起來。當年視導本校的蔡督學，一年多後看到樹上經過大自然淬鍊的疤痕，不禁讚嘆堅韌的生命力，連牆上五彩繽紛的風車，也為它喝采。

努力看得見，帶領家長會增進情感交流

感謝前任徐校長，慰留張會長留任，成為打破學校慣例第一位連任的家長會長。大格局的張會長有理念，用心投入校務，六年來主動擔任班級學生家長會的召集人、協助老師活絡教學，不求名利，不干涉校務，出錢又出力。重視生命教育的她，出資邀請楊恩典小姐蒞校演講、贈送「有愛最美」的畫給學校等，她的付出獲得全校教師及家長會的尊重，往後的兩位會長，支持校務也是本著這股優良傳統，薪火相傳。

為了招募更多家長加入家長會，建立運作制度，拉進委員們和學校的情感，於是辦理親師生聯誼活動。藉由個人登山的經驗，規劃旅遊活動，結合淨山環保、藝術與人文、鄉土采風活動，去過嘉義獨立山、三峽的鳶山和老街巡禮、民雄的松田崗休閒農場生態環境體驗、辦理親子聯誼趣味活動等，從活動中可以看見會長的用心和家長會的投入。

另外也規劃辦理歷屆家長會長聯誼會，除了找回所有前會長對學校的支持和向心力，更重要的是要感謝所有前會長領導的努力和付出。雖然諸前會長的房子很不幸在今年 6 月發生大火，同時失去女兒和員工的艱困路上，學校和家長會第一時間表示關懷，一一打電話聯繫幾位前會長，共同陪伴他們渡過這段艱難的日子。

珍惜和學生第一線接觸的機會，燃起生命的動力

暑假剛上任的第一週，有幾位六年級學生家長來學校陳情，希望處理自閉症學生的問題，於是緊急召開特殊教育推行委員會，邀請自閉症協會理事長與會，提供全方位個案輔導的策略進行討論。之後我決定認輔他，和自閉症孩子相處的這段時間，讓自己學習到更能體會家長的心情和老師的辛苦付出，要兼顧普通生和特教生的學習權，爭取該班家長的認同和協助、提供特教助理和藝術治療師等團隊服務，一年後嚴重偏差行為問題獲得改善，當然小毛病仍會出

現的天使,最後平安順利轉銜到國中就讀。

帶好每個孩子不僅是教育部的政策,也是教育的核心。除了校內輔導的措施外,重慶教會在寒暑假中,會免費替弱勢家庭進行一整天課業、生活及品德教育照護。我會每學期一次到重慶教會說故事,輔導主任每週一次進行半天讀書會的帶領,一起為增進弱勢家庭的孩子學習優勢而努力。

「背」多分是我小時候那個年代的產物,由於短期記憶是我學習最弱的一環,還好進了師專,有助於了解自己的學習優勢和弱勢,找到適合自己學習的方法,靠著不斷學習,累積做人做事的能量。因此我喜歡和孩子分享有效的學習方法和擁有健康身心的重要性。於是安排每年一次和班級或班群的孩子說故事,討論性別平等、環保、生命教育和品德教育等主題。

放學時,學生由老師帶到校門口,校長站在校門口送學生回家,看每位小朋友的精神和表現,和學生道再見。另外撿垃圾、掃狗屎、晨間巡視校園和人行道,和學生道早安、教學生掃地,向志工及導護老師致謝。無不希望藉由以身作則,讓孩子體會生活教育的重要。今年參加學生藝術小天使、微笑小天使的表揚,看到孩子微笑好禮的表現,當下覺得一切努力是值得的。

認真回應孩子向校長反應的事情,例如:運動會不選在星期六、可不可以多一天穿班服、榮譽之星表揚的方式、制服的樣式等,重視每位孩子的建議都是他們學習成長的機會,要和孩子溝通清楚,謹慎回答,除了同理心的回應,多方考量事情的結果、政策推動的原因,最後要向老師或全校師生說明,才會讓孩子學會到民主、尊重。

校外教學是孩子最喜歡的,校長的行前講話一定是短短的,遊覽車出發後會一直揮手到看不見他們。另外三、四年級游泳教學,每個班級我都會找時間到游泳池去看孩子,同時謝謝在旁看顧的老師,了解業者是否按照合約規定的生師比、師資和孩子學習的情形,我們的用心讓社區民眾流傳開來,就連停車場的老闆也發出欽佩的表情,看到寶貝們在水中如蛟龍的模樣,引起我學游泳的動機,硬骨頭的我今年暑假終於把自由式和仰式學了起來,令人興奮。

除了專業、證照以外,也要八字好

校長真像一個陀螺,每天要處理的事情種類很多,領導學校運轉順暢,各

方面要平衡，只要有一方不平衡就會東搖西晃，除了專業、證照都有以外，也要八字好才能平安順利。

校長有一重要角色，即建立良好公共關係，有效整合社區資源。「文心福德宮」和學區的里長、社區發展協會，算是和學校最親密了。因此社區的活動一定要盡可能參加，不然日後要花更多時間來解釋誤會。記得第一年因個人參加登山社帶隊出團，雖然事前曾親自向里長解釋，無法參加中秋節里民聯歡晚會，請主任代理出席，但是她的感受還是不好，經過這一次經驗，對社區舉辦的活動一定要盡可能參加和支持，日後里長會更積極幫學校招生，在他的陪同下，圓滿地帶領舞獅隊進行社區祈福活動，敦親睦鄰。

今年過年前的里長歲末餐會，因臨時回臺南接家母來臺中，趕到會場時已經遲到一小時，但是里長當下非常感動，與會的里民和學校家委、志工及貴賓也體諒包容，並表示關心，隔天里長交通導護執勤時告訴我說：「不管別人怎麼說校長，以後我一定會替校長說好話。」當下覺得開車的疲憊辛苦很值得，因為能打開誤會的心結和建立更強的信任關係。

因為要擔任校長，為了要形塑國際觀的良好形象，提升英語能力，在等待遴選的期間，毅然報名英語的學習課程。語言的能力是慢慢累積的，現在看到老外不會害怕，能用簡單的英語開口交談。後來擔任國教輔導團國小組英語學習領域的召集人，及英語推動小組的推廣組組長，心裡覺得踏實多了。

想起去年暑假為了一件工程爭議，連續上了十幾天的「政府採購法課程」，每次上課把講師當作諮詢的對象，二個月課程結束，好不容易面對低價搶標的工程也完成驗收。今年毅然報名參加政府採購法課程研習和認證，希望把事情做對做好，蓋章不必害怕。

結語——再接再厲

經過第一任校長這三年的日子，體驗有許多地方需要學習，累積的經驗愈多，專業知能愈多，人脈金礦愈廣，更能圓滿處理事情。接下前人的棒子，就要盡力跑完，盡力衝刺，才能交給下一棒。秉持家訓「不求榮華富貴，但求子孫賢孝」，身在公部門好修行，珍惜機緣，感恩有此福報，做個熱愛生命、優雅的、身心靈均衡的校長。

劉淑秋校長小檔案

師專班上第一個結婚，未滿 22 歲不能領結婚補助費。25 歲因剖腹產驗血才知血型是 AB 型，育有一對子女。幸運數字是 4，當校長的年齡、住址和車位都是 4。

讀了 11 年的特殊教育學系，感謝國立彰化師範大學的栽培，實踐「終身學習」、「健康快樂」、「自助助人」。捨得把錢投資在教育上，勇於冒險，花大錢學英語、牙齒矯正和登百岳 15 座。

附錄

「中小學校長的心情故事」專書邀稿函
（含撰稿要點）

各位尊敬的校長：您好！

　　我是林文律，國立臺北教育大學教育經營與管理學系副教授。寫這封信給您的目的，是想向您邀稿，邀請您參與我的「中小學校長的心情故事」專書出版計畫。

　　繼 2006 年 1 月我主編的《中小學校長談校務經營》（上、下冊）於心理出版社正式出版之後，有鑑於該書在國內學校行政、主任與校長培育與儲訓方面，皆造成極大的迴響，我現在想編輯「中小學校長的心情故事」專書，以滿足華人世界關心校長學廣大讀者的需求，並為各位校長在學校經營與教育領導方面的心得，在華人教育界留下一個見證。

　　有一點很重要的是：基於這本校長學專書的特殊考量，身為主編，我必須事先設定專書的撰稿取向（亦即整篇文章切入的角度以及整本書的風格），因為這樣的一個撰稿取向，關係到整本書的風格（文氣），這在把不同作者的作品要在同一本書之中連成一氣，尤其不容易。在此，有幾點重要提示，要特別拜託各位。

　　一、稿件請不要以回憶錄的型態撰寫，因為回憶錄常常會流於依照年代對於當事人所經歷的各個階段做流水帳式的敘述，比較不符合本專書的要求。變通的辦法是：可以將校長生涯之中，最辛酸、最辛苦、最驕傲（自豪）、最無奈、最痛苦、最擔心害怕、最棘手、最掛心、做完之後覺得最值得（或最不值得）、最感動、最值得安慰、最有價值、最有成就感的事，舉例說明，這些都是撰稿很好的切入點。

　　二、請不要就單一事件做詳盡的報導。本書撰稿的重點是從校長生涯中所經歷的很多事件中，所體會出來的校務經營與教育領導的個中滋味（包含酸甜苦辣），做一動人的敘述，而非僅對單一事件做詳細深入的敘述。

　　三、本書百分之百為實務取向，請勿從理論的角度出發來撰稿。

四、請不要提供與《中小學校長談校務經營》（上、下冊）相同或幾乎相似的作品，因為已經有非常多的教育界人士看過或閱讀過《中小學校長談校務經營》一書。為了讓目前這本正在醞釀中的「中小學校長的心情故事」專書提供讀者耳目一新的新鮮感，上一次已經有專文收錄於《中小學校長談校務經營》專書的校長，請在為新書撰稿時，採取不同的角度來撰寫（修正方式：參見以上第一點）。

身為主編，我對各位的期望是盡量從感情（或者可以說是感覺、心路歷程）的角度出發，探討學校經營的酸甜苦辣，有時甚至是辛酸（血淚？）。各位學校領導者在帶領著學校同仁、家長或社區成員奮鬥前進，在激勵學校同仁及學生努力獲致成果的歷程之中，一定有許多不足為外人道的感受，也可能有很多挫敗與成功的轉折和可歌可泣的故事。從組織成員對您設定的目標毫無概念或毫無感覺，到漸漸有認識、有感覺，中間可能歷經過許多的冷漠、誤解。在您與組織成員慢慢建立了解與支持的過程中，領導者與組織所有成員的感受，可能從無知、沮喪、困頓，乃至奮起、同心協力，並進而歡欣收割豐碩成果。這些點點滴滴心情起伏的情景，均是極佳的寫作素材。

簡言之，我心中想要各位撰寫的是各位校長如何與組織成員交心，在學校經營的路上，領導者與成員如何亦步亦趨。我希望各位盡量把校務經營的人性面與情意面記錄下來，寫成一篇有汗水、有誤解、有衝突、有挫敗、有同心協力、有歡笑、有啜泣等各種心情起伏的感性作品。

當然，在經營學校時，各位校長一定有非常好的教育與行政理念、信念、價值觀、激勵或領導策略，在法規依循與突破、學校特色的發展、學生學習成效提升等方面，在與上級單位、各種教師次級團體或社區、媒體互動之中，針對環境中各種有利或不利因素，均可詳加分析，並記錄您如何調整校務經營的策略與心情，如何將各項不利因素轉化成有利因素。以上各方面點點滴滴的考量與發展歷程，均可適度融入文章之中。

簡言之，我比較不希望僵硬、平鋪直敘的手法。相反地，我比較期待以寫心情故事的感性手法來撰寫，就好像您是在跟一個知心的老朋友聊天，敘說著學校日常發生的種種，將學校經營點點滴滴的心情寫照融入文章之中，以增加文章的可讀性與趣味性。

如果各位校長同意我上面的想法，如果各位校長覺得撰寫一篇這樣的文章

很有趣，也很可行，非常歡迎各位加入此一「中小學校長的心情故事」專書的作家行列。相關細節如下：

文長：5,000 字至 10,000 字

題目：自訂

截止期限：2010 年 8 月 20 日

出版社：（將與知名出版社接洽）

文字權：可能回歸原作者所有，或由出版社買斷，視稿件蒐集情況，再與出版
　　　　社接洽。

預計出版年月：2010 年 12 月

來稿請寄：wenliuh@tea.ntue.edu.tw

聯絡人：林文律（國立臺北教育大學教育經營與管理學系）

電話：（02）27321104 轉 5051（研究室）；傳真：（02）27382081

祝　各位

校務經營愉快！

邀請人　國立臺北教育大學教育經營與管理學系副教授

林文律　敬上

2009 年 8 月 31 日

國家圖書館出版品預行編目（CIP）資料

小學校長的心情故事／柯份等著；林文律主編.
-- 初版. -- 臺北市：心理，2010.12
面；　公分. --（校長學系列；41706）
ISBN 978-986-191-402-2（平裝）

1. 校長　2. 學校行政　3. 初等教育　4. 文集

523.6807　　　　　　　　　　　99022609

校長學系列 41706

小學校長的心情故事

主　　編：林文律
作　　者：柯份等 53 位校長
總 編 輯：林敬堯
發 行 人：洪有義
出 版 者：心理出版社股份有限公司
地　　址：台北市大安區和平東路一段 180 號 7 樓
電　　話：(02) 23671490
傳　　真：(02) 23671457
郵撥帳號：19293172　心理出版社股份有限公司
網　　址：http://www.psy.com.tw
電子信箱：psychoco@ms15.hinet.net
駐美代表：Lisa Wu　（tel: 973 546-5845）
排 版 者：辰皓國際出版製作有限公司
印 刷 者：東縉彩色印刷有限公司
初版一刷：2010 年 12 月
I S B N：978-986-191-402-2
定　　價：新台幣 800 元